"博学而笃志，切问而近思。"
（《论语》）

博晓古今，可立一家之说；
学贯中西，或成经国之才。

复旦博学·复旦博学·复旦博学·复旦博学·复旦博学·复旦博学·复旦博学

作者简介

刘爱东 中南大学教授、博士生导师，1999—2005年1月任中南大学会计系系主任。湖南省内审协会常务理事，湖南省审计学会理事，中国会计学会和中国审计学会个人会员。主要从事管理会计与公司理财、现代审计理论与方法、风险投融资管理等领域的研究与教学工作。主持省部级及横向科研课题20余项，其中四项分别获省部级奖。已公开出版教材、专著五部，在《USA-China Business Review》、《研究与发展管理》、《辽宁大学学报》、《中国财政》等国内外知名刊物上发表学术论文70余篇。

复旦博学
21世纪高等院校财务管理专业系列

公司理财

刘爱东 / 主编

内容提要

本书以公司基本理财问题、公司特殊理财问题和公司前瞻性理财问题为主线,阐述了公司理财的理论体系、研究内容、研究方法以及该学科国内外最新的研究成果和发展趋势。全书共分十七章,第一至第十章的公司基本理财问题,讨论了公司理财目标、基本内容、研究方法等理财理论与实务,主要包括项目投资与风险投资管理、证券投资、长期筹资、资本结构、股利政策、营运资本管理和公司财务分析等内容;第十一章对公司重组、并购、公司财务困境与清算等公司特殊理财问题展开了研究;第十二至十七章的公司财务预警、公司理财信息化、人力资源战略与激励机制、公司财务控制——战略预算管理、公司战略联盟利益分配和公司业务外包财务这些前瞻性理财问题。为便于教学组织和有助于课程内容的理解以及研究方法和实务技术的掌握,每章都有相应的案例分析作支持,且这些案例大多是作者多年科研的缩影,或有关公司实际素材的提炼。

本书除能满足高校财务管理、会计、经济管理专业本科生教学需要外,还可作为MBA、MPAcc和会计学等研究生教育的教材,也可供财会、管理等实际工作者和理论研究人员学习、参考。

为方便教学,本书本次重印(2007年8月)时,《公司理财学习指导》同步推出;同时也欢迎授课老师向出版社免费索取课件及PPT。

PREFACE

公司理财的概念和内容具有动态性,是与经济、管理的发展和理财主体的客观要求紧紧联系在一起的。从公司理财的概念上看,无论将其理解为"一项以资金运动为对象,利用资金成本、收入等价值形式组织公司生产经营中的价值形成、实现和分配,并处理在这种价值运动中的经济关系的综合性管理活动",还是"研究公司货币资源的获得和管理",作为管理活动的一个子系统,服从和服务于理财主体"公司"的生存发展与社会责任目标应是其内涵的永恒主题。从公司理财的主体上观察,由于公司是市场经济运行的主体,其财务活动具有市场行为特征,又要受市场规则、各种相关法律、制度的规范,因此要重视理财环境的研究。追踪公司理财研究内容的演进,无论是资金运动还是价值流转,筹资、投资和股利决策虽是公认的公司理财最基本的内容,但还应关注其内容的拓展和创新对提升公司财务预警、公司理财信息化、人力资源战略价值管理、公司战略财务控制、公司战略联盟利益分配以及公司业务外包财务等公司理财前瞻性研究成果的应用。因此,从公司理财价值管理上的特点和资本增值属性的本能要求上,去研究本课程的体系、方法,才能明确学好本课程的重要性;剖析公司理财理论体系的建立与会计学、经济学、金融学、财政学等密切的内在联系,才能懂得公司理财是一门边缘性、交叉性、实用性很强的学科。基于上述思考,我们按公司基本理财问题、公司特殊理财问题和公司前瞻性理财问题三个模块共十七章设计了本书的框架。本书主要特点如下:

在学术思想上,力求反映该学科国内外最新的研究成果和发展趋势。既考虑了我国《公司理财》教学的特点及实践的客观要求,又注意借鉴、融入公司理财的国际新理念,以及研究内容的现实适用性、理论探索的前瞻性。

在内容组织、结构体系上,既考虑了本课程体系完整性与通用性的协调,又突出了经济全球化对中高级理财人才的培养问题。公司基本理财问题立足高校财务管理、会计、经济管理专业本科教学需要的基点;而公司特殊理财问题与公司前瞻性理财问题,又为 MBA、MPAcc 和会计学等研究生教育提供了教学资源。

在写作上,以公司基本理财问题、公司特殊理财问题和公司前瞻性理财问题的理论阐述为主线,同时考虑了具体内容的内在联系、教学组织的方便以及培养学生分析问题和解决问题综合能力的需要,每章都有相应的案例分析作支持,且这些案例大多是我们多年科研的缩影,或是有关公司实际素材的提炼,这些都有助于学生对课程内容的理解、研究方法和实务技术的掌握。

全书共分十七章。刘爱东教授任主编,负责总体框架的设计、编写大纲的制

前言

定、全书的修改、总纂和定稿,并撰写第一、三、四、六、七、八、九、十章;易玄、周浪波副教授任副主编,并分别撰写第二、十三、十四章和第十一、十五章;谢志明参与了第十三章的编写;第五章和第十七章分别由曾蔚、徐姝博士撰写;刘爱东、夏艳辉及刘爱东、阮捷分别合撰第十二、十六章。王瑛、周亮、伍健、温皓亮、刘亚伟、任圣林、贺琳琳和王慧参与了本书的校对、修改和有关章节的编写,邓诚、刘祝阳、胡雅兰和袁飞对本书的完成有一定贡献。

本书的出版得到了复旦大学出版社的大力支持,王联合副编审对我们的信任、鼓励及认真负责的敬业精神,鲍雯妍编辑所付出的艰辛劳动至今仍使我们感动。在本书编写过程中,我们参考了国内外大量文献资料。在此,一并表示诚挚的谢意。

由于时间仓促,编者水平有限,书中不妥之处在所难免,敬请同仁、读者批评赐教。

编 者

2006 年 2 月于长沙岳麓山中南大学

CONTENTS

第一章 公司理财导论 ... 1

- 学习目标 ... 1
- 第一节 公司理财的产生及发展 ... 1
- 第二节 公司理财目标理论 ... 11
- 第三节 公司理财的内容 ... 15
- 第四节 公司理财的环境约束与制度体系 ... 20
- 案例分析 北方时发集团公司快速高效发展之谜 ... 26
- 补充阅读材料 ... 28

第二章 公司理财研究方法 ... 29

- 学习目标 ... 29
- 第一节 理财研究方法体系 ... 29
- 第二节 理财规范研究方法 ... 31
- 第三节 理财实证研究方法 ... 33
- 补充阅读资料 ... 40

第三章 长期固定资产投资——项目投资决策 ... 41

- 学习目标 ... 41
- 第一节 项目投资决策概述 ... 41
- 第二节 影响项目投资决策的重要因素 ... 46
- 第三节 项目投资决策的基本方法 ... 58
- 第四节 项目投资决策的不确定性分析 ... 77
- 案例分析 华川重型机械有限公司新型车床投资项目的决策分析 ... 83
- 补充阅读材料 ... 84

第四章 风险投资管理 ... 85

- 学习目标 ... 85
- 第一节 风险投资概述 ... 85
- 第二节 风险投资的发展 ... 94
- 第三节 风险投资的运作机制 ... 102
- 第四节 风险管理 ... 111

案例分析　深圳金蝶软件公司引入海外创业投资 …………………… 122
　　补充阅读材料 ………………………………………………………… 123

第五章　证券投资　125

　　学习目标 ……………………………………………………………… 125
　　第一节　证券投资概述 ……………………………………………… 125
　　第二节　证券估价 …………………………………………………… 133
　　第三节　证券组合投资 ……………………………………………… 146
　　补充阅读材料 ………………………………………………………… 162

第六章　长期筹资　163

　　学习目标 ……………………………………………………………… 163
　　第一节　长期筹资应考虑的几个基本问题 ………………………… 163
　　第二节　股票筹资 …………………………………………………… 166
　　第三节　债券筹资 …………………………………………………… 176
　　第四节　认股权证与可转换债券筹资 ……………………………… 183
　　第五节　长期借款筹资 ……………………………………………… 187
　　第六节　其他长期融资方式 ………………………………………… 190
　　案例分析　筹集资金长期闲置现象的分析 ………………………… 197
　　补充阅读材料 ………………………………………………………… 198

第七章　资本结构　199

　　学习目标 ……………………………………………………………… 199
　　第一节　资本成本 …………………………………………………… 199
　　第二节　杠杆分析 …………………………………………………… 211
　　第三节　资本结构理论的发展及政策启示 ………………………… 220
　　第四节　资本结构决策 ……………………………………………… 232
　　案例分析　华胜药业股份有限公司资本结构优化方案分析 ……… 247
　　补充阅读材料 ………………………………………………………… 250

第八章　股利政策　251

　　学习目标 ……………………………………………………………… 251

第一节　股利的支付形式及支付程序 …………………………… 251
　　第二节　国外上市公司股利政策的理论与实践 ………………… 254
　　第三节　公司股利政策的制定 …………………………………… 267
　　案例分析　"佛山照明"股利政策的启示 ……………………… 273
　　补充阅读材料 ……………………………………………………… 275

第九章　营运资本管理 …………………………………………… 276

　　学习目标 …………………………………………………………… 276
　　第一节　营运资本管理概述 ……………………………………… 276
　　第二节　营运资本管理策略 ……………………………………… 281
　　第三节　短期融资 ………………………………………………… 285
　　第四节　现金管理 ………………………………………………… 299
　　第五节　信用管理 ………………………………………………… 310
　　第六节　存货管理 ………………………………………………… 317
　　案例分析　中集集团(0039)应收账款证券化融资 ……………… 325
　　补充阅读材料 ……………………………………………………… 328

第十章　公司财务分析 …………………………………………… 329

　　学习目标 …………………………………………………………… 329
　　第一节　公司财务分析的几个基本问题 ………………………… 329
　　第二节　财务分析的主要方法 …………………………………… 338
　　第三节　财务分析与评价的新发展 ……………………………… 357
　　案例分析　上市公司效绩评价指标体系 ………………………… 363
　　补充阅读材料 ……………………………………………………… 365

第十一章　公司重组、并购与清算 ……………………………… 367

　　学习目标 …………………………………………………………… 367
　　第一节　公司重组 ………………………………………………… 367
　　第二节　公司并购 ………………………………………………… 375
　　第三节　公司财务困境 …………………………………………… 395
　　案例分析　国美借壳香港上市 …………………………………… 402
　　补充阅读材料 ……………………………………………………… 403

第十二章 公司财务预警 ··· 404

学习目标 ··· 404
第一节 公司财务预警的基本方法 ··· 404
第二节 公司财务预警体系 ··· 413
第三节 公司财务预警运行机制 ·· 417
第四节 公司财务预警评价 ··· 423
案例分析 四川长虹预亏37亿元的财务警示 ································· 435
补充阅读材料 ··· 436

第十三章 公司理财信息化 ··· 437

学习目标 ··· 437
第一节 公司理财信息化的重要性 ··· 437
第二节 公司组织模式创新与公司理财信息化模式构建 ······················ 443
第三节 公司理财信息化项目的实施与运行管理 ······························· 447
案例分析 广州五十铃信息化提升理财水平 ································· 451
补充阅读材料 ··· 456

第十四章 人力资源战略价值管理的实施与评价 ············· 457

学习目标 ··· 457
第一节 人力资源战略价值管理在公司理财中的重要性 ······················ 457
第二节 人力资源战略价值管理体系 ··· 460
第三节 人力资源战略价值管理的实施与评价 ·································· 465
补充阅读材料 ··· 475

第十五章 公司财务控制——战略预算管理 ···················· 476

学习目标 ··· 476
第一节 公司财务控制体系 ··· 476
第二节 战略预算管理基本理论 ·· 483
第三节 战略预算管理实施环境塑造 ··· 489
第四节 战略预算管理实施 ··· 496
补充阅读材料 ··· 507

第十六章 公司战略联盟利益分配 …… 509

学习目标 …… 509
第一节 公司战略联盟利益分配的概述 …… 509
第二节 公司战略联盟的价值创造 …… 512
第三节 公司战略联盟利益分配机制的模式 …… 519
第四节 公司战略联盟利益分配机制的运行及评价 …… 531
案例分析 新联想决战戴尔的战略联盟 …… 539
补充阅读材料 …… 540

第十七章 公司业务外包财务 …… 541

学习目标 …… 541
第一节 公司业务外包的概念及内容 …… 541
第二节 公司业务外包的决策分析 …… 546
第三节 公司业务外包绩效评价 …… 559
案例分析 耐克公司的生产业务外包、索尼公司的人力资源外包及
青岛啤酒集团的物流变革 …… 566
补充阅读材料 …… 569

参考文献 …… 570

附录 复利系数表 …… 575

第一章 公司理财导论

学习目标

通过本章的学习，理解公司理财的科学内涵，明确公司理财的目标功能，了解公司理财的产生与发展以及现代公司理财理论发展的主要里程碑；掌握公司理财的研究内容，熟悉公司理财的环境和制度体系及其对公司理财的影响。

公司理财是对公司制企业经营过程中的资金运动进行预测、组织、协调、分析和控制的一种决策与管理活动。从决策角度来讲，公司理财决策职能包括投资决策、筹资决策、股利分配决策和营运资本决策；从管理角度来讲，公司理财的管理职能主要是指对资金筹集和资金投放的管理。作为微观金融支柱，公司理财活动受到来自于外部环境特别是资本市场的影响，其投资、筹资、股利分配决策及其资金管理内容日趋复杂；而战略联盟等新兴组织模式的出现，公司业务外包、基于战略的财务控制与人力资源价值管理等公司理财内容的产生，使公司理财主体和公司财务关系发生了重大变化，进一步丰富和拓展了传统公司理财的理论、方法和技术。

第一节 公司理财的产生及发展

一、西方公司理财的产生与发展

西方公司理财的产生可以追溯到19世纪末，是为了适应股份公司产生、发展的客观要求而作为一项独立的管理职能，从企业管理中分离出来的。各个公司纷纷成立了一个新的公司理财部门，专业化的公司理财由此产生了。最早较为系统研究公司理财问题的著作是美国人格林(Thomas L. Greene)于1897年出版的《公司理财》(Corporation Finance)以及1920年斯通(Arthor Stone)出版的《公司财务策略》(Financial Policy of Corporation)。

关于公司理财的发展，比较一致的看法是经历了三个阶段[1]，即筹资公司理财阶段、内部控制公司理财阶段、投资管理阶段。

---

[1] 栾庆伟等：《财务管理》，大连理工大学出版社，2001年，第2—4页。

在筹资公司理财阶段,公司理财的主要职能是预计公司资金的需要量和筹集所需要的资金。由于 20 世纪初股份公司的迅速发展,如何筹集扩大经营所需的大量资金是各公司面临的重大问题。所以,这一阶段公司理财主要从公司外部入手,全面研究外部因素对融资活动的影响,以及公司合并、破产、清偿所涉及的财务问题。

内部控制公司理财阶段是公司理财发展的一个重要阶段。在内部控制公司理财阶段,公司内部的财务决策被认为是公司财务管理最重要的问题。因此,这一阶段的主要职能是对企业进行有效的内部控制,管好用好资金;主要研究的理论问题是企业内部的财务决策,即重视资产负债表中资产科目中的现金、应收账款、存货、固定资产等资产项目的日常控制与管理;将各种计量模型、财务分析、财务计划与控制方法应用于该阶段的公司理财中。

在投资管理阶段,投资管理受到空前的重视,主要表现在:(1)确定比较合理的投资决策程序。科学的决策必须遵循必要的程序,这一程序主要包括:投资项目的提出、投资项目的评价与审核、投资项目的决策、投资项目的执行、投资项目的再评价。(2)建立科学的投资决策分析、评价指标体系。在这一阶段中,逐渐认识到投资回收期、投资报酬率等指标的缺陷,建立了包括净现值法、内部报酬率和利润指数法等的指标体系。(3)建立科学的风险投资决策方法。这一时期建立起来的各种风险投资决策方法,为正确进行有风险的投资决策提供了科学依据。

从公司理财的产生和发展历程来看,公司理财处在不断变化和日趋完善的过程中,其发展方向主要表现在:

(1)财务决策数量化,在未来的公司理财中,数学将会得到更加广泛的应用,财务决策的数量化会更加受到重视。

(2)财务预测将会广泛开展,越来越受到重视。

(3)随着科学技术的不断发展,生产规模的不断扩大,世界市场竞争的加剧以及公司的国际化经营,国际化公司理财越来越受到重视。

二、中国公司理财的发展回顾

在我国,新中国成立以前社会经济发展缓慢,并长期处于落后状态,始终未形成独立的理财工作和公司理财学科。我国公司理财的发展是随着经济的发展而发展的,其发展阶段可概括为图 1-1。

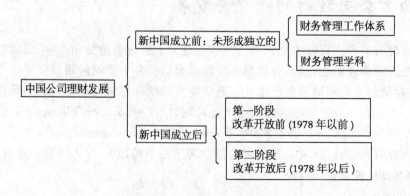

图 1-1 中国公司理财发展

本书主要研究新中国成立以后,特别是1978年改革开放以来的公司理财的发展。在这一时期,从公司理财的实践、内涵、职能,到公司理财理论的研究都发生了巨大变革。它与中国的经济体制改革和企业改革紧密相关。因此,我们首先对我国企业改革历程进行简单回顾。有学者①把企业改革分为三个阶段:(1)1978年12月—1984年9月是中国企业改革的起步阶段,改变高度集中的计划经济管理体制,通过扩权让利来增强企业活力。国务院颁布了《关于进一步扩大国营工业企业自主权的若干规定》,赋予企业10个方面的自主权。(2)1984年10月—1991年12月是中国企业改革全面展开阶段,实行政企分开,所有权与经营权适当分离,明确企业是自主经营、自负盈亏的经济实体,实行多种经济责任制。主要改革措施:实行厂长(经理)负责制,推行承包制,对一些企业实行租赁制,并试行股份制和企业集团。期间颁布了《中华人民共和国全民所有制工业企业法》。(3)1992年以后企业改革从政策调整转向制度创新,建立健全适应社会主义市场经济的现代企业制度。先后制定了《全民所有制工业企业转换经营机制条例》、《国有企业财产监督管理条例》、《中华人民共和国公司法》等,党的十四届三中全会通过了《关于建立社会主义市场经济体制若干问题的决定》,标志着企业改革进入了新的阶段。

根据其自身的特点,这一时期公司理财的改革可以分为四个阶段:第一阶段为1978—1982年,是企业财务改革起步阶段。其特点是从调整国家与企业分配关系入手,扩大企业自主财力,实行经济核算制和经济责任制,调动职工积极性。第二阶段为1983—1986年,是探索建立国家与企业之间规范分配关系的阶段。其特点是强调以法律法规来实现国家与企业分配关系,先后实施了两步"利改税",颁布了企业成本管理和固定资产管理条例。第三阶段为1987—1992年,是在所有权与经营权相对分离的条件下,探索适应多种财产所有制、企业组织形式和企业经营方式的企业财务体制阶段。具体包括企业实行承包经营责任制、租赁制等不同经营形式的财务管理制度;对私营企业、外企、股份制企业、企业集团等不同所有制或企业财产组织形式的财务管理制度;探索企业兼并、小型企业出售等产权变动的财务管理制度——有计划商品经济条件下企业财务管理。第四阶段为1993年7月1日以后,是改革开放以来时间最集中、内容最全面、影响最深远的一次公司理财变革。《企业财务通则》和分行业财务制度出台实施,标志着与社会主义市场经济体制相适应,与国际惯例接轨的新企业财务体系的确立。

三、现代公司理财理论发展的主要里程碑与应用

(一)现代公司理财理论发展的主要里程碑

现代公司理财理论所取得的研究成果可归纳为以下12个方面②。

1. 完美资本市场下的储蓄和投资

在20世纪初期,著名的美国经济学家欧文·费雪(Irving Fisher)根据存在运作良好的资本市场和不存在这样的资本市场两种情况,分别提出了有关投资和消费的基本原理。费雪从理论上揭示了资本市场是如何增加储蓄人和借款人的效用的——资本市场通过提供一种低成

---

① 丁学东等:《1978—1994年中国企业财务改革评论》,《会计研究》,1996,5,第5—6页。
② William L. Megginson 著,刘明辉译:《公司财务理论》,东北财经大学出版社,2000年,第4—25页。

本的方式,使拥有剩余财富的经济代理人(储蓄人)和拥有投资机会但超出自身财力的代理人(借款方)实现其目标。储蓄人通过将资金借给资本市场能获得更高的收益,同样,借款人也无须花费搜寻成本就能得到低息的借款。这样,储蓄人将会比没有资本市场时储蓄更多,借款人也能够比自行寻找资金情况下获得更多的低息借款。因此,整个经济中的储蓄额和投资额比没有资本市场时要大得多。依据费雪分离原理(Fisher Separation Theorem),资本市场产生了一个单一的利率,使借贷双方在进行消费和投资决策时都可以此为依据,而这反过来又促进投资和筹资决策的相互分离。

为了更好地为投资和公司筹资决策提供有效的分析工具,一些研究人员对费雪有关投资和消费的基本原理进行了修正。其中,贴现现金流量法已成为现代财务分析的一个基本工具,即将未来的某个或一系列现金流量折合为现值。贴现现金流量法是投资者进行股票和债券评价的基本方法,同时也是公司资本决策预算决策的基本步骤。

2. 投资组合理论

1952年,哈里·马科维茨(Harry Markowitz)发表了一篇著名文章,提出了投资组合理论的基本原则。文章中主要运用了统计分析方法,其中"不要把鸡蛋放在一个篮子里"的思想深刻地揭示了合理投资组合设计的核心。马科维茨指出,当增加投资组合中的资产数量时,投资组合的风险(用总收益的方法或标准差表示)将不断降低,但投资组合的期望收益率是所有个别资产期望收益的加权平均值。通过组合投资而不是投资于个别资产,投资者可以在不减少收益的情况下降低投资的总风险,图1-2形象地描述了这一原则。

随着投资组合中资产数量的增加,投资组合收益的方差相应地递减。开始时曲线较为陡峭,当投资组合中资产数量逐渐增加至20以后,曲线渐渐趋于平缓。如果包含国际市场的资产,投资组合的方差降幅将更大。在两种情况下,投资组合的期望收益都是所有个别资产期望收益的加权平均值。如果投资组合中的资产增加到足够数量后,收益的方差值将接近σ_m^2,即市场投资组合收益的方差值。

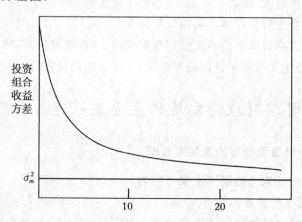

图1-2 投资组合收益风险

该理论主要的理论贡献在于,论证了当某项资产在投资组合中的比重降低时,该项资产收益的变动(非系统风险)对投资组合的影响变得微乎其微。当投资组合中资产分散到一定程度后,唯一的风险只剩下全部资产的风险(或称系统风险)。多元化投资抵消了投资于单项资产的风险因素,只剩下系统风险(用协方差表示)。由于没有有效的方法能够消除系统风险,投资者必须承担该风险并获得相应的投资回报。对投资者来说,决策时只须考虑某项资产和投资组合中其他资产间收益的协方差。投资者将倾向于投资那些协方差较低的资产组合,当然最好是协方差为负的资产组合。因此,马科维茨投资组合的选择原则是:选择那些在一定风险水平下收益最高的资产,然后将其作为有效投资组合——在一定收益条件下风险水平最低,或者在一定风险水平下收益最高。另外,马科维茨还提出了选择投资组合时衡量相关系数、协方差、标准差及方差的基本方法。

3. 资本结构理论

M&M(Modigliani and Miller)模型的主要观点是,某公司所拥有的资产组合的价值取决于资产所产生的经营现金流量。正是资产组合的预计现金流量形成了资产价值,市场参与者首先预测平均现金流量,然后依据该现金流量的预计风险水平来确定其现值。M&M 理论的命题是总价值不变规律,即公司的市场价值将不受资本结构的影响,在一定风险水平下,其价值由投资所产生的预计收益决定。如果公司资产的预计收益保持不变,当增加资本结构中的无风险负债时,有负债公司的股东所要求的收益率将相应呈线性增加。综观两者,可以看出,在完美资本市场下,资本结构与总价值无关,股东所要求的收益率直接取决于公司债务权益比率,以及在既定风险水平下市场对公司所要求的收益率。

如果不考虑公司所得税、个人所得税以及破产成本等因素,该模型非常有效——尽管这些因素都改变了模型的假设条件,但从预测上来说还是有效的。在 20 世纪 70 年代,随着代理理论和信息不对称模型的发展,学者们又对 M&M 基本模型进行了修正。可是直至今日,经过五十年的深入研究和实践检验,还是无法就资本结构对 M&M 模型的影响做出简单而明确的解释。

4. 股利政策

在发表了 M&M 股利无关论后,米勒与莫迪里阿尼通过研究股利政策,又得出了另一项无关性结论。他们认为,如果某公司的投资政策保持不变,在完美市场条件下,现金股利的支付不会影响公司的总价值。因为不论如何分配股利,通过发行新股都能使公司价值得到补偿。M&M 股利无关论是建立在现金流量均衡的基础上,即现金流入量(包括经营利润和外部筹资)恰好等于现金总流出量(包括投资支出和股利分配)。如果某公司的投资支出等于或超过经营利润,它只能靠发行新股筹资以支付股利。而且,在完美资本市场条件下,公司需要资金时,就可以迅速并无成本地发行新股。同样,投资者并不关心能否收到现金股利(发行股利通常会导致所持股票价格的等量下跌)。如果公司的利润超出投资支出,这种分析同样正确。公司仍然能够支付任何计划水平的股利,市场对公司总价值的评价将保持不变。但是,如果公司保留多余的现金(即超出投资支出的部分),由于公司总资产增加将在事实上导致投资增加,那么就破坏了模型中的投资政策保持不变这一假设。

现实生活中并不存在完美资本市场,并且真实市场中的"摩擦"因素并不主张股利支付。事实上,公司不分配股利更容易为人们所理解。这是因为:其一,我们并不完全准确地知道为什么公司开始分配股利,或者为什么在行业及国家内对宣布发放股利进行管理。其二,简单的M&M 股利模型假设不存在公司管理者与股东之间的代理问题和信息不对称问题。一旦在M&M 理论的完美资本市场模型中,将现实中存在的这两项因素考虑进去,现实中的股利支付模式大都能够因此得以解释。股利政策理论正处于蓬勃发展时期,虽然我们能够解释周围金融领域的诸多问题,但一些重要的基本问题依旧有待解决。

5. 资本资产定价模型

1964年夏普(Sharp)发表其"资本资产定价模型"(Capital Asset Pricing Model,CAPM)一文,财务学才成为一门成熟而科学的学科。这一模型具有革命性意义,因为它第一次使财务学专家能够描述和量化资本市场的风险程度,并能够对此进行具体定价。理论研究人员能够具体描绘出资本市场均衡的条件(即资本供给与需求达到平衡,市场利率趋于稳定),这一理论连同MM股利与资本结构模型,说明财务学在资本市场和公司理财两方面都形成了完善的理论体系。

依据资本资产定价模型,投资者运用投资组合进行多角化投资,个别资产的风险可以相互抵消,因而决策时无须考虑这种非系统风险。只有投资组合的系统风险具有决策意义,投资组合的系统风险是组合中个别资产风险的加权平均数。系统风险也就是某项资产(或投资组合)对经济环境因素的敏感程度,比如对利率、汇率、通货膨胀和商业周期变化所做出的反应。由于这些因素在不同程度上影响所有金融资产的价值,多元化投资无法消除或减少系统风险,因此投资者持有风险资产需要得到相应的补偿,即要求一个更高的收益率。显然,资产的系统风险越大,所要求的收益率就越高。

夏普的理论贡献在于,唯有他对系统风险做了定义,并且具体阐述了投资者如何权衡风险和收益。他假定,投资者要么投资于风险资产,要么投资于无风险资产。合理的投资组合要求投资者只选择有效的投资组合,即在一定收益条件下风险最小,或者在一定风险条件下收益最高。他指出,既然投资者要么可以投资于无风险资产,要么可以投资于风险资产组合,唯一最有效的风险资产投资组合就是市场投资组合,这种组合或者在风险方面或者在收益方面或者两方面都优于其他组合。运用上述基本原理,投资者能将资金部分投资于无风险资产,部分投资于市场投资组合。衡量风险和收益权衡线的斜线称为资本市场线(Capital Market Line,CML)。风险规避程度高的投资者将其主要资本投资于无风险资产;风险规避程度低的投资者一般会将主要资本投资于市场投资组合。风险爱好者甚至会借款(利率为无风险利率),以筹集更多资本投入市场投资组合,这样CML线高于其他投资者。投资者只需通过调整在无风险资产和市场投资组合之间的投资比例,就能够将风险控制在一定水平下,并仍能获得公平的回报。

6. 有效资本市场理论

1970年,法玛(Fama)发表了一篇文章,该文可以堪称经济学史上最为著名的文章之一。他从统计上和概念上定义了有效资本市场(efficient capital market),其中有效是指资本市场将有关信息融入证券价格的速度和完全程度。在一个信息有效的市场,证券价格反映了与公司生产、利率、管理水平及发展前景等有关的全部公开信息。如果公布了有关某公司的重要信息,其股价会立即发生变化。在法玛模型中,多次强调有效的界定是金融市场如何对信息做出反应,而不是怎样在经济中分配资本,或者使投入的经济产出最大。

法玛对"有效"做了三种程度的定义。第一类,弱式效率性市场(weak form efficient market),是指所有与证券相关的历史资料信息都已完全反映在证券价格中。第二类,半强式效率性市场(semi-form efficient market),即证券价格包含所有相关的公开信息。半强式效率性要强于弱式效率性,是由于在半强式效率性市场下,证券价格总要反映相关历史信息的变动,而且无论新信息是通过何种公共媒体(比如电视、报纸、政府文件或无线广播等)公布,证券价格都会立即对其做出全面反应。第三类,强式效率性市场(strong-form efficient market),其依据是完全掌握市场信息。在强式效率性市场下，证券信息包含了全部公开信息和未公开信息。因此，一旦投标公司管理当局做出收购决策后，目标公司的股票价格就会立即发生变化，而不是直到收购正式宣布后才发生变化。又比如，在强式效率性市场下，如果公司发生季度利润下降，一旦公司会计人员发现这种情况，其股票价格就会下跌，而不是直到其信息公布后其股价才会下跌。事实上，现实生活中通常不存在强式效率性市场。

尽管强式效率性市场在现实中并不存在，法玛的有效市场假说改变了人们对于金融市场运作的看法。因为通过证券交易者之间的竞争，证券价格确实能反映所有相关信息，所以市场价格值得人们信赖。因此，投资者应当信任有效市场，无须担心他人因掌握更多信息而获得超额收益。近年来，全球范围内更多国家采用市场经济模式，更多地依据资本市场筹资而不是政府直接决定资本投向，而且这种变化还有加速的趋势。在许多方面，有效市场假说足以为上述现象提供理论依据。

7. 期权定价理论

布莱克(Black)与斯科尔斯(Scholes)发表文章，提出了股票期权的定价模型。布莱克—斯科尔斯期权定价确实是一个重大的突破，它提供了期权定价的简单方法，即在买入和卖出期权定价时只须考虑五个可观察（至少易于计算）的变量，包括期权的履约价格、公司股票的现行价格、期权合约的剩余有效期、股票收益的风险程度以及无风险利息率。除了用做股票期权定价外，期权定价理论还对金融活动产生了显著影响。例如，可以将能获得较高净现值的投资机会（诸如研究与开发、实施新的热门技术）看作是成长期权。对于能实施成长期权的公司来说，该期权具有巨大的价值，因此必须改变传统的资本预算方法以满足搜索和利用这种期权的战略性需要。期权定价理论还能应用于更广泛的领域，只要公司或个人认为标的物的价格将发生有利变动，为确保不出现价格发生相反变动的风险，同时又不放弃获利机会时，都可以运用该理论。

当然，期权定价模型也有其缺点。首先，人们很快在定价模型中存在许多系统偏见，特别是在进行价内期权和价外期权定价时。价内期权是指期权标的物价格（或者说股票现价）高于其履约价格，价外期权是指期权标的物价格低于履约价格。其次，期权定价基本模型还假定公司股票不分派股利；如果分派股利，用该模型进行期权定价时会产生错误。再次，期权定价模型只能用来分析欧式期权，而事实上大多数交易期权都是美式期权。尽管存在上述缺陷，实践证明期权定价模型及其后来的修正模型都具有异常的生命力，而且不失为能对各类金融资产进行准确定价的模型。

8. 代理理论

1976年，Jensen与Meckling提出了公司代理成本模型，其基本贡献在于，将人的本性融入公司模型的综合模型中。依据该模型，公司只是一种契约关系的法律主体，这种契约关系包括公司经理、股东、供应商、顾客、雇员及其他关系人。所有关系人都是理性人，其行为以维护自身利益为出发点，同时十分期望别人的行为也能维护自己的利益。该模型的前提是，追求自身利益的经理代理人在做出理性行为时，知悉所有其他订约关系人的动机，并能采取措施，防止其他关系人对契约的可能违背，以保护自身利益。这一模型为投资者如何分配资本、公司经理如何做出决策提供了客观科学的模式。

Jensen与Meckling还进一步完善了代理成本模型。他们论述了为什么通过外部负债筹资能够有助于降低发行普通股产生的代理成本问题。同时还指出，如果债务比例过高，也会产生完全另一类的代理问题,修正后的模型成为非常完善的有关公司资本结构与公司管理的模型。运用该理论,能够有助于解释投资者要求发放经常性股利而公司又愿意支付的原因。

9. 信号理论

信号理论的基本观点是:公司的内幕人(如高级职员、董事)比外部投资者了解更多的有关公司经营状况、发展前景等信息。由于存在这种信息不对称,投资者很难客观地区分公司的优劣。无论好坏程度如何,公司管理者都会声称公司有着良好的业绩和盈利前景,然而只有时间的推移才能证明声明的真假。因此,管理当局陈述书并不能传递任何有用的信息。如果投资者对业绩低劣的公司的声明信以为真,公司内幕人就能通过发布虚假声明而赚取利润。但是,鉴于信息不对称问题的存在,投资者会对所有公司的股票价格做出平均的而且较低的评价。

显然,业绩良好公司的经理希望能向投资者证明,由于公司拥有良好的发展前景,其公司价值应当得到更高的评价。但是,公司经理如何向投资者传递信息又不会被业绩欠佳公司经理所效仿的方法是,业绩良好的公司采用某种成本较高但又能够支付的信号传递方式,而这种方式由于代价过高迫使业绩欠佳公司无法效仿。比如,分派大比例现金股利就可能是一种有效的信号方式。当投资者理解这种动因后,他们将认定能支付高额股利的公司价值更高,而认定那些支付较少股利或根本不支付股利的公司价值相对较低。由此,产生了分离均衡,即投资者能够区分业绩好坏程度不同的公司,并能在经济上给予合理的评价。对业绩良好的公司而言,尽管从放弃投资机会的角度来看,它只能获得应有的评价,投资者也能够有信心地投资于那些发展前景好的公司。因此,这种均衡具有稳定性。在信息不对称的市场环境下,信号是否有用必须符合两项检验。其一,信号对采用的公司来说代价昂贵。如果不是为向投资者传递信息,公司不会采用这种信号(信号本身应当被看作是一种净现值为负的策略)。其二,信号对业绩欠佳公司比对业绩良好公司成本更高,如果能对弱小公司具有排斥作用就更为理想。

信号模型不仅直观而且很有吸引力,但模型在实践检验中并不成功。事实上,运用该模型所预测的结果与公司实际情况恰好相反。例如,信号模型认为,那些盈利能力最强、发展前景(用增长率衡量)最好的公司通常支付最高的股利、其债务权益比也最高。在实践中,迅速成长中的技术型公司通常根本不分配股利,而那些发展稳定的行业中成熟型公司往往将大部分盈余用来发放股利。

10. 现代公司控制论

布拉德利(Bradley)1980年发表的一篇有关现代公司控制的重要文献,研究了目标公司被宣布收购后的股价变动情况。他指出,一旦收购要约(公开宣布按某固定价格购买所有原因转让的股份)宣布后,目标公司的股票价格大约会立即上涨30%,然后维持该水平,直到收购结束或被取消。这一结论既不新颖也不出乎人们的预料,但他的另一个主要发现则与此不同。他指出,那些在成功的并购中未被收购的股份(比如,投标人只收购了目标公司的51%股份),在收购结束后,会立即降至最初的价格水平。这个结论的重要性在于它解释了收购公司管理当局发动并购投标的真正动因。在布拉德利文章发表之前,理论界大都假定投标公司之所以收购目标公司大部分股份,要么是为了夺取目标公司资产,要么是在并购宣布后从目标公司股票增值中获利。布拉德利的解释与这些传统解释完全不同。他认为,既然未被收购的股票价格仍然高出投标前水平,显然收购成功的投标人并不是为了夺取所收购的公司资产,否则会导致未被收购股票价格下跌到远低于投标前的水平。另一方面,由于并购一旦结束,未被收购的股票价格将低于收购价格,显然投标人收购股票将发生资本损失而不是资本收益。

布拉德利的最大贡献在于他对所研究的结果做出了合理的解释。依据其理论模型，投标公司管理当局发出收购要约，主要目的是获得目标公司资产控制权和管理权(因为目标公司的管理目前没有达到最优化)。一旦收购成功，收购公司将会对目标公司实施更有效的经营战略，经过有效的经营管理来获取利润。根据该模型，竞争对手的管理当局奋力争夺目标公司的资产控制权，由更加胜任的人员接替效率低下的管理人员，公司资源的控制权自然也就转交给那些能够对其进行更充分有效利用的人。并购活动能够消除效率低下，并能将公司控制权集中于最胜任的人员手里，因此，活跃的产权交易市场有利于经济发展。20世纪80年代，得益于布拉德利文章的启发，有关公司控制的研究与并购市场都获得了长足的发展。

11. 金融中介理论

在学术界，利兰(Leland)和派尔(Pyle)于1977年在其所发表的文章中，较早地描述了金融中介的信息优势(即通过诸如银行等金融中介而不是直接通过资本市场筹资的信息优势)。公司宣布发行证券(特别是普通股)会对股东收益产生负面影响，即资本市场筹资的成本很高，且具有破坏性。1987年，詹姆士(James)做出了一项重要贡献，他指出如公司宣布获得商业银行贷款，其股东就会获得相应的收益。由于与公司筹资的其他相关公告都会对股东收益带来负面或很小的影响，这一论述为银行贷款的盛行提供了有力的证据。由于银行能直接接触公司账目，并与公司高层管理人员保持亲密联系，如果银行同意对公司放贷，就说明掌握较多信息的一方对公司未来前景充满信心，从而股票市场的参加者也能清楚地分析贷款筹资公告。

与通过银行或其他金融中介筹资相比，从资本市场筹集公司日常经营资金的成本要高得多，而且经济上也很浪费。除非大规模筹资，商业银行似乎比资本市场更具有竞争优势。银行能通过吸收存款的传统方式低成本地积聚资金；银行拥有训练有素的专业人员，能掌握信贷分析方法和特定市场的融资需求；除了信贷业务外，银行还能向企业提供广泛的金融服务，包括现金管理、薪金服务、数据处理、托收、租赁等，甚至包括家族企业的信用服务。更重要的是，通过与公司管理当局建立经常性联系，银行经理能够成为公司的真正内幕人，能够评估并满足成长型公司的资金需要，又不会向竞争者泄露敏感的信息，也无须解决在资本市场上公司发行证券所产生的信息不对称问题。

12. 市场微观结构理论

自1985年以来，大批学者的研究重点转向不同证券市场的内部结构和运作方面。尽管Ho和Stoll最早于1981年对现代市场结构与价差模型作了研究，但在此之前，Demsetz(1968)和Tinic(1972)就发表过文章，分析了在市场参与者的证券变现过程中券商所起的作用，Branch和Freed于1977年论述了两种主要交易的买卖价差。Ho和Stoll的创造性体现在创建了个别券商在收益和交易不确定条件下的操作模型。他们还指出，券商出于交易需要而背离其所需要的存货水平，需要得到补偿，该模型从理论上证实了券商索要买卖价差的一部分反映了这种补偿。价差的储存成本要素既反映了券商进行多余储备所要求的补偿报酬，同时又反映了买卖价差的另一项要素——订购成本要素，它包含券商提供变现服务、处理顾客买卖订单的成本。后来，Ho和Stoll将他们的单一券商模型扩展为多券商模型。

1983年Copeland和Galai指出，券商与可能掌握相关未公开信息的市场参与人进行交易存在风险，因此通常须以较高的买卖价差形式来补偿这种交易风险。只要这种交易风险增加，价差的逆向选择要素问题相应增加。如果券商认为其最接近的交易是与掌握更多信息的参与人进行的话，如果该参与人买进股票，券商将索要更高的标价；如果该参与人卖出股票，券商则降低价格。1985年Glosten和Milgrom提出了类似模型,并且得出了相似的结果。Glosten(1988)以及Harris和Stoll(1989)对买卖价差进行了实证分析。Stoll发现,平均能够变现的买卖价差只相当于券商报价时所要求价差的57%,他还进一步将报价价差分解为几项独立要素:逆向信息成本(占43%)、订购处理成本(占47%)及储存成本(占10%)。后来的研究者更新了买卖价差的分解方法,即按其组成部分进行分解,并根据价差修正的实际模式来推测交易模式。

综上所述,有关市场微观结构的文章都与不断发展的公司理财理论著作相一致。比如:(1)两者都基于同样的假设,即掌握信息的代理人做出理性行为并追求财富最大化;(2)假设金融市场运行有效;(3)用一种严谨的、内在有机的方式来解决重要现实问题,并为从事证券交易的管理者和热衷于深奥的学术研究者提供机会。

(二) 现代公司理财理论的运用

现代公司理财理论的发展为公司理财的应用开辟了诸多新领域,包括资本市场均衡(投资)、债券、股票及期权评价,资本结构,股利政策及资本预算等等。其运用和解决实际问题的原则归纳如下。

1. 金融资产的定价只须考虑系统风险

尽管目前资产定价理论还无法准确地对金融市场的经济因素进行定价,甚至还无法阐明到底存在多少相关因素,但有一点是明确的,即只须考虑对全部金融资产具有重要影响、涉及整个国民经济的系统因素。投资组合分散化如此,任何投资者能够加以分散的风险都是如此。对理财实务而言,这一点无论对公司财务问题还是对投资管理决策都很重要。在资本预算中进行净现值投资分析时,我们只须分析备选资产的系统风险,以确定合适的折现率。同样,在选择投资组合中的各种股票时,我们应忽略某股票的总体方差,集中精力研究该项资产收益的总体影响。

2. 信任市场价格

尽管只有在最极端的市场效率下,我们才能推测金融市场价格能够准确地反映其基本的经济价值,但无论是常识还是理财理论及学术研究都揭示,市场价格包含了对公司现在价值和未来前景的公正评价。公司理财人员应当从整体上分析金融市场,金融市场就如一个巨型的信息处理器,不断地评价公司前景,并且通过调整证券价格做出相应的反应。

3. 注重投资而不是筹资

现代资本市场中,由于竞争的存在,仅凭筹资决策来创造财富的机会存在很大的局限性。尽管成功的金融创新的确发生过,但对全部公司的筹资总量来说,也只占极小的一部分,而且由于竞争而迅速失去盈利机会。公司高层管理者应集中精力创造和利用有利可图的投资机会,而不是想方设法去"击败市场"。公司长期竞争优势最终取决于资产质量、员工的创造力和胜任能力,而不在于其财务策略。另一方面,公司管理者应做好准备,把握所出现的具有盈利前景的投资机会,尽管有些机会看来微不足道或稍纵即逝。

4. 重视现金流量而不是会计利润

现金流量是所有企业的生命之源,只有获得现金流量,公司才能偿还债券、进行投资及向股东支付股利。目前,公司理财关注现金流量而不是收益,这是因为:首先,为计算公司利润,必须采取持续变动的一系列公认会计原则进行账务处理。其次,现金流量通常不会产生歧义。

最后,在资本预算时如果运用收益而不是现金流量分析,有时还会产生错误的结果,特别是涉及多个期间时。

第二节 公司理财目标理论

一、公司的目标功能

(一) 公司概述

1. 公司的基本涵义及特征

公司是一个比较复杂的概念,具有很大的包容性。对于公司的概念也表述不一,比较一致的看法是:公司是依照公司法设立,以营利为目的的企业法人。公司的基本特征包括:(1)公司是企业的一种组织形式,它具有各种企业所共有的属性,如营利性、经营自主性、竞争性等。(2)公司必须依法设立。(3)我国的公司是法人。(4)必须在法律许可的范围从事经营活动。

2. 公司的类型

按不同的标准,可将公司分为不同的类型。在我国和大陆法系,对公司的分类是以公司的资本结构和股东对公司债务承担责任的方式划分的,传统上将公司分为无限责任公司、有限责任公司、两合公司、股份有限公司和股份两合公司等五种形式。实践中,有限责任公司和股份有限公司作为企业的高级组织形式,被广泛采用。我国《公司法》也只对这两种形式做了规定。

有限责任公司是指由法律规定的一定人数的股东(我国《公司法》规定为2人以上50人以下)所组成,股东以其出资额为限对公司承担责任,公司以其全部资产对公司债务承担责任的企业法人。其基本特征是:(1)有限责任公司的股东仅以出资额为限对公司承担责任。(2)有限责任公司的股东人数有限,且相对稳定。(3)有限责任公司的资本通常不分为有限股份。(4)有限责任公司的筹资和经营具有"封闭性"或"非开放性"。(5)有限责任公司的设立一般不需要经主管部门批准。

股份有限公司是以一定数目的股东组成,其全部资本分为等额股份,股东以其所持股份为限对公司承担责任,公司以其全部资产为限对公司债务承担责任的一种公司。其基本特征有:(1)股份有限公司的股东以其所持股份为限对公司承担责任。(2)股份有限公司的股东人数只有下限,而没有上限,一般为5人以上,且半数在中国境内有住所。(3)股份有限公司的资本必须分为等额股份。(4)股份有限公司的筹资和经营具有开放性或公众性,是筹集和积累资本、分散经营风险、转换经营机制的高级公司组织形式。(5)股份有限公司的设立条件和监管严格。

此外,我国对高新技术企业的概念和标准进行了相关界定。高新技术企业是知识密集、技术密集的经济实体,从事法律规定的高新技术范围内的一种或多种高技术,及其产品的研究、开发、生产和经营业务的企业,均有资格申请认定。我国对高新技术企业的认定可以概括为两个"密集度",一个"复杂度"。两个密集度是指研发经费投入密集度和科技人员密集度;一个"复杂度"是指产品技术的复杂程度。我国对高新技术企业实行税收优惠政策和财务优惠政策,税收优惠政策是指对高新技术企业的增值税、关税、营业税和企业所得税的免征优惠政策;财务优惠政策包括对高新技术企业开发新产品、新技术、新工艺所发生的各项费用不受比例限制,计入管理费用等优惠政策。

3. 公司的作用

对于公司作用的理解,可以从理论与实践两方面把握。

在理论上:(1)公司是以特有的功能,适应社会主义市场经济发展的新型企业组织模式。(2)规范的公司,能够有效地实现出资者所有权与企业法人财产权的分离,有利于政企分开、转换经营机制,有利于提高企业和资本的运作效率。(3)建立现代企业制度是国有企业改革的方向,按照"产权清晰、权责分明、政企分开、管理科学"的要求,对国有大中型企业实行规范的公司制改革,使企业成为适应市场的法人实体和竞争主体。

在实践中:公司可以加速资金的筹集;改善企业的经营管理;增强企业的活力。

(二) 公司目标

公司理财目标应服从和服务于公司目标,公司目标包括生存发展和社会责任两大目标。在现代公司中,股东聘请经营者来替他们负责公司的日常运作,而这些经营者则从银行或债权人那里筹措资金以支持公司的运转,然后,股东再根据经营者反映的有关公司的信息作出反应,同时公司必须在一个较大的相互关联的社会环境中来运作和制定决策。强调股东财富最大化,公司理财可能面临着以下几个风险:首先,受雇替股东运作公司的经营者可能会有他们自己的利益所在,而这种利益可能会背离股东财富最大化的目标。其次,股东能够通过剥夺公司贷款人和其他权益所有人的财产而增加自己的财富。再次,在金融市场中,股东要对信息作出反应,但有时信息本身是错误的或杂乱的,而且股东所作出的反应也可能与信息本身不相符合。最后,强调财富最大化的公司可能为社会制造了大量的成本,然而这些成本却不能在公司的收入中反映出来,但它可能会抵消财富最大化目标带来的收益。

假设经营者只专注于股票价格最大化。出现这种情况必须进行以下假设:没有社会成本,即公司在追求股东财富最大化的过程中所耗费的成本都能够归结于公司,并且由公司负担。同时,公司的经营者专注于股东财富最大化;公司的债权人受到完全的保护以免受到股东的盘剥;公司的经营者没有就公司未来的前途问题试图误导或欺骗金融市场,同时有足够的信息提供给市场,使得市场能够根据长期的现金流量和价值,对公司的运作效果作出判断。在这样的前提下,股票价格就能反映股东财富。因此,经营者就能专注于一个目标——股票价格最大化。这个经典的目标功能所需的全部假设以图表的形式概括如图1-3[①]所示。

即使对这些假设随意推敲,都不难发现在每个用来说明股票价格最大化作为唯一的目标功能的假设里面都存在潜在的缺陷。经营者可能并不总是本着股东利益而作出决策的,股东有时也会做出违背债权人利益的事情,市场信息也会含糊不清,同时客观存在的社会成本也不能够从企业的财务报告中反映出来,有可能引发股票价格最大化目标功能的崩溃的四种关联情况如下:

股东和经营者。股东的目标是股东财富最大化,所以千方百计地要求经营者以最大的努力去完成这个目标。经营者也是最大合理效用的追求者,可能偏向于追求增加报酬、增加闲暇

---

① Aswath Damodaran 著,郑振龙译:《应用公司理财》,机械工业出版社,2005年,第18页。

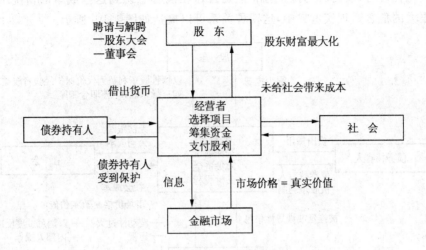

图 1-3 公司经典的目标功能

时间、避免风险,经营者与股东的目标不完全一致,经营者有可能为了自身的目标而背离股东的目标。

股东和债权人。当公司向债权人借入资金后,两者形成一种委托代理关系。债权人把资金交给企业,目标是到期收回本金,并获得约定的利息收入;公司借款的目的是用它扩大经营,投入到有风险的生产经营项目,两者的目标不一致。在现实世界中,不设法保护自己的债权人将会面临一定的风险,股东可能会采取多种不同的办法来侵害债权人,比如提高财务杠杆水平,支付更多的股利,或者减少因债务而抵押的物品的价值。股东却以债权人为代价增加了自己的财富。股东和债权人之间利益冲突的本源在于这两个利益集团对现金流量要求权的本质存在分歧。债权人通常对公司现金流量有第一位的求偿权,而股权投资者则只能对残余现金流量有求偿权,但如果公司没有充足的现金流量履行债务,那么股权投资者就有权宣告破产。如果项目成功了,债权人除了收回本金和利息外不能参与分享项目所带来的收益,而一旦项目失败,他们将承受巨大的成本损失,所以股东和债权人可能在许多问题上产生分歧。

公司和金融市场。如果坚持强调股东或公司财富而不是公司的市价作为目标功能,那么就不需要任何关于金融市场效率或其他方面的假设。但是,股东或公司的财富很难衡量。所以,在强调以市价为目标功能的情况下,可以较明确地衡量每个企业成功或失败与否。假定金融市场达到有效率的程度,并且所利用的信息能够用于对未来现金流量和风险作出可以衡量的并且是无偏差的估计,那么市场价格就能反映真实的价值。但是,如果信息被封锁、耽搁或是具有误导性,那么市场价格将会背离真实价值。再者,金融市场并不是总能够合理地把新信息所产生的影响反映到股价中来。市场价值的不确定性通常比其他任何基本要素的不确定性大很多。

公司和社会。大多数的管理决策都会造成一定的社会影响,而这些影响所造成的后果却不太容易解决。公司或股东财富最大化的目标功能所暗含的假定是:社会附带成本或者是很琐碎以致被忽略,或者是被定价由公司支付。但在有的情况下社会成本相当可观,却不可能完全由这家公司承担。在存在大量社会成本并且公司意识到了这些成本的情况下,可能会使股东财富最大化在社会利益面前有所节制,但是公司在没有意识到这些成本的情况下肯定会给社会带来很大的危害。现实世界中,这四种关系可以概括如图1-4① 所示。

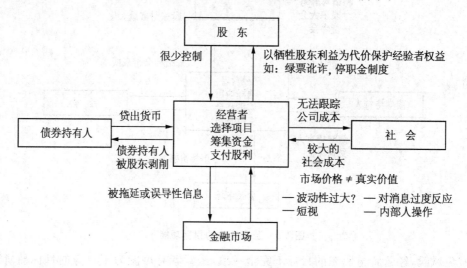

图1-4 现实世界中公司的目标功能

二、公司理财的目标

公司理财目标是公司进行理财活动所要达到的目的,是做好公司理财工作的前提条件,也是评价公司理财活动是否合理的标准。公司理财目标应服从和服务于公司目标,公司理财目标又分为总体目标和具体目标,具体目标取决于公司理财的具体内容。关于理财总体目标的认识主要有"产值最大化"、"利润最大化"和"财富最大化"三种观点。

1. 产值最大化

在传统的集权管理模式下,企业的财产所有权与经营权高度集中,企业的主要任务是执行国家下达的总产值指标,这就决定了企业必然把总产值作为企业经营的主要目标。在我国社会主义建设初期,人们不自觉地把产值最大化作为财务管理的主要目标。随着时间的推移,人们逐渐认识到,这一目标的缺点:(1)只讲产值,不讲效益。在产值目标的支配下,有些投入的新增产值小于新增成本,造成亏损,减少利润,但因为能增加产值,企业仍愿意增加投入。(2)只讲数量,不求质量。追求总产值最大化决定企业在生产经营过程中重视数量而轻视产品质量和种类,因为提高产品质量、试制新产品都可能会妨碍产值的增加。(3)只抓生产,不抓销售。在总产值目标的驱使下,企业只重视增加产值,而不管产品能否销售出去,因此,往往出现"工业报喜,商业报忧"的情况。(4)只重投入,不讲挖潜。总产值最大化的目标还决定了企业只重视投入,进行外延扩大生产,而不重视挖掘潜力,更新改造设备,进行内涵式扩大生产。因为更新改造容易对目前产值的生产产生不利影响,也不能大量增产。相反,采用粗放式、大量投入的方式则往往使产值指标易于完成。

---

① Aswath Damodaran 著,郑振龙译:《应用公司理财》,机械工业出版社,2005年,第34页。

2. 利润最大化

利润最大化观点在西方经济理论中是根深蒂固的。西方经济学家都以利润最大化这一概念来分析和评价企业行为和业绩。从传统的观点来看,企业是一种经济机构,衡量其工作效率的公认指标是利润。以利润最大化作为企业理财目标,虽能促使企业加强管理,讲求经济核算,努力降低耗费,有利于资源的合理配置和经济效益的提高。但是,现代公司理财理论认为,利润最大化并不是公司理财的最优目标,主要因为:(1)利润最大化的概念含混不清。它指的是短期利润还是长期利润,是税前利润还是税后利润,是经营总利润还是支付给股东的利润,这些都不明确。(2)利润最大化没有区分不同时期的报酬,没有考虑资金的时间价值。(3)没有考虑所获利润和投入资本额的比例关系。(4)利润最大化没有考虑风险问题。现代公司理财理论认为,利润最大化的目标已不适用于现代公司理财。

3. 财富最大化

财富最大化是指通过公司的合理经营,采用最优的财务决策,在考虑资金的时间价值和风险价值的情况下使企业的总价值达到最高。对于股份公司而言,财富最大化可以表述为股东财富达到最大。这是现代西方公司理财理论普遍公认的财务目标,此目标一般被认为是衡量公司财务行为和财务决策比较合理的标准,因为该目标考虑了取得报酬的时间因素,并用资金时间价值原理进行了科学计量。这克服了公司追求利润的短期行为,有利于社会财富的增加;考虑了风险与报酬之间的关系,有利于做出正确的财务决策。

这一目标不仅反映出股东的主观愿望,也反映了公司外部的客观评价;不仅反映了公司理财的目标,也反映了整个社会的经济目标。

第三节 公司理财的内容

公司理财基于公司生产经营中的财务活动和财务关系,是公司管理的一个重要子系统。其特点在于它是一种价值管理。

一、公司理财活动的概念及其运行

公司理财活动,即公司的资金活动。就公司的再生产过程而言,公司理财活动表现为公司资金的不断循环和周转及其所体现的经济关系。这个过程体现了资金的"三性",即增值性、流动性、安全性。公司资金从货币形态开始,经过供、产、销三个阶段,又回到货币资金形态的运动过程叫做资金循环。公司资金周而复始不断重复的循环,叫做资金周转。公司理财活动的运行过程如图1-5[①]所示。

在资金筹集过程中,公司从各种渠道筹集资金,是资金活动的起点。公司不仅可以通过吸收拨入款项、发行股票等方式从投资者那里取得资金,还可以通过银行借款、发行债券、应付款项等方式吸收借入资金,构成公司的负债。在资金投资和使用过程中,主要通过购买、建造等

[①] 栾庆伟等:《财务管理》,大连理工大学出版社,2001年,第5页。

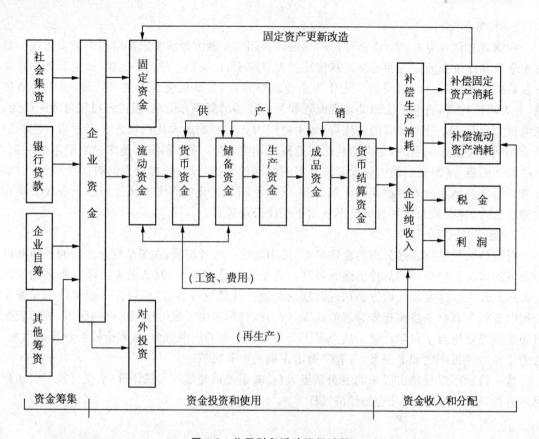

图 1-5 公司财务活动运行过程

过程,形成各种生产资料。一方面进行固定资产投资、兴建房屋和建筑物、购买设备,另一方面使用货币资金购进原材料、燃料、商品等,使货币资金转化为固定资产和流动资产。此外,还可以采用一定的方式向其他单位投资,形成短期投资和长期投资。在资金收入和分配过程中,公司通过销售生产产品和购入商品的过程,取得销售收入,实现产品的价值,这不仅可以补偿成本,而且可以实现公司的利润,公司自有资金的数额也随之增大,另外,还可能取得投资收益和其他收入。公司从经营过程中收回的货币资金,被用来向债权人还本付息和进行分配。

二、公司财务关系

公司财务关系,指公司在资金运营中与有关方面发生的经济关系。一般包括以下五种关系。

1. 公司与投资者和受资者之间的财务关系

公司从各种投资者那里筹集资金,进行生产活动,并将所实现的利润在投资者之间分配。同时,公司还将自有的法人资产向其他单位投资,被投资单位即为受资者。公司与投资者、受资者之间的关系,即投资与分享投资收益的关系,是所有权性质的关系。

2. 公司与债权人、债务人、往来客户之间的财务关系

公司由于购买材料、销售产品要与购销客户发生货款收支结算关系,在购销活动中由于延期收付款项要与有关单位发生商业信用关系,如应收账款与应付账款。当公司资金不足或资

金闲置时,要向银行借款、发行债券或购买其他公司债券。业务往来中的收支结算,要及时收付款项,以免相互占用资金。一旦形成债权债务关系,债务人就要还本付息。公司与债权人、债务人、往来客户之间的财务关系,在性质上属于债权关系、合同义务关系。

3. 公司与税务部门的财务关系

公司应按照国家税法和规定缴纳各种税款,包括所得税、流转税和计入成本的税金。这些税金是国家财政收入的主要来源,及时缴纳税金是生产经营者对国家应尽的义务。

4. 公司内部各单位之间的财务关系

一般来说,公司内部各部门、各级单位与公司财务部门之间要发生领款、报销、代收、代付的收支结算关系。在实行内部经济核算制和经营责任制的条件下,处理公司内部各单位之间的财务关系要严格划分有关各方面的经济责任,以便有效地发挥激励机制和约束机制的作用。

5. 公司与职工之间的财务关系

公司向职工支付工资、津贴、奖金等,从而按照职工提供的劳动数量和质量进行分配。这种公司与职工之间的结算关系,体现着个人和集体在劳动成果上的分配关系。

三、公司理财的概念

关于公司理财的概念,比较有代表性的观点有以下几种。

公司理财是一项以资金运动为对象,利用资金成本、收入等价值形式组织公司生产经营中的价值形成、实现和分配,并处理在这种价值运动中的经济关系的综合性管理活动[1]。

公司理财是研究公司货币资源的获得和管理。具体说就是研究公司对资金的筹集、计划、使用和分配,以及与以上财务活动有关的公司财务关系[2]。

公司理财是对公司经营过程中的财务活动进行预测、组织、协调、分析和控制的管理活动。公司经营过程中财务活动的核心是资金运动,这种资金运动表现为资金的筹集和资金的运用[3]。

1997年11月在南京大学召开的"全国第三届理财学学科建设研讨会"上一些代表认为,理财学应是以财政税收为主要环境,以各种金融工具为理财手段,以会计学为基本依据,对企业经营性资金的筹措、投放、运用、收益分配等进行的系统管理。亦可简述为对现金流量的控制或资金的融通。

根据公司理财的目标和概念可知:

(1) 公司理财的内容(或对象)是资金运动。主要包括筹资决策、投资决策和股利分配决策等最基本的内容,如图1-6[4]所示。

(2) 公司理财的主体是公司。由于公司是市场经济运行的主体,故其财务活动应是一种市场活动,应受市场规则、各种专门法律的规范,要重视理财环境的研究。

---

[1] 栾庆伟等:《财务管理》,大连理工大学出版社,2001年,第7页。
[2] 卢家仪:《财务管理》,清华大学出版社,1997年,第3页。
[3] 资料来源:MBA教学大纲对公司理财的界定。
[4] Aswath Damodaran著,郑振龙译:《应用公司理财》,机械工业出版社,2005年,第2页。

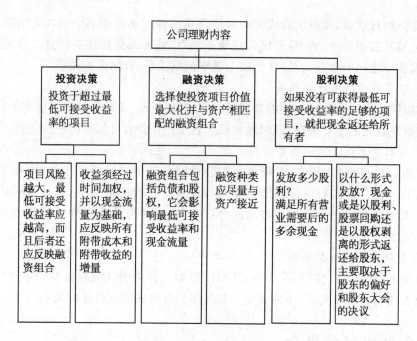

图1-6 公司理财内容

(3) 从公司理财价值上的特点和资本增值属性的本能要求,去探究本课程的体系、方法,明确学好本课程的重要性。因此,本书框架设计如图1-7所示。

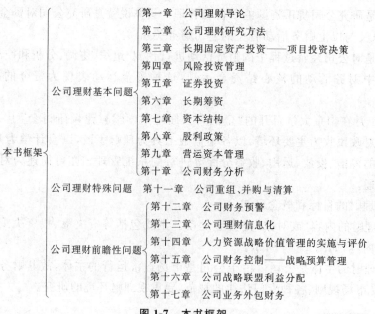

图1-7 本书框架

(4) 公司理财理论体系的建立与会计学、经济学、金融学、财政学等有着密切的联系,公司理财是一门边缘性、交叉性、实用性很强的学科。

(5) 公司理财的主要方法是财务预测方法、财务决策方法、财务计划方法、财务控制方法与财务分析方法。

四、公司理财理论结构

公司理财的理论结构是指公司理财理论各组成部分(或要素)以及这些部分之间的排列关系。公司理财总是依赖于其生存发展的环境。在任何时候,公司理财问题的研究都应以客观环境为立足点和出发点,这才有价值。脱离了环境来研究公司理财理论,就等于是无源之水,无本之木。将公司理财环境确定为公司理财理论结构的起点是一种合理的选择。我国学者结合当前和未来一段时间我国公司理财环境的现状和发展,建立了以公司理财环境为起点、公司理财假设为前提、公司理财目标为导向的、由公司理财的基本理论、公司理财的应用理论构成的理论结构,如图1-8所示①。

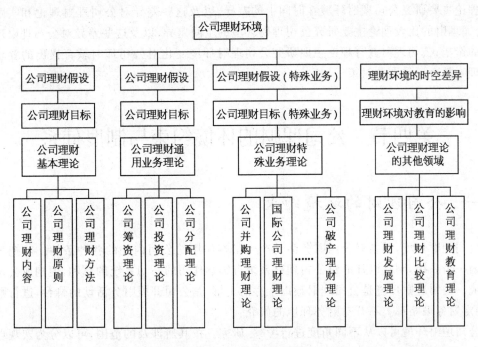

图1-8　公司理财理论结构

公司理财环境是公司理财理论研究的逻辑起点。公司理财中的一切理论问题都是由此展开的,并在此基础上层层深入,形成合理的逻辑层次关系。公司理财假设是公司理财理论研究的前提。公司理财假设是人们利用自己的知识,根据理财活动的内在规律和理财环境的要求所提出的,具有一定事实依据的假定或设想。公司理财目标是公司理财理论和实务的导向。既对公司理财的内容、公司理财原则、公司理财方法等基本理论问题起导向作用,也对公司理财的通用业务理论和特殊业务理论起导向作用。

公司理财的基本理论是指由公司理财内容、公司理财原则、公司理财方法构成的概念体系。公司理财的内容包括公司筹资管理、公司投资管理和公司分配管理三个方面。公司理财

---

①　周首华等:《现代财务理论前沿专题》,东北财经大学出版社,2000年,第10页。

的原则是公司理财工作必须遵循的基本准则,是从公司理财实践中概括出来的、体现理财活动规律性的行为规范。公司理财方法是公司理财人员为了实现公司理财目标、完成公司理财任务,在进行理财活动时所采取的各种技术和手段。

公司理财的通用业务是指各类公司都有的理财业务。公司筹资管理理论、公司投资管理理论和公司分配理论这三个方面的理论,都受公司理财环境的影响,都以公司理财的基本假设为前提,以公司理财的目标为导向。

公司理财的特殊业务是指只有在特定公司或某一公司的特定时期才有的公司理财业务。如公司破产清算的理财管理、公司并购的理财管理、集团公司的理财管理、小公司理财管理、国际公司理财等都属于公司理财中的特殊业务。

公司理财的发展理论(即公司理财史问题)、公司理财的比较理论(即比较公司理财问题)和公司理财的教育理论,这些问题统一归入公司理财理论的其他领域进行研究。公司理财的发展理论主要研究公司理财环境在时间上的差异,以及这些差异对公司理财理论和实践的影响;公司理财的比较理论主要研究公司理财环境的空间差异,以及这些差异对公司理财理论和实践的影响;公司理财教育理论主要研究公司理财环境变化对公司理财教育提出的要求以及公司理财教育所采取的对策。

第四节 公司理财的环境约束与制度体系

一、公司理财的环境约束

公司理财环境,是指对公司财务活动产生影响作用的公司内外的各种条件。若把公司理财作为一个系统,则其以外的对公司理财系统有影响作用的一切系统的总和,便构成公司理财的环境。公司理财环境是公司理财赖以生存的土壤,是公司开展财务活动的舞台,进行财务决策、制定财务策略都离不开对财务环境的研究。

公司理财环境可以从不同角度进行考察、研究。按其所涉及的范围,可以分为宏观理财环境和微观理财环境。宏观理财环境是存在于宏观范围中的对公司理财管理有重大影响的各种条件。例如,国家经济发展水平、产业政策、税收制度、金融政策与金融市场、通货膨胀、国际经济环境等状况如何,都会对各类公司的理财管理产生重大影响。微观理财环境是存在于某一定范围内的对某种理财活动产生重要影响的各种条件。例如,企业的经济成分、经营方式和组织方式、销售环境、采购环境、生产环境等状况如何,一般只对特定公司的理财管理产生影响。

宏观理财环境的各种因素,一般存在于公司外部,而微观理财环境的各种因素,有的存在于公司外部,有的则存在于公司内部。由于外部理财环境对公司理财主体而言(或相对于公司内部理财环境而言)比较难以控制且对公司理财活动影响较大,故更应重视公司理财外部环境的研究,以提高理财工作对环境的适应能力、应变能力和利用能力,确保公司理财目标的实现。因此,公司理财的外部环境至少应从以下四个方面考虑。

(一) 公司理财的法律环境

市场经济是法治经济,企业必须依法经营。与公司理财有关的法律很多,可以从以下几个方面理解。

市场经济主体法(企业组织法)主要包括公司法、企业法、全民所有制企业法、独资企业法、中外合资经营企业法、中外合作经营企业法、外资企业法、企业破产法等。《公司法》是公司理财最重要的强制性规范,公司一旦成立,其主要的活动都要按照《公司法》的规定来进行。公司的理财活动不能违反该法律,公司的自主权不能超出该法律的限制。其他的企业也要按照相应的企业法来进行其理财活动。

市场经济运行法主要包括合同法、知识产权法、证券法、反不正当竞争法、消费者权益保护法、产品质量法、票据法、房地产法等。宏观调控法主要包括财政税收法、金融法、自然资源和能源法、环境保护法等。经济监督法主要包括统计法、会计法、审计法、仲裁法等。

(二) 公司理财的税务环境

国家税收制度特别是其中的工商税收制度,是公司理财的重要外部条件。公司理财人员必须熟悉国家税收法律、法规及相关的税收政策,不仅要懂得各种税收的计征范围、计征依据和税率,而且要了解差别税率的制定精神,减、免税的原则规定,以及国际税收惯例等有关知识,自觉按税法导向进行经营和理财活动。

1994年1月我国进行一次全面性、结构性的税制改革,改革后工商税种由原来的32个变为5类17个。简化合并的4个税种是企业所得税、个人所得税、资源税(将盐税并入)、消费税;取消了与形势发展不相适应的税种12个,即产品税、工商统一税、国营企业调节税、国有企业奖金税、国营企业工资调节税、集体企业奖金税、事业单位奖金税、集市交易税、牲畜交易税、筵席税、城市房地产税、车船使用牌照税等;税制改革后新增加的税种有4个,即土地增值税、证券交易税、遗产和赠与税、社会保障税(当时正在调研阶段,尚未形成正式立法)。

课税对象决定着不同税种的性质和税种名称,是最常见的一种税收分类方法,若按其分类,我国工商税收制度体系如表1-1所示。

表1-1 中国工商税收税类、税种类

流转税类	所得税类	资源税类	财产税类	行为税类
增值税	企业所得税	资源税	房产税	印花税
消费税	外商投资企业和外国企业所得税	土地使用税	车船使用税	证券交易税
营业税	个人所得税	土地增值税	遗产和赠与税	屠宰税
城乡维护建设税	社会保障税*	耕地占用税	船舶吨税*	
关税*	农、牧业税*		固定资产投资方向调节税	
			契税	

注:表中带*号的税不属于工商税类,若将其考虑在内,则构成中国税收税类、税种。

随着社会主义市场经济的发展,我国的税务体制进行了大刀阔斧的改革。因此,公司在理财时,应注意税务改革对公司的影响。

(三) 公司理财的金融环境

金融环境对公司理财影响甚大，公司理财人员必须了解公司所处的金融环境。

1994年中国金融体制改革可概括为建立起"三个体系"和实现"两个真正"。"三个体系"就是：建立了在国务院领导下独立执行货币政策的中央银行宏观调控体系；建立了政策性金融与商业性金融分离，以国有商业银行为主体、多种金融机构并存的金融组织体系；建立一个统一开放、有序竞争、严格管理的金融市场体系。"两个真正"就是把人民银行办成真正的中央银行，把专业银行办成真正的商业银行。

1. 金融市场

金融市场是为融通资金而办理各种票据、有价证券买卖或办理各种货币借贷的场所。广义的金融市场包括所有资金的供需交易；而狭义的金融市场一般专指有价证券市场，即股票、债券的发行和买卖市场。

金融市场具有三大特点：(1)交易对象是一种特殊的"金融商品"，其只有单一的货币形态和单一的使用价值（即获利能力）。因此交易商品形态的单一性和"价格"的一致性，是金融市场不同于普通商品市场的重要特点之一。(2)金融交易参加者的多元化、金融工具多样化、金融交易多样化构成了金融市场多元化。(3)金融市场的公开性。

金融市场的功能：融通资金的功能，积累资金的功能，调节经济的功能。

金融市场有多种分类：

(1) 按金融工具的约定期限分为短期资金市场和长期资金市场；
(2) 按金融交易功能分为初级市场和次级市场；
(3) 按成交后是否立即交割分为即期买卖的现货市场和远期交货的期货市场；
(4) 按金融交易的地域分为国内金融市场和国际金融市场；
(5) 按有无固定交易场所和设施分为有形金融市场和无形金融市场。

综合金融交易对象、期限和方式分类，金融市场的结构如图1-9所示。

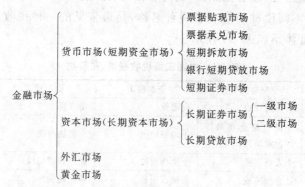

图1-9 金融市场结构

在金融市场上，利率是资金使用权的价格。一般说来，金融市场上资金的购买价格计算公式为纯粹利率、通货膨胀附加率与风险附加率之和。

纯粹利率是指无通货膨胀、无风险情况下的平均利率。例如，在没有通货膨胀的情况下，国库券的利率可以视为纯粹利率。纯粹利率的高低，受平均利润率、资金供求关系和国家调节的影响。通货膨胀使货币贬值，投资者的真实报酬下降。因此，投资者在把资金交给借款人时,会在纯粹利息率的水平上再加上通货膨胀附加率,以弥补通货膨胀造成的购买力损失。因此,每次发行国库券的利息率随预期的通货膨胀率变化,它等于纯粹利息率加预期通货膨胀率。投资者除了关心通货膨胀率以外,还关心资金使用者能否保证他们收回本金并取得一定的收益。这种风险越大,投资人要求的收益率越高。实证研究表明,公司长期债券的风险大于国库券,要求的收益率也高于国库券;普通股票的风险大于公司债券,要求的收益率高于公司债券。风险越大,要求的收益率越高,风险和收益之间存在对应关系。风险附加率是投资者要求的除纯粹利率和通货膨胀率之外的风险补偿。

2. 金融机构

金融市场由三大要素构成,即主体、客体和参与者。金融市场的主体就是银行和各种非银行的金融机构,它们是筹资人和投资人之间进行金融交易的桥梁。

金融机构的主要形式有:商业银行;保险公司和养老基金(包括人寿保险公司);投资银行;其他金融组织,如财务公司、抵押贷款公司、信托投资公司、租赁公司、风险投资公司等;国家政策性银行(我国有国家开发银行、中国农业发展银行、中国进出口信贷银行);投资经纪人等。金融机构的重要性包括:(1)金融机构为资金需求者和供应者共同提供了有效的中介;(2)金融机构中包括非常重要的二级资本市场,加速了金融资产的流动性;(3)金融机构可为企业提供投、融资方面的服务;(4)金融机构可为具有发展潜力的企业提供资金来源。

3. 金融体系

由金融市场、金融机构和资金供、需者所构成的资金集中与分配系统,称为金融体系。健全的金融体系,可使资金供、需者进行交易、融通资金更为方便快捷;可通过金融市场中的货币"价格"引导资金流向,实现资金和资源的合理配置,使社会效益好且具有成长性的企业得到快速发展。因此,对于国家的经济发展和企业理财都具有非常重要的意义。

(四)公司理财的经济环境

这里所说的经济环境是指公司进行理财活动的宏观经济状况。

1. 经济发展状况

经济发展的速度,对公司理财有重大影响。近几年,我国经济增长比较快。公司为了跟上这种发展并在其行业中维持它的地位,需要相应增加厂房、机器、存货、工人、专业人员等。这种增长,需要大规模地筹集资金,需要财务人员借入巨额款项或增发股票。经济发展的波动有时繁荣,有时衰退,对公司理财有极大影响。这种波动,最先影响的是公司销售额。销售额下降会阻碍公司现金的流转,例如,成品积压不能变现,需要筹资以维持运营。销售增加会引起公司的经济失调,例如存货枯竭,需要筹资以扩大经营规模。尽管政府试图减少不利的经济波动,但事实上,经济有时"过热",有时需要"调整"。财务人员对这种波动要有所准备,筹措并分配足够的资金,用以调整生产经营。

2. 通货膨胀

通货膨胀不仅对消费者不利,给公司也带来很大困难。公司对通货膨胀本身无能为力,只有政府才能控制。公司为了实现期望的报酬率,必须调整收入和成本。同时,可以使用套期保值等办法减少损失,如提前购买设备和存货、买进现货卖出期货等,或者相反。

3. 利息率波动

银行贷款利率的波动以及相关的股票和债券价格的波动,既给公司以机会,也是对公司的挑战。在为过剩资金选择投资方案时,利用这种机会可以获得营业以外的额外收益。例如,在购入长期债券后,由于市场利率下降,按固定利率计息的债券价格上涨,公司可以出售债券获得较预期更多的现金流入。当然,如果出现相反的情况,公司会蒙受损失。在选择资金来源时,情况与此类似。在预期利率持续上升时,以当前较低的利率发行长期债券,可以节省资金成本。当然,如果后来事实上利率下降了,企业要承担比市场利率更高的资金成本。

4. 政府的经济政策

由于我国政府具有较强的调控宏观经济的职能,其制定的国民经济的发展规划、国家的产业政策、经济体制改革的措施、政府的行政法规等,对公司的财务活动都有重大的影响。

国家对某些地区、某些行业、某些经济行为的优惠、鼓励和有利倾斜构成了政府政策的主要内容。同时政府政策也是对另外一些地区、行业和经济行为的限制。公司在财务决策时,要认真研究政府政策,按照政策导向行事,才能趋利除弊。政府政策会因经济状况的变化而调整。公司在财务决策时为这种变化留有余地,甚至预见其变化的趋势,对公司理财大有好处。

5. 竞争

竞争广泛存在于市场经济中,任何公司都不能回避公司之间、各产品之间、原有产品和新产品之间的竞争,涉及设备、技术、人才、推销、管理等各个方面。竞争能促使公司用更好的方法生产更好的产品,对经济发展起推动作用。对公司来说,竞争既是机会,也是威胁。为了改善竞争地位,公司往往需要大规模投资,成功之后公司盈利增加,但若投资失败则竞争地位更为不利。竞争是"商业战争",综合体现了公司的全部实力和智慧,经济增长、通货膨胀、利率波动带来的财务问题,以及公司的对策都会在竞争中体现出来。

二、公司理财的制度体系

公司理财制度体系主要包括:建立公司理财管理法规制度、完善公司理财管理体制、健全公司理财工作组织、加强公司理财管理的基础工作。

(一)公司理财法规制度

公司理财的法规制度,是规范公司财务行为、协调公司各方面之间财务关系的法定条件,我国公司理财的制度体系如图 1-10 所示。

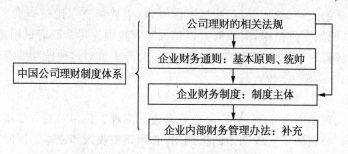

图 1-10 中国公司理财管理制度体系

《企业财务通则》是各类企业进行财务活动、实施财务管理的基本规范。经国务院批准,由财政部发布的《企业财务通则》,于1993年7月1日起施行。《企业财务通则》主要规范的问题如图1-11所示。对于这些问题,其他相关法规(如公司法、证券法等)也从不同角度进行了相应规范。

```
                        ┌─ 企业财务管理的基本原则
                        ├─ 企业财务管理的基本任务和方法
                        ├─ 建立企业资本金制度
            企业财务通则 ┤─ 建立固定资产折旧制度
                        ├─ 建立成本开支范围制度
                        ├─ 建立利润分配制度
                        └─ 建立财务报告与财务评价体系等
```

图1-11 企业财务通则规范的内容

财务制度是以公司理财的相关法规为约束、《企业财务通则》为统帅,根据各理财主体的经营业务特点和特定的管理要求而制定的。如1993年7月1日实施的十大行业财务制度分别是工业、运输、商品流通、邮电、金融、旅游和饮食服务、农业、对外经济合作、施工和房地产开发、电影和新闻出版,后又相继出台了商品期货财务制度、证券公司财务制度、股份制企业财务制度及其与财务管理密切相关的一系列会计准则。财务制度所规范的理财主体,是指在中国境内独立核算的各类企业,包括不同所有制性质、不同经营方式、不同组织形式的企业。

公司内部理财管理办法是公司按照《企业财务通则》和财务制度的规定,根据公司内部管理的需要制定的。企业财务通则、财务制度由财政部制定、修订和解释;公司内部财务管理办法由公司自定。中国公司财务制度的结构体系的设计,既突出了资金筹集、运用、回收等理财对象的运行通路,又体现了资产、负债、收入、费用、利润等要素的管理要求和方法,在兼顾中国特色的同时注重与国际惯例接轨。

(二) 公司内部理财管理体制

公司内部理财管理体制主要是规定公司内部各项理财活动的运行方式,确定公司内部各级各部门之间的财务关系。建立公司内部理财管理体制,是加强公司理财管理的重要措施,是公司内部管理办法的主要内容。公司内部理财管理体制的形式取决于公司内部管理模式、规模大小和经营内容的复杂程度。在小型公司中,通常采取一级核算方式;在大中型公司,通常采取二级核算方式。

在实行公司内部经济核算制和经营责任制的条件下,确定公司内部理财管理体制主要包括:(1)资金控制制度;(2)收支管理制度;(3)内部结算制度;(4)物质奖励制度。公司内部理财管理体制应该根据各个公司的条件加以确定,其内容不能千篇一律,采用的具体形式也可以多样化。随着分级分权管理的进一步推行,公司内部理财管理体制的内容必将不断完善。

(三) 公司理财工作组织

公司理财的组织机构会因为公司规模的大小而不同。在小型公司,其工作重点是利用商业信用集资和回收公司的应收账款,一般没有单独的公司理财组织。随着公司规模的扩大,理财工作越来越重要,公司理财的内容主要包括财务分析与规划、资金筹集、投资管理、股利分配等。在大中型公司中,一般都设有独立的公司理财机构,来负责公司的理财、会计工作。

各公司的理财组织机构并不完全相同,图1-12是一种典型的公司理财组织机构简图。图中实线代表直接领导关系,虚线代表间接领导关系。

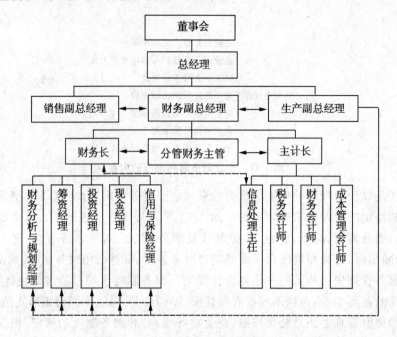

图 1-12 典型的公司理财组织机构

公司理财部门的主要负责人是财务副总经理,直接向总经理汇报。在财务副总经理之下,有两位主要管理人员:财务长和主计长,也有人称为司库和总会计师。财务长负责资金的筹集与使用、与银行往来并委托银行保管和股利分配等。主计长主要负责会计和税务方面的工作。

(四) 公司理财管理的基础工作

公司理财管理基础工作的内容包括:(1)明确原始记录管理及填报要求;(2)建立先进、合理的定额管理制度;(3)建立计量验收制度;(4)建立财产、物资的管理及清查盘点制度;(5)建立公司内部计划价格制度;(6)明确编制财务预算的要求;(7)建立财务分析制度;(8)建立内部稽核制度。

案例分析

北方时发集团公司快速高效发展之谜

一、企业概况

北方时发集团公司成立于1993年5月18日,其前身是一个靠1万元贷款起家的县办工具厂。目前集团总占地1 000亩,全部资产7亿元,其中,固定资产3.2亿元,资产负债率为40%,设备4 000台(套),现有职工15 000余人,其中技术人员1 000人。有1个总部、1个工业园、7个专业生产厂、5个第三产业部门和1个技术力量雄厚的科学技术研究中心;具有对外贸易进出口自营权,是一个集生产、经营、科研、服务于一体的大型国有企业集团公司。

集团成立前,企业仅有固定资产4亿元,职工700人,年销售收入不足4000万元。自集团成立以来,工业总产值、销售收入、年产量每年平均增长120%,最高年份达200%;经济效益平均增幅保持340%,最高年份达892%。这种在买方市场条件下,高出国际通用考核标准近3倍的"时发集团",正被人们作为"时发现象"从更深、更广的角度去审视、剖析、挖掘和推广。

二、低成本扩张与内涵增效双管齐下

时发集团通过租赁兼并联合,使企业规模呈几何级数迅速膨胀,取得低成本扩张的成功,这些是以强化企业的内部管理为基础的。当1992年前后资产充足、资本经营在我国还没有明确提出时,时发人就根据"三个有利于"的指导思想,以敢为人先的冒险精神,求真务实的作风,进行了资本经营的超前尝试,抓住了社会变革给企业发展带来的重大历史机遇。在合理的资源配置使时发集团公司的生产能力迅速膨胀后,马上想到的问题是如何把"聚合"的资产进行"裂变",使其释放出"核能",而后者对于资本经营的成功更为重要。为此,他们每完成一次兼并联合,都对整体布局进行一次全面调整。如1994年兼并县拖拉机站后,焊接车间从一厂分离出来,形成了车架专业厂,年产量从1994年的4万辆提高到1995年的10万辆,增长15%,1995年就实现产值2亿多元,相当于县拖拉机站最好年份产值的300年之和!而一厂却利用这些车间形成了板金专业厂,货厢和驾驶室的产量提高2倍多。兼并县机械厂后,建成了机加工专业厂,四个车间全部实行三班倒制,车间内每平方米就有一台设备,摆放密度是全国同类企业的2倍以上,达到了"1=6"的运转效率。时发坚持零部件生产"大而专、小而强、专业化大批量"的原则,形成了整体投入产出量大,设备利用率高,自制件比例高达70%,而成本低的竞争优势。下面引用L记者与时发集团总经理文义的两段话,以帮助认识和理解时发集团低成本扩张与内涵增效双管齐下的至关重要性。

L记者:文总您好。目前时发以6亿多元的资产容纳了12 500人就业,资本有机构成仅为6万元/人,远远低于全国制造业20万元/人的水平。按一般推论,这样低的资本有机构成,工资成本很高,势必造成企业有冗员。

文总:我并不感到企业有冗员,这个前提是目前企业效益很好。我觉得职工是宝贵的劳动力,而且中国劳动力的工资水平不高,有优势。问题的关键是提高资产的利用率。资产的利用率提高了,资产的满负荷运行,所需要的劳动力就多了,职工也就不需要下岗。我们公司将机械设备实行三班倒,人虽正常休息,但机械设备不休息。实际资产利用率比管理不善和不会管理的企业提高了3倍,人均6万元资产变成了人均24万元资产。资产和生产能力放大了4倍,但投入成本却为同样生产能力的1/4。节省出大量的资金成本,这是一种行之有效的资产管理方法。

L记者:这种提高资产利用率的做法是否应该看作是现在经常提的一种资本运营的内涵延伸呢?

文总:我认为是。而资本运营之外,抛开企业兼并、盘活资产不谈,单就企业生产本身而言,我们特别重视加快资金周转的管理。我们所做的财务、采购和营销管理,是为了加快资金的周转服务。采购管理水平提高了,还可以提高质量、降低产品的成本。成本降低了,才有扩大市场的实力。

三、高度集中型的公司理财组织模式与高效的资金运营

时发集团实行统一核算、统一管理的高度集中型公司理财组织模式,减少了资金沉淀,提高了资金运营效率,避免了相关人员在资金上出问题,可以保护干部和业务人员。到目前为止,时发集团没有出现过任何违法违纪案件和犯罪行为。时发集团自成立以来,坚持"自我积累、自我滚动、自我发展"的"三自"原则,除前几年使用过数额很少的贷款外,依靠自有资金先后投资3.6亿元,新增1 000多台(套)设备,对生产线进行了6次大幅度的技术改造和上百次小范围的工艺布局调整,引进了大量的新技术、新工艺、新设备。

在资金利用方面时发人始终坚持"最高效能、最大潜力、最快周转"的"三最"原则。在物资管理方面,只要一个月内没有用途的库存物资,必须及时处理;而且每月都要对库存结构进行一次全面分

析,使库存降到最低,向零库存的目标迈进。在配套供应方面,广开货源,按照"质量、价格、信誉、规模"同时考核的原则,推行报价投标竞争制度,降低了采购成本,避免了效益流失。在销售环节,坚持先交款订货、后安排生产、再向用户交车的交易原则。不管是农用车热销时,还是全行业农用车供大于求的今天,时发的产品从不代销、不赊销、不代理,靠多种形式的营销策略,过硬的产品质量,到位的售后服务,最大限度地让利购方的大家风范,赢得了客户,稳稳占领了我国华北、东北等中原大部分市场。

由于时发集团始终坚持"三自"、"三最"原则,所以一直是无贷款、无三角债。其整个企业发展过程,没有受到资金的困扰,这与目前企业界急呼资金困难,靠投入拉动的形势形成鲜明对比。资金是企业的"血液",外借资金等于输血,结果会慢慢枯死。因此,企业要发展必须增强自身的"造血"功能,把有限的资金用好、用活,最大限度地挖掘自有资金的无穷潜力。

(资料来源:刘爱东.北方时发集团公司快速高效发展之谜.工商管理案例集.长沙:湖南人民出版社,2001,第34—43页。)

案例思考题

1. 什么是生产经营?什么是资本经营?你对"先生产经营、后资本经营的理念"如何认识和理解?

2. 你如何看待时发集团的理财模式与高效的资金运营现象?该模式是否也适应我国其他类似的大型企业集团公司?

3. 你对案例中的资产管理方法和提高资产利用率的做法是一种资本运营内涵延伸的观点是如何认识与理解?是否同意低成本扩张的成功必须以强化企业的内部管理为基础的理念?

补充阅读材料

1. 云伟宏,张生举等.西方公司理财实务.中国金融出版社,1998
2. 陈德萍.公司理财理论与实务.中国财政经济出版社,2002
3. 詹姆斯·C·范霍恩〔美〕.财务管理与政策.东北财经大学出版社,2000
4. 杨淑娥.公司财务管理.中国财政经济出版社,2004
5. 潘经民.刍议企业管理以财务管理为中心.会计研究,1996(7)
6. 张先治.中国企业财务管理目标探讨.会计研究,1997(11)
7. 栾庆伟等.财务管理.大连:大连理工大学出版社,2001
8. Aswath Damodaran 著,郑振龙译.应用公司理财.机械工业出版社,2005
9. 丁学东等.1978—1994年中国企业财务改革评论.会计研究,1996(5)
10. William L. Megginson 著,刘明辉译.公司财务理论.东北财经大学出版社,2000
11. 卢家仪.财务管理.清华大学出版社,1997

第二章 公司理财研究方法

/学习目标/

通过本章学习,掌握理财学的基本研究方法,熟悉理财学规范研究的一般研究程序,能运用理财学以及经济学、会计学等相关理论进行理财实证研究。

第一节 理财研究方法体系

一、研究方法在理财学发展中的重要意义

方法指的是处理问题的具体做法。理财研究方法是进行理财学理论研究的前提,从一定意义上讲,理财学研究工作中最为重要的事情在于选择恰当的研究方法,也就是说,研究人员在进行研究之前,明确并正确地选择对所研究的问题采用的研究方法,是进行理财学理论研究的必要前提条件。公司理财是经济科学一个重要分支,就经济学研究而言,经济学家运用了个量和总量研究法、均衡分析法、静态和动态研究法、实证研究和规范研究法、数理模型分析法、制度分析法等,并在一定的制度背景下来研究一般的资源配置问题。

二、理财研究方法的发展过程

现代财务理论研究带有综合性、边缘性,纵观其发展过程可以发现,公司财务理论研究大致经历了规范研究——从规范研究到实证研究的转变——实证研究的拓展及其与规范研究的交融等几个阶段,如图2-1所示。公司理财实证研究与规范研究方法将在本章的第二节和第三节进行系统地阐述。

实地研究方法(field study)是现代理财实证研究方法的拓展,是以组织行为为基础的实证研究合乎逻辑地发展结果。所谓实地研究是指,研究者们深入企业组织现场针对实际作业或过程,通过直接观察或访谈等方法,获取研究数据,从而取得真实和精确的研究结果的一种实证研究方法。这种研究方法的优点是以实地为基础的研究,能够把握和了解时代不断革新的脉搏,通过实地观察与调查,能够真正了解企业组织的管理决策者所关心的实际

问题,在此基础上提出解决问题的方案和进行理论概括才具有真正的价值。正因为如此,实地研究方法成为现代理财理论研究方法的最新发展方向。作为一种新的研究方法,公司理财的实地研究有其独特的方法结构。实地研究的方法结构是指对理财问题进行实地研究的基本步骤以及各个步骤所涉及的原则、工具与方法的综合。根据著名会计学家卡普兰教授等的研究,实地研究的基本步骤可归纳为:项目选择——→研究设计——→数据的表达与解释——→对研究结果的评价。

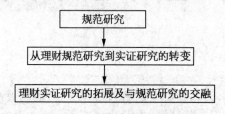

图 2-1　理财研究方法的发展历程

三、我国现行理财研究方法体系

(一) 我国理财研究方法的发展

我国理财研究方法的发展经历了三个阶段:第一阶段,20 世纪 50 年代初期至 60 年代初期,财务研究的特征是运用马克思主义的基本原理,借鉴前苏联的财务理论,并结合中国当时国情,研究方法以规范研究为主,有演绎也有归纳。第二阶段始于 20 世纪 60 年代初、中期,终于 20 世纪 70 年代末,当时财务研究的特征为较少结合财务实际,机械、教条式地照搬马克思理论中的相关内容,在研究方法上,出现重演绎、轻归纳的倾向。第三阶段始于 20 世纪 70 年代末期、80 年代初,我国财务研究开始更多地反映企业财务实践,并对观察到的财务现象进行归纳,总结出与我国实际相符的财务理论和方法,这一阶段演绎法和归纳法重新得到较好的结合。

(二) 我国现行理财研究方法体系

目前,我国财务研究领域应用的研究方法越来越丰富,形成了较完整的理财研究方法体系。如图 2-2 所示:第一层次为一般研究方法,即马克思主义的唯物辩证法。马克思主义的唯物辩证法是最高层次的方法论体系,是关于自然界、人类社会和思维发展的一般规律的科学,构成它的全部范畴、命题和原理具有最高的抽象和概括性,因而,具有普遍指导作用。从这个意义上说,马克思主义唯物辩证法是理财研究方法体系的第一层次。第二层次为具体研究方法,即构建财务理论研究方法中的传统理财研究方法(如归纳法、演绎法、伦理方法、社会学方法、经济学方法等)和现代理财研究方法(如事项法、系统法、实证法等)第三层次为各种方法的具体操作方法和步骤,如"选题与计划——收集资料——管理资料——总结提炼——概括结论"的程序方法等。

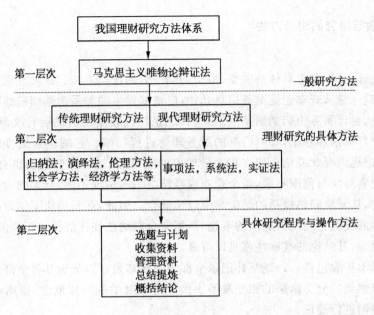

图 2-2 我国理财研究方法体系

第二节 理财规范研究方法

一、规范研究的定义

规范研究方法又称规范分析,是指以一定的价值判断为基础,提出某些衡量经济活动的标准或分析处理经济问题的准则,作为经济理论研究的前提,以及制定经济政策的依据,并研究如何才能符合这些标准或准则的一种分析方法。其分析思路是把一定的评价标准作为研究的对象或讨论的基础,再根据这种标准来分析现象。比如,利特尔顿终身坚持历史成本原则,斯特林则对历史成本深恶痛绝,这其中,个人先验的价值观,占有相当的比重。由于包含个人先验性的价值判断,只有那些具有相同价值基础的人,才能认同其观点,理解其研究过程;对具有不同价值观的人来说,其研究论证过程和最终结论的形成,都是不可思议的。在这一思想指导下所形成的规范财务理论,不仅能从抽象分析的角度出发解释和预测理财实务,而且能够用来指导现行理财实务的优化和未来理财实务的发展。

二、理财研究中的规范研究方法

规范研究方法一般由前提、逻辑和结论三部分构成。前提是整个理论模型的起点,从前提到结论的推论必须合乎严密的逻辑。但是,如果前提不正确,那么根据模型得出的结论就可能和现实世界不符合,整个理论就可能是错误的。规范分析方法不很统一,既可用演绎法,也可用归纳法,但以演绎法为主。

(一)理财规范研究的逻辑方法

1. 归纳法

亦称归纳推理,是一种由具体到抽象、由个别到一般的逻辑方法。在财务理论研究中的运用有两种情况:其一是从观察企业财务信息开始,以重复发生的关系为基础进而概括会计假设和会计原则,即从会计实务中归纳出某些结论;其二是广泛收集已有的会计文献资料,并就某个具体的认识进行概括和总结,即对已有的财务理论进行归纳。它的优点是可以不受预定的模式所束缚,并把理论概念或结论建立在大量现象的基础上。但是,归纳法也有一定的缺陷:由于个别人的观察对象与范围有限,每个企业或经济组织的情况不同,有关的内在联系或数据关系也可能不同,从而使归纳概括的结论难免以偏概全。因此,在归纳法下结论的正确与否取决于对事物观察的程度。当观察有限的事物时,用完全归纳法往往能得出正确的结论;当观察对象的数量无限时,其结论的准确性就难以可靠。

归纳法的基本步骤包括:(1)观察并记录全部的观察结果;(2)分析并将全部的观察结果进行分类;(3)从观察到的分类结果的相互联系中推导出理财学的一般概念、原则;(4)对推导出的一般概念与原则进行验证。

理财研究中的归纳法不受预定模式的约束,并将理财理论研究形成的观点或结论建立在大量观察的基础上。但是,其存在的不足是理财研究者可能会受被观察对象和范围的限制,使概括和归纳的结论不够准确。

2. 演绎法

亦称演绎推理,是由一般性原理推导出与一般性原理有关的个别事实(或结论)的逻辑方法。它的常见形式是三段论(大前提、小前提、结论)。其推导程序为:前提──→命题──→推导──→结论,验证其具体问题。演绎法的优点是可以保持相关概念之间的内在联系,确保所得出的理论层次分明,首尾一贯,具备逻辑严密性,从而有助于理论的优化与发展。其中大前提是应用归纳法而得出的一般性结论。20世纪70年代以前西方会计理论研究主要是以会计假设为前提推导出能指导会计实务的原则、准则及相应的会计方法程序。而到70年代以后,由于新技术革命、决策理论、行为科学、信息论等新兴学科向会计领域渗透,会计理论研究主要采用以财务报告目标为前提的演绎推导方法,其逻辑推理思路是:目标、信息质量特征的各要素、确认、计量与报告的标准。

理财研究中的演绎方法一般表现为以理财目标和假设为前提,推导出能指导理财实务的准则和相应的理财方法和程序。其具体步骤为:(1)首先提出目标和理财的假设,即先决命题;(2)对先决命题进行推导,从中得出结论;(3)对推导出的结论进行验证,以确定其正确与否;(4)用经过验证的正确结论进一步指导具体理财实务。

演绎法的优点是可以保持相关概念之间的内在关系,使理论构建具有逻辑严密性,其关键是确定具有一般原理的前提。由于前提本身是需要验证的,因而所导出的理论体系具有或然性,即前提正确,则理论体系亦正确;前提错误,理论体系亦错误。但是,前提是否正确,在演绎范围内是无法解决的,其不足在于演绎法得出的结论正确与否,取决于先决命题的正确度,若先决命题本身是错误的,则得出的结论也是不正确的。

(二) 规范研究的步骤

(1) 选择一个有意义的问题(含有应该如何的判断)。
(2) 通过一些案例猜测问题的结论。
(3) 将问题的环境和条件用模型表述出来。
(4) 使用合乎逻辑的推理,证明问题的结论。

三、规范研究方法的特征

(一) 规范研究方法的特点

规范研究较实证研究具有三个特点:第一,它要回答的是"应该是什么"或"不应该是什么"、"应该做什么"或"不应该做什么"、"应该怎样"或"不应该怎样"等之类的"应该"或"不应该"的问题。第二,它所研究的内容没有客观性,所得出的结论无法通过经验事实进行检验。第三,它是一种价值判断,它的研究对象或讨论的基础是一定的评价标准而非某个经济运行的过程。基于经济资源的稀缺性和可选择性的存在,规范方法首先是一个价值判断和选择的问题。这里的"价值"有别于"商品价值"中的"价值"含义。它既包括对方法本身的判断和选择,又包括对方法运用所指向的内容的判断和选择;既是对现实的价值判断,又是对理论的价值判断。

(二) 规范研究有其不可克服的系统性缺陷

首先,规范研究忽略了对作为演绎逻辑推理起点的假设或前提的判别和检验。其次,运用规范研究得到的结果往往由于缺乏经验支持而代表了"闭门造车"式的个人观点和论断。瓦茨和齐默尔曼认为,规范性命题必须明确目标和目标函数,目标函数是指那些影响设定目标的特定行为或变量。规范会计有两个目标:一是经济收益,二是财富的公平分配。但是,这两个目标都是不完美的或主观的。经济收益并没有把同一时点的利益的备选方案分成不同的等级,而对财富的公平分配则未考虑不同的人会有不同的偏好。人们无法保证这些偏好将按一致性的结果或统一性的形式进行综合,即使能导致一致性的结果或以统一性的形式进行综合,充其量也只是会计人员所确定的结果,它无法解决不同个人在决策方面的差异。再次,规范方法内容的主观性。其分析内容往往因人而异,因事而异,因时而异。相较于实证方法而言,其主观性和难以甚至无法检验的特点仍使那些"崇尚"科学精神的经济学家总是对其所运用的规范方法遮遮掩掩,甚至完全否认。

第三节 理财实证研究方法

一、实证研究法的科学内涵和具体步骤

实证研究是运用一套规范程序研究方法体系来回答"是什么"而不是"应该怎样"问题的研究方法。

与理财规范研究所主张的应坚持特定的价值判断标准不同,理财实证研究坚持客观的试验与观察,反对功利性的价值判断。理财实证研究的一般步骤如下。

(一) 确定研究问题,即确定财务或经济现象之间是否、为何存在联系

理财实证研究的问题一般有:(1)资本市场有效性、功能锁定、周期效用、过度反应等方面;(2)股市风险性;(3)股利政策与企业业绩的相关性;(4)财务危机预警;(5)盈余管理;(6)企业资本结构与股票价格的关系;(7)企业规模及盈利能力与资本结构的关系;(8)经理报酬与企业规模的关系;(9)审计签约及执业过程的影响因素分析;(10)会计盈余的信息含量;(11)会计信息披露与股价市场波动的关系;(12)会计方法的经济后果;(13)会计政策选择;(14)会计管制理论(准则)等;(15)公司治理;(16)资产重组与并购。

(二) 文献综述

文献综述的目的在于弄清与本研究主题相关的前人已做过的研究工作,找准有价值的主题。根据所研究的课题寻找相关的基本理论,并对已有文献和研究成果进行检索和评述,尤其是现有研究的现状、研究方法、结论,特别是方法论和样本选取、假设条件等方面的局限性加以分析,以发现其漏洞和空白,从而寻找研究思路。

1. 文献综述的作用

(1) 防止盲目的重复研究。

(2) 帮助辨别本研究领域的研究前沿,明确自己的研究在哪个侧面和层次可能对本领域作出新贡献。

(3) 帮助构思论证主题的理论框架,论证技术以及数据收集和分析方法。

(4) 理解前人对该研究问题所持的不同解释或观点,以及成功或不成功的论证工作,并在各种观点和理论的启发下形成自己的主题和假设。

2. 文献综述的特点

(1) 综合性。要求全面系统地反映国内外某一学科的概况。

(2) 新颖性。资料新才有参考价值,一般选题都是近年来发展较快的内容,引用文献以近3—5年学术期刊论著为主,要有新方法、新见解。

(3) 潜在性。指作者潜在倾向性,作者综合原始文献的观点,但不等于不能有自己的看法,有的人将综述、述评区别开来,即综述不评而述评则可评论,但也有不严格区分的。

3. 文献综述的内容

文献综述的内容和形式并无严格的规定,比较灵活。从内容上看,可以是对一个领域、一个学术分支、一个专题、一种方法的综述;可以是纵断面的,即纵向的历史发展;也可以是横断面的,即横向的比较或联系。

(三) 提出假设

实证研究的核心是假设检验,实证研究的本质目标是检验预期结果的真伪。建立假设就是把对研究问题结果的预期具体化,也就是研究目标的具体化[①]。实证研究中所说的假设是

---

① 张朝宓,苏文斌:《当代会计实证研究方法》,东北财经大学出版社,2001,第41页。

"可证伪的",即在理论或逻辑推理的基础上在变量之间建立联系,这些联系必须是可以模型化、数量的,也就是说可检验的。

1. 假设的含义

假设(hypothesis)是对某种行为、现象或事件作出的一种合理的、尝试性的并有待检验的解释。假设是在研究开始提出待经验观测的命题,它构成研究的主题。假设的提出与验证是研究工作的主线。

2. 假设的类型

李怀祖主编的《管理研究方法论》一书将假设进行了如下分类:

(1) 从假设提出的思路可以分为归纳型和演绎型两种:①归纳型假设,是指在观测的基础上对事实的概括。观测中发现某些变量之间可能有关联,于是给予初步的解释。归纳假设的价值不在于它能正确解释已有的全部观测资料,即内符,还要求能适合今后的实践和更大的范围,即外推。②演绎型假设。演绎型假设则是从公理、原理或学说出发,运用逻辑推理提出的假设。例如,人们熟悉的一种陈述:"西方社会是资本主义社会,资本家唯利是图,人际关系必然尔虞我诈,互相欺骗。"

(2) 从假设表达的方式来分类:①陈述假设(declarative hypothesis),又叫做研究假设,表述两变量之间期望的关联,这是研究中常采用的一种假设形式。②虚空假设(null hypothesis),亦称统计假设,它通常是假设某总体均值为零或两个总体的均值相等等条件满足,在这个条件下被检验的统计量符合某种统计分布。它适合于统计技术用以判断所研究的变量关系是一种偶然(随机)关联还是一种真实关联。在实证研究中通常采用统计假设。

3. 假设的表述形式

假设通常采用两种表述形式:语言表述和模型表述。

(1) 语言表述。用语言表述的方式提出假设,必须注意要用可检验的形式把研究问题的预期结果表达出来。在形式上可采用不同于上下文的字体,或在表述时设置标识性的文字"假设 1"或"H_0"等。如"假设 1:公司投资机会越多,经理分配给股东的现金股利越少。"

(2) 模型表述。模型表述是在提出假设时通过对被检验关系的符号化,来反映研究问题的各因素之间的关系。模型表述,一般适应于被检验的关系易于数学符号化。此种表述在理财实证研究中很常见。例如,王化成、程小可、李玲玲在《亏损与非线性对会计盈余与股票回报关系的影响》[①]一文中建立了三个假设,都采用了模型表述形式:

$$H_1: UR_{it} = \alpha + \beta UX_{it} + e_{it}$$

$$H_2: UR_{it} = \alpha + \beta UX_{it} + \gamma \mid UX_{it} \mid \times UX_{it} + e_{it}$$

$$H_3: UR_{it} = \alpha_1 + \alpha_2 D_{it}^{loss} + \beta_1 UX_{it} + \beta_2 D_{it}^{loss} + \gamma \mid UX_{it} \mid \times UX_{it} + e_{it}$$

(四) 研究设计

研究设计是对研究课题的规划,也是谋求新发现的策略。主要进行因素分析选定变量(应尽量消除共线性),将假设模型化,通常是建立线性回归模型,并设计分析方案,估计可能的结果(如系数的符号及比较系数大小)。

---

① 该文详见《中国会计评论》,北京大学出版社,2004 年,第 2 卷第 1 期,第 105 页。

1. 变量的选择

在实证研究中,为了收集数据资料以对理论假设进行检验,需要对理论假设进行严格的定义,使之转化成可计量的变量,特别是当研究问题涉及比较复杂和抽象的情况时,没有直接与之相对应的经济指标,因而需要寻找替代变量。选择变量难度相对较大,需要研究者有开阔的思路和丰富的经验,进行创造性思维,尽管如此,变量的设计和选取仍存在很大的误差。

对要研究的现象进行深入的分析,根据研究的目的选择模型中的重要因素,同时根据数据可得性选择适当的变量来表征这些因素,从而确立变量之间的数学关系式,这就是经济模型。模型包括解释变量和被解释变量,前者影响研究结果的外生变量和滞后被解释变量;而被解释变量就是我们的求解目标。选择被解释变量要求正确理解和把握经济理论和行为规律,考虑数据的已取得性并且尽可能使各变量之间关系独立,以减少模型的多重共线性问题。

(1) 变量的类型。① 被解释变量。被解释变量是作为研究对象的变量,即因果关系中的"果",也称为因变量、依赖变量、非独立变量等。在实证研究中它代表可能受到其他因素影响而发生变化的现象或行为。例如,在上述王化成、程小可、李玲玲在《亏损与非线性对会计盈余与股票回报关系的影响》的实证研究中,其可解释变量选择了 UR_{it}(公司 I 的股票从 t 年 4 月底到 t+1 年 4 月底的超额回报率)。② 解释变量,也称作控制变量、独立变量或自变量。它是作为"原因"的变量,它可以解释应变量的变化规律,是被预期对可解释变量有影响的因素。解释变量又分为外生经济变量、外生条件变量、外生政策变量和滞后解释变量。

(2) 变量的选择。变量选择的目的是根据现有理论或研究经验,确定对所研究问题有影响的因素。目前理财实证研究中变量的选择,有的是直接引用前人成功使用的代表性变量,有的是通过比较分析前人的研究变量并对其进行进一步修正以确定自己的研究变量。无论采用何种选择方法都应遵循以下基本原则:①要根据所研究问题中所包含的经济学和理财学理论以及行为规律,正确选择变量;②所选择的变量应有可靠的数据来源,即数据具有可得性;③选择变量要考虑所选变量之间的关系,解释变量应具有独立性。

2. 变量间的关系——理想化模型设计

选择好适当的变量后,需运用适当的数学形式描述这些变量之间的关系,即建立理想化的模型。模型设计中应注意的是:①线形模型有效性问题。在实证研究中,研究者应该正确地确定主要变量之间的因果关系,在这个过程中,应该剔除或合并一些相关度较低的变量,建立供检验的线形回归模型。由于现实社会现象的复杂性,任何会计现象的产生都是多种因素共同影响的结果,在这一过程中,研究者往往难以准确把握变量之间的相互关系以及所有的因变量,从而往往使得建立的线形模型缺乏有效性。②多重共线形问题。实证研究中,变量之间基本关系的复杂性可能滋生出变量共线形问题,即两个或两个以上的自变量之间高度相关。这会使回归分析出现麻烦,如果两个变量高度相关,就很难把每个变量对因变量的影响区分开。这样,在进行实证检验时,会发现即使把一组变量的绝大多数包括进线形模型中,仍会发现难以单独分解出某一变量的影响。

(五) 收集数据选取样本

收集数据的方法有实验室实验、案例研究、实地实验、调查研究(问卷调查法)、档案研究等自制数据方法,以及从现有统计或非统计数据库、报纸杂志收集数据方法。选取样本一般采用随机抽样、过滤(剔除不合样本)、直接抽取符合条件的样本等。本章重点介绍理财学实证研究中的两种常见数据收集方法。

1. 问卷调查

这是以问卷的方式来收集资料的调查方法,由于它具有使调查研究规范化、程序化、科学化的作用,已成为当前最常用的社会调查方法之一。如何提高问卷调查法的效率,使问卷调查的结果真实地反映被调查的客观实际,这是问卷调查法使用者们最为关心的问题。

(1) 问卷设计的质量是问卷调查的关键性工作。

问卷设计首先必须确立指引的理论框架,对设计的每一个问题所起的作用应十分清楚,对每一个假设需要哪些指标来测量,也应十分清楚,只有当理论框架及研究假设十分明确,变量和指标都十分清楚时,分析阶段的任务才将是十分明确和具体的,研究的最终结论的获得,相对来说就比较容易,其逻辑性和条理性也才十分清楚。

其次,要考虑被调查者的情况。问卷要使被调查者能够看懂,愿意回答,对一些敏感性问题、愉快的经历、或者不易回忆的问题,要十分慎重,时间不宜过长,研究资料表明,时间最好不超过15—30分钟。对于大范围(大面积)的调查,若使用同一问卷,要充分考虑被调查者的年龄、生理及心理特点。

问卷的措辞应清楚准确,一句话只问一件事,每个问题只能有一个含义。措辞和语言要尊重受访者,做到浅显易懂,使用被调查者熟悉的大众化语言。

问卷的格式,要在视觉上使人感到整洁美观。作答方式要易懂,使答卷者一看问卷中的提示就能知道如何作答。对于要用计算机处理的问卷设计时更应严格依照规范(设计编码表等)。

要使问卷设计达到优化还必须做以下工作:专家审评,试填,修改问卷,印刷。

① 一份问卷草案设计出来之后,需要聘请两方面的专家审评:其一是所要调查问题的专家,请他们审议问题的各主要方面是否都已覆盖,是否突出了研究假设的重点;其二是设计问卷或社会学方面的专家,请他们审议问卷结构和问题设置。

② 邀请一小批调查对象,最好有10人以上,使其人员组成类似即将进行的调查总体构成,请他们试填或试答问卷。注意观察:一是他们能否理解问卷上的问题,是否有问句不清,难以回答或容易引起误解的地方,二是他们的回答时间。在他们回答完后,还可开个座谈会或个别交谈,征求他们对问卷的看法、意见。

③ 修改问卷有时不得不"忍痛割爱",甚至需要经过试填和修正的几次反复。

(2) 发放和回收问卷。

① 可采用邮寄的方式发放,在邮寄问卷的同时,应附上写明地址的回信信封,并贴好邮票使被调查者能够方便地寄回问卷。对于没有回音的问卷,应写一封催促信或用电话联系恳请合作。

② 调查员亲自发放。调查员亲自把问卷送到被调查者工作地点或家中,当面请求他合作填写,或约定时间来取回问卷,这样能够解答一些问题,排除一些疑虑,提高回收率。

③ 集体填答法。在企事业、学校等地搞问卷调查,可以把被调查者集中请到一起,请大家当场作答卷,当场回收。

(3) 资料整理与数据分析。

对调查结果进行整理,分析时尽量采用现代的统计分析方法和工具,减少人为的误差。如果条件允许的话,可将问卷中的选择项编成一定代号(码),并按顺序做成计算机可以辨读的编码表的形式,既方便调查对象选择,又便于用计算机进行统计分析。

2. 统计、非统计数据库收集

理财学实证研究最常见的研究数据来自于计算机年度统计工业文卷、证券数据公司、机构代理人估计系统、标准&普尔盈利预测专家系统。我国理财实证研究数据目前包括巨灵证券信息系统、中国经济信息网金融板块的上市公司资料库、中国证券市场数据库、国泰君安上市公司财务年报数据库、巨潮资讯网、全景网络、上市公司信息网、中国证监会网等。

(六) 统计检验

将样本数据代入模型,进行统计分析得出相关结果,如回归系数、中位数、方差等统计量,并对回归系数、回归方程、拟合度加以检验,从而在一定显著水平上做出是否拒绝原假设 H_0 的结论。最常见的统计检验方法有线性回归分析和方差分析①。

(七) 结论、研究中的不足及对未来研究的建议

实证研究最后环节是对该实证研究的发现进行重点总结,提出该研究的创新或新的发现。其次应对实证研究中存在的局限性,例如数据收集中的不足、研究方法中的瓶颈进行简要说明,为后续进一步研究提供依据。最后提出对未来研究该课题的建议。

二、理财实证研究的特点

(一) 理财实证研究方法的优点

(1) 它从评价规范财务理论所依据的前提入手,对规范财务理论赖以存在的前提现实有效性进行检验,进而肯定或否定规范财务研究结果。

(2) 它运用研究得到的实证理论对所观察到的理财实务提供解释,并且对未观察到的会计现象、实务和那些虽已发生,但尚未通过系统性证据加以证实的现象和实务提供解释。

(3) 它重视对会计主体行为及其动机的研究,大量引进了经济学的研究成果,如产权理论、契约理论、企业理论等,拓宽了财务理论的研究范围。

(4) 实证研究的目标在于解释和预测理财实务,符合从实践到认识的过程,将财务理论与实务紧密地联系在一起。

(5) 完美的理论是不存在的,理论成功的标准取决于理论对使用者的价值,以及各种理论的竞争结果。

(6) 定性与定量结合。从理论到假设主要依据定性分析和概念化的逻辑分析。在检验假设时要大量运用数理统计中的各种模型和方法,由于依靠数量方法对客观现实加以分析,因而较为精确,具有较强的说服力。

(二) 理财实证研究方法的局限性

(1) 无法避免归纳逻辑的局限性。实证研究的一个重要方法论依据,就是力图通过寻找

---

① 统计检验方法详细参见统计学教材,囿于篇幅,此处不重点解释。

与待证明理论或假说关联的正确预测结果来证明理论或假说的正确。但是,这种研究方式并不能对理论或假设的正确真理性进行充分的证明。因为依据一个理论或假说对某些会计事实和现象所做的观察和试验不能在逻辑上确保理性认识的真实可靠。对研究者来说能够观察到的事实和现象毕竟是有限的,而用有限的个别事实依据去证明全部的理论命题,就不可避免地会产生归纳缺点。

(2) 过分简化研究对象的复杂因果关系。实证理财研究方法把探求因果关系作为理论推演的必要条件,但是由于在实际操作中自变量与因变量之间因果关系的程度和变化取向受多种因素影响,仅仅以财务理论研究中主要的因果就得出正确结果,显然就难免简化会计研究对象背后所隐藏的复杂因果关系。如不少研究者在研究企业经营行为时,往往把企业中复杂的利益关系简化为股东和管理者这种单一利益关系,提出股东利益对企业管理行为的影响最大的假说,从而简化了债权人、政府、立法机构、税务机关、工会等因素对企业行为的影响。这种简化倾向,实际上违背了他们遵循的科学主义原则,表明研究尚未摆脱传统决定论观点的束缚。

(3) 过于偏重研究的定量化和模式化,在考虑人的主体性、能动性以及选择偏好、价值取向等主观因素方面,尤其在涉及某些行为特征心理反应、激励偏好、思维定势等问题的研究领域,这种研究方法很难发挥作用。

(4) 因为无法排斥经济环境变化对会计方法的影响,所以实证研究普遍存在观察误差现象。例如,很难将企业投资、筹资等战略的改变归因于财务环境的变化。

三、实证研究在中国理财学中的应用现状

自 20 世纪 70 年代以来,实证研究方法成为西方财务和会计理论界的主流,实证会计建立在对事实进行数量分析的基础上,预测和解释会计实务,极大地丰富了会计理论。我国从 80 年代起,陆续有学者对实证会计理论进行了介绍。进入 90 年代后,更有一些青年学者尝试用实证研究方法对中国资本市场上一些会计和财务问题进行研究,取得了一定的成果,但在会计界对实证研究仍存在一些错误理解,这在一定程度上阻碍了实证研究在我国的正确应用。

1. 实证研究的数据可靠性问题

最主要的观点是我国的会计数据和统计数据不可靠,据此进行的实证研究意义不大。应该承认数据可靠性问题是客观存在的,它不仅影响我们实证研究的质量,也必然影响其他研究方法的应用效果。大家公认,一些宏观决策的失误来源于不实的信息,而它们看来并不是由实证研究本身造成的。另一方面,我们不能因为存在数据不可靠的问题,而全盘否定实证研究的意义。

从某种意义上说,实证研究方法正是克服数据不可靠问题的一种工具。因为假设检验等统计方法可以透过变量的随机波动,发现事物变化的统计规律,从而克服个体数据的随机偏差,得到对总体状况的比较客观可靠的认识。另外,如果数据的偏差是某种趋势性原因(如一段时期的浮夸风气或某些企业的经营困难)造成的,实证研究可能通过不同时期或某些企业特征的比较,对偏差作出适当的解释。事实上美国的会计信息也存在"粉饰"的现象,有时还有"欺诈性"报告出现,美国的会计信息研究者们为此进行了大量的研究工作,并取得了许多成果。我们可以从中得到很多启发。

2. 实证研究过程的严谨性问题

有人怀疑实证研究者可以根据自己的(价值判断)需要,随意选择数据作假设检验,从而保证得到想要的结论。

对于严肃的实证研究者来说,数据的收集是非常慎重的,他们不仅需要报告数据的来源,而且要详细介绍数据收集的过程,如何从尽可能多的样本中把一些不符合要求的数据剔除,并且通常要对数据的适当性作出描述和检验,在结论中研究者还常常会评价样本选择对结论推广的影响。我们几乎在每一篇像样的实证研究成果中都可看到详细的数据描述部分,这绝不是多余的,正是它保证了实证研究成果的可重复性与客观性,也使自己区别于一般的描述性研究。

3. 其他批判观点

关于实证研究的其他一些批评意见,多源于批评者对实证研究知之甚少。例如说"大多数实证研究都是属于确认性的","许多研究的结论仅仅在重复常识",我们想只要批评者更多地读一些优秀的实证研究成果就可能有不同的结论。还有一些人对某些实证研究成果的批评,集中在假设的表述上,认为用另一种提法可能更符合实际或更好理解。实际上,实证研究的假设必须是可以检验的(用术语说就是"可证伪"),比如说,假设"企业规模与资产增值率变化相关",这是容易检验的;如果假设"行为谨慎与资产增值率变化相关",这就不容易检验,因为行为的谨慎与否很难量化。

补充阅读材料

1. 张朝宓,苏文兵.当代实证会计研究方法.东北财经大学出版社,2001
2. 李怀祖.管理研究方法论.西安交通大学出版社,2004
3. 〔英〕鲍勃·瑞安,罗伯特 W.斯卡彭斯著.阎达武,戴德明、何广涛等译.财务与会计研究方法与方法论,机械工业出版社,2004
4. 汤云为,钱逢胜.会计理论.上海财经大学出版社,1998
5. 李子奈.计量经济学.高等教育出版社,2000
6. 李洁明,祁新娥.统计学原理.复旦大学出版社,2002
7. 陆正飞.财务研究方法论.选自周花华等著,现代财务理论前沿专题,东北财经大学出版社,2000
8. 胡健颖,冯泰著.实用统计学.北京大学出版社,2003
9. 吴水澎.财务会计基本理论研究.辽宁人民出版社,1996
10. 张朝宓,苏文兵.论当代会计研究方法.南京大学学报(人文哲学社会科学版),2000(5)
11. 葛家澍,刘峰.从会计准则的性质看会计准则的制定.会计研究,1996(2)
12. 张为国,徐宗宇.实证研究会计选择证券市场.会计研究,1997(10)
13. 岳忙生,郭珍.文献综述的写作问题.西安医科大学学报,1998(3)
14. 李怡佳.管理科学科研选题及其研究方法探析.贵州工业大学学报,2004(6)
15. 汪平.相关研究方法与理财学的发展.河北经贸大学学报,1998(8)
16. 胡志颖.论实证会计理论和研究方法.财会月刊,2004(8)
17. 王化成,程小可,李玲玲.亏损与非线性对会计盈余与股票回报关系的影响.中国会计评论,2004(2)
18. 王光远,贺颖奇.当代管理会计研究方法的新发展.会计研究,1997(1)
19. 陈国辉等.我国会计理论研究法体系的构建.财经问题研究,1998(1)

第三章 长期固定资产投资——项目投资决策

/学习目标/

理解项目投资决策的概念和特征,明确项目投资决策应遵循的基本原则,掌握项目投资决策的基本程序、现金流量以及货币资金的时间价值,懂得项目投资决策的基本方法,了解项目投资决策的不确定性分析原理。

项目投资决策是指选择长期投资方案的决策,西方国家又叫资本性支出决策。由于这类决策支出的资金量大,效应时间长,面临的不测因素多,所以不仅直接关系着企业(或投资者)的生存和发展,而且与国家资源的合理配置、国家经济及社会发展目标的实现紧密相关。为使项目投资决策科学化、民主化,减少和避免投资决策失误,必须系统地学习、研究项目投资决策分析、评价的基本理论、分析方法、评价指标、影响因素、操作程序等有关内容,为正确决策提供可靠的依据。本章内容的组织就是围绕这一宗旨展开,主要研究项目投资的分析、评价与决策问题。

第一节 项目投资决策概述

一、项目投资决策的概念和特征

长期投资是指企业为长远经营发展的需要所支出的期限在一年以上的资金以及购入的一年内不能变现或不准备变现的股票、债券和其他投资,这类支出不能用当年的营业收入补偿,受益期或补偿期要持续多个营业周期,如固定资产的购建、扩建、更新改造,资源的开发利用,长期债券及股票的购买等。本章主要研究以固定资产投资为特征的项目投资问题,因此,项目投资决策就是指企业(或投资人)为达到某一预期的目标,运用专门的决策方法,在若干个可供选择的可行项目投资方案中选择一个最优方案的分析、判断过程。由此可知,理论上讲的项目投资决策必须具备三个要素,即:明确的既定目标,它是决策的出发点和落脚点,是决策运行的方向和依据;多个可供选择的可行方案,这是决策形成的基础;分析、判断的循环过程,这是保证决策客观、公允、高效的必要条件。除此之外,项目投资决策与短期决策相比,还有以下几个显著特征：(1)项目投资决策一般均涉及企业生产能力或规模的变化,而短期决策涉及的大多是在现有生产能力下如何提高企业经营效益的问题。(2)项目投资决策的决策过程要比短期决策复杂得多。一项投资决策,从提出投资目标,进行分析论证、评价择优到报批定案,不仅经历的时间长、环节多,而且涉及面广。(3)项目投资决策要比短期决策的风险大。

二、项目投资决策应遵循的基本原则

如前所述,由于项目投资决策项目需投入大量的资金,受多种因素制约,承担较大风险,因此,要保证这类决策的客观、科学、有效,必须对项目决策进行科学的规范。进行项目投资决策时,一般应遵循以下三个原则。

(一) 项目投资决策项目分析、评价的综合性原则

投资项目的评价,一般分为财务评价、经济评价和社会评价。20世纪50年代以前,对投资项目都只进行财务评价,分析其预计的盈利情况,据以进行择优。对投资项目进行经济评价,西方国家始于20世纪50年代,一般称之为费用效益分析法。改革开放以来,我国在总结多年对投资项目分析、评价的经验和教训的基础上,借鉴、吸收了西方的评价理论、技术方法,逐步建立了一套具有中国特色的评价方法体系。国家计委1987年9月1日颁发《建设项目经济评价方法与参数》,并颁布了《关于建设项目经济评价工作的暂行规定》,使我国对投资项目的分析、评价逐步走向规范和统一。《规定》明确指出：为实现项目决策的科学化、民主化,减少和避免投资决策失误,提高经济效益,各个投资主体、各种投资来源、各种筹资方式兴办的大中型基本建设项目、限额以上的技术改造项目,在可行性研究阶段,必须作出全面、详细、完整的经济评价。投资项目的经济评价分为财务评价和国民经济评价。财务评价是按现行财税制度和现行市场价格的条件,从企业财务的角度分析、计算项目的效益、费用、盈利状况及借款偿还能力,以考察项目本身的财务可行性。国民经济评价是采用通用参数(如社会折现率、影子汇率、影子价格等),从国民经济整个角度分析计算项目对国民经济的净效益,据以判别投资项目的经济合理性。由以上规定可知,投资项目经济评价,是项目决策科学化的重要手段,其目的是根据国民经济发展战略和行业、地区发展规划的要求,在作好产品(服务)市场预测及厂址选择、工艺技术选择等工程技术研究的基础上,计算项目的投入和产出,通过多个可行方案的比较,对拟建项目的经济可行性和合理性进行分析论证,为项目的科学决策提供依据。

当我们对某一投资项目进行经济评价时,其评价结论可能会出现以下几种情况：财务评价与国民经济评价的结论都可行,无疑方案将被采纳;两者评价的结论都不可行,则被评价的方案只能放弃;那么当财务评价与国民经济评价结论不一致时,又如何决策呢？此时决策就要突出综合性原则,一般应以国民经济评价的结论为主。对于某些国计民生急需的投资项目,当国民经济评价认为可行,而财务评价认为不可行时,如果项目要上,则应对企业(投资者)采取相应的经济等方面的优惠政策,使投资项目具有财务上的生存能力。这点也体现了社会主义市场经济条件下,对投资项目进行决策的特色。

投资项目的社会评价,西方起步于20世纪60年代末,而我国进行系统研究始于1989年。社会评价的目的是检验投资项目的社会可行性,保证项目与社会环境相互适应,能顺利实施,提高投资效益,促进社会发展。评价内容包括项目对社会经济、自然资源、自然环境与生态环

境,以及社会环境等社会因素的分析。我国对投资项目的社会评价进行系统研究虽起步晚,但由于我国是社会主义国家,对项目的社会效益一直比较重视。在近几年的项目国民经济评价中,有些项目按规定已进行了简要的社会评价。

投资项目的评价理论和方法,是随着经济和社会科学理论的发展而发展的。经济评价与狭义的社会评价理论、方法已有二三十年的历史。20世纪80年代以来,世界银行在开发投资中推行的除分配效果外,还包括环境质量与国防能力等方面影响分析的广义社会评价,则刚刚形成框架,实际应用时,也只是以一些案例经验作为依据。

鉴于我国目前对长期投资项目评价的要求,以及管理会计学本身研究上的特点,本章侧重研究财务评价方法,并以财务评价的结论作为方案取舍的依据(这里暗含着对国民经济评价和社会评价结论的理想状态假设)。

(二) 项目投资决策项目分析、评价的可比性原则

决策方案是通过比较产生的,有比较才有决策。要对多个可行方案进行比较、择优,参与比较的方案必须符合可比条件,决策才有意义。此处指的可比性原则,应从以下三个方面理解。

1. 项目的经济评价应遵循效益与费用计算口径相对应的原则

财务评价只计算项目本身的直接效益和直接费用,即项目的内部效果;国民经济评价还应计算项目的间接效益和间接费用,即项目的外部效果。换句话说,对不同方案进行经济效果的比较时,要满足需要上的可比性,对满足同一需要的不同投资方案的比较,要求参比方案在产量、品种、质量、功能等指标上具有可比性。例如,汽车和火车是两种不同的车辆,耗用的材料、生产过程都不同,是不可比的。但是,将汽车和火车都用于运送旅客,满足客运这一需要时,两者又是可比的。这一原则的另一层意思是,对不同方案进行投资效果比较时,还要满足消耗费用上的可比条件。评价方法不同,消耗费用的内涵也不同。因此,对消耗费用的计算,还要注意与其对应的投资效果的内涵相配比。

2. 投资项目的分析、评价要满足时间上的可比性原则

时间上的可比性,亦有两层含义。

一是对不同投资项目进行投资效果比较时,不仅要考察其投资金额、生产成本、产品产量和质量等指标,还要考察其建设、试产、正式运营的时间段是否相同。如一个建设早,另一个建设晚;一个投产早,另一个投产晚。由于相比项目所处的时间段不同,各种影响因素、制约条件也不同,所以项目在时间上不具有可比性。

二是相比方案的计算期(或服务年限)要相同,其产生的投资效果才可比。投资方案的计算期,一般包括项目的建设期和生产期。项目的建设期根据项目的实际情况而定,通常由项目的筹备时间、设计时间、施工期和试运转时间组成;生产期(服务年限,即狭义的计算期)一般分为投产期和达产期两部分,我国规定生产期一般不宜超过20年。这是因为时间越长,误差越大,可比性越差。同时,项目的服务年限还受项目的经济寿命、技术寿命、自然寿命、折旧年限及国家技术政策的影响。为研究上的方便,在对投资项目进行分析评价时,本书计算期的起点通常采用正式生产之日。但对于生产运行期限长的工程项目,如大坝、电站、铁路等,其计算期可低于其服务年限(或折旧年限)。

3. 投资项目分析、评价时价格上的可比原则

价格上的可比原则,是指计算投资项目投入、产出物及有关经济参数采用的价格,应客观

公允,以避免由于价格选择不当而引起评价结论失真。关于投资项目分析、评价时价格的选择,原则上应与计算期一致。在投资项目的计算期内,投入、产出物的价格及有关的经济参数实际上是随时间的变动而变动的,理论上应逐年确定。为了简化计算,尽量避免由于每年确定计算价格而带来的人为因素的影响,故在国内项目的经济评价中,一般在整个计算期内的各年均使用同一个价格。对于每年价格变动产生的影响,可采用其他方法进行测算,如不确定性分析、风险性分析等,以把握价格变动时对方案评价的影响程度。

(三)项目投资决策分析、评价要遵循以动态分析为主、静态分析为辅,动态指标与静态指标、绝对指标与相对指标有机结合的原则

对投资项目进行分析、评价的目的,是为项目决策提供依据。所以,决策的质量与所采用的评价方法、指标体系的科学性、合理性紧密相关。由于项目投资决策最突出的特点是时间长、资金投放量大、面对的不测因素多,所以正确选择评价方法和指标体系,不仅必要,而且具有十分重要的意义。借鉴国外的先进经验,考虑项目投资决策的客观性,对方案进行分析、评价时必须要考虑货币资金的时间价值,以动态评价方法为主,以静态分析为辅,并把动态指标与静态指标、绝对指标与相对指标有机结合起来。

三、项目投资决策的基本程序

项目投资决策的基本程序,是指从调查研究中发现问题并确定投资的总目标开始,到探索、论证、分析、比较实现预期目标的各种可行方案,从中择优并实施决策方案的各项工作的开展顺序。它反映了项目投资决策过程的客观规律性和各项工作的具体目标与内在联系。现分述如下。

(一)调查研究企业所面临的经营形势和经营环境

本步骤属于决策的准备阶段,主要围绕以下三个问题展开:
(1)分析研究国内外的政治经济形势、国家的投资政策、市场的要求及竞争对手等方面的情况。
(2)弄清企业的优势和劣势,有利条件和不利因素,以及面临的经营问题有哪些,并按主次排序。
(3)对调查研究的情况进行整理、汇总、分析,写出调查报告。
本步骤主要的作用在于明确经营中存在的问题,它是有效决策的前提和条件。

(二)针对经营中存在的主要问题,结合企业的经营目标,提出项目投资规划

本步骤所研究的问题,既是投资决策的出发点,又是投资决策的落脚点。主要围绕以下三个方面的问题展开:
(1)提出投资规划的依据有哪些?理由是否充分?
(2)确定投资的主目标,分析影响主目标的相关因素。
(3)研究实现投资目标的措施和要求。

(三)收集信息资料,探索和制定实现投资预期目标的各种可行方案

本步骤为解决经营问题,实现投资目标提出了各种有效途径,为投资提供了依据,是进行

详细可行性研究的前提和基础。因此,要围绕以下三个方面的问题展开研究:

(1)进行投资机会的研究,使资金的投放最有价值。

(2)分析各投资方案的创造性,所具备的实施条件,可能解决的经营问题。

(3)编制项目建议书或初步可行性研究报告。

(四)计算各可行方案的经济效果,分析、评价各方案的优势和劣势

本步骤的主要目的是为投资决策编制审批报告、设计任务书、筹资、谈判签约以及项目的验收考核提供依据。因此,要在对参比方案进行全面经济评价的基础上,编制可行性研究报告。

(五)进行投资方案的择优和报批

为确保项目决策的科学化、民主化,以避免决策失误,必须加强项目决策的宏观调控。因此,要根据经济评价的结论和相关因素选出最优方案,并报请有关主管部门审批。党的十六届三中全会关于"深化投资体制改革"的决定,明确指出进一步确立企业的投资主体地位,实行谁投资、谁决策、谁收益、谁承担风险。国家只审批关系经济安全、影响环境资源、涉及整体布局的重大项目和政府投资项目及限制类项目,其他项目由审批制改为备案制,由投资主体自行决策,依法办理用地、资源、环保、安全等许可手续。对必须审批的项目,要合理划分中央和地方权限,扩大大型企业集团投资决策权,完善咨询论证制度,减少环节,提高效率。健全政府投资决策和项目法人约束机制。国家主要通过规划和政策指导、信息发布以及规范市场准入,引导社会投资方向,抑制无序竞争和盲目重复建设。

(六)决策的实施与控制

当投资方案通过有关部门的审批或备案后,接着就要进行方案的设计、施工、试产、竣工验收及正式投产,并将决策执行的情况与决策目标进行对比,计算出差异,分析差异产生的原因,及时地进行有效控制。本步骤实际上是将决策项目具体化了,并为决策的有效实施提供了保证。

项目投资决策的基本程序,可用图 3-1 简单表示。

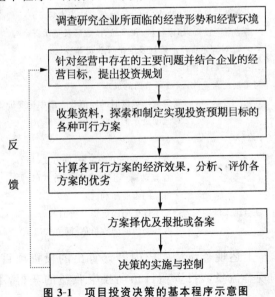

图 3-1 项目投资决策的基本程序示意图

第二节 影响项目投资决策的重要因素

项目投资决策是企业的战略性决策。它不仅关系着企业未来的经营方向、经营目标、生存与竞争能力的强弱,还受国民经济发展战略和行业、地区发展规划的制约。项目投资决策的特点是:决策时间长,意味着不测因素多,测算投资方案优劣的难度大;决策项目需要的投资额大,表明这类决策的意义和分量重大,暗含着失误的代价和成功的作用;涉及的内容复杂,所受的制约条件多,说明决策承担的风险大,应在决策时要把问题想周到些。因此,要实现项目投资项目决策的科学化、民主化,使决策更加符合客观实际,以减少和避免决策失误,必须对影响项目投资决策的重要因素进行系统研究。项目投资决策除考虑决策的一些通用问题外,还应着重考虑以下四个方面的重要因素。

一、现金流量

(一)现金流量的概念、内容及计算方法

如果把被评价的项目投资方案视为一个独立系统的话,则现金流量是指该项目投资方案所引起的在未来的一定期间内所产生的现金流出和现金流入的数量。这里的现金,应从广义上去理解,是指与项目投资方案有关的货币资金。我们在方案评价时,又把流入该"系统"的现金数量称为现金流入量,而把流出该"系统"的现金数量称为现金流出量,并称现金流入量与现金流出量之差为净现金流量。

任何一项项目投资方案,通常都包含着发生在不同时刻具有不同时间价值的多重现金流(量),其构成内容一般表述如下:

现金流的表述方式(1):

现金流出量的内容 {
 投资 {
  固定资产投资:如购建成本、运输及安装成本等
  流动资产投资:如原材料、在产品、产成品及货币资金等
 }
 营运成本 {
  对固定资产的修理及维护保养费等
  使用该项固定资产需增加的变动成本
 }
}

现金流入量的内容 {
 每年可增加的营业收入(或可节约的成本)
 项目期满的回收价值 {
  固定资产报废时的残值收入或中途变价收入
  对流动资产的回收价值
 }
}

现金流的表达方式(2):

现金流出量的内容 {
 在固定资产上的投资[同方式(1)]
 在流动资产上的投资[同方式(1)]
}

现金流入量的内容 {
 每年的营业净利润
 每年计提的固定资产折旧
 项目期满的回收价值[同方式(1)]
}

这里需要说明的是,按上述现金流量构成内容计算出的投资项目在整个寿命周期内的现金流量,应为纳税前的现金流量。投资项目预期投资收益的获得,不仅要花费投资、支付

经营成本,而且要交纳相关的税收。因此由于税收的种类和税基不同,现金流的构成内容和计算方法也就不尽相同。根据我国目前的税收制度,与投资项目相关的税种主要有固定资产投资方向调节税、土地使用税、耕地占用税、增值税、城乡维护建设税、资源税及所得税等。按我国现行财会制度的规定,有的税费记入项目的投资成本(如固定资产投资方向调节税等);有的税费以(产品的)销售收入为税基,可作为营运成本的一部分,即按使用该项固定资产需增加的变动成本来处理。而所得税是以投资项目营运实现的所得额为基数计算,税前利润和税后利润的区别也是以会计报告利润中是否含有所得税为标志。由于税费的交纳,是按月预交,按年清算的。因此,考虑税费时,项目的现金流一般应按下列格式进行计算、转换。

年销售收入
—年经营成本
———————
付税前年现金流
—年折旧费
—年银行利息费用
———————
税前利润
—所得税
＋年折旧费
＋年银行利息收入
———————
付税后的年现金流

(二) 现金流量图

把被评价方案发生在不同时刻具有不同值的多重现金流,按照一定规则,用图表示出来,就形成所谓的现金流量图。现金流量图是分析评价项目投资方案非常有用的工具。实际上,对投资方案的经济评价就是分析各投资方案的现金流,以揭示各投资方案的经济特性。

绘制现金流量图的规则和方法如下:

(1) 以横轴作为时间的标度,"0"点作为投资项目进行最初投资的时刻。计算期从"0"点起自左向右延续,单位时间(一般为年)的标记为时距。即第一期的始点与"0"点重合,终点为第二期的始点,依此类推。

(2) 用箭线表示现金流,一般箭线的箭头向下表示现金的流出,而箭头向上则表示现金的流入。

(3) 现金流入与现金流出与评价人所采取的角度有关。

【例 3-1】企业以 1 000 000 元购买三年期的国库券一批,票面年利率为 5%,若按复利计算,三年后应兑现多少金额?该项投资的现金流量图如图 3-2 所示。

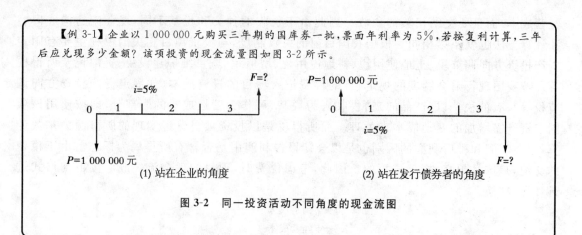

图 3-2　同一投资活动不同角度的现金流图

由图 3-2 可以看出,同一项投资活动(或方案),站在不同角度所绘制的现金流量图是不同的,而站在同一角度所观察的不同投资方案的现金流也是不同的。因此,通过对现金流的分析和研究,可以评价不同方案的优劣,也可满足与投资项目有关的不同利害关系人使用信息的需要。任何一个投资过程的现金流,必定包含三个要素,即该投资过程的计算期、发生在各个时刻的现金流量和平衡不同时刻现金流量的投资收益率或利率,三者缺一不可。

(三) 采用"现金流量"分析、评价项目投资决策方案须说明的几个问题

(1) 用现金流量便于在投资方案评价中考虑资金的时间价值。考虑货币资金的时间价值,是现金流分析的基础,是保证科学决策的重要条件。现金流能客观地反映投资项目在整个寿命周期内各时间点上实际收入的款项和支付的费用,体现了不同时间的现金具有不同值的客观事实。而会计上的净利是以权责发生制(即应计制)为基础,按"配比原则"计算的,并不考虑现金收付的实际时间。例如,本年 8 月支付固定资产大修理费 10 万元,该固定资产的大修理费的摊销期为 10 个月。尽管本年度 8 月份这笔大修理费已实际支付,但应由本年度负担的大修理费(即与净利有关的),只有 5 万元(10/10×5),也就是说,按权责发生制原则应计入本期(年)的大修理费为 5 万元。而计算现金流时的大修理费用金额却为本期实际支付的 10 万元。

(2) 现金流是相对于某投资项目特定的系统而言,反映的是本系统(或方案)与系统外发生的现金流入与现金流出情况,既不包括资金在本系统内部的流转,也不泛指整个企业。

(3) 用现金流分析、评价投资项目的优劣比用净利更符合实际。现金流量与净利的主要区别在于,净利中不包括折旧,而计算现金流量时是把折旧作为系统的流入量来考虑的,这是因为折旧的计提受折旧年限和采用的折旧方法的影响。我国新财会制度规定,企业一般采用平均年限法和工作量法计提折旧,在国民经济中具有重要地位、技术进步快的电子生产企业、船舶工业、生产"母机"的机械企业、飞机制造企业、汽车制造企业、化工生产企业和医药生产企业等,其机器设备可以采用双倍余额递减法或年数总和法等加速折旧方法计提折旧,并规定了一个折旧年限的弹性区间。所以,在计提折旧时采用何种方法,取折旧年限弹性区间的哪个值,带有很大的主观随意性。为避免主观因素的影响,保证决策的客观性、正确性,故在投资决策分析时,常用"现金流量"而不会使用会计上的净利。

(4) 一个投资过程可能有三种不同性质的现金流,应该有三种与之相对应的投资收益率。

但是，销售收入现金流没有独立的投资收益率，故一个投资方案的现金流所对应的投资收益率，应为投资项目付税前的投资收益率和付税后的投资收益率，而前者比后者对方案的评价更客观些。与折旧的考虑相类似，税率、税基的确定也带有一定的主观随意性。

【例 3-2】企业准备上一个 100 万元的投资项目，有两个可供选择的可行方案，其资料如表 3-1 所示。试用净利和付税前的现金流对方案进行评价并择优。

表 3-1　　　　　　　　　　　　　　　　　　　　　　　　　　单位：万元

方案\项目	投资额	折旧年限	年销售收入	年折旧费	年经营成本	税前年净利
A	100	5	300	20	260	20
B	100	10	300	10	265	25

(1) 按税前净利计算并评价：

A 方案的投资利润率 = (20/100) × 100% = 20%

B 方案的投资利润率 = (25/100) × 100% = 25%

因为 A 方案的投资利润率比 B 方案的小，所以 B 方案优于 A 方案。

计算得知，如剔除人为确定折旧年限因素的影响，则 B 方案每年要比 A 方案多付出 5 万元的经营成本，显然 A 方案要比 B 方案好，这是符合实际的。由计算结果导致错误结论的原因是人为确定 A、B 两方案的折旧年限所致。此处还揭示了一个深刻的问题，折旧费不是投资过程的现金流（因为它总是按投资项目的账面价值提取，不具有时间价值），但由于它对投资项目的现金流（或投资效果的客观真实性）会产生很大的影响，所以将其视作现金流入量。

(2) 按现金流量计算并评价：

A 方案的投资偿还率 = [(20+20)/100] × 100% = 40%

B 方案的投资偿还率 = [(25+10)/100] × 100% = 35%

A 方案的投资偿还率大于 B 方案的投资偿还率，所以 A 方案优于 B 方案。这一结论是与客观实际相符的。

二、货币资金的时间价值

货币资金的时间价值，是指资金随时间的变化而产生的价值变化，实际上是资金的增值。在日常经济生活中，人们都知道当钱存入银行时，会获得一笔与存款时间长短有关的利息收入，而若将存入银行的钱进行投资时，又希望能获得至少与存入银行利息相当的利益，否则宁愿存在银行而不愿进行投资。可见，货币资金的时间价值，又可理解为利息、利润（或投资收益）等。货币资金的时间价值产生的原因，是商品经济关系的存在，使货币转换为资金参与经营周转成为可能。不论存入银行还是进行直接投资都是资金周转的形式。存入银行所得利息，相当于放弃以存款期为时间域的对这笔钱使用权的补偿。进行某项投资就等于失去了存入银行和进行其他项目投资而获取利益的机会。因此，在项目投资决策中考虑资金的时间价值不仅能使决策的分析、评价建立在科学、客观、可比的基础上，而且能帮助人们转变经营观念，利用资金时间价值客观存在的这一事实，减少资金占用，提高资金的使用效果，作出正确的投资决策。

在一定的生产条件下，资金时间价值是资金的原始投入量对时间的变化，通常近似地用复利来描述。复利,即在货币的存续期内,不仅本金计息,利息也计息,所以人们形象地称这种计息方式为"利滚利"。从马克思主义的再生产理论看,复利又可理解为一种扩大再生产过程。复利的计算方法,又有普通复利法和连续复利法。由于在项目投资决策分析及有关经济评价中,普通复利法应用最广,故本书只对普通复利法加以介绍。

普通复利公式,共有两大类、六个基本公式,涉及五个经济参数。为公式的推导和使用方便,将公式中所涉及的参数进行界定并用英文单词的第一个字母表示。设:

n:计息周期数(或计算期),一般为年;

i:利率或投资收益率,用百分数表示,一般为年利率;

P:货币的现时价值,简称现值;

F:货币未来某时刻的价值,简称将来值或终值;

A:等额年金(可以是等额年支出,也可以是等额年收入)。此处的年金作了以下三点假设:(1)每期的年金额相等;(2)年金流入或流出均发生在每期的期末;(3)第一笔年金必须发生于零年(计算期的始点)开始的第一年内,最后一笔年金与期末的将来值重合。

当 i,n 已知时,六个基本复利公式如下:

1. 复利终值公式

终值,又叫将来值,是指现在的一笔钱,在一定的利率下,若干年后的本利和是多少。按复利计算若干年后本利和公式叫复利终值公式。复利终值的计算,实际上是其他条件一定的情况下,已知现值 P,求将来值 F 的计算过程。

由复利的含义知:

第一年的本利和 $F_1 = P + Pi = P(1+i)$

第二年的本利和 $F_2 = F_1 + F_1 i = F_1(1+i) = P(1+i)^2$

第三年的本利和 $F_3 = F_2 + F_2 i = P(1+i)^3$

……

第 n 年的本利和 $F_n = P(1+i)^n$

为了书写方便,一般将复利终值的计算公式 F_n 省去角标,简单表示为

$$F = P(1+i)^n \tag{3-1}$$

式中,$(1+i)^n$ 为复利终值系数,实际上是现在的 1 元钱,在利率为 i 的条件下,n 年后的值。为了查表和书写方便,复利终值系数常用代号 $(F/P,i,n)$ 表示。

【例 3-3】现将 10 000 元现金存入银行,在利率为 12% 的条件下,试按复利计算 5 年末应获得的本利和。

(1)画出现金流量图,如图 3-3 所示。

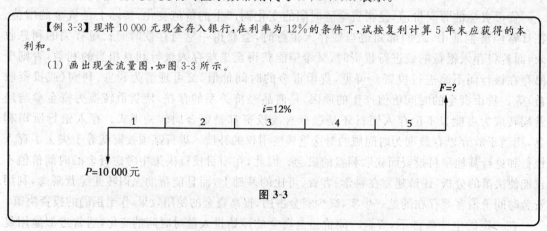

图 3-3

(2) 计算：
$$F = 10\,000 \times (1+12\%)^5 = 17\,623(元)$$
即在利率为12%的条件下,按复利计算5年后可从银行取得本利和17 623元。其中7 632元为放弃5年的使用权而获得的补偿,即资金的时间价值(以利息的形式表示)。

2. 复利现值公式

现值,即货币的现时价值、当前价值。把若干年后的一笔钱,按一定的利率i折算成现时的价值,就叫做贴现或折现。现值和贴现在经济分析、方案评价中是非常重要的两个概念。具体应用时,要把握其实质,注意其相对性。

复利现值公式,可由复利终值公式直接推导出,即

$$P = F \cdot \frac{1}{(1+i)^n} \tag{3-2}$$

式中:$\frac{1}{(1+i)^n}$为复利现值系数,表示n年后的1元钱,在利率为i的情况下,现在是多少。它常用符号$(P/F,i,n)$表示。

【例3-4】三年后进行技术改造需要100 000元,在利率为10%的情况下,问企业现在应存入多少钱作为改造准备基金?
(1) 画现金流量图,如图3-4所示。
(2) 计算:

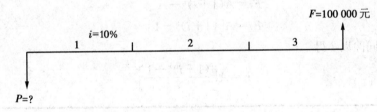

图 3-4

$$P = 100\,000 \times \frac{1}{(1+10\%)^3} = 75\,130(元)$$

即在利率为10%的情况下,要想三年后获得100 000元的一笔资金,现在需存入银行75 130元。

3. 年金终值复利公式

每隔相等的时间(一般为年)收入或支出一系列金额相等的款项,称为年金。年金的形式有四种,即:

(1) 普通年金是指收入或支出发生在每期期末的年金。本书为简化起见,所称的年金就是指此种形式的年金。

(2) 即付年金,是指收入或支出发生在每期期初的年金。

(3) 递延年金,是指收入或支出发生在第一期末以后的某一段时间的年金。

(4) 永续年金,是指无限期继续收入或支付的年金。

年金终值复利公式,即已知等额年金,在利率为i的条件下,求n年末本利和的公式。该公式的形式为:

$$F = A \cdot \left[\frac{(1+i)^n - 1}{i}\right] \tag{3-3}$$

式中，$\left[\frac{(1+i)^n-1}{i}\right]$ 称作年金终值系数，即每年年末收入（或支出）1元钱，在利率为 i 的条件下，第 n 年末的本利和。年金终值系数常用符号 $(F/A, i, n)$ 表示。

该公式的推导，实际是反复运用复利终值公式的过程。

如果在 n 年中，每年末投资 A 元，则在第 n 年末的本利和 F 应为各期的终值之和。

第一年年末投资 A 元，可在 $(n-1)$ 年中获得利息，其本利和为：$A(1+i)^{n-1}$

第二年年末投资 A 元，可在 $(n-2)$ 年中获得利息，其本利和为：$A(1+i)^{n-2}$

……

第 $(n-1)$ 年年末投资的 A 元，获得利息的期数为1年，其本利和为：$A(1+i)^1$

第 n 年年末投资的 A 元，不获得利息，其本利和为：A

所以，第 n 年末各期投资 A 的本利和为

$$F = A(1+i)^{n-1} + A(1+i)^{n-2} + \cdots + A(1+i) + A$$
$$= A[1 + (1+i) + \cdots + (1+i)^{n-2} + (1+i)^{n-1}] \tag{a}$$

将(a)式两边同乘以 $(1+i)$ 得

$$F(1+i) = A[(1+i) + (1+i)2 + \cdots + (1+i)^{n-1} + (1+i)^n] \tag{b}$$

由(b)式减(a)式得

$$Fi = A(1+i)^n - A$$
$$Fi = A[(1+i)^n - 1] \tag{c}$$

(c)式两边同除以 i 得

$$F = A\left[\frac{(1+i)^n - 1}{i}\right]$$

【例 3-5】企业每年末存入银行 100 000 元，若年利率为 15%，6 年后可以从银行取回多少钱？

(1) 画现金流量图，见图 3-5。

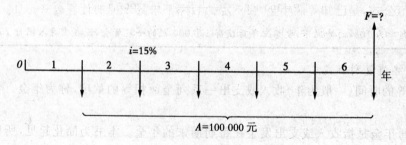

图 3-5

(2) 计算：

$$F = 100\,000 \times \left[\frac{(1+15\%)^6 - 1}{15\%}\right]$$
$$= 875\,400(元)$$

即6年后可从银行取回现金 875 400 元。

4. 偿还基金公式

偿还基金公式,也叫提存公式。它反映的是将已知的将来值 F,通过利率 i 换算成等额的年金 A,其计算公式可直接由(3-3)式推出,即

$$A = F \cdot \left[\frac{i}{(1+i)^n - 1}\right] \tag{3-4}$$

式中:$\left[\frac{i}{(1+i)^n - 1}\right]$ 称为偿还基金系数或提存系数,常用 $(A/F, i, n)$ 符号表示。该公式表示为支付第 n 年末的一笔债务,从现在起每年末应存入银行多少钱,或表示想将来获得一笔资金,企业每年应提取多少钱存入银行。

【例3-6】企业拟3年后引进一条新的生产线,需要资金1 000万元,若年利率为12%,问企业每年应存入银行多少钱?

(1)画现金流量图,见图3-6。

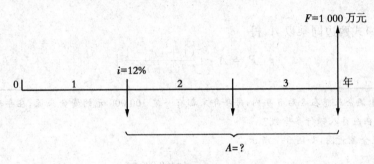

图3-6

(2)计算:

$$A = 1\,000 \times \frac{12\%}{(1+12\%)^3 - 1} = 296.35(万元)$$

即每年末存入296.35万元,在利率为12%的条件下,3年后就可获得1 000万元。

5. 年金现值公式

年金现值公式,是已知等额年金,在一定的利率下求其现值的计算公式。如一次借款,分期等额偿还;一次购货,分期等额付款等经济业务就属此类。

由公式(3-2)可知:

第一年年末 A 值的现值为:$P_1 = A \cdot \frac{1}{(1+i)^1}$

第二年年末的 A 值的现值为:$P_2 = A \cdot \frac{1}{(1+i)^2}$

⋮

第 n 年年末的 A 值的现值为:$P_n = A \cdot \frac{1}{(1+i)^n}$

所以,n 笔 A 值的现值之和为:$P = P_1 + P_2 + \cdots + P_n$

$$= \frac{A}{(1+i)} + \frac{A}{(1+i)^2} + \cdots + \frac{A}{(1+i)^n} \tag{a}$$

将(a)式两边除以 A，并把等式右边通分得

$$\frac{P}{A} = \frac{(1+i)^{n-1}+(1+i)^{n-2}+\cdots+1}{(1+i)^n} \tag{b}$$

再将(b)式两边乘以 $(1+i)$，得

$$\frac{P}{A} \times (1+i) = \frac{(1+i)^n+(1+i)^{n-1}+\cdots+(1+i)}{(1+i)^n} \tag{c}$$

由(c)式减(b)式得

$$\frac{P}{A} \times i = \frac{(1+i)^n - 1}{(1+i)^n} \tag{d}$$

(d)式两边同除以 i，得

$$\frac{P}{A} = \frac{(1+i)^n - 1}{i(1+i)^n} \tag{e}$$

(e)式反映了等额年金与现值的关系，并称之为等额年金现值系数，常用 $(P/A, i, n)$ 符号表示。

最后，将(e)式两边同乘以 A，得

$$P = A \cdot \left[\frac{(1+i)^n - 1}{i(1+i)^n}\right] \tag{3-5}$$

【例 3-7】某企业想在今后 5 年内，每年年末都有一笔 100 000 元的资金来源，在年利率为 9% 的情况下，问现在应存入银行多少钱？

(1) 画现金流量图，如图 3-7 所示。

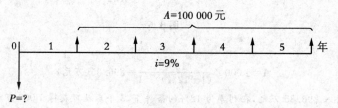

图 3-7

(1) 计算：

$$P = 100\,000 \times \frac{(1+9\%)^5 - 1}{9\% \times (1+9\%)^5} = 388\,960(元)$$

即在利率为 9% 的条件下，要想今后 5 年内每年年末有 100 000 元的资金来源，现在应存入银行 388 960 元。

6. 资本回收公式

资本回收公式，也叫资金还原公式，是在 n、i 一定的情况下，已知现值 P 求 A 的计算公式。该公式可由年金现值公式(3-5)直接推导出，即

$$A = P \cdot \left[\frac{i(1+i)^n}{(1+i)^n - 1}\right] \tag{3-6}$$

式中：$\left[\dfrac{i(1+i)^n}{(1+i)^n - 1}\right]$——资本回收系数，常用符号 $(A/P, i, n)$ 表示。

【例 3-8】 企业现从银行借入 100 万元的一笔贷款,年利率为 8%,五年拉平偿还,问每年应还多少?

(1) 画现金流量图,如图 3-8 所示。

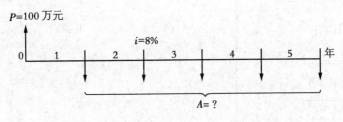

图 3-8

(2) 计算:

$$A = 100 \times \frac{8\% \times (1+8\%)^5}{(1+8\%)^5 - 1} = 25.046 (万元)$$

即每年末等额偿还 25.046 万元。

以上讨论了六个常用的普通复利公式,为应用方便,汇总于表 3-2。

表 3-2 普通复利基本公式汇总表

公式名称	项目	已知项	未知项	公 式	复利系数	系数代号
一次支付复利公式	复利终值公式	P	F	$F = P \cdot (1+i)^n$	$(1+i)^n$	$(F/P, i, n)$
	复利现值公式	F	P	$P = F \cdot \dfrac{1}{(1+i)^n}$	$\dfrac{1}{(1+i)^n}$	$(P/F, i, n)$
等额支付复利公式	年金终值公式	A	F	$F = A \cdot \left[\dfrac{(1+i)^n - 1}{i}\right]$	$\dfrac{(1+i)^n - 1}{i}$	$(F/A, i, n)$
	偿还基金公式	F	A	$A = F \cdot \left[\dfrac{i}{(1+i)^n - 1}\right]$	$\dfrac{i}{(1+i)^n - 1}$	$(A/F, i, n)$
	年金现值公式	A	P	$P = A \cdot \left[\dfrac{(1+i)^n - 1}{i(1+i)^n}\right]$	$\dfrac{(1+i)^n - 1}{i(1+i)^n}$	$(P/A, i, n)$
	资金回收公式	P	A	$A = P \cdot \left[\dfrac{i(1+i)^n}{(1+i)^n - 1}\right]$	$\dfrac{i(1+i)^n}{(1+i)^n - 1}$	$(A/P, i, n)$

以上所介绍的六个普通复利的基本公式,是假定利率 i 和期数 n 已知时,A、P、F 三种形式的现金流的换算关系。当 A、P、F 已知,要求 i、n 时,可通过六个复利公式直接推导出。另外,从表 3-2 中可以看出,换算因子(即复利系数)的值都只与 i、n 有关。因此,当 i、n 趋向某一极值时,各换算因子也就趋向某一极值,如表 3-3 所示。

表 3-3 换算因子的极值

换算因子	极值 ($n\to\infty$)	极值 ($i\to 0$)	极值 ($i\to\infty$)
$F/P=(1+i)^n$	∞	1	∞
$P/F=\dfrac{1}{(1+i)^n}$	0	1	0
$F/A=\dfrac{(1+i)^n-1}{i}$	∞	n	∞
$A/F=\dfrac{i}{(1+i)^n-1}$	0	$\dfrac{1}{n}$	0
$P/A=\dfrac{(1+i)^n-1}{i(1+i)^n}$	$\dfrac{1}{i}$	n	0
$A/P=\dfrac{i(1+i)^n}{(1+i)^n-1}$	i	$\dfrac{1}{n}$	∞

最后,需要说明的是,对于复利的计算除按公式直接计算外,还可运用复利系数表非常方便地得到满意答案。现举例说明如下。

【例 3-9】企业将 10 万元存入银行,利率为 12%,问 4 年后的本利和是多少?

(1) 列出计算公式

$$F=P\cdot(1+i)^n=P\cdot(F/P,i,n)=10(F/P,12\%,4)$$

(2) 查表,本例应查找的是 $i=12\%$,$n=4$ 时的复利终值系数。

① 由复利系数代号中的"F/P"找到要查的表格,本例为"复利终值系数表"。

② 从"复利终值系数表"找到 $i=12\%$ 所在的列和 $n=4$ 所在的行,行列交叉处的值(1.5735)即为所求的复利系数。

(3) 将 $(F/P,12\%,4)=1.5735$ 代入计算公式计算:

$$F=10(F/P,12\%,4)=10\times 1.5735=15.735(万元)$$

其他复利系数的查找方法可仿照本例进行。

三、投资的风险价值

投资风险,是指投资方案实际目标(或效果)与预期目标(或效果)可能产生的偏离程度。这种偏离,主要是因诸多不确定因素的影响而产生的。不确定因素越多,产生偏离的可能性就越大,投资风险也就越大。由于项目投资实现预期目标的时间长,决策时所预计的一些情况都可能会发生变化,如国内外的政治与经济形势、国家的投资政策、技术进步状况、国内外市场的需求、税收制度、银行利率、物价波动等因素,都可能引起投资方案预期目标的波动,这就是企业进行投资所冒的风险。投资风险是客观存在的,决策时必须充分估计投资风险价值,才能保证投资决策的正确、可靠。

投资风险价值,是指投资者冒风险进行投资而获得高出时间价值之外的额外报酬。与资金的时间价值一样,投资风险价值也有绝对量和相对量两种表示方式,前者为"投资风险报酬额",它等于冒风险投资获得的报酬额减去正常报酬额以后的余额;而后者为"投资风险报酬率",它等于投资风险报酬额与原始投资之比,常用百分数表示。

由于投资风险总是客观存在的,所以投资方案未来将出现何种状态,不仅不以决策人的意志为转移,而且具有不确定性和难以准确计量的特点。因此,对投资风险价值的计算,只有利用概率和数理统计理论来描述,一般按未来年度的预期收益的平均偏离程度来进行估计。主要计算步骤如下:

1. 确定投资项目未来收益的期望值

$$\overline{EV} = \sum_{i=1}^{n} x_i P_i \tag{3-7}$$

式中:$\overline{EV}$——未来收益的期望值;n——投资项目未来可能出现的状态数;x_i——投资项目在第i种状态下预计的年收益值;P_i——投资项目出现第i种状态的概率。

2. 计算标准离差(σ)与标准离差率(R)

$$\sigma = \sqrt{\sum_{i=1}^{n} (x_i - \overline{EV})^2 \cdot P_i} \tag{3-8}$$

$$R = \frac{\sigma}{\overline{EV}} \tag{3-9}$$

标准离差(σ)反映了投资方案所冒风险的程度,反映的是绝对指标。为便于方案间的对比,需计算标准离差率(R),这是反映各方案冒风险程度的相对指标。

3. 确定风险系数(f)

对风险系数(f)的确定常采用经验数据法和主观概率法。人们在投资分析时,常把银行的存款利率、放款利率、国债利率等视作没有风险的资金时间价值。由于其他投资总要冒一定程度的风险,所以其投资收益率应为货币资金的时间价值与风险报酬之和。主观概率法就是在0到1之间选择一个主观概率,其值以无风险价值为基础,上下浮动。这样确定风险系数,虽带有主观性,但相对某一国家、地区、行业而言却是个常数,不会影响方案的可比性。

4. 计算投资方案对预计(期)投资风险价值——预期风险报酬率(ER)和预期风险报酬额(ERV)

$$ER = f \cdot R \tag{3-10}$$

$$ERV = \overline{EV} \times \frac{ER}{i + ER} \tag{3-11}$$

【例3-10】某厂拟投资1 000万元开发新产品A,其有关资料如表3-4所示。试计算该投资方案的风险报酬率和风险报酬额。

表3-4

项目	概率(P_i)	预计年收益(x_i)(万元)
A产品销路好	0.5	400
A产品销路一般	0.3	300
A产品销路较差	0.2	100
项目的最低收益率	\multicolumn{2}{c}{$i=10\%$}
行业风险系数	\multicolumn{2}{c}{$F=12\%$}

(1) 计算该投资方案未来收益的期望值($\overline{EV}$)：

$$\overline{EV}=400\times0.5+300\times0.3+100\times0.2=310(万元)$$

(2) 计算该投资方案标准离差(σ)与标准离差率(R)：

$$\sigma=\sqrt{(400-310)^2\times0.5+(300-310)^2\times0.3+(100-310)^2\times0.2}$$
$$=96.2(万元)$$

$$R=\frac{96.2}{310}\approx31.03\%$$

(3) 导入风险系数,计算该投资方案的风险价值(ER,ERV)：

$$ER=12\%\times31.03\%=3.72\%$$

$$ERV=310\times\frac{3.72\%}{10\%+3.72\%}\approx84.05(万元)$$

计算说明,在开发 A 产品未来获得的收益期望值 310 万元中,有 84.05 万元是冒风险而获得的风险报酬额,它比无风险投资的报酬率高出 3.72%。

四、资金成本

资金成本是取得使用资金所应负担的成本,如向银行借款所应支付的利息、债券的利息费用、自有资金的预期报酬等,通常用百分数表示。

资金成本实质上是一种机会成本,在项目投资决策中具有十分重要的意义,是投资项目能否接受的一个最低限度。因此,又称资金成本为项目的"取舍率"、"最低报酬率"或"极限利率"。

资金成本的高低与投资项目的资金来源有关。如资金是借来的,资金成本就是借款利率;如是自有资金,资金成本就是投资者期望的投资收益率;如资金是多方筹措的,资金成本应为加权平均的综合利率。资金成本通常包括资金的时间价值和投资风险价值两部分,一般由投资者根据银行挂牌利率、证券投资的实际利率、股东权益获利的水平以及该项投资所冒风险的大小,经过权衡利弊、周密思考后确定。

第三节 项目投资决策的基本方法

近年来,项目投资决策的分析、评价方法发展很快,已形成一套比较完善的评价方法体系,成为投资者科学决策的重要手段。在实际工作中,常用的评价方法有十几种,若从不同角度去考察,可分为不同的类别。由于不同的投资项目有着不同的评价内容,所要求达到的目标也不相同,故采用的评价方法和指标也不尽相同。根据项目经济评价应以动态分析为主、静态分析为辅的原则,本节着重介绍几种常用的静态和动态评价方法。

一、项目投资决策常用的静态评价方法

(一) 投资回收期法

投资回收期是指在不考虑资金时间价值的情况下,用投资方案所产生的净现金流量来补偿原始投资额(或投资合计)所需要的时间(通常用年数表示)。用投资回收期来评价方案的优劣与可行性的方法叫投资回收期法。

投资回收期(n)的计算如下:

当投资方案每年的现金流差别不大时,可用下式简单计算,即

$$n = \frac{P}{\overline{F}} \quad (3\text{-}12)$$

式中:n——投资回收期;P——原始投资额;$\overline{F}$——平均年现金净流量。

若投资方案每年的净现金流量差别较大,则要逐年计算年末累计净现金流量。累计净现金流量达到原始投资的年限,即为所求的投资回收期。在这种情况下,可用下式计算,即

$$P = \sum_{t=1}^{n} F_t \quad (3\text{-}13)$$

式中:F_t——第 t 年的净现金流量。

用该法进行方案的分析评价时,要求首先确定方案的标准投资回收期(n_b),然后将计算的投资回收期(n_j)与之比较,才能得出评价结论。其决策规则如下:

对于独立方案的评价,当 $n_j \leqslant n_b$ 时,则方案可行;而对于互斥方案的评价、择优,则首先满足 $n_{j1}, n_{j2}, \cdots, n_{jk} \leqslant n_b$,然后再从 $n_{j1}, n_{j2}, \cdots, n_{jk}$ 中取小者为优。但应注意,由于该法本身固有的缺点,多方案择优的结论有时会与实际情况不符,因此,该法一般不宜用于多方案评价,若用时应与其他评价方法结合使用。

【例 3-11】企业拟投资 50 000 元购置一台自动化装置,预计 10 年内每年可为企业增加净收益 15 000 元。若该项目的标准投资回收期为 4 年,试问该项目投资方案可行否?

$$n_j = \frac{50\,000}{15\,000 + \frac{50\,000}{10}} = 2.5(年) < 4(年)$$

因为 n_j 为 2.5 年,小于标准投资回收期 4 年,所以该投资项目可行。

【例 3-12】有一个为期 5 年的投资活动,有三种可供选择的方案,其现金流如表 3-5 所示。

表 3-5 单位:万元

方案 年末	甲方案的现金流量	乙方案的现金流量	丙方案的现金流量
0	−30	−30	−30
1	10	8	8
2	10	10	10
3	10	12	15
4	10	14	0
5	10	16	0

若基准投资回收期 $n_b=5$ 年，试根据表3-5中的资料对三个方案进行评价，然后从中选优。

根据表3-5的资料，列表计算如表3-6所示。

表3-6　　　　　　　　　　　　　　　　　　　　　　　　单位：万元

方案 年末	甲方案		乙方案		丙方案	
	现金流量	现金流入量累计	现金流量	现金流入量累计	现金流量	现金流入量累计
0	-30	—	-30	—	-30	—
1	10	10	8	8	8	8
2	10	20	10	18	10	18
3	10	30	12	30	15	33
4	10	40	14	44	0	33
5	10	50	16	60	0	33

由表3-6可知，甲、乙两方案的投资回收期都为3年，丙方案的投资回收期为2年以上、3年以下，即：

$$n_{j丙}=2+\frac{30-18}{33-18}=2.8(年)$$

因为 $n_{j甲}=n_{j乙}=3$ 年，$n_{j丙}=2.8$ 年，都小于 $n_b=5$ 年，所以甲、乙、丙三个方案均可行。再对三个投资方案的投资回收期进行比较可知，丙方案的投资回收期最短，说明回收投资最快。按该指标的决策规划，丙方案最优。

到此，按投资回收期对三个方案的评价及择优虽告一段落，但当回头再考察三方案的现金流时，会对"丙方案是三方案中最优"这一结论产生怀疑。暂时先不进行深入的讨论，只要将三方案在五年中的现金流入总量计算一下，便知乙方案的现金流入总量为60万元，大于甲方案的50万元，丙方案的33万元在三方案中最小，所以用投资回收期法评价得出丙方案最优的结论不一定准确，说明该方法存在着缺点和不科学之处。

投资回收期法的优点：
（1）计算简单，指标含义明确。
（2）该指标既可用来评价投资方案是否可行，又可判别方案的优劣程度而进行择优。
（3）该指标还反映了投资方案回收投资的快慢和所冒风险的大小。

投资回收期法的缺点：
（1）该评价方法没有考虑资金的时间价值，把发生在投资过程中任何时刻的现金流值，都认为与它的现时价值相等，显然是不符合实际情况的。
（2）没有考虑投资方案的预计使用年限及残值，也忽略了收回原始投资以后的现金流状况。因此，在决策分析时易产生误导，使决策者接受短期利益大、而舍弃长期利益高且真正更优的投资方案。
（3）按投资回收期法收回的投资额只是投资的账面价值而不是现时价值。

综上所述，投资回收期可作为辅助评价指标，投资回收期法适用对方案的初步评价或对投资额小、投资期限短的方案进行可行性判断和择优分析。当用于多方案择优时，还应与其他指标综合使用，进行综合分析后，才能最后得出结论。

(二) 追加投资回收期法

追加投资回收期,是指投资额大的方案比投资小的方案多花费的投资额,用其年经营成本的节约额来补偿所需的年限。此法可用来分析评价追加投资是否经济合理。

追加投资回收期一般按下式计算:

$$\Delta n = \frac{P_1 - P_2}{C_2 - C_1} = \frac{\Delta P}{\Delta C} \tag{3-14}$$

式中:Δn——追加投资回收期,用年数表示;P_1、P_2——方案1、2的投资额,且$P_1 > P_2$;C_1、C_2——方案1、2的年经营成本,且$C_2 > C_1$;ΔP、ΔC——追加投资和年经营成本节约额。

【例3-13】企业拟进行技术改造,有两个可供选择的方案。甲方案需投资500万元,预计年经营成本为30万元;乙方案只需投资300万元,预计年经营成本为70万元。试计算追加投资回收期。

$$\Delta n = \frac{500 - 300}{70 - 30} = 5 (年)$$

这说明,甲方案相对乙方案而言,用其节约的年经营成本40万元去补偿多耗费的投资200万元,需要5年的时间。该法对于两方案的比较择优,方便而简单,但首先也要选择、确定一个标准投资回收期才能进行抉择。当$\Delta n < n_b$时,选择投资额大的方案为优;当$\Delta n > n_b$时,选择投资额小的方案为优。

若$n_b = 6$年,则本例应选择投资额大的甲方案。

追加投资回收期反映的是相比方案的相对效果,不能明确给出投资方案回收投资的年限。虽对两个方案的比较方法较为方便、简单,但对于两个以上方案的比较、择优,易产生"循环赛"现象。另外,当两个相比方案的投资及年经营成本相差不大时,评价结果还会出现假象。除此之外,其他特点基本与投资回收期法相似。

(三) 投资收益率法(或投资利润率法)

投资收益率是考察单位投资获利能力的指标。实际中,该指标计算的口径也不一致。有的以投资回收期($n = P/F$)倒数的百分数来表示,有的以项目达产后的正常生产年份的年利润总额或平均年利润总额与项目总投资的百分数来表示。我国在项目评价中,采用后者并称之为投资利润率。其计算公式为

$$ROI = \frac{\overline{F}}{P} \times 100\% \tag{3-15}$$

式中:ROI——投资收益率。

该指标实际上与投资回收期$\left(n = \frac{P}{F}\right)$是互为倒数关系。

$$i = \frac{K}{P} \times 100\% \tag{3-16}$$

式中:K——年利润总额或年平均利润总额。

该指标的特点与投资回收期法相似。当进行方案评价时,也要首先确定标准投资收益率(或标准投资利润率)。当计算的投资收益率(或投资利润率)大于或等于标准投资收益率(或

标准投资利润率)时,方案可行。但对于互斥方案的决策(即多方案的评价、择优),应采用差量投资收益率法,才更符合客观实际。当多方案相比择优时,如用各方案的投资收益率大小来评判,往往会导致错误的结论。因为各方案投资收益率与标准投资收益率相比,所反映的只是单一方案的可行与否,并不能真正反映相比方案之间的优劣。因此,在判断各相比方案可行的前提下,必须计算相比方案的差量投资收益率,并采用逐步淘汰的方式,才能选出最优方案。计算各方案差量投资收益率的公式如下:

$$ROI_{乙-甲} = \frac{(S_乙 - C_乙) - (S_甲 - C_甲)}{P_乙 - P_甲} \times 100\% \tag{3-17}$$

当相比方案的年收入相等时,即 $S_甲 = S_乙 = S$,则有:

$$ROI_{乙-甲} = \frac{C_甲 - C_乙}{P_乙 - P_甲} \times 100\% \tag{3-18}$$

【例 3-14】某项目投资 10 000 元,寿命为 10 年,按直线法折旧,期终无残值。该项目第 1—3 年末的净现金流量为 2 000 元,第 4—10 年末的净现金流量为 3 000 元。求该项目的投资收益率和投资利润率。

(1) 投资收益率 $= \frac{[(2\,000 \times 3) + (3\,000 \times 7)] \div 10}{10\,000} \times 100\% = 27\%$

(2) 投资利润率 $= \frac{[(1\,000 \times 3) + (2\,000 \times 7)] \div 10}{10\,000} \times 100\% = 17\%$

【例 3-15】为满足市场需求,企业准备扩大生产能力。现有三个可供选择的方案,其资料如表 3-7 所示。若基准投资收益率为 25%,应选何种方案为优?

表 3-7

方案 摘要	甲	乙	丙	备注
投资额(P)(万元)	80	100	110	年经营费用 中不含折旧
年销售收入(S)(万元)	40	40	40	
年经营费用(C)(万元)	15	12	8	

(1) 计算各方案的投资收益率:

$$ROI_甲 = \frac{40-15}{80} \times 100\% = 31.25\% > 25\%$$

$$ROI_乙 = \frac{40-12}{100} \times 100\% = 28\% > 25\%$$

$$ROI_丙 = \frac{40-8}{110} \times 100\% = 29.09\% > 25\%$$

因为甲、乙、丙三方案的投资收益率均大于基准投资收益率,所以三方案可行。

(2) 因为相比方案的年收入相等,所以用公式(3-18)来计算各方案的差量投资收益率:

$$ROI_{乙-甲} = \frac{15-12}{100-80} \times 100\% = 15\% < 25\%$$

应舍弃乙方案,取甲方案。计算说明,百元追加投资获得的收益15元小于基准收益25元,即投资小的方案对企业有利。

$$ROI_{丙-甲}=\frac{15-8}{110-80}\times100\%=23.33\%<25\%$$

应舍弃丙方案,取甲方案,理由同上。

由计算可知,甲方案最优,为当选方案。

现假定基准收益率为20%,那么应选哪个方案呢?显然,当基准收益率为20%时,则丙方案最优。这说明,基准收益率的大小,是影响决策结论的一个非常重要的因素。

(四) 折算费用法

对于项目投资方案而言,为达到预期的投资目标,不仅需要一次性的基建投资(包括固定资产投资和流动资产投资),而且在投产以后的生产营运中,每年都需要一定的经营费用。对这类方案的评价、择优,应运用换算系数(如生产年限、基准收益率等),将这两种性质不同的支出相加才能进行。这种运用换算系数进行评价、择优的方法,叫折算费用法。折算费用法又分为总折算费用法和年折算费用法两种。

通过生产年限(n)将年经营费用(C)投资化后,再与原始投资(或基建投资 P)相加所得的总和,称为总折算费用(Y),其计算公式为

$$Y = P + nC \tag{3-19}$$

年折算费用(CA)是通过标准投资收益率将原始投资成本化后,再与年经营成本相加所得的总年经营费用,其计算公式为

$$CA = C + (ROI_{标}) \cdot P \tag{3-20}$$

当用该法进行决策时,以折算费用(即总折算费用或年折算费用)最小者为优。

此法最大的优点是简单。当相比方案的生产年限及收益大致相同、实现同一目标的方案较多时,可用该类方法进行初步分析、评价,作为决策的辅助指标。另一方面,此法只考虑支出,且将投资与经营费用两种性质不同的支出混为一谈,也没有考虑资金的时间价值,显然存在诸多不合理之处。

二、项目投资决策常用的动态评价方法

在项目投资决策中,把考虑资金时间价值的方法称为动态评价法。常用的动态评价法有等年值法、现时价值法、内部收益率法和收益成本比值法等。下面分别介绍各种方法的原理和应用。

(一) 等年值法

等年值法根据所考察的投资方案的现金流结构不同,又分为等年成本法(或年费法)和等年净值法,如对被评价的投资项目,只考虑其支出(包括投资和年经营费用)而不考虑其收入或在收入难以预计的情况下,按预期投资收益率将投资折算成等额的年支出,然后再与每年的经营成本相加,求出等额的年总费用,以此评价方案的方法叫等年成本法(或年费法)。如被评价的项目有残值,也应按预计的投资收益率在项目的寿命周期内拉平,作为年费的减项处理。另

外,若年经营成本各年不同时,还应进行年经营成本的折算。年费法的计算公式为

$$AC = P(A/P,i,n) - S(A/F,i,n) + A \qquad (3\text{-}21)$$

或

$$AC = [P - S(P/F,i,n)](A/P,i,n) + A \qquad (3\text{-}22)$$

$$AC = [P(F/P,i,n) - S](A/F,i,n) + A \qquad (3\text{-}23)$$

$$AC = (P - S)(A/P,i,n) + Si + A \qquad (3\text{-}24)$$

式中:AC——等额年成本(年费);S——残值;A——等额年经营成本。

其他符号含义同前。

上述(3-21)至(3-24)式是计算年费的不同表达形式,实际上是等价的,用时可任选。

当对投资项目进行评价时,所考察的是整个寿命周期内全部的现金流,而用预计的投资收益率进行折算而求得的等年值叫等年净值,用 AE 表示。其计算公式为

$$AE = P(A/P,i,n) + S(A/F,i,n) - A + E \qquad (3\text{-}25)$$

式中:E——等额年收入。

类比(3-22)—(3-24)式,还可写出等额年净值的其他等价的计算公式。此处从略。

另外,若每年的收入不等时,也应用预计投资收益率进行折算。

应用等年值法的决策规则如下:对于年费法,取年费最小者为最优方案;对于等年净值法,取年净值最大者为最优方案。

等年值法是通过预计的投资收益率把投资进行了年成本化,使计算等额年总成本或等年净值成为可能。该法考虑了资金的时间价值,还为不同寿命方案的比较提供了方便。但是,随着项目的投产运转,其经营成本将会受多种因素的影响而不断变化。然而,该指标中的年经营成本是视作一个定值考虑的,显然不能客观地反映实际情况。因此,当被评价方案的年经营成本变化较大时,应结合其他指标,才能最后定论。

另外,对于互斥方案的评价、择优,除按上述决策规则,先一一计算各参比方案的等年值再进行比较外,还可利用差量现金流进行评价。利用差量现金流对投资方案的优劣进行研究、评价,不仅计算简单,而且经济含义明确。

【例3-16】为缓和生产能力紧张的问题,企业决定添置一台加工设备。现有两种类型的设备,均能满足生产和技术上的要求,但其支出不同。甲设备需购置安装费共40 000元,8年运行期间每年还需经营成本2 500元,期末残值为2 000元;乙设备只需购置安装费30 000元,但8年运行中每年需经营成本4 000元,期末无残值。若企业期望的投资收益率为10%,问应选择哪种设备为优?

(1) 画现金流量图,如图3-9所示。

甲方案:

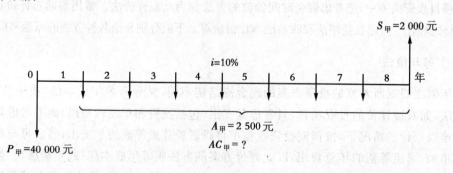

乙方案：

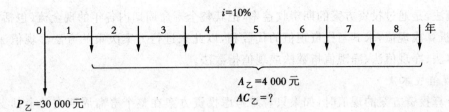

图 3-9

(2) 计算：

$$AC_甲 = 40\,000 \times (A/P,10\%,8) - 2\,000 \times (A/F,10\%,8) + 2\,500$$
$$= 40\,000 \times 0.18744 - 2\,000 \times 0.08744 + 2\,500$$
$$\approx 9\,823 (元/年)$$

$$AC_乙 = 30\,000 \times (A/P,10\%,8) + 4\,000$$
$$= 30\,000 \times 0.18744 + 4\,000$$
$$\approx 9\,623 (元/年)$$

(3) 决策：

$$AC_甲 - AC_乙 = 9\,823 - 9\,623 = 200 (元/年)$$

由于在 8 年的寿命周期内，乙设备除保证 10% 的期望投资收益率外，每年还比甲节约成本 200 元（或多提供年收益 200 元），所以选择乙方案对企业有利。

再用差量现金流求解：

(1) 画出差量现金流图，如图 3-10 所示。

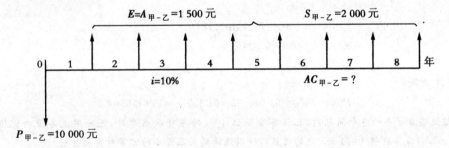

图 3-10

(2) 计算：

$$AC_{甲-乙} = -10\,000 \times (A/P,10\%,8) + 2\,000 \times (A/F,10\%,8) + 1\,500$$
$$= -10\,000 \times 0.18744 + 2\,000 \times 0.08744 + 1\,500$$
$$\approx -200(元/年) \text{（负号表示成本或支出）}$$

(3) 决策：

甲、乙两方案的差量现金流量图，实际上构成了一个新的决策问题，即在 8 年的寿命周期内，甲方案每年节约的经营成本 1 500 元，能否在期望收益率 10% 的条件下，收回（或补偿）多投资的 10 000 元。此时所计算的 $AC_{甲-乙}$ 可理解为差量年费用或差量净年值。

$AC_{甲-乙} = -200(元/年)$，表明甲设备比乙设备多投资的 10 000 元，在期望投资收益率为 10% 的条件下，用其每年节约的经营费 1 500 元偿还，在 8 年中每年还差 200 元，所以应选购买乙设备的方案。

(二) 现值法

现值法,是通过投资方案的期望收益率,把其整个寿命周期内各年的现金流(包括流入量、流出量)折算成现值,求其与投资现值的代数和,以此来进行方案决策的方法。现值法又分为现值成本法、净现值法、净现值指数法或现值指数法。

1. 现值成本法

在计算投资方案的现值时,如果只着重考虑投资方案在整个寿命周期内的全部支出现值(包括投资、年经营费),而不考虑收入或难以预计其收入的方法叫现值成本法。其计算公式为

$$PC = P + A(P/A,i,n) - S(P/F,i,n) \tag{3-26}$$

式中:PC——现值成本;其他符号含义同前。

运用该法进行决策时,取 PC 小者为最优方案。此外,也可以通过计算相比方案的差量现值成本择优。

该法与年费法的特点基本相似,但该法适用于寿命周期相同的方案相比;若相比方案的寿命不同,则不能直接比较。

【例 3-17】资料同例 3-16,试用现值成本法选择购买方案。

(1) 现金流量图同图 3-9。

(2) 计算甲、乙两方案的现值成本:

$$\begin{aligned}
PC_{甲} &= +40\,000 + 2\,500 \times (P/A,10\%,8) - 2\,000 \times (P/F,8\%,10) \\
&= 40\,000 + 2\,500 \times 5.3349 - 2\,000 \times 0.4665 \\
&= 52\,404.25(元)
\end{aligned}$$

$$\begin{aligned}
PC_{乙} &= 30\,000 + 4\,000 \times (P/A,10\%,8) \\
&= 30\,000 + 4\,000 \times 5.3349 \\
&= 51\,339.6(元)
\end{aligned}$$

(3) 决策:

$$PC_{甲} - PC_{乙} = 52\,404.25 - 51\,339.6 = 1\,064.65(元)$$

这说明在 8 年的寿命周期内,乙设备除保证 10% 的期望收益率外,还比甲设备节约现值成本 1 064.65 元(或多提供 1 064 365 元的收益),所以选择购买乙设备的方案对企业有利。

再用差量现值成本法求解:

(1) 差量现金流图同图 3-10。

(2) 计算:

$$\begin{aligned}
PC_{甲-乙} &= -10\,000 + 1\,500 \times (P/A,10\%,8) + 2\,000 \times (P/F,10\%,8) \\
&= -10\,000 + 1\,500 \times 5.3349 + 2\,000 \times 0.4665 \\
&= -1\,064.65(元) \text{ (负号表示支出、成本)}
\end{aligned}$$

这说明在 8 年的寿命周期内,甲方案用每年节约的经营成本 1 500 元,去补偿多花的投资 10 000 元,在保证期望收益率 10% 的条件下,总共还差 1 064.65 元(0 年的价值),所以应购买乙设备。

2. 净现值法

净现值法是指按期望投资收益率,将投资方案有效期内各年的现金流量(包括流入量和流出量)折算成现值,再减去投资的现值合计所得的金额。其计算公式为

$$NPV = \sum_{t=1}^{n} \frac{F_t}{(1+i)^t} - P \qquad (3-27)$$

式中：NPV——净现值；P——投资额，当投资分几次投入时要计算其现值合计数；
F_t——为第 t 年的现金流量。

当用净现值法对方案进行评价时，其决策规则是：当净现值≥0 时，方案可行；而净现值<0，则方案不可取。这是对单一方案评价时应遵循的决策规则。

对于多方案的评价、择优，在参比方案满足净现值大于或等于零的前提下，还应与净现值指数法（后面将讨论）配合使用，选出最优方案。

该方法最大的优点是直观，容易对方案进行分析判断，不仅考虑了资金的时间价值，还可对投资风险进行调整。由于净现值给出的时间价值只是投资的绝对效果，没有体现出投资规模的影响，所以在多方案择优时，往往会使投资者选择净现值大、投资额高的方案，而放弃投资额少、净现值小但单位投资效益好的方案。因此，在资金充足的情况下，可在多个可行方案中选择净现值最大的方案；而在资金紧缺的条件下，不仅要考虑可行方案的净现值，而且更应着重考虑单位投资的净现值大小，才能最后定案。

【例 3-18】某项目的总投资为 3 500 万元，投产后的年销售收入为 1 600 万元，年经营成本为 600 万元，5 年后的残值为 100 万元。若企业要求的最低投资收益率为 12%，问该方案是否可行？试用净现值法进行评价。

(1) 画现金流量图，如图 3-11 所示。

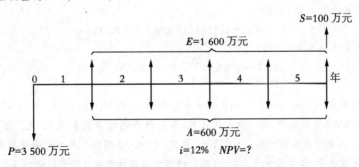

图 3-11

(2) 计算：
$$NPV = -3\,500 + (1\,600 - 600) \times (P/A, 12\%, 5) + 100 \times (P/F, 12\%, 5)$$
$$= -3\,500 + 1\,000 \times 3.6048 + 100 \times 0.5674$$
$$= 161.54(万元) > 0$$

(3) 决策：

因为该方案净现值为 161.54 万元>0，说明该方案可行。

净现值为 161.54 万元，表明该投资方案在 5 年的寿命周期内，除保证达到 12% 的投资收益率外，还多提供 161.54 万元（零年的价值）的总收益。

试问，假如企业要求的最低报酬率为 15%，其净现值为多少？方案是否可行？
$$NPV = -3\,500 + (1\,600 - 600) \times (P/A, 15\%, 5) + 100 \times (P/F, 15\%, 5)$$
$$= -3\,500 + 1\,000 \times 3.3522 + 100 \times 0.4972$$
$$= -98.08(万元) < 0$$

因 $NPV=-98.08$(万元)<0,说明方案不可行。

净现值小于零,并不一定是投资项目发生亏损,而是未达到期望投资收益率。因此,净现值等于 -98.08 万元,表明该投资项目在 5 年的寿命周期内,要保证达到期望投资收益率 15% 还差的净现值额。若净现值等于零,说明刚好达到要求的期望收益率。由此可见,期望收益率的确定,对方案的取舍起着非常大的影响。

3. 净现值指数法

净现值指数,也叫净现值率,是指投资方案的净现值与投资的现值合计之比,反映单位投资的利用效率,其计算公式为

$$NPVI = \frac{NPV}{P} \tag{3-28}$$

式中:P——投资额现值合计。

要注意,计算净现值指数时,净现值可能为正值,也可能为负值。

运用净现值指数法进行方案评价,其决策规则与净现值法相似,即:$NPVI \geq 0$,方案可行;$NPVI<0$,方案不可取。净现值指数大于、等于和小于零的含义与净现值相同。它以相对指标反映了投资方案经济效果的好坏,便于不同投资规模的方案进行比较。其缺点是不能给出投资效果总量的概念,而且没有净现值法直观。

【例 3-19】资料同例 3-18,计算其净现值指数并决策。

(1) 期望投资收益率为 12% 时:
$$NPVI = 161.54/3\,500 \approx 0.05(元/元)$$

(2) 期望投资收益率为 15% 时:
$$NPVI = -98.08/3\,500 \approx -0.03(元/元)$$

(3) 决策:

当期望收益率为 12% 时,$NPVI>0$,说明方案可行。而 $NPVI=0.05$ 元/元,表明该投资项目在 5 年的寿命周期内,除保证获得 12% 投资收益外,每元投资还能多收入 0.05 元。当投资收益率为 15% 时,$NPVI<0$,说明方案不可取。$NPVI=-0.03$ 元/元,表明在 5 年的寿命周期内,要保证获得 15% 的期望投资收益率,每元投资还差 0.03 元。两种方法对该方案评价的结论相同。

若净现值指数等于零,并不是不亏不盈,而是投资方案刚好达到期望投资收益率。另外,当用净现值法和净现值指数法进行多方案的评价择优时,采用差量分析方法则更简便。

【例 3-20】某厂生产 A 产品,每年需要 G 零件 4 000 个。该零件既可自制也可外购。若外购,每个购价(包括包装及运杂费等)25 元,货源充足;若自制,需添置一台 40 000 元的专用设备和垫支 10 000 元的流动资金。专用设备的预计寿命为 10 年,10 年后残值为 8 000 元,每年还需 5 000 元的经营成本,G 零件自制的单位变动成本为 15 元。若资金成本为 12%,所得税税率为 33%,要求作出 G 零件是自制还是外购的决策(设备采用直线法折旧)。

(1) 分析:

自制需追加投资额 $= 40\,000 + 10\,000 = 50\,000$(元)

自制年总成本 $= 15 \times 4\,000 + 5\,000 + (40\,000 - 8\,000)/10 = 68\,200$(元)

外购的年成本 $= 25 \times 4\,000 = 100\,000$(元)

自制比外购每年节约的年成本(或增加的收益)=100 000-68 200=31 800(元)

自制比外购多支付的税费=31 800×33%=10 494(元)

(2) 画差量现金流量图(自制减外购),如图 3-12 所示。

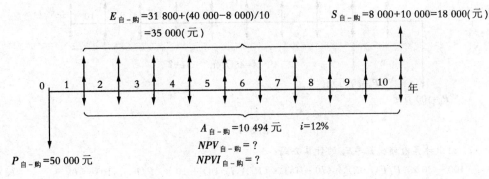

图 3-12

(3) 计算:

$$NPV_{自-购} = 50\,000 + (31\,800 + \frac{40\,000 - 8\,000}{10} - 10\,494) \times (P/A, 12\%, 10) + 18\,000 \times (P/F, 12\%, 10)$$

$$= 50\,000 + 24\,506 \times 5.6502 + 18\,000 \times 0.322$$

$$= 94\,259.80(元)$$

$$NPVI_{自-购} = \frac{94\,259.80}{50\,000} \approx 1.89$$

(4) 决策:

由计算可知,自制与外购的差量净现值和净现值指数均大于零,说明购买设备自制的方案为优。因为在 10 年的寿命周期内,自制所追加的投资 50 000 元,用其节约的年成本来补偿,除保证达到 12%的期望收益率外,每元投资还可多提供 1.89 元的收益,10 年共计 94 259.80 元(第零年的价值)。

(三) 内部收益率法

内部收益率法,是指投资项目在整个寿命周期内的净现值为零时的贴现利率,或使项目的净现值为零时的投资收益率。它隐含在投资项目内部,是表明投资项目本身获利能力的指标。其计算公式如下:

$$\sum_{t=1}^{n} \frac{F_t}{(1+i_x)^t} - P = 0 \qquad (3-29)$$

(3-29)式实际上是在 P、F_t、n 已知的条件下,以 i_x 为未知数的一个一元 n 次方程。由于数学求解比较麻烦,实际工作中常采用试算法。

现举例说明内部收益率的计算步骤。

【例 3-21】某项工程现投资 100 万元,两年后再投资 30 万元。在 10 年的寿命周期内,每年预计收入 70 万元,预计每年支出经营成本 45 万元,该工程服务周期满的残值为 10 万元。试问该项工程的内部收益率是多少?

(1) 画现金流量图,如图 3-13 所示。

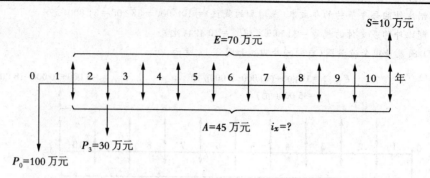

图 3-13

(2) 列出计算内部收益率 i_x 的计算公式：

$$-100-30\times(P/F,i_x,2)+(70-45)\times(P/A,i_x,10)+10\times(P/F,i_x,10)=0 \quad (a)$$

(3) 估算第一次试算的 i_1 值。为估算第一次试算的 i_1 值，先不考虑资金的时间价值（即令 $i=0$），分别计算投资的现值合计 P 和各年的现金流之和，并用终值 F 表示，即

$$P=100+30=130(万元)$$
$$F=(70-45)\times 10+10=260(万元)$$

则有

$$130=260\times(P/F,i_1,10)$$
$$(P/F,i_1,10)=\frac{130}{260}=0.5$$

查复利系数表知：

$$(P/F,7\%,10)=0.5084$$
$$(P/F,8\%,10)=0.4632$$

由此可知，i_1 在 7%—8% 之间。

参照同类投资项目实际获得的投资收益率和估计的 i 值，确定第一次试算的投资收益率为 15%。

以 $i_1=15\%$ 代入 (a) 式左边得

$$-100-30\times(P/F,15\%,2)+(70-45)\times(P/A,15\%,10)+10\times(P/F,15\%,10)$$
$$=-100-30\times 0.7561+25\times 5.0188+25+10\times 0.2472=5.259(万元)>0$$

上述结果说明，$i_1=15\%$ 取值偏小。

再以 $i_2=18\%$ 代入 (a) 式左边得

$$-100-30\times(P/F,18\%,2)+(70-45)\times(P/A,18\%,10)+10\times(P/F,18\%,10)$$
$$=-7.2825<0$$

说明 $i_2=18\%$ 取值偏大。由此可知，i_x 必在 15%—18% 之间。

(4) 运用线性插值法求投资收益率 i_x：

$$\left.\begin{array}{l} i_1=15\% \\ i_x=? \\ i_2=18\% \end{array}\right\}\Delta i=i_x-i_1 \bigg\} 3\%=i_2-i_1$$

净现值（NPV）

$$\left.\begin{array}{l} NPV_1=5.259 \\ NPV=0 \\ NPV_2=-7.2825 \end{array}\right\} |NPV-NPV_1|=5.259 \bigg\} |NPV_2-NPV_1|=12.5415$$

由 $\dfrac{\Delta i}{i_2-i_1}=\dfrac{|0-NPV_1|}{|NPV_2-NPV_1|}$,得

$$\Delta i = \dfrac{NPV_1}{|NPV_2-NPV_1|}\cdot(i_2-i_1)$$

$$i_x = i_1 + \Delta i$$

$$\quad\quad = i_1 + \dfrac{NPV_1}{|NPV_2-NPV_1|}\cdot(i_2-i_1) \quad\quad (3-30)$$

本例投资收益率为

$$i_x = 15\% + \dfrac{5.259}{|-7.2825-5.259|}\times(18\%-15\%) = 16.26\%$$

计算内部收益率还可运用等年值法求解。即将一次性投资用待求的 i_x 折算成等年成本,然后求其与项目整个寿命周期内现金流的代数和。年值代数和为零的 i,即为所求的内部收益率。具体操作步骤同例 3-21。

在求 i_x 的试算中,可能要试算若干次,直到 NPV 值有一正一负为止,并设定出现负值的贴现率为 i_2,对应的负值净现值为 NPV_2;与 i_2 最近的前面的试算 i 定为 i_1,其对应的净现值为 NPV_1。为保证所求内部收益率 i_x 的精确性,试算中 (i_2-i_1) 不宜太大,一般不超过 2%。

内部收益率所反映的是项目本身内含的(或固有的)投资效率,可避免因主观因素的影响而导致评价结论不合理的现象。它作为一种最基本的评价方法,运用时应首先有一个标准(或基准)投资收益率(MARR)或资金成本作为评价尺度,当所计算的内部收益率(IRR 或 i_x)大于或等于 MARR 时,则方案可行。

由于内部收益率所体现的是项目本身所固有的获利能力指标,与其他项目没有直接关系,它是否可行只能与人们期望的某个标准相比。所以,对互斥方案进行评价、择优,不能只凭 IRR 的高低,还需计算对比方案的增量投资收益率与 MARR 相比后,才能决定。

【例 3-22】企业为生产 A 产品,需购置一台专用设备。现有两种型号的设备可供选择,1#、2# 设备的资料如表 3-8 所示。A 产品的售价为 40 元。要求用相对投资收益率(即增量投资收益率)法从 1#、2# 设备中选择最优方案。

表 3-8

摘 要	方 案	
	1# 设备	2# 设备
设备投资(元)	40 000	50 000
寿命(年)	10	10
预计残值(元)	2 000	3 000
设备加工能力(件/年)	1 600	1 700
产品单位变动成本(元)	30	28
MARR	15%	15%

(1) 求 1# 设备的内部收益率,判断 1# 设备方案的可行性。

① 列出计算内部收益率 i_x 的等式：

$$-40\ 000+(40-30)\times 1\ 600\times(P/A,i_x,10)+2\ 000\times(P/F,i_x,10)=0$$

② 用 $i_1=18\%$ 计算：

$$\text{左边}=-40\ 000+1\ 600\times(P/A,18\%,10)+2\ 000\times(P/F,18\%,10)$$
$$=-40\ 000+1\ 600\times 4.4941+2\ 000\times 0.1911$$
$$=32\ 288(元)>0$$

说明 $i_1=18\%$ 取值偏小。

③ 用 $i_2=35\%$ 试算（由 $NPV|_{i_1=18\%}$ 时的值判断，$i_1=18\%$ 离所求的 i_x 距离较远，所以 i_2 取值可大些）：

$$\text{左边}=-40\ 000+1\ 600\times(P/A,35\%,10)+2\ 000\times(P/F,35\%,10)$$
$$=-40\ 000+1\ 600\times 2.7150+2\ 000\times 0.0497$$
$$=3\ 539(元)>0$$

说明 $i_2=35\%$ 仍偏小。

④ 用 $i_3=40\%$ 试算：

$$\text{左边}=-40\ 000+1\ 600\times(P/A,40\%,10)+2\ 000\times(P/F,40\%,10)$$
$$=-40\ 000+1\ 600\times 2.4136+2\ 000\times 0.0346$$
$$=-1\ 313(元)<0$$

由③、④可知，i_x 必在 35%—40% 之间。

⑤ 计算 i_x：

$$i_x=35\%+\frac{3\ 539}{|-1\ 313-3\ 539|}\times(40\%-35\%)\approx 39\%>15\%$$

⑥ 判断 1# 设备购买的可行性：因为 $i_x>MARR$，即 38.65%>15%，所以购买 1# 设备的方案是可行的。

(2) 计算增量投资收益率，分析 2# 设备的增量投资是否值得：

① 画出差量现金流量图（2#—1#），如图 3-14 所示。

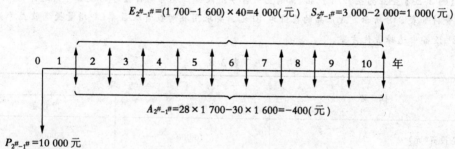

$E_{2^\#-1^\#}=(1\ 700-1\ 600)\times 40=4\ 000(元)$ $S_{2^\#-1^\#}=3\ 000-2\ 000=1\ 000(元)$

$A_{2^\#-1^\#}=28\times 1\ 700-30\times 1\ 600=-400(元)$

$P_{2^\#-1^\#}=10\ 000$ 元

图 3-14

② 求增量投资收益率 $i_{2^\#-1^\#}$：

$$-10\ 000+4\ 400\times(P/A,i_{2^\#-1^\#},10)+1\ 000\times(P/F,i_{2^\#-1^\#},10)=0$$

先以 $i_1=40\%$ 试算：

$$\text{左边}=-10\ 000+4\ 400\times(P/A,40\%,10)+1\ 000\times(P/F,40\%,10)$$
$$=-10\ 000+4\ 400\times 2.4136+1\ 000\times 0.0346$$
$$\approx 654(元)>0$$

再以 $i_2 = 45\%$ 试算：

$$\text{左边} = -10\,000 + 4\,400 \times (P/A, 45\%, 10) + 1\,000 \times (P/F, 45\%, 10)$$

$$\approx -436(元) < 0$$

$$\therefore i_{2^\#-1^\#} = 40\% + \frac{654}{|-436-654|} \times (45\% - 40\%) \approx 43\% > 15\%$$

③ 决策：因增量投资收益率为 43%，大于基准投资收益率 15%，故购买 $2^\#$ 设备对企业较为有利。

（四）收益成本比值法

收益成本比值法，是将投资过程的收益和投资费用分开来考虑，然后将收益等效值与相应时刻的成本费用进行比较，运用收益与成本的比值 B/C 来评价方案的方法。此处的成本是指投资成本化后的等效值与相应时刻的年经营成本之和（或投资与年经营成本的现值合计数），收益是指投资过程现金流入量的等年值（或现值）。

运用 B/C 进行方案比较时，其取舍标准为 1，即当 $B/C > 1$，方案可行；$B/C < 1$，说明收益比成本小，显然是赔钱的投资，所以方案不可行；当 B/C 等于 1 时，说明收益与成本刚好相等，这是方案接受的最低限度，还要结合具体情况来定。另外，B/C 值决策的结论，还受贴现率高低的影响。

最后强调一点，B/C 法用于独立方案评价比较简单，一次计算就可以完成。但是，对于互斥方案而言，B/C 值尽管都大于 1，其中最大者不一定就是最优方案。所以，该法不宜对多方案进行评价、择优。若用时，则应计算相比方案的增量收益与增量成本之比，以此来决策。

【例 3-23】资料同例 3-22，要求用收益成本比值法对 $1^\#$、$2^\#$ 设备进行评价，然后从中选择一个最优方案。

(1) 评价 $1^\#$、$2^\#$ 设备的可行性：

① $1^\#$ 设备 B/C 值的计算：

$$B = 40 \times 1\,500 = 64\,000(元)$$

$$C = (40\,000 - 2\,000) \times (A/P, 15\%, 10) + 2\,000 \times 15\% + 30 \times 1\,600$$

$$= 38\,000 \times 0.19925 + 300 + 48\,000$$

$$= 55\,871.5(元)$$

$$B/C = \frac{64\,000}{55\,871.5} = 1.1455 > 1$$

因 $B/C > 1$，所以购买 $1^\#$ 设备方案可行。

② $2^\#$ 设备 B/C 值的计算：

$$B = 1\,700 \times 40 = 68\,000(元)$$

$$C = (50\,000 - 3\,000) \times (A/P, 15\%, 10) + 3\,000 \times 15\% + 28 \times 1\,700$$

$$= 47\,000 \times 0.19925 + 450 + 47\,600$$

$$= 57\,414.75(元)$$

$$B/C = \frac{68\,000}{57\,414.75} = 1.1844 > 1$$

因 $B/C > 1$，所以购买 $2^\#$ 设备方案可行。

(2) 用 B/C 法从 $1^\#$、$2^\#$ 设备中择优：

$$\Delta B = B_{2^\#} - B_{1^\#} = 68\,000 - 64\,000 = 4\,000(元)$$

$$\Delta C = C_{2^\#} - C_{1^\#} = 57\,414.75 - 55\,871.5 = 1\,543.25(元)$$

$$\Delta B / \Delta C = \frac{4\,000}{1\,543.25} \approx 2.5919 > 1$$

因差量收益成本比值大于1，说明$2^\#$设备优于$1^\#$设备，应选择购买$2^\#$设备的方案。

三、项目投资决策常用基本方法小结及应用举例

项目投资决策常用的评价方法有十多种。前面按评价方法是否考虑资金的时间价值，分为静态法和动态法两类，介绍了有关方法的原理和特点。这些方法如按其性质考察，又可分为提供差额指标和效率指标两类方法。

这些评价方法所提供的评价指标，从不同侧面反映了投资项目的经济效果，有不同的优点和缺点。人们可根据不同的评价项目、不同的要求选择相应的评价方法。

在这些评价方法中，由于动态法考虑了资金的时间价值，能比较客观地反映投资方案的优劣，所以应以动态法为主，静态法为辅。如所评价内容是项目的初步规划，或投资少、建设期短及产能稳定的项目，本身要求的误差可大于资金的时间价值，或不考虑资金的时间价值，或其对决策影响不大时，可采用静态法进行评价。这样可简化计算，提高决策效率。对于动态法的运用，又以现值法、等年值法和内部收益率法应用最广泛。它们在对独立方案进行评价时，其结论是一致的。因为与每个独立方案相比较的是"什么也不作"这个方案，其取舍只取决于本身的经济价值。但应用于多方案择优时，就要考虑对比方案的特点（如寿命是否相同、各年的现金流如何、投资规模大小等）、投资者的期望目标及各评价方法的优缺点以及适用范围等因素，才能把参比的每个投资项目的经济内涵揭示清楚，决策才有可靠的基础。

【例3-24】某项目投资110万元，在投产后的10年中每年可获净利15万元，10年后的残值为10万元，用直线法计提折旧，企业要求的最低投资收益率为12%。要求：(1) 计算该项目的静态投资回收期、投资报酬率和投资利润率（设$n_b = 5$年，静态投资报酬率最低为15%，利润率最低为10%）；(2) 计算该项目的净现值、净年值、净现值指数、内部报酬率；(3) 对该项目进行评价。

(1) 画现金流量图，如图3-15所示。

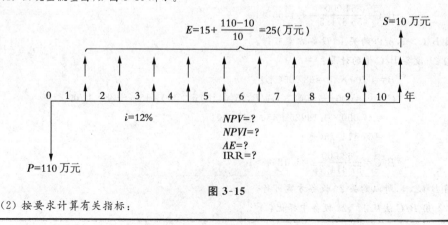

图 3-15

(2) 按要求计算有关指标：

① 静态指标的计算：

$$投资回收期 = \frac{110}{25} = 4.4(年) < 5年$$

$$投资报酬率 = \frac{25}{110} \times 100\% \approx 22.73\% > 15\%$$

$$投资利润率 = \frac{15}{110} \times 100\% = 13.64\% > 10\%$$

② 计算有关动态指标：

$$NPV = -110 + 25 \times (P/A, 12\%, 10) + 10 \times (P/F, 12\%, 10)$$
$$= -110 + 25 \times 5.6520 + 10 \times 0.322$$
$$= 34.475(万元) > 0$$

$$NPVI = \frac{34.475}{110}$$
$$= 0.3134$$
$$= 0.3134 > 0$$

$$AE = -110 \times (A/P, 12\%, 10) + 25 + 10 \times (A/F, 12\%, 10)$$
$$= -110 \times 0.17689 + 25 + 10 \times 0.05698$$
$$= 6.102(万元/年) > 0$$

内部收益率的计算：

$$-110 + 25 \times (P/A, i_x, 10) + 10 \times (P/F, i_x, 10) = 0$$

先以 $i_1 = 18\%$ 代入试算：

$$左边 = -110 + 25 \times (P/A, 18\%, 10) + 10 \times (P/F, 18\%, 10)$$
$$= -110 + 25 \times 4.4941 + 10 \times 0.1911$$
$$= 4.2635 > 0$$

再以 $i_2 = 20\%$ 试算：

$$左边 = -110 + 25 \times (P/A, 20\%, 10) + 10 \times (P/F, 20\%, 10)$$
$$= -110 + 25 \times 4.1925 + 10 \times 0.1615 = -3.5725 < 0$$

$$\therefore i_x = 18\% + \frac{4.2635}{|-3.5725 - 4.2635|} \times (20\% - 18\%) = 19.09\% > 12\%$$

(3) 对该项目进行评价。因静态指标和动态指标均高于企业所追求的最低投资目标，所以该项目可行。

【例3-25】胜利工厂的甲机组3年前的购置成本为21万元，预计还可使用7年，服务期满预计残值为1万元，按直线法计提折旧，已提折旧6万元。该机组每年可为企业提供销售收入30万元，需支付年变动成本23万元。由于技术进步，市场上出现了比甲机组更先进的一种乙机组，需要购置、安装费共计32万元，预计使用7年，7年末预计残值为2万元，按直线法折旧。由于乙机组的购入，甲机组可作价10万元转让给其他企业。乙机组投入生产后，每年可增加销售收入6万元，可节约年变动成本3万元。该厂的资金成本为15%。要求用净现值法和内部报酬率法对该厂的固定资产更新方案进行分析、评价。

(1) 画现金流量图，如图3-16所示。

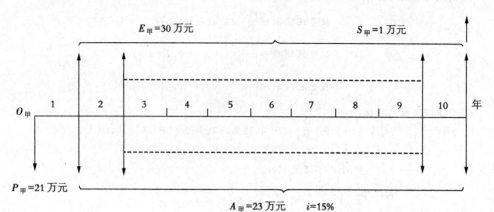

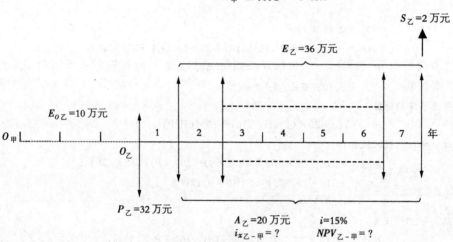

图 3-16

(2) 计算:

① 计算 $NPV_{乙-甲}$:

$NPV_{乙-甲} = -(32-10) + [(36-20)-(30-23)] \times (P/A, 15\%, 7) + (2-1)(P/F, 15\%, 7)$

$\qquad = -22 + 9 \times 4.1604 + 0.3759$

$\qquad = 15.8195(万元) > 0$

这说明购置乙机组的方案为优。

② 计算差量投资收益率 $i_{x乙-甲}$:

$$-22 + 9 \times (P/A, i_{x乙-甲}, 7) + (P/F, i_{x乙-甲}, 7) = 0$$

先以 $i_1 = 35\%$ 试算:

$$左边 = -22 + 9 \times (P/A, 35\%, 7) + (P/F, 35\%, 7)$$

$$\qquad = -22 + 9 \times 2.5075 + 0.1224$$

$$\qquad = 0.6899(万元) > 0$$

再以 $i_2 = 40\%$ 试算:

$$左边 = -22 + 9 \times (P/A, 40\%, 7) + (P/F, 40\%, 7)$$
$$= -22 + 9 \times 2.2628 + 0.0949$$
$$= -1.5399(万元) < 0$$
$$\therefore i_{x_{乙-甲}} = 35\% + \frac{0.6899}{|-1.5399 - 0.6899|} \times (40\% - 35\%) = 36.55\% > 15\%$$

因差量投资收益率大于企业的资金成本15%,所以购置乙机组进行更新改造的方案为优。

第四节 项目投资决策的不确定性分析

一、项目投资决策不确定性分析的重要性

项目投资决策所分析研究的是,拟投资项目在整个有效寿命周期内经济活动的运行状况及其结果。对投资过程的描述及对投资效果评价所使用的基础数据、信息资料及计算参数等大部分来自预测和估算。用带有一定偏差的预测和估算资料所作出的投资评价结论,与未来项目的实际目标肯定会出现某种程度的偏离。比如,市场需求的变化、投资结构调整、财会税收制度的改革、贷款利率的变化、原材料与能源价格的上涨、国内外政治经济形势的变化、组织管理水平的高低等都是造成这种偏离的重要因素。为弄清和减少诸因素对评价结论的影响,尽可能地避免或减少因客观存在的不确定因素而造成的潜在投资风险所带来的损失,在投资项目的决策分析中,重视不确定性分析具有十分重要的意义。

投资项目的不确定性分析,即研究与评价指标相关的诸因素的变化对评价结论产生的影响程度,以便事先采取措施和对策,提高决策的科学性、有效性。

投资项目不确定性分析的方法有盈亏平衡分析法、敏感性分析法、概率分析法、决策树分析法和悲观乐观分析法等。我国参照国际通行的做法,对项目进行不确定性分析时主要进行盈亏平衡分析、敏感性分析和概率分析,而且规定,盈亏平衡分析只用于财务评价,敏感性分析和概率分析可同时用于财务评价和国民经济评价。

盈亏平衡分析,也叫保本分析。其分析的中心内容是盈亏平衡点。通过测算项目的盈亏平衡点,可得知该决策项目投产后对市场需求变化的适应性及生产经营上抗风险能力的大小。盈亏平衡点常用不亏不盈时的生产能力利用率或产量表示。

概率分析是运用概率和数理统计方法,定量地描述和测算不确定因素和风险因素对项目评价指标影响程度的一种方法。在进行概率分析时,首先估计影响方案的不确定性因素及其概率,然后计算出方案在各自然状态下的损益值,再根据损益值计算项目期望值,或进一步计算出标准离差及标准离差率等参数,据以反映项目的风险和不确定性。概率分析是进行风险性分析常用的方法之一,国外应用较普遍,在我国项目决策分析、评价的实际工作中,只是根据项目的特点和需要,有条件时才进行。

二、项目投资决策中的敏感性分析

项目投资决策中所指的敏感性,是指表示投资项目经济效果好坏的有关评价指标,随投资方案预计或估算的特性参数(如寿命、销售量、单价、成本、基准收益率等)的变化而变化的现象,也叫做投资项目的经济效果对其影响参数的敏感性。敏感性分析,就是研究、测算影响投资项目的主要因素(或特性参数)发生变化时,对其评价指标的影响程度。这种影响程度通常用敏感性强弱表示,并称影响评价指标的因素为敏感性因素。若敏感性因素的较小变化,却导致评价指标的较大变化,说明项目的经济效果对该因素的敏感性强;反之,则认为是不敏感或敏感性弱。

敏感性分析的主要作用可归纳如下:(1)找出影响投资方案评价指标的最敏感因素,进一步分析产生不确定性的原因,为实施项目投资决策的事前控制和采取相应的对策提供依据;(2)测算投资方案经济效益受敏感性因素影响而可能变动的幅度,揭示其抵御风险能力的大小,以便根据分析的结论,及时修改或调整方案,保证决策预计目标的实现。

敏感性分析的基本步骤和方法如下:

(1) 确定敏感性分析的对象。敏感性分析的对象,就是评价方案优劣的具体经济指标。如前所述,投资决策评价指标仅常用的就有十多个,每个指标又受不同因素的制约,有各自的特点和适用范围。选择既能简化计算工作量,又能达到预期分析目的的指标作为分析对象,这是进行敏感性分析首先要解决的问题。由于内部收益率反映的是投资项目本身所特有的获利能力,是评价指标体系中最基本的指标,一般选择内部收益率为分析对象,必要时还可对静态投资回收期或借款偿还期进行分析。

(2) 选取不确定性因素。敏感性分析所考察的不确定性因素,主要有产量(或生产负荷)、产品价格、产品成本、总投资、建设工期、达产期等可能发生变化的参数。就某一方案或某一评价指标的敏感性分析而言,可根据方案的特点和决策分析的具体要求,选择其中的部分关键因素进行分析。

(3) 计算各不确定性因素对敏感性分析对象的影响程度。确定敏感性程度,通常的做法是:在被选取的诸个因素中(如产量、价格、成本等)先让其中的一个因素以基准方案的值为基础,按一定幅度(或百分比)变动,其他因素固定不变,计算出被分析的评价指标随该不确定因素而变化的相应值。然后再按上述同样的方法,计算第二个变量、第三个变量等其他变量变化时被分析的评价指标相对应的变化值,直到所选取的变量一一计算完为止。

(4) 将项目(评价指标)对各因素的敏感性程度用一定方式、方法表示出来。项目对某种因素的敏感程度,可表示为该因素按一定比例变化时所引起的评价指标的变动幅度;也可以表示为评价指标达到临界点时允许某个因素变化的最大限度(超过此极限,即认为项目不可行),并用敏感性分析计算表或敏感性分析图表示出来。

(5) 确定敏感因素,采取相应对策。某一因素的较小变化会引起评价指标较大幅度变化的该因素,应是项目的敏感性因素。敏感性因素是造成项目风险的主要因素,它影响着决策预期目标的实现。找出敏感性因素的目的是为了采取得力措施,减少投资风险,确保预期目标的实现。

【例 3-26】某项目投资 100 万元,在 10 年的寿命周期内,每年可获得 50 万元的收入,需每年支付经营成本 22 万元,企业要求的最低投资收益率为 12%。要求:(1) 用净现值法判断该项目是否可行;(2) 测算项目的净现值对销售收入、经营成本、投资额、项目寿命等参数的敏感性程度,并用评价指标——净现值达到临界值时所允许某个因素变化的最大幅度表示这种敏感程度。

(1) 画出现金流量图,如图 3-17 所示。

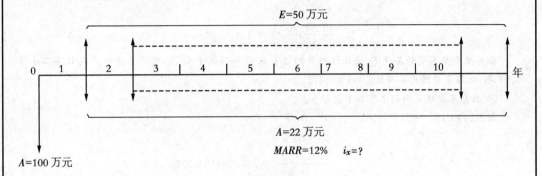

图 3-17

(2) 计算该项目的净现金流量:
$$NPV = -100 + (50-22) \times (P/A, 12\%, 10)$$
$$= -100 + 28 \times 5.6502$$
$$= 58.2056(万元) > 0$$

净现值大于零,说明方案可行。

(3) 进行敏感性分析:

① 确定年销售收入的下限临界值 x_1:
$$-100 + (x_1 - 22) \times (P/A, 12\%, 10) = 0$$
$$-100 + (x_1 - 22) \times 5.6502 = 0$$
$$x_1 = 39.6985(万元)$$
$$\frac{E - x_1}{E} = \frac{50 - 39.6985}{50} \times 100\% = 20.6\%$$

在 10 年的寿命周期内,该项目要保证不低于 12% 的最低收益率或使净现值大于或等于零,年销售收入不能少于 39.6985 万元或下降的幅度不能超过 20.6%。

② 确定年经营成本的上限临界值 x_2:
由 $-100 + (50 - x_2) \times (P/A, 12\%, 10) = 0$,得:
$$x_2 = 32.3015(万元)$$
$$\frac{32.3015 - 22}{22} \times 100\% \approx 46.83\%$$

在年销售收入、投资额、项目寿命、基准收益率等参数不变的情况下,年经营成本最高不能超过 32.3015 万元,或上升的幅度不能大于 46.83%,才能保证项目的净现值大于或等于零,即方案可行。

③ 测算投资上限的临界值 x_3:
由 $-x_3 + (50 - 22) \times (P/A, 12\%, 10) = 0$,得:
$$x_3 = 158.2056(万元)$$
$$\frac{158.2056 - 100}{100} \times 100\% \approx 58.21\%$$

在年销售收入、经营成本不变的情况下,要在10年的寿命周期内保证不低于企业的基准收益率12%,或使项目的净现值等于或大于零,则投资额最多为158.2056万元,或其变动幅度在58.21%以内,项目均可行。

④ 测算项目寿命下限的临界值 x_4:

$-100+(50-22)\times(P/A,12\%,x_4)=0$,得

$$x_4=4.94(年)$$

$$\frac{10-4.94}{10}\times100\%=50.6\%$$

在其他参数不变的条件下,要保证项目的投资收益率不低于12%,则产品寿命周期只要不小于4.96年,或其变动幅度不超过50.6%就行。

⑤ 测算基准收益率的上限临界值 x_5:

由 $-100+(50-22)\times(P/A,x_5,10)=0$,得

$$x_5=25\%$$

$$\frac{25\%-12\%}{12\%}\times100\%\approx108.33\%$$

在其他条件不变的情况下,基准投资收益率只要不超过25%,方案就可行。其变动幅度可达108.33%。

(4) 找出影响评价指标净现值(或方案投资效果)的敏感性因素。

据(3)的计算,将各参数保证净现值等于或大于零的最大变化幅度,由小到大排列的顺序是:

年销售收入(20.6%)<年经营成本(46.83%)<项目寿命期(50.6%)<投资额(58.21%)<基准收益率(108.33%)。

由此清楚地看出,年销售收入是影响净现值这个评价指标最敏感的因素。

【例3-27】资料同例3-26。要求:(1)测算项目投资、年经营成本和年销售收入变化幅度为±5%和±10%时,对项目内部收益率的影响程度;(2)作敏感性分析图表,并进行分析。

(1) 计算:

① 项目投资变化±5%和±10%时,对内部收益率的影响程度计算:

a. 当投资额增加10%时,由

$100\times(1+10\%)+(50-22)\times(P/A,i_x,10)=0$,得

$$(P/A,i_x,10)=3.9286$$

查复利系数表知:

$$(P/A,20\%,10)=4.1925$$

$$(P/A,25\%,10)=3.5705$$

$$\therefore i_x=20\%+\frac{4.1925-3.9286}{4.1925-3.5705}\times(25\%-20\%)\approx22.1\%$$

b. 当投资额增加5%时,由

$100\times(1+5\%)+(50-22)\times(P/A,i_x,10)=0$,得

$$i_x=23.6\%$$

c. 当投资额减少5%时,由

$100\times(1-5\%)+(50-22)\times(P/A,i_x,10)=0$,得

$$\therefore i_x = 30\% - \frac{3.3929 - 3.0915}{3.5705 - 3.0915} \times (30\% - 25\%) = 26.6\%$$

d. 当投资额减少10%时，由
$$100 \times (1-10\%) + (50-22) \times (P/A, i_x, 10) = 0, 得$$
$$i_x = 28.6\%$$

② 年经营成本变化±5%和±10%时，对内部收益率的影响程度计算：

a. 年经营成本增加10%时，由
$$-100 + [50 - 22 \times (1+10\%)] \times (P/A, i_x, 10) = 0, 得$$
$$i_x = 22.5\%$$

b. 年经营成本增加5%时，由
$$-100 + [50 - 22 \times (1+5\%)] \times (P/A, i_x, 10) = 0, 得$$
$$i_x = 23.8\%$$

c. 年经营成本减少5%时，由
$$-100 + [50 - 22 \times (1-5\%)] \times (P/A, i_x, 10) = 0, 得$$
$$i_x = 26.4\%$$

d. 年经营成本减少10%时，由
$$-100 + [50 - 22 \times (1-10\%)] \times (P/A, i_x, 10) = 0, 得$$
$$i_x = 27.7\%$$

③ 销售收入变化±5%和±10%时，对内部收益率的影响程度计算：

a. 年销售收入增加10%时，由
$$-100 + [50 \times (1+10\%) - 22] \times (P/A, i_x, 10) = 0, 得$$
$$i_x = 30.8\%$$

b. 年销售收入增加5%时，由
$$-100 + [50 \times (1+5\%) - 22] \times (P/A, i_x, 10) = 0, 得$$
$$i_x = 28\%$$

c. 年销售收入减少5%时，由
$$-100 + [50 \times (1-5\%) - 22] \times (P/A, i_x, 10) = 0, 得$$
$$i_x = 22.2\%$$

d. 年销售收入减少10%时，由
$$-100 + [50 \times (1-10\%) - 22] \times (P/A, i_x, 10) = 0, 得$$
$$i_x = 19\%$$

(2) 将以上计算结果用敏感性分析表和敏感性分析图表示出来，敏感性分析表如表3-9所示，敏感性分析图如图3-18所示。

表3-9 敏感性分析表

摘 要		内部收益率(%)
基本方案(即$P=100$万元,$E=50$万元,$A=22$万元,$n=10$年时)		25.0%
投资变化	+10%	22.1%
	+5%	23.6%
	-5%	26.6%
	-10%	28.6%

续表

摘 要		内部收益率(%)
基本方案(即 $P=100$ 万元,$E=50$ 万元,$A=22$ 万元,$n=10$ 年时)		25.0%
年经营成本变化	+10%	22.5%
	+5%	23.8%
	-5%	26.4%
	-10%	27.7%
年销售收入变化	+10%	30.8%
	+5%	28.0%
	-5%	22.2%
	-10%	19%

通过敏感性分析图和敏感性分析表可以清楚地看出,年销售收入的变化对评价指标内部收益率的影响比较敏感,投资次之,年经营成本居最后。各参数在±10%的范围变化时,投资项目的内部收益均远远高于基准投资收益率,说明该投资项目的抗风险能力较强。

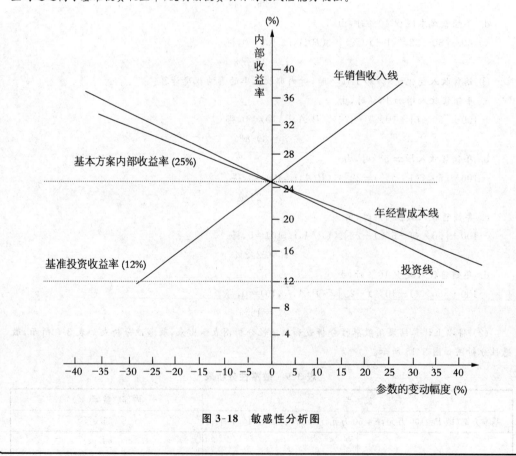

图 3-18 敏感性分析图

以上通过实例介绍了进行敏感性分析的一般方法,即单因素变化时敏感性分析的方法。它虽然能帮助决策者了解各参数的变化对评价指标影响的大小,但不能准确地告诉人们各个不确定因素在人为假设的范围内,变动的可能性到底有多大。对各参数的变化,人为地假设一个变动幅度,人为地假设某一参数变化时其他参数不变,常常是从计算、列表、绘图及分析上的方便考虑。而实际上,各影响因素的变化范围不但不可能完全相同,而且其变化也可能是互相影响和制约的。因此,敏感性深层次研究的问题很多,必要时可参考有关专著。

案例分析

华川重型机械有限公司新型车床投资项目的决策分析

华川重型机械有限公司已开发出一款新型车床,该新型车床的研究开发费700万元。公司拟进行投资生产,经预测,该新型车床每台销售价格为4万元,每年至少可销售2500台。经营期变动成本为销售额的60%,除折旧、摊销费外的固定成本为1100万元;未来7年间的年价格增长率为7%。本项目的销售价格、变动成本、固定成本(除折旧、摊销)和净营运资本均按7%的年增长率增长。预计2009年厂房的市场价格为600万元,设备的市场价格为100万元。土地不出售,留存公司以后使用。若此项目成立,研究开发费用转化为项目的无形资产在经营期内摊销;若项目不成立,则此项目费用计入公司成本冲销利润。

该项目建设期为2年,项目经营寿命期为7年。为生产该新型车床,华川重型机械有限公司需要投资1000万元建新厂房,其建筑用地成本为5000万元(已于上一期工程时购得,目前尚无买家);需要购置专门生产用设备总投资为1800万元;投产时需净营运资本500万元。该公司建设期有关投资支出的情况见表3-10。

表 3-10 华川重型机械有限公司投资支出表   单位:万元

项目 年末	2000	2001	2002	总计
1. 固定资产				
厂房	400	600		1 000
设备			1 800	1 800
固定资产投资总额				2 800
2. 净营运资本			500	500
3. 无形资产				
研究开发费用的机会成本	231			231
总计	631	600	2 300	3 531

若该公司建筑物折旧年限为20年,设备折旧年限为9年,折旧期末资产无残值,采用直线法提取折旧。所得税税率为33%,项目筹资的综合资本成本为13%。要求对华川重型机械有限公司新型车床投资项目进行决策分析。

(资料来源:中南大学商学院博士生王慧据有关素材编写。)

案例思考题

1. 试对该新型车床投资项目的净现金流量进行分析。
2. 运用所学的项目投资决策方法,对华川重型机械有限公司新型车床投资项目进行决策分析。

补充阅读材料

1. 国家计划委员会,建设部.建设项目经济评价方法与参数.第2版.中国计划出版社,1993
2. 刘爱东等.管理会计学.中南大学出版社,2004
3. 中国共产党第十六届中央委员会.中共中央关于完善社会主义市场经济体制若干问题的决定.www.sina.com.cn,2003
4. 王五英等.投资项目社会评价方法.经济科学出版社,1993
5. 〔美〕罗伯特·塔加特著.管理投资策略——进行盈利资本投资的25个诀窍.北京大学出版社,2000

第四章 风险投资管理

/学习目标/

通过本章学习,了解风险投资的产生与发展、风险投资的科学内涵及基本程序,掌握风险投资的运作机理及风险管理的有关知识。

风险投资作为一种独特的资金融通模式,已成为世界一些国家高新技术产业化的驱动器。美国作为风险投资的发源地,培育了一批像 IBM、英特尔、微软、雅虎等世界一流的高科技大公司,不仅为美国经济的发展注入了新的活力,也为其他国家发展风险投资事业、建立风险投资的有效机制提供了借鉴。我国在对十几年来风险投资理论和实践探索的基础上,于 1999 年 12 月以国发办[1999]105 号文转发了科技部等七部门提出的《关于建立我国风险投资机制的若干意见》,进一步促进了我国风险投资的快速健康发展。但与风险投资发展比较成熟的国家相比,对风险投资有关问题,特别是对风险投资管理的认识仍存在较大差距。

第一节 风险投资概述

一、风险投资的概念、特征与作用

(一) 风险投资的概念

风险投资(Venture Capital),又可称为创业投资或者科技融资,目前对其理解亦不尽相同。在英国和欧洲大陆,风险投资一般是指对未上市的私人公司的股权投资,其类型涵盖从小规模的创业性投资到大规模的管理收购或杠杆收购,其中面向发展型企业的融资或并购活动的风险投资占了较高比重。

美国是现代意义上的风险投资的发源地,也是风险投资业最兴旺、最成功的国家。在风险投资几十年的实践历程中,其内涵也在不断变化和扩展。

风险投资的公认创始人美国风险投资家多里奥将军(General Doriot)和新英格兰地区的一些企业家共同创办了第一家现代意义上的风险投资公司——美国研究开发公司(ARD)。

公司为其投资对象设立了六个基本条件,即:涉及新技术、新营销概念、新产品的应用;投资者或投资中介机构在被投资企业中占据很大份额的股权;企业领导者必须有超常的才干和凝聚力;企业的产品或流程已经过早期的萌芽阶段,并受到专利权、著作权、贸易秘密协定等的保护;被投资企业能在几年之后上市或者被整体收购;风险投资家除了投入资金,还能在企业里起更大的作用。多里奥将军既是风险投资的发起人,也是最成功的风险投资家之一。他和弗兰德斯创办的美国研究开发公司对数字设备公司投资,16年的经营中从最初的7万美元资本裂变出3亿多美元的财富,成为人们津津乐道的话题。因此,业内人士一般把符合多里奥将军六点标准的风险投资称为传统风险投资。

哈佛商学院教授乔舒亚·莱尔那则认为风险投资是一种股权投资,其对象是私人的、有增长潜力、回报率高的企业。他对风险投资的定义既包括人们所熟悉的投向高科技成长型企业的传统风险投资,又包括面向发展型企业和企业收购等的投资。实际上,美国风险投资的方向有偏向发展型企业和企业收购(包括杠杆收购和管理收购)的趋势。因此,有人认为现代的风险投资更趋近"商业性投资",而不是传统意义上的风险投资。

(二)风险投资的特征

风险投资虽然也是一种长期性的权益资本,但它与一般的实业投资在经营目的、投资对象、获利方式等方面截然不同,形成了自身独特的运作模式。风险投资的基本特征有:

(1) 风险投资的对象主要是非上市的高新技术中小企业。这是因为高新技术企业的高成长性和高获利能力符合风险投资高风险、高成长、高收益的投资要求。

(2) 风险投资是一种长期的、流动性较差的投资。一般要经过3—7年,甚至更长的时间,才能取得投资收益,而且在此期间,通常还要不断对有成功希望的项目进行增资。

(3) 风险投资是一种风险性很高的投资。其成功率一般仅为20%左右,然而一个成功项目却可能带来几十倍、上百倍的回报。同时,从行为主体的个性特征来看,无论是风险企业的创业者,还是风险投资家,他们对风险都有着特殊的偏好,主动进入高风险领域,并积极驾驭风险,进行的是一种积极的投资,而非消极的赌博。

(4) 风险投资是一种权益性投资。风险投资经营的是一种特殊的商品——企业,投资的标的是股权,其目的是营造出能在市场上出售的企业并尽可能地售出高价,追求的是风险资本与产业资本置换之后获得的高资本收益,而非利息或红利。

(5) 风险投资是一种组合投资。为了分散风险,风险投资家通常投资于一种包含10个项目以上的项目群,利用成功项目融资后所取得的高回报来抵偿失败项目的损失并取得收益。其收益是风险投资的整体收益。

(6) 风险投资是一种专业投资。风险投资不仅向风险企业输出资金,而且还提供相关知识、经验、社会关系资源等运营咨询服务,并积极参与受资企业战略决策、技术评估、资金融通、资产重组等重要活动,协助企业建立一个强有力的管理核心,尽力帮助企业取得成功。

(三)风险投资的作用

(1) 风险投资可以促进技术创新和增强国际竞争力。随着知识经济的到来,生产、技术、科学三者相互作用的机制已由原来的"生产—技术—科学"的发展顺序,逐渐转变为"科学—技术—生产"的发展顺序。风险投资的发展历史表明,它是促进技术创新、增强国际竞争力的一个不可或缺的重要因素。从风险投资的发源地美国的经济发展来看,风险投资促进了美国全社会的研究与开发投入水平和效率的提升,在技术进步方面起着很大的作用,大大提高了经济增长的科技含量和集约化程度,推动着经济增长方式的不断转变,使美国经济率先跨出投资驱动而进入创新驱动阶段,也使美国保持着良性和高速的经济增长。

(2) 风险投资可以促进经济增长。统计数据表明,风险投资在促进经济增长、提高就业方面起了重要作用。首先,风险投资促进产业结构调整,培育新的经济增长点;其次,风险投资增加出口和政府税收;再次,风险投资提供了大量就业机会;最后,风险投资促进了股票市场的兴旺发达。

(3) 风险投资是促进高新技术企业成长的催化剂。现代高新技术产业的发展离不开风险投资。据美国商业部统计,第二次世界大战以来95%的科技发明与创新来自于中小型的新兴企业,中小企业天生的创新动力是高科技发展的不竭源泉。但是,由于投资风险高且没有有效的投资评估手段,难以从传统的融资渠道获得发展所需资金,资金成为了中小企业发展的瓶颈。然而,其潜在的高增长性却吸引了风险投资家的介入,使风险投资与高科技自然结合在一起。据统计,90%的风险资本投在了高科技企业。风险投资大大加快了科技成果向现实生产力转化的速度,推动了高科技企业的发展。在IT产业中,数据设备公司(DEC)是在波士顿的美国研究发展公司(ARD)的支持下成长起来的;英特尔(Intel)在风险资本家罗克的支持下发展成为世界电子工业的巨人;此外,康柏克(Compaq)计算机公司、戴尔(Dell)公司、Sun 计算机技术公司、苹果(Apple)电脑公司和世界闻名的软件厂商像微软(Microsoft)公司、莲花(Lotus)公司、思科(Cisco)公司也是在风险资本支持下成长起来的。风险资本创造出了世界信息产业的中心——硅谷。

二、风险投资的主体

风险投资主要涉及三大主体,即投资者、风险投资公司或中介以及风险企业。

(一) 投资者

投资者是指为风险投资公司提供风险资本的个人或机构。美国的风险资本主要来源养老基金、企业、金融机构、各种捐助基金、富裕家族和个人以及外国投资者等。他们在风险投资业中的份额如图 4-1 所示。

1. 企业养老基金

1978 年以前,由于受到《雇员退休收入保障法》中有关法规的限制,养老基金不能投资于风险投资业。但是,该行业的高回报率一直对养老基金有强大的吸引力,所以当 1978 年法律放宽后,养老基金大举进入风险投资业,成为其近二十年飞速发展的重要驱动力。企业养老基金拥有经验丰富的人才为它们的投资进行咨询和管理,所以并不避讳风险投资领域潜在的高风险。他们一般采用中介的方式进行风险投资的运作,但也有些大的基金积极地进行直接投资的尝试。企业养老基金加入风险投资公司可以提高风险投资公司的地位和信誉,因此受到了风险投资公司的欢迎,双方的合作大大提高了风险投资业的活跃度。

2. 公共养老基金

公共养老基金进入风险投资业的时间较晚,但在 20 世纪 80 年代它们的投资数量迅猛增

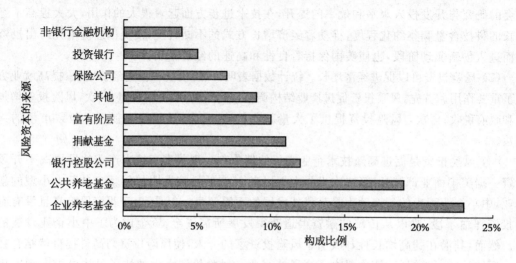

图 4-1 美国风险资本的主要来源与构成比例①

加,并取代企业养老基金成为最大的投资集团。公共养老基金拥有的人才较少,无法管理过多投资项目,再加上它不能持有任何一家风险投资公司超过10%以上的股权,所以它们单个投资的规模比较庞大,且倾向于投资大规模的风险投资公司。

3. 基金和捐赠组织

基金和捐赠组织是风险投资最早的投资者之一。大学、学院的基金和捐赠基金的许多投资都面向学校中的研究项目和成果。但这些信息难以从公开渠道获得。

4. 金融机构

在美国,参与风险投资的金融机构主要包括商业银行、保险公司和投资银行。

商业银行是风险投资的早期投资者之一。银行介入的方式有两种:成立小企业投资公司(SBICs)进行直接投资,或成立独立的子公司向风险投资公司投资。银行介入风险投资业主要是为了将风险投资和银行其他业务产品结合起来,获得规模效益。银行控股的小企业投资公司是整个美国小企业投资公司群体中最成功的,因为这些公司一般有较多的融资经验和人才,而且因为资金来自控股银行,不必担心未来还贷的问题。银行多为发展后期的企业提供融资服务或进行杠杆收购。

保险公司主要是通过参与其客户的私人发行债券活动而介入风险投资市场的。保险公司经常从客户手中购买股权性质的债券,为这些客户融资。保险公司还为垃圾债券市场出现之前的一些杠杆收购提供融资。此后,随着它们经验的丰富,它们开始积极介入风险投资行业。它们一般投资于专业风险投资公司,而且它们主要为发展期的企业提供融资服务。

投资银行通过参与创立风险投资公司进行风险投资。在这种风险投资公司中投资银行主要起着资本管理人的作用。它们同样希望将风险投资和其他银行业务结合起来以获得规模效

---

① 张景安等:《技术创新与风险投资》,中国金融出版社,2000年,第154页。

益。投资银行也会介入后期的企业运作、管理收购和杠杆收购等业务,以便能为企业提供股票发行、并购,以及未来的银行贷款、贸易融资等一系列银行业务。

5. 企业

企业也是风险投资的积极参与者。大企业常建立起独立的子公司经营风险投资业务。但大企业主要投资于早期的企业或创业企业,以符合大企业的竞争和战略目标。它们进行风险投资的目的是为了利用中小企业在高科技创新方面的优势,或消灭潜在的竞争对手等等。企业进行的风险投资大多是战略性的,因此也被称为战略投资者。

6. 个人和家庭

个人和家庭一直在风险投资领域中占有极其重要的地位,是风险投资业中最古老的投资者,也就是俗称的"天使"。

(二)风险投资公司

风险投资公司是整个风险投资过程的核心,也是风险投资区别于其他公司融资类别的关键因素。与风险投资公司相关的其他概念包括:风险投资家、有限合伙公司、风险投资基金等。

风险投资家是指从事风险投资中介服务的个人或机构。风险投资家指人时,既可以是中介机构的高级管理人员,也可以是利用自有资金为投资企业提供资金以及其他相关服务的"天使"。风险投资家指机构时可以等同于风险投资公司。

风险投资公司在组织形式方面可以采用公司制,但更多地采用合伙制的形式。典型的风险投资公司由6—12位资深高级合伙人以及一些助手组成。他们向投资者融资,并且将筹集的资本投入到经过严格审定的企业之中,以获得高额资本收益。

风险投资基金是风险投资公司中全部或部分合伙人筹集的基金。基金普遍采用有限合伙制的组织形式。有限合伙制由两个部分组成:一般合伙人和有限合伙人。有限合伙人指投资人,他们提供99%的资金,得到大部分的投资收益,但是他们对公司或基金的管理只享有有限的权力,而且由于税收以及管制方面的原因,一般不介入日常管理之中。风险投资公司一般是基金的一般合伙人,他们发起基金,筹集资金,进行投资管理,并且分享投资的回报。他们一般投入约1%的自有资金,获得15%—25%的附带权益,并且每年可以得到相当于总投资额度的2%—3%作为管理酬金。一般合伙人就是所谓的风险投资家,通过自己的才能、关系和经验进行管理和监督。以有限合伙性质组建的风险投资基金有固定的时限,一般为10年。

风险投资公司可以管理一个以上的风险投资基金。每个基金有自己的有限和一般合伙人,投资策略和投资方向也由于不同的投资战略和导向而有所不同。风险投资公司普遍的运作方式是:首先筹集第一个风险基金,然后在基金运作几年后筹备一个新的基金,使它们既能够继续原来的投资,也可以抓住新的投资机遇。成功的风险投资公司在10—15年的时间内筹集六七个风险基金的现象非常普遍,如图4-2所示[1]。

除了有限合伙制,风险投资公司还采取其他组织形式组建风险投资基金,例如有限责任合伙制,或者有限责任公司制等等。这些组织形式在负债、税收以及管理责任方面各有千秋。不

---

[1] 张景安等:《风险投资与操作实务》,中国金融出版社,2000年,第13页。

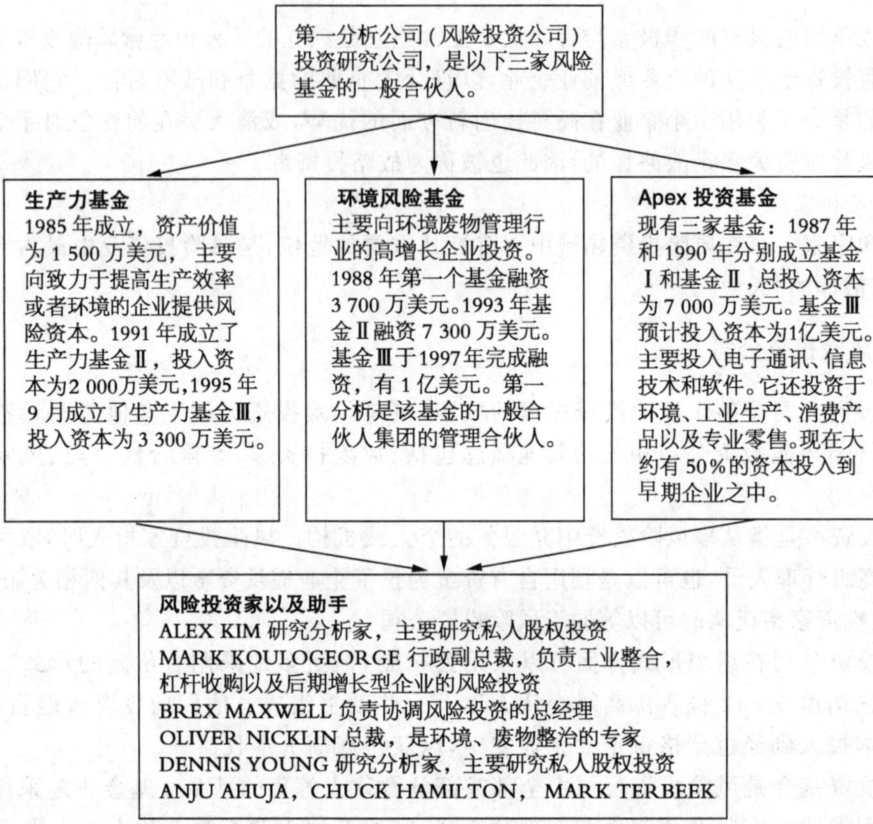

```
┌─────────────────────────────┐
│ 第一分析公司（风险投资公司）│
│ 投资研究公司，是以下三家风险│
│ 基金的一般合伙人。          │
└─────────────────────────────┘
```

生产力基金	环境风险基金	Apex 投资基金
1985 年成立，资产价值为 1 500 万美元，主要向致力于提高生产效率或者环境的企业提供风险资本。1991 年成立了生产力基金Ⅱ，投入资本为 2 000 万美元，1995 年 9 月成立了生产力基金Ⅲ，投入资本为 3 300 万美元。	主要向环境废物管理行业的高增长企业投资。1988 年第一个基金融资 3 700 万美元。1993 年基金Ⅱ融资 7 300 万美元。基金Ⅲ于 1997 年完成融资，有 1 亿美元。第一分析是该基金的一般合伙人集团的管理合伙人。	现有三家基金：1987 年和 1990 年分别成立基金Ⅰ和基金Ⅱ，总投入资本为 7 000 万美元。基金Ⅲ预计投入资本为 1 亿美元。主要投入电子通讯、信息技术和软件。它还投资于环境、工业生产、消费产品以及专业零售。现在大约有 50% 的资本投入到早期企业之中。

```
┌─────────────────────────────────────────────────┐
│ 风险投资家以及助手                              │
│ ALEX KIM 研究分析家，主要研究私人股权投资       │
│ MARK KOULOGEORGE 行政副总裁，负责工业整合，     │
│ 杠杆收购以及后期增长型企业的风险投资            │
│ BREX MAXWELL 负责协调风险投资的总经理           │
│ OLIVER NICKLIN 总裁，是环境、废物整治的专家     │
│ DENNIS YOUNG 研究分析家，主要研究私人股权投资   │
│ ANJU AHUJA，CHUCK HAMILTON，MARK TERBEEK        │
└─────────────────────────────────────────────────┘
```

图 4-2 风险投资公司结构示意图（以第一分析公司为例）

过有限合伙制是最流行的基金组织形式。

风险投资公司是整个风险投资过程的桥梁和关键因素。风险投资家或公司利用自己的杰出才能、丰富经验和广泛联系，广泛介入被投资企业，积极参与各种活动，开发企业潜力。风险投资公司最大的作用并不是提供资金，而是提供它们的价值增值服务。这也是为什么被投资企业愿意用较高代价寻找风险投资的关键因素。理想的风险投资家应该是具备各种素质的精英。他们既了解企业管理的方方面面，又掌握相关领域的技术知识和发展动态，而且还熟悉投资的运作和技巧。衡量一个风险投资公司的重要标准就是看该公司成员的背景、业绩和信誉。

根据公司的资金来源，风险投资公司可以分为独立的私人投资公司、附属于公司或金融机构的风险投资公司以及小企业投资公司。无论风险投资公司或基金采取何种形式，它们都和风险企业紧密合作，为它们筹集资金，提供管理咨询等增值服务，并最终获得高额的回报。

（三）风险企业

风险企业是依据新的技术或市场理念成立的，致力于应用新技术和开拓新市场领域，是风险投资的投资对象。寻求风险投资的企业大多拥有许多无形资产，收入可能呈负，而且未来的前景非常不确定。这些企业一般有极高的资金需求，但由于企业的产品或服务前景不明朗，风险大，或没有足够的抵押品作为其融资的担保；企业信息透明度低，投资者面临严重的信息不对称问题等原因不能得到银行贷款或其他债务融资，不得不寻求风险投资。但要想成功地获得风险投资，创业企业必须拥有极高的增长潜力，其产品或服务应该可以改变行业或者创造出新产业，并可能实现行业垄断。实际上，最终得到风险投资的企业一般不到申请企业的1%。

根据风险企业获得资本时所处的发展阶段，可以把企业分为不同类别。

1. 种子企业(seed)

种子企业主要是那些处于产品开发阶段的企业。由于这类企业可能在很长一段时期内都难以提供具有商业前景的产品，投资风险极大，但是一旦成功，回报非常可观。

2. 开创型企业(start-up)

公司拥有确定的产品，且该产品具有较明确的市场前景，对于本阶段的资金短缺，企业可寻求"导入资本"，以支持产品中试和市场试销等。本阶段同样存在技术风险和市场风险。从交易成本角度考虑，投资较大的公司比投资较小的公司更具有投资的规模效应。小公司抵御市场风险的能力相对较弱，因此企业要想激发风险投资家的投资热情，除了本身达到一定的规模外，对导入资本的需求也应该达到相应的额度。导入资本同样是非流动性的长期资本，一般需要花3—5年时间才能使企业成功上市或被收购。

种子企业和开创型企业所需的资本往往流动性很低，时间跨度较大，但所需资金较小，因此它们往往寻找以小型开创性企业为目标的投资公司。由于投资的高风险和低流动性，投资公司一般要求很高的回报，大约为每年35%—75%的回报率。

3. 发展企业(development)

就量而言，能够发挥更大作用的是用于企业扩张期的"发展资本"。这种形式的投资在欧洲已成为风险投资业的主要部分，在美国的比例也迅速增加。尽管该阶段风险投资的回报率并不太高，但对于风险投资家而言，却具有很大的吸引力。此时的风险企业已经进入成熟期，市场风险、技术风险和管理风险等各类风险已经大大降低，企业能够提供一个相对稳定和可预见的现金流，而且，企业管理层也具备良好的业绩记录，可以减少风险投资家介入风险企业的成本。发展资本投资大大增加的另一个重要原因是发展中的企业规模较大，对资金的需求也相应较高，因此受到养老基金等大机构投资者的青睐。发展企业更接近股票发行或收购，资本预期回报时间较短，但风险投资公司要求的回报率低于上面两类，大约在40%。

4. 杠杆收购或管理收购(LBO/MBO)

风险资本还投向并购市场。一般适用于成熟的、规模较大和具有巨大市场潜力的企业。被收购的企业有时可能濒临倒闭，但如果企业本身拥有相当大的发展潜力，完全可以通过管理变革等手段起死回生，这种企业也得到风险投资家的青睐。收购方通过融入风险资本，并购目标公司的产权。以管理层并购(MBO/MBL)为例，由于风险资本的介入，并购所产生的营运协力效果也就更加明显。目前，MBO 和 MBL 所涉及的风险资本数额越来越大，在美国杠杆收购或管理收购受到大型风险投资基金的欢迎，但是这种形式的风险已经和传统意义上的风险投资有了巨大的偏差。

不同阶段的企业融资渠道也不相同,如图4-3所示①。

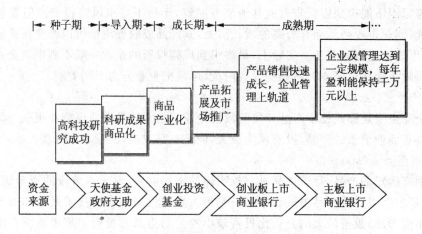

图 4-3　风险企业发展阶段与融资渠道

三、风险投资的基本程序

风险投资的过程非常复杂,不能硬套到一个简单模式中。但投资过程中存在的某些共性仍然为我们提供了一个风险投资运作过程的整体框架。

在整个风险投资过程中,风险投资家一直处于中心地位。他们为企业家提供创业和发展必需的风险资金,同时为企业提供价值增值作用:如发现并评估商业机遇;评价企业的管理、市场和发展战略;监督并指导企业运营;提供技术和管理协助;吸引额外资本、管理者、董事、供应商、销售商乃至股票承销商等等。图4-4②表现了风险投资家在整个过程中所起的关键作用。而图4-5③是宏观层面上风险投资的运作过程。

风险投资过程是一个循环。循环的开端是风险投资家进行融资,成立合伙公司或基金,与投资者就具体管理、报酬、投资方向等意向达成协议。接着,合伙公司挑选合适的企业进行投资,向它的经营提供咨询并进行监督,随后风险投资家通过企业发行股票、进行并购,或者清产等退出该轮过程。投资者得到资本收益,企业得到发展和壮大。然后,风险投资家将进行新一轮的"融资—投资—退出"的过程。

在这种循环运作中,自然界的"适者生存"理论不断起作用,不能满足风险投资需求的投资者、风险投资家以及企业逐渐被淘汰。真正有投资价值的企业将得到长期的、流动性低的风险资本以及风险投资家的价值增值服务。在上一轮取得成功的投资者获得丰厚回报后,将愿意把更多的资金投入风险投资领域,分享新的投资收益,而且他们将更有耐心等待,这对需要长

---

① 曾蔚:《中国创业投资退出机制研究》,中南大学商学院硕士学位论文,第10页。
② 张景安等:《风险投资与操作实务》,中国金融出版社,2000年,第17页。
③ 曾蔚:《中国创业投资退出机制研究》,中南大学商学院硕士学位论文,第11页。

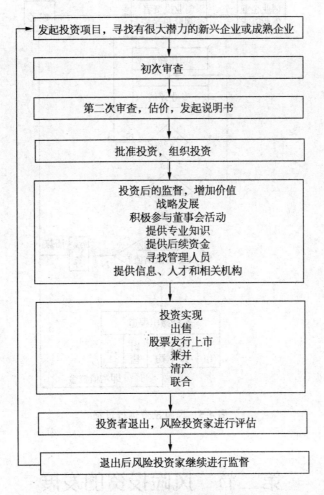

图 4-4 风险投资过程

期资金投入的企业非常有利。风险投资家通过成功的投资行为证明了自己的能力后,逐渐建立了信誉,能更加容易发起新一轮投资,发挥他们的管理才能。同时企业家不仅将自己的理想付诸实施,而且也更容易得到下一轮融资,继续发挥他们的技术和才华。这样,投资者、风险投资者以及企业积累的经验越来越丰富,技巧和能力日趋成熟,成功率也相应提高。最终结果就是风险投资孕育了一大批具备市场竞争能力的企业,其中有些企业将迅速成为自己行业中佼佼者,为经济的发展、技术的进步和生活水平的提高做出巨大贡献。

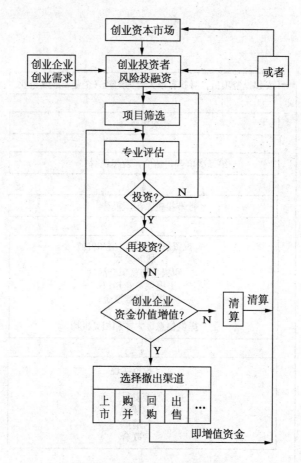

图 4-5 风险投资运行过程

第二节 风险投资的发展

一、美国风险投资的发展

按照发展的速度和规模,美国风险企业和风险投资业可划分为三个阶段。

(一) 风险投资的初步发展时期(20世纪初—1969年)

1946年,世界上第一家正规的风险投资公司——美国研究与开发公司(ARD)成立,它的诞生是风险投资发展史上的里程碑。其发起人是美国国会参议员、波士顿联邦储备银行行长弗兰德斯和哈佛大学教授多里奥将军。他们为新设立的公司设定了三项任务:第一是通过组建风险投资公司广泛吸收个人和各类机构投资者的资金来为新企业和小企业融资;第二是培养出一批专门从事新企业投资的管理人才,即风险投资家;第三是创造一种为企业提供管理技术和经验的制度。

绝大多数私人风险投资公司都是根据每个投资项目的不同情况临时筹集所需资金,它们往往离不开投资银行的支持。但是,由于缺乏一套科学规范的制度作为运营基础,投资者对风险投资还很陌生,投资态度十分谨慎,这些公司的发展十分缓慢,风险资本供给不足的局面贯穿 20 世纪 40 年代后期和整个 50 年代。

随着风险投资业的发展,其对国民经济特别是高科技产业的重要作用日益显露出来,为了改变风险资本不足的状况,美国国会和政府采取了一系列措施,在政策上为风险投资业的发展提供便利条件。在 1958 年后的 5 年间,692 家 SBICs 如雨后春笋般建立起来,筹集风险资本达 8.14 亿美元,SBICs 成为这一时期风险投资的主要力量。但是,SBICs 的发展很快就遇到了阻力。首先,《1958 年小企业投资法》对 SBICs 的投资作出了一些限制性的规定,如限制所投资企业的规模,禁止从所投资企业谋取控制权等。这些规定使 SBICs 对投资者的吸引力明显减弱。其次,由于 SBICs 所吸引的主要是个人投资者,与机构投资者相比,他们承受风险的能力较差,对市场行情缺乏独立的判断。最后,风险投资人才的供给远远满足不了高速发展的 SBICs 的需求,许多 SBICs 缺乏高素质的风险投资家。到 1977 年,SBICs 的数目已降到 276 家。此后随着风险资本合伙企业的兴起,独立的 SBICs 逐渐减少。到 1989 年,独立的 SBICs 的风险投资额几乎降为零。

风险投资业发展的进程也是一个对企业组织形式进行选择的过程,直到 20 世纪 60 年代后期,风险投资界才认识到合伙企业在解决风险投资家的报酬问题和突破对 SBICs 的投资限制这两方面所具有的独特优势。60 年代后期,ARD 和 SBICs 的经理人员纷纷离职,到合伙企业去应聘,或筹建自己的合伙企业。恰逢 1968—1969 年美国首次公开发行市场火爆行情,新建的合伙企业得以顺利筹资,合伙企业成为美国风险投资最重要的力量。随着合伙企业的迅速崛起,美国的风险投资业得到快速发展,1969 年风险投资净增值达 1.1 亿美元,形成了风险投资业发展的第一个高潮。

(二) 风险投资的徘徊停滞时期(1970—1977 年)

20 世纪 60 年代末风险投资业的快速发展很快就步入了低谷。1970 年风险投资额骤减到 0.97 亿美元,1975 年减至 0.10 亿美元。造成这种状况的原因是多方面的。首先,越南战争的巨额开支给美国政府带来沉重压力,为增加政府收入,1969 年将长期资本收益税的最高税率从 29% 增加到 49%。其次,1969 年 10 月至 1970 年 11 月和 1973 年 12 月到 1975 年 4 月的经济危机以及石油危机,造成美国工商业的一次大萧条。风险资本所投资企业的经营状况不景气,加上证券市场疲软,使合伙企业筹集新的资金困难重重。最后,首次公开发行市场(IPO)基本消失,企业收购和兼并活动急剧减少,合伙企业很难收回原有风险投资,更不愿进行新的风险投资。

(三) 风险投资的全面发展时期(1978 年至今)

1970—1977 年风险投资的锐减对高技术园区和高技术风险企业的发展造成严重影响。在此情况下,硅谷和其他地方的高技术公司对国会做了大量工作,使美国国会在 1978 年撤销了 1969 年的决定,把长期资本收益税的最高税率从 49% 下降到了 28%。同年 9 月美国劳动部对《雇员退休收入保障法》中关于养老基金投资的"谨慎人"条款作出了新的解释:在不危及养老基金整个投资组合安全性的前提下,不再禁止养老基金购买小企业、新企业和风险资本基金所发行的证券。由于许多养老基金限于投资购买收益率极低的公众持股公司股票,一直渴望新的投资机会,尤其是风险投资,所以这一新的解释很快就为风险投资带来了大量的养老基金,使小企业股票市场和首次公开发行市场迅速恢复了活力。这样风险投资公司收回了大量的投资,还向投资者返还了本金、付以高额回报,进而又吸引和筹集了大量新的资金,开始增加对新企业的投资。这一时期,风险投资的净增值从1977年的0.39亿美元猛增到1978年的5.70亿美元,形成了风险投资业发展的第二次高潮。

风险投资业发展的第二个高潮也仅是昙花一现。1979年8月美国劳动部决定把对合伙企业的投资作为《雇员退休收入保障法》(ERISA)中"计划资产"对待。根据ERISA的有关规定,计划资产的"外部经理"必须作为《1940年投资顾问法》(IAA of 1940)中的投资顾问登记,并不得接受以企业经营业绩为基础的报酬形式,这使合伙企业原有的报酬结构优势消失殆尽。合伙企业的普通合伙人将被视为ERISA计划资产的受托人,必须服从"禁止交易"规则。这些规定对风险投资业的发展造成了很大的影响,风险投资的净增值从1978年的5.70亿美元迅速减至1979年的3.19亿美元。

迫于风险投资界的压力,1980年美国劳动部推翻了它10个月前的决定,同意合伙企业不受ERISA计划资产管理措施的制约。国会也通过了《1980年小企业投资促进法》(SBIA of 1980),确定合伙企业的性质为"商业发展公司",不受《1940年投资顾问法》管辖。1981年国会制定《股票选择权促进法》(ISOL),准许把股票选择权作为风险投资家的报酬,并把纳税环节由行使选择权时推迟到出售股票时。同年国会继续将长期资本收益的最高税率从28%降至20%。这一系列举措标志着美国政府对风险投资的认识趋向成熟,风险投资业经历了曲折艰难的蹒跚学步时期,从此获得了长期持续的发展。风险投资的净增值从1979年的3.19亿美元猛增到1983年的45亿美元。由于20世纪80年代前半期风险投资规模增长太快,风险投资的专业人才相对不足,风险资本对风险投资企业的选择也趋于草率,导致风险投资的收益迅速下降,80年代后半期风险投资业处于高速消化阶段。

进入20世纪90年代后,风险投资又开始了新一轮快速增长。1994年新增风险投资不足50亿美元,1995年达到74亿美元,1996年又新增100亿美元,1995年和1996年分别比上年增长50%和35%。随着新增风险投资规模的扩大,美国风险投资累计额也由1978年的35亿美元增长到1995年末的400多亿美元,平均每年递增14.5%。

二、中国风险投资的发展历程

与美国风险投资业相比,中国的风险投资业只有约二十年的发展历程,规模小,运作不完善,尚处于发展的初期阶段。中国风险投资业的起源最早可以追溯到1984年国家科委科技促进发展研究中心组织的"新的技术革命与我国的对策"研究,提出了建立创业投资机制促进高新技术发展的建议。在1985年中共中央发布的《关于科学技术体制改革的决定》中指出:"对于变化迅速、风险较大的高技术开发工作,可以设立创业投资给予支持。"这是中国第一次在政策上提出发展风险投资。同年9月第一家风险投资公司——"中国新技术创业投资公司"成立,致力于发展面向高科技行业的风险投资活动。1986年国家科委在科学技术白皮书里首次提出发展中国风险投资事业的战略方针。从此,中国的风险投资活动正式展开。

随后,我国先后成立了中国招商技术有限公司、广州技术创业公司、江苏省高新技术风险投资公司等公司,风险投资在我国有了较深入的发展。1989年,经国务院、外经贸部批准,由香港招商局集团、国家科委和国防科工委联合发起成立"中国科招高技术有限公司",主要负责国家高技术计划(863、火炬等)成果的产业化投资,是中国第一家中外合资的创业投资公司。1991年,国务院在《国家高新技术产业开发区若干政策的暂行规定》中指出:"有关部门可以在高新技术产业开发区建立风险投资基金,用于风险较大的高新技术产业开发。条件成熟的高新技术开发区可创办风险投资公司。"这标志着风险投资在我国已受到政府的高度重视。

1985年到1997年,中国的风险投资业的进展非常缓慢。这种状况的原因一方面是业内人士对风险投资的认识尚浅,没有真正掌握风险投资的精髓;另一方面是风险投资运行的内部机制和外部环境不完善,使风险投资人士无法顺利展开风险投资活动。

1995年国务院《关于加速科技进步的决定》,以及1996年国务院《关于九五期间策划科技体制改革的决定》再次强调要发展科技风险投资。同时在美国强劲的经济发展走势的示范效应下,中国科技界、金融界、企业界以及学术界都开始关注风险投资行业,研究风险投资对高科技发展的作用以及如何利用风险投资促进中国的高科技产业发展。

1998年3月,全国政协九届一次会议召开,民建中央提出"关于尽快发展我国风险投资事业的提案"(即"一号"提案)。全国政协提案委员会召开提案协商会,邀请国家科委、国家经贸委、财政部、人民银行、证监会参加,协调会提议由国家科委牵头办理该提案。从此,中国的风险投资进入了发展的"快车道"。

1999年8月20日,中共中央、国务院作出《关于加强技术创新,发展高科技,实现产业化的决定》,指出:"培育有利于高新技术产业发展的资本市场,逐步建立风险投资机制。"同年,全国人大财经委在深圳召开"《投资基金法》起草工作国际研讨会"。

2000年3月,经北京市民政局批准,北京创业投资协会正式在北京市社团办登记注册。7月,国务院法制办就证监会上报的《创业企业股票发行上市条例(草案)》,征求科技部等有关部门意见。10月,深交所就创业板9项规则,向社会征求意见。同月,深圳创业投资同业公会、上海创业投资企业协会成立。10月14日,我国第一部地方性创业投资规章《深圳市创业资本投资高新技术产业暂行规定》在深圳市正式颁布并实施。12月,全国人大财经委在深圳召开第二次"《投资基金法》起草工作国际研讨会"。

2001年1月1日,《中关村科技园区条例》正式开始施行,该条例是首部引入风险投资(即创业投资)内容的科技园区条例。在条例第三章"促进与保障"的第一节中专门对风险投资(即创业投资)机构在中关村园区内开展风险投资业务、组织形式、注册资本和回收方式等四个方面做出了规定。3月2日,北京市人民政府第69号令颁布了《有限合伙管理办法》,促进和规范中关村科技园区有限合伙制风险投资机构的发展。8月14日,新疆天业股份有限公司和新疆石河子开发区经济建设发展总公司分别出资4 000万元和950万元,北京新华信企业管理咨询有限公司出资50万元,共同出资5 000万元成立全国首家有限合伙创业投资企业——北京天绿创业投资中心。2001年9月1日,《关于设立外商投资创业投资企业的暂行规定》颁布实施。截至2004年,研究显示中国境内的中外风险投资企业已超过200家,拥有约12亿美元的资金,风险投资业获得巨大的发展。

三、风险投资发展的环境因素

风险投资的外部环境是一个广泛的概念,指风险投资得以迅速成长的各种条件的集合,这些条件通常包括人才环境、科学技术环境、资本市场、产权交易市场、社会环境、政策环境和法律环境等。风险投资业发达的国家,其外部环境的共同特征是拥有健全完备的人才培养体系、发达的科学技术创新体系、一流的资本市场、完善的产权交易市场、兼收并蓄的社会环境、健全的政策扶植体系和完善的法律保障体系。

(一)人才环境

人才环境是风险投资的第一要素。风险投资作为一项高风险、高收益和高智能的投资和融资活动,对人的素质要求之高为业内外人士所公认。发达国家的风险投资实践证明,良好的人才环境取决于健全的社会人才培养体系。发达国家拥有完善的教育体系,除了每年本国培养出大批受到良好教育的人才外,还通过各种方式吸引了其他国家,特别是发展中国家的优秀人才投入到其中,形成了一个庞大的人才群体。同时,发达国家相对成熟的市场体系和商业竞争,为风险创业者营造了良好的成长环境。人才的良好环境促进了风险投资业的发展,推动技术不断创新,又呼唤着更多的人才加入,形成了风险投资带动经济的增长,经济的增长促进风险投资人才成长的良性循环。

(二)科学技术环境

作为风险投资环境因素之一的科学技术环境,是以科学研究体系以及为科研成果而产生的技术市场为主体的体系。一个健全、完善和高效运作的科学研究和技术开发体系可以为社会经济的发展以及风险投资的运作提供源源不断的技术成果或服务的思想。而一个建立在发达的科学研究体系基础上的技术交易市场体系则为高新技术的产业化和商品化提供了不可缺少的支持条件。在风险投资发达的国家,已经在长期的经济发展过程中形成了一整套比较完善的高新技术研究和开发体系,建立了一个有效的激励机制,因此,先进的高新技术成果不断出现。同时,政府部门在科学技术不断发展的过程中,逐步建立起了相应的技术市场体系。技术市场的各方参与者按照政府部门制定的"游戏规则"约束各自的行为,保证了科技成果的交易。

(三)资本市场

资本市场在高新技术风险投资中所起的作用是多方面的。它既是风险资本的筹措渠道,也是风险资本完成扶持高新技术产业化目的后最好的退出渠道。风险投资的研究认为,风险资本的退出是整个风险投资运行各个环节中最重要的环节。对于发达国家来说,发达的证券市场为风险资本的筹措和顺利退出提供了有力的支持,是推动风险投资快速发展的重要条件。

此外,风险投资还需要一个与资本市场功能相近的产权交易市场。尽管证券市场本身具有产权交易的功能,但是对于大量的非上市风险企业来说,还需要一个场外的产权交易市场来完成产权的相互转让和并购以及风险资本的退出。因此,场外产权交易市场对于风险投资的产权交易和转换起着十分重要的作用。这也是发达国家在有一个成熟程度很高的证券市场的同时,还有一个发达的产权交易市场的重要原因。

(四) 社会环境

社会环境因素包含政治环境、经济环境、民族习惯、文化背景和思想观念等内容。风险投资对社会环境的要求是:(1)良好的社会政治经济环境。(2)开放的社会。由于风险投资特别强调的是一种创新的思想,开放的社会对各种所谓的"违反传统的观念"应当持接纳而不是排斥的态度,勇于创新、人人负责是发展风险投资所要求的环境。西欧同样属于发达国家,但是风险投资的效果却远不及美国,这多少与欧洲国家相对保守的传统文化有关。(3)尊重创新者的社会氛围。(4)社会环境还必须有很强的守信观念,这种信用氛围取决于社会的其他配套机制的约束和长期培养。

(五) 政策环境

政策是由政府制定的一系列的行为的准则,用以规范和指导各种经济主体的经济行为。政策环境则是政府对风险投资的支持在政策上的体现。从西方发达国家风险投资的发展历史来看,高新技术产业风险投资的发展都得到了政府政策方面的支持,美国及欧洲发达国家将发展风险投资作为增强本国综合实力的一项基本政策。政策环境对风险投资的支持集中体现在各国所制定的一系列促进风险投资发展的优惠政策上,如风险补偿、制度创新和直接投资等举措,具体包括政府的经济补贴、税收优惠、政府信用担保、放松行政管制、政府采购、政府直接投资等等。

(六) 法律环境因素

风险投资是一种长期投资行为,同时又是市场经济中十分活跃的产业。建立一套完备的法律法规体系是风险投资机制正常运行的必要条件,立法与监督是促进风险投资得以健康发展的重要保证。从发达国家的经验来看,与风险投资有着密切联系的法律法规主要涉及公司法、知识产权保护法以及金融法规体系等方面。

四、风险投资的工具创新

传统的风险投资主要投资于新兴产业或新建小企业,它的特点是:属于早期投资;风险性高;投资期限长,缺少流动性;资本收益是投资回报的主要来源;风险投资者能直接参与风险企业的管理决策。20世纪80年代以后,风险投资市场竞争加剧,风险投资开始从企业发展的早期阶段转向中晚期投资,同时开始采用传统的直接投资方式以外的其他投资方式,产生了风险投资工具的创新。比较有代表性且被普遍接受的风险投资创新工具包括风险租赁、麦则恩投资和风险杠杆并购。

(一) 风险租赁

风险租赁(Venture Leasing)是一种以风险企业为承租对象的融资性租赁(Financial Leasing)。其目的是解决风险企业在缺乏资金的情况下,通过租赁的方法解决技术开发或生产所需的设备。风险租赁起源于20世纪70年代的美国,80年代后随着半导体行业投资的兴旺而盛行。

　　风险租赁涉及的三个基本当事方和传统的融资性租赁相似：其一是承租方，即租赁设备的一方，通常就是风险企业；其二是风险出租方，即出租设备给风险企业的一方；其三是一家风险基金，通常就是风险企业的主风险投资者。

　　传统租赁业务中的出租方通常是专业租赁公司或设备制造商本身，资金来源主要依靠自有资金，或以杠杆租赁方式融资。而在风险租赁中的出租方通常通过借助风险租赁有限合伙公司筹集资金。风险租赁与风险投资的区别主要表现在两个方面：(1)资金的回收时间不同。在风险投资情况下，风险资本的回收是通过 IPO 或者并购等退出方式退出后才实现资金的回收。而在风险租赁的情况下，资金是通过向风险企业(承租人)收取租金的方式，逐期回收。按租赁运作的惯例，租赁合同生效后的第一个租期结束后(或第一个租期开始前，取决于租赁合同规定采用前付还是后付租金方式)，风险租赁方就可以取得定期租金收入。(2)风险资本的来源不同。风险投资基金的风险资本主要来源于各种社会保障基金，出于两方面的原因，这些基金不愿意介入到风险租赁业务。一是因为风险投资大约占这类基金份额的很小，而风险租赁要求投资者具备比风险投资更为专业化的知识，因此投资于风险租赁有点不合算。二是因为按租期取得的风险租赁收入需要纳税，而以风险投资或其他非租赁投资方式取得的收入绝大部分不必纳税或者税率很低。在这种情况下，风险租赁公司的资金主要来源则是外国机构或个人，他们主要是为了获得更高的投资回报。

　　风险租赁的投资回报也不同于风险投资。风险租赁可以通过三种方式得到回报。(1)定期取得的租金收入。由于风险租赁的标的物通常是资本货物，因此租赁的期限较长，一般在3—5年之间。在整个租赁期内，风险租赁公司可以定期取得租金的收入。在绝大多数情况下，租金收入经过折算后得到的收益率高于同期银行利息，这是因为在计算租金时是在银行利率的基础上加上一个适当的百分点计算，这个附加的百分点是风险租赁投资者的应得利润和对风险的补偿。(2)设备处置的收入。按融资性租赁的惯例，承租人在租赁期末可以获得对租赁设备的购买、续租或退租的优先选择权。在购买方式下，成交价格通常是名义价格，此时，设备的所有价值已经通过租金全部由风险租赁投资者回收。在退租的情况下，租赁设备尚有部分残值，风险租赁方可以在市场将设备出售，收回残值，或者寻找新的承租人继续出租，通过后续租金收回设备尚存的残值。在融资性租赁(事实上大多数风险租赁属于融资性租赁)的情况下，设备的处置收入对风险租赁投资者来说意义不大。(3)认购权(Warrant)收入。认购权是承租人给予风险租赁投资者认购承租人股份的资金规模。例如，如果双方商定的认购权额度为风险租赁资金的 10%，那么在将来的某一时间，风险租赁投资者可以使用相当于风险租赁资金 10% 的资金，按照商定的价格(通常低于预期的市场价格)购买承租人的股票。认购权具有期权性质，风险租赁投资者可以根据未来的情况决定是否行使这种权力。实务中，风险租赁合同中一般包含补偿性条款，在风险租赁投资者放弃行使时，按补偿条款予以一定的补偿。

　　继风险租赁出现之后，一种以知识产权作为租赁标的物的"知识产权风险租赁"的衍生形式悄然出现。这项衍生业务的运作类似于传统租赁业务中的"回租租赁"，即风险租赁公司先从专利拥有者书中买断专利，然后再将专利回租给专利出售方使用。这种做法的好处是为专利发明人提供了使专利技术变成生产力或新的创新产品所需的资金。

　　作为一种新生的风险租赁创新工具，知识产权租赁一方面可以为知识产权的创造者提供实现知识产权商品化、产品化的运作资金，另一方面通过交易体现了无形资产的价值。但是，如何对知识产权进行估价和有效保护等有关问题还有待进一步的研究。

（二）麦则恩投资

麦则恩融资（Mezzanine Financing，也称为半层楼投资）属于一种中期风险投资，它最早源于私人资本市场，是传统风险投资的衍生创新工具。麦则恩投资的对象大都是进入到发展扩张期的风险企业。处在这一发展阶段的公司一般还没有开始盈利或刚刚开始盈利，但它们还需要大量的周转资金扩大生产规模，增加员工。

从投资对象分析，麦则恩投资要求被投资方具备以下条件：有能力强和经验丰富的管理队伍；有持续稳定并达到一定规模的现金流量，以流量的净值衡量；技术风险和市场风险基本释放完毕；有比较好的市场规模和占有量；资本需求量较低。

从融资条件的角度分析，麦则恩投资的对象一般是：无法从银行继续取得贷款或贷款条件苛刻；公司现在的经营业绩和财务状况尚未达到 IPO 的要求，短期内无法通过证券市场进行融资；风险资本市场不把公司视为成长公司，因此不能借助于传统的风险投资方式融资；公司显示出在未来的几年内成长迅速的潜质。在这种情况下，公司可以通过麦则恩方式融资，最终实现公司的市场价值。

（三）风险杠杆并购

风险杠杆并购（Venture-backed Leveraged Buyout）属于一种通过举债方式获得被并购企业的产权的并购活动。通常的做法是由并购公司借债向被并购公司提供贷款，同时以被并购公司的资产作为抵押保证实现并购，并以被并购公司的现金流入抵还贷款。债务资金一般来源于风险资本。

风险杠杆起源于美国，兴盛期是在 20 世纪 70 年代后期，其原因和当时美国的经济环境有关。由于风险杠杆并购是一种通过风险资本进行的并购活动，因此对被并购企业有一定的条件要求，主要是：第一，被并购企业有稳定的现金流量。对于并购方来说，一个稳定的现金流量是抵还债务的可靠保证。在某些情况下，现金流量稳定性的重要程度可能会超过现金流量的大小。第二，有稳定和经验丰富的管理层。通常认为，被并购方稳定的管理层是并购方得以偿还欠款的重要条件。一般来说，现有管理层人员的任职时间越长，被并购后留任的可能性就越大。第三，有充裕的成本降低空间。被并购企业有比较充裕的成本降低空间，可以减轻其新增的负债压力。第四，有一定规模的股东权益。第五，并购前的负债较低。第六，有易于分离的非核心产业。因为如果被并购一方拥有一些可以分离的非核心产业，在必要的情况下可以通过售出这些非核心产业，迅速地获得偿债资金。

一个完整的杠杆风险并购的过程大致要经过四个阶段：第一阶段是筹集并购资金阶段。并购所需的资金通常可由风险资本筹集。在资金来源为风险资本基金时，则称为杠杆风险并购。第二阶段是购买被并购企业的所有发行在外的股票或购买被并购企业的所有资产。第三阶段是通过压缩经营成本，增加利润和现金流量。基本做法是整顿和重组生产设备、调整生产设备、调整生产流程、控制应收账款的管理和调整雇员等。第四阶段是反向杠杆收购阶段。如果被并购后的公司能够更加强大，并且并购方的目标已经达到，则并购方可能使被并购方重新成为公众持股公司，为现有的股东提供流动性，这个过程可以通过公开发行股权来实现（第二次公开发行）。此外，也有许多企业通过公开发行的方式筹集资金降低公司的杠杆率。进行反向杠杆收购的公司大多数是成功的杠杆收购公司。在上述分析的四个阶段中,除了第一阶段的通过风险资本基金方式筹集资金外,风险杠杆并购和常规并购相比没有太多实质性差别。

风险杠杆并购标志着风险投资转向企业的中晚期投资。与传统的风险投资相比,中晚期投资风险相对较小,投资回报率也较低。但是,风险杠杆并购扩大了风险投资的业务范围,使风险投资企业有更大的发展空间。

第三节 风险投资的运作机制

风险投资的运作机制包括风险投资机构或基金的设立机制、决策机制、风险管理机制和退出机制。

一、风险投资的设立机制

风险投资作为风险资本与高新技术、企业管理等生产要素的高效组合,是高新技术迅速转化为生产力和产品的新型投资机制。它要解决的首要问题是如何设立支持高新技术成果高效转化的风险投资机构或风险投资基金。风险投资基金起着连结资本提供者和需求者的作用,通过风险投资基金的专业化管理,降低风险资本提供者的投资风险和高新技术成果转化的产业风险。

发达国家的风险投资基金曾经尝试过多种形式,有限合伙制成为目前发展的主流。有限合伙制最早出现在20世纪80年代,现已趋于成熟。有限合伙制风险投资基金一般包括两类合伙人,即有限合伙人和一般合伙人。有限合伙人是风险资本的真正出资人,主要是社会保障基金、银行控股公司、富有阶层等,但不负责具体的经营;一般合伙人则是风险投资基金的经理人,他们是风险投资专家,负责运作风险资本并参与被投资企业的策划和经营管理,所得利润也由经理人在合伙人之间分配。在出资比例上,有限合伙人约占99%,一般合伙人占1%。合伙人的集资也有两种方式:一是基金制,即参加的各方将资金集中在一起,形成一个有限合伙制的基金;二是承诺制,即有限合伙人承诺将提供一定数量的资金,在需要时将必要的数目汇入指定银行,而一般合伙人无需直接管理资金。后一种方法对双方均有利:对有限合伙人来说,可以降低风险;对一般合伙人来说,降低了平时确保资金升值的压力。由于一般合伙人负责基金的管理,因此他们的收益来源于基金运作的净收益,一般提取净利润的10%—30%作为管理报酬。

上述机制反映这两类合伙人之间是一种委托和受托的关系,由此产生了如何建立一种有效的激励和约束机制等问题。实务界的研究认为,建立"委托和被委托"关系下的激励和约束机制包括三个方面的措施:第一,以经营业绩作为投资经理人的计酬依据。规定投资经理人除了收取1%—3%的年管理费外,为了防止投资经理人为了个人的原因而投资那些对合伙人不利的风险项目,还可以提取实现利润的一定比例作为业绩回报,如10%—30%。第二,在合伙协议中明确规定投资授权额度,如规定单笔投资的最高限额等,使有限合伙人享有对投资经理人的监督权和控制权,以便有效地控制风险。第三,建立经理人市场机制。在经理人市场上,经理人的个人信誉直接关系到其个人利益。由于合伙制基金有一定的存续期,当基金出现投资资金不足时,经理人需要不断地筹集新的资金,以维持基金在行业中的地位和满足投资的需要。基金募集的成功与否,很大程度上取决于经理人的个人信誉和既往业绩;其次是建立操作性强的业绩评估指标体系,客观反映投资经理人的经营业绩;最后是实行将管理费用和投资基金相分离的管理模式,使合同合伙制具有横向可比性。

二、风险投资的决策机制

风险投资必须建立一个科学合理的项目投资决策机制,以保证投资项目不会出现重大失误。一个完整的风险投资决策过程通常包括项目筛选、项目评价与项目决策等。例如,新风险投资对项目运作的流程如图4-6所示①。

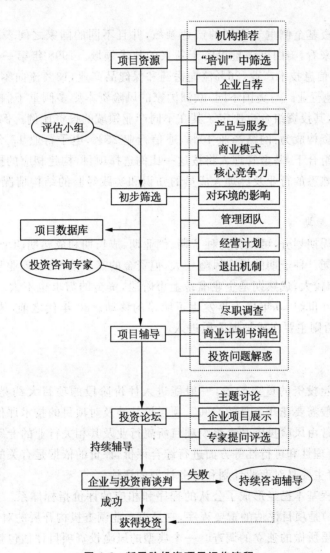

图 4-6 新风险投资项目运作流程

---

① http://www.new-ventures.org.cn/.

(一) 项目筛选

风险投资的项目主要来源于两个方面:一是新产生的科技成果的产品化投资,即创办和扶持新的科技型企业;二是已有企业的技术创新投资,它属于技术转移或技术改造型风险投资。对于科技成果转化的风险投资,其成果项目通常来自高等院校、科研机构和技术经纪人的推介。然而,风险投资基金得到的推介项目数量往往大大超过它能够或者愿意投资的项目,因此需要对推介项目进行筛选。据发达国家的统计,通常95%以上的推介项目在筛选阶段就被淘汰。对于风险投资基金,通常根据基金设立的目的或在募股说明书中确定的投资方向和投资组合进行项目筛选,主要考虑的因素包含两个方面。

1. 产业领域

不同的风险投资基金侧重于不同的产业领域,并且不同的国家之间表现出较大的差别。从欧美的统计数据来看,美国更注重投资于新兴的技术领域。1998年第一季度,美国风险投资总额的60%流向信息技术产业,26%流向医药和保健品产业,13%流向零售和消费品行业,剩下的1%投向其他行业。与美国不同,欧洲国家的风险资本则多侧重于制造业。另外,对于每个风险投资基金,其投资组合也决定了其在不同产业领域的投资比例。例如,假定某个风险投资基金的组合投资构成为:网络产业40%,通信行业25%,电子行业17%,其他行业18%,在这种确定的投资组合下,基金管理人将按这一比例选择项目,构建相应的投资组合。基金经理人通常根据自己熟悉的行业及经理人成员的知识和实践经验的结构情况,确定所要投资的项目。

2. 项目的介入时期

企业按其生命周期划分,可以分为种子期、创业期、成长期和成熟期四个阶段,各个阶段所对应的风险程度不同。种子期的投资风险较大,但资金的需求量不大;创业和成长期风险趋于明朗,对资金的需求较大;成熟期是企业准备上市阶段,资金的需求也不大。风险投资介入项目发展的时段,以20世纪80年代为界发生了明显的移动。80年代之前,风险资本多在创业前期进入,90年代后则主要在成长期阶段进入。

(二) 项目评价

项目评价是风险投资的重要阶段,一般能进入评价阶段的项目大约是推介项目总数的1%—3%。评价一般需要花几个月的时间。项目评价涉及对项目的技术评价和经济评价两个方面。技术评价通常由风险投资基金组织项目所属行业及其相关行业的专家对项目的技术成熟度、技术流程的合理性和可行性等方面进行综合评价,评价的依据是有关的技术知识和各种技术标准;经济评价主要是对商业计划和财务计划的评估。

项目评价的过程基本已经形成了公认的程序和相应的评价指标体系。在发达国家,尽职调查(Due Diligence)是项目评估的重要程序,它是由专业调查机构开展的对风险企业的现状、成功前景及其管理层所做的独立的调查。一个典型的风险投资项目评估包括创业者、市场、技术和管理四个方面。

1. 创业企业家的素质

创业企业家是投资项目的核心,风险投资的决策人首先要从多方面去考察创业者团队是否在其提出的项目领域具有足够的专业技能和创新思想,是否有将技术设想转化成实际产品的能力,是否懂得利用必要的金融工具和市场进行融资和是否具备较好的综合管理能力和相关的实际经验。在这项考察中,创新思想和团队精神是实现风险投资成功的重要基础。投资专家斯瓦茨(J. Swartz)指出,一个合乎风险投资家投资要求的企业家应当具备以下五种品质,这五种品质按重要性排列依次是领导能力(Leadership)、洞察力(Vision)、品行端正(Integrity)、开明(Openness)和奉献精神(Dedication)。

2. 市场

市场是任何技术创新的基础,如果没有一个广阔的市场作为基础,技术创新对风险资本的增值潜力将十分有限,最终会导致失败。在评价风险投资项目的市场时,往往存在两种情况:一种是全新的市场,也就是技术创新形成的产品没有同类产品与之竞争,它需要创业者开拓全新的市场,使产品逐渐为市场所接受;第二种是新产品对市场原有产品具有可替代性,需要从原有市场中寻找缝隙。此时,创新产品是为了满足市场上用户已经或即将出现的需求偏好变化所要求的差异化产品(Differentiated Products),通过技术创新方式增加和改进产品的功能和款式,挤占市场缝隙并逐步扩大市场占有率。

3. 技术

按技术创新成果的成熟程度分,大多数项目仍停留在设想或实验室成果阶段,因此在进行项目评价时必须研究这种技术设想或实验室成果转变为商业化产品的难度。

4. 管理

创业企业的管理不同于已经成立的企业的管理,是风险资本投资决策的一项重要判定因素。与非新创企业不同的是,新创企业管理者多数情况下是身兼多职,既要进行技术开发,又要进行市场开拓,还要进行企业的日常管理,创业者的技术背景通常占主要成分。所以,在评价管理因素时,创业者团队知识结构和工作经历的组合是重点考虑因素。从某种程度来说,全技术背景的创业团队属于技术优先型的组合,实现风险资本增值的概率较低,创业者必须考虑引入专业的管理人才来充实创业团队的力量。

(三) 项目决策

纽约大学的企业研究中心曾对100家专业风险投资公司作了调查,以考察哪些是影响风险投资决策的主要因素,并以频数值表示其相对影响程度。在调查表所列的24个因素中,排在前10个因素如表4-1所示,表中的频数表示被调查公司对该问题的排序的次数。

在对许多风险投资决策的个案进行研究的基础上,有人总结出了风险投资决策遵循的三个基本原则:

第一,决不选择超过两种风险以上的项目。风险投资项目评估中经常涉及的风险有五种,即研究开发的风险、生产产品的风险、市场风险、管理风险和成长风险。如果一个风险投资项目同时涉及这五种风险中的两个,则该项目不列入投资之列。

第二,采用量化指标值 $V=P\times S\times E$ 决策。该等式中 V 代表决策指标值,P 代表产品市场的大小,S 代表产品,E 代表管理团队的素质。计算出一组风险项目的 V 值后,取最大 V 值的项目优先考虑投资。对于产品市场的大小,通常可以按下式估算:

$$产品市场 = 市场容量 \times 市场增长率 \times 公司产品市场份额$$

第三,在项目风险和收益一定的情况下,投资 P 值最大的项目,即产品市场最大的项目。

表 4-1 风险投资决策主要因素排序①

风险投资决策考虑因素	频数(样本数 100)
1. 企业家自身具有支撑其持续奋斗的禀赋	64
2. 企业家对企业目标市场的熟悉程度	62
3. 在 5—10 年内至少能获得 10 倍的投资回报	50
4. 证明企业家有很强的领导能力的经历	50
5. 对风险的评估和反映良好	48
6. 投资具有流动性	44
7. 可观的市场增长前景	43
8. 风险企业良好的历史记录	37
9. 对企业的表述清晰明了	31
10. 具有财产的保全措施	29

三、风险投资的风险管理机制

技术创新和科技成果转化带来的高收益是吸引风险资本的最重要因素。但是,在高收益的背后是创新和转化过程中的高风险。风险投资机构建立风险管理机制可以更好地对风险进行控制,提高投资的成功率。

(一)风险来源

1. 技术风险

技术风险指的是技术的不确定性,它指的是技术创新企业在技术的发展方向、速度以及所能达到的最终结果方面的不确定性。主要决定因素是:(1)技术成功的不确定性。一项设计或创新思想能否达到其最初设想的功能,在产品最终完成之前是很难给出肯定答案的。在风险投资的案例中,由于技术失败造成项目失败的实例很多。(2)技术前景的不确定性。新技术从出现到趋于成熟需要一个循序渐进的发展过程,前景如何难以预测。(3)技术效果的不确定性。技术效果有两方面的含义:从狭义的角度看,它指的是技术创新为风险企业带来的直接经济效果,即内部经济效益;从广义的角度看,除了技术创新的内部经济效果外,它还包括技术创新过程中外部的经济效果(Externality)。一项高新技术产品有可能给企业带来丰厚的利润,但是它所产生的外部经济效果可能并不能准确地估计到。如果风险投资项目带来了比较严重的负外部经济效果(Negative Externalities),而在现有的技术条件下又不可能消除其影响,那么,技术效果就是差的。在风险投资项目评估时,为了防止不良外部经济效果,在进行项目的财务评估的同时,还需要进行国民经济评价。(4)技术寿命的不确定性。随着科学技术的进步和各种鼓励技术创新的政策手段的出现,技术寿命变得越来越短,新产品也越来越快地被更新的产品所替代。在实施风险投资项目的过程中,如果更新的技术或产品比项目评估所预期的提前出现时,原有项目可能在尚未完成时就已经被淘汰。(5)配套技术的不确定性。在现代经济生活中,一项新技术的实施或转化,需要其他相关技术或工艺过程的支持,才可能形成最终的产品。在风险投资中,配套技术风险对新技术的扩散和转移表现得比较突出。(6)技术的复

---

① 张景安等:《技术创新与风险投资》,中国金融出版社,2000 年,第 163 页。

杂程序。技术创新产品要求的技术复杂程度越高,表现出来的技术风险也越大。

2. 市场风险

市场风险是新产品、新技术的可行性与市场需求不一致,以及因竞争对手所采取的反应对策等所产生的风险。市场风险是导致新产品、新技术商品化和产业化过程中断甚至项目失败的核心风险之一。国际上许多著名的跨国公司如美国的 IBM 和法国杜邦公司等,都曾因市场风险招致损失。

市场风险主要表现在几个不确定方面:(1)市场接受能力的不确定。由于风险企业的产品往往是新产品或原有产品的差异化产品,用户对它们有一个接受和认可的过程,在相当时间内可能持观望态度或不接受。(2)市场接受时间的不确定。从市场需求的角度看,新产品的推出到被市场接受有一定的时滞,时滞越大,风险越大。因为一方面企业为新产品的开发已经投入了大量的资金,时滞使得资金的回收和周转受到影响;另一方面是其他竞争者可能在这段时间内推出功能相似或更优越的竞争产品,导致项目的失败。(3)新产品的扩散速度的不确定,表现为市场占有速度。(4)消费者偏好不确定。市场消费者的需求越来越明显地呈现出同质化和多样化的趋势,表现为垂直性差异和水平性差异。垂直性差异由消费者的经济收入水平决定,一旦收入水平上升,则其需求偏好必然趋向更高层次。水平性差异主要与人的文化、观念有关,与收入水平无直接相关关系,主要表现在产品的款式、颜色等的偏好上。随着全球经济的发展,人们在需求的垂直性差异方面越来越小,即呈现同质化趋势,而在水平性差异方面则随着供给的丰富而更加多样化。(5)政府有关产品标准和政策的不确定。典型的例子是药品和食品。如果风险企业开发出来的新药品在上市之际,就与国家新颁布的有关规定不符,势必使已经投入的风险资本回收的难度增加或者无法回收。

3. 管理风险

管理风险是由于风险企业自身管理方面的原因导致项目失败所引发的风险。从技术创新企业的运作过程看。管理风险主要是:(1)知识产权风险。风险投资的过程是一个将科研成果转化为生产力的过程。在风险投资过程中,知识产权可能引起两类风险。一是侵权风险,即在科技成果的转化过程中有可能会涉及非风险企业方的知识产权问题,由于信息不对称可能会产生侵权风险。二是泄密风险,它是风险企业在成果转化过程中由于与第三方的必要合作,导致的技术泄密,特别是某些核心技术的泄露。知识产权风险是风险投资者在参与风险企业管理过程中值得关注的问题。在西方国家的许多企业,正在逐步设立一个专门的高级管理职位——首席知识官(Chief Knowledge Official)专职企业知识信息的管理与应用。(2)人力资源风险。它是风险企业在接受风险资本后实施成果产业化过程中,由于管理上的原因,导致主要技术人才的离开而使得项目不能按计划实施的风险。由于科技成果的转化是一项技术技能要求很高的工作,而在技术成果转化过程中,对隐形知识(Implicit Knowledge)依赖程度往往比显形知识(Explicit Knowledge)更大,技术人员的流失带来的就是隐形知识的损失。

(二) 风险管理

风险管理是风险投资的重要内容,国际上许多著名的风险投资基金在长期的实践过程中逐步形成了各具特色的风险管理的方式。就共性来说,风险管理一般采取以下步骤、方法和原则。

1. 一般步骤

风险投资机构在实施风险管理时,一般采取三个基本步骤:(1)风险识别。风险识别着眼于分析风险项目的经济、技术和社会价值、市场风险与竞争背景、项目实施环境和开发管理团队的个人与整体素质、项目开发的合理性和可能性等。风险识别是为了减少项目结构的不确定性,在识别的过程中了解对项目本身以及项目所需其他资源和要素形成潜在威胁的各种因素及其影响的范围和程度。(2)风险估计。风险估计包括风险的预测、判断以及有效地实施防范措施等内容,其目的在于充分收集有关产品市场、金融市场和技术等方面的信息,采用定性和定量的方法,估算风险事件发生的概率及其后果,明确或减少项目实施中的不确定性。(3)风险评价。风险评价是对各种风险事件的后果进行评价,并确定其严重程度,内容包括评价风险认识的全面性、风险预测的客观性和科学性、风险处理对策的合理性等。

2. 风险管理的方法与原则

风险管理侧重于对潜在危险因素的分析。发达国家的风险投资机构和风险企业一般设有专门的风险管理部门,按照标准的风险管理程序和科学的风险管理方法,进行严格的风险监控:(1)由专职风险管理人员与项目相关专业领域的专家和工程师对有形资产进行核查;(2)由专职的风险管理人员对项目企业的风险管理计划或方案进行分析;(3)由专职的风险管理人员协助法律顾问,检查项目有关的合同、契约等文件的有效性和合理性;(4)风险管理人员参与制定和评估项目避险的计划和方案;(5)风险管理人员配合项目企业的高层管理部门和有关专业人员,共同估算和分析项目的未来盈利能力。

风险投资者在风险投资的经营活动中,除了严格和谨慎地审查投资项目,通常还遵循其他的一些投资原则,以分散风险。主要包括:(1)以平衡投资和组合投资为基础的分散风险原则。这一原则的核心内容是按项目的不同发展阶段进行投资。例如,美国20世纪80年代初的风险投资,按项目的发展阶段分析,投资在不同阶段的项目数比例为,早期阶段:发展阶段:其他阶段=4:4:1。按资金比例分析,则为,早期阶段:发展阶段:其他阶段=3:4:1。(2)联合投资原则。它通常应用于资金投入比较大或投资不确定性因素较多的项目。在联合投资方式下,通常由牵头公司邀请其他风险投资公司共同对一个项目进行投资,牵头公司持有控股股份,其他风险投资公司则按其认购的份额出资。(3)分类管理、区别对待原则。一家风险投资公司往往投资于多个风险项目,风险管理者将项目分成成功、一般和失败三个等级,并采取不同的处理办法。对于成功的项目,加大投资和强化管理,促使项目尽早成熟上市,收回投资并实现资本利得。对于一般项目,采用资产重组等方式积极促成其他大企业进行并购,或协助企业拓展融资渠道。对于失败的企业,调整经营方向或宣布破产清算,以降低损失。据统计,运作成功的风险投资基金的投资组合对于成功的项目、一般的项目和失败的项目三者之间的比例为:成功:一般:失败=2:6:2。

四、风险投资的退出机制

风险资本在完成对风险企业的投资后,通过退出来实现风险资本的投资利得。从国内外的实践经验来看,风险资本可以采用以下八种退出方式。

（一）在资本市场公开上市

当风险企业发展壮大到一定程度以后，风险投资家会尽可能使受资企业在某一个证券市场公开上市。成功进入公开市场的企业，向公众发行普通股票，这就是"首次公开发行股票"或IPO(Initial Public Offering)。

IPO是风险投资退出的最佳途径，主要体现在：其一，可以获得最高的投资收益，虽然其他退出方式在总量上比IPO多，但收益率大大降低，仅相当IPO的20％左右。根据美国Venture Economics对433个风险企业的风险资本退出的平均收益率分析，IPO为610％，企业回购为110％，企业并购为70％，清算为－80％。其二，有利于风险投资家、投资者和风险企业三方。风险投资家和投资者从投资活动中获益匪浅，股权在广阔的公开市场出售，能较快地实现投资增值流动的目的。风险投资家将成功的创业企业推向公开市场，在资本市场上赢得了声誉，有利于以后的融资及经营活动。风险企业也非常欢迎IPO方式，公开上市表明了市场对其资产、业绩、发展潜力等方面的认可，树立了良好的企业形象，不仅保持了持续融资的渠道，还可以吸引优秀的人才，而且企业依然保持其独立性。

但是，以IPO方式退出也有其不足之处：(1)许多证券交易所均规定了主要股东最低持股量及出售股份的限制，因此，在限制期内，风险投资主体不能完全实现其股权的流动性及收益；(2)公开上市的企业必须达到一定的条件，包括最低的净资产规模、年销售额等，虽然一些面向高技术企业的证券市场降低了入市条件，但对大多数企业来说，要满足IPO的条件依然存在困难；(3)上市费用往往十分昂贵，尤其对于规模偏小、流动资金并不宽裕的企业来说更是如此；(4)发行能否成功在很大程度上取决于股票市场的活跃程度。因此，风险投资主体往往会寻找其他的退出途径。

（二）企业并购

企业并购(M&A)是风险投资退出的又一重要途径。风险企业并购有两种形式：一般购并和买壳/借壳上市。一般购并，主要指其他非上市公司通过购买风险资本家的股权实现的企业并购。通常的做法是风险企业被某大公司兼并，风险投资家通过与大公司交换股票而退出所投资企业。买壳上市，是指非上市风险企业通过收购某一上市"壳公司"一定比例股份而拥有绝对或相对控股权来达到上市融资的目的；借壳上市，是非上市风险企业与某一上市公司达成协议，双方进行合并，或由上市公司对其实行吸收合并，或由上市公司增发新股与其换股，风险企业即成为该上市公司的附属企业，而其股东转而持有上市公司的股份以获得可流通证券。

被其他公司并购，意味着风险企业可能失去独立性和对企业的控制，这通常是创业企业家所不愿看到的；同时，以这种方式退出的收益率大大低于IPO方式，而且寻找合适的合作方（特别是"壳资源"）并达成满意的协议也需要花费一定的成本和时间。但是，企业并购也带来许多好处：(1)不必受IPO条件的种种限制，可选用灵活多样的购并方式。一旦双方协议达成，风险投资家和投资者便可全身而退；(2)对风险企业而言，与大公司合作，不仅能为其继续发展筹得资金，还可分享大公司的技术设备和市场网络等好处；(3)对风险企业的购并合作方来说，通过对高科技企业的购并，可以很快地有效控制相关领域的新技术，还可以招募一部分精英人才，更可以"收编"一个可能的未来竞争对手。

(三) 企业出售

对于那些不愿意受到种种上市约束的风险投资家来说,出售所投资的企业也是一条重要的退出渠道。企业出售可以分为两种情况:商业出售和二次出售。商业出售,是指将风险企业整体出售给其他企业(主要是竞争对手)。通常的做法是"卖青苗",风险投资可把风险企业这粒种子培育成能抵抗一定风雨的小树以后再上市,也可以考虑将风险企业出售给行业内的大公司或其他有实力的大集团继续孵化培育。例如,首钢集团特别注意经营领域的多元化,强调高科技作为首钢的新的经济增长点,近年来不断收购青苗,兼并了一些小型科技企业,效果非常好。又如,北医联合生物工程公司花了8万元买断一项专利,经孵化后以630万元转让给顺德一家企业。二次出售,又称为次级收购,即一家风险投资公司将其所有的风险企业股权转让给另一家风险投资公司。股权在风险投资公司之间转让。这与并购有不同的意义,原来的风险投资公司退出或部分退出了所投资企业,但风险资本并没有从企业中撤出。

企业出售最大的优势在于风险投资主体可以拿到变现的风险资本及相关收益,而迅速撤离。但是,这种方式的平均回报率显然比IPO的要低;同时,由于风险企业完全失去独立性,或者对二次出售能否给企业带来稳定持续的后续投资产生疑虑,采取此方式有时会遇到来自创业企业家的阻力。

(四) 企业回购

风险企业回购又分为管理层购并(MBO)和员工收购(EBO)。管理层并购,即风险企业的原有企业家或管理层通过融资方式将风险投资公司的股份购回。员工收购,是指风险企业的广大员工集体将风险投资主体所持有的股份收购并持有。

许多风险投资家,为了降低投资风险,保证风险投资的最低收益,在签订投资协议时就加列了回购条款。对风险企业而言,回购股权可以重获已壮大了的企业的所有权和控制权;而且,企业回购最大的好处在于涉及面较窄、交易的复杂性比较低、花费的成本和时间较少;另外,一些金融创新工具在风险企业回购中得到应用(如期权等),也增强了回购方式的灵活性和吸引力。但是,它所实现的投资收益率远不及IPO方式,回购的价格取决于协议的条件和具体规定,与企业并购的价格大致相当。

(五) 利用海外资本市场

海外资本市场也是风险资本退出的一条有效途径,特别是对那些本国资本市场不够成熟、发达的国家来说,利用海外资本市场对发展本国的风险投资业有着重要的意义。国际资本市场是一个资金容量巨大、多层次、多功能的市场,风险资本的退出方式可以有多种选择:在海外选择某个证券市场上市(主要是创业板市场)、二次出售给海外风险投资公司、与海外大企业并购、美国本土以外的外国公司还可以发行股票存托凭证ADR和GDR、发行可转换债券等等。

利用海外资本市场,是风险投资公司和风险企业利用国际资本市场融资、直接走向全球化经营、熟悉国际市场及其运行规律、提高海外知名度的便捷方式,也是风险资本退出的一条有效途径。只是由于国与国之间各方面法律制度、国家政策和有关规则以及文化环境的差异,可能导致企业难以受到对方市场关注;而且在海外资本市场同一种退出方式的成本也许会比国内资本市场的高,合作方相互磨合的难度更大。

(六) 长期持股

如果风险投资机构或股东有实力,可以在其投资组合中选择一两个风险企业(项目),长期持有该企业的股份,保证其投资组合有稳定增长的现金流入。例如,三家国外风险投资公司投资于亚信集团,准备长期持有,从公司利润中分享成果。在重庆高创中心完成对华邦的孵化使命后,渝高公司占华邦股本的52%。仅1997年,渝高公司从华邦公司分得了红利80万元,不仅收回全部投资,并且使公司股本大大增加。渝高公司对华邦的成功投资,主要是认准了华邦雄厚的技术力量及市场前景。

(七) 技术转让

如果风险投资公司实力较弱,急于变现,可以将科研成果申请专利,从专利转让费中收回投资。例如,北京烽森技术分析公司所投项目,除采取股份收益实现变现外,还采取技术成果转让方式,取得技术转让费,收回原始投资。

(八) 企业清算

一旦发现风险投资不成功或者企业经营状况恶化、发展前景堪忧时,风险投资家便会决定清算。企业清算不仅可以通过法律手段了结债权债务关系,还有可能收回一部分投资本金。产生的净损失(一般仅能收回原投资的64%),可以由IPO企业的盈利来补偿,以保证投资的整体收益。这种方式是必要的,因为沉淀在不良企业中的资金会产生巨大的机会成本,与其"套牢"不能发挥资金效益,还不如收回资金投入其他的企业(项目)。

申请破产清算是有成本的,而且要经过很长、很恼人的法律程序。因此,如果企业没有其他债务或其他债务很少且债权人不予追究的话,风险投资家和企业家一般不会申请破产,而会采用其他方法结束经营,并通过协商方式决定企业的残值分配。

除了上述方法以外,安排可转换债券和要求登记权(Demand Registration Rights)也属于保障风险投资者风险资本安全的方式。在安排可转换债券的情况下,当被投资企业的预期前景不理想时,被投资企业可以通过给予风险投资者不把所持债券转换为被投资企业的普通股的选择权的方式,减少投资者的损失。

第四节 风险管理

风险管理是风险投资管理的重要内容,它针对风险企业在生产、经营过程中可能产生的风险因素,采取预防或消除措施,或者在危险发生后采取弥补措施。美国管理百科全书将风险管理概括为以下六项管理职能:保护已经取得的资产,以免由于发生事故而遭受损失或完全毁灭;发生事故时保护企业继续盈利的能力;负责购买必要的保险;计划和监督未实现保险的风险处理工作;发生损失时,在保险责任范围内监督处置工作,未保险的,监督实行事先拟定的应急计划;为了预防未来的损失,对已发生的损失进行检查和分析。风险管理不仅是风险企业的"救生圈",也适用于一般企业。

一、风险的形式和类型

(一) 技术风险

高新技术从构思到形成产品的过程中会遇到工艺、设备、材料等方面的种种要求,这些高新技术因不够成熟或难度高,往往很不稳定。因此在研究开发和试制过程中遇到困难的可能性很大,而且由于研制周期的不确定性,很难抓住市场需求的最佳时机。此外,市场本身的不确定因素,如消费者对高科技产品的需求程度、喜厌程度、销售渠道的畅通与否、产品更新的速度、同类产品(替代品)的竞争状态等都会造成高新技术产品成功率低、风险大的局面。

(二) 财务风险

财务风险是指企业在生产经营过程中资金盈利的可能性。企业必须对资金实行科学的管理,提高资金的使用效率,否则会造成成本过高,利润下降,甚至导致亏损倒闭。

(三) 投资分析风险

投资分析风险是指企业在创办过程中对产品各个不同发展时期资金需求量的估算偏差造成的风险。由于企业的技术可能是一项前所未有的技术,缺乏足够的历史数据来支持投资分析和决策,使投资决策的精确度受到影响,为投资埋下隐患。

(四) 利率风险

由于银行存款利率或其他投资收益率的提高,使得风险投资收益相对减少的风险称为利率风险。利率的变动导致投资收益率也随之变动。新旧投资收益率的差额,有可能使投资者蒙受损失,而银行利率的升降是投资者无法控制的外部因素。

(五) 通货膨胀风险

通货膨胀风险是指当物价上涨时,货币的购买力下降给投资者带来的风险。一般来说,投资要在一定时期后才能实现收益,如果发生通货膨胀,投资者的实际收益就会减少甚至无实际收益。

(六) 环境风险

企业的外部环境是复杂多变的。国家政策、法律法规、人民的生活水平、国家经济的发展状况、科学技术的发展、基础设施、政治稳定状况等,都会给企业带来不确定因素,形成风险。

二、风险管理的原则和步骤

(一) 风险管理的原则

在长期的风险投资实践中,风险投资公司和风险企业已经积累了丰富的风险管理经验,对风险管理的基本原则形成了一定的认识。

1. 平衡投资和组合投资的分散风险原则

即将风险资金同时投向不同企业、不同发展阶段,或几个风险投资公司联合向一个企业投资。这不仅可借其他风险投资者的经验和资金,降低风险,还能以较小的投资使风险企业获得足够的资金,能够迅速发展达到合理规模,尽早受益。

2. 分类管理、区别对待原则

投资者把企业分为成功、平凡、失败三类。对于成功企业加大投资,强化经营管理,促使它尽快成熟,及早在股票市场公开上市,以获得最大利润;对平凡企业保持其稳定发展,鼓励其与大企业合并,或协助它从银行或其他渠道筹集资金;对于失败企业及早提出警告,协助其转移、改变经营方向,或者干脆淘汰,宣布其破产,以便把投资风险降到最低限度。

(二) 风险管理的步骤

风险管理首先从分析企业的风险着手,探讨风险费用的处理及风险发生后如何迅速恢复企业财务的稳定、营业和活力及对资源的有效利用。在实际运作过程中,实施风险管理一般包括三个过程,即风险识别、风险的分析与评价、风险处理。

1. 风险识别

即根据投资过程中出现的各种迹象判断所出现的风险属于哪一类。一般是根据风险投资家的经验及投资理论中对各类风险的描述进行判断。在美国,管理学会(AMA)向所有企业和经理人员提供"潜在损失一览表",并附有指南。一些发达国家的风险管理协会还定期提供风险研究报告,其中包括新的潜在风险与风险识别的新理论与方法。一些大型企业、专业的保险经纪人公司和项目咨询公司也制定有自己的风险管理手册。

2. 风险的分析与评价

这一过程主要是分析风险发生的概率及估算风险发生后预期的风险损失对投资产生的危害程度,一般采用数学方法和模型,并借助于计算机系统完成。

3. 风险处理

风险处理的手段通常有三个:风险控制、风险自留和风险转移。风险控制是采取一定的措施将风险控制在最低的限度以内或者消除风险、避免风险。风险自留是让风险自生自灭,不采取措施预防或避免。这种处理方式是假设所预期的风险发生的概率极小,或者即使发生的概率很大,但对企业的影响在其可承受范围以内。风险转移是将风险转移到投资的其他各方,如合同的对方、保险公司或其他风险投资公司。

三、风险分析、风险测定与风险管理评价

(一) 风险分析

风险分析是进行风险管理的前提和基础,其主要内容有四个方面。

1. 风险投资项目商业风险分析

投资项目的商业风险是指投资环境的变化或投资水平的差异所产生的未来收益的不确定性。

(1) 投资项目商业风险的影响因素。

风险投资时间越长且内外部环境越复杂,商业风险越大,影响因素主要包括以下四个方面。

① 投资项目的类型。不同类型的高科技企业投资额、年经营费用和收益都不一样,风险也不一样。一般而言,投资于消费型高科技企业风险要相对小一点,投资阶段越靠后,其风险也就越小。

② 投资项目的管理水平。投资项目管理水平的高低,决定了该投资项目收入支出水平的大小,也决定了该项目抗商业风险的能力。管理水平高的投资项目,其经营支出低而经营收益高,保证了尽快收回投资,即使在外部环境变坏的情况下也能维持。所以,管理水平越高的投资项目,抗商业风险的能力越强。

③ 投资项目竞争对手的情况。投资项目竞争对手的情况,直接影响到该项目的收益大小,与其商业风险的关系很大。比如:当有同类型的竞争企业出现后,投资项目的经营收益必然受到影响,多数会经营收益下降,这就加大了商业风险。所以,对于竞争对手是否出现,出现时间的早晚等问题,必须在投资之前进行详细研究。

④ 经济状况与政府政策。经济状况直接影响到某一地区的投资规模和需求量的变化。某一地区的经济发展情况若是不景气,会导致该地区原有发展规划和投资计划发生削减,从而加大投资的商业风险。同时,政府政策的变化,尤其是调整性政策的出台,必然导致某些项目成为牺牲品,结果导致此类项目的商业风险加大。

(2) 降低投资项目商业风险的策略。

① 进行组合投资。不同类型的高新技术项目的商业风险不一样,获利能力也不一样。为了降低投资的商业风险,又要保证获取预期投资收益,较理想的策略是在不同类型的项目之间进行组合投资。利用不同类型项目功能的相互补充,以及不同类型项目资金的调剂作用,适应市场的需要,提高总体抗风险能力和获利能力。

② 选择擅长经营的项目。扬长避短是保持风险投资成功的一个重要条件,可以避免或降低风险投资的商业风险。擅长经营包括自身擅长经营和委托擅长经营两种,但不论哪一种,都应是风险投资者优先选择的对象。

③ 控制技术,限制竞争。对某个拥有专利权的技术进行风险投资,在很大程度上排除了同类竞争项目出现的可能性,降低了投资成本和投资的商业风险。在企业投资实践中,还应结合技术发展趋势对将要投资的技术进行规划,以满足未来的需求变化。

④ 选择能及时变现的项目进行投资。在一个时期内,对于收益较高、风险较低的项目,及时决策,快速投资,在政策变化之前及时收回投资或转手出让,从而避免可能遇到的商业风险。

2. 风险投资项目资金风险分析

风险投资项目的资金风险是指由于利率及价格水平的变化所带来的资金收益的不确定性。风险投资公司向风险投资企业大量注入资金后,在企业运行过程中应特别注意利率水平及其变化的一些基本因素,如通货膨胀、金融政策、财经政策、税收政策等,其中应主要研究通货膨胀这个最基本的因素。在通货膨胀的时候,利率和价格水平变动,国家会采取银根紧缩的政策,利率上升而使贷款成本上升或难以得到贷款,导致风险企业资金紧张,形成资金风险。同时由于通货膨胀,价格上升,原材料、设备等的成本上升,也会带来资金风险。对于风险投资公司来说,由于通货膨胀引起了股市和汇率波动,导致股票价格指数的下降或汇率的下滑,将使风险投资者进一步承担资金风险。

3. 技术成果转化过程中的各种风险

它是风险投资和风险企业中最为突出的一种风险。其主要种类有：

(1) 技术风险。科研成果转化中的新产品、新技术尚未经过市场和生产过程的检验。因此，技术究竟是否可行，在预期与实践之间可能会出现偏差，形成风险。技术风险的具体表现为：①技术水平风险，即新产品或新技术的实际水平并非预期水平而形成的风险；②转化风险，即在商业化、产业化过程中暴露出来的难以预知的风险；③配套风险，即一项科研成果转化所需的配套条件不成熟而引致的风险。一项科研成果，特别是重大科研成果项目转化，往往需要多种专业相关技术和其他资产的配套，才能达到标准。配套风险在技术扩散、技术转移过程中表现得尤为突出。

(2) 市场风险。市场风险是指新产品、新技术与市场不匹配引起的风险。科技成果在进入商业化、产业化之前，人们难以准确地预期其销售数量和销售价格，市场风险将始终存在。

(3) 知识产权风险。科研成果转化过程，从某种意义上来说，就是"无形资产"变为"有形资产"或"软件"变为"硬件"的过程，这涉及科研成果在生产和交换过程中的所有权问题，即知识产权问题。知识产权风险主要包括：①侵权风险，即指非知识产权拥有者以违法的手段利用知识财产而给知识产权拥有者造成的损失。②泄密风险，是指泄露技术秘密或商业秘密造成的损失。

(4) 投入风险。投入风险是科研成果转化过程中最基本的风险形态，主要表现为：①数量风险，指因投入数量不足造成科研成果转化失败的风险；②结构风险，指投入分布结构、转化过程与投入的需求结构脱节而形成的投入风险。

(5) 信用风险。信用风险贯穿于转化过程各个阶段。提供项目信用保证的转化过程参与者(成果供方、需方、投资者、融资者管理和技术开发人员)的资信状况、技术和资金能力，资信的表现等都是评价信用风险的重要指标。

(6) 时间风险。时间风险也可称替代风险，即当一项新产品刚进入商业化、产业化阶段，就被更新的产品和技术所替代而形成的风险。

(7) 外部风险。相对于科研成果商业化、产业化过程自身而言的各种社会的、政治的、自然的环境所引起的风险，称为转化过程的外部风险。这种风险的一个基本特点，就是转化过程参与者不可控制。例如，来自政府的一些法令可能限制相当部分技术的发展；专利审查的阴影；特别是当一种新技术商业化或产业化时，必须打破旧的生产定额，改变旧的生产体制，甚至解雇一部分劳动力，这就会引起阻力。

4. 风险投资的流动性风险分析

风险投资的流动性风险也称为退出风险，是指风险投资者从投资项目中退出时可能遭受的损失。决定风险投资变现性的因素主要有以下五类。

(1) 证券市场的完善程度。风险投资公司从风险企业中退出的一个主要途径，是将风险企业的股票上市，因此证券市场的完善程度将直接影响风险投资公司能否顺利退出。

(2) 投资项目价值量的大小。投资项目价值量越大，所需资金越多，相对来说，风险越大，越不易在市场上找到买主，因而变现性越差。

(3) 投资项目的发展前景。投资项目的发展前景越好，升值的潜力越大，则变现性越好，风险投资的变现风险也就越小。

（4）宏观经济情况。在宏观经济繁荣时期出售风险企业比在宏观经济萧条时期出售风险企业要容易得多。宏观经济情况越好，风险投资的变现性越好，风险投资的变现风险越小。

（5）风险企业的净现金流量。风险企业的净现金流量越大，它的变现性越好，风险投资的变现风险越小。因为净现金流量大的风险企业显示着良好的创收能力，容易吸引买主。

（二）风险测定

在风险管理工作中，确定风险大小需要首先对企业的风险因素进行综合评价，然后在此基础上拟定出一个基本风险标准，以此衡量企业风险的临界值。目前，测定风险的方法主要分为两类，即主观风险测定法和客观风险测定法。

1. 主观风险测定法

主观风险测定法主要依赖于风险投资者的个人经验和主观判断，具有简便易行、能够发现特殊风险以及测定结果保密性高的优点。主观测定法又可分为传统主观测定法和现行主观测定法。

传统的主观测定方法主要包括：

（1）经理观察法。老练的风险投资公司经理根据自己的经营经验，从一个风险企业的生产经营现象上就可以觉察出它的问题所在以及风险程度的大小。这种方法只需对实际工作环境的观察和一些微弱的生产经营运转迹象的采集，加上分析者的直觉和经验，就可以测定出风险企业经营风险的大小。

（2）资产负债表透视法。这是由富有经验的会计师传授下来的通过观察企业的资产负债表上资金的来源和运用的情况，透视风险企业的风险程度的方法。该方法对资产负债表的观察主要包括横断面的风险企业资产组合的分析和资产负债结构的分析，以及从时间纵向角度对资产负债表在不同年度的变动趋势进行分析，它完全是以会计师过去的观察和经验为参照系数。

（3）企业股票跟踪法。这一方法假定风险企业的经营成败状况和风险大小反映在企业发行的股票价格的变化上，于是可按照企业股票的涨跌判断企业风险的大小。

（4）事件推测法。这一方法是指利用风险企业中更为具体的内部和外部环境的信息，对于当前影响企业的较重要事件作出一定时期内（如一年）发展上的推测，并在此基础上确定企业风险的大小。事件推测法所依据的信息可以是多种多样的，只要是与风险企业有关的都可以作为推测依据。推测的重要事件则主要包括风险企业的增长情况、市场份额、利润率变化等等，推测的结果通常分为乐观性推测和悲观性推测，它们可以分别代表风险企业所处的风险地带的上限和下限。

现代主观风险判定方法致力于将传统主观方法涉及的因素综合在一起，并且设法将传统上的主观方法的定性分析转向定量分析上，由此将主观分析扩展到能够同时完成综合评价风险因素与测量风险临界值的双重任务。现代主观分析方法与传统主观分析方法在原则上完全一致，只是在一些技术处理问题上彼此有差异。"A记分"法就是一种比较典型的现代主观风险判定法。

"A记分"法首先试图将与风险有关的各种现象或标志性因素列出，然后根据它们对企业经营成败的影响程度进行赋值,最后将这个企业的所得数值加起来,就可以知道该企业的风险程度。"A记分"法对于风险因素的处理十分关键,这些因素分为企业经营缺点、企业经营错误、企业破产征兆三类。"A记分"方法的思路是,企业的经营失败并不是一下子突然发生的,而是有一个逐步滑坡的过程。在这个过程中,企业首先发生一些经营上的缺点或不足,这时虽离失败还很远,但如果不加以克服,这些缺点就会导致经营上的错误产生;如果错误得不到纠正,企业就会出现明显的破产前征兆,而这时企业如果还不能悬崖勒马,则下一步必然是企业的破产。这一思路不仅给人们分析和判定风险企业的风险提供了很好的基础,而且也为以后考虑如何治理风险指出了一条道路。"A记分"方法列出的这三类风险因素及其赋值方法,见表4-2①。

表4-2 风险因素及其风险值

	风险因素	记分值	总值	临界值
经营缺点	管理活动不深入	1		
	被动的经理班子	2		
	财务经理不够强	2		
	管理技能不全面	2		
	无成本监督系统	3		
	无过程预算控制	3	43	10
	无现金开支计划	3		
	董事长兼任总经理	4		
	总经理独断专行	8		
	应变能力太低	15		
经营错误	缺乏资本、过头生意	15		
	过大风险项目	15	45	15
	高杠杆负债经营	15		
破产征兆	管理停顿	1		
	经营秩序混乱	3		
	被迫编造假账	4	12	0
	财务危机信号	4		
分值加总			100	25

对于不同的风险因素,"A记分"方法的记分值是不一样的,数值越大的风险因素给企业带来的风险越大,反之则带来的风险越小。从经营缺点、经营错误和破产征兆这三类因素的分值来看,占分值比重最大的是经营错误(45分),而且经营错误包括的风险因素只有三项,因此,可以看出这三个经营错误是一个风险企业卷入失败风险的关键。其次重要的是经营缺点中后面几项风险因素,这些因素的分值从3分到15分不等,它们是造成风险企业经营错误的主要原因。此外,破产征兆对风险企业当然是致命的,但当破产征兆出现时,风险企业的经营失败

---

① 张景安等:《风险企业与风险投资》,中国金融出版社,2000年,第66页。

可以说大势已定,除非经营者有回天之力,否则最终结果只有破产。因此,对于风险预测或设法避免破产风险而言,风险企业的经营者更应该对经营错误或经营缺点给予足够的重视,而不要坐等破产征兆出现再来挽救。

"A记分"中对各分值的打分方式是,打分者对有关项目的情况要完全熟悉,因而打分时要具有充分的信心,有些情况最好能列举企业中的实例。分值分为两种情况:记满分或记零分,不能记折扣分。例如,评分者如果能肯定风险企业的管理活动不深入,那么就记 1 分,如果不能肯定就记 0 分,而不能怀疑不深入就记 0.5 分。企业的总临界分是 25 分,如果风险企业所得分数在 25 分以上,则表示该企业已处于高风险区以内,可能面临经营失败的风险,此时企业必须采取一定的措施来进行挽救。采取措施时,可以进一步查找各分项的得分,即经营缺点、经营错误或破产征兆上的得分情况,进行有针对性的改进。如果风险企业所得总分值在 25 分以下,则表明企业处于正常风险区,企业暂时不需采取什么弥补措施。不过,按照"A 记分"法的观点,企业处于高枕无忧的风险安全区则应该是离 25 分较远的 0—18 分的区间内。所以,18—25 分之间的区域不妨称之为"警戒区"。

"A 记分"方法显然把风险分析者的评定结论具体化为分值,给予定量化的显示。但是,这一方法仍属于主观风险测定法,风险测定结果仍然主要依据评价者的个人判断。因此,如同任何主观考核方法一样,它有以下三个缺点:(1)不同评判者对同一企业的风险测定结果不一样;(2)评判者的判断边界模糊;(3)不同评判者或分析者对风险因素的记分或赋值标准的观点可能不一致。

2. 客观风险测定法

所谓客观风险测定法就是以反映企业经营活动的实际数据为分析基础的风险测定法。客观风险测定法按照其发展的成熟程度和发展时期的不同,也可分为传统的和现代的客观风险测定法。

传统客观风险测定法又可称为财务比率分析法,因为该方法依赖的所有数据都来自风险企业的财务账目,而该方法利用的分析比率也是财务报表中常用的比率。传统风险分析所利用的这些财务比率主要包括酸性试验比率、流动比率、资本结构比率、存活周转率、收入结构比率、债务比率、资本回报率、利润边际率、资产周转率等,下面分别介绍它们的公式和含义。

(1) 　　　　　　　资本结构比率＝外借资金/自有资金

风险企业所拥有的资金分为外借资金和自有资金两种,它们共同构成风险企业的资本。但是,由于二者的实际归还(或补偿)的时期性和方式都不一样,所以二者的比例也能够测量风险企业的风险程度。对于资本结构比率的临界值,各国有不同的处理惯例和规定,如以英国为代表的一些国家规定为 1,而日本等国则规定在 1—2 之间。这样,资本结构比率大于临界值 1(或其他数值)则表示企业风险过大,而小于临界值表示企业在资本结构风险方面处于安全区。

(2) 　　　　　　　流动比率＝流动资产/流动负债

流动比率近似酸性试验比率,但没有酸性试验比率那么严格。因为流动资产中除了包括速动资产外,还包括存货在内的各种预计在一年内可变现的资产。流动比率的临界值也是 1,但风险企业如果其流动比率处于 1 以下,则表明企业的风险要大于酸性试验比率的同样数值所显示的风险性。

(3) 　　　　　　　存货周转率＝销售额/存货值

这里的存货是广义上的存货,即不仅包括仓库库存形式的存货,而且还包括准备加工的原材料和在制品等，总的存货值按年度平均值计算。销售额即企业的年度销售总金额。这样，存货周转率计算的结果就是一个风险企业在一年内存货周转次数。该指标没有绝对的标准。但每一个行业或经营类型应有统一的风险值。一般来说，只要不达到"过头生意"的程度，存货周转率在一定范围内是越大越好。

(4)   资本回报率＝税利前利润/所用资本×100％

  税利前利润指的是企业在一个生产时期结束后得到的利润，它已经扣除了企业成本和流转税，但还没有支付所得税和当期必须归还的利息。所用资本指的是企业在一年内所用资本的平均值。整个比率实际上是作为反映企业经营业绩主要指标的资本利润率或资金利润率。不过，作为风险指标的资本回报率必须考虑当期的通货膨胀情况，因为只有扣除物价上涨率之后的利润上涨指标才能反映企业的真实风险。这样，扣除物价因素后的资本回报率一般必须在正值以上，零值或负值的比率就意味着风险企业处于高风险区了。

(5)   收入结构比率＝税利前利润/利息

  税利前利润的概念同(4)式中的概念，而分母中的利息就指这种到期利息。收入结构比率的风险安全值是大于1，而等于1或小于1则意味着风险企业的收入除了偿还利息外等于零或者还有欠债，即处于危险之中。

(6)   资产周转率＝销售额/所用资本

  该比率中分子分母的定义与前面相同。该指标与第(3)项的存货周转率指标在性质上相同，其临界值因风险企业所在的行业或经营类型而异。考察该比率所包含的风险涵义时，必须首先找到有关行业的一般风险临界值。而安全区肯定在临界值以上，且越大越好。一般而言，资产周转率的临界值要大于1。

(7)   酸性试验比率＝速动资产/流动负债

  速动资产即风险企业所拥有的能够迅速变现的资产，如要即时出售的各种证券、可随时收回的欠债以及现金本身等。流动负债则是风险企业需在短期内以现金形式归还的欠债，包括快到期贷款、税金、各种备付金、红利、银行透支款等。显然，该比率的原理是着眼于解决企业的眼前风险问题，其临界值为1，而企业的风险安全区域在1以上。

(8)   利润边际率＝利润/销售额×100％

  利润边际的概念来自于竞争策略中的经营结果或目标，表现为新增的价值边际的概念。这种边际率可以用总利润或净利润来测量，反映企业的回报效益状况。销售额与(3)中的定义相同，反映了企业的周转效益情况。因此，这个比率是反映企业效益风险大小的综合指标。利润边际率这个指标通常表现为百分比，临界值一般为10％，比值越大安全性越高，越小则企业的风险越高。

(9)   债务比率＝销售额/债务×100％

  销售额是指一定时期内企业的产品销售额，债务是指一定时期各方对企业的欠债。该比率的高低反映企业管理部门收回欠账的能力。风险企业收回欠款的能力强即意味着资金周转流畅，企业的风险就小，否则风险就大。一般而言，债务比率的临界值为5，越大越安全，而低于5则意味着企业开始进入危险区了。

  以上这9个比率值，每一个只能反映企业风险程度的一个方面。因此，为了尽可能正确评价风险企业的综合风险大小，在风险测量中最好同时考察数个比率值。但是，如何恰当解释各个比率值的含义，尤其是当它们彼此不完全一致时如何得出一个统一的结论是极为费时和困难的问题。同时,由于解释的难度也可能使客观测量标准在结论上失去其客观性。于是,现代客观风险测定法应运而生。

在现代客观风险测定法中,最具代表性的是奥特曼(E. I. Altman)于1986年在美国提出的"Z记分"法。首先挑选出一组决定企业风险大小的最重要的财务和非财务数据比率,然后根据这些比率在预先显示或预测风险企业经营失败方面的能力大小给予不同加权,最后将这些加权数值进行加总,就得到一个风险企业的综合风险分数值,将其对比临界值就可知企业风险的危机程度。"Z记分"的计算公式如下:

$$Z = 1.2 \times X_1 + 1.4 \times X_2 + 3.3 \times X_3 + 0.6 \times X_4 + 1.0 \times X_5$$

在式中,X_1=(流动资产-流动负债)/(固定资产+流动资产+投资)=流动资产/总资产
X_2=累积储备金/(固定资产+流动资产+投资)=保留收益/总资产
X_3=(销售收入-生产成本)/(固定资产+流动资产+投资)=税利前利润/总资产
X_4=股票数量×股票价格/(短期债务值+长期债务值)=市场资本化值/债务账面值
X_5=销售量×销售价格/(固定资产+流动资产+投资)=销售收入/总资产

> 例如,一家公司经过计算得到相应数值为 $X_1=0.31, X_2=0.36, X_3=0.12, X_4=0.8, X_5=1.21$,则
> $$Z = 1.2 \times 0.31 + 1.4 \times 0.36 + 3.3 \times 0.12 + 0.6 \times 0.8 + 1.0 \times 1.21$$
> $$= 0.3 + 0.50 + 0.40 + 0.48 + 1.21 = 2.96$$

根据对过去经营失败的企业统计分析,奥特曼得出一个适用于大范围不同类型企业的经验性风险临界数据,即 $Z=3.0$。企业的 Z 得分值高于3.0的为较安全企业,而低于3.0的可判断为高风险企业。此外,奥特曼对经营失败企业的经验中分析还发现,如果一个企业的 Z 分值低于1.8,即使该企业表面上还没有破产,但在实际上已经潜在破产,因而已无可救药了。对照上例的企业得分值2.96,该分值说明该企业处于高风险区的边缘上(低于风险临界值3.0),同时又大大高于潜在破产临界值1.8,因此,该企业还有较大回旋余地,只要马上着手找到风险隐患并且予以清除,企业可以很快回到安全区来。奥特曼还从"Z记分"方法的运用实例中发现,由于随着时间的间隔越长,企业发生变化的可能性越大。"Z记分"方法的预测效果也因时间的长短而不一样。一般地说,预测风险企业失败在一年时间内的准确率仅为48%。这样,应用"Z记分"方法测定风险企业风险时必须要注意时间性,对于风险企业短期风险的判断可以直接根据"Z记分"的绝对值的大小,但对于风险企业长期风险的判断则必须计算风险企业在各年份的得分值,按照这些分值的变化趋势来判定风险企业长期风险的大小。

(三) 风险管理评价

风险管理的水平需要一套指标体系来评价,其中主要有以下指标:

1. 投资盈利率

反映单位数额的投资能够提供的盈利。其计算公式为

$$投资盈利率 = 年平均盈利额/投资总额 \times 100\%$$

2. 投资回收期

反映依靠盈利回收全部投资所需要的时间。它与投资盈利率互为倒数。其计算公式为

$$投资回收期(年) = 投资总额/年平均盈利额$$

上述两个指标虽然简单、明了,但未考虑资金的时间价值和盈利的风险因素,而且一般用于各年盈利数额差距不大的情况,使用中有一定的局限性。

3. 净现值

对投资产生的将来现金净收入以一定的利率贴现得到该项投资的毛现值,再减去初始投资,就得到该项投资的净现值。其计算公式为

$$净现值 = \sum_{t=1}^{n} \left(\frac{第 t 年现金净收入}{(1+i)^t} \right) - 初始投资$$

式中的 i 为该项投资包括风险的资本成本(资本成本是以百分率表示的,企业取得并使用资本所负担的成本),一般高于无风险利润。经过计算,净现值为正的项目可取,为负的项目是不可取的。

净现值指标考虑了资金的时间价值、投资的风险因素,是最好的评价指标。但计算较复杂,利率 i 不易确定。

4. 内部利润率

当净现值为零时的贴现率就是内部利润率。其计算公式为

$$\sum_{t=1}^{n} \frac{第 t 年现金净收入}{(1+内部利润率)^t} - 初始投资 = 0$$

在互斥选择投资决策中,一般应该选择期望内部利润率超过要求的内部利润率或资本成本最多的项目。

内部利润率反映了投资项目本身的盈利率。该指标考虑了每项现金流量发生的时间先后,盈利的风险,而且概念易于理解,是一种较好的投资决策指标,但计算较繁琐。

5. 获利指数

获利指数是通过时间价值换算后反映投资项目获利能力的一种指标,是将未来现金流量按资本成本或企业要求达到的投资利润率折算的现值除以初始投资之商。其计算公式为

$$获利指数 = \sum_{t=1}^{n} \frac{第 t 年现金净收入}{(1+投资利润率)^t} \Big/ 初始投资$$

当获利指数大于 1 时,表明投资项目是可取的,而且值越大越好。小于 1 时,表明投资项目不可取。

6. 毛资本报酬率

毛资本报酬率中的毛资本是指股权资本、长期负债、留存收益之和。其计算公式为

毛资本报酬率＝税后净利/毛资本＝税后净利/(股权资本＋长期负债＋留存收益)

毛资本报酬率大于投资的机会成本,表明投资是可行的。它使债权人和投资者对各自的获利能力有一个正确的评价。

上述所列的六个指标是用来衡量风险管理效益的。要使风险投资的效益良好,须对这些指标进行详尽的预测、分析、计算和比较,进行综合评价,以确定经济效益最好的项目,增大盈利的概率。

案例分析

深圳金蝶软件公司引入海外创业投资

深圳金蝶软件科技有限公司是我国财务软件产业的卓越代表,是中国最大的财务软件及企业管理软件的开发者、供应商之一;它也是中国 Windows 版财务软件和决策支持型财务软件的开创者,是最早成功地研制出制造业管理系统(VMRP-Ⅱ)的财务软件公司。

现任金蝶公司的总裁徐少春是中国第一批会计电算化硕士研究生。毕业后在深圳蛇口中华会计师事务所工作,1991 年 11 月创办了深圳爱普电脑技术有限公司,注册资本 30 万元人民币,徐少春占到 90% 的股份。1992 年 7 月成功地开发了爱普财务软件。由于公司发展空间较小,无法吸引尖端人才,人员流动频繁。1993 年 8 月 8 日,徐少春代表的深圳爱普电脑公司、香港招商局社会保险公司及美籍华人赵西燕共同合股成立深圳金蝶软件科技有限公司,注册资本为 500 万元人民币。其中投资 48 万元人民币现金的社保公司获得 40% 的股份、赵西燕持股 25%,而徐少春只持股 35%。徐少春让出相应股份后,使金蝶在资本结构上符合一系列优惠政策的要求;赵秋燕的海外背景使金蝶得到外商投资企业的待遇;而社保公司是蛇口工业区的全资子公司,金蝶获得了工业区间接参资的身份。由此,金蝶在人事、员工住房、调动乃至调干种种"关口"都绿灯放行。金蝶公司创立之初,便迅速开发自己的新产品。1993 年底,金蝶公司开发了 V2.0 和 V3.0 DOS 版财务软件。1996 年,当 DOS 版本还在国内一统天下的时候,金蝶率先开发的基于 WINDOWS 平台的财务软件,市场份额快速扩张,一举奠定了其在国内软件业的地位。1997 年,金蝶公司推出 32 种决策知识型财务软件。1998 年 2 月,金蝶公司宣布与微软公司在开发、技术等方面进一步合作,并推出国内第一家 3 层结构技术基于大型数据库(C/S)版本的财务软件。

然而,软件产业作为一种高效益、高投入、高风险的行业,需要投入大量的人力和物力。随着改革的深入,国内财务制度与国际标准逐步接轨,国内在几年内先后成立了 200 余家财务软件公司。如何在众多的财务软件公司中脱颖而出,使用户了解并使用自己的产品成为金蝶公司当务之急。金蝶公司为抓紧战略时机,扩大自身规模,实现规模化、产业化,1997 年前后在国内先后设立了二十多家分支机构。自 1993 年金蝶公司成立以来,其营业收入和利润等主要经济指标以每年 300% 的速度增长。随着规模的扩大,仅靠金蝶公司自身的积累已不能满足金蝶的战略需要和可持续增长,金蝶公司必须依靠资本市场来完成高效率的积累。但由于金蝶公司没有足够的资产作抵押且缺乏担保,经多次与银行商洽后,最终却只获得 80 万元贷款。"屋漏偏逢连夜雨",1997 年国家规定不允许保险公司的资金投向高风险行业。这意味着香港招商局社会保险公司必须退出,1993 年版本的金蝶必须重新洗牌。

1998 年 5 月,深圳金蝶进行了一次私募,IDG 通过其附属公司"广东太平洋"投资 1 000 万元,获得了深圳金蝶 12.5% 的股权,而社保公司获得 200 万元人民币现金,彻底退出金蝶。1999 年,IDG 通过旗下的风险投资公司 IDGVC 再次追加 1 000 万元风险投资,使其在深圳金蝶股权增至 25%,留出 10% 多一点的股权分配给员工,其余股东相应增资,实现金蝶全面扩股。

总部设在美国波士顿的 IDG(国际数据集团)是全世界最大的信息技术出版、研究、展览与技术风险投资公司。IDG 公司 2004 年全球营业总收入达到 24.6 亿美元,在《福布斯》杂志 2004 年评出的全美最大的私营企业之中排名第 83 位,其业务涉及全世界的 85 个国家和地区,拥有 11 500 名高级研究专家和编辑人员。其子公司 IDG 技术创业投资基金是第一家进入中国市场的美国风险投资公司,不仅向中国高科技领域的创业者们提供风险投资,并且在投资后给他们提供一系列增值服务和强有力的支持。

IDG 技术创业投资基金以参股形式对金蝶公司进行投资后,折价入股,成为金蝶公司的股东之一,享有股东的权利,但对金蝶公司不控股,不参与经营,只是通过不断地做一些有益的辅助工作,如介绍和引进专家做报告、开研讨会、帮助企业做决策咨询、提供开发方向的建议等方式来施加影响。IDG 的进入给金蝶公司带来了巨大变化,2 000 万元的风险资金注入使金蝶迅速形成了遍及全国的营销与技术服务网络,分支机构由 21 家增加到 37 家,代理达到 360 家。海外风险资本的权益式导入为金蝶赋予了不同寻常的企业内涵,从令人耳目一新的企业治理结构、经营机制和管理模式到国际融通的资金支持、创业环境与上市通道,国际风险投资家所拥有的信息优势、资金优势、品牌优势和集成资源优势为金蝶的发展提供了强力保障,并带给其全球化视野和广阔的国际市场舞台。IDG1999 年调查显示,金蝶以 28.43% 的市场占有率居于当年国内财务软件的领先地位。在谈到风险投资对金蝶的影响时,徐少春曾概括:"发展周期缩短了一年"。

引入了海外创业投资的金蝶较早地把目光转向了海外的资本市场,在比较 NASDAQ 和香港创业板之后,金蝶决定在香港上市。为此,金蝶在开曼群岛注册了一家公司,由它来控股国内的公司,2000 年 3 月金蝶向证监会递交了申请材料,7 月份得到批准,2001 年 2 月 15 日,金蝶在香港创业板发行 8 750 万股,发行价格区间在 0.9—1.08 元港币,总共筹集 8 000 万元港币。2001 年金蝶上市后,IDG 在金蝶原持有 25% 的股份稀释为 20%。金蝶国际上市一年后,IDG 开始逐步减持股份,2002 年 4 月 12 日,IDG 第一次减持金蝶股份,至少回收了 6 300 万港元,此后持有金蝶 9.14% 的股份;2003 年 6 月 5 日,IDG 第二次减持,仅持有金蝶 5.7% 的股份,此次至少套现 5 500 万港元。而 2004 年 IDG 第三次减持之后,IDG 仍持有金蝶 4.1% 的股份。也就是说,IDG 在 5 年之后,从金蝶至少收回了 1.2 亿港元。香港一位基金经理分析,将余下的 4.1% 套现后,预计 IDG 最终将从金蝶身上收回 2 亿元左右回报,投资回报率高达 10 倍。

2003 年,徐少春个人持股 32.96% 的金蝶国际实现营业额 3.65 亿元,比上年增长 24.1%,净利润 5 913 万元,增长 45.3%。受一年来业绩带动,2004 年金蝶全年股票价格上升了 105%。公众股从原来的 20% 上升到超过 40%。2004 年 9 月金蝶国际营业额相对上年同期增加 26%;实现净利润 2 400 万元,同比增长 32%,每股赢利 0.056 元,2005 年 7 月 20 日已在联交所主板成功上市,实现了长足的发展。

(资料来源:中南大学商学院博士生王慧据有关报道整理。)

案例思考题

1. 金蝶的 IPO 策略、退出机制对风险投资有什么启示?
2. 根据风险投资的特点,您认为发展我国风险投资的政策框架应如何设计?

补充阅读材料

1. 张景安等.风险企业与风险投资.中国金融出版社,2000
2. 张景安等.技术创新与风险投资.中国金融出版社,2000
3. 张景安等.风险投资与操作实务.中国金融出版社,2000
4. 张景安等.风险企业与融资技巧.中国金融出版社,2000
5. 张景安等.风险投资与二板市场.中国金融出版社,2000
6. 张景安等.风险投资与法律制度.中国金融出版社,2000

7. 陈德棉等.风险投资:运作机制与管理.经济科学出版社,2003
8. 陈德棉等.风险投资:国际比较与经验借鉴.经济科学出版社,2003
9. 刘曼红.风险投资:创新与金融.中国人民大学出版社,1998
10. 孟宪昌.风险投资与高技术企业成长.西南财经大学出版社,2003
11. 孔淑红.风险投资与融资.对外经济贸易大学出版社,2002
12. 曾蔚,刘爱东.创业投资机构的投资退出战略.研究与发展管理,2002(4)
13. 刘爱东,曾蔚.创业投资的风险分析及风险应对.中南大学学报(社科版),2001(2)
14. 风险投资大事记:http://www.blogchina.com/new/source/300.html
15. 新风险投资:http://www.new-ventures.org.cn/

第五章 证券投资

/学习目标/

通过本章学习,明确证券投资的概念、目的和意义,掌握证券投资的基本程序、主要分析方法和证券估价,熟悉证券投资组合的相关内容,了解有效资本市场理论。

证券投资是企业在证券交易市场上购买有价证券的经济行为,在市场经济条件下,证券投资是企业投资的一个重要方面,有效的证券投资能增加企业收益,提高企业资金的使用效率、保持资产的流动性,增强企业的偿债能力,降低企业风险。然而,由于证券市场价格波动频繁,证券投资的风险往往很大,寻求风险与报酬的均衡是证券投资的主要财务问题。

第一节 证券投资概述

一、证券投资的概念及基本程序

(一) 证券投资的概念

证券是各类财产所有权或债权凭证的统称,是用来证明证券持有人有权取得相应权益的凭证。凡根据一国政府有关法律法规所发行的证券都具有法律效力,合法性是证券的一大特点。

证券按其法律属性的不同可分为证据证券、凭证证券和有价证券。证据证券,是指单纯证明某些特定事实的文件,主要有信用证和证据(书面证明)等。凭证证券,是指认定持证人为某种私权的合法权利者,证明持证人所履行的义务有效的文件,如存款单、借据、收据及定期存折等。有价证券,主要是指对某种有价物具有一定权利的证明书或凭证。它是一种具有一定票面金额,证明持券人有权按期取得一定收入,并可自由转让和买卖的所有权或债权证书。

由于有价证券不是劳动产品,其本身没有价值。但是,它能给持有者带来一定的收入(如股息或利息等),因此它具有价格,其价格实际上是资本化了的收入。

有价证券按不同的标准,可以有不同的分类。例如,按照权益的不同,可将有价证券划分为权益类证券和债权类证券;按证券的期限不同,可分为短期证券和长期证券;按证券的发行主体不同,可分为政府证券、金融证券和公司证券;按证券所体现的经济内容不同,可分为债券、股票、基金、证券衍生工具。

证券投资是指投资者(法人或自然人)购买股票、债券、基金券等有价证券以及这些有价证券的衍生品以获取红利或利息的投资行为和投资过程,是直接投资的重要形式,也是企业对外投资的重要组成部分。

(二)证券投资的程序

在一个拥有成熟、发达的证券市场的社会里,进行证券投资是非常简便易行的。通过证券市场,投资人可以获取投资的各种信息,在各个行业、各种类型的企业中选择投资对象,并能快捷、方便地进行投资,甚至不必与被投资企业进行协商。因此,证券投资是很受企业欢迎的一种投资方式。企业在进行证券投资时,一般应按下面的基本程序进行。

1. 选择投资对象

企业进行证券投资首先要选择合适的投资对象,这是证券投资最关键的一步,它关系到投资的成败。企业在选择投资对象时一般应遵循以下三个原则:

(1)安全性原则。选择证券投资的对象必须要关注投资的安全性,即投资能够安全地收回。证券投资的风险较大,企业在选择投资对象时,必须对投资对象的风险进行分析,尽可能控制投资的风险。

(2)流动性原则。企业在进行证券投资时必须要注意证券的流动性,即变现能力。不同的证券,其流动性各不相同,企业应当根据自己的投资目的进行选择。

(3)收益性原则。证券投资的收益是每个投资者都十分关心的一个问题,企业在选择证券投资对象时,应在以上两项原则的基础上,力求投资收益的最大化。

企业在选择证券投资对象时,必须要结合自己的投资目的进行选择。一般来说,如果企业进行证券投资的目的是寻求未来稳定的收益,应选择那些收益稳定、信誉较高的债券(如国债)或优先股作为投资对象。如果企业进行证券投资是为了分散投资风险,就应该在重视投资行业的选择,在行业选择的基础上选择合适的企业股票作为投资对象。如果企业的抗风险能力较强,又拥有专业的投资人才,投资的主要目的又是盈利,则可以适当地选择某些盈利能力较强的股票(这种股票的风险通常也较高),或等级较低的公司债券作为投资对象。如 20 世纪 80 年代,一些美国的投资者就因为投资于低等级、高收益的"垃圾债券"而获得了较高的收益。

企业还应根据投资的期限长短来选择合适的投资对象。一般来说,短期投资应特别重视投资的安全性和流动性,以便能够随时变现,安全地收回资金,因此,短期投资可以选择信用等级较高、流动性较强的债券进行投资;长期投资则更重视投资的安全性和收益性,以期在较长的时期内能够获取更大的投资回报,因此,长期投资大多选择股票、基金进行投资。

企业在选择投资对象时,除考虑投资对象本身的特点外,还应该注意政治、经济形势对投资对象的影响。比如,如果某些地区的政治、经济形势不够稳定,而企业投资于证券又是为了获得较为稳定的收益,则应该尽量不选择或少选择这些地区的企业、政府机构发行的证券;如果希望投资能够取得较高的收益水平,则应该适当选择经济增长速度快、发展潜力大的地区的企业发行的证券等等。

2. 开户与委托交易

证券投资大多要通过证券交易所进行(如我国的上海证券交易所、深圳证券交易所等),而一般的投资者不能直接进入证券交易所的交易大厅交易,因此,其证券交易必须通过那些有资格进入证券交易所进行交易的证券商(作为经纪人)代为进行。这样,证券投资者就面临着一个选择适当的证券商作为自己的经纪人的问题。选择经纪人时,要考虑经纪人的资金实力、操作经验和特长、服务水平和信誉等多方面的因素。选定经纪人后,投资者要在经纪人处开立户头,从而确立委托买卖关系。投资者开立的户头分为现金账户和保证金账户两种,其中现金账户要求投资者在购入证券时必须支付所需的全部资金;而保证金账户的开立者在购入证券时只要支付一定数量资金即可,不足部分可由证券商代为支付,过后再由投资者归还给经纪人。目前,我国股票交易都要求以现金账户进行。

投资者开户以后,就可以向经纪人下委托指令进行证券投资了。在证券的交易过程中,一个重要环节是确定合适的证券买入价格。证券投资的买入价格是证券投资成本的主要组成部分,直接关系到投资的收益与风险,需要结合各种因素进行分析。股市上有句话:选股不如选时。即使投资者选择了一只好股票,但是,因为买入的时间不对,价格太高,也会增加投资的风险,降低投资的收益率。

在证券买卖中,委托投资指令主要有以下几种:(1)市价委托指令,是指投资者委托经纪人按照执行指令时的市场价格买进或卖出证券,这时投资者并不自行规定交易价格,只是委托他的经纪人按照市场上可能的最有利的价格买卖。(2)限价委托指令,是指投资者自行规定一个价格,经纪人只能按照投资者所限定的价格或更有利的价格进行买卖。(3)停止损失委托指令,指投资者规定,当股价上涨或下跌超过指定的限度时,经纪人就要按照当时的市场价格来购买或抛售,以保障投资者的既得利益或限制可能发生的损失。(4)撤销以前有效的委托指令,即当投资者发现以前的委托指令失误,向经纪人发出的撤销以前委托的指令。

投资者可以以多种方式向经纪人发出委托指令。最常见的有当面委托和电话委托两种。当面委托是指投资者亲自到证券商的营业场所或由证券商的业务人员亲自到投资者的办公地点或住处,当面填写委托书。电话委托则是指投资者通过电话告诉其经纪人各项委托内容,由经纪人填写委托书。进行电话委托,经纪人要对电话内容进行录音,并且在买卖成交后办理证券交割时,投资者还要在委托单上补行签章。除电话委托外,投资者还可以通过网络(网上交易系统)、电传、传真、信函等方式进行委托。

3. 交割与清算

证券交易成交后,买卖双方要相互交付价款和证券。比如,某投资者买入一笔股票,买卖成交后,他要向股票的卖方交付价款,收取股票;而卖方则要向他交付股票,收取价款,这一过程,即为证券的交割。具体来讲,买卖成交后,证券经纪人要填写成交确认书,并在成交的当日将成交确认书寄交投资者。投资者在接到确认书并确认无误之后,就携带证券或价款在指定的交割日期与证券商办理交割手续。成交确认书又称为成交过户交割凭单。一般包括如下内容:成交日期及时间、成交数量、证券名称、成交价格及总金额、保证金活期存款利息、应付证券商的佣金、邮费、交割日期及其他事项。

4. 过户

对于不记名证券,投资者办完交割手续之后,交易程序即告结束。如果投资者购买的是记名证券,则还需要办理过户手续。投资者只有办理了过户手续,才能享有证券所有者的权益。

股票的过户一般都是由专门的机构统一办理,并不需要投资者亲自到各个股票发行公司去办理。

二、证券投资的目的

企业进行证券投资,最重要的是要明确投资的目的,以正确的投资目的指导自己的投资行为。在各类市场中,证券市场是最接近完全竞争状态的市场之一,而在完全竞争的市场上,是无法得到超额利润的。因此,企业、特别是生产经营型企业一般不应把追求利润最大化作为自己进行证券投资的主要目的,而应把证券投资作为实现企业整体目标的手段之一,围绕企业的整体目标规划自身的证券投资行为。一般来讲,企业证券投资的目的随着投资期的不同而有所区别。

(一) 短期证券投资的目的

短期证券投资是指通过购买计划在 1 年内变现的证券而进行的对外投资。这种投资一般具有操作简便,变现能力强的特点。企业进行短期证券投资一般出于以下几种目的:

1. 作为现金的替代品

企业在生产经营过程中,应该拥有一定数量的现金,以满足日常经营的需要,但是现金这种资产不能给企业带来收益,现金余额过多是一种浪费。因此,企业可以利用闲置的现金进行短期证券投资,以获取一定的收益。

2. 出于投机的目的

有时企业进行短期证券投资完全是出于投机的目的,以期获取较高的收益。"投机"一词在中国似有贬义,而在西方的经济学中,是用以表述通过预期市场的变化而赚取收益的经济行为。可以说投机与证券市场是不可分割的,有证券市场必然有证券投机。有的企业为了获取投机利润,也会进行证券投机。企业出于投机的目的进行证券投资时,一般风险较大,应当用企业较长时期闲置不用的资金进行投资,但也必须要控制风险,不能因此而损伤企业整体的利益。

3. 满足企业未来的财务需求

有时企业为了将来要进行的长期投资,或者将来要偿还债务,或者因为季节性经营等原因,会将目前闲置不用的现金用于购买有价证券,进行短期证券投资,以获取一定的收益,待将来需要现金时,再将有价证券出售。这种短期证券投资实际上是为了满足企业未来对现金的需求之目的。

(二) 长期证券投资的目的

长期证券投资是指通过购买不准备在 1 年之内变现的有价证券而进行的对外投资。长期证券投资一般占用的资金量较大,对企业具有深远的影响。通常企业进行长期证券投资主要出于以下目的:

1. 为了获取较高的投资收益

有的企业可能拥有大量闲置的现金,而本企业在较长的时期内没有大量的现金支出,也没有盈利较高的投资项目,因此,就可以利用这笔资金进行长期证券投资,购买风险较小、投资回报较高的有价证券。这样,可以充分利用闲置的资金,获取较高的投资收益。

2. 为了对被投资企业取得控制权

有时企业从长远的利益考虑,为扩大自己的经营范围、市场份额或影响力,须控制某些特定的其他企业,这时就应对其进行长期证券投资,取得对该企业的控制权。如果企业的控制目标是上市公司,就可以通过在证券市场上购入目标公司的股票来达到自己的目的。例如,A 公司欲取得其主要的材料供应商 B 公司长期稳定的材料供应,就可以购买 B 公司的股票,取得对 B 公司的控制权。

3. 进行多样化投资,分散投资风险

为减少投资风险,企业需要进行适度的多样化投资。在某些情况下,直接进行实业方面的多样化投资有一定的困难,而利用证券市场,则可以较方便地达到投资于其他行业,使投资对象多样化的目的。

三、证券投资分析的主要方法

证券投资分析有三个基本要素,即信息、步骤和方法,其中证券投资分析的方法直接决定了证券投资分析的质量。目前,进行证券投资分析所采用的分析方法主要有两大类:第一类是基本分析;第二类是技术分析。

(一) 基本分析法

1. 定义

基本分析又称基本面分析,是指证券投资分析人员根据经济学、金融学、财务管理学及投资学的基本原理,通过对决定证券投资价值及价格的基本要素如宏观经济指标、经济政策走势、行业发展状况、产品市场状况、公司销售的财务状况等的分析,评估证券的投资价值,判断证券的合理价位,从而提出相应的投资建议的一种分析方法。

2. 内容

基本分析主要包括三个方面,具体内容如下:

(1) 经济分析。经济分析主要探讨各经济指标和经济政策对证券价格的影响。经济指标又分为三类:超前性指标(如利率水平、货币供给、消费者预期、主要生产资料价格、企业投资规模等),这些指标的变化将先于证券价格的变化;吻合性指标(如个人收入、企业工资支出、GDP、社会商品销售额等),这些指标的变化与证券价格的变化基本趋于同步;滞后性指标(如失业率、库存量、单位产出工资水平、服务行业的消费价格、银行未收回贷款规模、优惠利率水平、分期付款占个人收入的比重等),这些指标的变化一般滞后于证券价格的变化。除了经济指标之外,主要的经济政策有:货币政策、财政政策、信贷政策、债务政策、税收政策、利率与汇率政策、产业政策、收入分配政策等等。

(2) 行业分析。行业分析通常包括产业分析与区域分析两个方面,前者主要分析产业所属的不同市场类型、所处的不同生命周期以及产业的业绩对于证券价格的影响;后者主要分析区域经济因素对证券价格的影响。行业分析是介于经济分析与公司分析之间的中观层次的分析,一方面,产业的发展状况对该产业上市公司的影响是巨大的,从某种意义上说,投资某个上市公司,实际上就是以某个产业为投资对象;另一方面,上市公司在一定程度上又受到区域经济的影响。尤其在我国,各地区的经济发展极不平衡,从而造就了我国证券市场所特有的"板块效应"。

(3) 公司分析。公司分析是基本分析的重点,无论什么样的分析报告,最终都要落脚在某个公司证券价格的走势上。如果没有对发行证券的公司的状况进行全面的分析,就不可能正确地预测其证券的价格走势。公司分析主要包括以下三个方面的内容:①公司财务报表分析。财务报表分析是根据一定的原则和方法,通过对公司财务报表数据进行进一步的分析、比较、组合、分解,求出新的数据,用这些新的数据来说明企业的财务状况是否健全、企业的经营管理是否妥善、企业的业务前景是否光明。财务报表分析的主要目标有公司的获利能力、公司的财务状况、公司的偿债能力、公司的资金来源状况和公司的资金使用状况。财务报表分析的主要方法有比率分析法、趋势分析法、比较分析法和综合分析法。②公司产品与市场分析。包括产品分析和市场分析两个方面。前者主要是分析公司的产品品种、品牌、知名度、产品质量、产品的销售量、产品的生命周期;后者主要分析产品的市场覆盖率、市场占有率以及市场竞争能力。③公司证券投资价值及投资风险分析。主要是通过各种财务模型和投资模型来分析公司股票、债券及其他证券的投资价值和投资风险。

3. 优缺点

基本分析的优点主要有两个:(1)能够比较全面地把握证券价格的基本走势;(2)应用起来相对简单。基本分析的缺点主要有两个:(1)预测的时间跨度相对较长,对短线投资者的指导作用比较弱;(2)预测的精确度相对较低。

4. 适用范围

基本分析主要适用于:(1)周期相对比较长的证券价格预测;(2)相对成熟的证券市场;(3)适用于预测精确度要求不高的领域。

(二) 技术分析法

1. 技术分析的定义

简单地说,技术分析是从证券的市场行为来分析和预测证券将来的行为,不考虑别的因素。所谓市场行为包括三方面的内容:(1)市场的价格;(2)成交量;(3)达到这些价格和成交量所用的时间。

2. 技术分析的理论基础

技术分析的理论基础是建立在以下的三个假设之上的。这三个假设是:(1)市场的行为包含一切信息;(2)价格沿趋势移动;(3)历史会重演。

3. 技术分析的内容

可以将技术分析理论粗略地划分为 K 线理论、切线理论、形态理论、技术指标理论、波浪理论和循环周期理论。

4. 技术分析的优点和缺点

技术分析的优点是同市场接近,考虑问题比较直接。与基本分析相比,通过技术分析指导证券买卖见效快,获得利益的周期短。此外,技术分析对市场的反应比较直接,分析的结果也更接近实际市场的局部现象。技术分析的缺点是目光太短浅,考虑问题的范围相对较窄。对市场长远的趋势不能进行有效的判断。

5. 技术分析的适用范围

简单地说,技术分析适用于进行在时间上较短的行情预测。要进行周期较长的分析必须依靠别的因素。这是应用技术分析最应该注意的问题。技术分析的另一个值得注意的问题是,它所得到的结论不是绝对的命令,仅仅是一种建议的性质。

四、有效资本市场理论

(一) 随机漫步与有效资本市场理论

股票价格(或其他证券价格)的高低涨落是否有迹可循始终是投资者最为关心的事件之一。英国统计学家莫里斯·肯德尔(Maurice Kendall)在 1953 年对股票价格的历史变化进行了研究,试图寻找某些变化规律。但是,他的研究结果出乎意料——股价的变动是随机的,完全无规律可循。

不论企业的业绩如何,股价在随机游走(random walk),从历史数据中不像经济周期预测那样得到股价升跌的预期。这说明市场是无理性的吗? 20 世纪 60 年代末,美国芝加哥大学财务学教授尤金·法玛(Eugene Fama)通过研究发现,如果有用的信息以不带任何偏见的方式全部在证券价格中得到反映,那么可以认为市场是有效的。在一个有效的资本市场中,股票价格的变动并不存在内在联系,所有相关的信息都会引起人们的注意而被反映到股票价格中,即股价的随机变化正表明市场是正常的、有理性的和有效运作的,由此产生了著名的"有效市场假设"。

所谓有效市场假设(Efficient Market Hypothesis,EMH),就是说证券价格已经完全反映了所有的相关信息,人们无法通过某种既定的分析模式或操作始终如一地获取超额利润。超额利润是投资者实际获得的利润与预期风险收益的差额。当有效的证券市场对信息作出快速反应,而使投资者获知有关信息后再作出买卖证券的决定时,该信息的作用已经反映到证券价格中了,所以试图利用公开信息在市场上获得超额利润的机会是不存在的。所有的投资者在市场上具有同等的获利机会,他们无法赚取超额利润。股票价格的这种特性,就是股票市场的效率。

值得指出的是,我们这里对有效率市场的解释是从长期的统计平均的角度来说的。很多投资者都可能利用某种分析方法帮助自己在个别的投资活动中获取超额利润。但效率市场使他们无法反复利用同一种方法来击败市场,长期一贯地获取超额利润。

从一定意义上讲,证券市场的有效率意味着资源配置的有效率和市场运行的有效率。资源配置的有效率,是指证券价格是一个可以信赖的正确的投资信号,投资者可以根据这些价格信号的指导选择投资方向,并获取最大收益。运行有效率是指证券交易的中介能够以最低的成本提供服务,并只收取与所提供服务相适应的费用。

(二) 完善市场与效率市场

有效率资本市场与完善资本市场存在着密切的关系,我们在讨论资产组合理论和资本资产定价模型时,所用的主要是完善资本市场假说。

完善资本市场是指满足下述条件的资本市场:

(1) 市场无阻力。即不存在交易成本和政府税收,所有资产都可进入市场交易,且交易量可以是资产数额的任意比例(资产无限可分)。

(2) 产品市场和证券市场都是完全竞争市场。即在产品市场上的所有产品生产者或服务提供者均以最低平均成本提供产品和服务。在证券市场的所有交易者都是价格的接受者。

(3) 市场信息的交流是高效率的。所有信息均可不需任何成本而同时为所有人获知。

(4) 参加市场交易的个人都是理性的,都追求个人效用的最大化。

满足上述条件的完善资本市场要求产品市场和证券市场既能有效率地配置资源,又能有效率地运行。有效率地配置资源是指产品和证券的价格使得每一生产者和投资者的边际收益均相等。有效率地运行则是指在交易过程中不存在交易成本。

有效率资本市场的要求要比完善资本市场的要求宽松得多。它只要求价格能够完全和瞬时地反映出所有可获得的有关信息,即保证在资产交易过程中价格是资本配置的精确信号。有效率资本市场可以存在某些阻力,即交易成本。更重要的是,有效率资本市场允许在产品市场上存在不完全竞争。比如,若某一企业因在产品市场上的垄断地位而获得垄断利润,则有效率的资本市场将依照预期的垄断利润的现值确定该公司股票的价格。

(三) 有效资本市场成立的充分条件

有效资本市场的建立是有条件的:

(1) 信息公开的有效性。有关证券的全部信息都能够充分、真实、及时地在市场中得到公开。没有内幕交易,没有信息歧视。

(2) 信息传递的效率。市场信息的交流是高效率的,所有与投资有关的信息都可以及时、无代价地获取。如果投资者在买卖证券时要支付费用,这并不意味市场无效,它表明当新信息下的价格变化超过了交易成本时,才会发生市场价格的变化。

(3) 市场价格的独立性。证券价格的形成不受个别人和个别机构交易的影响,市场的参与者是价格的接受者。

(4) 投资者对信息判断的理性化。所有的投资者都是理性地追求个人利益最大化的市场参与者,每一个参与证券交易的投资人都能够根据所公开的信息作出一致的、合理的和及时的价值判断。

上述前提条件严格成立时,市场一定是有效的。在这个有效市场中交易者对所发行的证券价格的判断都是一致的,市场形成了买卖双方一致认可的价格,任何人都不可能单纯从资本上获得利益,利益的源泉是企业的盈利成长。

但是在现实经济社会,这种理论假设存在种种约束,例如:信息公开的数量、规模和时间的制约;信息传递的时效性;投资者对信息判断的个体差异;投资者在实施投资决策时的有效性约束等。

(四) 有效资本市场的类型

有效市场理论中的市场效率并不是指市场的运作效率(如市场中的信息传输、交易指令的执行、交割、清算、记录等功能的质量、速度和成本水平),根据市场的信息效率,即资本市场中投资品的价格对信息的敏感程度和反应的速度,将市场效率划分为以下三种类型:

(1) 弱有效市场。在弱有效市场上,证券价格已完全反映了所有的历史信息(主要是指价格变化、交易量变化等历史信息),证券价格的未来走向与其历史变化之间是相互独立的。

(2) 次强有效市场。次强有效市场的效率程度要高于弱有效市场,在此,证券价格不但完全反映了所有历史信息,而且完全反映了所有公开发表的信息。

(3) 强有效市场。强有效市场是指证券价格完全反映了所有有关的信息,而不管这些信息是否已公开发布。

第二节 证券估价

一、证券估价的基本原理

(一) 价值的含义

证券估价就是对证券的价值进行合理的评定。以下对主要的价值含义及其特定应用领域加以介绍。

1. 账面价值

账面价值(Book Value)包括:资产的账面价值和企业账面价值。资产账面价值是指资产的入账价值。在现行会计模式下,资产按历史成本入账。实际上,资产的账面价值就是企业资产负债表上按历史成本列示的各项资产的数值。对于固定资产而言,资产账面价值等于资产的原始成本减去累计折旧。企业账面价值则是企业资产负债表列示的各项资产价值与各项负债价值之差,会计所报告的就是账面价值。在一般情况下,账面价值与市场价值不同。

2. 清算价值

清算价值(Liquidation Value)指一项或一组资产从正在运营的企业组织中分离出来单独出售所能获得的货币额。这种价值与企业持续经营价值相对应。

3. 持续经营价值

持续经营价值(Going-concern Value)是指企业作为一个正在持续运营的组织出售时所能获得的货币额。一般而言,清算价值与持续经营价值不相等。对于经营管理不善的企业可能其清算价值大于持续经营价值。在证券估价过程中,人们通常假设企业是持续经营的企业,也就是企业能为证券持有者提供的现金流入量。如果这个假设条件不成立,那么,企业的证券价值就是其清算价值。

4. 市场价值

一项资产的市场价值(Market Value)就是该项资产或类似资产在公开市场上进行交易时的市场价格或交易价格。这是市场上买卖双方进行竞价后产生的双方都能接受的价格。对于一个企业而言,市场价值是清算价值与持续经营价值中较大者。

5. 内在价值

资产或证券的内在价值(Intrinsic Value)是在对所有影响价值的因素——资产、收益或现金流量、预期和管理等都正确估价后,该资产或证券应得的价值。内在价值是一种经济价值。如果证券市场是有效的,信息是完全披露的,证券的市场价值与内在价值应该相等。如果两者不相等,投资者的套利行为将促使其市场价值向内在价值回归。

这里所讨论的资产或证券估价的"价值"指的就是内在价值。

(二) 证券估价的基本原理

资产或证券的内在价值是投资者获得的未来预期现金流入量按投资者要求的报酬率在一

定期间内折现的现值。根据资产或证券的内在价值与市场价值的关系,人们可以判断某种资产或证券价值究竟被高估(内在价值低于市场价值)还是被低估(内在价值高于市场价值),以此为基础做出投资或筹资决策。

资产或证券估价主要涉及以下过程:(1)对资产或证券的特征进行评估如证券的预期现金流入量、持续时间和风险;(2)估计投资者要求的报酬率,它体现了投资者对资产或证券的特征的评估;(3)按资产或证券投资者要求的报酬率折算为现值。

二、债券的估价

债券是发行者为筹集资金,向债权人发行的,在约定时间支付一定比例的利息,并在到期时偿还本金的一种有价证券。影响债券价值的因素主要是债券面值、票面利率、期限和所采用的贴现率等。债券面值是指设定的票面金额,它代表发行人借入并且承诺于未来某一特定日期偿付给债券持有人的金额。债券票面利率是指债券发行者预计一年内向投资者支付的利息占票面金额的比率。票面利率不同于实际利率。因此,债券的市场价格往往和它的面值不相等。债券的期限指债券从发行到偿还本金的所经历的时间,一般以年来表示。折现率可以选择市场利率或投资者要求的必要报酬率。

由于债券一旦发行,其债券面值、票面利率、期限都相对固定下来,债券的现金流量通常是不变的,而作为折现率的投资者所要求的必要报酬率却是经常变化的,并因此导致债券价值的变动。投资者必要报酬率变化的原因,主要来自经济条件变化引起的市场利率变化,市场利率的变化会造成系统性的利率风险;对于公司发行的债券而言,除受到投资者必要报酬率的变化影响之外,同时也在一定程度上受发行公司风险水平变化的影响。

(一)债券估价模型

1. 付息债券的估价模型

典型的债券类型是有固定的票面利率、每年支付利息、到期归还本金的附息债券(bond with coupons)。债券的未来现金流量包括两部分:持有期间的利息收入和到期时的本金。因此,债券价值计算的模型如下面的公式,此公式也称为债券估价的基本模型:

$$
\begin{aligned}
P &= \sum_{t=1}^{n} \frac{i \times M}{(1+k)^t} + \frac{M}{(1+k)^n} \\
&= \sum_{t=1}^{n} \frac{I}{(1+k)^t} + \frac{M}{(1+k)^n} \\
&= I \times (P/A, k, n) + M \times (P/F, k, n)
\end{aligned}
\tag{5-1}
$$

式中:P——债券价格;i——债券票面利息率;M——债券的面值;I——每年利息;k——市场利率或投资人要求的必要报酬率;n——付息总期数。

【例 5-1】ABC 公司拟于 2002 年 2 月 1 日发行面额为 1 000 元的债券,其票面利率为 8%,每年 2 月 1 日计算并支付一次利息,并于 5 年后的 1 月 31 日到期。同等风险投资的必要报酬率为 10%,问债券价格为多少时才能进行投资?

根据上述公式得

$$P=\frac{80}{(1+10\%)^1}+\frac{80}{(1+10\%)^2}+\frac{80}{(1+10\%)^3}+\frac{80}{(1+10\%)^4}+\frac{80+1\,000}{(1+10\%)^5}$$
$$=80\times(P/A,10\%,5)+1\,000\times(P/F,10\%,5)$$
$$=80\times3.791+1\,000\times0.621=924.28$$

决策：当债券市价低于924.28元时，该投资者才能购买，否则投资者得不到10%的报酬率。

如果一年复利超过1次，则计算公式为

$$P=\sum_{t=1}^{mn}\frac{I/m}{\left(1+\frac{k}{m}\right)^t}+\frac{M}{\left(1+\frac{k}{m}\right)^{mn}}$$

$$P=\frac{80}{2}\times\left(P/A,\frac{10\%}{2},5\times2\right)+1\,000\times\left(P/F,\frac{10\%}{2},5\times2\right)$$
$$=40\times7.7217+1\,000\times0.6139$$
$$=922.768(元)$$

2. 一次还本付息的债券估价模型

一次还本付息债券所产生的现金流量是到期时的本利和。

(1) 债券按单利计息。

我国很多债券属于此种，债券价值的计算公式为

$$P=\frac{M+M\times i\times n}{(1+k)^n}=M(1+i\times n)\times(P/F,k,n) \qquad (5-2)$$

(2) 债券按复利计息。

若债券按复利计息，则债券的价值的计算公式为

$$P=\frac{M(1+i)^m}{(1+k)^n} \qquad (5-3)$$

式中：n——持有剩余期间的期数；m——整个计算期间的期数，如为新发债券，则$m=n$；其余字母含义同上。

【例5-2】某债券面值1 000元，期限为5年，票面利率为8%，单利计息，市场利率为6%，到期一次还本付息，其发行时的理论价格为

$$P=\frac{M+M\times i\times n}{(1+k)^n}$$
$$=1\,000\times(1+8\%\times5)\times(P/F,6\%,5)$$
$$=1\,400\times0.747$$
$$=1\,045.8(元)$$

如果该债券按复利计息，则发行时的理论价格为

$$P=\frac{M(1+i)^m}{(1+k)^n}$$
$$=1\,000\times(1+8\%)^5\times(P/F,6\%,5)$$
$$=1\,097.34(元)$$

3. 贴现债券的估价模型

贴现债券(pure discount bond),是一种以低于面值的贴现形式发行,没有票面利率,到期按债券面值偿还的债券。这种债券在到期日前购买人不能得到任何现金支付,因此也称为"零息债券"。

贴现债券实际上是附息债券的一种特殊形式,因为,附息债券未来产生的现金流量分为两部分:利息部分和本金(一般为面额)部分,而贴现债券未来的现金流量则只有面额部分。因此,贴现债券的估价公式可表示为

$$P = \frac{M}{(1+k)^n} = M \times (P/F, k, n) \tag{5-4}$$

(二) 债券价格与市场利率

债券的利率风险主要表现在两个方面:一是价格风险,即债券价格会因市场利率变化而变化;二是再投资风险,即因市场利率的变化使债券的利息收益在进行再投资时的收益具有不确定性。

债券价格与市场利率之间存在着以下几个基本关系:

(1) 其他因素不变,债券价格与市场利率水平成反比。市场利率升高,债券价格下降;市场利率降低,债券价格升高。这一点从前面的例子可以清楚地看出。

(2) 市场利率下跌引起债券价格升高的百分比,要大于市场利率;同样,其上升幅度所引起的债券价格下跌的百分比也大于市场利率。

(3) 其他因素相同,债券距到期日的时间越长,其价格受市场利率变化的影响越大,即市场利率变化对长期债券价格的影响大于其对短期债券价格的影响。

比如,票面利息率同为10%,面值为10 000元的两种债券,一个期限为5年,一个期限为10年。当市场利率为10%时,它们的价格均为1 000元。如果市场利率下降2%,变为8%,5年期债券的价格将升至1 081元,而10年期债券的价格特升至1 136元,分别上升8.1%和13.6%;反之,若市场利率上升2%,变为12%,则5年期债券的价格将跌至926.4元,10年期债券的价格将跌至885.3元,分别下降7.36%和14.79%。这种市场利率和债券价格之间的关系可用图5-1来表示。

(4) 债券价值不仅受到市场利率的影响,而且受债券到期时间的影响。随着债券到期日的临近,债券价格将逐渐趋近于其面值。债券到期时间,是指当前日至债券到期日之间的时间间隔。

表5-1给出了票面利息率 $i = 10\%$,面值为1 000元,半年付息一次,不同期限的债券在不同市场利率 k 下距离到期日不同时间时的价格水平,从表中不难看出,距到期日越近,债券价格越趋近于其面值。这一关系也可以用图5-2来表示。

表5-1 同一债券在不同市场利率水平下距到期日不同的时间的价格

债券期限(年)	6%	8%	10%	12%	14%
1	1 038	1 019	1 000	981.7	963.8
5	1 170	1 081	1 000	926.4	859.5
10	1 298	1 136	1 000	885.3	788.2
15	1 392	1 173	1 000	862.4	751.8
20	1 462	1 198	1 000	849.5	733.4

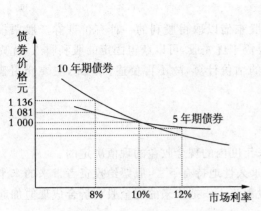
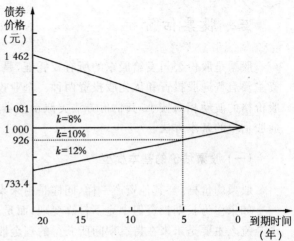

图 5-1 债券价格与市场利率之间的关系　　图 5-2 债券价格与债券到期时间的关系

【例 5-3】96 国债(6)价格变动情况

中国财政部于 1996 年发行了面值为 100 元,期限为 10 年,票面利率为 11.83%,每年付息一次(计息期为每年的 6 月 14 日到次年的 6 月 13 日)的附息国债 260 亿元,交易代码为 000696。中国人民银行于 1996 年 5 月 1 日首次降息使得该国债于 1996 年 7 月 12 日(首次上市交易日)的开盘价格为 112.20 元,随后中国人民银行又先后 7 次对居民储蓄存款利率进行了下调,导致该国债价格不断攀升;2004 年 10 月 29 日中国人民银行 9 年来首次调高居民储蓄存款利率,进一步降低了到期期限不到 2 年的国债价格。对现将利率调整日后首个国债交易价格同当时的 1 年期人民币存款利率水平用对照表反映如下:

调息日期	1 年期人民币存款利率	调息后第一个交易日国债收盘价格
1996/08/23	7.47%	122.00
1997/10/23	5.67%	121.09
1998/03/25	5.22%	142.89
1998/07/01	4.77%	139.17
1998/12/07	3.78%	147.66
1999/06/10	2.25%	164.65
2002/02/21	1.98%	145.12
2004/10/29	2.25%	114.90

从上述对照表中可以看出:债券的交易价格随市场利率水平的波动而不断变化,市场利率水平越低,债券的价格越高;反之,市场利率水平越高,债券的价格越低,这正说明在债券的估价模型中债券价格同贴现率的反向变化关系。

三、股票估价

股票是股份公司发给股东的所有权凭证,是股东借以取得股利的一种有价证券。股票投资主要有普通股投资和优先股投资两种。企业投资于优先股,可以获得固定的股利收入,优先股价格的波动相对较小,其估价方法类似于债券的估价计算,故不再赘述。在此,主要介绍普通股估价的基本方法。

(一) 股票估价的基本模型

股票的价格,与其他资产一样,同样是由未来年度内的现金收益的现值决定的。

如果作为长期投资但中途不打算变现,而是永久性地持有下去,股票给投资者带来的未来现金流入主要是未来在持有期间所获得的现金股利流入。把未来的现金股利折合成现值加起来就是股票的价值。

$$P = \frac{D_1}{(1+k)^1} + \frac{D_2}{(1+k)^2} + \cdots + \frac{D_n}{(1+k)^n} = \sum_{t=1}^{\infty} \frac{D_t}{(1+k)^t} \tag{5-5}$$

式中:P——股票的现在价格;D_t——第 t 期的预期股利;k——投资者要求的必要报酬率。

一般情况下,如果股东作为长期股票投资,但是只准备持有一段时间就中途变现,股票给投资者带来的现金流入有两部分:现金股利流入和中途的变现收入。把未来的变现收入以及持有期间分得的几次股利收入折合成现值加起来就是股票的价值。

因此,买入时的价格 P_0(一年的股利现值 + 一年后股价的现值) 和 一年后的价格 P_1(第二年股利在第二年初的价值 + 第二年年末股价在第二年年初的价值) 分别为

$$P_0 = \frac{D_1}{(1+k)} + \frac{P_1}{(1+k)} \tag{1}$$

$$P_1 = \frac{D_2}{(1+k)} + \frac{P_2}{(1+k)} \tag{2}$$

将(2)式代入(1)式,得:

$$P_0 = \frac{D_1}{(1+k)} + \left(\frac{D_2}{1+K} + \frac{P_2}{1+K}\right) \times \frac{1}{(1+k)} = \frac{D_1}{(1+k)^1} + \frac{D_2}{(1+K)^2} + \frac{P_2}{(1+K)^2}$$

如果不断继续上面所说的代入过程,则可得出

$$P = \sum_{t=1}^{n} \frac{D_t}{(1+k)^t} + \frac{P_n}{(1+k)^n} \tag{3} \tag{5-6}$$

以上(5-5)和(5-6)两公式是确定股票价格的基本模型。

【例 5-4】某股票预期未来三年每年每股可得到现金股利 3 元,三年后出售该股票的预期售价为每股 20 元,若投资者要求的必要报酬率为 18%,求该股票的理论价格。

$$P = \sum_{t=1}^{n} \frac{D_t}{(1+k)^t} + \frac{P_n}{(1+k)^n}$$

$$= \sum_{t=1}^{3} \frac{3}{(1+18\%)^t} + \frac{20}{(1+18\%)^3}$$

$$= 18.7(元)$$

股票估价基本模型在实际应用时,面临的主要问题是如何预计未来每年的股利,以及如何确定贴现率。股利的多少,取决于每股盈利和股利支付率两个因素。对其估计的方法是历史资料的统计分析,例如回归分析、时间序列的趋势分析等。股票评价的基本模型要求无限期地预计各年的股利(D_t),实际上不可能做到。因此,应用模型都是各种简化办法,如每年股利相同或固定比率增长等。

(二)零增长股票估价模型

在每年股利稳定不变,投资人持有期间很长的情况下,可以假设未来股利不变,其支付过程是一个永续年金,股票的估价模型可简化为

$$P = \frac{D}{k} \tag{5-7}$$

式中,P——股票的现在价格;D——每年固定股利;k——投资者要求的必要报酬率。

公式推导过程为

$$P = \sum_{t=1}^{n} \frac{D_t}{(1+k)^t} + \frac{P_n}{(1+k)^n}$$

当 n 非常大时,上式中的 $\frac{P_n}{(1+k)^n} \to 0$,而 $\sum_{t=1}^{n} \frac{D_t}{(1+k)^t}$ 则可以看做永续年金,由永续年金现值的计算公式可知:

$$P = \frac{D}{k}$$

【例 5-5】某股票每年发放常规现金股利 2 元,必要报酬率为 16%,求该股票的理论价格。

$$P = \frac{D}{k} = \frac{2}{16\%} = 12.5(元)$$

如果市价为 12 元,其报酬率为

$$R = \frac{2}{12} = 16.67\%$$

(三)固定成长股票估价模型

企业的股利不应当是固定不变的,而应当不断成长。各公司的成长率不同,但就整个平均水平来说应当等于国民生产总值的增长率,或者说是真实的国民生产总值增长率加通货膨胀率。设上年股利为 D_0,每年股利比上年增长率为 g,则公式为

$$P = \sum_{t=1}^{\infty} \frac{D_0(1+g)^t}{(1+k)^t} \tag{5-8}$$

当 g 为常数,并且 $k > g$ 时,上式可简化为

$$P = \frac{D_0(1+g)}{k-g} = \frac{D_1}{k-g} \tag{5-9}$$

$$P = \frac{D_0(1+g)}{(1+k)} + \frac{D_0(1+g)^2}{(1+k)^2} + \cdots + \frac{D_0(1+g)^n}{(1+k)^n} \tag{5-10}$$

假设 $k > g$,把 (5-10) 式中两边同乘以 $(1+k)/(1+g)$ 减 (1) 式得

$$\frac{P(1+k)}{1+g} - P = D_0 - \frac{D_0(1+g)^n}{(1+k)^n}$$

由于 $k > g$，当 $n \to \infty$ 时，

则 $D_0(1+g)^n/(1+k)^n \to 0$

$$\frac{P(1+k)}{1+g} - p = D_0$$

$$P = \frac{D_0(1+g)}{(k-g)} = \frac{D_1}{(k-g)}$$

式中：D_1——第1年的股利。

（四）非固定成长股票估价模型

在现实生活中，有的公司股利是不固定的。例如，在一段时间里高速成长，在另一段时间里保持正常固定比率成长或固定不变。在这种情况下，就要分段计算，才能确定股票价值。

【例 5-6】ABC 公司现时股利为 1 元，预期前 5 年股利每年增长率为 12%，5 年后预期每年恒定增长率为 6%，投资者的必要报酬率为 10%。那么，股票现时的价值估计是多少？

第 5 年的股息为

$$D_5 = 1 \times (1+12\%)^5 = 1.76$$

因此，股票的价值

$$P_0 = \sum_{t=1}^{5} \frac{1 \times (1+12\%)^t}{(1+10\%)^t} + \frac{1.76 \times (1+6\%)}{(10\%-6\%)} \times \frac{1}{(1+10\%)^5}$$

$$= 5.26 + 46.64 \times 0.621 = 34.22 (元)$$

四、投资基金的价值分析

投资基金，在美国称为共同基金（Mutual Fund），在英国称为信托单位（Trust Unit），它是一种集合投资制度，由基金发起人以发行收益证券形式汇集一定数量的具有共同投资目的的投资者的资金，委托由投资专家组成的专门投资机构进行各种分散的投资组合，投资者按出资比例分享投资收益，并共同承担投资风险。

投资基金按基金单位是否可以赎回，分为封闭式基金和开放式基金。封闭式基金，由基金发行总额和发行期限的限定，在募集期间结束和达到基金发行限额后，基金即告成立并予以封闭，在封闭期内不再追加发行新的基金单位，也不可赎回原有的基金单位。

开放式基金，没有基金发行总额和发行期限的限定，发行者可以连续追加发行新的基金单位，投资者也可以随时将原有基金单位退还给基金经理公司。

在市场流通方面，封闭式基金采用证券交易所上市的方式，基金募集完毕上市后，投资者要购买或转让基金，都要通过证券经纪商在二级市场上竞价交易。可以说，封闭式基金类似于普通股票，交易价格受供求关系影响。开放式基金在国家规定的营业场所申购，通过基金经理公司的柜台交易赎回，其赎回价格由基金单位净资产值（NAV）决定。

投资基金作为一种有价证券，它与股票、债券的区别主要表现在：

（1）发行主体不同，体现的权利关系不同。投资基金证券发起人与管理人、托管人之间完全是一种信托契约关系。投资人与发起人都不参与基金的运营管理，而是委托基金管理人进行运营。受托的管理人根据"受人之托，代人理财，忠实服务，科学运营"的原则，按基金章程规定的投资限制，对基金自主运用，以保证投资人有较丰厚的收益。这种关系与股票、债券所体现的经济关系具有明显的区别。

（2）风险和收益的区别。由于投资基金的价格决定基础是基金资产净值，较少受到供求关系的影响，且投资基金是委托由投资专家组成的专门投资机构进行分散的投资组合，降低了投资风险，使基金资产净值的波动幅度较小。因此，尽管投资基金证券的收益是不固定的，但其风险和收益小于股票投资，大于债券投资。

（3）存续时间和资产净值的区别。封闭式投资基金都规定有一定的存续时间，期满即终止，但是投资基金经持有人大会或基金公司董事会决定可以提前终止，也可以期满再延续。而开放式基金的投资者由于随时可以向基金经理人提出赎回要求，故无设定基金期限的必要，但开放式基金的资产净值是经常发生变动的。这些特征与债券、股票都有明显的区别。

（一）投资基金价值的内涵

投资基金与其他证券一样，其内涵价值也是指基金投资上所能带来的现金净流量。但是，投资基金内涵价值的具体确定依据与股票、债券等其他证券又有很大的区别。债券的价值取决于债券投资所带来的利息收入和所收回的本金，股票的价值取决于股份公司净利润的稳定性和增长性。这些利息和股利都是未来收取的，也就是说，未来的而不是现在的现金流量决定着债券和股票的价值。基金的价值取决于目前能给投资者带来的现金流量，这种现金流量用基金的净资产价值来表达。

基金的价值取决于基金净资产的现在价值，其原因在于：股票的未来收益是可以预测的，而投资基金的未来收益是不可预测的。由于投资基金不断变换投资组合对象，再加上资本利得是投资基金收益的主要来源。变幻莫测的证券价格波动，使得对投资基金未来收益的预计变得不大现实。既然未来不可预测，投资者把握的就是"现在"，即基金资产的现有市场价值。

基金单位净值（NAV）。基金的单位净值（Net Asset Value），也称为单位净资产值或单位资产净值，它是在某一时点、每一基金单位（或基金股份）所具有的市场价值。基金的价值取决于基金净资产的现在价值，因此，基金单位净值是评价基金业绩最基本和最直观的指标，也是开放式基金申购价格、赎回价格以及封闭式基金上市交易价格确定的重要依据。应该注意的是，投资基金的资产净值是经常发生变化的，但它与基金单位的价格从总体上看是趋向一致的，成正比关系。投资基金的资产净值越高，其基金单位的价格也就越高；基金的资产净值越低，其基金单位的价格也就越低，但这种情形也不绝对成立。一般来说，这种关系在开放式基金中得到较好体现。

基金单位净值计算公式为

$$基金单位净值 = 基金净资产值总额 / 基金单位总份数 \qquad (5-11)$$

在基金净资产价值的计算中，单位资产净值是用基金的总资产扣除借款及应付费用后，除以该基金的基金单位数而得出的价值。应付费用包括应付给投资者的分红、基金应付给基金经理公司的首次认购费、经理费用等各项基金费用。相对来说，基金的负债金额是固定的，基金净资产的价值主要取决于基金总资产的价值。这里，基金总资产的价值并不是指资产总额的账面价值,而是指资产总额的市场价值。

(二) 基金的报价

封闭式基金在二级市场上竞价交易,其交易价格由供求关系和基金业绩决定,围绕着基金单位净值上下波动。

1. 开放式基金的价格决定

投资基金是分散投资于金融市场上的各种有价证券的,而有价证券的价格时刻在变化,那么如何计算基金的资产值呢?通行的方法有两种:

(1) 已知价(Known Price 或称事前价 Historic Price)计算法,是指基金经理公司根据上一个交易日的证券市场(或交易所)的收市价格计算基金的金融资产总值。而每个基金单位的资产净值则等于金融资产总值加上现金除以已售出的基金单位总数。如果采取已知价交易,投资者当天就可知道基金的买入价或赎回价。

(2) 未知价(Unknown Price)或称事后价(Forward Price)计算法,是指基金经理公司根据当天的证券市场上各种金融产品的收市价计算其资产总值,再由这个资产总值计算出每个单位的资产净值。在这种情况下,投资者必须在当天交易结束的第二天才能知道基金单位价格。

基金转让交易的报价以其计价为基础,有两种:一是卖出价(亦称认购价,Offer Price),一是买入价(亦称赎回价,Bid Price)。卖出价高于买入价,因为卖出价中包括了经营者的佣金,这种佣金主要是首次购买费和交易费。

① 卖出价。

$$卖出价 = 基金单位资产净值 + 首次购买费 + 交易费 \tag{5-12}$$

不同种类的基金所收取的首次购买费各不相同,一般在3%—7%不等。投资在本地金融市场上的基金收取的首次购买费比较低,投资在境外金融市场上的基金收取的首次购买费则相对高些。交易费是基金经理在进行金融资产买卖时所支付的费用,买卖基金收取的交易费一般占基金单位资产净值的0.5%—1%,也有些基金在买卖时不收取交易费。

② 买入价。一般有三种计算方法:

第一种方法:基金经理公司用单位资产净值赎回基金单位。

$$基金买入价 = 基金单位资产净值 \tag{5-13}$$

第二种方法:$$基金买入价 = 基金单位资产净值 - 交易费 \tag{5-14}$$

第三种方法:$$基金买入价 = 基金单位资产净值 - 赎回费 \tag{5-15}$$

该种计价方式目的是为了阻止投资者赎回,或增加其赎回成本,以保持基金资产的稳定。

开放式基金的柜台交易价格则完全以基金单位净值为基础,通常采用两种报价形式:认购价(卖出价)和赎回价(买入价)。

开放式基金柜台交易价格的计算方式为

$$基金认购价 = 基金单位净值 + 首次认购费 \tag{5-16}$$

$$基金赎回价 = 基金单位净值 - 基金赎回费 \tag{5-17}$$

基金认购价也就是基金经理公司的卖出价,卖出价中的首次认购费是支付给基金经理公司的发行佣金。基金赎回价也就是基金经理公司的买入价,赎回价低于基金单位净值是由于抵扣了基金赎回费,以此提高赎回成本,防止投资者的赎回,保持基金资产的稳定性。收取首次认购费的基金,一般不再收取赎回费。

2. 封闭式基金的价格决定

封闭式基金的价格除受到上述因素影响以外,还受到杠杆效应高低程度的影响。封闭式基金发行普通股是一次性的,即:基金的资金额筹集完后就封闭起来,不再发行普通股。但是由于管理上的需要,这类公司亦可以通过发行优先股和公司债券,作为资本结构的一部分,形成未偿优先债券,并且能获得银行贷款。这对公司的普通股的股东来说,他们的收益就要受到杠杆作用的影响。优先债券对资产和收益有固定的权利。因此,当公司资产和收益总值(利息和优先股股息支付的收益)上升时,普通股的股东收益就会增加,他不仅可以得到更多的股息,而且还能获得资本收益。也就是说,当基金资产价值提高时,基金普通股增长更快;反之,当基金资产价值下降时,基金普通股也下降更快。这种杠杆效应往往使某些封闭式基金公司的普通股市场价值的增减超过总体市场的升降。

封闭式基金由于不承担购回其股票的义务,其股票只有在公开市场上出售才能回收,有时由于杠杆效应的影响,使得封闭式基金的普通股价格不如开放式基金的普通股价格稳定,它们的价格就如同一个商业性公司的股票价格一样,其单股资产价值与市场价值之间存在着一个显著的离差。封闭式基金的价格决定可以利用普通股票的价格决定公式进行测算。

五、其他金融投资工具的价值分析

(一) 可转换证券的价值分析

1. 可转换证券的价值

可转换证券赋予投资者以将其持有的债券或优先股按规定的价格和比例,在规定的时间内转换成普通股的选择权。可转换证券有两种价值:理论价值和转换价值。

(1) 理论价值。可转换证券的理论价值是指当它作为不具有转换选择权的一种证券的价值。估计可转换证券的理论价值,必须首先估计与它具有同等资信和类似投资特点的不可转换证券的必要收益率,然后利用这个必要收益率算出它未来现金流量的现值。我们可以参考有关债券估价的部分。

(2) 转换价值。如果一种可转换证券可以立即转让,它可转换的普通股票的市场价值与转换比率的乘积便是转换价值,即

$$转换价值 = 普通股票市场价值 \times 转换比率 \qquad (5\text{-}18)$$

式中:转换比率为债权持有人获得的每一单位债券可转换的股票数。

2. 可转换证券的市场价格

可转换债券的市场价格必须保持在它的理论价值和转换价值之上。如果价格在理论价值之下,该证券价格被低估,这是显而易见的;如果可转换证券价格在转换价值之下,购买该证券并立即转化为股票就有利可图,从而使该证券价格上涨直到转换价值之上。为了更好地理解这一点,我们引入转换平价这个概念。

(1) 转换平价。转换平价是可转换证券持有人在转换期限内可以依据把债券转换成公司普通股票的每股价格,除非发生特定情形如发售新股、配股、送股、派息、股份的拆细与合并,以及公司兼并、收购等情况下,转换价格一般不作任何调整。前文所说的转换比率,实质上就是转换价格的另一种表示方式。

$$转换平价 = 可转换证券的市场价格/转换比率 \qquad (5-19)$$

转换平价是一个非常有用的数字,因为一旦实际股票市场价格上升到转换平价水平,任何进一步的股票价格上升肯定会使可转换证券的价值增加。因此,转换平价可视为一个盈亏平衡点。

(2) 转换升水和转换贴水。一般来说,投资者在购买可转换证券时都要支付一笔转换升水。每股的转换升水等于转换平价与普通股票当期市场价格(也称为基准股价)的差额,或说是可转换证券持有人在将债券转换成股票时,相对于当初认购转换证券时的股票价格(即基准股价)而做出的让步,通常可表示为当期市场价格的百分比,其计算公式为

$$转换升水 = 转换平价 - 基准股价 \qquad (5-20)$$
$$转换升水比率 = 转换升水/基准股价 \qquad (5-21)$$

而如果转换平价小于基准股价,基准股价与转换平价的差额就被称为转换贴水,其公式为

$$转换贴水 = 基准股价 - 转换平价 \qquad (5-22)$$
$$转换贴水比率 = 转换贴水/基准股价 \qquad (5-23)$$

转换贴水的出现与可转换证券的溢价出售相关。

(3) 转换期限。可转换证券具有一定的转换期限,它是说该证券持有人在该期限内,有权将持有的可转换证券转化为公司股票。转换期限通常是从发行日之后若干年起至债务到期日止。

> 【例 5-7】某公司的可转换债券,年利率为 10.25%,2000 年 12 月 31 日到期,其转换价格为 30 元,其股票基准价格为 20 元,该债券价格为 1 200 元。则
> 转换率 = 1 200/30 = 40
> 转换升水 = 30 - 20 = 10(元)
> 转换升水比率 = 10/20 = 50%

(二) 优先认股权的价值分析

优先认股权是指在发行新股票时,应给予现有股东优先购买新股票的权利。其做法是给每个股东一份证书,写明他有权购买新股票的数量,数量根据股东现有股数乘以规定比例求得。一般来说,新股票的定价低于股票市价,从而使优先认股权具有价值。股东可以行使该权利,也可以转让他人。

1. 附权优先认股权的价值

优先认股权通常在某一股权登记日前颁发。在此之前购买的股东享有优先认股权,或说此时的股票的市场价格含有分享新发行股票的优先权,因此称为"附权优先认股权",其价值可由下式求得

$$R = M - (RN + S) \qquad (5-24)$$

式中:M——附权股票的市价;R——附权优先认股权的价值;N——购买 1 股股票所需的股权数;S——新股票的认购价。

该式可作以下解释:投资者在股权登记日前购买 1 股股票,应该付出市价 M,同时也获得 1 股权;投资者也可购买申购 1 股新股所需的若干股权,价格为 RN,并且付出每股认购价 S 的金额。这两种选择都可获得 1 股股票,唯一差别在于,前一种选择多获得 1 股股权。因此,这两种选择的成本差额,即 $M - (RN + S)$,必然等于股权价值 R。

重写方程,可得

$$R = (M-S)/(N+1) \tag{5-25}$$

【例 5-8】如果分配给现有股东的新发行股票与原有股票的比例为 1∶5，每股认购价格为 30 元，原有股票每股市价为 40 元，则在股权登记日前此附权优先认股权的价值为：

$$(40-30)/(5+1)=1.67(元)$$

于是，无优先认股权的股票价格将下降到

$$40-1.67=38.33（元）$$

2. 除权优先认股权的价值

在股权登记日以后，股票的市场价格中将不再含有新发行股票的认购权，其优先认股权的价值也按比例下降，此时就被称为"除权优先认股权"。其价值可由下式得到

$$M-(RN+S)=0 \tag{5-26}$$

式中：M——除权股票的市价；R——附权优先认股权的价值；N——购买 1 股股票所需的认股权数；S——新股票的认购价。

上述两式原理完全一致。投资者可在公开市场购买 1 股股票，付出成本 M，或者，他可购买申购 1 股股票所需的认股权，并付出 1 股的认购金额，其总成本为 $RN+S$。这两种选择完全相同，都是为投资者提供 1 股股票，因此成本应是相同的，其差额为 0。

把公式 $M-(RN+S)=R$ 进行改写，可得

$$R=(M-S)/N \tag{5-27}$$

在前面例子中，除权后，认股权的价值应为

$$(38.33-30)/5=1.666(元)$$

3. 优先认股权的杠杆作用

优先认股权的主要特点之一就是它能提供较大程度的杠杆作用，就是说优先认股权的价格要比其可购买的股票的价格的增长或减小的速度快得多。比如说，某公司股票在除权之后价格为 15 元，其优先认股权的认购价格为 5 元，认购比率为 1∶4，则其优先认股权的价格为 $(15-5)/4=2.5$ 元。假定公司收益改善的良好前景使股票价格上升到 30 元，增长 100%，则优先认股权的价格为 $(30-5)/4=6.25$ 元，增长 $(6.25-2.5)/2.5=150\%$，远快于股票价格的增长速度。

（三）认股权证的价值分析

债券和优先股出售时有时附有长期认股权证，它赋予投资者以规定的认购价格从该公司购买一定数量的普通股的权利。认股权证可以是公开的，也可以是不公开的，有效期可以是有限的也可以是无限的。

1. 认股权证的理论价值

在认股权证可以公开时，它们就有自己的市场，有的在交易所上市，有的通过场外交易。股票的市场价格与认股权证的预购股票价格之间的差额就是认股权证的理论价值，其公式如下：

$$认股权证的理论价值 = 股票市场价值 - 预购股票价格 \tag{5-28}$$

比如说，某股票的市场价格为 25 元，而通过认股权证购买的股票价格为 20 元，认股权证就具有 5 元的理论价值；如果股票的市场价格跌至 19 元，认股权证的理论价值就为负值了。

但在进行交易时,认股权证的市场价格很少与其理论价值相同。事实上,在许多情况下,认股权证的市场价格要大于其理论价值。即使其理论价值为零,它的需求量也可能会很大。认股权证的市场价格超过其理论价值的部分称为认股权证的溢价,其公式为

$$溢价＝认股权证的市场价格－理论价值$$
$$＝认股权证的市场价格－普通股市场价格＋预购股票价格 \quad (5-29)$$

认股权证的市场价格会随着股票的不同而变化,其溢价可能会变得很高。当然,认股权证的理论价值也同样会急剧上升或急剧下跌。

2. 认股权证的杠杆作用

认股权证的价格杠杆作用,就是指认股权证的价格要比其可选购的股票价格的增长或减少的速度快得多。

比如说,某公司股票报价为 15 元,未清偿的认股权证允许持有者以 2 元价格购买股票。此时,该认股权证没有理论价值。但是如果公司收益改善的前景使认股权证具有 5 元的市场价值,同时股票的价格上升到 45 元,股价上涨 200％,则认股权证的理论价值上升到 45－20＝25 元,上涨 400％,或说其市场价格最低也会上涨 400％。

杠杆作用在这里可用普通股的市场价格与认股权证的市场价格的比率表示。在上述例子中,此比率为 45/25＝1.8。对于某一认股权证来说,其溢价越高,杠杆因素就越低;反之,如果认股权证的市场价格相对于普通股的市场价格降低时,其溢价就会降低,杠杆因素就会升高。

第三节 证券组合投资

一、证券组合投资概述

(一) 证券组合投资的意义

证券组合管理的重要意义在于它带来了一次投资管理理念上的革命。对证券组合进行管理与对证券组合进行组合管理是两个不同的概念。传统证券投资管理尽管其所管理的也是一种证券的组合,但是,其思维方式和着眼点都在于证券个体,是个体管理的简单集合。而组合管理则是以资产组合整体为对象和基础,或者说以拥有整个资产组合投资者的效用最大化为目标所进行的管理,而资产个体的风险和收益特征并不是组合管理所关注的焦点。组合管理的重点应该是资产之间的相互关系及组合整体的风险收益特征,即风险与收益的权衡。

组合理论是建立在对理性投资者行为特征的研究基础之上的。在经典经济理论中,厌恶风险和追求收益最大化是理性投资者最基本的行为特征。对证券投资进行组合管理,可以在降低资产组合风险的同时,实现收益最大化。

(二) 证券投资组合的类别

证券投资组合通常以组合的投资目标为标准进行分类。以美国为例,证券投资组合可以分为避税型、收入型、增长型、收入—增长混合型、货币市场型、国际型及指数化型等。

1. 避税型证券组合

该种证券组合以避税为首要目的,主要服务于处于高税率档次的高收入阶层。通常投资于政府债券,这种债券在大多数国家都是免税的。在西方国家,投资管理要考虑的一个重要因素就是投资者的税收地位。以美国为例,要想使投资者实际获得尽可能多的基本收入和资本收入,就不仅要考虑联邦所得税,还要考虑州所得税。一个处于高税率档次的投资者,如果投资于高股息或高利息的证券上,纳税后,他实际剩下不了多少钱;而一个处于50%税率档次的投资者,如果购买了一种利率为6%的免税债券的话,就相当于他获得了12%的税前收益率。

2. 收入型证券组合

该种证券组合追求的是低风险和基本收益(即利息、股息收益)的稳定。能够带来基本收益的证券有附息债券、优先股及一些避税债券等。一般而言,追求稳定收入、中低收入的投资者及有定期支出的机构投资者(如养老基金等)会偏好这种组合。这种组合的主要功能是为投资者实现基本收益的最大化,定期从组合获得的收入可能要用于满足投资者的部分或全部日常开支的需要。当然,这也并不是说收入型组合仅适用于中等收入或低收入阶层,作为一种投资目标,高收入阶层也可能有此需要,只是对于他们而言,不仅要考虑基本收入的最大化,还要考虑避税的问题。

3. 增长型证券组合

该种证券组合以资本升值(即未来价格上升带来的价差收益)为目标,投资者往往愿意通过延迟获得基本收益来求得未来收益的增长,投资风险较大。所谓增长是指收益要远远高于市场,因此,选股极为重要。在分析中可借助预期收益、标准方差、β值等工具。多元化的原则也不应忽视,因为,证券太少风险太大,证券太多又影响效益。此外,还需对企业做深入细致的分析,如产品需求、竞争对手的情况、经营特点、公司管理状况等。

积极进取型投资者及高税率阶层投资者往往偏好这种组合,积极进取型投资者希望通过延迟眼前的收益来获得未来收益的增长,高税率阶层投资者则是看重长期资本收入的所得税率低于基本收入所得税率。

4. 收入—增长型证券组合

该种证券组合试图在基本收入与资本增长之间、收益与风险之间达到某种均衡,因此也称为均衡组合。二者的均衡可以通过两种组合方式获得:一种是使组合中的收入型证券和增长型证券达到均衡;另一种是选择那些既能带来基本收益,又具有增长潜力的证券进行组合。

5. 货币市场型证券组合

该种证券组合是由各种货币市场工具构成的,如国库券、高信用等级的商业票据、国库券等。货币市场交易具有规模大、价差波动小的特点,不适宜小额投资,这种组合使中小投资者得以参与货币市场投资。在西方国家,货币市场基金还赋予投资者以基金账户为基础签支票的权利,使之具有结算账户的功能。资产管理账户中的货币通常在投资者作出再投资决策前自动转入货币市场基金,由于很多货币市场基金都是基金家族的一员,使得投资者可以免费将货币从一个基金转入另一个基金。

6. 国际型证券组合

该种证券组合投资于海外不同国家,是组合管理的时代潮流,是经济、金融全球化和国际资本流动的必然结果。实证研究结果表明,这种证券组合的业绩总体上强于只在本土投资的组合,因为它可以减弱国家或地区的风险,在世界范围内追求收益最大化。

7. 指数化证券组合

该种证券组合模拟某种市场指数,信奉有效益市场理论的机构投资者通常会倾向于这种组合,以求获得市场平均的收益水平,因此也常被称为追踪基金或被动基金。根据模拟指数的不同,指数化证券组合可以分为两类:一类模拟内涵广大的市场指数,这属于常说的被动投资管理;另一类模拟某种专业化的指数,如道·琼斯公共事业指数,这种组合可不属于被动管理之列,因为它对指数是有选择的。

8. 证券组合中的证券组合

该类证券组合对象不是各种有价证券,而是若干个证券投资组合,如基金中的基金,其投资组合的形式有两种:一是只投资于同一基金管理公司旗下的基金;二是投资于市场上具有较好业绩的基金。对投资者来说,基金中的基金的优点有:第一,投资者可以在各种不同类型、不同投资区域的基金中自由转换;第二,以其他基金作为投资对象,实行的是双重的专家管理,有利于分散风险。但是也有基金管理费重复收取的缺点。

9. 伞型证券组合

伞型证券组合不是一个具体的证券组合,而是同一证券组合发起人对由其发起、管理的多个证券组合的一种经营管理方式,如开放式基金中的伞型基金组织结构。在这一组织结构下,基金发起人根据一份总的基金招募书发起设立多只相互之间可以根据规定的程序进行转换的基金,这些基金称为子基金或成分基金。而由这些子基金共同构成的这一基金体系就合称为伞型基金。在实践中,国际上的伞形基金和基金中的基金往往结合在一起,即将子基金投资于不同的基金品种,而不是单只股票或债券。例如著名的"全球雨伞基金"同时也是基金中的基金,因为它是由五只投资于不同地区的对冲基金的子基金组成的。对投资者来说,伞形基金有两大优点:第一,伞形基金提供了更为广泛的投资机会,因为伞形基金一般会对投资者进行市场细分,根据投资者的不同需求设立各种类型的子基金。如某基金根据投资者对风险的不同偏好或承受程度设立了三种不同的风险—收益水平的子基金——债券基金、平衡型基金、股票基金。第二,投资者可以在同一伞形基金之下自由转换,且转换时不需花费任何费用或仅需支付相当低的费用。

(三)证券组合投资应考虑的基本原则

证券投资组合的目标在于:在保持特定收益水平的条件下,把总风险减少到最低限度,或者在将风险限制在愿意承担的特定水平条件下尽可能使收益最大化。尽管不同类型的证券组合的风险和收益的特征是不同的,但是,有一些基本原则是在任何类型的证券投资组合的选择和管理中都应该考虑的。

1. 本金安全性原则

投资组合管理首先要考虑的是本金的安全无损,这是未来获得基本收入和资本增值的基础。本金的安全并不是要仅仅守住本金原值,而是指要保持本金的购买力。由于通货膨胀的存在,购买力风险是一种非常现实的风险,买普通股比买固定收益证券如债券、优先股更有利于抵御这种风险。

2. 基本收益稳定性原则

证券收益包括两方面:一是经常收入即按期获得利息和股利,二是因市场价格变化带来的资本增量。在构思投资组合时,组合管理者认为获得稳定的基本收益(或经常收益)比预期收益有更大的现实价值。因为,稳定的现实收益可以使投资者更准确、更合理地安排投资计划,确定再投资,以及适时享受消费。

3. 资本增长原则

一般而言,资本的增值是组合管理的一个理想目标。资本增值并不意味着一定要投资于增长型股票,组合既可以通过购买增长型股票而壮大,也可以通过收益再投资而壮大。大的资产组合比小的更稳定、更安全,收入也更多。资本增长对改善组合头寸状况,维持购买力和增强管理的灵活性都是有利的。

4. 良好市场性原则

良好市场性原则是指证券组合中的任何一种证券应该易于迅速买卖,这取决于具体证券的市场价格和市场规模。某种股票的市场规模取决于公司的规模、股东的数量和公众的兴趣。小公司股票的市场性不如大公司好,因为大公司可流通股票多,可保证市场交易的连续性。而且,大公司的稳定经营及信誉形象也对增强其股票的市场性有利。高价股的市场一般不如低价股的市场性好,每股200元的股票肯定不如每股20元的股票好买卖。

5. 流动性原则

资产的流动性强,有利于组合管理者及时抓住有利的投资机会。谨慎的组合管理者往往会专门保留一部分流动资产或利用利息和股息购买新股。

6. 多元化原则

组合理论为组合管理者的多元化投资提供了有实际意义的建议:第一,应根据证券的预期收益及其与市场和其他证券收益的相关关系来增加组合中的证券;第二,不仅要考虑收益,还要考虑收益的波动;第三,要有效降低资产组合的标准差,资产组合中至少应包含10种证券。

多元化的方式包括:种类多元化,股票与债券搭配;到期日多元化,使债券的到期日在不同年份,以分散利率风险;部门或行业分散,使工业和金融、运输、旅游、公用事业搭配,新兴工业和成熟工业搭配;公司多元化,不同的行业的公司或同一行业的不同公司在规模大小、财力强弱、经营状况、发展前景等方面具有相当的差异,因而投资时要注意股市涨落时大起大落的股票和变化不大的股票搭配;最后是时间的多元化,要适当地安排资金投放时间,注意证券到期年限的分散性。

7. 有利的税收地位

很多投资决策都要考虑所得税的影响,承担高税赋就难以实现理想的收益目标,在需要避税时,可投资于免税的政府债券或较少分红的股票上。

二、证券投资组合的收益与风险

所谓资产组合就是指两种或两种以上的资产,按照不同的比例构成的一个复合体。如果同时持有的资产均为有价证券,则称为证券资产组合或证券投资组合。

资产的投资组合问题,不仅大大扩大了投资者的选择范围,增加了投资者的投资机会,而且投资多样化可以降低风险。投资组合在收益和风险上具有与单项资产不同的性质。当增加投资组合中资产的种类时,投资组合的风险不断降低,其风险并不等于单项资产风险的简单加权平均,而收益仍然是单项资产收益的加权平均值。尤其让人吃惊的是,投资组合的风险在某些条件下,可能比组合中任何一项资产的个别风险还要小。现代证券组合理论已证明了上述结论,并为投资者寻找最佳的投资证券组合提供了理论指导。

(一) 证券投资组合的收益

投资组合的收益率是组合中单个证券的收益率的加权平均值,其中每一证券的权重等于该证券在整个组合中所占的投资比例。假定投资组合 P 是由 N 种不同证券构成,其中每种证券在组合中所占比例为 $W_1, W_2, \cdots, W_N$,N 种证券的预期收益率分别为 $R_1, R_2, \cdots, R_N$,那么投资组合的预期收益率应为

$$R_p = \sum_{i=1}^{N} W_i R_i \tag{5-30}$$

例如,某一投资组合由两种证券组成,证券 A 的预期收益率为 10%,权重为 0.4,证券 B 的预期收益率为 10%,权重为 0.6,则该投资组合的收益率为

$$R_P = 10\% \times 0.4 + 20\% \times 0.6 = 16\%。$$

(二) 证券投资组合的风险

1. 系统风险与非系统风险

单独持有一项资产时,资产的风险状况由其实际收益水平围绕期望收益的波动大小来衡量,波动越大,风险越高。然而,当一项资产纳入一个由众多资产组成的风险充分分散的资产组合中后,情况就起了变化。这时,投资者关心的不再是每一项资产本身的收益波动状况,而是整个资产组合的收益波动状况。在资产组合内,一项资产的收益波动可能会被另一项(或另几项)资产的收益波动所抵消,对整个资产组合来说,决定其风险大小的最关键因素不是每一项资产的总风险的大小,而是它对整个资产组合风险的实际贡献大小,即那些无法在资产组合内被抵消的风险的大小。因此,每一资产的风险根据其能否被分散掉可分为两个部分——系统风险部分和非系统风险部分。

(1) 系统风险。系统风险是由那些影响所有证券即整个市场的因素引起的风险。例如,宏观经济形势的变化(如经济的周期性变化)、通货膨胀、国家政治形势的变化(如战争)等。由于系统风险是由那些对经济全局产生影响的因素构成,它涉及所有的投资对象(尽管对不同行业和企业、不同资产影响大小不同),不能用多样化投资来分散,因此又称为不可分散风险或市场风险。

(2) 非系统风险。非系统风险是指发生于个别公司的特有事件造成的风险。例如,新产品开发失败、罢工、发生重大事故、失去重要的销售合同等。这类事件是随机发生的,因此可以通过多样化投资来分散。也就是说,当投资于多家公司时,如果一家公司发生不利事件,其他公司发生的有利事件可以将其抵消。故又称为可分散风险或非系统性风险。非系统风险只与个别企业或少数企业相联系,是由每个企业自身的经营状况和财务状况所决定的,并不对大多数企业产生普遍的影响。非系统风险由经营风险和财务风险组成,经营风险是指某个企业,或企业的某些投资项目的经营条件发生变化对企业盈利能力和资产价值产生的影响。经营风险可以进一步分解为内部原因和外部原因。内部原因是指由于企业本身经营管理不善造成的盈利波动,如决策失误、管理不善造成产品成本上升,质量下降,职工素质不高,管理人员水平低,缺乏应变能力等等。外部原因是指由于企业外部的某些因素变化对企业经营收益的影响,如政府产业政策的调整,竞争对手的壮大,顾客购买偏好的转移等等。财务风险是指企业因借入

资金而造成的经营收益的不确定性的增加。

(3) 风险分散。由于非系统风险只与个别企业的状况相联系,当投资者持有多项资产(即投资于多个企业,或投资于多个方向)时,有些资产在一定时期内可能会因为受到下面因素的影响而使自身的价值增加,另一些资产在同一时期内可能因受到负面因素的影响而使自身的价值减少,这种增加和减少的相互抵消,会使资产组合中单项资产的收益变化特性趋于消失,即每一个单项资产的非系统风险被分散掉了。资产组合中的资产数目越多,非系统风险的分散就越彻底。资产组合的风险分散效应,可以从资产组合的方差和标准差公式中清楚地看出。

与单项资产风险的衡量相同,投资组合的风险也是用预期收益率的方差来衡量,但是其计算较为复杂。我们先考虑有两种证券投资组合的情形。假设:投资组合 P 是由 P_1, P_2 两种证券组合而成;两种证券的预期报酬率分别为 R_1, R_2;所占资金比例分别为 W_1, W_2;方差分别为 σ_1^2 和 σ_2^2,则投资组合 P 的方差可表示为

$$\sigma_P^2 = W_1^2\sigma_1^2 + W_2^2\sigma_2^2 + 2W_1W_2 \cdot corr(P_1, P_2) \tag{5-31}$$

从这一公式我们可看到,投资组合的风险并不等于组合中各单个证券风险的加权平均。它除了与单个证券的风险有关之外,还与单个证券之间的协方差有关。

协方差衡量两个随机变量怎样共同变化。协方差可以为正、负或零。正协方差表明,当一个随机变量的值大于均值,另一个随机变量的值也会大于均值。负协方差正相反,一个随机变量的值高,则另一个随机变量的值则低。协方差为零,则两个变量的值之间不存在这种简单对应关系。因此,协方差可以衡量两个证券之间收益的互动性。在这里,证券之间的协方差对投资组合的风险起着直接地增大或减小的作用。在单个证券风险已定和投资比例已定的条件下,决定投资组合风险大小的唯一要素就是协方差。当协方差等于零时,$\sigma_P^2 = W_1^2\sigma_1^2 + W_2^2\sigma_2^2$;当协方差大于零时,投资组合风险将高于协方差为零时的风险;当协方差小于零时,投资组合风险将小于协方差为零时的风险。

协方差变量受所带度量单位的影响,为了计算方便,我们用相关系数来代替协方差。协方差可以取任何值,而相关系数只能处于 -1 到 1 之间。

$$\sigma_P^2 = W_1^2\sigma_1^2 + W_2^2\sigma_2^2 + 2W_1W_2\sigma_1^2\sigma_2^2 \cdot corr(P_1, P_2) \tag{5-32}$$

此时,相关系数具有与协方差相同的特性,只是取值范围被限制在 ± 1 之间。

当 $corr(P_1, P_2) = 1$ 时,两种证券为完全正相关,此时,

$$\sigma_P^2 = (W_1\sigma_1 + W_2\sigma_2)^2$$

即

$$\sigma_P = W_1\sigma_1 + W_2\sigma_2 \tag{5-33}$$

由这两种证券构成的投资组合的风险 σ_P 就等于两种证券各自风险 σ_1 和 σ_2 的线性组合。

当 $0 < corr(P_1, P_2) < 1$ 时,两种证券间存在正相关关系,$corr(P_1, P_2)$ 越接近 1,正相关越强;越接近 0,正相关性越弱。此时,投资组合的风险是

$$\sigma_P^2 = W_1^2\sigma_1^2 + W_2^2\sigma_2^2 + 2W_1W_2\sigma_1^2\sigma_2^2 \cdot corr(P_1, P_2) \tag{5-34}$$

显然,$corr(P_1, P_2)$ 越接近 1,投资组合的风险 σP 就越接近两种证券各自风险 σ_1 和 σ_2 的线性组合,即组合的风险值也越大。但只要 $corr(P_1, P_2)$ 不等于 1,投资组合的风险就永远小于单个证券风险的加权平均值。

当 $corr(P_1, P_2) = -1$ 时,两种证券为完全负相关,此时,投资组合的风险为

$$\sigma_P^2 = (W_1\sigma_1 - W_2\sigma_2)^2$$

即
$$\sigma_P = |W_1\sigma_1 - W_2\sigma_2| \tag{5-35}$$

此时,投资组合的风险是单个证券风险的加权差额,它比两个证券中最小风险者的风险还小,而且,当

$$W_1 = \frac{\sigma_2}{\sigma_1 + \sigma_2}; \quad W_2 = \frac{\sigma_1}{\sigma_1 + \sigma_2}$$

时,投资组合的风险为零,即两种证券的风险彼此完全抵消。

当 $-1 < corr(P_1, P_2) < 0$ 时,两种证券之间存在负相关关系,$corr(P_1, P_2)$ 越接近 -1,彼此能抵消的风险的幅度越大;越接近 0,则抵消风险的幅度越小。

当 $corr(P_1, P_2) = 0$ 时,则称这两种证券为相互独立,此时,投资组合的风险是

$$\sigma_P^2 = W_1^2\sigma_1^2 + W_2^2\sigma_2^2 \tag{5-36}$$

显然小于两种证券单独投资风险的线性组合。

由以上分析可以得出如下结论:无论证券之间的投资比例如何,只要投资证券之间不存在完全正相关关系,投资组合的风险总是小于单个证券收益标准差的线性组合。换句话说,只要相关系数小于 l,组合的标准差就小于其各自标准差的加权平均,投资组合就产生了效果——投资组合可以在不改变预期收益的条件下减少投资的风险。

图 5-6 表示了两种资产组成的投资组合期望收益率与标准差之间的一般关系。A、B 为具有不同期望值和标准差的资产,当相关系数 $\rho = 1$ 时,两种资产的所有组合的可能性由线段 AB 表示,线段上不同的点代表了组合的不同比例,如 X 点表示股票 A 占 40%,股票 B 占 60%。多数情况下,两种资产的相关系数介于 -1 和 1 之间,从图形上看,A、B 所有可能的组合即是 A、B 间的曲线。对于每一个相关系数值,都可以求出使得组合风险最小的资产构成,即方差和标准差最小的组合,在图中以点 MV 表示。

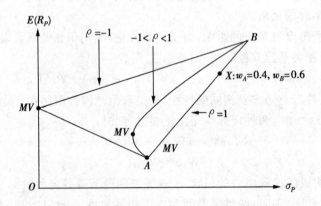

图 5-3 两种资产的投资组合的期望收益率与标准差的关系

上面讨论的是由两种证券构成的投资组合,但所得出的结论同样适用于两种以上不同证券的组合,即组合的一般情形。假设投资组合 P 由 N 种证券构成,其中每种证券的风险为 $\sigma_i^2 (i=1,2,\cdots,N)$,证券 P_i 和 P_j 之间的协方差为 $cov(P_i, P_j)$。如果每种证券的投资比例为 $W_i (i=1,2,\cdots,N)$,那么,投资组合 P 的风险可表示为

$$\sigma_P^2 = \sum_{i=1}^{N} W_i^2 \sigma_i^2 + \sum_{i=1}^{N} \sum_{\substack{j=1 \\ i \neq j}}^{N} W_i W_j \cdot cov(P_i, P_j) \tag{5-37}$$

式中第一项为各单项资产的方差权重之和，反映了每一资产各自的收益变化状况，为非系统风险。第二项为资产间的协方差之和，反映了各项资产间收益变化的相关关系和共同运动，为系统风险。假设投资者将自己的资金在所有的资产上按等比例分配：$W_i = \frac{1}{N}$，$i = 1, 2, 3, \cdots, N$，则有

$$\begin{aligned}
\sigma_P^2 &= \sum_{i=1}^{N} W_i^2 \sigma_i^2 + \sum_{i=1}^{N} \sum_{\substack{j=1 \\ i \neq j}}^{N} W_i W_j \cdot cov(P_i, P_j) \\
&= \sum_{i=1}^{N} \frac{1}{N^2} \sigma_i^2 + \sum_{i=1}^{N} \sum_{\substack{j=1 \\ j \neq i}}^{N} \frac{1}{N^2} cov(P_i, P_j) \\
&= \frac{1}{N} \sum_{i=1}^{N} \frac{1}{N} \sigma_i^2 + \frac{N-1}{N} \sum_{i=1}^{N} \sum_{\substack{j=1 \\ j \neq i}}^{N} \frac{1}{N(N-1)} cov(P_i, P_j) \\
&= \frac{1}{N} \overline{\sigma_i^2} + \left(1 - \frac{1}{N}\right) \overline{cov(P_i, P_j)}
\end{aligned} \quad (5-38)$$

式中，我们先考虑第一项，令 $\overline{\sigma_i^2} = \frac{1}{N} \sum_{i=1}^{N} \sigma_i^2$，其中 $\overline{\sigma_i^2}$ 代表 N 项资产的方差的平均值，显然，当 $N \rightarrow \infty$ 时，$\left(\frac{1}{N}\right) \overline{\sigma_i^2} \rightarrow 0$。这表明，当资产组合中的资产数目增多时，非系统风险将逐渐消失。第二项为系统风险，设所有协方差项均等于其平均值 $\overline{cov(P_i, P_j)}$，当 $N \rightarrow \infty$ 时，$\left(1 - \frac{1}{N}\right) \rightarrow 1$，即 N 越大，组合的风险就会减少，但协方差项并不趋于零，而是越趋近于资产之间协方差的平均值。这个平均值就是所有投资活动的共同运动趋势，反映了系统风险。因此，系统风险是无法通过风险分散来消除的。

认识和理解系统风险与非系统风险的区别是非常重要的。对投资者来说，可以通过多样化投资和增加投资项目来分散与减少投资风险，但所能消除的只是非系统风险，并不能消除系统风险。因此，希望通过多样化投资来彻底消除所有投资风险是不现实的也是不可能的。另外，非系统性风险分散的作用随着资产组合中资产数目的增加先是相当明显，然后趋于平缓。实证研究表明，当资产组合中的资产数达到15到20种时，风险程度已降到接近系统风险的水平，再加入更多的资产数，风险程度的降低就很缓慢了。因为，进一步增加资产数量只能加大管理的困难和交易费用，而不能有效地降低风险。关于风险程度与资产数量的关系，如图 5-4 所示。

（三）资产组合的效率边界

从理论上说，具有独立经济利益的投资者的理性经济行为有两个规律特征，其一为追求收益最大化，其二为厌恶风险，二者的综合反映为追求效用最大化。追求效用最大化就是要选择能带来最大满足的风险与收益的资产组合。效用由无差异曲线表示，可供选择的最佳风险与收益的组合的集合由有效边界表示，效用曲线与有效边界的切点就是提供最大效用的资产组合。

1. 风险厌恶的资金供应者的无差异曲线

金融市场的无差异曲线表示在一定的风险和收益水平下，资金供应者对不同资产组合的

满足程度是无区别的,即同等效用水平曲线。图 5-5 是一组风险厌恶的资金供应者的无差异曲线。

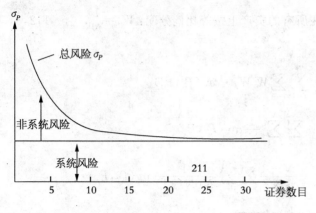

图 5-4 证券数量与证券组合风险的关系

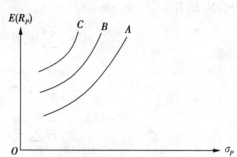

图 5-5 风险厌恶投资者的无差异曲线

图 5-5 中不同水平的曲线代表着效用的大小,水平越高,效用越大,这里曲线 C 显然代表着最大效用。曲线的凸向反映着资金供应者对风险的态度,由于 X 轴是风险变量,Y 轴是预期收益变量,因此,曲线右凸反映风险厌恶偏好。风险厌恶者尽可能避免冒险,要求风险与收益成正比,曲线越陡,风险增加对收益补偿要求越高,对风险的厌恶越强烈;曲线斜度越小,风险厌恶程度越弱;风险偏好者准备接受较低的预期收益,目的是为了不放弃获得较高资本利得的机会;其无差异曲线为左凸曲线;风险中立者主要关心预期收益,在预期收益相等的情况下,他们可以不考虑风险,其无差异曲线为水平线。

2. 资产组合的有效率边界

我们再看图 5-3,点 A、B 之间的曲线(或直线)代表了资产 A 和资产 B 所有可能的组合,称之为可行集合(Feasible Set),但是厌恶风险的投资者不会选择位于 MV 下方的点,因为相对于同样的标准差,他们可以在 MV 上方的点显示的投资组合中,获得更高的期望收益。所以投资者实际只会在 MV 和 B 之间进行组合选择,我们将在风险相同情况下期望收益率最高,期望收益率相同情况下风险最小的投资组合称为有效投资组合(Efficient Portfolio)。在期望收益率—标准差的图形中,表示有效投资组合的曲线被称为有效边界(Efficient Frontier),或资产组合的效率前沿。

图 5-6 只是两种风险资产的投资组合情况,如果资产的数量超过两种,从期望收益率—标准差的图形上看,可行集合不再是一条线,而是布满在一个有限的区域内(如图 5-7 中阴影所示)。在众多资产组合中,只有一部分资产组合可以成为投资者的投资对象,这一部分资产组合就称为有效资产组合集合。MV 和 B 之间的曲线是有效边界。有效边界下方的点,其期望收益要小于有效边界上的点,如 X 要劣于 P。有效边界右方的点,其标准差要高于有效边界上的点,如 X 要劣于 Y。因此投资者只会在 MV 和 B 之间的曲线中选择投资。

3. 效用最大化

投资者究竟会从有效边界中选取哪个组合,取决于投资者对风险和收益的权衡态度,图 5-7 中投资者效用函数的无差别曲线与有效边界相切于 P 点,P 点就是投资者最优的投资组合,是在所有可能的组合中产生最大效用的组合。如果投资者对风险厌恶程度高,就会选择风险小的投资组合,例如 Y 点。

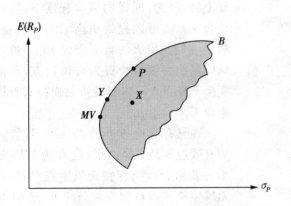

图 5-6　两种以上资产投资组合的有效边界

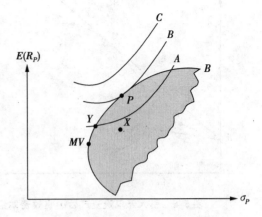

图 5-7　投资者最优风险组合的确定

4. 无风险资产和有风险资产资产组合

如果在资本市场上除风险资产外,还存在着无风险资产(通常以短期国债投资作为无风险资产的近似),则无风险资产与有风险资产将构成一种不同于单纯由风险资产构成的资产组合集合。前面所推出的最优资产组合中的资产都是有风险的。现在,将无风险资产引入到我们的投资选择中,无风险资产是收益率确定的资产,相应地,无风险利率就是确定的收益率。我们进一步假定资本市场的存在,投资人都可以按照无风险利率自由地借贷。因此,无风险资产的存在,使得投资人摆脱了资金的束缚,对于风险偏好高的投资人,可以通过贷款买入更多的风险资产,对于保守的投资人,可以多持有无风险资产,即对外贷款。按照无风险资产的定义,无风险资产的收益率(R_f)不受任何因素影响,因此它与风险资产的协方差为 0。如果一个投资组合是由一个无风险资产 f(它占总资产的比重为 W_f)和一个风险资产 i 组成,它的期望值和标准差都同风险资产的相应值呈线性关系。

$$E(R_P) = W_f R_f + (1-W_f) R_i$$

$$\sigma_P = \sqrt{W_f^2 \sigma_f^2 + (1-W_f)^2 \sigma_i^2 + 2 \times W_f(1-W_f) Cov(R_f, R_i)}$$
$$= (1-W_f)\sigma_i$$

根据以上两式,可以得到

$$E(R_P) = R_f + [(R_i - R_f)/\sigma_P]\sigma_i \tag{5-39}$$

公式表明 $E(R_P)$ 与 σ_P 之间呈线性关系,说明由无风险证券与有风险证券构成的全部组合都处在连接无风险证券与有风险证券两点的直线上。如果 $W_f=1$,则 $\sigma_P=\sigma_f$。如果 $W_f=0$,则 $\sigma_P=\sigma_i$,$E(R_P)=R_i$。如果 $0<W_f<1$,那么 $0<\sigma_P<\sigma_i$,$R_f<E(R_P)<R_i$。如果 $R_f<R_i$,并且 $W_f<0$,即发生卖空无风险证券的情况,那么 $\sigma_P>\sigma_i$,$E(R_P)>R_i$。无风险证券与有风险证券进行组合的线性关系可以用图 5-8 来表示。

在图中,从 (O,R_f) 出发的各点连接风险资产组合可行集的直线都是表明了无风险资产和风险资产的组合,例如连接到 B 点的线段。如果组合是 B 点,表明投资人全部持有风险资产。如果在线段的端点之间,如 O 点,则表明投资人还持有一部分无风险资产。M 点是过 (O,R_f) 的直线与风险资产有效边界相切点,可以看到低于 CM 线段的任何直线表示的组合都不如

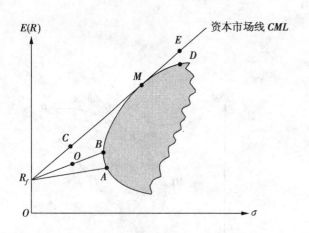

图 5-8 引入无风险资产后的有效资本组合

CM 上的对应组合好。从图 5-8 来看,在这几个资产组合中,R_fA,R_fB 显然是无效率的,因为,同样的风险程度下,资产组合 R_fM 可以提供更高的期望收益。M 点表明投资人将自有资金 100% 投入风险资产。因为投资人可以借款,所以实际上投资人可以通过借款而持有投资组合 E。

在只有风险资产的条件下,投资人的有效边界是 BD 曲线(设 B 为 MV,最小方差组合),当存在无风险资产时,且无风险资产可以卖空的条件下,过 M 切点和 (O,R_f) 的直线成为无风险资产和有风险资产共同构成的资产组合的有效边界,这条线被称为资本市场线(Capital Market Line,CML)。保守的投资人可能会选择 C 点,而偏爱风险的投资人可能会选择 E 点进行投资。C 点和 E 点都是持有相同的风险资产组合,只是风险资产和无风险资产的比例不同而已。

不同的投资人对于不同证券收益率和风险的估计可能不同,这就会导致不同的有效边界。但如果所有投资人的预期是相同的,有效边界相同,那么所有投资人都会选择 M 点代表的风险资产组合,不同的只是风险投资组合与无风险资产的比例。而当所有投资人持有的是相同的风险资产组合时,这一组合就成为市场组合了,即包含所有风险资产,并按每个资产的占总市值中的比例作为权重。在现实的证券市场中,像标准普尔 500 种股票的综合指数、我国的上证综合指数,由于取样比较全面,都可以近似地看成市场组合。

有了资本市场线之后,投资者将在这一资产组合集合中根据自己的风险承受能力选择投资对象。资本市场线中的市场资产组合 M 是由市场中每一风险资产的风险与收益关系及它们之间的相关关系决定的,与投资者个人的风险偏好和风险承受能力无关。因此,投资者在资本市场上的投资行为可分为两步进行:第一步,不考虑自己的风险偏好和风险承受能力,只根据风险资产的特性确定市场资产组合;第二步,在确定市场资产组合之后,根据自身的风险承受能力调整资产组合中无风险资产与市场资产组合的比例,使之适合自己的风险偏好与风险承受能力的要求。

三、资本资产定价模型

资本资产定价模型是在马科维茨的现代资产组合管理理论基础上发展而来的,是由夏普、林特纳和布莱克等人在 20 世纪 60 年代提出的。资本资产定价模型(Capital Asset Pricing Model,CAPM)的成立有一系列限制性假设,主要有以下几条:(1)投资决策是针对一个确定的阶段而言;(2)投资者的投资决策是基于预期收益和风险;(3)投资者的决策标准是使其预期效用最大化;(4)投资者的预测有同质性,即每一个投资者对证券的预期收益、收益方差和协方差都具有相同的估计;(5)投资者可以进行无限制的卖空;(6)投资者可以无风险利率进行无限制的借贷;(7)所有资产都是完全可分的;(8)每一投资者都单独进行决策,个人的投资行为不可能影响到整个市场的价格;(9)无个人所得税,无交易成本;(10)市场处于均衡状态。基于这样的假设,资本资产定价模型研究在市场均衡的条件下,期望收益率和风险的关系。

(一) 系统风险与 β 系数

1. 个别证券资产的 β 系数

我们已经知道,资产的全部风险可分为系统风险与非系统风险两大类。非系统风险可以通过资产组合分散掉,系统风险则无法消除。因此,对一个资产组合来说,重要的是该组合的总的风险的大小,而不是每一资产的个别风险的大小。当一个投资者在考虑是否要在已有的资产组合中加入新的资产时,所考虑的重点也是这一资产对资产组合的总的风险的贡献大小,而不是其个别风险的大小。

每一资产对风险充分分散的资产组合的总的风险(系统风险)的贡献,可以用它的 β 系数来衡量。β 系数反映了个别资产收益的变化与市场上全部资产的平均收益变化的关联程度。如果将市场上全部资产看作一个市场资产组合,并用 M 表示的话,则市场风险(系统风险)由 M 的方差 $Var(R_m)$ 表示,而任一个别资产 i 对系统风险的贡献,则由这一资产与市场资产组合 M 的协方差 $cov(R_i,R_m)$ 表示,因此,β 系数又可表示为

$$\beta = \frac{Cov(R_i, R_M)}{\sigma_M^2} = \rho_{iM} \times \frac{\sigma_i}{\sigma_M} \tag{5-40}$$

式中:$Cov(R_i,R_M)$——第 i 种风险资产与市场组合收益率之间的协方差;ρ_{iM}——第 i 种风险资产与市场组合收益率的相关系数;σ_M^2——市场组合的方差。

β 系数的经济意义在于,它告诉我们相对于市场组合而言,特定资产的系统风险是多少。如果 $\beta=0.5$,表明该资产的系统风险只相当于总系统风险的一半,换句话说,如果市场资产组合的风险报酬上升 10%,该资产的风险报酬只上升 5%,而如果整个市场资产组合的风险报酬下降 10%,该资产的风险报酬也只下降 5%。如果一项资产的 $\beta=2.0$,表明该资产的系统风险相当于总系统风险的两倍,如果整个市场资产组合的风险报酬上升 10%,该资产的风险报酬将上升 20%,而如果整个市场资产组合的风险报酬下降 10%,该资产的风险报酬也将下降 20%。

β 系数作为资产系统风险的量度,在投资分析中有着重要的意义。β 系数的计算过程十分复杂,同时需要大量的数据支持,但幸运的是 β 系数一般不需要投资者自己计算,而有一些投资服务机构定期计算并公布。一般来讲,只有证券性资产,如上市公司股票之类,才能计算出其 β 值。尽管如此,由于上市公司股票所代表的是该公司的投资价值,通过对这些公司股票的 β 值的计算,可以了解这些公司的风险的大小,对股票投资有着重要的指导意义。同时,这些 β 值还间接反映了该公司所在行业或投资方向的风险状况,对企业选择投资方向、判断风险大小有一定的指导意义。

2. 资产组合的 β 系数

资产组合的风险是由构成这一组合的各单项资产的风险共同形成的。因此,其 β 系数的大小,也是由各单项资产的 β 系数的权重和构成的。

$$\beta_P = \sum_{i=1}^{n} W_i \beta_i \tag{5-41}$$

式中:β_P——资产组合的 β 系数;W_i——资产 i 在资产组合中所占的比例;β_i——资产 i

的 β 系数；n——资产组合中的资产数量。

通过改变资产组合中的资产,可以改变资产组合的风险特性。

如果一个高 β 值股票($\beta>1$)被加入到一个平均风险组合(β_P)中,则组合风险将会提高；反之,如果一个低 β 值股票($\beta<1$)加入到一个平均风险组合中风险将会降低。所以一种股票的 β 值可以度量该股票对整个组合风险的贡献,β 值可以作为这一股票风险程度的一个大致度量。

例如,一个投资者拥有 10 万元现金进行组合投资,共投资 10 种股票且各占十分之一即 1 万元。如果这 10 种股票的 β 值皆为 1.18,则组合的 β 值 $\beta_P=1.18$。该组合的风险比市场风险大,即其价格波动范围较大,收益率的变动也较大。现在假设完全售出其中的一种股票且以一种 $\beta=0.8$ 的股票取代之。此时,股票组合的 β 值将由 1.18 下降至 1.142。即

$$\beta_P = 0.9 \times 1.18 + 0.1 \times 0.8 = 1.142$$

(二) 证券投资组合的风险报酬

进行证券组合投资与进行单项投资一样,都要求对承担的风险进行补偿,股票风险越大,要求的报酬就越高。但是,与单项投资不同,证券组合投资要求补偿的风险只是系统风险,而不要求对非系统风险(特别风险)进行补偿。因此,整群组合的风险报酬是投资者因承担系统风险而要求的、超过时间价值的那部分额外报酬。可用下列公式计算:

$$R_P = \beta_P(\bar{R}_M - R_F) \tag{5-42}$$

式中：R_P——证券组合的风险收益率；β_P——证券组合的 β 系数；$\bar{R}_m$——市场资产组合的期望收益率；R_F——无风险收益率。

【例 5-8】ABC 公司持有由甲、乙、丙三种股票构成的证券组合,它们的 β 系数分别是 2.1、1.0 和 0.5,它们在证券组合中所占的比重分别为 60%、30% 和 10%,股票市场收益率为 14%,无风险收益率为 10%,试确定这种证券组合的风险收益率。

(1) 确定证券组合的 β 系数

$$\beta_P = \sum_{i=1}^{n} W_i\beta_i = 60\% \times 2.0 + 30\% \times 1.0 + 10\% \times 0.5 = 1.55$$

(2) 计算该证券组合的风险收益率

$$R_P = \beta_P(\bar{R}_M - R_F) = 1.55 \times (14\% - 10\%) = 6.2\%$$

(三) 证券的风险和收益关系

当资本市场达到均衡时,风险的边际价格是不变的,任何改变市场组合的投资所带来的边际效果是相同的,即增加一个单位的风险得到的补偿是相同的,按照 β 的定义,将其代入均衡的资本市场条件下,就得资本资产定价模型(Capital Asset Pricing Model,缩写为 CAPM)。表示为

$$\bar{R}_i = R_F + \beta_i(\bar{R}_M - R_F) \tag{5-43}$$

式中：$\bar{R}_i$——第 i 种证券组合的期望收益率；β_i——第 i 种证券组合的 β 系数；$\bar{R}_m$——市场资产组合的期望收益率(或平均报酬率)；R_F——无风险收益率。

资本资产定价模型说明如下：(1)单个证券的期望收益率由两部分组成,无风险利率以及对所承担的风险的补偿——风险溢价；(2)风险溢价的大小取决于 β 值的大小。β 值越高,表明单个证券的风险越高,所得到的补偿也就越高；(3)β 值度量的是单个证券的系统性风险,非

系统性风险没有风险补偿。

> 【例 5-9】C 公司股票的 β 系数为 2.0，无风险利率为 6%，市场上所有股票的期望收益率为 10%，那么 C 公司股票的期望收益率应为多少？
> $\overline{R}_i = R_F + \beta_i(R_M - R_F) = 6\% + 2.0 \times (10\% - 6\%) = 14\%$
> 也就是说，C 公司股票的收益率达到或超过 14% 时，投资者才肯进行投资。如果低于 14%，则投资者不会购买 C 公司的股票。

CAPM 说明了风险与收益之间的线性关系，通常可以用图形加以表示，叫证券市场线（Security Market Line，SML）。它说明证券期望收益率 $\overline{R}_i$ 与系统风险 β 系数之间的关系。证券市场线的纵轴为证券的期望收益 $\overline{R}_i$，横轴为 β 系数，纵轴上的截距为无风险收益率 R_F，斜率为单位系统风险的收益（$\overline{R}_M - R_f$）。如图 5-9 所示。

证券市场线上的每一点代表着不同系统风险的证券，并指出该证券最

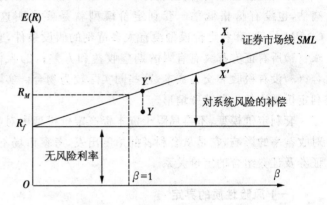

图 5-9　证券市场线（SML）

少应获得的预期收益率。它是证券市场中供求平衡的产物。假设证券市场中证券 X 的预期收益率高出必要的收益率（图 5-9 中 X 点），投资人对证券 X 的需求增加，促使证券 x 的价格升高，收益率不断下降，直至下降到 SML 上的 X' 点。相反地，图中 Y 点代表的证券收益率偏低，其价值被高估，投资人会出售该证券，供应增加导致价格的下降，收益率逐步上升，直到 SML 上的 Y' 点。证券市场线表明，当所有的证券都调整到均衡水平时，所有证券的期望收益都会落在证券市场线上，证券市场线体现了资本市场达到均衡时，不同风险的证券的必要的收益率。

值得注意的是，证券市场线和公司股票在线上的位置将随一些因素的变化而变化。这些因素包括通货膨胀的影响、风险回避程度的变化、股票 β 系数自身的变化等。

四、套利定价理论

鉴于资本资产定价模型的缺陷及其十分复杂的前提条件，20 世纪 70 年代，美国经济学家斯蒂芬·罗斯提出了一种新的资本市场均衡理论——套利定价理论（Arbitrage Pricing Theory，APT）。正如这一名称所暗示的，该理论是建立在套利这一概念的基础上，要求市场处于均衡，没有套利机会。

所谓套利，是指投资者利用同一物质资产或证券的不同价格来赚取无风险利润的行为，比如，我们看看邮票贩子王先生的行为。这一天王先生来到邮市，在市场东北角他发现李先生正在出售一张 60 年代发行的邮票，售价 400 元，当他来到西南角时发现张小姐正在求购一张同样的邮票，出价 500 元，王先生意识到这是一个赚钱的机会，于是同意出售一张这样的邮票给张小姐，从她这里获得 500 元，然后迅速跑到李先生那里，给李先生 400 元获得这张邮票，然后

跑回来将邮票交给张小姐,张小姐于是最终拥有了这样一张邮票。在这样两笔交易中,王先生获利100元,然后继续寻找其他机会。王先生的行动正是套利的一种形式。

证券市场上,存在套利机会的证券和证券组合,其定价是不合理的。大量套利者利用不合理的定价套利就会打破原先的供需格局使价格发生波动,差价逐渐消失,相应的证券就在均衡价格处获得一种平衡。当某种价格水平使任何套利行为都不存在时,市场就处于一种均衡状态。

在均衡状态下,任何套利行为都中止了,证券和证券组合都居于合理的价位,既没有价格高估,也没有价格低估。套利定价模型就是要说明这个合理的价位是如何形成的。相对CAPM模型,套利定价模型没有太多苛刻的假设条件,它并不要求一致性预期等假设,它只要求:(1)所有证券都具有有限的期望收益和方差;(2)人们可以构造出风险充分分散的资产组合;(3)没有税收和交易成本,这些同实际较为吻合。实际上,资本资产定价模型可以看作是套利定价理论的一种特殊情形。

套利定价模型,不再局限于资本资产定价模型中对收益率和风险的讨论,而考虑各种因素对收益率的影响,它是从套利者的角度出发,考察市场不存在无风险套利机会而达到均衡时各证券及证券组合的定价关系。

(一) 风险性质的界定

在套利定价理论中,一个经济变量能否成为风险因素,并得到市场补偿,取决于它是否具备以下三个重要的性质:(1) 在期初,市场无法预测这一因素;(2) 套利定价理论中的因素必须对市场中的证券具有广泛的影响;(3) 相关因素必须影响预期收益率,即价格不能为0。

性质(1)说明,风险因素不能从历史数据或从其他任何公开信息中预知;因此,在期初,风险因素的期望值为0。例如通货膨胀率不是APT中的风险因素,因为它部分可以预测。只有不能预测的通货膨胀率,即实际通货膨胀率与预期通货膨胀率之差,才是风险因素。同样道理,只有不能预测的国内生产总值(GDP)才是APT定义的风险因素。如果将即将公布的信息分为预期的部分和不能预期的部分,相应地,金融资产的实际收益可以分为期望收益(取决于未来信息中预期部分的收益),和非期望收益(取决于令投资者惊异的信息的收益,即来自风险)。

性质(2)说明,公司特有的事件不构成APT风险因素。在一个规模较大的投资组合中,公司特有的风险,即非系统性风险可以被化解。只有系统性风险,即影响大多数资产的不确定因素,无法通过投资分散化而消除。因此在APT中,风险因素指的是系统性风险。

性质(3)说明,风险得到市场补偿。这一点是针对实际应用中的统计确认所讲。

根据以上三个性质,可以将股票的实际收益表示为

$$R = \bar{R} + m + \varepsilon \tag{5-44}$$

式中:R——实际收益;$\bar{R}$——期望收益;m——系统风险;ε——非系统风险。

按照套利定价理论,系统风险的因素可能不止一个。罗斯本人在1983年认为主要有四个系统性风险因素可以较好地解释股票收益率:(1)非预期的通货膨胀率的变化;(2)非预期的产出(如GDP)变化;(3)非预期的风险溢价的变化,反映了投资者对风险的偏好变化,表现为高收益债券和低收益债券的利差;(4)非预期的利率期限结构的变化,即长短期利率关系的变化。

(二) 套利定价模型

同一系统性风险对资产的影响程度不同,可以以 β 表明资产收益对于某种系统性风险的敏感程度。假设有 j 个风险因素,一项资产的收益率因此可以表示为:

$$R_i = \bar{R}_i + \beta_{i1}F_1 + \beta_{i2}F_2 + \cdots + \beta_{ij}F_j + \varepsilon_i \tag{5-45}$$

式中:R_i——证券 i 的实际收益;$\bar{R}_i$——其他因素为零时证券 i 的期望收益,包含了到目前为止所有可知的信息;β_{ij}——证券 i 的收益率对第 j 个因素的敏感度;F_j——影响证券 i 的收益率的第 j 个因素的值,是对所有资产都起作用的共同因素,也称系统因素;ε_i——随机误差项,也可认为是指对个别证券起作用的非系统因素。

【例 5-10】若预期的通货膨胀率为 5%,实际利息率为 6%,GNP 增长率为 3%,$\beta_1, \beta_2, \beta_3$ 分别为 2,−1.5 和 1,则该公司股票的预期收益为 4%。若实际公布的数字表明通货膨胀率将为 7%,实际利率将为 4%,GNP 将增长 2%。此外,该公司有一没有预期的业务进展将引起该股票收益增长 5%,则该证券的实际收益为多少?

首先计算各种系统风险的异动部分等于其期望值与实际发生值之间的差异:

$$F_1 = 7\% - 5\% = 2\%$$
$$F_2 = 4\% - 6\% = -2\%$$
$$F_3 = 2\% - 3\% = -1\%$$

然后,计算该股票的实际收益

$$\begin{aligned}R_i &= \bar{R}_i + \beta_{i1}F_1 + \beta_{i2}F_2 + \cdots + \beta_{ij}F_j + \varepsilon_i \\ &= 4\% + 2 \times 2\% - 1.5 \times (-2\%) + 1 \times (-1\%) + 5\% \\ &= 15\%\end{aligned}$$

如果每一资产都可以用上述式子表示,那么由这些资产组成的投资组合的收益率也是由三部分组成——期望收益、M 个系统风险产生的风险补偿以及各资产特有风险的加权平均,即

$$R_P = \sum_{i=1}^{N} W_i \bar{R}_i + \sum_{j=1}^{N} F_j \left(\sum_{i=1}^{N} W_i \beta_i\right) + \sum_{i=1}^{N} W_i \varepsilon_i \tag{5-46}$$

W_i 为资产在组合中的权重。如果投资组合有一定规模,N 较大,$\sum_{i=1}^{N} W_i \varepsilon_i$ 值为 0,即非系统性风险被分散化解。

套利定价理论假设资产或资产组合都可由上述公式表示,假定无套利机会的存在,即在不改变资产总值的情况下,通过调整资产比例,构建的无风险组合的收益率必等于无风险利率,APT 证明风险的单位价格必然相等,并进一步证明出某种证券或证券组合的收益与风险的关系如下:

$$R_i = R_F + \beta_1(\bar{R}_1 - R_F) + \beta_2(\bar{R}_2 - R_F) + \cdots + \beta_N(\bar{R}_N - R_F) \tag{5-47}$$

式中:β_i——表示第 i 个因素的系统风险系数($i = 1, 2, \cdots, N$);$\bar{R}_i$——某种证券或证券组合对应的第 i 个因素的 β 为 1,而对应于其他因素的 β 等于 0 时的期望收益;R_F——无风险利率;$(\bar{R}_i - R_F)$——市场对风险 i 的价值补偿或风险的溢价;

上式表明资产的期望收益与相应的系统风险因素的贝塔系数正相关,β 值越高,得到的补偿也就越高。

(三) CAPM 与 APT 的比较

套利定价理论(APT)与资本资产定价模型(CAPM)的关系可以从下面几个角度去理解。

第一,虽然 APT 和 CAPM 的推导证明依赖于不同的条件,CAPM 依赖于市场有效组合的存在,APT 依赖于无套利存在,但都表明了期望收益和风险的正相关的关系。在套利定价理论中,β 系数是度量一种资产收益对某种因素变动的反应程度。如果视市场组合为 APT 单因素模型中的因素时,依定义,市场组合的 β 系数等于 1,就得到,上述公式同资本资产定价模型完全一致,因此 CAPM 可以视作 APT 特殊的单因素模型。

$$\bar{R}_i = R_F + \beta_i(\bar{R}_M - R_F) \tag{5-48}$$

第二,在资本资产定价模型中,证券的风险只用某一证券的相对于市场组合系数来解释,它只能告诉投资者风险的大小,但无法告诉投资者风险来自何处;而在套利定价理论中,证券的风险由多个因素共同来解释。套利定价理论以及多因数模型不仅能告诉投资者证券风险的大小,而且也能告诉他风险来自何处,影响程度多大。

第三,资本资产定价模型假定了投资者对待风险的类型,即属于风险回避者,而套利定价理论并没有对投资者的风险偏好做出规定,因此套利定价理论的适用性更大。

第四,APT 是多因素的风险模型,可以对系统风险进行细分,而且又能够更准确地度量投资组合对于不同风险的敏感度和期望收益的能力,因而投资者可以根据自己对待风险的态度,选择自己愿意和能够承担的风险,而完全回避掉那些自己不愿意承担的风险,对实际的组合策略更有指导意义。但是 APT 在操作上的困难体现在,投资者很难确定哪些是影响资产期望收益的合适因素,而且不同的决策者可能会作出不同的判断。

总之,与 CAPM 模型比较,APT 理论没有 CAPM 模型的许多假设条件局限,所以更具有一般适用性,其阐述的理论也更容易被学术界所接受和理解。然而迄今为止,学术界仍无法明确到底有多少因素共同影响资产的收益率,因而也无法证明 APT 理论的有效性,在目前的实践中其应用性受到限制。

补充阅读材料

1. 吴晓求.证券投资学.中国人民大学出版社,2004
2. 吴晓求.证券投资分析.中国人民大学出版社,2003
3. 曹凤岐,刘力,姚长辉编著.证券投资学.北京大学出版社,2000
4. 杨淑娥.公司财务管理.中国财政经济出版社,2004
5. 刘爱东,杜保东.国有企业实行经理股票期权的问题与对策.中南大学学报(社科版),2001(1)
6. 吴世农,沈艺峰,王志强等译.公司理财(第六版).机械工业出版社,2005
7. 荆薪,王化成,刘俊彦.财务管理学及教学辅导书(学生用书).中国人民大学出版社,2002
8. 刘爱东,冯琪.美国实行经理股票期权制的实践经验.企业技术进步,2002(5)
9. 陈雨露等.公司理财.高等教育出版社,2003

第六章 长 期 筹 资

/学习目标/

通过本章学习,明确长期筹资的目标与原则,熟悉长期筹资的渠道与方式,掌握权益性资金与负债性资金筹措的条件、特征和策略,了解长期筹资理论与实务的新发展。

长期筹资是指为满足公司一年或一个营业周期以上经营所需资金的筹措和融通活动的总称,是现代公司理财的核心内容和首要环节。现代金融工具的创新,为长期筹资提供了多种可供选择的渠道和方式,本章主要讨论股票、债券筹资等有关问题以及长期筹资创新的发展。

第一节 长期筹资应考虑的几个基本问题

一、长期筹资的目标与原则

长期筹资是指企业根据其生产经营、投资安排和资本结构优化的需要,通过筹资渠道和筹资方式的选择,经济、合理、有效地获取一年或一个营业周期以上所需资金的经济活动。在现代市场经济条件下,筹资是公司理财的核心内容和首要环节。长期筹资一般所需筹措的资金数额大,花费的时间和未来偿还的周期长,所以手续复杂,筹资成本也高。因此,首先要明确筹资的目的和应遵循的原则。

(一) 筹资的目标

长期筹资的目标可以从以下三个方面去理解。

1. 为设立企业而进行筹资

新企业的设立,要投入大笔资金,以便选厂址盖厂房,机器设备,原材料的购置,开办费支付等都要充足的资金来支撑。作为企业设立的前提,此时的总投资之大,一个企业往往难以承受,筹资是其必然选择。

2. 企业为扩大生产经营规模或追加对外投资而进行的筹资

为扩大生产经营规模或追加对外投资而进行筹资的企业,通常具有良好的发展前景,或是处于成长期的企业。为尽快筹到所需资金和发挥资金的使用效率，首先应认真研究资金的投向和规模，进行可行性分析。

3. 偿债性筹资

偿债性筹资的目标有二：一是为实现企业价值最大化，而进行资本结构优化所进行的主动筹资，又叫调整性筹资；二是恶化性偿债筹资，即企业现有的支付能力已不足以偿付到期旧债，而被迫举新债还旧债的筹资行为。

(二) 企业筹资的基本原则

1. 分析企业科研、生产、经营状况，合理确定资金需求量

企业在筹资过程中，无论通过什么渠道、采用什么方式筹集资金，都应预先确定资金的需要量，使筹资量与需要量相互平衡，防止筹资不足而影响生产经营，或因筹资过剩而造成资金闲置等现象发生。

2. 根据资金需求的具体情况，合理安排资金的筹集时间，适时取得所需的资金

筹资要按资金的投放使用时间来合理安排，筹资时间不同，资金成本也不同。因此，要科学测算企业未来资金流入量和流出量，确定资金的合理投放时间和筹资时机，在满足资金适时需求的条件下，尽量减少筹资成本。

3. 了解筹资渠道和资金市场，认真选择资金来源

企业筹资的渠道和方式有多种，不同筹资渠道和方式的筹资难易程度、资金成本和财务风险是不一样的。因此，在筹资时要对各种筹资方式、筹资渠道进行分析、讨论，以规避筹资源头给公司未来经营所带来的财务风险。

4. 合理安排资金结构，保持适当的偿债能力

企业的资金结构是由权益资金和债务资金构成。企业在筹资时，必须使权益资金和债务资金保持合理的结构关系，防止负债过多而增加财务风险，增加偿债压力；另一方面，也不能因害怕风险而放弃利用负债经营，造成权益资金的收益水平降低。

二、长期筹资可供选择的方式

企业筹资渠道是指筹集资金来源的方向与通道，体现着资金的源泉和流量。研究筹资渠道的种类及特点，有利于企业充分开拓和正确利用筹资渠道。

企业筹资渠道主要有国家财政资金、银行信贷资金、非银行金融机构的资金、其他企业的资金、民间资金(社会大众资金)、企业内部金融资金、外商资金等。

筹资方式是指企业筹措资金所选择的具体形式，关系着企业资金的属性。研究筹资方式运用的条件并进行有效的组合，对于降低筹资成本，提高筹资效果具有十分重要的意义。企业筹资的方式一般有股权融资和债务融资两种。其融资工具主要有吸收直接投资、发行股票、发行债券、银行借款、商业信用、融资租赁、发行融资券等。

三、长期筹资模式的国际比较及启示[①]

美国公司的长期筹资模式中,内部筹资、债务筹资和外部权益筹资在筹资总额中所占的比重比较大。据考证,美国公司将80%的现金流量作为资本投放,20%作为净营运资本。内部筹资的现金流主要来自内部净利润加上折旧减去股利。外部筹资主要是发行新股和新债。

表6-1表明美国长期筹资模式具有以下特点,即内部产生的现金流是资金筹集的主要来源。通常,长期筹资额中有20%—90%来自公司内部形成的现金流;一般,公司支出总额会多于内部产生的现金流,这两者之间的差额就构成了财务赤字,譬如,1995年,67%的筹资额源于内部现金流,这说明该年公司的财务赤字率为33%(100%—67%)。其中,债务筹资额占筹资总额的42%,而发行新股所筹到的资金额占总额的-9%。最近几年,美国公司的财务赤字率平均为33%(见图6-1);一般而言,财务赤字可以借助举债和发行新股这两种外部筹资方式予以填补。但是,外部筹资最显著的方面之一是,新发行的权益资本(包括普通股和优先股)就总体而言并不是很重要,其净额通常只占筹资总额的一小部分,20世纪80年代末及近年来,该数字则出现了负值;表6-2显示,同其他国家的公司相比,美国公司更多地通过内部现金流筹集资金。而其他国家的公司比美国公司更大地依靠外部权益资本筹集资金。

表6-1 美国1979—1995年融资模式的比较分析　　　　　　　　单位:%

项目	1979	1980	1981	1982	1983	1984	1985	1986	1987	1988	1989	1990	1991	1992	1993	1994	1995
资金用途																	
资本支出	84	80	66	86	65	64	78	72	67	70	71	76	87	72	84	76	80
净营运资本	16	20	34	14	35	36	22	28	33	30	29	24	13	28	16	24	20
总额	100	100	100	100	100	100	100	100	100	100	100	100	100	100	100	100	100
资金来源																	
内部融资	79	65	66	80	74	71	83	77	79	80	79	77	97	86	84	72	67
外部融资	21	35	34	20	26	29	17	23	21	20	21	23	3	14	16	28	33
新债	18	31	37	18	20	45	36	41	37	46	45	36	-1	9	12	34	42
新股	3	4	-3	2	6	-16	-19	-18	-16	-26	-24	-13	4	5	4	-6	-9

表6-2 1990—1994年西方不同国家内部融资模式的统计比较分析　　单位:%

项目	美国	日本	英国	德国	加拿大	法国
内部现金流	82.8	49.3	68.3	65.5	58.3	54.0
外部现金流	17.2	50.7	31.7	34.5	41.7	46.0
长期负债增长率	17.4	35.9	7.4	31.4	37.5	6.9
短期负债增长率	-3.7	9.7	6.1	—	3.8	10.6
股票融资增长率	3.5	5.1	16.9	—	10.3	12.4

[①] 〔美〕Stephen A. Ross, Randolph W. Westerfield, Jeffrey F. Jaffe 著;吴世农,沈艺峰等译:《公司理财》,机械工业出版社,2000年。

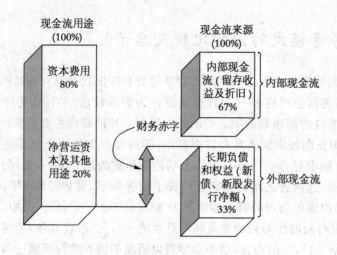

图 6-1 美国长期筹资赤字(1995 年)
注:赤字是由长期融资用途同内部融资之间的差额产生的。

高登·丹纳德森(Gordon Donaldson,1996)曾对公司确定长期融资策略的方法进行过一番调查,所得的结果同这些数据相一致。他发现:对于净现值(NPV)为正的项目,公司首选的融资来源是公司内部产生的现金流,即净利润加上折旧扣除股利的结果;公司将外部产生的现金流作为最后采用的融资手段。在选择外部融资方式时,公司会首先考虑选用负债方式,最终才会借助普通股。

将这些观察结果归纳起来就体现出一种长期融资的优序。融资优序策略之首当是利用内部形成的现金流,最后才是选择发行新的权益资本。

第二节 股票筹资

一、股票的概念、分类及特征

股票是一种有价证券,它是股份有限公司公开发行的、用以证明投资者的股东身份和权益、并据以获取股息和红利的凭证。

股票一经发行,持有者即为发行股票的公司的股东,有权参与公司的决策、分享公司的利益;同时也要分担公司的责任和经营风险。股票一经认购,持有者不能以任何理由要求退还股本,只能通过证券市场将股票转让和出售。

(一)股票的分类

根据不同的分类标准,可将股票分为不同的类别。

1. 股票按票面是否记名分为记名股票和无记名股票

记名股票是在股票票面上记载股东的姓名或者名称的股票,股东姓名或名称要记入公司的股东名册。如果股票是归一人单独所有的单有股,就记载持有人的本名;如果股票是数人共同享有的共有股,则要记载各共有人的姓名,如果股票为国家机构或法人持有,则应记载国家机构或法人的名称,不得另立户名,也不能仅记载法定代表人的姓名。

记名股票所代表的股东权益归属于记名股东,只有记名股东或其正式委托授权的代理人才能行使股东权。非经记名股东转让及股份有限公司过户的其他持有人,不得行使股东权。如果记名股票遗失,记名股东的资格和权利并不消失,仍可依照法定程序要求公司补发。

认购记名股票的款项可以一次缴足,也可以分次缴纳。一般说来,投资者在认购记名股票时应一次缴足股款,但是由于记名股票确定了公司与记名股东之间的特定关系,有时也可允许记名股东分次缴纳股款。

转让记名股票,必须依照法律和公司章程规定的程序进行,还要符合规定的转让条件。记名股票一般采用背书转让和交付股份证书(股票),或者采取转让证书的形式,有的只要求交付股票,任何一种转让方式都必须经由公司将受让的有关情况载入股东名册,办理股票过户登记手续,这样,受让人才取得记名股东的资格和权利。股份有限公司的股票一般可以自由转让,但对记名股票的转让却往往受到限制,这些限制通常规定在公司章程中,限制的目的是为了维护公司和其他股东的利益。

多数国家的股份有限公司发行的股票可以记名,也可以不记名。但某些特定的股票,如董事资格股票、雇员股票、可赎回股票等,一般要求记名。

不记名股票是在股票票面上不记载股东姓名或者名称的股票,股东姓名或者名称也不记入公司的股东名册,公司只记载其股票数量、编号及发行日期。不记名股票的权利属股票持有者所有。不记名股票股东资格的确认,不是以特定的姓名记载为依据,而是依据占有的事实。亦即持有股票的公民或法人就是股东,可以行使股东权,无须再以其他方式加以证明。不记名股票股东权利的行使也是以持有股票为依据,只要向公司出示股票,即可行使权利。如出示股票可在股东大会上行使表决权,凭股票所附息票可领取股息等。

认购不记名股票必须一次性缴纳足额股款。不记名股票的转让比记名股票更方便、更自由,转让时不需要办理过户手续,只要交付股票,受让人即取得股东资格,其权利不会因转让人的权利缺陷而受影响。

2. 股票按票面是否标明金额可分为有面额股票和无面额股票

有面额股票上指在股票的票面上记载每股金额的股票。持有这种股票的股东,对公司享有权利和承担义务大小,以其所拥有的全部股票的票面金额之和,占公司发行在外股本总面额的比例大小来定。我国《公司法》规定,股票应当标明票面金额。对于有面额股票的票面金额,很多国家的《公司法》都予以明确规定,一般都限定了发行此类股票的最低票面金额;有些国家则不规定此类股票的票面金额。

无面额股票不标明票面金额,只在股票上载明所占公司股本总额的比例或股份数,故也称"分权股份"或"比例股"。无面额股票并不是说股票没有票面价值,只是由于公司经营状况不断变动,公司资产总额经常发生变化,股票的价值也随公司实际资产的增减而升降。发行无面额股票,有利于促使投资者在购买股票时,注意计算股票的实际价值。

无面额股票实质上与有面额股票相同,它们都代表着股东对公司资本总额的投资比例,它们的股东享有同等的股东权。但由于票面形式上的差异,无面额股票又有其独特的特点,主要体现在:(1)发行价格更为灵活和自由。无面额股票没有票面金额的限制,其发行价格可以自由确定,发行价格还能随公司的经济效益而浮动。(2)便于进行股份分割。这类股票没有票面金额的限制,可以顺利地分割股份,划分股东的权利与义务,计算盈余分配比例。由此,这类股票又被称作分权股票。(3)具有更强的流通性。由于公司可以灵活地掌握无面额股票的发行价格,适时地进行股票的分割;投资者也不会为票面金额所迷惑,而是在认购时便认真计算股份的实际价值,所以,可以提高股票的流通数量和流通速度,具有更强的流通性。

3. 股票按投资主体的不同,可分为国家股、法人股、个人股和外资股

国家股是有权代表国家投资的部门或机构以国有资产向公司投入而形成的股份。国家股由国务院授权的部门或机构持有,并向公司委派股权代表。

法人股是指企业法人依法以其支配的资产向公司投入而形成的股份,或具有法人资格的事业单位和社会团体以国家允许用于经营的资产向公司投入而形成的股份。个人股为社会个人或本公司职工以个人合法财产投入公司而形成的股份。外资股是指外国和我国港、澳、台地区投资者购买的人民币特种股票。

4. 股票按发行时间的先后可分为始发股和新股

始发股是设立时发行的股票。新股是公司增资时发行的股票。

5. 股票按发行对象和上市地区不同分为 A 股、B 股、H 股、N 股

A 股是供我国个人或法人买卖的、以人民币标明票面价值并以人民币认购和交易的股票。

B 股、H 股和 N 股是专供外国和我国港、澳、台地区的投资买卖的,以人民币标明面值但以外币认购和交易的股票(注:自 2001 年 2 月 19 日起,B 股开始对境内居民开放)。B 股在深圳、上海上市,H 股在香港上市,N 股在美国纽约上市。

6. 股票按股东享受权利和承担义务不同分普通股和优先股

普通股是公司发行的代表着股东享有平等的权利、义务,不加特别限制,股利不固定的股票。普通股是最基本的股票。通常情况下,股份有限公司只发行普通股。

优先股是公司发行的优先于普通股股东分取股利和公司剩余财产的股票。多数国家公司法规定,优先股可以在公司设立时发行,也可以在本公司增发新股时发行。有些国家的法律则规定,优先股只能在特殊情况下,如公司增发新股或清理债务时才准发行。

这是一种最有代表性的分类,下面重点讨论普通股和优先股的筹资问题。

二、普通股筹资

普通股是股份公司股份中最常见的一种,是股份公司资本构成中最基本、最重要的股份,是所有股份有限公司的基础。普通股是相对优先股而言,它的基本特点是其投资收益不是在购买时约定,而是根据股票发行公司的经营业绩来确定;公司的经营业绩好,普通股的收益就高,经营业绩差,普通股的收益就低。

(一)普通股股东的权利和责任

普通股持有人是企业的基本股东,可以享有的权利和承担的责任包括:

1. 出席或委托代理人出席股东大会,并依公司章程规定行使表决权

这是普通股股东参与公司经营管理的基本方式。普通股股东在股东大会上可以采取多数投票制,或者累积投票制来行使表决权。多数投票制下,持有少数股票的股东的表决权没有实际意义;累积投票制下,股东的表决权则按其拥有的股票份数乘以待选董事人数来计算。无论

怎样,少数持股大户都可以通过经营参与权的行使来控制股份有限公司的经营。

2. 公司盈余分配权

公司盈余分配权是普通股股东经济利益的直接体现。

普通股股东在股东大会审批了董事会的利润分配方案之后,有权从公司经营的净利润中分取股息和红利。根据各国《公司法》的规定,公司经营净利润指的是公司利润总额在支付公司税款、弥补上年亏损、偿还到期债务、扣除法定公积金,以及支付优先股股息后的剩余部分。一般来说,股份有限公司的净利润并不全部分配给普通股股东,而是要保留一部分盈余用于增加公司资本的投入量,或用于维持未来股息分配的稳定。

剩余资产分配权。在公司破产或解散清算时,当公司资产满足了公司债权人的清偿权和优先股股东分配剩余资产的请求权后,普通股股东有权参与公司剩余资产的分配。普通股股东享有该权利的大小,依其所持股票份额的多少而定。普通股股东只负有限责任,即当股份有限公司因经营不善而破产时,股东的责任以其所持股票的股份金额为限。

3. 优先认股权

在股份公司增发新股时,普通股股东占有优先购买新股的权利,以维持原有股东在该公司资本所有权中所占的比例。股份有限公司增发新的普通股股票,可以采取两种方式:第一,有偿增发,即股东以股票面额或低于股票面额的价格优先认购新发的普通股股票;第二,无偿增发,即股东可优先无偿得到新发的普通股股票。优先认购的股票份额都是按照普通股股东现在持有的股份占公司总股份的比例进行分配。如果以有偿增发的方式发行新的普通股股票,公司要向普通股股东发出"认股权证",股东依据认股权证,可以在一定时期内以低于股票市价的价格认购新增发的普通股股票。如果股东要认购新股票而认股权数不够时,还可以向其他股东购买认购权。

4. 股份转让权

股东持有的股份可以自由转让,但必须符合《公司法》、其他法规和公司章程规定的条件和程序。

5. 对公司账目和股东大会决议的审查权和对公司事务的质询权

同时,普通股股东也基于其资格,对公司负有义务。我国公司法中规定了股东具有遵守公司章程、缴纳股款、对公司负有有限责任、不得退股等义务。

(二) 普通股筹资的评价

股份公司发行普通股股票筹集自有资金,是一种主要的权益资本筹资方式,是进行其他方式筹资的基础。与其他筹资方式相比,有其自身的优缺点。

1. 普通股筹资的优点

(1) 企业没有偿还股本的义务,使企业可获得长期稳定的资本来源。

(2) 企业没有支付普通股股息的法定义务,使得企业可以依据自身的具体情况行事,当盈利较多时,就多支付股息;当盈利下降或公司急需资金时,就可以少付或不付股息。

(3) 企业可利用普通股的买进或卖出临时改变资本结构。

(4) 通过普通股筹资,可以使公司免受债务人及优先股股东对经营者施加某些压力和限制。

(5) 多发行普通股能有效地增加企业的贷款信用和借款能力。

2. 普通股筹资的缺点

(1) 普通股筹资的资金成本较高。一般而言,普通股筹资的成本要高于债务资金成本。主要是由于投资于普通股风险较高,相应要求较高的报酬率,并且股利应从所得税后利润中支付,而债务筹资其债权人风险较低,允许在税前支付利息。另外,普通股的发行费用也较高,一般情况下,公司承担的发行费用比优先股、债券及借款的费用高得多。

(2) 权益转让会分散公司的控制权。利用普通股筹资,发售新股票,增加新股东,往往会使公司原有股东的权益比例下降,使产权为更多的股东所有,分散公司的控制权。同时,由于新的社会公众股东加入,会对公司派息造成压力,公司若不维持稳定及持续增长的股息率,会令投资者对公司发展失去信心,从而引起股票市价的下跌。

(3) 普通股股息不能在税前扣除。

三、优先股筹资

优先股是股份公司专门为某些获得优先持股权的投资者而设计的一种股票,即指在分配公司的红利和公司清算时分配公司资产这两个方面,均比普通股享有优先权的股份。它虽为"股票",但却带有债券性质,是介于债券与普通股之间的一种有价证券。

(一) 优先股的主要特点和种类

1. 优先股的特征

(1) 优先股取得股息。优先股一般预先写明股息收益率,其股息一般不根据公司的经营业绩而增减,并先于普通股获得股息,在法律上,优先股的地位仅次于债券,而先于普通股。

(2) 有优先索偿权。公司破产清算时,优先股对企业剩余财产的分配顺序先于普通股。

(3) 优先股一般无表决权。优先股股东一般没有表决权,对股份公司的重大经营决策无投票权。

(4) 优先股可由公司赎回。优先股与普通股一样也没有到期时间,但公司在发行时通常规定,只要提前一两个月发出通知,公司就有权在必要时按照规定的价格,赎回优先股,以调整公司的资金结构。

2. 优先股的种类

优先股按其所包含的优先权利不同,可分为以下几种。

(1) 累积优先股和非累积优先股。

累积优先股是一种常见的、发行范围非常广泛的优先股,是指股份公司过去年度未支付股利可以累积计算由以后年度的利润补付。其特点是股息率固定,并可以累积计算,在以后盈利较好的年份一并支付。公司须将累积优先股股利付清以后,才能分发普通股股利。

非累积优先股是指当年利润分取盈利,而不予以累积补付的优先股票。其特点在于股利率固定,但只限于本年度利润之内分取。公司本年度如有经营盈利,则股东可以优先于普通股股东分取股息;如果本年度的盈利不够支付全部优先股股息,所欠部分也不累积计算,也不在以后年度的营业盈利中予以补发。一般很少发行这种股票。

(2) 参与优先股和非参与优先股。

参与优先股指的是那种不仅可以按规定分得当年的定额股息,而且还有权与普通股股东一起参加公司利润分配的优先股股票。也就是说,在股份有限公司的利润增加时,优先股股东除了按固定股息率取得股息之外,还可分得额外红利。根据优先股股东参与公司利润分配方式和比例的不同,参加分配优先股,又可分为全部参与分配的优先股和部分参与分配的优先股。前者指的是在优先取得股票后,还有权与普通股股东共同等额分享本期剩余利润的优先股;后者指的则是股东有权按规定额度与普通股股东共同参加本期利润分配的优先股。一般很少发行这种股票。

非参与优先股指的是只按规定股息率分配股息,不参与公司利润分配的优先股。持有这类股票的股东,无论公司的剩余利润有多少,普通股股东分取多少红利,除了领取固定股息外,不能再参与分配。

(3) 可转换优先股和不可转换优先股。

可转换优先股允许股东在一定条件下把优先股转换成公司的普通股或公司债券。这种股票与普通股股票或公司债券关系密切,其价格受普通股股票或公司债券的价格影响而易于波动。转换比例一般是事先确定的。

不可转换优先股是指不具备转换普通股股票或公司债券权利的优先股。

国际上目前较为流行的是可转换优先股股票,发行这种股票可以吸引更多的投资者。

(4) 可赎回优先股和不可赎回优先股。

可赎回优先股指的是股票发行公司可以按一定价格收回的优先股。大多数优先股是可赎回的。可赎回优先股的赎回价格在股票上的有关条款中即已规定,赎回价格一般是略高于票面价值。虽然公司有权收回可赎回优先股,但是否赎回,最终由公司决定。赎回股票的目的主要是为了减轻利息负担。所以,公司往往在能够以股息取代已发行的优先股时予以赎回。

不可赎回优先股指的是股票发行公司无权从股票持有人手中赎回的优先股。

(二) 优先股筹资评价

发行优先股筹资是一比较灵活的筹资方式,与其他筹资方式比较,有其自身的优缺点。

1. 优先股筹资的优点

(1) 股息率固定,能使公司利用财务杠杆收益。在资本不变的条件下,公司要从税前收益中支付利息、优先股息和租赁费,是固定不变的。当税前收益增大时,每一元利润所负担的固定利息和租赁费就会相对减少,这就给每一股普通股带来额外利润,即财务杠杆收益。

(2) 优先股没有固定的到期日,不用偿还本金,是公司长期、稳定的资金来源,有利于企业的资金周转。同时公司可按一定价格收回优先股,使得利用这部分资金更有弹性,亦能控制公司的资本结构。

(3) 优先股没有投票权,使企业能够避免优先股股东参与投票而分割企业的支配权。这样就保证了普通股股东的控制权。

(4) 优先股股本属于自有资金,发行优先股可加强公司的自有资金基础,适当增强公司的信誉,提高公司的借款举债能力。

2. 优先股筹资的缺点

(1) 优先股必须以高于债券利率的股息发售,即其成本虽低于普通股,但一般高于债券,加之优先股支付的股利要从税后利润中支付,使得优先股成本较高。

(2) 优先股筹资的制约因素较多,发行优先股要受许多条件的限制。例如在公司盈利不多时,发行优先股使得普通股难以参与分红。

(3) 优先股虽然没有届满期,但一般公司章程中的一系列规定,实质上又规定了届满期,使得公司每年都必须购进一定百分比的优先股票。

四、股票发行

股份有限公司在设立时要发行股票。此外,公司设立之后,为了扩大经营、改善资本结构,也会增资发行新股。股份的发行,实行公开、公平、公正的原则,必须同股同权、同股同利。同次发行的股票,每股的发行条件和价格应当相同。任何单位或个人所认购的股份,每股应支付相同的价款。同时,发行股票还应接受国务院证券监督管理机构的管理和监督。股票发行主要包括股票发行的条件、发行程序和方式、销售方式等问题。

(一) 股票发行的规定与条件

按照我国《公司法》的有关规定,股份有限公司发行股票,应符合以下规定与条件:

(1) 每股金额相等。同次发行的股票,每股的发行条件和价格应当相同。

(2) 股票发行价格可以按票面金额,也可以超过票面金额,但不得低于票面金额。

(3) 股票应当载明公司名称、公司登记日期、股票种类、票面金额及代表的股份数、股票编号等主要事项。

(4) 向发起人、国家授权投资的机构、法人发行的股票,应当为记名股票;对社会公众发行的股票,可以为记名股票,也可以为无记名股票。

(5) 公司发行记名股票的,应当置备股东名册,记载股东的姓名或者名称、住所、各股东所持股份、各股东所持股票编号、各股东取得其股份的日期;发行无记名股票的,公司应当记载其股票数量、编号及发行日期。

(6) 公司发行新股,必须具备下列条件:前一次发行的股份已募足,并间隔一年以上;公司在最近三年内连续盈利,并可向股东支付股利;公司在最近三年内财务会计文件无虚假记载;公司预期利润率可达同期银行存款利率。

(7) 公司发行新股,应由股东大会作出有关下列事项的决议:新股种类及数额;新股发行价格;新股发行的起止日期;向原有股东发行新股的种类及数额。

(二) 股票发行程序的演进

由于我国资本市场的发展起步晚,股票的发行一直实行核准制。

为进一步提高股票发行工作的透明度,中国证监会 2000 年 3 月 16 日公告了股票发行核准程序。核准程序取消了指标分配、行政推荐的办法,今后企业发行上市不再需要发行指标和地方或国务院有关部门推荐,只要符合法律法规的要求,经省级政府或国务院有关部门同意,主承销商即可向中国证监会推荐并报送申请文件。同时,新股发行也不再经过预选。

发行制度的这一重大突破,简化了程序,提高了效率,符合国际惯例,为优质企业进入证券市场提供了更多的机会。按照发行核准程序,经论证确认的高新技术企业,其发行申请在审核中予以优先。

中国证监会股票发行核准程序如下:

1. 受理申请文件

发行人按照中国证监会颁布的《公司公开发行股票申请文件标准格式》制作申请文件,经省级人民政府或国务院有关部门同意后,由主承销商推荐并向中国证监会申报。

中国证监会收到申请文件后在 5 个工作日内作出是否受理的决定。未按规定要求制作申请文件的,不予受理。同意受理的,根据国家有关规定收取审核费人民币 3 万元。

为不断提高股票发行工作水平,主承销商在报送申请文件前,应对发行人辅导一年,并出具承诺函。在辅导期间,主承销商应对发行人的董事、监事和高级管理人员进行《公司法》、《证券法》等法律法规考试。如发行人属 1997 年股票发行计划指标内的企业,在提交发行审核委员会审核前,中国证监会对发行人的董事、监事和高级管理人员进行《公司法》、《证券法》等法律法规考试。应考人员必须 80% 以上考试合格。

如发行人申请作为高新技术企业公开发行股票,由主承销商向中国证监会报送推荐材料。中国证监会收到推荐材料后,在 5 个工作日内委托科学技术部和中国科学院对企业进行论证,科学技术部和中国科学院收到材料后在 40 个工作日内将论证结果函告中国证监会。经确认的高新技术企业,中国证监会将通知该企业及其主承销商按照《公司公开发行股票申请文件标准格式》制作申请文件,并予以优先审核。

2. 初审

中国证监会受理申请文件后,对发行人申请文件的合规性进行初审,并在 30 日内将初审意见函告发行人及其主承销商。主承销商自收到初审意见之日起 10 日内将补充完善的申请文件报至中国证监会。中国证监会在初审过程中,将就发行人投资项目是否符合国家产业政策征求国家发展计划委员会和国家经济贸易委员会意见,两委自收到文件后在 15 个工作日内,将有关意见函告中国证监会。

3. 发行审核委员会审核

中国证监会对按初审意见补充完善的申请文件进一步审核,并在受理申请文件后 60 日内,将初审报告和申请文件提交发行审核委员会审核。发行审核委员会按照国务院批准的工作程序开展审核工作。委员会进行充分讨论后,以投票方式对股票发行申请进行表决,提出审核意见。

4. 核准发行

依据发行审核委员会的审核意见,中国证监会对发行人的发行申请做出核准或不予核准的决定。予以核准的,出具核准公开发行的文件。不予核准的,出具书面意见,说明不予核准的理由。中国证监会自受理申请文件到做出决定的期限为 3 个月。

5. 复议

发行申请未获核准的企业,接到中国证监会书面决定之日起 60 日内,可提出复议申请。中国证监会收到复议申请后 60 日内,对复议申请做出决定。

2004 年 12 月 10 日,我国证监会规定发行股票实行询价制,询价制的具体内容将在股票发行价格中详细介绍。

(三) 股票发行方式、销售方式和发行价格

公司发行股票筹资,应当选择适宜的股票发行方式和销售方式,并恰当地制定发行价格,以便及时募足资本。

1. 股票发行方式

股票发行方式,是指公司通过何种途径发行股票。股票的发行方式可分为如下两类。

(1) 公开间接发行。这是指通过中介机构,公开向社会公众发行股票。我国股份有限公司采用募集设立方式向社会公开发行新股时,须由证券经营机构承销的做法,就属于股票的公开间接发行。这种发行方式的发行范围广、发行对象多,易于足额募集资本;股票的变现性强,流通性好;股票的公开发行还有助于提高发行公司的知名度和扩大其影响力。但这种发行方式也有不足,主要是手续繁杂,发行成本高。

(2) 不公开直接发行。这是指不公开对外发行股票,只向少数特定的对象直接发行,因而不须经中介机构承销。我国股份有限公司采用发起设立方式和以不向社会公开募集的方式发行新股的做法,即属于股票的不公开直接发行。这种发行方式弹性较大,发行成本低;但发行范围小,股票变现性差。

2. 股票的销售方式

股票的销售方式,指的是股份有限公司向社会公开发行股票时所采取的股票销售方法。股票销售方式有自销和委托代销两类。

(1) 自销方式。股票发行的自销方式,指发行公司自己直接将股票销售给认购者。这种销售方式可由发行公司直接控制发行过程,实现发行意图,并可以节省发行费用;但往往筹资时间长,发行公司要承担全部发行风险,并需要发行公司有较高的知名度、信誉和实力。

(2) 承销方式。股票发行的承销方式,指发行公司将股票销售业务委托给证券经营机构代理。这种销售方式是发行股票所普遍采用的。我国《公司法》规定股份有限公司向社会公开发行股票,必须与依法设立的证券经营机构签订承销协议,由证券经营机构承销。股票承销又分为包销和代销两种具体办法。所谓包销,是根据承销协议商定的价格,证券经营机构一次性全部购进发行公司公开募集的全部股份,然后以较高的价格出售给社会上的认购者。对发行公司来说,包销的办法可及时筹足资本,免于承担发行风险(股款未募足的风险由承销商承担);但股票以较低的价格售给承销商会损失部分溢价。所谓代销,是证券经营机构代替发行公司代售股票,并由此获取一定的佣金,但不承担股款未募足的风险。

3. 股票发行价格

股票的发行价格是股份公司在一级市场上将股票出售给投资者的价格。股票发行价格通常由发行公司根据股票面额、股市行情和其他有关因素决定。以募集设立方式设立公司首次发行的股票价格,由发起人决定;公司增资发行新股的股票价格,由股东大会做出决议。

股票的发行价格可以和股票的面额一致,但多数情况下不一致。股票的发行价格一般有以下三种。

(1) 等价。等价就是以股票面额为发行价格发行股票,即股票的发行价格与其面额等价,亦称平价发行。等价发行股票一般比较容易推销,但发行公司不能取得溢价收入。在股票市场不甚发达的情况下,设立公司首次发行股票时,选用等价发行可确保及时足额地募集资本。

(2) 时价。时价也称市价,即以公司原发行同种股票的现行市场价格为基准来选择增发新股的发行价格。选用时价发行股票,考虑了股票的现行市场价值,可促进股票的顺利发行。综观世界股市的现状与趋势,时价发行股票颇为流行。美国已完全推行时价,德国、法国也经常采用,日本正在步美国的后尘。

(3) 中间价。中间价是取股票市场价格与面额的中间值作为股票的发行价格。例如,某种股票的现行市价为 80 元，每股面额 60 元，如果发行公司按每股 70 元的价格增发该种新股票，就是按中间价发行。显然，中间价兼具等价和时价的特点。

选择时价或中间价发行股票，可能属于溢价发行，也可能属于折价发行。溢价发行是指按超过股票面额的价格发行股票；折价发行是指按低于股票面额的价格发行股票。如属溢价发行，则发行公司获得发行价格超过股票面额的溢价款列入资本公积金。

按照国际惯例，股票通常采取溢价发行或等价发行，很少折价发行，即使在特殊情况下折价发行，但要施加严格的折价幅度和时间等限制。在美国，很多州规定折价发行股票为非法。英国公司法规定只有在特殊情况下，公司可以折价发行股票，但必须经公司全体股东会议通过，并经法院批准，而且增发新股决议必须限定折价的最大幅度，必须自公司开业后至少一年以后方可折价发行股票。我国《公司法》规定，股票发行价格可以按票面金额（即等价），也可以超过票面金额（即溢价），但不能低于票面金额（即折价）。

我国证监会于 2004 年 12 月 10 日公布了《关于首次公开发行股票试行询价制度若干问题的通知》及配套文件《股票发行审核标准备忘录第 18 号——对首次公开发行股票询价对象条件和行为的监管要求》。按照规定，发行申请经证监会核准后，发行人应公告招股意向书，开始进行推介和询价。询价分为初步询价和累计投标询价两个阶段。发行人及其保荐机构应通过初步询价确定发行价格区间，通过累计投标询价确定发行价格。证监会对询价对象参与首次公开发行股票询价提出了四项要求：(1)进行负责任的报价。询价对象必须在充分研究的基础上报价，并对自己的报价负责。每次参与报价都应指定专人负责相关工作；(2)报价必须客观有据，保证报价的独立性。在初步询价时，询价对象必须提供明确的报价依据，不得故意压低或抬高报价，不得随意报价，不得通过任何形式相互串通报价；(3)必须诚实守信，不得误导定价。询价对象在初步询价时的报价与累计投标时的报价必须具有逻辑一致性。在发行人及市场未出现重大变化且询价对象未能作出合理解释的情况下，前后两个阶段的报价不得出现重大差异，不得有累计投标时的报价完全脱离初步询价时的报价区间的投机行为；(4)指定的资金、证券账户仅限于询价对象自用，严禁通过任何形式出租、出借询价专用账户。

五、股票上市

(一) 股票上市的目的

股票上市，指的是股份有限公司公开发行的股票经批准在证券交易所进行挂牌交易。经批准在交易所上市交易的股票则称为上市股票。按照国际通行做法，非公开募集发行的股票或未向证券交易所申请上市的非上市证券，应在证券交易所外的店头市场（Over The Counter Market，简称 OTC Market）上流通转让；只有公开募集发行并经批准上市的股票才能进入证券交易所流通转让。我国《公司法》规定，股东转让其股份，亦即股票进入流通，必须在依法设立的证券交易场所里进行。

(二) 股票上市的条件

公司公开发行的股票进入证券交易所挂牌买卖（即股票上市），须受严格的条件限制。我国《公司法》规定，股份有限公司申请其股票上市，必须符合下列条件：

(1) 股票经国务院证券管理部门批准已向社会公开发行。不允许公司在设立时直接申请股票上市。

(2) 公司股本总额不少于人民币5 000万元。

(3) 开业时间在三年以上,最近三年连续盈利;属国有企业依法改建而设立股份有限公司的,或者在《公司法》实施后新组建成立,其主要发起人为国有大中型企业的股份有限公司,可连续计算。

(4) 持有股票面值人民币1 000元以上的股东不少于1 000人,向社会公开发行的股份达公司股份总数的25％以上;公司股本总额超过人民币4亿元的,其向社会公开发行股份的比例为15％以上。

(5) 公司在最近三年内无重大违法行为,财务会计报告无虚假记载。

(6) 国务院规定的其他条件。

具备上述条件的股份有限公司经申请,由国务院或国务院授权的证券管理部门批准,其股票方可上市。股票上市公司必须公告其上市报告,并将其申请文件存放在指定的地点供公众查阅。股票上市公司还必须定期公布其财务状况和经营情况,在每一会计年度内半年公布一次财务会计报告。

(三) 股票上市的暂停、恢复与终止

股票上市公司有下列情形之一的,由国务院证券管理部门决定暂停其股票上市:

(1) 公司股本总额、股权公布等发行变化,不再具备上市条件(限期内未能消除的,终止其股票上市)。

(2) 公司不按规定公开其财务状况,或者对财务报告作虚假记载(后果严重的,终止其股票上市)。

(3) 公司有重大违法行为(后果严重的,终止其股票上市)。

(4) 公司最近三年连续亏损(限期内未能消除的,终止其股票上市)。

另外,公司决定解散、被行政主管部门依法责令关闭或者宣告破产的,由国务院证券管理部门决定终止其股票上市。

第三节 债券筹资

一、债券的概念和基本要素

(一) 债券的概念

债券是一种有价证券,是社会各类经济主体为筹措资金而向债券投资者出具的,并且承诺按一定利率定期支付利息和到期偿还本金的债权债务凭证。发行债券是企业筹集借入资本的重要方式。在西方国家,公司债券即企业债券。我国非公司企业发行的债券称为企业债券。按照我国公司法和国际惯例,股份有限公司和有限责任公司发行的债券称为公司债券。

(二) 债券的基本要素

债券实际上是一种借款凭证,债券的基本要素是指债券上必须载明的基本内容。

1. 债券的面值

债券的面值包括面值币种和面值金额两个基本内容。面值币种取决于发行者的需要和债券的种类。国内债券的面值币种通常是本国货币,但一些企业向境外发行债券也可采用外币币种;面值金额是指票面所标明金额的大小。为吸引众多的投资者,面值不宜过大,以免影响其发行和流通转让。

2. 债券的利率

债券的利率是债券的利息与债券的面值之比。债券的利率可以分为固定利率和浮动利率,也可分为单利和复利。我国企业发行的债券一般都采用固定利率,其利息的计算采用单利。债券上载明的利率通常是年利率。

3. 债券的还本期限

债券的还本期限是指债券从发行之日起,到到期日之间的时间。债券票面需载明偿还本金的期限。在确定债券还本期限时,要考虑以下几个因素:(1)债券资金的周转期。如果企业需长期使用此项资金,则适当延长期限;(2)市场利率的变动趋势。如果市场利率呈上升趋势,宜采用长期债券,如果利率呈下降趋势,宜采用较短期的债券;(3)债券市场的发达程度。如果债券市场发达,债券流通顺畅,变现能力强,可适当延长债券的期限。如果债券市场不发达,应发行较短期限的债券,这有利于吸引投资者。

二、债券的分类和特点

(一) 债券的分类

对债券可以从各种不同的角度进行分类,并且随着人们对融通资金需要的多元化,不断会有各种新的债券形式产生。目前,债券的类型大体有以下几种。

1. 按是否记名分为记名债券和不记名债券

记名债券是在票面上记有债权人姓名。同时又在发行公司的名册上作同样的登记。记名债券的转让,由公司将受让人的姓名或者名称及住所记载于公司债券存根簿。债券投资者必须凭印鉴领取本息。它的优点是比较安全,但是转让手续复杂、流动性差。

不记名债券是指在债券上不载明债权人的姓名,也不在公司名册上登记。不记名债券,由债券持有人在依法设立的证券交易场所将该债券交付给受让人后即发生转让的效力,因此流动性强;但缺点是遗失或被毁损时,不能挂失和补发,安全性较差。

2. 按能否转换为公司股票分为可转换公司债券和不可转换公司债券

若公司债券能转换为本公司股票,为可转换债券;反之为不可转换债券。一般来讲,前种债券的利率要低于后种债券。按照我国《公司法》的规定,发行可转换债券的主体只限于股份有限公司中的上市公司。

以上两种分类为我国《公司法》所确认。除此之外,按照国际通行做法,公司债券还有另外一些分类。

3. 按有无抵押担保分为有担保债券与无担保债券

有担保债券是指以某种特定财产作为担保而发行的债券。它包括：

(1) 抵押公司债券。这是指以土地、房屋、机器、设备等不动产为抵押担保品而发行的债券。当债务人在债务到期不能按时偿还本息时，债券持有者有权变卖抵押品来收回本息。抵押公司债券是现代公司债券中最重要的一种。在实践中，可以同一不动产为抵押品而多次发行债券。可按发行顺序分为第一抵押债券和第二抵押债券。第一抵押债券对于抵押品有第一留置权；第二抵押债券对于抵押品有第二留置权，即第一抵押债券清偿后，它可以用其余额付本息。所以，第一抵押又称优先抵押；第二抵押又称一般抵押。

(2) 抵押信托债券。这是以公司拥有的其他有价证券，如股票和其他债券作为担保品而发行的债券。一般来说，发行这种债券的公司是一些合资附属机构，以总公司的证券作为担保。

(3) 承保债券。这是指由第三者担保偿还本息的债券。这种债券的担保人一般为银行或非银行金融机构或公司的主管部门，个别的是由政府担保。

无担保债券亦称信用债券，是指发行时无抵押担保品，完全凭企业的信誉而发行的债券，也叫信用债券。一般包括政府债券和金融债券，少数信用良好的公司也可发行信用债券，但在发行时必须签订信托契约，对债务人的有关行为进行约束限制，由受托的信托公司监督执行，以保障投资者的利益。

4. 按偿还方式分为一次到期债券与分次到期债券

一次到期债券是指发行企业于债券到期日一次偿还本金和利息。分次到期债券是指对债券的本金和利息分次偿还，于债券到期全部还清。发行分次到期债券可分散企业的还本负担。

5. 按利率是否浮动分为固定利率债券和浮动利率债券

固定利率债券的利率在发行债券时即已确定并载于债券票面上。浮动利率债券的利率水平在发行债券时不固定，而是根据有关利率与市场资金供求状况等加以确定。

6. 按照其他特征分为收益公司债券、附认股权债券、附属信用债券等

收益公司债券是只有当公司获得盈利时方向持券人支付利息的债券。这种债券不会给发行公司带来固定的利息费用，对投资者而言收益较高，但风险也较大。附认股权债券是附带允许债券持有人按特定价格认购公司股票权利的债券。这种认购股权通常随债券发放，具有与可转换债券类似的属性。附认股权债券与可转换公司债券一样，票面利率通常低于一般公司债券。附属信用债券是当公司清偿时，受偿权排列顺序低于其他债券的债券；为了补偿其较低受偿顺序可能带来的损失，这种债券的利率高于一般债券。

(二) 债券的特点

企业债券与股票同属有价证券，都是企业筹集长期资金的一种重要方式，但两者有明显的不同。

1. 性质不同

债券是一张债权债务凭证，不拥有企业所有权，债券持有人与企业之间是债权人和债务人的借贷关系。而股票是一张所有权证书，它表明持有人对企业拥有一定份额的所有权，与企业之间是统一的投资关系，享有企业所规定的权利和义务。

2. 筹资性质不同

股票筹集的资金是企业的股本，属自有资金，无需还本；而债券筹集的资金是企业的债务，

属于借入资金,到期必须偿还本金。

3. 责任不同

债券持有人作为债权人按照约定的期限取得利息和本金,无权参与企业的经营管理,也不承担任何责任。而股票持有者是企业的股东,可以参与企业的经营管理,并根据企业的经营状况取得股息和经利,相应地承担企业经营亏损的有限责任。

4. 风险程度不同

股票一经售出,就不能再从发行企业中退还,只能在证券市场上流通,股息根据企业经营效益而定,不固定,对发行企业来说,财务风险较小;而债券利息固定,按期支付并还本,对发行企业来说,财务风险较大。

三、债券的发行

(一) 发行债券的资格

我国《公司法》规定,股份有限公司、国有独资公司和两个以上的国有企业或者其他两个以上的国有投资主体设立的有限责任公司,有资格发行公司债券。

(二) 发行债券的条件

企业发行债券,必须具备一定的资格和条件。国外企业发行债券,应经过评信公司对债券评定等级,用以测定债券偿还的可靠性,美国早在1900年就有债券评级这项制度。目前我国尚未建立债券评级制度,但1993年12月29日颁布的《公司法》中明确规定,企业只有具备如下条件才能发行债券:(1)股份有限公司的净资产额不低于人民币3 000万元,有限责任公司的净资产额不低于人民币6 000万元;(2)累计债券总额不超过公司净资产额的40%;(3)最近三年平均可分配利润足以支付公司债券一年的利息;(4)筹集的资金投向符合国家产业政策;(5)债券的利率不得超过国务院限定的利率水平;(6)国务院规定的其他条件。

另外,发行公司债券筹集的资金,必须用于审批机关批准的用途,不得用于弥补亏损和非生产性支出,否则会损害债权人的利益。

我国公司法还规定,有下列情形之一的,不得再次发行公司债券:(1)前一次发行的公司债券尚未募足的;(2)对已发行的公司债券或者其债务有违约或者延迟支付本息的事实,且仍处于继续状态的。

(三) 发行债券的程序

发行公司债券的有关规定和程序如下。

1. 发行债券的决议或决定

我国《公司法》规定,可以发行公司债券的主体有三类,即股份有限公司、国有独资公司和国有有限责任公司。三类公司做出发行债券决议的机构是不一样的。股份有限公司和国有有限责任公司发行公司债券,由董事会制定方案,股东大会作出决议;国有独资公司发行公司债券,由国家授权投资的机构或者国家授权的机构作出决定。可见,发行公司债券的决议和决定,是由公司最高机构做出的。

2. 发行债券的申请与批准

公司向社会公众发行债券募集资金,数额大且债权人多,所牵涉的利益范围大,所以必须对公司债券的发行进行审批。

凡欲发行债券的公司,先要向国务院证券管理部门提出申请并提交公司登记证明、公司章程、公司债券募集办法、资产评估报告和验资报告等文件。国务院证券管理部门根据有关规定,对公司的申请予以核准。

3. 制定募集办法并予以公告

发行公司债券的申请被批准后,应由发行公司制定公司债券募集办法。办法中应载明的主要事项有:公司名称、债券总额和票面金额、债券利率、还本的期限与方式、债券发行的起止日期、公司净资产额、已发行的尚未到期的债券总额、公司债券的承销机构。

公司制定好募集办法后,应按当时、当地通常合理的方法向社会公告。

4. 募集借款

公司发布公司债券募集公告后,开始在公告所定的期限内募集借款。

一般地讲,公司债券的发行方式有公司直接向社会发(私募发行)和由证券经营机构承销发行(公募发行)两种。在我国,根据有关法规,公司发行债券须与证券经营机构签订承销合同,由其承销。

由承销机构发售债券时,投资人直接向其付款购买,承销机构代理收取债券款、交付债券。然后,承销机构向发行公司办理债券款的结算。

公司发行的债券上,必须载明公司名称、债券票面金额、利率、偿还期限等事项,并由董事长签名、公司盖章。

公司对发行的债券还应置备公司债券存根簿予以登记。其意义一方面在于起公示作用,让股东、债权人可以查阅了解,并便于有关机关监督;另一方面便于公司随时掌握债券的发行情况。公司发行记名债券的,应在公司债券存根簿上记明债券持有人的姓名或名称及住所;债券持有人取得债券的日期及债券编号、债券的总额、票面金额、利率、还本付息的期限和方式、债券的发行日期。公司发行无记名债券的,应在公司债券存根簿上记明债券的总额、利率、偿还期限和方式、发行日期及债券的编号。

(四)债券的发行方式

1. 直接发行

直接发行也称自营发行,它是指发行债券的公司自行直接向特定的债券购买者发售债券,而不通过证券发行的中介机构。采用这种方式发行债券成本较低,手续简便,便于发行企业主动控制,筹集资金快。但这样做的缺点是发行公司工作量大,风险也较大,发行的范围不够广泛,很可能不能按照计划筹集到企业需要的资金。

因此,直接发行一般只适用于公司内部筹资,和向与本公司关系密切并对本公司资信情况较为了解的机构投资者筹资。

2. 间接发行

间接发行也称委托代理发行,它是指发行公司通过委托证券发行机构向社会公众发行债券。在我国,根据有关法规,公司发行债券须与证券经营机构签订承销合同,由其承销。在这种方式下,被委托债券发行的专业机构是介于筹资者与投资者之间的第三者,它往往要与债券发行公司签订委托债券发行的信托合同。合同的内容主要包括对债券发行公司的各种限制及保护投资者利益的规定。

间接发行又分为以下三种形式：

(1) 代理发行。它是指公司委托有权代理发行债券的专门机构代为发行债券的一种方式。公司与发行机构签订合同，规定发行日期，到期未发售完的债券，代理机构可将剩余部分退回发行公司。代理机构已发售的债券，按事先商定的比率收取一定的手续费。经济责任和发行风险全部由发行公司自行承担。

(2) 包销发行。它是指公司发行债券前，首先与专门的发行机构签订合同，并由其全部收购，然后再由其向社会公众发售的方法。如果在约定期限内未能全部售出，余额要由发行机构承担，发行机构还要承担债券发行过程中各项经济责任。

(3) 承销发行。它是指介于代理发行与包销发行之间的一种发行方法，即在预定债券发行期内属代理发行，如发行期满后仍有未发售的债券，则由代理发行的机构全部收购，并将资金全部划付给公司，再由代理机构逐步向社会发售，或直接作为代理机构的投资。

(五) 债券的发行价格

债券的发行价格是债券发行时使用的价格，亦即投资者购买债券时所支付的价格。公司债券的发行通常有三种：平价、溢价和折价。

平价指以债券的票面金额为发行价格；溢价指以高出债券票面金额的价格为发行价格；折价指以低于债券票面金额的价格为发行价格。债券发行的形成受诸多因素的影响，其中主要是票面利率与市场利率的一致程度。债券的票面金额、票面利率在债券发行前即已参照市场利率和发行公司的具体情况确定下来，并载明于债券之上。但在发行债券时已确定的票面利率不一定与当时的市场利率一致。为了协调债券购销双方在债券利息上的利益，就要调整发行价格，即：当票面利率高于市场利率时，以溢价发行债券；票面利率低于市场利率时，以折价发行债券；当票面利率与市场利率一致时，则以平价发行债券。

债券发行价格的计算公式为

$$债券发行价格 = \frac{票面金额}{(1+市场利率)^n} + \sum_{t=1}^{n} \frac{票面金额 \times 票面利率}{(1+市场利率)^t} \qquad (6-1)$$

式中：n——债券期限；t——付息基数；市场利率指债券发行时的市场利率。

【例 6-1】某企业发行面值为 1 000 元，票面利率为 8%，期限为 5 年的债券。

当市场利率为 8% 时，发行价格为

$$\frac{1\,000}{(1+8\%)^5} + \sum_{t=0}^{5} \frac{1\,000 + 8\%}{(1+8\%)^t} = 1\,000(元)$$

当市场利率为 12% 时，发行价格为

$$\frac{1\,000}{(1+12\%)^5} + \sum_{t=0}^{5} \frac{1\,000 \times 8\%}{(1+12\%)^t} = 855.78(元)$$

当市场利率为 5% 时，发行价格为

$$\frac{1\,000}{(1+5\%)^5} + \sum_{t=0}^{5} \frac{1\,000 \times 8\%}{(1+5\%)^t} = 1\,129.86(元)$$

从以上例子可以看出,债券的发行价格可以有平价、溢价、折价三种,企业可以根据债券利率与市场利率的不同来确定发行价格。

在实际工作中,并不一定完全按照上式来计算债券的发行价格。决定和影响债券发行价格的因素很多,如资本市场的供求状况、企业自身的信誉、债券的可流通性等,因此,企业在确定债券发行价格时要全面考虑各种因素,制定出合理的发行价格。

(六)债券的信用等级

公司公开发行债券通常需要由债券评信机构评定等级。债券的信用等级对于发行公司和购买人都有重要影响。

国际上通行的债券等级是3等9级。AAA级为最高级,AA级为高级,A级为上中级,BBB级为中级,BB级为中下级,B级为投机级,CCC级为完全投机级,CC级为最大投机级,C级为最低级。

我国的债券评级工作正在开展,但尚无统一的债券等级标准和系统评级制度。根据中国人民银行的有关规定,凡是向社会公开发行的企业债券,需要由经中国人民银行认可的资信评级机构进行评信。这些机构对发行债券企业的企业素质、财务质量、项目状况、项目前景和偿债能力进行评分,以此评定信用级别。

四、企业债券筹资的特点

企业发行债券筹资,有利有弊,所以企业在发行前应有充分认识,权衡利弊,以便抉择。

(一)债券筹资的优点

(1)资金成本低。与股票相比较而言,发行债券筹资的成本较少,一是债券发行费用较低,二是债券利息允许在所得税前支付,减轻了企业的负担,因此企业实际负担的债券成本一般低于股票成本。

(2)保证控制权。债券持有人无权参与企业的管理,因此发行债券筹资不会分散企业的控制权。

(3)财务杠杆作用。无论企业盈利多少,债券持有人只得到固定和利息收入,付息后的盈利可用于扩大企业经营规模或由企业自行决定其用途。

(4)便于调整资本结构。公司通过发行可转换债券,或在发行债券时规定可提前赎回债券,有利于公司主动地、合理地调整资本结构,确定负债与资本的有效比例。

(二)债券筹资的缺点

(1)财务风险大。债券有固定的到期日,并定期支付利息,要承担按期还本付息的责任。若企业经营不景气,会给企业带来更大的财务困难,有时甚至导致破产。

(2)筹资数量有限。利用债券筹资,通常受一定额度的限制,当企业的负债比率超出了一定程度后,债券筹资的成本就增加了。我国公司法规定,企业发行流通在外的债券累计总额不得超过该企业净资产的40%。

(3)限制条件严格。发行债券的限制条件一般比长期借款、租赁筹资的限制条件要多且严格,从而限制了企业对债券筹资方式的使用,甚至会影响企业以后的筹资能力。

第四节 认股权证与可转换债券筹资

一、认股权证及其在筹资中的作用

(一) 认股权证的概念、要素及特点

1. 认股权证的概念

认股权证,简称认股证,是由股份公司发行的可以在一定时期内认购股份的一种凭证。它赋予持有者在一定时期内以约定的价格购买发行公司一定股份的权利。从本质上看,认股权证是以股票或其他证券为标的物的一种长期买进期权,期权的买方为投资者,卖方为发行公司。

2. 认股权证的特点

(1) 相关股票。相关股票是指认股权证可以转换的对象,它可以是单一股票,也可以是一揽子股票,相关股票一般是交易活跃的绩优股。

(2) 认购价格。认购价格是指发行公司赋予认股权证的持有者购买公司普通股的价格,在认股权证发行时即已设定,且高于认股权证发行时的公司股票市价。

(3) 到期日。与可转换证券类似,认股权的行使期限通常是有限的。

(4) 可分性。可转换证券的转换权与所依附的证券通常是不能分离的,但认股权证与所依附的证券则是可分离的,即认股权证可以从最初依附的证券中拆下来单独出售和交易。

(5) 认购比率。认购比率是指一份认股权证按认购价格可以购买的股票数量。认股证可以单独发行,也可以依附于其他证券发行,如发行附有认股证的债券、优先股发行时发行认股证。在企业筹资实务中,认股证往往与债券同时发售。

(二) 认股权证的价值

发行债券的公司,为了降低债务筹资的成本,在低利率的债券后常附有认股权证,以吸引投资者。这种低利率债券所以吸引投资者,是因为认股权证的价值足以抵消债券利率的降低。

1. 认股权证的初始价格

投资者之所以认购附有认股权证的债券,是他们承认这种债券的价格包含了债券的价值和认股权证的价值。

【例6-2】某公司发行期限20年,面值100元的债券,需要付出的利率是13%。由于该公司发行债券时,为每一面值债券附有30张认股权证,每张认股权证可按20元约定价格在20年内的任何一天购买该公司股票,债券的利率为10%,低于市场对该债券要求的13%的利率。该债券的价值为

$$债券价值 = \sum_{t=1}^{20} \frac{100 \times 10\%}{(1+0.13)^t} + \frac{100}{(1+0.13)^{20}} \approx 78.9(元)$$

该债券所附认股权证的价值等于债券的发行100元价格减去债券价值78.9元,即21.1元,每张认股权证的价值约为0.7元(21.1/30=0.7元)。由于债券的发行价格是100元(面值),我们可以认为该认股权证的初始价格为0.7元。

2. 认股权证的市场价格

认股权证的理论价格是股票的市场价格减约定价格。认股权证实际上是买方选择权,由于选择权对收益的高杠杆作用,以及投资者对股票价格上扬的预期,认股权证的市场价格总是高于理论价格。

随着股票价格的升高,市场价格与理论价格将逐渐接近。当股票价格逐渐升高时,如果约定价格不变,认股权证的市场价格也会升高,因此它的杠杆作用将减弱,而风险将增大,溢价会减少,市场价格将接近理论价格。

(三) 认股权证在筹资中的作用

认股权证是企业发行债券时的引诱物。如果公司利润持续增长较快,将认股权证与债券组合在一起发行,能使投资者在持有债券的同时有分享公司利润的机会。这种潜在的利益促使投资者愿意接受较低的债券利率和不很严格的契约条款。附有认股权证的债券是一种组合证券,由于认股权证本身存在的价值,使投资者愿意购买该种债券,发债公司则可以吸引更广泛的投资者,获得相对低成本的长期资金。

目前几乎所有的认股权证与债券都是可分离的。附有认股权证的债券出售以后,认股权证与债券分离,独立地进行交易。当认股权证被行使后,发行的债券依然存在,还是企业未偿还的债务。投资者行使认股权证的选择权后,即认购了该公司的股票,企业可以获得权益资本,降低债务比率,为进一步筹资打下基础。

认股权证的约定价格一般高于债券发行时的股票价格。在有效期内,许多认股权证都不会被执行,促使持有者行使他们的认股权证条件是:

(1) 如果认股权证快要到期时,股票的市场价格高于约定价格,认股权证将被行使;

(2) 如果公司大大提高了普通股的现金股息,持有者将趋向于行使认股权证,因为认股权证不能带来现金股息,它的持有者也就不能获得现金股息收入,现金股息越高,认股权证持有者不行使权利的机会成本就越大;

(3) 对于具有逐渐提升约定价格的认股权证,将促使持有者行使认股权证;

(4) 对于成长型公司,它的扩张性使其权益性资本的需求更迫切,同时,由于公司的成长性会使它的股票价格上升,股票价格的上涨将促使认股权证被行使。

二、可转换债券的概念、基本要素及筹资功能

(一) 可转换债券的概念

可转换债券又称为可转换公司债券,是指发行人依照法定程序发行,在一定时间内依据约定条件可将其转换为发行公司的普通股股票的债券。

(二) 可转换债券的基本要素

1. 标的股票

可转换债券对股票的可转换性,实际上是一种股票或股票选择权,它的标的物就是可以转换成的股票。可转换债券的标的股票一般是其发行公司自己的股票,但也有的是其他公司的

股票,如可转换债券发行公司的上市子公司的股票(以下的介绍中,标的股票仅指发行公司的股票,略去其他公司的股票)。

2. 转换价格

可转换债券发行之前,明确了以怎样的价格转换为普通股,这一规定的价格,就是可转换债券的转换价格(也称为转股价格),即将可转换债券转换为每股股份所支付的价格。按照我国《可转换公司债券管理暂行办法》的规定,上市公司发行可转换债券的,以发行可转换公司债券前一个月股票的平均价格为基准,上浮一定幅度作为转换价格;重点国有企业发行可转换公司债券的,以拟发行股票的价格为基准,折扣一定比例作为转换价格。

【例6-3】某上市公司拟发行5年期可转换债券(面值1000元),发行前一个月其股票平均价格经测算为每股40元,预计公司股份未来将明显上升,故确定可转换债券的转换价格比前一个月的股价上浮25%;于是该公司可转换债券的转换价格应为40元×(1+25%)=50元。

例6-3中讲的是以某一固定的价格(50元)将可转换债券转换为普通股,还有的可转换价格是变动的。例6-3中的可转换债券发行公司也可以这样规定:债券发行后的第2—3年内,可按照每股50元的转换价格将债券转换为普通股股票(即每张债券可转换为20股普通股股票);债券发行后的第3—4年内,可按照每股60元的价格将债券转换为普通股股票(即每张债券可转换为16.67股普通股股票);债券发行后的第4—5年内,按照每股70元的转换价格将债券转换为普通股股票(即每张债券可转换为14.29股普通股股票)。因为转换价格越高,债券能够转换成的普通股股数越少,所以这种逐期提高可转换价格的目的,就在于促使可转换债券的持有者尽早地进行转换。

3. 转换比率

转换比率是每张可转换债券能够转换的普通股股数。比如例6-3中的第2—3年期每张债券可转换为20股普通股,第3—4年期每张债券可转换为16.67股普通股,第4—5年期每张债券可转换为14.29股普通股,就是转换债券的转换比率。显然,可转换债券的面值、转换价格、转换比率之间存在以下关系:

$$转换比率 = 债券面值 \div 转换价格 \qquad (6-2)$$

4. 转换期

转换期是指可转换债券转换为股份的起始日至结束日的期间。可转换债券的转换期可以与债券的期限相同,也可以短于债券的期限。例如,某种可转换债券规定只能从其发行一定时间之后(如发行若干年之后)才能够行使转换权,这种转换期称为递延转换期,短于其债券期限。还有的可转换债券规定只能在一定时间内(如发行日后的若干年之内)行使转换权,超过这一段时间转换权失效,因此转换期也会短于债券的期限,这种转换期称为有限转换期。超过转换期后的可转换债券,不再具有转换权,自动成为不可转换债券(或普通债券)。

5. 赎回条款

赎回条款是可转换债券的发行企业可以在债券到期日之前提前赎回债券的规定。赎回条款包括下列内容。

(1) 不可赎回期。

不可赎回期是指可转换债券从发行时开始,不能被赎回的那段期间。例如,某债券的有关条款规定,该债券自发行日起2年之内不能由发行公司赎回,则债券发行日后的前2年就是不可赎回期。设立不可赎回期的目的,在于保护债券持有人的利益,防止企业滥用赎回权,强制债券持有人过早转换债券。不过,并不是每种可转换债券都设有不可赎回条款。

(2) 赎回期。

赎回期是指可转换债券的发行公司可以赎回债券的期间。赎回期安排在不可赎回期之后,不可赎回期结束之后,即进入可转换债券的赎回期。

(3) 赎回价格。

赎回价格是指事前规定的发行公司赎回债券的出价。赎回价格一般高于可转换债券的面值,两者之差为赎回溢价。赎回溢价随债券到期日的临近而减少。例如,一种2004年1月1日发行,面值100元,期限5年,不可赎回期为3年,赎回期为2年的可赎回债券,规定到期前1年(即2007年)的赎回价格为110元,到期年度(即2008年年内)的赎回价格为105元,等等。

(4) 赎回条件。

赎回条件是对可转换债券发行公司赎回债券的情况要求,即需要在什么样的情况下才能赎回债券。赎回条件分为无条件赎回和有条件赎回。无条件赎回是在赎回期内发行公司随时按照赎回价格赎回债券。有条件赎回是对赎回债券有着一些条件限制,只有在满足了这些条件之后才能由发行公司赎回债券。比如,我国《可转换公司债券管理暂行办法》中对公司债券的赎回解释为:"是指公司股票价格在一段时期内连续高于转股价格达到某一幅度时,可转换公司债券持有人按事先约定的价格将所持债券卖给发行人",这实际上就规定了债券赎回的条件,即应当在"公司股票价格在一段时期内连续高于转股价格达到某一幅度时",发行公司才能赎回债券。

发行公司在赎回债券之前,要向债券持有人发出通知,要求在将债券转换为普通股与卖给发行公司(即发行公司赎回)之间做出选择。一般而言,债券持有人会将债券转换为普通股。可见,设置赎回条款是为了促使债券持有人转换股份,因此又被称为加速条款;同时也能使发行公司避免市场利率下降后,继续向债券持有人支付较高的债券票面利率所蒙受的损失;或限制债券持有人过分享受公司收益大幅度上升所带来的回报。

6. 回售条款

回售条款是在可转换债券发行公司的股票价格达至某种恶劣程度时,债券持有人有权按照约定的价格将可转换债券卖给发行公司的有关规定。回售条款也具体包括回售时间、回售价格等内容。设置回售条款,是为了保护债券投资人的利益,使他们能够避免遭受过大的投资损失,从而降低投资风险。合理的回售条款,可以使投资者具有安全感,因而有利于吸引投资者。

7. 强制性转换条款

强制性转换条款是在某些条件具备之后,债券持有人必须将可转换债券转换为股票,无权要求偿还债券本金的规定。设置强制性转换条款,在于保证可转换债券顺利地转换成股票,实现发行公司扩大权益筹资的目的。

(三) 可转换债券的筹资功能

企业在为某个项目融资时,通常需要考虑项目的建设周期。在项目的建设期内,项目没有产出,不能为公司贡献收益。如果此时发行权益资本,将使公司在项目建设期间的每股收益下降。发行可转换债券可避免在建设期间的每股收益被稀释。项目潜在的收益性,使可转换债券具有转换价值。而一旦项目产生收效,股票价格将会因收益的增加而上涨。投资者也会因股票价的上涨而行使转换权利,使企业的权益资本增加。这种情况下可转换债券成为延迟权益资本。

利用可转换债券可获得低成本资本。由于可转换债券附有的可转换性,潜在获利的可能性大,而风险相对小,使可转换债券具有转换价值,因此受投资者的欢迎,企业发行可转换债券的利率将会较低。同时,债券转换成权益资本前,因债券利息在税前扣除,可获得税收方面的好处。可转换债券的发行费用也低于股票的发行费用。

可转换债券还具有可收回的特征。这一特征使企业有按特定价格(略高于面值)在到期日之前收回债券的权利。当可转换债券的转换价值超过收回价格时,企业可行使收回权利强迫可转换债券持有者将可转换债券转换成股票。强迫转换将使企业的债务转换成权益资本,改变企业的资本结构,增加进一步筹资的灵活性。

企业发行可转换债券有诸多有利之处。但是,当发行可转换债券企业的股票无法达到促使债券转换的价格水平时,持有者将不会行使转换权利,从而使可转换债券被"悬挂"起来。可转换债券被"悬挂"情况对发行债券的企业非常有害。一方面可转换债券在转换前还是企业的债务,这些债务不能转换成权益资本,企业在收回这些债券之前将丧失筹资能力。另一方面,如果可转换债券到期时,无法迫使持有者进行转换,企业就要筹集现金收回这些可转换债券。这时,企业会有一大笔现金流出,而这笔现金将给企业带来极大的财务压力。再有,发行可转换债券的企业无法提前兑回这些债券。这是因为如果股票没有达到促使转换的价格水平,企业提前兑回可转换债券就要支付高于市场价值的价格,这对企业来讲是痛苦的。

第五节 长期借款筹资

长期借入资金指企业向银行或其他非银行金融机构借入的使用期超过一年的借款,主要用于购建固定资产和满足长期流动资金占用的需要。取得长期借款是企业筹集长期资金的一种重要方式。长期借款在一定时期内可以被企业作为一种永续性借款,供企业长期占用。

一、长期借款的种类

1. 按提供贷款的机构分类

长期借入资金按提供贷款的机构分,可分为政策性银行贷款、商业性银行贷款和其他金融机构贷款三类。

2. 按贷款有无担保分类

长期借入资金按贷款有无担保分类,分为担保贷款和信用贷款。其中,担保贷款又分为保证贷款、质押贷款和抵押贷款;信用贷款是指不以抵押品担保的贷款,即仅凭借款企业的信用或某保证人的信用而发放的贷款。

3. 按贷款的用途分类

按贷款的用途可分为基本建设贷款和专项贷款。其中,基本建设贷款是指企业因为新建、改建、扩建等基本建设项目需要资金时而向银行申请借入的款项;专项贷款是指企业因为专门用途而向银行申请借入的款项,它又可分为更新改造贷款、大修理贷款、科研开发贷款、小型技术措施贷款、出口专项贷款及其他专项贷款。

二、长期借款的保护性条款

长期借款的保护性条款大致有如下三类。

1. 一般性保护条款

（1）对借款企业流动资金保持量的规定，其目的在于保持借款企业资金的流动性和偿债能力。

（2）对支付现金股利和再购入股票的限制，其目的在于限制现金外流。

（3）对资本支出规模的限制，其目的在于减少企业日后不得不变卖固定资产以偿还贷款的可能性，仍着眼于保持借款企业资金的流动性。

（4）限制其他长期债务，其目的在于防止其他贷款人取得对企业资产的优先求偿权。

2. 例行性保护条款

（1）借款企业定期向银行提交财务报表，其目的在于及时掌握企业的财务情况。

（2）不准在正常情况下出售较多资产，以保持企业正常的生产经营能力。

（3）如期清偿缴纳税金和其他到期债务，以防被罚款而造成现金流失。

（4）不准以任何资产作为其他承诺的担保或抵押，以避免企业过重的负担。

（5）不准贴现应收票据或出售应收账款，以避免或有负债。

（6）限制租赁固定资产的规模，其目的在于防止企业负担巨额租金以致削弱其偿债能力，还在于防止企业以租赁固定资产的办法摆脱对其资本支出和负债的约束。

3. 特殊性保护条款

特殊性保护条款是针对某些特殊情况而出现在部分借款合同中的，主要包括：

（1）贷款专款专用。

（2）不准企业投资于短期内不能收回资金的项目。

（3）限制企业高级职员的薪金和奖金总额。

（4）要求企业主要领导人在合同有效期担任领导职务。

（5）要求企业主要领导人购买人身保险等。

三、长期借款的偿还计划

长期借款必须按借款合同的规定还本付息，而偿还方式通常是借贷双方协商确定的。选择偿还方式的主要依据是付款总金额的高低，常见的偿还方式主要有以下四种。

1. 到期一次性还本付息

这种偿还方式要求借款方在债务到期时将债务期内积累的利息与借款本金一次足额归还给贷款方。付款的总金额为

$$T = P(1+i)^n \tag{6-3}$$

式中：T——付款总金额；P——借款本金；n——借款期限；i——借款的年利率。

2. 分期付息，到期还本

这种偿还方式要求借款方在每年年末支付本年应付利息，在债务到期时将本金付清。付

款的总金额为

$$T = P + n \times P \times i \tag{6-4}$$

3. 等额偿还

这种偿还方式是将债务期内的本息合计后,再按每期相等的金额分期偿还,偿还期可以定为季、半年或一年。我们把每期偿还的数额看作是普通年金,借款本金就成为年金现值,则每期付款金额为

$$T = P/(P/A, i, n) \tag{6-5}$$

付款总金额为

$$T = n \cdot A \tag{6-6}$$

4. 按相同比例分期偿还本金,并支付当期利息

这种偿还方式将本金按百分比的形式平均分配于债务期内,每年年末将本年应付的本金和应计的利息一并支付。付款的总金额为

$$T = P_0 + [(P_0 \cdot i + P_{(n-1)} \cdot i) \cdot n]/2 \tag{6-7}$$

式中:P_0——期初借款本金;$P_{(n-1)}$——第 $n-1$ 年年末未偿还的本金。

四、长期借款筹资的特点

1. 长期借款融资的优点
(1) 长期借款利息可以作抵税费用处理。
(2) 长期借款具有速度快、借款弹性较大,以及发行成本低等公司公开发行证券所没有的优点。
(3) 借款成本较低。
(4) 长期借款筹资有利于企业实现负债到期期间与资产到期期间的有机配合。

2. 长期借款融资的缺点
长期借入资金融资的缺点主要表现为:风险大;长期借款的限制性条款比较多,在一定程度上会影响企业筹资能力;在银根紧缩时期,贷款人通常也会要求长期借款具有某些转换为普通股的权利。

五、长期借款的信用条件

1. 信贷额度
信贷额度亦称信贷限额,是银行对借款人规定的无担保贷款的最高额。

2. 周转信贷协定
周转信贷协定是银行具有法律义务地承诺提供不超过某一最高限额的贷款协定。在协定的有效期内,只要企业的借款总额未超过最高限额,银行必须满足企业任何时候提出的借款要求。企业享用周转信贷协定,通常要对贷款限额的未使用部分付给银行一笔承诺费。

3. 补偿性余额
补偿性余额是银行要求借款企业在银行中保持按贷款限额或实际借用额一定百分比(一般为 10% 至 20%)计算的最低存款余额。补偿余额有助于银行降低贷款风险,补偿其可能遭

受的损失;但对借款企业来说,补偿性余额则提高了借款的实际利率,加重了企业的利息负担。

$$补偿性余额贷款实际利率=年利息÷实际可用借款额$$
$$=名义利率÷(1-补偿性余额比例)$$

4. 借款抵押

银行向财务风险较大的企业或对其信誉没有把握的企业发放贷款,往往需要有抵押品担保,以减少自己蒙受损失的风险。借款的抵押品通常是借款企业的应收账款、存货、股票、债券以及房屋等。银行接受抵押品后,将根据抵押品的账面价值决定贷款金额,一般为抵押品账面价值的30%—50%。这一比率的高低取决于抵押品的变现能力和银行的风险偏好。

5. 偿还条件

贷款的偿还有到期一次偿还和在贷款期内定期(每月、季)等额偿还两种方式。

6. 以实际交易为贷款条件

当企业发生经营性临时资金需求,向银行申请贷款以求解决时,银行则以企业将要进行的实际交易为贷款基础,单独立项,单独审批,最后做出决定并确定贷款的相应条件和信用保证。

7. 其他承诺

其他承诺是指除上述六项信用条件之外的承诺。

第六节 其他长期融资方式

一、租赁融资

租赁是指出租人在承租人给予一定报酬的条件下,授予承租人在约定的期限内占有和使用财产权利的一种契约型行为。在租赁业务中,出租人主要是各种专业租赁,承租人主要是企业,租赁的对象主要是机器设备等固定资产。

租赁业于20世纪50年代初首先在美国兴起,60年代传到日本,之后在各国迅速发展,租赁的业务及范围有了极大的发展,到今天几乎任何固定资产都可租用。目前,租赁业务已向国际化发展,现在国际租赁业务已遍及全世界,一些国家利用租赁方式从国外引进技术设备以弥补国内资金不足。20世纪80年代,我国某些企业也开始采用租赁方式筹资,目前租赁已成为企业筹集资金的一种方式。

(一) 租赁的类型

1. 根据租赁目的的不同分为经营性租赁和融资性租赁

(1) 经营性租赁。它以满足承租人临时使用资产的需要为目的而发生的租赁业务,又称服务租赁或营运租赁。在这种租赁方式下,承租人租入资产的目的仅仅是为了满足生产经营上的短期的、临时的或季节性的需要,而不在于融资。

经营性租赁的主要特点有：租赁期限短，不涉及长期而固定的义务，会比较灵活，在合理限制条件范围内，可以解除租赁合同，出租人提供专门服务，如设备的保养、维修、保险和其他专门性技术服务；租赁期满，租赁的财产一般归还给出租者。

(2) 融资性租赁。又称财务租赁，是一种长期租赁，它是指出租人按照签订的租赁协议或合同，购置承租人需要的资产，并将其租赁给承租人长期使用，承租人可在资产的大部分使用寿命周期内，获得资产的使用权，从而最终获得所租赁资产的所有权。

融资性租赁的特点：不仅是为了获得租赁物的使用权，而且也是为了租赁物的所有权，租赁期满，租赁资产的所有权一般归承租方；租赁资产一般由承租人亲自挑选，然后由出租人代为购买；承租人有权选择设备的供应商；租赁期限比较长，大都在资产耐用年限的一半以上；融资性租赁是一种不可解约的租赁，在合同的有效期内，不能单方面撤销合同，这有利于维护双方的权益；由承租人负责设备的维修、保养和保险。

2. 根据租赁资产的投资来源的付款对象可分为直接租赁、转租赁和售后回租三种形式

(1) 直接租赁。这是指承租人直接向出租人承租其所需要的资产，并付出租金。直接租赁的主要出租人是制造商、金融公司、专业租赁公司等。其特点表现为出租人既是租赁设备的全资购买者，又是设备的出租者，直接租赁是典型的租赁形式。

(2) 转租赁。这是指出租人从另一出租人或制造商租来设备，再转租给承租人使用。在这种方式下，从事转租赁业务的企业，既是承租人，又是出租人。与直接租赁相比，从事转租赁业务的公司在租赁设备上并不须投入很多资金，承担较低的风险。它适用于从国外引进先进的技术设备。

(3) 售后回租。又称返租赁，这是指承租人将拥有的机器设备先按照账面价格或市场价格出售给租赁公司，然后再从该租赁公司原封不动地租回，按租赁合同分期支付租金。这种租赁方式实质上是企业暂时出让设备的所有权而获得一笔急需的流动资金，同时又保留设备的使用权，不影响企业的正常生产，有利于提高资金的使用效益。

3. 根据出租人对购置一项设备的出资比例来区分，可分为单一投资租赁和杠杆租赁

(1) 单一投资租赁。这是指在一次租赁交易中，最初的设备购置成本由出租人单独承担。

(2) 杠杆租赁。又称平衡租赁，是融资租赁的派生物，它是指出租人对金额较大的项目只提供一部分投资，其余部分通过以出租的设备为抵押，向银行、保险公司或投资公司等金融借款支付，然后出租人将设备使用权出租给承租人使用的一种租赁形式。出租人一般出资相当于租赁资产价值的30%左右，其余70%为借款。杠杆租赁一般涉及承租人、出租人和贷款人三方当事人。

杠杆租赁的特点：出租人所购用于租赁的资产无论是靠自有资金还是借入资金购入的，均可按资产的全部价值享受多种减税、免税待遇，减轻了出租人的租赁成本；在一般情况下，杠杆租赁的出租人愿意将上述利益以低租金的方式转让给承租人一部分，从而使租金低于其他融资租赁的租金。

(二) 租赁筹资的程序

不同的租赁业务，具有不同的租赁程序。下面介绍融资租赁的基本程序。

1. 选择租赁公司

企业要想通过租赁方式取得设备或融资时，首先需要了解各个租赁公司的经营范围、经营

能力、资信情况以及与其他金融机构的关系,取得租赁公司的融资条件和租赁费率等资料,进行分析比较,从而择优选择。我国现行财务制度规定,企业通过融资方式租入设备,应向国家批准成立的租赁公司办理。

2. 办理租赁委托

企业选定租赁公司后,便可向其提出申请,办理委托。企业必须填写"租赁申请书",说明所需设备的具体要求,并提供企业财务状况文件。

3. 签订购货协议

由承租企业与租赁公司的一方或双方合作组织选定设备生产厂商,并与其进行技术与商务谈判,签署购货协议。

4. 签订租赁合同

由承租企业与租赁公司签订。它是租赁业务中的重要文件,具有法律效力。融资租赁合同的内容一般包括:

一般条款:(1)合同说明:主要明确合同的性质、当事人身份、合同签订的日期;(2)租赁设备条款:详细列出租赁设备的名称、规格型号、数量、技术性能、交货地点及使用地点等;(3)租赁设备交货、验收和税款、费用条款;(4)租期和起租日期条款;(5)租金支付条款:规定租金的构成、支付方式和货币名称。

特殊条款:(1)租赁合同与购货合同的关系;(2)租赁设备的产权归属;(3)租赁期中不得退租;(4)对出租人和承租人的保证;(5)承租人违约及对出租人的补偿;(6)设备的使用、保管和维修责任;(7)保险条款;(8)租赁保证金和担保条款;(9)租赁期满时对设备的处理条款等。

5. 交货验收

承租企业收到租赁设备,要进行验收,验收合格签发交货及验收证书并提交给租赁公司,租赁公司据以向厂商支付设备价款。同时承租公司向保险公司办理投保事宜。

6. 支付现金

承租企业按合同规定的租金数额、支付方式等,向租赁公司支付租金。

7. 租赁期满的设备处理

租赁合同期满时,承租企业根据合同规定,决定是否续租、退租或留购。

(三) 租金的计算

在租赁筹资方式下,承租企业要按合同规定向租赁公司支付租金。租金的数额和支付方式对承租企业的财务状况产生直接的影响,也是企业租赁筹资决策的重要依据。

1. 租金的构成

(1) 营业租赁的租金,包括租赁资产购买成本、租赁期间利息、租赁设备维护费用、业务及管理费、税金、保险费及租赁物的陈旧风险等。

(2) 融资租赁的租金包括设备价款和盘算两部分,其中租息又可分为租赁公司的融资成本、租赁手续费用等。

设备价款是租金的主要内容,它由设备的买价、运杂费和途中保险费等构成。融资成本是指租赁公司为购买租赁设备所筹资金的成本,即设备租赁期间的利息。租赁手续费,包括租赁公司承办租赁设备的营业费用和一定的盈利。租赁手续费的高低一般无固定标准,可由承租企业与租赁公司协商确定。

2. 租金的支付方式

租金的支付方式也影响企业租金的计算。支付租金的方式一般有如下几类：

(1) 按支付时期长短分为年付、半年付、季付、月付；

(2) 按支付时期的先后分为先付租金和后付租金，先付租金是指在期初支付，后付租金是指在期末支付；

(3) 按每期支付金额分为等额支付和不等额支付。

3. 租金的计算方法

租金的计算方法很多，在我国融资租赁实务中，一般采用等额年金法和直线法。

(1) 等额年金法。

等额年金法是将一项租赁资产在未来各租赁期内的租金额按一定的贴现系数予以折现，使其值总额恰好等于租赁资产的成本。在这种方法下，通常要综合利率和手续费确定一个租赁费率，作为贴现率。其计算公式为

$$R = \frac{C}{(P/R, i, n)} \qquad (6-8)$$

式中：R——每年支付的租金；C——租赁资产成本；$(P/R, i, n)$——n 期后付年金现值系数；n——支付租金次数；i——租赁费率。

【例 6-4】某企业于 2000 年 1 月 1 日从租赁公司租入一套设备，价值 30 万元，租期为 5 年，到期后设备归企业所有，假定租赁费率为 16%，则该企业每年应支付的租金为：

$$R = \frac{300\,000}{(P/R, 16\%, 5)} = 91\,620(元)$$

(2) 直线法。

直线法是先以商定的利息率和手续费率计算出租赁期间的利息和手续费，再加上设备购置成本，按支付次数平均支付。这种方法没有考虑货币时间价值因素。其计算公式为

$$R = \frac{(C - S) + I + F}{n} \qquad (6-9)$$

式中：R——每次支付的租金；C——租赁设备购置成本；S——租赁设备预计残值；I——租赁期间利息；F——租赁期间手续费；n——租赁期限。

【例 6-5】某企业于 2000 年 1 月 1 日从某租赁公司租入一套设备，价值 100 万元，租期为 10 年，预计租赁期满时的残值为 5 万元，归租赁公司，年利率 10%，租赁手续费为设备价值的 4%，租金每年末支付一次，则其租金计算如下：

$C = 100(万元)$

$S = 5(万元)$

$I = 100 \times (1 + 10\%)^{10} - 100 = 159.5(万元)$

$F = 100 \times 4\% = 4(万元)$

$R = \dfrac{(100 - 5) + 159.5 + 4}{10} = 25.85(万元)$

(四) 租赁筹资的优缺点

1. 租赁筹资的优点

(1) 可以迅速获得所需资产。租赁一般比借款后再购置资产设备更迅速,更灵活。因为租赁是筹资与设备购置同时进行,可以缩短企业设备购进时间,使企业尽快形成生产能力。

(2) 保存企业借款能力。利用租赁筹资并不使企业负债增加,不会改变企业资本结构,不会直接影响承租企业的借款能力。

(3) 租赁资产限制较少。企业运用股票、债券、长期债款方式筹资,都受到许多条件的限制,而相比而言,租赁筹资限制较少。

(4) 可以避免淘汰和陈旧过时的风险。随着科学技术的不断进步,设备陈旧被淘汰风险很大,而多数租赁协议规定由出租人承担这种风险,承租企业可避免这种风险。

(5) 租金在整个租期内分摊,不用一次归还大量资金。

(6) 租金费用可在税前扣除,能享受税收上的优惠。

2. 租赁筹资的缺点

(1) 成本较高。租金总额往往超过设备价值总额。

(2) 承租企业在经济不景气、财务困难时,固定的租金支付成为企业的沉重负担。

(3) 丧失资产残值。租赁期满,资产的残值一般归出租人所有。但若购买资产,则可享有资产残值,这也应视为承租企业的一种机会损失。

(4) 难于改良资产。承租企业未经出租人同意,不得擅自对租赁资产加以改良。

二、补偿贸易、合资经营

(一) 补偿贸易

1. 概念与特点

补偿贸易是 20 世纪 60 年代初出现,20 世纪 70 年代以后迅速发展起来的一种贸易形式。美国和西欧一些国家在对苏联、东欧各国和第三世界国家的贸易中,首先采用了这种方式。

(1) 定义:补偿贸易是"设备"的出口方提供机器、设备、技术,也可以辅以必要的原材料或劳务(总称为"设备"),在一定期限内由"设备"进口方用进口"设备"所生产的产品(有的用收益)或双方商定的其他商品或劳务来偿还的一种交易方式。

(2) 主要特点。

① 补偿贸易是"设备"出口方的"设备"与"设备"进口方用该"设备"所生产的产品(或收益)的交换和对流,一般情况下(除约定外)不用货币作为媒介,带有易货贸易的特点,但又不是一般的易货贸易,其主要区别是:首先,一般的易货贸易往往是一次发生的行为,买卖同时发生,大致同时完成;而补偿贸易往往要持续一段时间,买卖行为是多次的;其次,一般的易货贸易,双方交换的商品之间没有联系;而补偿贸易大都以进口设备所生产的产品(或收益)来偿还,间接产品补偿只是一种例外情况;第三,一般的易货贸易,交易双方不发生信贷关系,而补偿贸易则必须以信贷为基础,不是由交易双方直接发生信贷关系,就是与第三方建立信贷关系。

② 补偿贸易虽具有延期付款的性质,但又不用于延期付款的交易(Deferred Payment),前者是用商品偿还,不用现金,而后者则是用现汇偿还货款。

③ 按照补偿贸易取得的设备,其所有权归进口方,而偿还设备的产品,只有在移交给设备卖方后,其所有权才属于设备出口方。这一点与对外加工是不同的。

2. 补偿贸易的种类(或基本形式)

(1) 产品返销(Product Buy Back 或简称 Buyback),也叫直接补偿。它是指设备进口方用该设备制造出来的产品返销给对方,作为支付该项进口设备的价款,要把利息计算在内。一般,采用对开信用证的办法;设备出口方即由买方(设备进口方)开出包括利息在内的远期付款信用证;补偿产品出口由卖方(设备出口方)开出即期信用证。

(2) 回购式互购(Counter Purchase 或 Parallel Deals),又称为间接补偿。它是指设备(技术)的进口方不是用该设备直接生产出来的产品偿还设备价款,而是用双方事先商定的其他商品去偿还。该种方式比较复杂,一般只是在进口的设备不生产直接产品,或其生产的产品不适合对方需要时,才采用这种方式。

(3) 混合抵偿。

(二) 合资经营

1. 合资经营企业的概念

合资经营企业是第二次世界大战以后,特别是 20 世纪 60 年代以来,成为发展中国家吸收外国直接投资,取得本国所需要的技术的一种重要方式。它是指两个或两个以上的本国和外国公司或企业,其他经济组织和个人,共同投资、共同经营、共担风险、共负盈亏的企业。

2. 合资经营企业的特征

(1) 合资企业可以是双边的,也可以是多边的,是来自不同国家的合资者。企业应具有法人的地位,受该企业所在地法律的约束。

(2) 当事人共同投资、共同经营、共担风险、按股份额共负盈亏。

(3) 有一定的期限,一般合约期为 10—30 年。

(4) 合营企业的主体,除了个人、公司、企业外,还可以是某国的政府部门或国际组织。

三、资产证券化

(一) 资产证券化的概念

资产证券化(ABS)是近 30 年来金融领域最重大的创新之一。资产证券化是指将缺乏流动性、但在预期未来具有稳定现金流的资产汇集起来,形成一个资产池,通过结构性重组,将其转变为可以在金融市场上出售和流通的证券,据以融资的过程。证券化的实质是融资者将被证券化的金融资产的未来现金流收益权转让给投资者,而金融资产的所有权可以转让,也可以不转让。

资产证券化在国外使用相当普遍,是当前颇为流行的主要融资工具之一。资产证券化开始于美国 20 世纪 60 年代末的住宅抵押贷款市场,现已成为仅次于联邦政府债券的第二大市场。除了美国,资产证券化在国际资本市场上的发展也是极为迅速的。在我国已经成功实施的资产证券化项目有:中远集团航运收入资产证券化、中集集团应收账款资产证券化、珠海高速公路未来收益资产证券化。其中,中远集团通过资产证券化融资渠道获得的资金约5.5亿美元,珠海高速公路约2亿美元,中集集团约8 000万美元。在这三个资产证券化案例中,都是由外资银行担任证券化项目的主承销商。目前还未有国内证券公司实质性地运作过资产证券化项目。

(二) 资产证券化的前提条件

要保证资产证券化交易结构严谨、有效,必须满足以下五个条件:
(1) 将被证券化的资产能产生固定的或者循环的现金收入流。
(2) 原始权益人对资产拥有完整的所有权。
(3) 该资产的所有权以真实出售的方式转让给特设信托机构。
(4) 特设信托机构本身的经营有严格的法律限制和优惠的税收待遇。
(5) 投资者具备对资产证券化的知识、投资能力和投资意愿。
以上条件中的任何一个不具备,都会使资产证券化面临很大的交易结构风险。

(三) 资产证券化的操作步骤

在以上基本交易结构的基础上,资产证券化的运作还需要一套行之有效的程序。
(1) 组建特设信托机构 SPV(SPV:Special Purpose Vehicle)。
(2) 筛选可证券化的资产,组成资产池。
(3) 原始权益人将资产"真实出售"给特设信托机构,有效实现风险隔离,最大限度降低发行人的破产风险对证券化的影响。
(4) 特设信托机构发行资产支撑证券。这一阶段包括构造完善的交易结构,进行内部评级,进行信用升级及安排证券销售等步骤。这一阶段是整个资产证券化过程中最复杂、参与者最多、技术要求最高的实质性阶段。
(5) 特设信托机构清偿债务阶段。在这一阶段,特设信托机构从证券承销商获取证券发行收入,向原始权益人支付购买价格。同时,原始权益人自己或委托资产管理公司管理资产池中的资产,将其现金收入存入托管行,然后对投资者还本付息,并支付聘用机构的费用。

(四) 资产证券化融资特点

(1) 以转让资产的方式获取资金,所获资金不表现为负债,因此不影响资产负债率。
(2) 将多个发起人所需融资的资产集中成一个资产池进行证券化,基础资产多样性,因而风险小,资金成本低。
(3) 有限追索权。投资者仅追索剥离出去的基础资产。
(4) 对投资人来说,由于设立特设信托机构 SPV,特设信托机构 SPV 以一定价差收购原始权益人的资产,该资产从发起人的资产负债表上移开,实现了真实出售,资产证券化收益不受发起人的破产牵连;另外,资产证券化信用增级后,可获得高于普通储蓄的收益率。

案例分析

筹集资金长期闲置现象的分析

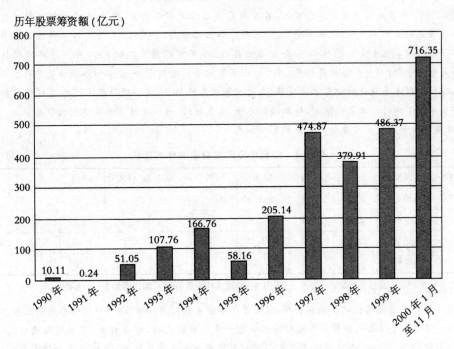

图 6-1　1990—2000 年上海证券市场筹集资金统计

十年来，上海证券市场为国民经济发展累计筹资达 2 656 亿元。其中，1997 年以前，年度筹集金额相对较小；1997 年以后，随着市场发展速度的加快，年度筹集额始终在 370 亿元以上。2000 年 1 月至 11 月，上海证券市场股票筹集 716.35 亿元，比 1999 年全年增加 47.28%。仅 11 月份一个月的股票筹集额就达 211 亿元，为 1999 年全年的 43.38%。值得注意的是一些公司筹集资金几乎大部分闲置，有的闲置时间甚至达 7 年以上，这些现象使非常严肃的招股说明书中的投入承诺和盈利预期变得如同儿戏。以中国七砂、阿继电器、凤凰股份、云维股份四家上市公司为例，所做的分析如下。

中国七砂、阿继电器、凤凰股份、云维股份四家上市公司筹集资金闲置的主要原因如表 6-3。

表 6-3　部分公司筹集资金长期闲置主要原因

代码	公司	招股日期	筹集资金使用比例	筹集资金长期闲置的主要原因
0851	中国七砂	1998/4/23	4.67%	目前产品市场需求状况不明显，正进行该等项目的市场深度与产品试产分析。
0922	阿继电器	1999/4/22	5.71%	投资项目固定资产采取招标或议标的方式，个别立项较早项目将做进一步论证。
600679	凤凰股份	1993/8/5	66.83% (20 600.6 万元)	由于国内市场摩托车行业竞争激烈，未作出进一步投资。
600725	云维股份	1996/6/6	7.8%	投入项目自 1996 年下半年来其市场已出现了下滑趋势，由供不应求转为供大于求。

从表 6-3 可以看出，市场变化是导致原项目投入的可能性受阻的主要原因。但是，市场变化应该

说是一个正常的因素,这是任何一个市场经济主体都会面临的问题。究其深层次原因,招股项目本身就有极大的问题,一些项目经过多个部门的审批,从立项到批准再到发行股票,经过的时间相当长,项目环境的变化导致本来可行的项目变得不可行。如中国七砂筹资金项目都是在1997年2月批准的,因此1998年筹集到资金时再行投入,其市场前景已经变得非常差,将来再投资的可行性变得更小;部分项目的立项不严谨,脱离市场,过于乐观。如云维股份,公司1996年6月在招股说明书中认为,四个招股项目基本上能在1996年完成建设,1997年可以投产。但1996年下半年市场供大于求,公司项目受阻,而且一停就是四年;另外一个不可回避的原因是,一些部门和地方政府从本位主义出发,往往取得上市额度后公司才上项目,或者捆绑拼凑的项目,这些项目根本就没有经过可行性分析,有些地方不顾行业政策的限制,继续降低水平、重复建设、并以此作为筹集资金的项目。

筹集资金长期闲置对于公司收益的影响如表6-4所示。

表6-4　公司净资产收益率的序时变化　　　　　　　　　　单位:%

股票代码	股票简称	2000	1999	1998	1997	1996	1995	1994	1993	1992
0851	中国七砂	0.28	0.91	3.29	17.96					
0922	阿继电器	3.18	6.18	28.32						
600679	凤凰股份	1.22	0.62	−21.45	0.22	−4.64	3.37	9.82	7.83	34.15
600725	云维股份	0.94	1.02	−6.69	6.49	22.36	36.37			

资料来源:据《中国证券报》2000年8月25日陈锦泉"关注募集资金长期闲置现象"一文整理。

资本的一个重要特征就是能够获利,因此筹集资金未投入实际项目,会对这些公司的财务指标发生影响。表6-4是对上述公司股票发行前后净资产收益率的比较,可以看出,在经过招股后,溢价发行使公司的净资产增加,而公司的主营业务因为筹集资金未能产生效益,没有获得后续发展支持,发行后一年公司的净资产收益率出现了大幅下降。

案例思考题

1. 你如何看待上市公司筹集资金长期闲置的现象?发行后一年公司的净资产收益率出现了大幅下降的原因是什么?

2. 完善筹集资金使用相关制度的建议有哪些?

补充阅读材料

1. 〔美〕Stephen A. Ross,Randolph W. Westerfield,Jeffrey F. Jaffe;吴世农,沈艺峰等译. 公司理财. 机械工业出版社,2000

2. 陈共等编. 证券市场基础知识. 中国人民大学出版社,1998

3. 余绪缨主编. 企业理财学. 辽宁人民出版社出版,1995

4. 荆新,王化成,刘俊彦. 财务管理学. 中国人民大学出版社,2002

5. 栾庆伟,迟国泰. 财务管理. 大连理工大学出版社,2001

6. 卢家仪,蒋冀. 财务管理. 清华大学出版社,1997

7. 刘爱东. 浅谈可转换债券的融资决策及风险防范. 中南工业大学学报,1999(5)

8. 刘爱东. 国有企业运用国际商品贸易融资的思考. 湘潭大学学报,1998(3)

第七章 资本结构

/学习目标/

通过本章的学习,理解资本成本的概念、性质和作用,以及资本结构理论的发展和政策启示,掌握资本成本的计算方法及杠杆分析原理与应用,学会资本结构优化及决策的基本知识。

资本结构是指公司不同资金的构成状况及其比例关系,是公司筹资决策的重要依据。通过杠杆分析和公司资本结构的优化,可规避财务风险,以最低的加权平均资本成本运营,实现企业价值最大化的财务目标。

第一节 资本成本

一、资本成本的概念、性质和作用

(一) 资本成本的概念

企业从各种渠道、通过各种方式取得的资金都不是无偿使用的,而是要付出代价,发生费用的。因此,资本成本是指企业为筹集和使用资金而支付的各种费用的总和,主要包括资金筹集成本和资金使用成本两部分。

1. 资金筹集成本

资金筹集成本是指企业在资金筹措过程中支付的各项费用,主要包括借款的手续费和发行股票、债券而支付的各项代理费,如印刷费、广告费、担保费、公证费等。从本质上看,这些费用不属于资本成本,但它又是取得资金所必需的,并相应减少筹到的可用资金,故在计算资金成本时通常一并考虑这个因素。筹资费用同筹集金额和使用时间无直接联系,因此,可看作资本成本的固定费用。

2. 资金使用成本

资金使用成本,又称资金占用费,是资金使用者在生产经营过程、投资过程中因使用资金而支付给资金所有者的报酬。资金使用成本一般与所筹资金的多少以及使用时间有关,具有经常性和定期性支付的特点,可视为资本成本的变动成本,是资本成本的主体。其中包括以下两部分内容。

(1) 无风险报酬。这是指投资者将资金投向没有风险项目所获得的报酬,如国库券或银行存款的利息率。这里所指的无风险,是指没有违约风险并不意味没有其他风险,在通货膨胀的情况下,投资者出让资金的使用权,将面临着未来收回的资金购买力下降的风险。所以,出让资金使用权而取得报酬的高低,取决于资金市场的资金供求状况;通货膨胀补偿的高低,则取决于一定时期的通货膨胀率。资金市场的资金供求关系越紧张,通货膨胀率越高,则无风险报酬率也越高;反之则越低。无论是资金市场供求关系情况还是通货膨胀率,都是企业无力左右的客观经济环境,即不可控因素。因此,资本成本中的这一组成部分,是企业无力控制的成本。

(2) 风险报酬。这是指投资者所要求的高于无风险报酬的报酬,亦称风险溢价。由于企业客观经济环境的不确定性,所有的企业都在风险条件下经营。投资者要求的风险报酬的高低,取决于投资风险的大小,而投资风险的大小则与企业的财务状况和经营业绩、举债情况等因素有关,这些因素决定着企业的经营风险和财务风险。在有效的市场中,企业管理者若能不断提高经营管理水平,有效地控制经营风险和财务风险,从而降低他们所要求的风险报酬,降低企业的资本成本,因此,资本成本中的这一组成部分,是企业的可控成本。

(二) 资本成本的性质

资本成本是一个重要的经济范畴,它是资金所有权与使用权相分离的产物。

资本成本是资金使用者向资金所有者和中介机构支付的占用费和使用费。因此,资本成本是商品经济条件下资金所有权和使用权分离的必然结果。

资本成本与资金的时间价值既有联系,又有区别。资金的时间价值反映了资金经历一定时间的投资与再投资而增值的特性,有一个重要前提是资金的投资与再投资是有代价的——取得增值。资本成本则是资金的使用人由于使用他人资金而付出的代价,其基础是资金的时间价值。资本成本与资金的时间价值的区别是:资本成本既包括资金的时间价值,又包括投资风险的价值;资金的时间价值一般表现为时间的函数,而资本成本除表现为时间的函数外,还表现为资金占用额的函数。

资本成本具有一般产品成本的基本属性。资本成本是企业的耗费,企业要为占用资金而付出代价、支付费用,而这些代价或费用最终也要作为收益的扣除额来得到补偿。资本成本是成本之一,但又不同于一般的产品成本,它只有一部分具有产品成本的性质,即这部分耗费计入产品成本,可直接表现为生产性耗费,而另一部分作为利润的分配。

(三) 资本成本的作用

资本成本是企业公司理财的一个重要概念,在企业财务活动实践中具有相当广泛的作用。

1. 资本成本是企业选择资金来源、筹集资金方式的重要依据

企业筹集资金的方式多种多样,如发行股票、债券、向银行借款等。不同的筹资方式,其个别的资本成本也不同。资本成本的高低可以作为比较各种筹资方式的重要依据,从而选择最小的资本成本的筹资方式。但是并不能把资本成本作为选择筹资方式的唯一依据。

2. 资本成本是企业进行投资项目,制定投资方案的主要经济标准

任何一个投资项目,只有它的投资收益率高于资本成本率,才是有利可图的;反之,如果预

期投资收益率低于其资本成本率,则是不可行的。因此,国际上通常将资本成本视为投资项目的最低收益率和是否采用投资项目的"取舍率",同时将其作为选择投资项目的主要标准。

3. 资本成本是企业进行资本结构决策的基本依据

企业的资本结构一般是由借入资本和自有资本组合而成,这种组合有多种方案,如何寻求两者间的最佳组合,一般可通过计算综合资本成本作为企业决策的依据。因此,综合资本成本的高低是比较各个筹资组合方案、做出资本结构决策的基本依据。

4. 资本成本也是衡量企业整个经营业绩的一项重要标准

资本成本是企业从事生产经营活动必须实现的最低投资收益率,企业无论从什么渠道,以何种方式取得资金,都要实现这一最低投资收益率,才能补偿企业因筹资而支付的所有费用。因此,将企业的实际资本成本与相应的利润率进行比较,则可以评价企业的经营业绩。若企业利润率高于资本成本率,可以认为经营良好;反之,企业经营不利,应加强改善生产经营管理,进一步提高经济效益。

二、资本成本的计算

为使企业价值最大化,除企业的生产和经营成本支出要小外,资本成本也要达到最小。在公司理财中,资本成本的计算和确定十分重要,它体现在两个方面:(1)在企业的长期投资决策中必须以资本成本作为折现率来计算现值,投资项目的取舍取决于项目投资收益率是否大于筹资的成本;(2)企业的资本有多种来源,如股票、债券,长期和短期贷款,不同资本的数量及其成本的大小会影响企业总的资本成本,因此在企业筹措资金时都要进行资本成本的估算,以便找到合适的筹资方案。

公司理财中所说的资本是指企业为购置资产和日常经营所需要的资金。企业的资金来源于资产负债表右边的各项,即负债和权益。

如上所说,我们计算资本成本是为长期投资决策和筹资决策所用,因此在估算企业总的资本成本,即综合资本成本时,只考虑长期资本的成本,流动负债成本不必计入。这里有一点必须强调,长期资本并不仅仅指购置固定资产的资本,流动资产中相当大的一部分,不随经营周期和季节性变化的资产,实际上占用的是长期资金,所以净流动资产(流动资产-流动负债)是由长期筹资得来的,其成本应计入资本成本中,见图 7-1。

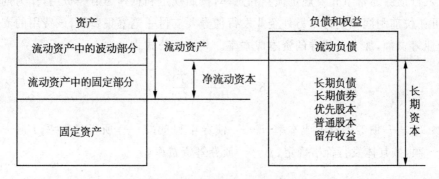

图 7-1 资产负债表图示

综上所述，计算企业的综合资本成本时要考虑的资本有：长期负债、长期债券、优先股本、普通股本和留存收益。

在公司理财上，通常用资本成本的相对数即资本成本率作为衡量资本成本高低的标准，以便于对在不同条件下筹集资金的资本成本进行分析和比较。

资本成本率的计算公式为

$$K = \frac{D}{P-F} \tag{7-1}$$

或

$$K = \frac{D}{P(1-f)} \tag{7-2}$$

式中：K——资本成本率；D——资金使用成本；P——筹资总额；F——资金筹集成本；f——筹资费用率，即资金筹集成本占筹资总额的比率。

应当指出，资本成本率在筹资和投资决策中是非常重要的指标。但是，因为据以测算资本成本率的各项因素都不是按过去实现的数字确定的，而是根据现在和未来情况确定的，因此，资本成本率是一个预测的估计值，在进行筹资、投资决策分析时，还应充分考虑这些因素今后可能发生的变化。

以上资本成本率的计算公式是就一般情况而言。采用不同的筹资方式，由于影响资本成本的具体因素不同，其资本成本率的计算方法也有区别。

(一)（长期）债务资本成本的计算

债务资本具有如下特点：(1)资本成本的具体表现形式是利息，其利息率的高低是预先确定的，不受企业经营业绩的影响；(2)在长期债务有效期内，一般利息率固定不变，并且按期支付；(3)利息费用是税前扣除项目；(4)债务本金需按期归还。由于债务资本成本的基本内容是利息费用，而利息费用一般允许在企业所得税前支付，因此，企业实际负担的利息为利息×(1－所得税税率)。

1. 长期债券资本成本

企业发行债券通常事先要规定债券利息率，按照规定利息列为财务费用，作为期间费用扣除利润，可在税前利润中支付。另外企业发行债券要支付一笔筹集费用，该费用的支出实际上减少了企业筹资额，加大了债券的资本成本率。其计算公式为

$$K_b = \frac{I_b(1-T)}{B(1-f_b)} \tag{7-3}$$

式中：K_b——债券的资本成本率；I_b——债券年利息；T——所得税税率；B——债券筹资额，按具体发行价格确定；f_b——债券筹资费率。

【例 7-1】某企业发行总面额 5 000 万元的债券,票面利率为 10%,期限为 5 年,发行费用率为 5%,企业所得税税率为 30%。

若债券溢价发行,其发行价格总额为 5 200 万元,则其资本成本率为

$$K_b = \frac{5\,000 \times 10\% \times (1-30\%)}{5\,200 \times (1-5\%)} = 7.085\%$$

若债券平价发行,其资本成本率为

$$K_b = \frac{5\,000 \times 10\% \times (1-30\%)}{5\,000 \times (1-5\%)} = 7.37\%$$

若债券折价发行,发行价格总额为 4 800 万元,则其资本成本率为

$$K_b = \frac{5\,000 \times 10\% \times (1-30\%)}{4\,800 \times (1-5\%)} = 7.675\%$$

2. 长期借款资本成本

企业以长期借款方式筹集资金,与长期债券相类似,可按下列公式计算:

$$K_L = \frac{I_L(1-T)}{L(1-f_L)} \tag{7-4}$$

或

$$K_L = \frac{R_L(1-T)}{1-f_L} \tag{7-5}$$

式中:K_L——长期借款成本;I_L——长期借款年利息;T——所得税税率;L——长期借款筹资额,即借款本金;R_L——长期借款的年利率;f_L——长期借款筹资费率。

如果长期借款有附加的补偿性余额,长期借款筹资额应扣除补偿性余额,从而其资本成本将会提高。

【例 7-2】某企业向银行借入 500 万元的长期借款,年利率为 10%,期限为 4 年,每年付息一次,到期一次还本。假定筹资费率为 0.5%,所得税税率为 30%,则该笔长期借款的成本为

$$K_L = \frac{500 \times 10\% \times (1-30\%)}{500 \times (1-0.5\%)} = 7.035\%$$

长期借款的筹资费用主要是借款手续费,一般数额相对很小,为了简化计算,也可忽略不计。这样,长期借款成本可按以下公式计算:

$$K_L = R_L(1-T) \tag{7-6}$$

例[7-2]中,可简化计算为

$$K_L = 10\% \times (1-30\%) = 7\%$$

一般而言,债券的成本高于长期借款的成本,因为债券利率水平通常高于长期借款,同时债券的发行费用较高。

(二) 权益资本成本的计算

权益资本又称自有资金,主要有优先股、普通股和留存收益三种形式。权益资本的成本也包含两大内容:投资者的预期投资报酬和筹资费用。其计算有下列特点:(1)权益资本的投资

报酬即股利是以税后利润支付的,不会减少企业的所得税;(2)权益资本的投资报酬完全由企业的经营效益所决定,这使得权益资本的成本计算具有较大的不确定性。

1. 优先股资本成本

优先股是享有某种优先权力的股票,同时兼有普通股与债券的双重性质。优先股的投资报酬表现为股利形式,股利支付率固定,本金不需偿还。优先股的成本也包括两部分,即筹资费用与预定的股利。其计算公式如下:

$$K_p = \frac{D_p}{P_p(1-f_p)} \tag{7-7}$$

式中:K_p——优先股资本成本率;D_p——优先股年股利;P_p——优先股筹资额;f_p——优先股筹资费用率。

【例7-3】某企业发行优先股总面额为500万元,总价为560万元,筹资费用率为5%,预定年股利率为15%。则其资本成本率为

$$K_p = \frac{500 \times 15\%}{560 \times (1-5\%)} = 14.098\%$$

由于优先股股利在税后支付,不减少企业所得税。而且在企业破产时,优先股的求偿权位于债券持有人之后,优先股股东的风险比债券持有人的风险要大。因此,优先股成本明显高于债券成本。

2. 普通股资本成本

与优先股相比,普通股的不同在于其股息率是不固定的。从理论上看,普通股的成本是普通股股东在一定风险条件下所要求的最低投资报酬,而且在正常条件下,这种最低投资报酬应该表现为逐年增长的趋势。当企业资不抵债时,普通股持有人参与剩余财产分配的权利在优先股持有人之后,因而其投资风险最大,资本成本也最高。

普通股的资本成本率计算公式为

$$K_c = \frac{D_c}{P_c(1-f_c)} + G \tag{7-8}$$

式中:K_c——普通股资本成本率;D_c——第一年预期股利;P_c——普通股筹资额;f_c——普通股筹资费用率;G——普通股股利增长率。

【例7-4】某企业发行普通股股票市价为6 000万元,筹资费用率为5%,预计第一年股利率为15%,以后每年按2%递增,则其资本成本率为

$$K_c = \frac{6\,000 \times 15\%}{6\,000 \times (1-5\%)} + 2\% = 17.79\%$$

3. 留存收益资本成本

企业的留存收益是由企业税后利润扣除派发股利后形成的。它属于普通股股东,包括提取的盈余公积和未分配利润,既可以用做未来股利的分配,也可以作为企业扩大再生产的资金来源。从表面上看,企业使用留存收益好像不需要付出任何代价,但实际上,股东愿意将其留用于企业而不作为股利取出投资于别处,总会要求与普通股等价的报酬。因此,留存收益的使用也有成本,不过是一种机会成本。其确定方法与普通股相同,只是不考虑筹资费用。

留存收益成本的估算难于债务成本,这是因为很难对诸如企业未来发展前景及股东对未来风险所要求的风险溢价作出准确的测定。计算留存收益成本的方法主要有以下三种。

(1) 股利增长模型法。股利增长模型法是依照股票投资的收益率不断提高的思路计算留存收益成本。一般假定收益以固定的年增长率递增,则留存收益成本的计算公式为

$$K_s = \frac{D_1}{P_0} + G \tag{7-9}$$

式中:K_s——留存收益资本成本率;D_1——预期年股利率;P_0——普通股市价。

【例7-5】某公司普通股目前市价为50元,估计年增长率为15%,本年发放股利2元,则其成本为

$$D_1 = 2 \times (1 + 15\%) = 2.3(元)$$

$$K_s = \frac{2.3}{50} + 15\% = 19.6\%$$

(2) 资本资产定价模型法。按照资本定价模型,留存收益成本的计算公式为

$$K_s = R_F + \beta(R_m - R_F) \tag{7-10}$$

式中:R_F——无风险报酬率;β——股票的贝他系数;R_m——平均风险股票必要报酬率。

【例7-6】某期间市场风险报酬率为10%,平均风险股票必要报酬率为15%,某公司普通股β值为1.1。留存收益的成本为

$$K_s = 10\% + 1.1 \times (15\% - 10\%) = 15.5\%$$

(3) 风险溢价法。根据投资"风险越大,要求的报酬率越高"的原理,普通股股东对企业的投资风险大于债券投资者,因而会在债券投资者要求的收益率上再要求一定的风险溢价。依照这一理论,留存收益的成本公式为

$$K_s = K_b + RP_c \tag{7-11}$$

式中:K_b——债务成本;RP_c——股东比债权人承担更大风险所要求的风险溢价。

以上是关于股份有限公司股权资本成本率的计算。至于非股份制企业,其股权资本成本率的计算与普通股、优先股和留存收益成本率的计算有所不同,主要是:(1)非股份制企业的投入资本筹资协议有的约定了固定的利润分配比例,这类似于优先股,但不同于普通股;(2)非股份制企业的投入资本及留存收益不能在证券市场上交易,无法形成公平的交易价格,因而也就难以预计其投资的必要报酬率。在这种情况下,投入资本和留存收益的资本成本率的计算还是一个需要探讨的问题。我国有的财务学者认为,在一定条件下,投入资本及留存收益的资本成本率,可按优先股资本成本率的计算方法予以计算。

(三) 综合资本成本和边际资本成本的计算

1. 综合资本成本

企业通常是通过各种渠道,采用多种方式来筹措长期资金。前已述及,不同资金来源的成本是高低不等的。为了进行筹资和投资决策,确定最佳资本结构,还需要计算企业各种长期资金来源综合的资本成本。

综合资本成本率是指一个企业全部长期资本的成本率,通常以各种长期资本的比例为权

重,对个别资本成本率进行加权平均计算的,故亦称加权平均资本成本率。因此,综合资本成本率是由个别资本成本率和各种长期资本比例这两个因素所决定的。其基本计算公式为

$$K_w = \sum_{i=1}^{n} K_i W_i \qquad (7-12)$$

式中:K_w——综合资本成本率;W_i——第i种资金来源占全部资金来源的比重;K_i——第i种资金来源的资本成本率。

【例7-7】某公司现有长期资本总额1 000万元,其中长期借款200万元,长期债券350万元,优先股100万元,普通股300万元,留存收益50万元;各种长期资本成本率分别为4%、6%、10%、14%和13%。该公司综合资本成本率为

$$K_w = \frac{200}{1\,000} \times 4\% + \frac{350}{1\,000} \times 6\% + \frac{100}{1\,000} \times 10\% + \frac{300}{1\,000} \times 14\% + \frac{50}{1\,000} \times 13\% = 8.75\%$$

上述计算过程也可列表进行,如表7-1所示。

表7-1 综合资本成本率计算表

资本种类	资本价值(万元)	资本比例(%)	个别资本成本率(%)	综合资本成本率(%)
长期借款	200	20	4	0.80
长期债券	350	35	6	2.10
优先股	100	10	10	1.00
普通股	300	30	14	4.20
留存收益	50	5	13	0.65
合计	1 000	100	—	8.75

在计算企业综合资本成本率时,资本结构或各种资本在全部资本中所占的比例起着决定作用。企业各种资本的比例取决于各种资本价值的确定。各种资本价值的确定基础主要有三种选择:账面价值、市场价值和目标价值。

(1)按账面价值确定资本比例。企业财务会计所提供的资料主要以账面价值为基础的。财务会计通过资产负债表可以提供以账面价值为基础的资本结构资料,这也是企业筹资管理的一个依据。使用账面价值确定各种资本比例的优点是易于从资产负债表中取得这些资料,容易计算;其主要缺点是:资本的账面价值可能不符合市场价值,如果资本的市场价值已经脱离账面价值许多,采用账面价值作基础确定资本比例就会失去现实客观性,从而不利于综合资本成本率的计算和筹资管理的决策。

【例7-8】例7-7中的公司若按账面价值确定资本比例,进而计算综合资本成本率如表7-2所示。

表7-2 按资本账面价值计算的综合资本成本率

资本种类	资本价值(万元)	资本比例(%)	个别资本成本率(%)	综合资本成本率(%)
长期借款	150	15	4	0.60
长期债券	200	20	6	1.20
优先股	100	10	10	1.00
普通股	300	30	14	4.20
留存收益	250	25	13	3.25
合计	1 000	100	—	10.25

(2) 按市场价值确定资本比例。按市场价值确定资本比例是指债券和股票等以现行资本市场价格为基础确定其资本比例,从而计算综合资本成本率。

【例 7-9】例 7-8 中的公司若按市场价值确定资本比例,进而计算综合资本成本率如表 7-3 所示。

表 7-3 按资本市场价值计算的综合资本成本率

资本种类	资本价值(万元)	资本比例(%)	个别资本成本率(%)	综合资本成本率(%)
长期借款	150	10	4	0.40
长期债券	250	17	6	1.02
优先股	150	10	10	1.00
普通股	600	40	14	5.60
留存收益	350	23	13	2.99
合计	1 500	100	—	11.01

将表 7-3 与表 7-2 比较,该公司长期借款的市场价值与账面价值一致,而长期债券、优先股、普通股和留存收益的市场价值均高于账面价值,因此按市场价值确定的资本比例与按账面价值确定的资本比例不同,从而综合资本成本率也受到影响。按市场价值确定资本比例反映了公司现实的资本结构和综合资本成本率水平,有利于筹资管理决策。当然,按市场价值确定资本比例也有不足之处,即证券的市场价格处于经常的变动之中而不易选定。为弥补这个不足,在实务中可以采用一定时期证券的平均价格。此外,按账面价值和市场价值确定资本比例,反映的是公司现在和过去的资本结构,未必适用于公司未来的筹资管理决策。

(3) 按目标价值确定资本比例。按目标价值确定资本比例是指证券和股票等以公司预计的未来目标市场价值确定资本比例,从而计算综合资本成本率。就公司筹资管理决策的角度而言,对综合资本成本率的一个基本要求是,它应适用于公司未来的目标资本结构。

【例 7-10】例 7-7 中的公司若按市场价值确定资本比例,进而计算综合资本成本率如表 7-4 所示。

表 7-4 按资本目标价值计算的综合资本成本率

资本种类	资本价值(万元)	资本比例(%)	个别资本成本率(%)	综合资本成本率(%)
长期借款	500	25	4	1.00
长期债券	700	35	6	2.10
优先股	100	5	10	0.50
普通股	400	20	14	2.80
留存收益	300	15	13	1.95
合计	2 000	100	—	8.35

一般认为,采用目标价值确定资本比例,能够体现期望的目标资本结构要求。但资本的目标价值难以客观地确定,因此,通常应选择市场价值确定资本比例。在企业筹资实务中,目标价值和市场价值虽然有许多优点,但仍有不少公司更愿意采用账面价值确定资本比例,因其易于使用。

由上可见,在个别资本成本率一定的情况下,企业综合资本成本率的高低是由资本结构所决定的。这是资本结构决策的一个原理。

2. 边际资本成本

边际资本成本是指资金每增加一个单位而增加的成本,以边际资本成本率来计算。在现实中,可能会出现这样一种情况:当企业以某种筹资方式筹资超过一定限度时,边际资本成本率就会提高。此时,即使企业保持原有的资本结构,也仍有可能导致综合资本成本率的上升。因此,边际资本成本率亦称随筹资额增加而提高的综合资本成本率。

企业追加筹资有时可能只采取某一种筹资方式。在筹资数额较大,或在目标资本结构既定的情况下,往往需要通过多种筹资方式的组合来实现。这时,边际资本成本应该按加权平均法计算,而且其资本比例必须以市场价值确定。

【例 7-11】某企业拥有长期资金 400 万元,其中长期借款 60 万元,资本成本 3%;长期债券 100 万元,资本成本 10%;普通股 240 万元,资本成本 13%。平均资本成本为 10.75%。由于扩大经营规模的需要,拟筹集新资金。经分析,认为筹集新资金后仍应保持目前的资本结构,即长期借款占 15%,长期债券占 25%,普通股占 60%,并测算出了随筹资额的增加各种资本成本的变化,见表 7-5。

表 7-5 随筹资结构变化而引致的资本成本变化

资金种类	目标资本结构	新筹资额	资本成本
长期借款	15%	45 000 元以内 45 000—90 000 元 90 000 元以上	3% 5% 7%
长期债券	25%	200 000 元以内 200 000—400 000 元 400 000 元以上	10% 11% 12%
普通股	60%	300 000 元以内 300 000—600 000 元 600 000 元以上	13% 14% 15%

(1) 计算筹资突破点。

因为花费一定的资本成本率只能筹集到一定限度的资金,超过这一限度的多筹集资金就要多花费资本成本,引起原资本成本的变化,于是就把在保持某资本成本的条件下可以筹集到的资金总限度称为现有资本结构下的筹资突破点。在筹资突破点范围内筹资,原来的资本成本不会改变;一旦筹资额超过筹资突破点,即使维持现有的资本结构,其资本成本也会增加。筹资突破点的计算公式为

$$筹资突破点 = \frac{可用某一特定成本筹集到某种资金额}{该种资金在资本结构中所占的比重} \quad (7\text{-}13)$$

在花费 3% 资本成本时,取得的长期借款筹资限额为 45 000 元,其筹资突破点便为

$$\frac{45\,000}{15\%} = 300\,000(元)$$

而在花费 5% 资本成本时,取得的长期借款筹资限额为 90 000 元,其筹资突破点则为

$$\frac{90\,000}{15\%} = 600\,000(元)$$

按此方法,资料中各种情况下的筹资突破点的计算结果见表 7-6。

表 7-6　不同情况下的筹资突破点

资金种类	目标资本结构	新筹资额	资本成本	筹资突破点
长期借款	15%	45 000 元以内 45 000—90 000 元 90 000 元以上	3% 5% 7%	300 000 元 600 000 元
长期债券	25%	200 000 元以内 200 000—400 000 元 400 000 元以上	10% 11% 12%	800 000 元 1 600 000 元
普通股	60%	300 000 元以内 300 000—600 000 元 600 000 元以上	13% 14% 15%	500 000 元 1 000 000 元

(2) 计算边际资本成本。

任何项目的边际成本是该项目增加一个产出量相应增加的成本。例如目前平均人工成本每人 10 元;如果增加 10 个人,人工的边际成本可能是每人 15 元;如果增加 100 人,人工的边际成本是每人 20 元。这种现象可能是由于比较难以找到愿意从事该项工作的工人所导致的。同样的概念也可用于筹集资本,企业想筹措更多的资金时每 1 元资本的成本也会上升。边际资本成本就是取得 1 元新资本的成本,筹措的资金增加时,边际资本成本会上升。

根据上一步计算出的筹资突破点,可以得到 7 组筹资总额范围:①30 万元以内;②30 万—50 万元;③50 万—60 万元;④60 万—80 万元;⑤80 万—100 万元;⑥100 万—160 万元;⑦160 万元以上。对以上 7 组筹资总额范围分别计算加权平均资本成本,即可得到各种筹资总额范围的边际资本成本,计算结果见表 7-7。

表 7-7　不同筹资总额范围内的边际资本成本计算

筹资总额范围	资金种类	资本结构	资本成本	加权平均资本成本
300 000 元以内	长期借款 长期债券 普通股	15% 25% 60%	3% 10% 13%	3%×15%=0.45% 10%×25%=2.5% 13%×60%=7.8% 10.75%
300 000 元— 500 000 元	长期借款 长期债券 普通股	15% 25% 60%	5% 10% 13%	5%×15%=0.75% 10%×25%=2.5% 13%×60%=7.8% 11.05%
500 000 元— 600 000 元	长期借款 长期债券 普通股	15% 25% 60%	5% 10% 14%	5%×15%=0.75% 10%×25%=2.5% 14%×60%=8.4% 11.65%

续表

筹资总额范围	资金种类	资本结构	资本成本	加权平均资本成本
600 000 元— 800 000 元	长期借款 长期债券 普通股	15% 25% 60%	7% 10% 14%	7%×15%=1.05% 10%×25%=2.5% 14%×60%=8.4% 11.95%
800 000 元— 1 000 000 元	长期借款 长期债券 普通股	15% 25% 60%	7% 11% 14%	7%×15%=1.05% 11%×25%=2.75% 14%×60%=8.4% 12.2%
1 000 000 元— 1 600 000 元	长期借款 长期债券 普通股	15% 25% 60%	7% 11% 15%	7%×15%=1.05% 11%×25%=2.75% 15%×60%=9% 12.8%
1 600 000 元以上	长期借款 长期债券 普通股	15% 25% 60%	7% 12% 15%	7%×15%=1.05% 12%×25%=3% 15%×60%=9% 13.05%

以上计算结果用图形表达，可以更形象地看出筹资总额增加时边际资本成本的变化，如图7-2，企业可依此作出追加筹资的规划。图中同时显示了企业目前的投资机会，A 至 F 共 6 个项目。企业筹集资本首先用于报酬率最大的 A 项目，然后有可能再选择 B 项目，依此类推。资本成本与投资机会的交点 90 万元是适宜的筹资预算。此时可选择 A、B 和 C 三个项目，它们的报酬率高于相应的边际资本成本。D 项目的报酬率虽然高于目前的资本成本，但低于为其筹资所需的边际资本成本，是不可取的。

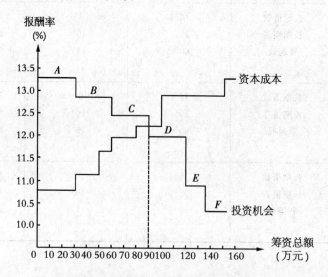

图 7-2　筹资总额增加时资本成本的变化

第二节 杠杆分析

一、经营杠杆

(一) 经营风险

企业的所有资本可归纳为两种：债务资本和权益资本。在无负债、无税收的情况下，企业经营的净现金流量全部归股东所有。企业无债务引起的风险，只有因经营环境和经营策略改变而引起的风险。我们把企业在无负债时未来利息和税前利润（EBIT）的不确定性称为经营风险。它可以用企业 EBIT 的概率分布来描述。

例如，企业 A 的销售和息税前利润概率分布见表 7-8。

$$E_{(EBIT)_A} = 0.3 \times 60 + 0.4 \times 100 + 0.3 \times 140 = 100(千元)$$

表 7-8 企业 A：EBIT 概率分布   单位：千元

概率	0.3	0.4	0.3
销售量（台）	30 000	40 000	50 000
销售额	240	320	400
固定成本	60	60	60
变动成本	120	160	200
息税前利润（EBIT）	60	100	140

$$标准差\ \sigma_{(EBIT)_A} = \sqrt{0.3(60-100)^2 + 0.4(100-100)^2 + 0.3(140-100)^2}$$
$$= 30.98(千元)$$

企业 A 的固定成本 60 000 元，单位产品变动成本 4 元/台，产品销售价格 8 元/台。当销售量为 40 000 台时，其固定成本和总成本之比为

$$\left(\frac{FC}{TC}\right)_A = \frac{60\ 000}{220\ 000} = 27.3\%$$

另一个企业 B，销售额及其概率分布与企业 A 相同，只是固定成本上升为 100 000 元，单位变动成本为 3 元/台。因此 B 企业的 EBIT 概率分布见表 7-9。

表 7-9 企业 B：EBIT 概率分布   单位：千元

概率	0.3	0.4	0.3
销售量（台）	30 000	40 000	50 000
销售额	240	320	400
固定成本	100	100	100
变动成本	90	120	150
息税前利润（EBIT）	50	100	150

企业 B 的 $EBIT$ 期望值：$E_{(EBIT)_B} = 100$（千元）

标准差：$\sigma_{(EBIT)_B} = 38.73$（千元）

当销售量为 40 000 台时，$\left(\dfrac{FC}{TC}\right)_B = \dfrac{100\ 000}{220\ 000} = 45.5\%$

A、B 两企业仅因为固定成本在总成本所占比例不同导致息税前利润 $EBIT$ 的概率分布不同，见图 7-3。

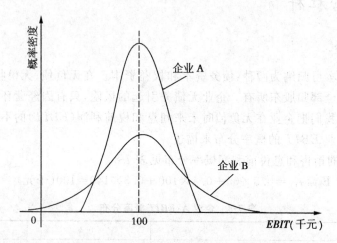

图 7-3　企业 A、B 的 $EBIT$ 概率分布

企业 A 和 B 的 $EBIT$ 期望值相等，均为 100 000 元，但标准差 $\sigma_{(EBIT)_B} > \sigma_{(EBIT)_A}$，说明企业 B 的经营风险大于企业 A。由此可见，固定成本占总成本的比例对企业利息和税前收益有较大影响。除此之外，影响企业经营风险的因素还有：

（1）产品需求。市场对企业产品的需求越稳定，经营风险就越小；反之，经营风险则越大。

（2）产品售价。产品售价变动不大，经营风险则小；否则经营风险便大。

（3）产品成本。产品成本是收入的抵减，成本不稳定，会导致利润不稳定，因此产品成本变动大的，经营风险就大；反之，经营风险就小。

（4）调整价格的能力。当产品成本变动时，若企业具有较强的调整价格的能力，经营风险就小；反之，经营风险则大。

（二）经营杠杆原理

1. 经营杠杆的概念

经营杠杆，亦称营业杠杆，是指在某一固定成本比重的作用下，销售量对利润产生的作用。在其他条件不变的情况下，产销量的增加虽然一般不会改变固定成本总额，但会降低单位固定成本，从而提高单位利润，这样使得利润的增长率大于产销量的增长率。反之，产销量的减少会提高单位固定成本，降低单位利润，使得利润下降率也大于产销量下降率。假如不存在固定成本，所有成本都是变动的，那么边际贡献就是利润，这时利润变动率就会等于产销量变动率。因此，企业利用经营杠杆，有时可以获得一定的经营杠杆利益，有时也承受着相应的营业风险即遭受损失。

2. 经营杠杆利益分析

经营杠杆利益是指在扩大营业额的条件下，由于固定成本所带来的增长程度更大的经营利润(通常指息税前利润,即扣除所得税和利息之前的利润)。在企业一定的经营规模内,变动成本随营业总额的增加而增加,固定成本则保持不变。随着营业额的增加,单位营业额所负担的固定成本会相对减少,从而给企业带来额外的利润。这可以从表 7-10 得到说明。

表 7-10　经营杠杆利益分析　　　　　　　　　　　　单位:元

营业额	变动成本	固定成本	息税前利润
300 000	210 000	50 000	40 000
350 000	245 000	50 000	55 000
400 000	280 000	50 000	70 000
450 000	315 000	50 000	85 000
500 000	350 000	50 000	100 000

从表 7-10 可以看出,假定营业额在 30 万元到 50 万元之间,而固定成本 6 万元保持不变,在这个条件下,随着营业额的增长,息税前利润以更快的速度增长。

(三) 经营杠杆系数

为了反映经营杠杆的作用程度,估计经营杠杆利益的大小,评价企业经营风险的高低,需要测算经营杠杆系数。

经营杠杆系数(DOL)是企业计算利息和所得税之前的利润的变动率与销售量变动率之间的比率。其计算公式为:

$$DOL = \frac{EBIT \text{变动百分比}}{\text{销售量变动百分比}} = \frac{\Delta EBIT/EBIT}{\Delta Q/Q} \tag{7-14}$$

式中:DOL——经营杠杆系数;$\Delta EBIT$——息税前利润变动额;$EBIT$——变动前息税前利润;ΔQ——销售变动量;Q——变动前销售量。

假定企业的成本—销售—利润保持线性关系,可变成本在销售收入中所占的比例不变,固定成本也保持稳定,经营杠杆系数便可通过销售额和成本来表示。这又有两种公式:

公式 1:

$$DOL_q = \frac{Q(P-V)}{Q(P-V)-F} \tag{7-15}$$

其中:DOL_q——销售量为 Q 时的经营杠杆系数;P——产品单位销售价格;V——产品单位变动成本;F——总规定成本。

公式 2:

$$DOL_s = \frac{S-VC}{S-VC-F} \tag{7-16}$$

其中:DOL_s——销售额为 S 时的经营杠杆系数;S——销售额;VC——变动成本总额。

在实际工作中,公式 1 可用于单一产品的经营杠杆系数;公式 2 除了用于单一产品外,还可用于计算多种产品的经营杠杆系数。

> **【例 7-12】** 某企业生产甲产品,固定成本为 50 万元,变动成本率为 50%,当企业的销售额分别为 500 万元、300 万元、100 万元时,经营杠杆系数分别为
>
> $$DOL_{(1)} = \frac{500 - 500 \times 50\%}{500 - 500 \times 50\% - 50} = 1.25$$
>
> $$DOL_{(2)} = \frac{300 - 300 \times 50\%}{300 - 300 \times 50\% - 50} = 1.5$$
>
> $$DOL_{(3)} = \frac{100 - 100 \times 50\%}{100 - 100 \times 50\% - 50} \to \infty$$
>
> 以上结果说明:
>
> 第一,在固定成本不变的情况下,经营杠杆系数说明了销售额增长(减少)所引起利润增长(减少)的幅度。比如,$DOL_{(1)}$ 说明在销售额 500 万元时,销售额的增长(减少)会引起利润 1.25 倍的增长(减少);$DOL_{(2)}$ 说明在销售额 300 万元时,销售额的增长(减少)将会引起利润 1.5 倍的增长(减少)。
>
> 第二,在固定成本不变的情况下,销售额越大,经营杠杆系数越小,经营风险也就越小;反之,销售额越小,经营杠杆系数越大,经营风险也就越大。比如,当销售额为 500 万元时,$DOL_{(1)}$ 为 1.25;当销售额为 300 万元时,$DOL_{(2)}$ 为 1.5。显然后者利润不稳定性大于前者,故而后者的经营风险大于前者。

企业一般可以通过增加销售额、降低单位产品变动成本、降低固定成本比重等措施使经营杠杆系数下降,降低经营风险,但这往往要受到条件的制约。

二、财务杠杆

(一) 财务杠杆原理

1. 财务杠杆的概念

一般来讲,企业在经营过程中总会发生借入资金。企业负债经营,无论息税前利润为多少,债务的利息和优先股的股息是固定不变的。当息税前利润增大时,每 1 元利润所负担的固定财务费用就会相对减少,从而使投资者收益有更大幅度的提高;反之,当息税前利润减少时,每 1 元利润所负担的固定财务费用就会相对增加,投资者收益就有更大幅度的减少。这样就会很大程度上影响普通股的利润。这种债务对投资者收益的影响称为财务杠杆,亦称筹资杠杆。

企业利用财务杠杆会对股权资本的收益产生一定的影响,有时可能给股权资本带来额外的收益,有时可能造成一定的损失。

2. 财务杠杆利益

财务杠杆利益,又称融资杠杆利益,是指企业利用债务筹资这个财务杠杆而给股权资本带来的额外收益。在企业资本规模和资本结构一定的条件下,企业从息税前利润中支付的债务利息是相对固定的,当息税前利润增多时,每 1 元息税前利润所负担的债务利息会相应地降低,扣除企业所得税后可分配给企业股权资本所有者的利润就会增加,从而给企业所有者带来额外的收益。

【例 7-13】 甲公司 2002—2004 年的息税前利润分别为 160 万元、240 万元和 420 万元,每年债务利息为 150 万元,公司所得税率为 33%。该公司财务杠杆利益的测算如表 7-11 所示。

表 7-11 甲公司财务杠杆利益测算表　　　　　　　　　　　　　单位:万元

年份	息税前利润	息税前利润增长率(%)	债务利息	所得税(33%)	税后利润	税后利润增长率(%)
2002	160		150	3.3	6.7	
2003	240	50	150	29.7	60.3	800
2004	420	75	150	89.1	180.9	200

由表 7-11 可见,在资本结构一定、债务利息保持固定不变的条件下,随着息税前利润的增长,税后利润以更快的速度增长,从而使企业所有者获得财务杠杆利益。在本例中,2003 年与 2002 年相比,甲公司息税前利润的增长率为 50%,同期税后利润的增长率高达 800%;2004 年与 2003 年相比,息税前利润的增长率为 75%,同期税后利润的增长率为 200%。

由此可知,由于甲公司有效地利用了财务杠杆,从而给企业股权资本所有者带来了额外的利益,即税后利润的增长幅度高于息税前利润的增长幅度。

(二)财务风险

财务风险也称筹资风险,是指企业在经营活动中与筹资相关的风险,尤其是指在筹资活动中利用财务杠杆可能导致企业股权资本所有者收益下降的风险,甚至导致企业破产的风险。由于财务杠杆的作用,当息税前利润下降时,税后利润下降得更快,从而给企业带来财务风险。

当企业有负债、租赁和优先股时,债务利息、租金和优先股息等固定支出将会影响企业的税后利润,使普通股的每股收益 EPS(Earnings Per Share)发生变化。为简化起见,我们主要分析负债量的大小对 EPS 的影响,仍以企业 A 为例,假定它有三种不同的资本结构方案,见表 7-12。

表 7-12　A 企业三种不同的资本结构方案

	方案 1	方案 2	方案 3
债务/总资产	0%	20%	40%
债务	0	6 万元	12 万元
普通股	30 万元(5 万股)	24 万元(4 万股)	18 万元(3 万股)

企业 A 资产总额 30 万元,债务年利率 10%,所得税税率 40%,其不同资本结构下的每股收益率概率分布计算见表 7-13。

表 7-13　企业 A 不同资本结构下的每股收益　　　　　　　　　　单位:万元

概　率	0.3	0.4	0.3
方案 1(零债务)			
息税前利润 EBIT	6	10	14
利息 $I(i=10\%)$	0	0	0
税前利润 EBT	6	10	14
所得税($T=40\%$)	2.4	4	5.6

续表

概　率	0.3	0.4	0.3
税后净利润 EAT	3.6	6	8.4
每股收益 EPS(5 万股)	0.72 元	1.2 元	1.68 元
方案 2(20%债务)			
息税前利润 EBIT	6	10	14
利息 $I(i=10\%)$	0.6	0.6	0.6
税前利润 EBT	5.4	9.4	13.4
所得税($T=40\%$)	2.16	3.76	5.36
税后净利润 EAT	3.24	5.64	8.04
每股收益 EPS(4 万股)	0.81	1.41	2.01
方案 3(40%债务)			
息税前利润 EBIT	6	10	14
利息 $I(i=10\%)$	1.2	1.2	1.2
税前利润 EBT	4.8	8.8	12.8
所得税($T=40\%$)	1.92	3.52	5.12
税后净利润 EAT	2.88	5.28	7.68
每股收益 EPS(3 万股)	0.96	1.76	2.56

企业 A 不同资本结构方案的 EPS 期望值和标准差为

	方案 1(0 债务)	方案 2(20%债务)	方案 3(40%债务)
每股收益期望值 $E(EPS)$元	1.20	1.41	1.76
每股收益标准差 $\sigma(EPS)$元	0.372	0.465	0.616
每股收益变差系数 $\dfrac{\sigma(EPS)}{E(EPS)}$	0.31	0.33	0.35

图 7-4 表示了两种不同债务比例下每股收益的分布情况。

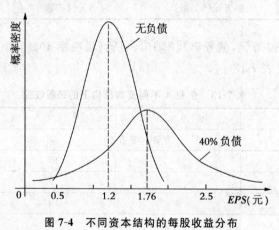

图 7-4　不同资本结构的每股收益分布

当企业 A 债务增加、权益资本下降时,财务杠杆作用增大,每股收益随息税前利润变化而产生的波动加大,财务风险增加。企业 A 在无负债时每股收益的标准差为 0.372,当债务和资产的比率为 40% 时,每股收益的标准差增至 0.616,普通股东承受的风险加大。图 7-4 中两条曲线的分布形象地说明了两种财务杠杆下财务风险的不同。企业负债为 40% 时,EPS 的概率分布范围广,EPS 的标准差大于无负债情况下的标准差,财务风险较大。

影响财务风险的主要因素有:(1)资本供求变化;(2)利率水平变化;(3)获利能力的变化;(4)资本结构的变化,即财务杠杆利用程度。其中,财务杠杆对财务风险的影响最大。企业所有者要想获得财务杠杆利益,需要承担由此引起的财务风险,因此,必须在财务杠杆利益与财务风险之间做出合理的选择。

(三) 财务杠杆系数

与经营杠杆作用的表示方式类似,财务风险的大小及其给企业带来的杠杆利益程度,通常用财务杠杆系数来加以衡量。财务杠杆系数(DFL)又称财务杠杆程度,是指普通股每股税后利润变动率相当息税前利润变动率的倍数,也就是每股利润的变动对息税前利润变动的反应程度。财务杠杆系数越大,表明财务杠杆作用越大,财务风险也就越大;财务杠杆系数越小,表明财务杠杆作用越小,财务风险也就越小。为了反映财务杠杆的作用程度,估计财务杠杆利益的大小,评价财务风险的高低,需要计算财务杠杆系数。其计算公式为

$$\text{财务杠杆系数} = \frac{\text{每股利润变动率}}{\text{息税前利润变动率}} \tag{7-17}$$

或

$$DFL = \frac{EPS \text{ 变动百分比}}{EBIT \text{ 变动百分比}} = \frac{\Delta EPS/EPS}{\Delta EBIT/EBIT} \tag{7-18}$$

式中:DFL——财务杠杆系数;ΔEPS——普通股每股收益变动额;EPS——变动前的普通股每股收益;$\Delta EBIT$——息税前利润变动额;EBIT——变动前的息税前利润。

上述公式还可以推导为

$$DFL = \frac{EBIT}{EBIT - I} \tag{7-19}$$

该公式推导过程如下:

$$\because EPS = \frac{(EBIT-I)(1-T)}{N}$$

$$\Delta EPS = \Delta EBIT \cdot \frac{1-T}{N}$$

$$\therefore DFL = \frac{EBIT}{EBIT - I}$$

式中:I——债务年利息额;T——公司所得税税率;N——流通在外普通股股数。

【例 7-14】A、B、C 为三家经营业务相同的公司,它们的有关情况如表 7-14 所示。

表 7-14 A、B、C 三公司相关财务数据　　　　　　　　　　单位:元

公司 项 目	A	B	C
普通股本	3 000 000	2 500 000	2 000 000
发行股数	30 000	25 000	20 000
债务(利率8%)	0	500 000	1 000 000
资本总额	3 000 000	3 000 000	3 000 000
息税前利润	300 000	300 000	300 000
债务利息	0	40 000	80 000
税前利润	300 000	260 000	220 000
所得税(税率33%)	99 000	85 800	72 600
税后利润	201 000	174 200	147 400
财务杠杆系数	1	1.15	1.36
每股普通股收益	6.7	6.97	7.37
息税前利润增加	300 000	300 000	300 000
债务利息	0	400 00	80 000
税前利润	600 000	560 000	520 000
所得税(税率33%)	198 000	184 800	171 600
税后利润	402 000	375 200	348 400
每股普通股收益	13.4	15.01	17.42

表 7-14 说明:

第一,财务杠杆系数表明的是息税前利润增长所引起的每股收益的增长幅度。比如,A 公司的息税前利润增长 1 倍时,其每股收益也增长 1 倍(13.4÷6.7−1);B 公司的息税前利润增长 1 倍时,其每股收益增长 1.15 倍(15.01÷6.97−1);C 公司的息税前利润增长 1 倍时,其每股收益增长 1.36 倍(17.42÷7.37−1)。

第二,在资本总额、息税前利润相同的情况下,负债比率越高,财务杠杆系数越高,财务风险越大,但预期的每股收益(财务杠杆利益)也越高。比如,B 公司比起 A 公司来,负债比率高(B 公司资产负债率为 500 000÷3 000 000×100%=16.67%,A 公司的资产负债率为 0),财务杠杆系数高(B 公司为 1.15,A 公司为 1),财务风险大,但每股收益也高(B 公司 6.97 元,A 公司为 6.7 元);C 公司比起 B 公司来,负债比率高(C 公司资产负债率为 1 000 000÷3 000 000×100%=33.33%),财务杠杆系数高(C 公司为 1.36),财务风险大,但每股收益也高(C 公司为 7.37 元)。

负债比率是可以控制的。企业可以通过合理安排资本结构,适度负债,使财务杠杆利益抵消风险增大所带来的不利影响。

三、联合杠杆

(一)联合杠杆原理

从以上介绍可知,经营杠杆通过扩大销售影响息税前利润,而财务杠杆通过扩大息税前利润影响收益。若两种杠杆共同起作用,那结果会怎样呢?

由于存在固定的生产经营成本,产生经营杠杆作用,使息税前利润的变动率大于产销量的变动率;同样,由于存在固定的财务成本(即固定的利息和优先股股利),产生财务杠杆作用,使得每股收益的变动率大于息税前利润的变动率。从企业利润产生到利润分配整个过程来看,

既存在固定的生产经营成本,又存在固定的财务成本,这便会使得每股利润的变动率远远大于产销量的变动率,通常把这种现象叫联合杠杆。

【例 7-15】某企业有关资料如表 7-15。

表 7-15　某企业相关财务数据　　　　　　　　　　　　单位:万元

项　目	2003 年	2004 年	2004 年/2003 年(%)
销售额	1 000	1 100	10
变动成本	600	660	10
固定成本	200	200	0
息税前利润	200	240	20
债务利息	100	100	0
税前利润	100	140	40
所得税(税率30%)	30	42	40
税后利润	70	98	40
普通股发行在外股数(万股)	100	100	0
每股普通股收益	0.7	0.98	40

从表 7-15 可知,在联合杠杆的作用下,2004 年产销业务量增加 10%,每股收益便增长 40%,这是经营杠杆和财务杠杆综合作用的结果。

(二) 联合杠杆的计算

联合杠杆作用的程度,可用联合杠杆系数(DTL)表示。所谓联合杠杆系数,是指普通股每股收益变动率相当于产销量(营业总额)变动率的倍数。其计算公式为

$$DTL = \frac{EPS \text{变动百分比}}{\text{销售量变动百分比}} = \frac{\Delta EPS/EPS}{\Delta Q/Q} \tag{7-20}$$

联合杠杆系数也可表示为

$$DTL = DOL \cdot DFL = \frac{Q(P-V)}{Q(P-V)-F-I} \tag{7-21}$$

或:

$$= \frac{S-VC}{S-VC-F-I} \tag{7-22}$$

将表 7-15 中的有关数据代入此公式,得

$$DTL = \frac{(0.98-0.7)/0.7}{(1\,100-1\,000)/1\,000} = 4$$

(三) 联合杠杆的作用

【例 7-16】某公司的经营杠杆系数为 1.4,财务杠杆系数为 1.8,联合杠杆系数即为:
$$DTL = DOL \cdot DFL = 1.4 \times 1.8 = 2.52$$

联合杠杆的作用:

(1) 联合杠杆系数可以反映出销售量变动对每股收益造成的影响,表明经营杠杆和财务杠杆之间的关系。比如,上例中销售每增长(减少)1 倍,就会造成每股收益增长(减少)2.52 倍。在联合杠杆的作用下,当企业经济效益好时,每股收益会大幅度上升,而当企业经济效益

差时,每股收益会大幅度下降。企业联合杠杆系数越大,每股收益的波动幅度越大,由此而造成的风险,称为联合风险。在其他因素不变的情况下,联合杠杆系数越大,联合风险越大;联合杠杆系数越小,联合风险越小。

(2) 它使我们看到了经营杠杆与财务杠杆之间的相互关系,即为了达到某一总杠杆系数,经营杠杆和财务杠杆可以有很多不同的组合。比如,经营杠杆度较高的公司可以在较低的程度上使用财务杠杆;经营杠杆度较低的公司可以在较高的程度上使用财务杠杆,等等。

企业掌握了这些规律,就可以根据实际情况,选择适当的债务比率,做出正确的决策。

第三节　资本结构理论的发展及政策启示

资本结构是指公司财务结构中,负债与权益的相关混合比例。它阐述了企业负债、企业价值和资本成本之间的关系。在企业筹资管理活动中,资本结构有广义和狭义之分。广义的资本结构是指企业全部资本价值的构成及其比例关系。它不仅包括长期资本,还包括短期资本,主要是短期债权资本。狭义的资本结构是指企业各种长期资本价值构成及其比例关系,尤其是指长期股权资本与债权资本的构成及其比例关系。在狭义资本结构下,短期债权资本作为营运资本来管理。

与负债比率、杠杆比率及其他更普遍的公司总体负债计量方法相比,资本结构通常严格地与公司经营所需的"永久性"或长期性资本相关。这里有两个基本的问题:(1)资本结构是否重要?能否通过改变负债与权益结构的比率来增加或减少该公司有价证券的市场价值?(2)如果资本结构确实有这样的影响力,那么是什么因素决定了负债与权益的最佳比率,从而使得公司的市场价值最大化和资本成本最小化?

财务理论学家投入大量精力研究了 50 年,就是为了寻求一个明确的答案来解决这两个关键的资本结构问题。在这个过程中,他们提出了一系列资本结构理论,而且这些理论还在不断地改进。图 7-5 是资本结构理论框架体系简图。

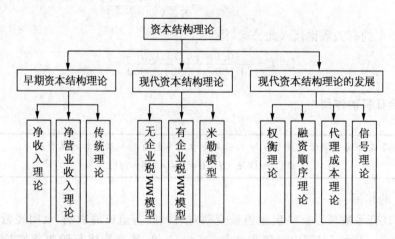

图 7-5　资本结构理论框架体系图

一、早期资本结构理论(1958年以前)

1952年,美国财务学家大卫·杜兰特(David Durand)的研究成果就是早期资本结构理论研究正式开端之一。他发表的"公司债务和所有者权益费用:趋势和问题的度量"一文,系统地总结和提出资本结构的三种理论:净收入理论、净经营收入理论、传统理论。并且认为这三种理论的区别在于对投资者如何确定企业负债和股本价值的假设条件和方法的不同。

1. 净收入理论(Net Income Theory)

净收入理论认为企业增加负债,提高财务杠杆度,可增加企业的总价值,并降低其加权平均的资本成本,因此会提高企业的市场价值。而且企业的最佳资本结构是负债率100%。该理论以两个假设为前提:(1)投资者以一个固定不变的比例投资或估价企业的净收入;(2)企业能以一个固定的利率筹集所需债务资金。在此前提下,由于股本成本(或投资者预期收益率)和负债筹资的利率都是固定的,所以企业可以更多地利用负债筹资,当财务杠杆提高时,会因资本结构中成本较低的负债所占的比例增加,而使加权平均的资本成本降低。当企业资本成本最低时,企业总价值为最大,即为最佳的资本结构。在净收入法下,当债务资本为100%时,企业的价值最大,企业应该可以最大限度地利用债权资本,不断地降低企业的资本成本以提高企业价值。如图7-6所示。

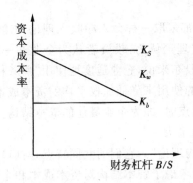 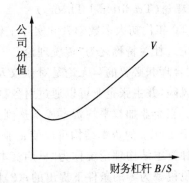

图7-6 净收入观点下的资本结构与资本成本率和公司价值的关系示意图

这是一种极端的资本结构理论观点。这种观点虽然考虑了财务杠杆利益,但忽略了财务风险。很明显,若公司的债权资本过多,债权资本比例过高,财务风险就很高,公司的综合资本成本就会上升,公司的价值反而下降。

2. 净营业收入理论(Net Operating Income Theory)

该理论假设负债利率也是固定的值,但假设投资者对企业负债的态度与前者完全不同,投资者以一个固定的加权平均成本来估计企业的息税前利润($EBIT$)。该理论的基本结论:(1)不管企业负债率的高低,固定的加权资本成本率使企业价值也成为固定数值;(2)固定的加权资本成本和负债利率意味着负债杠杆会提高股本成本,而股东则认为增加负债资本同时会增加股本现金流量的风险,这会使主权资本的成本提高,一升一降,加权平均总成本仍保持不变。根据此种方法,负债的实际成本与权益的实际成本都是相同的。负债成本可分为两大部分:明示部分和非明示部分。明示成本可用利息率来代表,而非明示成本则用因负债增加而使权益资本成本的增加来表示。按营业净利法,企业的资本成本不受财务杠杆、资本结构的影响,彼此的效果没有区别。同时,企业不存在最佳资本结构的问题。如图7-7所示。

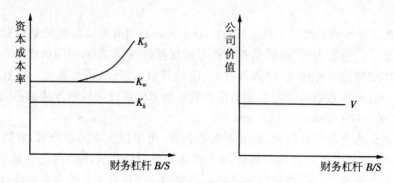

图 7-7　净营业收入观点下的资本结构与
资本成本率和公司价值的关系示意图

这是另一种极端的资本结构理论观点。这种观点虽然认识到债权资本比例的变动会产生公司的财务风险,也可能影响公司的股权资本成本,但实际上公司的综合资本成本不可能是一个常数。公司净营业收入的确会影响公司价值,但公司价值也不仅仅取决于公司净营业收入的多少。

3. 传统理论(Traditional Theory)

20世纪50年代初大多数学者和实际工作者都采取一种介入净收入理论和净收入理论之间的折中理论。杜兰特称之为"传统理论"。传统理论认为:投资者认为企业在一定限度内的债务比例是"合理和必要的",无论是对债权人或股东来说,企业适度地使用"财务杠杆"并不会增加其投资风险,并主张企业可以通过财务杠杆的使用来降低加权平均的资本成本,并增加企业的总价值。当企业加权平均资本成本达到最低点时,即为企业最佳的资本结构。所以,某种负债比例低于100%的资本结构可以使企业价值最大。

以上三种资本结构理论统称为"早期资本结构理论"。它们的共同特点是:(1)都是在企业和个人所得税税率为零的条件下提出的;(2)同时考虑了资本结构对资本成本和企业价值的双重影响;(3)均是在1958年以前产生,不少人认为这些理论不是建立在周密分析的基础上。一般认为杜兰特归纳的净收入理论和净营业收入理论在数学上更精确,相比之下传统理论更多的是靠经验判断,因此不能用历史资料来解释。

二、现代资本结构理论(1958—1970年)

莫迪利安尼和米勒在1958年发表了论文"资本成本、企业财务与投资理论"。这篇论文通过深入考察企业资本结构与企业市场价值的关系,提出在完善的市场中,企业资本结构与企业的市场价值无关,换言之,企业选择什么样的资本结构均不会影响企业市场价值。这一论断简洁、深刻,在理论界引起很大反响,并被后人以两位作者各自姓氏的第一个字母命名为MM命题。自MM命题提出后,西方财务中几乎各种资本结构理论均是围绕该模型的假设与命题进行的。在这个意义上,可以说MM命题开拓了西方资本结构理论,是现代资本结构理论的基石。该模型分为无企业税MM模型和有企业税MM模型两种。

(一) 无企业税 MM 模型

无企业税 MM 理论是在一系列假设前提条件下提出的。包括：

(1) 企业可按经营风险分类，即风险相同的企业可分为一类。企业的经营风险可以用 $EBIT$ 的标准差来表示，并据此将企业分组，若企业的经营风险程度相同，则它们的风险等级也相等，属同一组风险组。

(2) 投资者可按期望值分类。所有现有和潜在的投资者对企业未来的盈利和盈利的风险具有相同的期望值，因此他们对企业未来的 $EBIT$ 做出相同的估计。

(3) 股票和债券在一个完全的资本市场上交易（即不存在交易成本；任何投资者，无论是个人或机构投资者，其借款的利率与公司的借款利率相同）。

(4) 所有的负债，无论债券发行人是谁，发行债券的数量有多少，都是无风险的，这些债券的利率等于无风险债券的利率。

(5) 企业各年息税前利润都是固定年金。即企业的盈利增长处于"零增长状态"，企业的 $EBIT$ 是个永恒的常量。

(6) 没有企业和个人所得税。

在以上假设的基础上 MM 理论认为，无论资本结构怎样安排，公司的总价值均不受其影响，投资者的总价值不变。或者说，无论资本结构如何在负债和股东权益之间划分，任何公司的市场价值都将独立于其资本结构。该模型有三个基本命题：

命题一：不论有无负债，公司的价值取决于潜在的获利能力和风险水平。只要投资者预期的 $EBIT$ 相同（即公司的预期获利能力相同），那么处于同一风险等级的公司，无论负债经营或是无负债经营，其公司总价值相等，公司的加权平均资本成本与资本结构无关。

$$V_L = V_u = \frac{EBIT}{K_w} = \frac{EBIT}{K_{su}} \tag{7-23}$$

公式中有下标 L 和 u，分别代表负债和无负债企业，固定的 K_{su} 是在特定风险等级中某一无负债、全部股本企业的期望收益率，即贴现率。V 表示企业价值。

命题二：负债企业的股本成本等于同一风险等级中某一无负债企业的股本成本加上根据无负债企业的股本成本和负债企业的股本成本和负债成本之差以及负债比率确定的风险补偿。换句话说，负债企业的股本成本等于同一风险等级中全部为股本的企业的股本成本加上风险报酬。

$$K_{sL} = K_{su} + 风险报酬（补偿） = K_{su} + (K_{su} - K_b)(B/S) \tag{7-24}$$

式中的 K_b 表示企业负债的利息率，B 为负债的市价，S 为企业普通股的市价。

该式表明在无负债和债务水平较低的风险假定下，企业改变资本结构可以改变股票收益率。而且，这种变化是随企业负债率的提高而线性增加的。但现实中无风险的债务并不存在，因此，考虑债务风险因素，企业借债越多，债务风险越大，股票收益率增长速度就会减缓，而债务收益率则由于风险增加而提高。

命题三：内含报酬率（IRR）大于加权平均资本成本，是进行投资决策的基本前提。即

$$IRR \geqslant K_w = K_{su} \tag{7-25}$$

在无企业税的条件下，MM 模型的基本结论是：由于套利因素的存在，企业的资本结构不会影响企业的价值和资本成本（由于企业负债增加引起股东收益率增加，债务成本低所增加的收益正好被股本上升的支出抵消，所以负债不能增加企业的价值，也不影响企业的加权平均资本成本）。

MM 理论意义十分重大。首先，它奠定了现代资本结构的基础，即从企业经营者的目标和行为及投资者的目标和行为的角度出发，探索在一定的市场环境下这种目标和行为的相互冲突与一致。其次，它揭示了实物资产对企业的实质性作用。从资产负债表上看，既然右方的结构变化不会影响到左方，那么，左方的内容，即实物资产部分，就是影响企业价值的决定性因素了。从上述结论看，似乎在奠基的同时即宣布了该结论的死亡，即无存在的意义，事实上，MM 理论的许多假设条件限制了它的实用价值。理论上消除假设的过程，一方面使 MM 理论贴近现实，另一方面也推动了新的资产结构理论产生。

(二) 有企业税 MM 模型

MM 模型虽然在逻辑推理上得到了肯定，但是其资本结构和企业价值无关的结论在实践上面临挑战，现实企业都在较大程度上重视资本结构对企业价值的影响，资产负债率在各部门的分布也都具有一定的规律性。为了解释这一理论与实际的差异，莫迪利安尼与米勒于1963年对他们自己的理论进行了修正，其要点是把企业所得税因素考虑到资本结构分析中。

在企业税的影响下，他们的结论是负债会因利息是可减免税支出而增加企业价值，对投资者来说也意味着更多的可分配经营收入。修正的 MM 理论也有三个基本命题：

命题一：负债企业的价值等于相同风险等级的无负债企业的价值加上赋税节余价值，而赋税节余价值等于企业税率乘以负债额。当负债比率最后达 100% 时企业价值最大。

$$V_L = V_u + TB = \frac{EBIT(1-T)}{K_{su}} + TB \qquad (7-26)$$

这里重要的一点是当引入企业税后，负债企业的价值会超过无负债企业的价值。负债越多，这个差异越大，所以当负债最后达 100% 时企业价值最大。

命题二：负债企业的股本成本等于相同风险等级的无负债企业价值加上无负债企业的股本和负债成本之差以及负债额和企业税率决定的风险报酬。

$$K_{sL} = K_{su} + (K_{su} - K_b)(1-T)(B/S) \qquad (7-27)$$

注意除了 (1−T) 一项外，本公式同无企业税情况时的公式

$$K_{sL} = K_{su} + (K_{su} - K_b)(B/S) \qquad (7-28)$$

完全相同。因为 (1−T) 总是小于 1，企业赋税使股本成本上升的幅度低于无税时上升的幅度。正是这一特性产生了命题一的结果，即负债增加提高了企业价值。

命题三：在投资项目中，只有内含报酬率等于或大于某个临界点收益率时，才能被接受。该临界点收益率，即为负债经营下的加权平均资本成本。即

$$IRR \geqslant K_w = K_{su}(1 - T \cdot B/V) \qquad (7-29)$$

根据修正的 MM 理论,由于负债的节税效应,负债经营对加权平均资本成本和公司的价值影响确实很大。在理论上,当负债比率达到 100%时,综合资本成本最低(等于债务成本),同时公司价值达到最大。然而,这种状况在现实生活中不可能出现,根本原因在于 MM 理论的假设条件在现实中是无法达到的。

(三) 米勒模型:MM 理论的拓展

修正的 MM 理论充分考虑了公司所得税因素,但是却忽视了个人所得税的影响。1963 年米勒在美国金融学会上发表了题为"税收和资本成本:校正"的论文,提出了米勒模型,说明了在同时考虑公司所得税和个人所得税的条件下负债经营对公司价值的影响作用。其基本思想是:修正的 MM 理论过高地估计了负债经营对公司价值的作用,实际上,个人所得税在某种程度上抵减了负债利息的减税利益。

在米勒模型中,MM 模型中的所有假设仍然有效,设 T_c、T_s、T_b 分别为企业所得税、个人股票所得税和债券所得税,则无负债企业的市场价值可用以下公式表示为

$$V_u = \frac{EBIT(1-T_c)(1-T_s)}{K_{su}} \qquad (7-30)$$

由于股票收入可能来自股利,也可能来自资本利得,当股利所得与资本所得的税率不同时,T_s 是指这两种税率的加权平均税率。公式的分子表示无负债的企业的息税前利润在扣除了公司所得税和个人所得税后投资者的实际所得,由于个人所得税降低了投资者的实际所得,在其他情况不变的条件下,个人所得税降低了无负债企业的市场价值。

若企业进行负债融资,则负债企业的米勒模型为

$$V_L = V_u + \left[1 - \frac{(1-T_c)(1-T_s)}{(1-T_b)}\right]B \qquad (7-31)$$

式中:V_L——负债企业的价值;V_u——无负债企业的价值;T_c——企业税率;T_s——个人股票所得税税率;T_b——个人债券所得税税率;B——企业负债价值。

在一般情况下,$T_b > T_s$。

公式(7-31)中 $\left[1 - \frac{(1-T_c)(1-T_s)}{(1-T_b)}\right]B$ 代表负债收益,代替了 MM 模型中的 TB。

如果不考虑所有的税率即 $T_s = T_c = T_b = 0$,结果与无企业税 MM 模型相同。

如果 $T_s = T_b = 0$,结果与有企业税 MM 模型相同。

如果 $T_s = T_b$,则括号中就只有 T_c,结果也与有企业税 MM 模型相同。

如果 $(1-T_c)(1-T_s) = (1-T_b)$,有 $V_L = V_u$,表明使用负债杠杆对企业价值无影响,即资本结构对企业价值和资本成本无任何影响,即回到了无企业税 MM 模型的结论。米勒从另一个角度解释了企业没有无限扩大负债率的原因,并重申对任何一个企业来说不存在最佳资本结构。

米勒模型其结果表明:修正后的 MM 理论即企业税 MM 模型高估了企业负债的好处,实际上,个人所得税在某种程度上抵消了企业利息支付的减税利益,降低了负债企业的价值。与企业税 MM 模型相似的是,米勒模型的结论是 100%负债时企业市场价值达到最大。

(四) 对 MM 资本结构理论的评价

MM 理论的提出引起了财务理论界和实务界的极大关注,为企业融资理论与实务的研究和运用提供了很好的基础。但对它的评论也在不断地深入,讨论的焦点集中在两个方面:一是 MM 理论的假设,二是 MM 理论能否通过实践检验。换句话说,MM 理论在理想的环境下其逻辑推理是无可非议的,但在尚未达到理想状态的现实环境下它还存在着许多有待解决的问题,至少在以下问题中还有待完善。

(1) MM 理论的分析和研究主要依赖于完善的资本市场假设。

(2) MM 理论未考虑盈利的变化情况。

(3) MM 理论只考虑了经营风险,完全不考虑财务风险的作用,并假定经营风险相同的公司即为同风险等级的公司。

(4) MM 理论假设个人和公司可以同等利率借款,但是,在资本市场上,公司负债和个人负债的风险是不能完全代替的,一般来说,投资于负债的公司比自己举债的风险要小。

(5) MM 理论忽略了交易费用,认为资本可以从股价高估的企业转移到低估的企业,而无需成本。但在实际市场交易中,各种交易费用是不可避免的,这就阻碍了套利交易的发生,使高估企业和低估企业的市场价值完全趋于均衡成为不可能。

三、现代资本结构理论的发展(1970 年至今)

针对 MM 理论的假设所存在的问题,许多研究力图通过改变假设以修正 MM 理论。杰斯富(Joseph,1969)、罗伯特和詹姆斯(Robert & James,1971)、莫克(Merk,1973)等人先后在《财务数量分析学刊》、《美国经济评论》、《理财学刊》上撰文,他们将 MM 理论的"无风险债务假设"改为"风险债务假设",然而这一修正并不能改变 MM 理论的结论。

(一) 权衡理论

李和巴克(Lee & Barker,1977)、瓦勒(Warner,1977)等先后讨论"破产费用"与 MM 理论的关系;詹森和麦克林(Jensen & Merkling,1976)提出"代理费用"的问题。当破产费用、代理费用和风险债务三者被同时引入 MM 理论,其结论发生变化,破产仅发生于负债企业。债务越大,固定的利息费用越多,盈利下降的可能性越大,破产的可能性也就越大。企业一旦破产,各种各样的费用将发生,如低价出售资产的损失、破产处理时间所带来的损失、律师和诉讼费用、破产前的销售下降所带来的损失,等等。总之,企业为避免破产,必须考虑合理负债,从而使企业价值难于达到最大。因此可以说,预期的破产费用的现值就是企业放弃其最大价值的代价,所以,预期的破产费用的现值应从企业最大价值中扣除。

权衡理论指出,由于企业的 $EBIT$ 会随经营的内外部环境的变化而波动,过度的负债将导致 $EBIT$ 下降。同时,企业的债务费用实际上和债务额有关。正因如此,企业也将防止过度负债。同理,由此而产生的后果是降低企业的最大价值。公式如下:

负债企业的市场价值＝自有资本市场价值＋免税价值－预期财务拮据成本现值
　　－代理成本的现值　　　　　　　　　　　　　　　　　　　(7-32)

或者

$$V_L = V_u + TB - FPV - APV \tag{7-33}$$

上述公式的实质是：如果有企业税 MM 模型是正确的，那么，随着负债率移向 100%，企业的价值也会不断增加。公式表明如 B 为极大值，TB 和 V_L 也最大，公式中持续增值的 TB 是直接来源于负债利息减税，但是下列被 MM 忽略的因素将使 V_L 随负债增加而下降：企业将可能发生财务拮据成本的现值；代理成本的现值。

1. 财务拮据成本

在负债经营的条件下，许多企业总要经历财务拮据的困扰，其中一些企业将被迫破产，当财务拮据发生但还不致破产时，各种所谓的财务危机成本也就相应而生。考虑到上述各种因素，企业的财务危机成本可能相当高昂，因此，不论是债务人还是债权人，在进行筹资或投资决策时都必须考虑企业财务危机成本可能产生的影响。财务拮据只会发生在有负债的企业，无负债企业不会陷入这个泥坑。也就是说，负债越多，固定利息越大，收益下降的概率导致财务拮据及其成本发生的概率越高。财务拮据概率高将会降低企业的现值，提高其资本成本。

2. 代理成本

借款人在将资金借给企业之后，由于企业股东与企业债权人的利益不完全一致，存在着股东用各种方式从债权人得益的可能性，或有可能产生企业在其经济活动中为追求股东利益的最大化而损害债权人利益的行为，如债权稀释、投资努力不足、资金转移。为了减少和缓和企业股东与债权人之间可能发生的矛盾冲突，股东和债权人会同意对企业的经营活动和其他行为做出某些限制和监督。所有这些限制和监督条款无疑增加了签订债务合同的复杂性，使成本上升。同时在保护了债权人利益的同时也降低了企业的经营效率（主要表现在企业经营决策方面的灵活性降低），从而使企业的价值降低。总之，监督成本和效率降低，即代理成本存在，会提高负债成本，从而降低负债利益。

（二）融资顺序理论（或啄食顺序理论）

20 世纪 60 年代初，哈佛大学的戈顿·唐纳森教授对企业实际是如何建立其资本结构的问题进行了一项广泛的调查，他所发现的问题有：

（1）企业宁愿以企业内部产生的资金筹资，如留存收益、折旧基金等。

（2）如果企业有剩余留存收益，它或是投资于有价证券，或是用这些基金偿还债务，如果企业没有足够的留存收益来支持不可取消的投资项目，就会出售其部分有价证券。

（3）如果需要从外部筹资，企业首先会发行债券，最后不得已才是发行股票。这就是被唐纳森称为筹资的"啄食顺序"，该原理不同于权衡模型的平衡原理。

（4）企业股利发放率是建立在正常情况下，留存收益加上折旧能适应资本性支出制服要求的水平上，并根据其未来投资机会和预期未来现金流量确定目标股利发放。

（5）股利在短期内具有"刚性"，企业不愿意在现金股利上有较大变动，特别是削减股利难以让股东满意。

由此形成的啄食顺序理论（Pecking Order Theory）的基本原理是：(1)企业实行固定的股利政策；(2)企业偏向于使用内部的资金来源；(3)企业厌恶发行新股。当企业需要资金进行资本性支出时，首先是使用内部留存收益，其次是向外部负债筹资，最后才是发行股票。

啄食顺序理论在财务动机上分析完全是合理的,因为内部留存收益筹资无需支出任何成本,且不需与投资者签订某种协议,也不会受到证券市场变化的影响和其他方面的限制,是成本最低、操作最简便和受限最少的筹资方式。而负债筹资的成本、受到的限制和产生的负面影响介于内部筹资和发行股票之间,所以将其放在筹资顺序的第二位。根据啄食顺序理论,企业没有最佳的资本结构,因为同属权益资本的内部留存收益和发行新股,筹资顺序截然不同,前者是第一选择,而后者是最后的选择。企业的负债率仅仅反映了企业积累和发展中对外资金的需要。

但是,啄食顺序理论并不能解释现实社会中的所有资本结构规律。例如,与权衡理论相比,它不能解释税收、破产成本、证券发行成本及单个公司投资机会如何影响公司实际负债率的问题。另外,该理论也忽视了经典的代理问题,而这一问题很容易在公司管理者积累到许多闲置资本而不受资本市场约束时发生。同时,如果某家公司没必要筹集新的外部资金,并且不会因为低价证券而要付出直接的代价,同时又拥有足够多的闲置资源(非财务收购的防御增强),那么该公司的管理者在遭受恶意收购之后也不会被辞退。尽管如此,资本结构的啄食顺序理论似乎对公司某些方面的解释要比其他的一些模型更合理,这一点体现在公司进行融资决策(选择哪家证券公司发行股票)和市场证券发行的反应上。

(三)代理成本理论

1976 年,詹森和麦考林提出了著名的代理成本理论。他们观察到,当一个管理者拥有企业 100% 的股份时,企业的所有权和控制权并没有分离。简单地说,这就意味着管理者将为其行为承担所有的成本,从而获得全部收益。一旦企业股票的一部分 α 比例出售给外部的投资者,那么该管理者将为其行为承担 $(1-\alpha)$ 的结果。这是对管理者的激励,但在有效率的市场上不会发生,因为出售股票给外部投资者将产生出售股票的代理成本。进而他们指出,运用负债融资可以弥补外部产权的代理成本。但是,负债同样存在代理成本,并且随着企业杠杆作用率的提高而日益重要,企业不能通过"最大负债"进行融资。

因此,他们认为,在现代公司制的企业中,存在着股东和经理之间、债权人和股东之间等利益冲突。当经理只持有公司较小比例的股权时,由于道德风险和逆向选择的存在,会产生"代理成本"。如果增加企业负债的比例,会使经理的持股比例相应增加,从而降低代理成本。而债权人和股东之间的利益冲突则表现为:随着企业负债比例的上升,股东可能会倾向于选择风险更大的投资项目,以转嫁投资风险于债权人,但理性的债权人会合理地预期这一风险,当企业负债比例上升时将会通过负债成本来约束股东的举债行为。

这种代理成本最终要由股东承担,企业资本结构中债权比率过高会导致股东价值的减低。根据代理成本理论,债权资本适度的资本结构会增加股东的价值。因此,企业的资本结构可以作为一种激励工具的延伸,利用资本结构的信号传递功能,通过调整企业的负债比例影响股东或代理人的行为,协调企业的各种利益关系。

上述资本结构的代理成本理论仅限于债务的代理成本。除此之外,还有一些代理成本涉及企业的雇员、消费者和社会等因素。这些在资本结构决策中也应予考虑。

(四)信号理论

1. 信号理论的创立及其原理

在西方,现代企业的资本结构理论在 20 世纪 70 年代后的发展集中在不对称信息理论方面。以前的资本结构理论都有这样的假设：企业管理人员和广大投资者双方对企业未来收益状况都具有充分的信息，都能够据以在充分运行的资本市场上来评价企业的市场价值，作出自己的决策。在现实生活中，这种假设显然不能完全成立，管理者和投资者在信息获取方面是不平等的、不对称的。罗斯最早系统地把不对称信息理论引入资本结构的研究。他的研究完全保留了 MM 理论的全部假设，仅仅放松了关于充分信息的假设。罗斯假设企业管理者对企业未来收益和投资风险有内部信息，而投资者没有这些内部信息，因此投资者只能通过管理者输出的信息来评价企业市场价值。企业资产负债率就是一种把内部信息传递给市场的信号工具。他认为资产负债率提高是一个积极的信号，它表明管理者对企业未来发展有充足的信心，因此企业市场价值也随之提高。从这个意义上说，企业价值与资本结构有关。所以，企业发行新股的消息将引起人们的猜测，还会导致股价的下跌。为了避免股价下跌，管理者往往不用股本筹资方式，而宁愿使用外部资金；其顺序如下：(1) 留存收益；(2) 新债；(3) 最后迫不得已将出售新股。为了保存能随时发行新债务的能力，经理们举债的数量通常少于企业能承担的数量，以便保留一些资金储备能力。这个方面的结论与啄食顺序理论的结论相似。

20 世纪 70 年代晚期，罗斯(1979)与其他几位学者提出了公司资本结构的信号理论，该理论建立在完全信息的管理者与不完全信息的外部股东之间存在信息不对称的基础上。这些模型以这一理论为基础，那就是说当存在利好消息时，管理者会有很强的愿望把这一正面消息公布给外部投资者，从而提升公司的股价。然而倘若存在信息不对称问题，那么每个管理者都有向外公布利好消息的动机，而投资者并不知道这消息是否真实，只能让时间去证实。

信号理论认为，公司可以通过调整资本结构来传递有关获利能力和风险方面的信息，以及公司如何看待股票市价的信息。

按照资本结构的信号理论，作为公司经营管理者的经理对公司的投资收益状况是了解的，而外部投资人并不了解，他们只能通过公司股票的市场价格来判断公司的经营状况和管理者的业绩，当公司股票市场价格高于其实际价值时，公司经理则会因业绩被高估而受益，而如果公司破产，经理将会受到惩罚。因此，当公司提高负债时，外界会认为经理对公司未来负债经营的前景有良好的预期，否则的话，如果没有良好的未来投资收益预期，公司提高负债使财务危机成本上升，经理的个人利益同样不保。也就是说，在一般情况下，公司价值被低估时会增加债权资本；反之，公司价值被高估时会增加股权资本。

2. 信号模型的实证研究

这一模型及其后面的一些信号模型，在理论上极具吸引力，但对资本结构的实证研究却表明这一模型对实际行为的预测能力很差。如我们所观察，杠杆作用率在差不多每个行业中与其盈利负相关——并不是与信号模型的预测直接相关。另外，信号模型预测，成长机会较多和无形资产较多的行业比那些成熟的、固定资产较多的行业更多地运用负债，因为在成长型的公司里信息不对称的问题更为严重，因此更加需要信号模型。但我们观察到的事实正好与之相反——固定资产较多的公司比成长型的公司运用更多的负债。

另一方面，信号模型确实解释了不同类型证券发行时市场的不同反应。债券发行时表示利好消息(管理者对其未来充满信息)，从股价上扬可以看出；股票发行时表示利空消息(预期利润下降)，以股票价格下跌为特征。

纵观现代西方资本结构理论发展轨迹，过去 40 年的发展正好完成了一个理论上的循环。从 MM 理论最早提出资本结构中最关键的原理以后，理论界逐渐放松了 MM 理论最早提出的各种假设条件,依次从企业成本、个人税收、资本供给与需求、不确定性、不对称性进行了逐项分析,这些分析大大开拓了人们的视野,丰富了人们对资本结构的认识,尤其是由于不对称信息,使人们行为发生了变化,企业资本结构问题变得更加复杂。

四、现代资本结构理论的政策启示

前面我们已经介绍了资本结构理论,其目的是解释公司的实际行为。作为一个完整的理论,无论在宏观政策还是微观政策上,都会给予我们一些启示。

1. 资本结构国际间的差异

在工业化国家中,美国、英国、德国、澳大利亚和加拿大的公司平均账面资产负债率要比日本、法国、意大利和其他的欧洲国家低,而英国和德国公司的市场价值杠杆比率是最低的。在发展中国家(或新兴工业化国家)中,新加坡、马来西亚、智利和墨西哥的负债比率明显要比巴西、印度和巴基斯坦低。这些差异的确切原因还不清楚。但是,一个国家依赖资本市场还是依赖银行进行融资,历史、制度甚至文化因素都可能起作用。

2. 资本结构具有明显的行业模式,这在全世界是一致的

在所有发达国家,某些行业以高的债权比率为特征(公共事业、运输公司及成熟的资本密集型的制造企业),而其他的一些公司却很少甚至没有长期负债(服务行业、矿业公司和大多数的成长迅速或以技术为基础的制造企业)。这些模式说明了企业的最佳资本组合特征以及运营环境的多样化,影响着该企业资本结构的选择。

3. 行业内杠杆作用率与盈利水平负相关

不管什么样的行业,盈利最多的公司负债最少。财务理论指出,如果企业能够利用功能完善的资本市场,应当能够(至少在一段时间内)把财务比率控制在任何一个期望水平上——或者该行业的"最佳"水平上。另外,以税收为基础的资本结构理论认为,盈利公司应该更多地举债,因为它们更需要规避公司所得税。但是盈利水平与杠杆作用率之间的实证关系表明资本结构是自然存在的——也就是说资本结构在公司盈利和股利政策之前就已经确定了,它并不是资本结构政策选择的结果。这一区别,关系到一家公司的资本结构是其他财务政策选择的原因还是结果这一核心问题。

4. 税收对资本结构有着显著影响,但并不是决定性的

这一点可以通过直觉来判断,因为公司或个人所得税的变化(尤其是极端的变化)能够改变公司经营的盈利能力及所发行债券和股票的相对吸引力。研究表明,公司所得税税率的增加与公司利用负债经营的增加相关(至少在利息可以作为税收抵减项目的国家里)。对股票收入(股利或资本利得)征收的个人所得税与对利息收入征收的个人所得税进行比较,如果前者比后者少,那一定会导致公司负债经营减少。另一方面,以美国公司为例,美国公司在1913年开始征收所得税之前应用的负债经营要比第二次世界大战时少得多,而第二次世界大战期间公司及个人所得税率达到顶峰(分别为60%和90%)。因此,可以清楚地看到,税收既不能引起也不能阻止资本结构杠杆作用的发生。美国公司1969—1988年间以账面价值和市场价值计算的长期负债与资产的比率如表7-16所示。该表指出,美国公司在税率不断变化中保持了相对稳定的资本结构。

表 7-16　美国上市公司 1969—1988 年用账面价值与市场价值计算的资产负债率

年　份	账面价值	市场价值		公司样本数
		方法 A	方法 B	
1969	0.300	0.260	0.254	643
1970	0.290	0.257	0.247	695
1971	0.281	0.247	0.234	747
1972	0.286	0.235	0.219	800
1973	0.257	0.270	0.267	859
1974	0.283	0.368	0.388	902
1975	0.287	0.325	0.334	932
1976	0.272	0.303	0.308	966
1977	0.273	0.345	0.354	1 013
1978	0.266	0.350	0.365	1 051
1979	0.264	0.336	0.351	1 085
1980	0.251	0.286	0.308	1 122
1981	0.263	0.317	0.344	1 169
1982	0.257	0.308	0.330	1 197
1983	0.241	0.286	0.303	1 259
1984	0.248	0.304	0.309	1 321
1985	0.256	0.298	0.288	1 386
1986	0.273	0.311	0.298	1 386
1987	不详	0.305	0.276	1 179
1988	不详	0.297	0.271	1 179

注：①方法 A 长期负债的价值按照假设到期值为 20 年来计算，除非样本数据有例外。
　　②方法 B 负债市场价值按照报告支付利息的资本化来计算。
　　③年平均资产负债率是根据 COMPUSTAT 列表上的公司平均数字计算。
资料来源：Bernanke 和 Campbell 1969—1986 年的数字，Bernanke、Campbell 和 Whited 1987—1988 年的数字。

5. 杠杆比率与财务失败的预期成本负相关

不论对一个行业还是对一个国家而言，破产与财务失败的预期成本越大，举债经营就应越少。在一些国家，如日本，银行在公司理财中担任了重要的角色，破产法对债权人的关注要胜过债务人，一家持续经营的公司对杠杆作用率的重视程度要比美国公司大。另外，一些行业比其他的行业能够容忍更高的杠杆作用率，因为这些行业可以以相对较小的经济价值损失度过阶段性的财务紧张时期（这种时候甚至可能破产）。例如，一家公司的抵押品比较充足，如拥有可交易的不动产和交通运输工具等，这家公司对财务失败的敏感度就要比主要资产是人力资源、商标或其他无形资产的公司低。

6. 股东总是认为杠杆比率的增加是"利好"消息，杠杆比率的减少是"利空"消息

几乎所有重要的实证研究都表明，当一家公司的杠杆作用率提高时，该公司的股价就会上涨，如股权换债券的协议、负债融资的股票回购项目、负债融资下用现金招标控制另一家公司等。另一方面杠杆作用率的减少，如债券转股权、发行新股、用股票收购另一家公司的计划，都会导致股票价格的下跌。这些行为与股东权益最大化背道而驰。但尽管如此，这些行为仍旧没有改变，股票价格下降的真实原因还需进一步的研究。

7. 股票发行时交易成本的变化对资本结构的影响不明显

从世界范围来看,几十年来发行股票及债券的交易成本显著下降,特别是在美国。但是不管是对个别公司的杠杆作用还是对所发行的证券种类而言,都没有太大的影响。交易成本可能会影响证券发行的多少和频率,但是不会影响资本结构的选择。

8. 所有权结构影响资本结构,但两者之间的关系并不明确

一般而言,一家公司的所有权结构越集中(股份持有者之间的关系越紧密),越有可能并有能力更多地举债。因此,家族企业要比股权分散的上市公司更多地使用财务杠杆;而且如果对个别股东来说,控制一家公司时会获得很高的个人利益,那么他们就更喜欢用新的负债融资而不是吸纳新的股份,因为这样做可以使其股权被稀释的可能性最小。另外,一些国家允许银行或其他金融机构拥有公司的股票或债券,那么这些国家的公司负债率会较高一些。

9. 如果公司被迫偏离了最佳资本结构水平,一段时间之后会逐渐回归到这个水平上

近几年这种被迫偏离最佳负债比率的情况经常发生,主要是因为一些公司举借大量的新债去收购(反收购)其他公司或者进行新的投机业务。这些公司收购之后的第一件事就是还债,从而使债务水平回到最佳状态。一般来说,有实证表明,公司在运作时,如果负债比率过高就会发行新的股票,如果过低就会举借新债。然而对于发行股票最好的预测手段就是最近的股票价格趋势,若股票价格已经下跌,就不会发行新股了。

第四节 资本结构决策

资本结构理论揭示了企业运用财务杠杆后负债和企业价值之间的关系,指出企业都有一个最优资本结构。虽然我们无法精确测定企业最优资本结构,但可以估计一个范围,在此范围内企业价值最大、资本成本最低。

企业资本结构决策问题,主要是债权资本的安排问题。在企业的资本结构决策中,合理地利用债权融资,科学地安排债权资本的比例,是企业融资管理的一个核心问题,它对企业有着重要的意义:(1)合理安排债权资本比例可以降低企业的综合资本成本率。(2)合理安排债权资本比例可以获得财务杠杆利益。(3)合理安排债权资本比例可以增加公司的价值。

一、资本结构影响因素分析

在企业的实践中,决定资本结构的因素很多,主要有以下因素。

(一)各种融资方式的资本成本

融资方式不同,其资本成本也不一样,通常债务资本的成本低于权益资本的成本,但过多的负债会加重企业的负担,导致不能按时还本付息的风险,对企业的经营不利。因此,不能说资本成本越低其融资方式越好,要权衡利弊,选择最佳的融资方式。

(二)企业自身的风险程度

企业的风险对融资方式有很大影响。如果企业本身风险大,举债融资就不如发行股票。

因为股票不用定期支付利息,按时偿还本金。因此,风险大的企业,不宜再冒更大的财务风险。财务风险会降低普通股的每股收益,严重的会导致企业破产。

(三) 企业所有者的态度

如果企业所有者不愿使公司的控制权落在他人手里,则可能尽量采用债务融资的方式来增加资本,而不愿发行新股来增加融资。相反,如果管理者不愿承担财务风险,就可能较少利用财务杠杆,尽量减低债务资本的比例。

(四) 贷款银行和信用评估机构的态度

虽然企业对如何适当地运用财务杠杆,进行资本结构决策有自己的判断,但在涉及大规模的债务融资时,贷款银行和信用评估机构的态度实际上往往成为决定企业财务结构的关键因素。通常,企业在决定资本结构并付诸实施之前,都向贷款银行和信用评估机构咨询,并参考其建议。如果企业过高地安排债务融资,贷款银行未必会接受大额贷款的要求,或者只有在抵押担保或相当高的利率条件下才同意增加贷款。因为企业财务拮据会影响贷款银行的利益,信用评估机构对企业的财务风险也极为重视。

贷款银行和信用评估机构衡量企业财务拮据风险的主要参数是收益利息倍率(Time Interest Earned Ratio)$TIER$。$TIER=EBIT/I$,表示利息与税前利润对利息支出的倍数。这个比值越小,公司发生财务拮据的可能性越大。除此之外,固定费用保障比率(Fixed Change Coverage Ratio)$FCCR$ 计算了所有固定费用支出而不仅仅是利息支出,因而使它比 $TIER$ 更准确地反映了企业的财务风险,也经常为贷款银行和信用评估机构采用。

$$固定费用保障比率\ FCCR = \frac{EBIT + 租赁费用}{利息 + 租赁费用 + 偿债基金/(1-T)} \quad (7\text{-}34)$$

企业债务负担过重,经营收入又差时,则 $TIER$ 和 $FCCR$ 值小,预示企业将有财务危机,企业的信用等级将下降,贷款银行停止追加贷款或同意增加贷款但利率提高。故企业制定最优资本结构时,必须顾及贷款银行和信用评估机构的态度。

(五) 企业销售的稳定性和获利能力

企业的销售是否稳定对资本结构也有重要影响。如果企业的销售和盈余稳定,则可以较多地负担固定的财务费用;如果销售和盈余有周期性,则负担固定的财务费用将冒很大的风险。

企业的获利能力也制约着企业的资本结构。企业的息税前利润最低应满足债务利息要求,否则不可能运用财务杠杆。在实际工作中,获利水平相当高的企业往往并不使用大量的债务资本,因为它可以利用较多的留存收益来满足增资的需要。

(六) 企业的现金流量状况

债务的利息和本金通常必须以现金支付,这就涉及企业现金流量问题。企业现金流量越大,举债融资的能力就越强。因此,企业现金流量状况,对提高全部资本结构中债务资本比率有着重要的影响。

(七) 企业借债储备能力

当企业需要大量融资而新项目的前景又未被投资者意识到时,企业发行股票融资的成本较高,因而一般先发行债券或可转换债券。企业为了进一步举债融资的需要,必须保持较低的负债比率和较好的财务状况。一般债务合同的限制性条款中要求企业的 $TIER$ 必须大于 2.0—2.5 时才能借新债。所以,企业为储备将来举债的能力,不能把债务比率定得过高。

(八) 资本的可获得性

在资本市场发育完全、资本流动性强的条件下,企业的边际资本成本曲线相对比较平缓。企业可以较低的成本获得数额较大的资本。由于资本成本低,企业可相应增加负债。企业获取资本能力(availability of capital)的高低最终决定于资本市场的供需。跨国公司和大企业集团可在国际资本市场上融资,获取资本的能力大,其边际资本成本在相当大的资本预算范围内是常数,故负债比率可增大。中小型企业资本获取能力较差,融资成本相对较高,负债比率不能过大。

(九) 企业的行业差别

实践表明,不同行业或同一行业的不同企业,在运用债务融资的策略和方法上大不相同,从而也使资本结构产生差别。在资本结构决策中,应了解本企业所处行业资本结构的平均水平,作为本企业资本结构的参照,分析本企业与同行业其他企业的差别,以便决定本企业的资本结构。同时还必须认识到,资本结构不会固定不变,随着时间的推移、情况的发展变化,资本结构也会发生一定的变动,这就要求企业根据具体情况进行及时调整。

研究指出,大多数企业的债务—股权比率都相对较低,也就是说,大多数企业所采用的债务融资要大大少于股权融资,尤其在美国。表 7-17 列举了一些美国不同行业的负债率和负债-股权比率。

表 7-17 美国企业的资本结构

行　业	总资产负债率(%)	负债-股权比率(%)	企业数量	代表性的企业
奶制品	13.57	15.73	8	Ben&Jerry's,TCBY
纺织品、衣服	18.58	22.83	30	Liz Claiborne,Hartmax
纸业	28.98	40.82	29	Kimberly-Clark,Scott Paper
药品	3.15	3.25	109	Merck,Pfizer
炼油	31.03	45.00	21	Texaco,埃克森
橡胶鞋	4.67	4.90	5	耐克、锐步
钢铁	32.98	49.21	26	Bethlehem 钢铁企业、Nucor
计算机	5.91	6.28	116	IBM、惠普
汽车	25.74	31.73	40	福特、克莱斯特
飞机制造	34.56	52.89	12	波音、麦道(已合并)
航空业	43.81	89.41	14	Delta、西北航空
有线电视	58.38	141.00	12	TCI,Comcast
电力公用事业	51.01	104.00	74	南部电力、ConEd
百货商场	38.74	63.23	11	JC Penney、Dillard's
餐饮	22.65	29.29	52	Wendy's、麦当劳

注:负债是指优先股和长期债务(包括年内到期的长期债务)的账面价值之和。股权是指发行在外股份的市场价值。总资本是债务与股权之和。

资料来源:CCQ Cost of Capital Quarterly,1994 Yearbook(Chicago:Ibbotson Associates,Inc.,1994).

表 7-17 说明:(1)不同行业之间负债比率的巨大差别,如药品、计算机、鞋业等行业的负债率几乎为零,有线电视、电力公用事业等行业的债务比率却相当高;(2)仅两个行业的债务比率高于股权比率,其他大多数行业中股权融资要远远高于债务。从总体上讲,企业所发行的债券还没有达到完全用尽税盾的程度。

(十) 税收政策因素

各国税法都有规定,债务利息可以在所得税前支付,而股票股利则不能。因此,企业的所得税税率越高,负债的抵税效应就越显著,借款举债的好处就越大。由此可见,税收实际上对负债资本的安排产生一种刺激作用。

(十一) 投资者动机的影响

广义而言,企业的投资者,包括股权投资者和债权投资者,对企业投资的动机各有不同。债权投资者对企业投资的动机主要是在按期收回投资本金的条件下获取一定的利息收益。股权投资者的基本动机是在保证投资本金的基础上,获得一定的股权收益并使投资价值不断增值。企业在决定资本结构时必须考虑投资者的动机,安排好股权资本和债权资本的比例关系。

(十二) 企业的长期经营

企业经营的长期性和稳定性对社会、企业所有者和经营者都至关重要。大公司和对国计民生影响较大的基础工业和服务行业有必要维持连续不断的供给和提供长期稳定的服务。为此,企业负债应以不影响企业的长期稳定经营为限,避免出现财务危机。

(十三) 企业增长速度

增长率较高的企业因发展速度快、资金需求量大,只靠企业的留存收益用于再投资远远不能满足需要,而发行普通股的成本又高于债券成本,因此高速增长的企业倾向于使用更多的负债融资。相反,在其他因素相同的条件下,企业的财务状况和发展能力较差,则主要通过留存收益来补充资本。

(十四) 企业资产的性质

总资产中固定资产所占比例大,而且适合于抵押的资产较多的企业,如房地产业、通用设备较多的企业一般举债额较大。

二、资本结构决策方法

企业资本结构决策就是要确定最佳资本结构。掌握了影响资本结构的各项因素,企业才能根据各项因素综合作用的结果来确定最佳资本结构。

所谓最佳资本结构,是指企业在适度风险条件下,在一定时期使其综合资本成本最低,同时企业价值最大的资本结构。根据资本结构理论分析来看,企业最佳资本结构是存在的,在资本结构的最佳点上,企业的加权平均资本成本达到最低,同时企业的价值达到最高。用以衡量企业资本结构是否最佳的标准主要有:(1)综合的资本成本最低,企业筹资所花费的代价最小;

(2)股票市价上升,股东财富最大,企业总体价格最大;(3)企业财务风险小,筹集的资金最充分,能确保企业长短期经营和发展的需要。

理论上企业应该选择一种债股混合结构,以使企业价值最大化,但最常用的方法是使企业的财务杠杆率接近企业所属同类集团的水平。如果同类集团的企业在基本特征(税率和现金流量的变动情况)上是类似的,并且至少在平均意义上决策是正确的,那么这种方法为达到最优状态提供了一条捷径。然而,当同类企业在这些特征上差异很大时,这种方法就可能无效。所以说,在现实中,由于公司内部状况和外部环境的复杂性和不确定性,寻找最佳资本结构有时是相当困难的。

我们根据前述资本结构原理,确定企业的最佳资本结构,可以采用公司价值比较法、资本成本比较法和每股收益无差别点分析法。下面我们对这三种方法逐一分述。

(一)公司价值比较法

公司价值比较法是在充分反映公司财务风险的前提下,以公司价值的大小为标准,经过测算确定公司最佳资本结构的方法。与其他方法相比,公司价值比较法充分地考虑了公司的财务风险和资本成本等因素的影响,进行资本结构的决策以公司价值最大为标准,更符合公司价值最大化的财务目标;但其测算原理及测算过程较为复杂,通常用于资本规模较大的上市公司。

1. 公司价值的测算

关于公司价值的内容和测算基础与方法,目前主要有三种认识。

(1)公司价值等于其未来净收益(或现金流量,下同)按照一定折现率折现的价值,即公司未来净收益的折现值。用公式简要表示如下:

$$V = \frac{EAT}{K} \tag{7-35}$$

式中:V——公司的价值,即公司未来净收益的折现值;EAT——公司未来的年净收益,即公司未来的年税后收益;K——公司未来净收益的折现率。

这种测算方法的原理有其合理性,但不易确定的因素很多,主要有两点:一是公司未来的净收益不易确定,在上列公式中还有一个假定即公司未来每年的净收益为年金,事实上也未必都是如此;二是公司未来净收益的折现率不易确定。因此,这种测算方法尚难以在实践中加以应用。

(2)公司价值是其股票的现行市场价值。根据这种认识,公司股票的现行市场价值可按其现行市场价格来计算,故有其客观合理性,但存在两个问题:一是公司股票受到各种因素的影响,其市场价格处于经常的波动之中,每个交易日都有不同的价格,在这种现实条件下,公司的股票究竟按哪个交易日的市场价格来计算,这个问题尚未得到解决;二是公司价值的内容是否只包括股票的价值,是否还应包括长期债务的价值,而这两者之间又是互相影响的。如果公司的价值只包括股票的价值,那么就无须进行资本结构的决策,这种测算方法也就不能用于资本结构决策。

(3)公司价值等于其长期债务和股票的折现价值之和。与上述两种测算方法相比,这种测算方法比较合理,也比较现实。它至少有两个优点:一是从公司价值的内容来看,它不仅包括了公司股票的价值,而且还包括公司长期债务的价值;二是从公司净收益的归属来看,它属于公司的所有者即属于股东。因此,在测算公司价值时,这种测算方法用公式表示为:

$$V = B + S \tag{7-36}$$

式中：V——公司的总价值，即公司总的折现价值；B——公司长期债务的折现价值；
　　　S——公司股票的折现价值。

其中，为简化测算起见，设长期债务（含长期借款和长期债券）的现值等于其面值（或本金）；股票的现值按公司未来净收益的折现现值测算，测算公式是

$$S = \frac{(EBIT - I)(1-T)}{K_S} \tag{7-37}$$

式中：S——公司股票的折现价值；$EBIT$——公司未来的年息税前利润；I——公司长期债务的年利息；T——公司所得税率；K_S——公司股票资本成本率。

上列测算公式假定公司的长期资本系由长期债务和普通股组成。如果公司的股票有普通股和优先股之分，则上列公式可改写成下列形式：

$$S = \frac{(EBIT - I)(1-T) - D_P}{K_S} \tag{7-38}$$

式中：D_P——公司优先股的年股利；K_S——公司普通股的资本成本率。

2. 公司资本成本率的测算

在公司价值测算的基础上，如果公司的全部长期资本由长期债务和普通股组成，则公司的全部资本成本率，即综合资本成本率可按下列公式测算：

$$K_W = K_B \left(\frac{B}{V}\right)(1-T) + K_S \left(\frac{S}{V}\right) \tag{7-39}$$

式中：K_W——公司资本成本率；K_B——公司长期债务的税前资本成本率，可按公司长期债务年利率计算；K_S——公司普通股的资本成本率。

在上列测算公式中，为了考虑公司的融资风险的影响，普通股资本成本率可运用资本资产定价模型来测算，即

$$K_S = R_F + \beta(R_M - R_F) \tag{7-40}$$

式中：K_S——公司普通股投资的必要报酬率，即公司普通股的资本成本率；R_F——无风险报酬率；R_M——所有股票的市场报酬率；β——公司股票的贝他系数。

3. 公司最佳资本结构的确定

运用上述原理测算公司的总价值和综合资本成本率，并以公司价值最大化为标准比较确定公司的最佳资本结构。下面举例说明公司价值比较法的应用。

【例7-17】[1] 企业D无负债，期望的每年息税前利润$EBIT=500$万元，且固定不变。企业的税后净收益全部发放股利，股利增长率$g=0$。企业所得税率$T=33\%$。证券市场的数据：$R_F=6\%$，$R_M=15\%$。企业D现有普通股100万股。企业主管人员计划改变现有的资本结构，增加负债以利用财务杠杆使企业价值提高，试测算企业D的最佳资本结构。

根据例中给出的条件，我们可用以下公式计算企业的市场价值和资本成本。

(1) 企业普通股的市场价值

$$S = \frac{(EBIT - K_B B)(1-T)}{K_S}$$

企业股票价格 $P_0 = \frac{D_1}{K_S} = \frac{EPS}{K_S}$（其中：$D_1$为股利）

---

[1] 卢家仪，蒋冀：《财务管理》，清华大学出版社，1997年，第217—220页。

(2) 企业总的市场价值

$$V = S + B = \frac{EBIT(1-T)}{K_W}$$

(3) 企业综合资本成本率

$$K_W = K_B \left(\frac{B}{V}\right)(1-T) + K_S \left(\frac{S}{V}\right)$$

测算不同财务杠杆下的企业价值和资本成本,关键是预测企业在不同负债额时的债务利率和股本成本 K_S。对于上市的股份公司 K_S 可从 β 值来计算。若企业的 K_B、K_S 值测得如下:

债务市场价值(万元)	债务成本 K_B(%)	股票 β 值	股本成本 K_S(%)
0	6	1.0	15.0
400	7	1.06	15.5
800	7.5	1.11	16.0
1 200	8	1.78	22
1 600	12	2.22	26
2 000	20	4.0	30

则企业 D 的价值可计算如表 7-18。

表 7-18 企业 D 不同财务杠杆下的价值及综合资本成本

负债价值 B (万元)	负债成本 K_B (%)	股本成本 K_S (%)	股本价值 S (万元)	企业价值 V (万元)	负债比 B/V (%)	K_W (%)
0	6.0	15.0	2 230	2 230	0.0	15.0
400	7.0	15.5	2 040	2 440	16.4	13.7
800	7.5	16.0	1 840	2 640	30.3	12.7
1 200	8.0	22.0	1 230	2 430	49.4	13.8
1 600	12.0	26.0	790	2 390	67.2	13.9
2 000	20.0	30.0	220	2 220	90.1	14.9

根据表 7-18 作出的企业价值和资本成本与负债比率(B/V)的关系曲线见图 7-8。

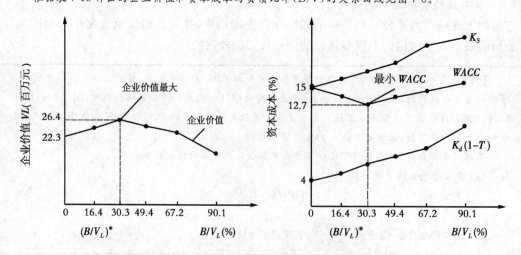

图 7-8 企业 D 资本结构与企业价值、资本成本间的关系

> 当 $B/V=30.3\%$ 时，企业价值最大，$V_{max}=2\,640$ 万元；综合资本成本最低，$K_W=12.7\%$。所以对企业 D 而言，债务市场价值为 800 万元、股本市场价值为 1 840 万元时构成了最佳资本结构。
>
> 在最佳资本结构的测算中，不同财务杠杆下的负债成本 K_B 和股本成本 K_S 的确定最为关键。一是因为企业价值和资本成本对 K_B 和 K_S 极为敏感，K_B 和 K_S 的微小变化都会引起 V 和 K_W 较大的变化。二是企业在不同债务结构时的 K_B 和 K_S 极难估计。上市公司可按 β 计算 K_S，非上市公司 K_S 的估算难度更大。因此企业要测出准确的使企业价值最大、K_W 最小的 $(D/V)^*$ 最佳值是不可能的，只能测出一个大致范围。从图 7-8 可看到在 $D/V=30.3\%$ 附近，企业的价值曲线和 K_W 曲线都比较平坦，我们可以将这点左右的一段 D/V 范围看作最佳资本结构。

在资本结构理论中，负债和股本的价值，以及企业价值都是用市场价值衡量的。但在实际中管理人员最直观的是账面价值。企业的账面价值和市场价值有差异。从研究资本结构的目的是使企业价值最大化这点出发，以市场价值来确定最佳资本结构是正确的。若用账面价值来衡量 D/V 时，必须注意市场价值和账面价值的差异。一般以账面价值计算的 D/A（A 为资产的账面价值）大于 D/V。

企业 D 的例子受一些假定的限制，主要是企业的增长率 $g=0$，$EBIT$ 保持不变。因此最佳资本结构的测算比较简单。对于增长型企业，输入的数据将增多，计算更为繁琐，误差也就越大。事实上，精确地测定最佳资本结构是不现实的。

(二) 资本成本比较法

资本成本比较法是指在适度财务风险的条件下，测算可供选择的不同资本结构或筹资组合方案的综合资本成本率，并以此为标准相互比较确定最佳资本结构的方法。

企业筹资可分为创业初期的初始筹资和发展过程的追加筹资两种情况。与此相对应，企业的资本结构决策可分为初始筹资的资本结构决策和追加筹资的资本结构决策。下面分别说明资本成本比较法在这两种情况下的运用。

1. 初始筹资的资本结构决策

在企业筹资实务中，企业对拟定的筹资总额，可以采用多种筹资方式来筹资，每种筹资方式的筹资额亦可有不同安排，由此会形成若干预选资本结构或筹资组合方案。在资本成本比较法下，可以通过综合资本成本率的测算及比较来作出选择。

【例 7-18】A 公司在初创时需资本总额 5 000 万元，有如下三个筹资组合方案可供选择，有关资料经测算汇入表 7-19。

表 7-19　A 公司初始筹资组合方案资料测算表　　　　　　　单位：元

筹资方式	初始筹资额	筹资方案Ⅰ资本成本率	初始筹资额	筹资方案Ⅱ资本成本率	初始筹资额	筹资方案Ⅲ资本成本率
长期借款	500	6%	600	6.5%	800	7%
长期债券	1 000	7%	1 600	8%	1 200	7.5%
优先股	500	12%	800	12%	500	12%
普通股	3 000	15%	2 000	15%	2 500	15%
合计	5 000	—	5 000	—	5 000	—

假定 A 公司的第Ⅰ、Ⅱ、Ⅲ三个筹资组合方案的财务风险相当,都是可以承受的。下面分两步分别测算这三个筹资组合方案的综合资本成本率并比较其高低,从而确定最佳筹资组合方案即最佳资本结构。

第一步,测算各方案各种筹资方式的筹资额占筹资总额的比例及综合资本成本率:

方案Ⅰ 各种筹资方式的筹资额比例:

长期借款 $\frac{500}{5\,000}=0.1$ 长期债券 $\frac{1\,000}{5\,000}=0.20$

优先股 $\frac{500}{5\,000}=0.1$ 普通股 $\frac{3\,000}{5\,000}=0.60$

综合资本成本率:6%×0.1+7%×0.20+12%×0.1+15%×0.60=12.20%

方案Ⅱ 各种筹资方式的筹资额比例:

长期借款 $\frac{600}{5\,000}=0.12$ 长期债券 $\frac{1\,600}{5\,000}=0.32$

优先股 $\frac{800}{5\,000}=0.16$ 普通股 $\frac{2\,000}{5\,000}=0.40$

综合资本成本率:6.5%×0.12+8%×0.32+12%×0.16+15%×0.40=11.26%

方案Ⅲ 各种筹资方式的筹资额比例:

长期借款 $\frac{800}{5\,000}=0.16$ 长期债券 $\frac{1\,200}{5\,000}=0.24$

优先股 $\frac{500}{5\,000}=0.10$ 普通股 $\frac{2\,500}{5\,000}=0.50$

综合资本成本率:7%×0.16+7.5%×0.24+12%×0.10+15%×0.50=11.62%

第二步,比较各个筹资组合方案的综合资本成本率并作出选择:筹资组合方案Ⅰ、Ⅱ、Ⅲ的综合资本成本率分别为 12.20%、11.26%、11.62%。经比较,方案Ⅱ的综合资本成本率最低,在适度财务风险的条件下,应选择筹资组合方案Ⅱ作为最佳筹资组合方案,由此形成的资本结构可确定为最佳资本结构。

2. 追加筹资的资本结构决策

因追加筹资以及筹资环境的变化,企业原定的最佳资本结构未必仍是最佳的,需要进行调整。企业追加筹资可有多种筹资组合方案供选择。按照最佳资本结构的要求,在适度财务风险的前提下,企业选择追加筹资组合方案可用两种方法:一种方法是直接测算各备选追加筹资方案的边际资本成本率,从中比较选择最佳筹资组合方案;另一种方法是分别将各备选追加筹资方案与原有最佳资本结构汇总,测算比较各追加筹资方案下汇总资本结构的综合资本成本率,从中比较选择最佳筹资方案。下面举例说明。

【例 7-19】A 公司拟追加筹资 1 000 万元,现有两个追加筹资方案可供选择,有关资料经测算整理后列入表 7-20。

表 7-20 A 公司追加筹资方案资料测算表　　　　　　　　　　单位:元

筹资方式	追加筹资额	筹资方案Ⅰ资本成本率	追加筹资额	筹资方案Ⅱ资本成本率
长期借款	400	7%	500	7.5%
优先股	300	13%	200	13%
普通股	300	16%	300	16%
合计	1 000	—	1 000	—

下面分别按上述两种方法测算比较追加筹资方案。

(1) 追加筹资方案的边际资本成本率比较法。

首先，测算追加筹资方案Ⅰ的边际资本成本率。

$$7\% \times \frac{400}{1\,000} + 13\% \times \frac{300}{1\,000} + 16\% \times \frac{300}{1\,000} = 11.5\%$$

然后，测算追加筹资方案Ⅱ的边际资本成本率。

$$7.5\% \times \frac{500}{1\,000} + 13\% \times \frac{200}{1\,000} + 16\% \times \frac{300}{1\,000} = 11.15\%$$

最后，比较两个追加筹资方案，方案Ⅱ的边际资本成本率为11.15%，低于方案Ⅰ的边际资本成本率。因此，在适度财务风险的情况下，方案Ⅱ优于方案Ⅰ，应选追加筹资方案Ⅱ。从而，追加筹资方案Ⅱ为最佳筹资方案，由此形成的新的资本结构为A公司的最佳资本结构。若A公司原有资本总额为5 000万元，资本结构是：长期借款600万元、长期债券1 600万元、优先股800万元、普通股2 000万元。则追加筹资后的资本总额为6 000万元，资本结构是：长期借款1 100万元、长期债券1 600万元、优先股1 000万元、普通股2 300万元。

(2) 备选追加筹资方案与原有资本结构综合资本成本率比较法。

首先，汇总追加筹资方案和原资本结构，形成备选追加筹资后资本结构，如表7-21所示。

表7-21 追加筹资方案与原资本结构资料汇总表　　　　　　　　单位：元

筹资方式	原资本结构	资本成本率	追加筹资额	筹资方案Ⅰ资本成本率	追加筹资额	筹资方案Ⅱ资本成本率
长期借款	600	6.5%	400	7%	500	7.5%
长期债券	1 600	8%				
优先股	800	13%	300	13%	200	13%
普通股	2 000	16%	300	16%	300	16%
合计	5 000	—	1 000		1 000	

然后，测算汇总资本结构下的综合资本成本率。

追加筹资方案Ⅰ与原资本结构汇总后的综合资本成本率：

$$\left(\frac{6.5\% \times 600}{6\,000} + \frac{7\% \times 400}{6\,000}\right) + \frac{8\% \times 1\,600}{6\,000} + \frac{13\% \times (800+300)}{6\,000}$$
$$+ \frac{16\% \times (300+2\,000)}{6\,000} = 11.77\%$$

追加筹资方案Ⅱ与原资本结构汇总后的综合资本成本率：

$$\left(\frac{6.5\% \times 600}{6\,000} + \frac{7.5\% \times 500}{6\,000}\right) + \frac{8\% \times 1\,600}{6\,000} + \frac{13\% \times (800+200)}{6\,000}$$
$$+ \frac{16\% \times (300+2\,000)}{6\,000} = 11.70\%$$

在上列计算中，根据股票的同股同利原则，原有股票应按新发行股票的资本成本率计算，即全部股票按新发行股票的资本成本率计算其总的资本成本率。

最后，比较两个追加筹资方案与原资本结构汇总后的综合资本成本率，方案Ⅱ与原资本结构汇总后的综合资本成本率为11.70%，低于方案Ⅰ与原资本结构汇总后的综合资本成本率。因此，在适度财务风险的前提下，追加筹资方案Ⅱ优于方案Ⅰ，由此形成的新的资本结构为A公司的最佳资本结构。

由此可见，A公司追加筹资后，虽然改变了资本结构，但经过分析测算，作出正确的筹资决策，公司仍可保持资本结构的最优化。

【例7-20】某企业计划年初的资本结构如表7-22。

表7-22 某企业计划期初的资本结构

资金来源(负债+所有者权益)	金额(万元)
长期债券 年利率10%	1 000
优先股 年股息率7%	300
普通股 60 000 股	1 200
合计	2 500

普通股股票每股面额为200元,今年期望股息是20元,预计今后每年股息率增加7%,所得税税率为33%,假定发行各种有价证券均无筹资费用。

该企业拟定增加投资500万元,有甲乙两个方案可供选择:

甲方案:发行长期债券500万元,年利率为11%,今年普通股股息可增加到30元,以后每年还可增加7%,但是由于增加了风险,普通股市场价格将跌至每股170元。

乙方案:发行长期债券250万元,年利率为11%,另外发行普通股250万元,普通股股息增加到30元,而且以后每年可以增加7%,由于企业信誉提高,普通股市场价格将上升到每股400元。

(1) 计算计划年初的综合资本成本率,各种来源资金的比重和资本成本如表7-23。

表7-23 年初各种来源资金比重及资本成本

各种来源资金的比重	金额(万元)
债券 $\dfrac{1\,000}{2\,500}=40\%$	$\dfrac{1\,000\times10\%\times(1-33\%)}{1\,000\times(1-0)}=6.7\%$
优先股 $\dfrac{300}{2\,500}=12\%$	$\dfrac{300\times7\%}{300\times(1-0)}=7\%$
普通股 $\dfrac{1\,200}{2\,500}=48\%$	$\dfrac{60\,000\times20}{60\,000\times200\times(1-0)}+7\%=17\%$

计算年初的综合资本成本率为

$$K_W=40\%\times6.7\%+12\%\times7\%+48\%\times17\%=11.68\%$$

(2) 计算甲方案的综合资本成本率,各种来源资金的比重和资本成本如表7-24。

表7-24 甲方案下各种来源资金比重和资本成本

各种来源资金的比重	金额(万元)
债券 $\dfrac{1\,000}{3\,000}=33.33\%$	6.7%
新发债券 $\dfrac{500}{3\,000}=16.67\%$	$\dfrac{500\times11\%\times(1-33\%)}{500\times(1-0)}=7.37\%$
优先股 $\dfrac{300}{3\,000}=10\%$	7%
普通股 $\dfrac{1\,200}{3\,000}=40\%$	$\dfrac{30}{170}\times100\%+7\%=24.65\%$

甲方案的综合资本成本率为

$$K_{W甲}=33.33\%\times6.7\%+16.67\%\times7.37\%+10\%\times7\%+40\%\times24.65\%$$
$$=14.02\%$$

(3)计算乙方案的综合资本成本率,各种来源资金的比重和资本成本如表 7-25。

表 7-25　乙方案下各种来源资金比重和资本成本

各种来源资金的比重		金额(万元)
债券	33.33%	6.7%
新发债券	$\frac{250}{3\,000}=8.33\%$	7.37%
优先股	10%	7%
普通股	$\frac{1\,450}{3\,000}=48.33\%$	$\frac{30}{400}\times100\%+7\%=14.5\%$

乙方案的综合资本成本率为

$$K_{Wz}=33.33\%\times6.7\%+8.33\%\times7.37\%+10\%\times7\%+48.33\%\times14.5\%$$
$$=10.53\%$$

通过以上计算可以看出,甲、乙两个筹资方案比较,乙方案的资本成本,不仅低于甲方案的资本成本,而且也略低于企业年初计划时的综合成本,因此乙方案是可采用的最佳资本结构方案。在一般情况下,企业增加债券的发行量,可以降低资本成本,提高资金效益,但是过多地发行会增加企业风险,从而导致普通股股票市场价格下跌,反而使综合资本成本上升。在西方国家,企业筹资时经常提到"最便宜的"资金来源未必是"最经济的"资金来源。这就是说虽然增加某种资本成本最低的资金数额,但综合资本成本率不一定就降低,有时反而上升。因此企业在实际工作中,应根据不同筹资方案的不同条件,分别计算不同资金来源的比重和资本成本,计算和比较综合资本成本率,这样可能在多种可行筹资方案中选择最佳资本结构方案。

资本结构比较法的测算原理容易理解,测算过程简单,但仅以资本成本率最低为决策标准,没有具体测算财务风险因素,其决策目标实质上是利润最大化而不是公司价值最大化,一般适用于资本规模较小、资本结构较为简单的非股份制企业。

(三)每股收益无差别点分析法

每股收益无差别点,又称每股盈余无差别点或每股利润无差别点,它是指普通股每股收益不受融资方式和资本结构影响的销售水平或息税前利润水平。它是不同融资方式和资本结构下每股税后收益均相同的销售水平或息税前利润水平的均衡点。资本结构的合理与否,是通过普通股每股收益的变化来判定的,一般来说,能使每股收益提高的资本结构就是合理的资本结构;反之,则表明资本结构不够理想。当公司的销售水平或息税前利润水平正好达到无差别点时,无论哪一种资本结构均是合理的;当公司的销售水平或息税前利润水平高于无差别点时,由于财务杠杆的作用,公司可选择负债水平较高的资本结构;反之,当公司的销售水平或息税前利润水平低于无差别点时,公司则应选择负债水平较低的资本结构。这一方法的原理是

增加负债融资方式下普通股的每股收益=增加权益融资方式下普通股的每股收益

或
$$EPS_1=EPS_2 \tag{7-41}$$

即:在每股收益无差别点上,无论采用负债筹资,还是采用权益筹资,公司普通股每股收益都是相等的。

现举例说明这种方法的应用。

【例 7-21】① A 公司目前拥有长期资本 8 500 万元,其资本结构为:长期债务 1 000 万元,普通股 7 500 万元。现准备追加筹资 1 500 万元,有三种筹资方式可供选择:增发普通股、增加负债、发行优先股。有关资料详见表 7-26。

表 7-26 A 公司目前和追加筹资后的资本结构资料表 单位:万元

资本种类	目前资本结构		追加筹资后的资本结构					
	金额	比例	增发普通股		增加长期债务		发行优先股	
			金额	比例	金额	比例	金额	比例
长期债务	1 000	0.12	1 000	0.10	2 500	0.25	1 000	0.10
优先股							1 500	0.15
普通股	7 500	0.88	9 000	0.90	7 500	0.75	7 500	0.75
资本总额	8 500	1.00	10 000	1.00	10 000	1.00	10 000	1.00
其他资料:								
年债务利息额	90		90		270		90	
年优先股股利额							150	
普通股股数(万股)	1 000		1 000		1 000		1 000	

当息税前利润为 1 600 万元时,为便于计算假定公司所得税税率为 40%,下面测算这三种筹资方式追加筹资后的普通股每股收益,如表 7-27 所示。

表 7-27 A 公司预计追加筹资后的每股收益测算表 单位:万元

项 目	增发普通股	增加长期债务	发行优先股
息税前利润	1 600	1 600	1 600
减:长期债务利息	90	270	90
所得税前利润	1 510	1 330	1 510
减:所得税(40%)	604	532	604
所得税后利润	906	798	906
减:优先股股利			150
普通股可分配利润	906	798	756
普通股股数(万股)	1 300	1 000	1 000
普通股每股收益(元)	0.70	0.80	0.76

由表 7-27 的测算结果可见,采用不同筹资方式追加筹资后,普通股每股收益是不相等的。在息税前利润为 1 600 万元的条件下,普通股每股收益在增发普通股时最低,为每股 0.70 元;在增加长期债务时最高,为每股 0.80 元;在发行优先股时居中,为每股 0.76 元。这反映了在息税前利润一定的条件下不同资本结构对普通股每股收益的影响。

表 7-27 所测算的结果是在息税前利润预计为 1 600 万元的情况。那么,息税前利润究竟为多少时,采用哪种筹资方式更为有利呢?这需要通过测算息税前利润平衡点来判断。其测算公式如下:

$$\frac{(\overline{EBIT}-I_1)(1-T)-D_{P1}}{N_1}=\frac{(\overline{EBIT}-I_2)(1-T)-D_{P2}}{N_2} \tag{7-42}$$

---

① 荆新,王化成,刘俊彦:《财务管理学》,中国人民大学出版社,2002 年,第 221—224 页。

或 $\dfrac{(\overline{S}-VC_1-F_1-I_1)(1-T)-D_{P1}}{N_1}=\dfrac{(\overline{S}-VC_2-F_2-I_2)(1-T)-D_{P2}}{N_2}$ (7-43)

式中：$\overline{EBIT}$——息税前利润平衡点，即每股收益无差别点；

I_1,I_2——两种增资方式下的长期债务年利息；

D_{P1},D_{P2}——两种增资方式下的普通股年股利；

N_1,N_2——两种增资方式下的普通股股数；

T——所得税税率；

$\overline{S}$——两种增资方式无差别点的销售额；

VC_1,VC_2——两种增资方式下公司的变动成本；

F_1,F_2——两种增资方式下公司的固定成本。

将表 7-27 的有关资料代入上式，进行测算：

(1) 增发普通股与增加长期债务两种增资方式下的每股收益无差别点为：

$$\dfrac{(\overline{EBIT}-90)(1-40\%)}{1\,300}=\dfrac{(\overline{EBIT}-270)(1-40\%)}{1\,000}$$

$$\overline{EBIT}=870(万元)$$

(2) 增发普通股与发行优先股两种增资方式下的每股收益无差别点为：

$$\dfrac{(\overline{EBIT}-90)(1-40\%)}{1\,300}=\dfrac{(\overline{EBIT}-90)(1-40\%)-150}{1\,000}$$

$$\overline{EBIT}=1\,173(万元)$$

上列测算结果是：当息税前利润为 870 万元时，增发普通股和增加长期债务的每股收益相等；同样道理，当息税前利润为 1 173 万元时，增发普通股和发行优先股的每股收益相等。为验证，还可列表测算，如表 7-28 所示。

表 7-28　A 公司每股收益无差别点测算表　　　　　　　　　　　　单位：万元

项　目	增发普通股	增加长期债务	增发普通股	发行优先股
息税前利润	870	870	1 173	1 173
减：长期债务利息	90	270	90	90
所得税前利润	780	600	1 083	1 083
减：所得税(40%)	312	240	433.2	433.2
所得税后利润	468	360	649.8	649.8
减：优先股股利				150
普通股可分配利润	468	360	649.8	499.2
普通股股数(万股)	1 300	1 000	1 300	1 000
普通股每股收益(元)	0.36	0.36	0.50	0.50

上述每股收益无差别点分析的结果可用图 7-9 表示。

由图 7-9 可见，每股收益无差别点的息税前利润为 870 万元的意义在于：当息税前利润大于 870 万元时，增加长期债务要比增发普通股有利；而当息税前利润小于 870 万元时，增加长期债务则不利。同样道理，每股收益无差别点的息税前利润为 1 173 万元的意义在于：当息税前利润大于 1 137 万元时，发行优先股要比增发普通股有利；而当息税前利润小于 1 173 万元时，发行优先股则不利。

上述结论的前半部分，即"大于"的情况，已在表 7-26 中得到证明。例如在表 7-27 中，息税前利润为

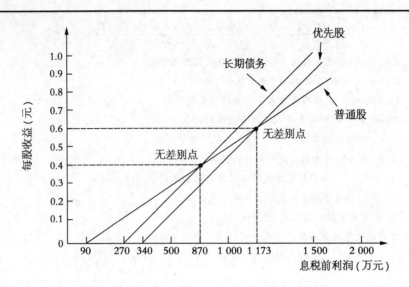

图 7-9　A 公司每股收益无差别点分析示意图

1 600 万元,大于 870 万元或 1 173 万元,则增加长期负债和发行优先股的每股收益分别为 0.80 元和 0.76 元,都高于增发普通股的每股收益(0.70 元),因此,增加长期债务或发行优先股都比增发普通股有利。现在举例证明结论的后半部分,即"小于"的情况。

【例 7-22】假设 A 公司息税前利润为 500 万元,其他有关资料与表 7-26 相同。下面通过表 7-29 测算每股收益。

表 7-29　假设 A 公司息税前利润为 500 万元时的每股收益测算表　　单位:万元

项　目	增发普通股	增加长期债务	发行优先股
息税前利润	500	500	500
减:长期债务利息	90	270	90
所得税前利润	410	230	410
减:所得税(40%)	164	92	164
所得税后利润	246	138	246
减:优先股股利			150
普通股可分配利润	246	138	146
普通股股数(万股)	1 300	1 000	1 000
普通股每股收益(元)	0.20	0.14	0.15

由表 7-29 可见,假设息税前利润为 500 万元,小于每股收益无差别点的息税前利润 870 万元或 1 173 万元时,增加长期债务或发行优先股的每股收益分别为 0.14 元和 0.15 元,都低于增发普通股的每股收益(0.20 元),因此,增加长期债务或发行优先股都不利。

每股收益无差别点分析法的测算原理比较容易理解,测算过程比较简单。它以普通股每股收益最高为决策标准,也没有具体测算财务风险因素,其决策目标实际上是股票价值最大化而不是公司价值最大化,可用于资本规模不大、资本结构不太复杂的股份有限公司。

案例分析

华胜药业股份有限公司资本结构优化方案分析

一、公司概况

华胜药业股份有限公司(以下简称华胜公司)成立于1997年,其注册资本为1000万元,经营范围主要有化学原料药、化学制剂药、抗生素、生化制品、物流配送及相关咨询服务。

公司资本全部为普通股,股票账面价值为1000万元。2003年公司息税前利润为300万元,所得税率为33%,无风险报酬率为8%,平均风险股本必要报酬率为15%,股票β系数为1。公司经营与我国医药行业年均16.6%的增长速度相比业绩平平。因此,公司拟从优化资本结构的讨论入手,研究合理筹资、扩大市场份额、提升公司价值的问题。

二、有关指标的计算及公司高管人员的决策分析

权益资本成本运用资本资产定价模型 $K_s = r_f + \beta(r_m - r_f)$ 计算而得,即

$$K_s = 8\% + 1 \times (15\% - 8\%) = 15\%,$$

其中:K_s为权益资本成本,r_f为无风险报酬率,r_m为平均风险股票必要报酬率。

由于公司无长期负债,加权平均资本成本 $K_w = K_b \left(\dfrac{B}{V}\right)(1-T) + K_s \left(\dfrac{S}{V}\right)$,故有

$$K_w = K_s = 15\%$$

式中:K_w为加权平均资本成本,K_b为债务资本成本,S为股票价值,B为债券价值,V为公司价值,T为公司所得税税率。

公司的股票价值 $S = \dfrac{(EBIT - I)(1-T)}{K_s} = \dfrac{(300-0)(1-33\%)}{15\%} = 1\,340(万元)$

其中,$EBIT$为息税前盈余,I为利息额。

根据 $V = S + B$,公司当前的总价值 $V = S = 1\,340$(万元)

计算说明,公司在权益资本占长期资金来源100%的资本结构下,其加权平均资本成本(15%)与企业价值(1340万元)的关系。

公司财务总监和财务经理都懂得合理负债在公司理财中的税盾效应,于是向总经理提出了优化资本结构的建议。但是,总经理有他自己的考虑。他认为目前公司的资本结构没有什么不妥之处,因为他信奉的是营业收益理论,即认为不论公司有无负债,其加权平均资本成本都是固定不变的,因此公司的总价值也是固定的。公司利用财务杠杆时,即使债务资本成本不变,但由于负债的增加会加大权益的风险,使权益资本成本上升,这样加权平均资本成本不会因为负债比率的提高而降低,而是维持不变。所以,资本结构与企业价值无关,决定企业价值的应是营业收益。他还用图7-10说明其观点的理论依据。

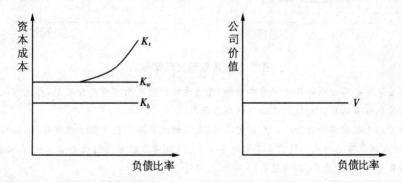

图7-10 营业收入理论示意图

第七章 资本结构

而财务经理认为营业收益理论中的加权平均资本成本不变是不正确的,认为净收益理论才是合理的。因为负债可以降低资本成本,无论负债程度多高,企业的债务成本和权益资本成本都不会变化。因此,负债程度越高,企业价值越大。所以,只要债务资本成本低于权益资本成本,那么负债越多,企业的加权平均资本成本就越低,企业的价值就越大。当负债比率为100%时,企业的加权平均资本成本最低,企业价值最大。他也用图示7-11说明其观点的理论依据,并提出发行债券、回购股票方案。

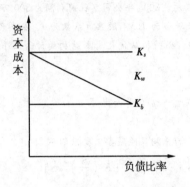 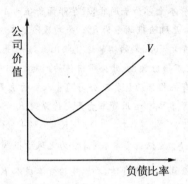

图 7-11 净收益理论示意图

财务总监认为以营业收益理论和净收益理论决策都有不足,他提出利用财务杠杆降低公司的加权平均资本成本,提高公司总市场价值的方案。他认为随着债务比率的不断提高,权益资本成本也会上升;当负债比率达到一定程度时,权益资本成本的上升不再能为债务的低成本所抵消,这样加权平均资本成本便会上升。所以,并不是负债程度越高企业价值就越大。只有公司在加权平均资本成本最低时才存在最佳资本结构,此时企业价值才最大。他则用图示7-12的传统理论说明其观点的合理性。

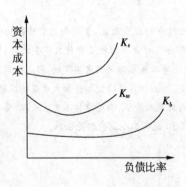 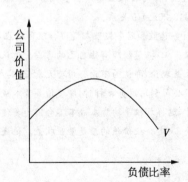

图 7-12 传统理论示意图

财务总监认为公司应改善目前的资本结构,可通过发行债券购回购部分股票,寻找加权平均资本成本最低的最佳资本结构。并提出了如下的运作思路。

公司期望的息税前盈余为300万元固定不变,企业的税后净利全部用于发放股利,股利增长率为零,其无风险报酬率与平均风险股票必要报酬率不变,假设债券的市场价值与票面价值相等,有关数据和计算结果如表7-30、表7-31和图7-13所示。

表 7-30 不同债务水平对公司债务资本成本和权益资本成本的影响

债券的市场价值 B（万元）	税前债务资本成本 K_b	股票 β 系数	无风险报酬率 r_f	平均风险股票必要报酬率 r_m	权益资本成本 K_s
0	—	1.00	8%	15%	15.00%
250	9%	1.06	8%	15%	15.42%
500	10%	1.11	8%	15%	15.77%
750	11%	1.55	8%	15%	18.85%
1 000	15%	1.90	8%	15%	21.30%
1 250	19%	2.20	8%	15%	23.40%

表 7-31 公司市场价值和资本成本

债券的市场价值 B（万元）	股票市场价值 S（万元）	公司市场价值 V（万元）	税前债务资本成本 K_b	权益资本成本 K_s	加权平均资本成本 K_w	负债比率（B/V）
0	1 340	1 340	—	15.00%	15.00%	0
250	1 205.74	1 455.74	9%	15.42%	13.81%	17.17%
500	1 062.14	1 562.14	10%	15.77%	12.87%	32.00%
750	773.08	1 523.08	11%	18.85%	13.20%	49.24%
1 000	471.83	1 471.83	15%	21.30%	13.66%	67.94%
1 250	178.95	1 428.95	19%	23.40%	14.07%	87.48%

当负债比率为 32% 时，公司价值最大（为 1 562.14 万元），加权平均资本成本最低（为 12.87%），此时公司的债务资本为 500 万元，股票市场价值为 1 062.14 万元，即为公司的最佳资本结构。他还用图 7-13 说明了公司市场价值和资本成本、资本结构与公司价值的关系。

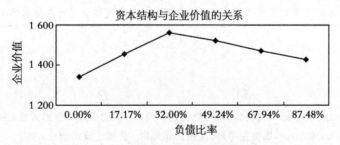

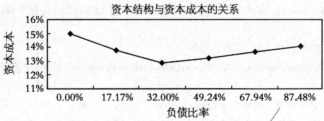

图 7-13 资本结构与企业价值、资本成本的关系

同时，财务总监还提出，在最佳资本结构测算中应注意不同财务杠杆下的债务资本成本 K_b 和权益资本成本 K_s 的确定非常关键。一是因为企业价值和资本成本对债务资本成本 K_b 和权益资本成

本 K_s 极为敏感,债务资本成本 K_b 和权益资本成本 K_s 的微小变化都会引起企业价值和加权平均资本成本较大的变化。二是企业在不同债务结构时的债务资本成本 K_b 和权益资本成本 K_s 极难估计准确。三是,公司在进行股票回购中,发行债券金额的区间选择也很关键,不同的区间选择会测算出不同的最佳资本结构。若债务资本成本 K_b、权益资本成本 K_s、β 系数和报酬率不变,即公司加权平均资本成本不变,其发行债券分别为 200 万元、400 万元、600 万元、800 万元、1 000 万元,则最佳资本结构测算如表 7-32。

表 7-32　公司市场价值和资本成本

债券的市场价值 B(万元)	股票市场价值 S(万元)	公司市场价值 V(万元)	税前债务资本成本 K_b	权益资本成本 K_s	加权平均资本成本 K_w	负债比率
0	1 340	1 340	—	15.00%	15.00%	0
200	1 225.29	1 425.29	9%	15.42%	14.10%	14.03%
400	1 104.63	1 504.63	10%	15.77%	13.36%	26.58%
600	831.72	1 431.72	11%	18.85%	14.04%	41.91%
800	566.20	1 366.20	15%	21.30%	14.71%	58.56%
1 000	314.96	1 314.96	19%	23.40%	15.29%	76.05%

此时,公司市场价值最大为 1 504.63 万元,负债比率为 26.58%、债务资本为 400 万元的最佳资本结构。

(资料来源:作者据 http://jwch.tjufe.edu.cn 下载资料整理编写。)

案例思考题

1. 净收益理论、营业收益理论与传统理论对资本结构决策有什么指导意义?
2. 最佳资本结构存在的条件是什么?试为华胜药业股份有限公司资本结构优化提出你的见解。

补充阅读材料

1. 〔美〕William L. Meggison,刘明辉等译. 公司财务理论. 东北财经大学出版社,2002
2. 〔美〕Aswath Damodaran,郑振龙等译. 应用公司理财. 机械工业出版社,2000
3. 〔美〕Stephen A. Ross,Randolph W. Westerfield,Bradford D. Jordan;张建平译. 公司理财精要. 人民邮电出版社,2003
4. 查晓岚. 公司理财. 武汉大学出版社,1997
5. 〔美〕Stephen A. Ross,Randolph W. Westerfield,Jeffrey F. Jaffe;吴世农,沈艺峰等译. 公司理财. 机械工业出版社,2000
6. 卢家仪,蒋冀. 财务管理. 清华大学出版社,1997
7. 刘爱东. 基于核心竞争力的企业内部控制制度设计. 辽宁大学学报,2003(3)
8. 栾庆伟,迟国泰. 财务管理. 大连理工大学出版社,2001
9. 刘爱东. 推行财务总监制度强化公司治理. 审计理论与实践,2003(7)
10. 荆新,王化成,刘俊彦. 财务管理学. 中国人民大学出版社,2002

第八章 股利政策

/学习目标/

通过本章的学习,掌握股利的支付形式及支付程序,了解国外上市公司股利政策的理论与实践,理解影响公司股利政策的因素,熟悉股利政策的分析框架。

股利政策是公司税后盈余如何分配的一系列方针与策略的概括,包括是否发放股利、何时发放、发放多少以及采用什么形式发放等问题。它不仅受有关法律法规的制约,还要考虑公司资产的流动性、举债能力、投资需要以及股东对股利的偏好等因素。因此,股利政策与筹资决策、投资决策成为公司理财的三大核心内容。

第一节 股利的支付形式及支付程序

一、股利形式

确定股利形式是公司股利政策的重要组成部分。现金股利、股票股利是股份公司中最常见的股利形式。财产股利和负债股利是它们的有益补充,而股票回购是现金股利的替代方式,股票分割则与股票股利非常相似。

(一) 现金股利

现金股利就是公司以现金的形式发放给股东的股利。现金股利的多少主要取决于公司的股利政策与经营业绩。公司支付现金股利除了要有累计盈余外,还要有足够的现金,因此现金股利适用于大多数现金充裕的公司。特殊情况下,公司可用弥补亏损后的盈余公积金支付股利。

(二) 股票股利

股票股利就是公司按照股东股份的一定比例来发放股票作为股利的一种形式。这种方式适用于因高速发展而导致现金比较短缺的公司,等同于直接把企业盈利转化为普通股票,即盈利的资本化，是一种增资行为，因此需要经股东大会决定，然后按法定程序办理增资手续。发放股票股利并不增加股东财富，股东权益总额不会变，企业的财产价值和股权结构也不变，但增加了股票的流通数量，从而降低了公司股票的每股市价。

公司发放股票股利对股东和公司来说都有现实意义。对股东来说，如果公司在发放股票股利后还发放现金股利，股东会因所持股数增加而得到更多的现金；发放股票股利后其股票价格并不成比例地下降，可使股东得到股票价格相对上升的好处；发放股票股利常是成长型公司所为，因此投资者往往认为发放股票股利预示着公司将有较好的前景，这样可以稳定股价；由于税法规定出售股票所需缴纳的资本利得税率比收到现金股利所需缴纳的所得税率低，发放股票股利还可使股东获得纳税上的好处。对公司来说，可使公司留存大量现金以满足公司投资需要，有利于公司的发展；当盈余和现金股利不变时，发放股票股利可以降低每股价格，有利于吸引更多投资者；发放股票股利还向市场传递了公司在发展的信息，从而提高了投资者的信心，在一定程度上稳定了股价。

（三）财产股利

财产股利是以现金以外的资产支付的股利，主要是以公司的实物或者所拥有的其他企业的有价证券，如债券、股票等作为股利支付给股东。

（四）负债股利

负债股利是指公司以负债形式支付的股利，这种形式比较少见。通常是把公司的应付票据作为股利支付给股东，也有发行公司债券来抵付股利。目前这两种形式在我国公司实务中很少使用，但国家法律并未禁止。

（五）股票回购

股票回购是指公司出资将其发行流通在外的股票以一定的价格购回，并予以注销或作为库存股的一种资本运作方式。它使流通在外的股份减少，每股股利增加，导致股价上升，股东能因此获得资本利得。所以，在不存在税收和交易成本的情况下股票回购和现金股利对股东来说有着同等的效果，可以把股票回购看作现金股利的替代方式。公开市场购买、招标出价购买和协商购买是股票回购的三种主要方式。

（1）公开市场购买。它是指公司通过经纪人在公开的证券市场以现行市价购回本公司发行的股票。证券交易管理机构规定，当公司在公开市场购回股票时，须披露购回股票的意图、数量、价格等信息。

（2）招标出价购买。它是指公司按某一收购价格向股东提出购回若干股份。这种收购价格一般高于当时的股票价格，同时也要披露相关信息。尽管这种购回方式的成本较高，但对欲购回巨额股票的公司来说还是比较适宜的。

（3）协商购买。它是指公司从股东手里按照协议的价格回购股票。这种方法的使用面并不广，当公司的经营者或者所有者要强化控制权，排除有潜在威胁的股东时可采用这种方法。

对公司来说，股票回购可以改变公司的资本结构，加大负债的比例，在经营状况良好的情况下，可发挥财务杠杆的作用；而公司回购的股票可用来交换被收购或被兼并公司的股票，也可作为对职工的奖励发放等；当公司拥有多余资金而又没有把握长期维持高股利政策时，以股票回购的方式将多余资金分给股东,可避免过大的股利波动。

(六) 股票分割

股票分割又称拆股,是指将面额较高的股票分割成几股面额较低的股票的行为。股票分割的比例由于没有固定的标准,故与股票股利非常相似。但是,股票股利常以按照百分比来表示,20%的股票股利表示每5股分配1股股票股利;而股票分割使用比率来表示,在1对3的分割中,每1股分成了3股。

股票分割后,发行在外的股票股数增加,每股面额降低,每股盈余下降,但是公司价值、股东权益总额、股东权益各项目的金额及相互间的比例都不会改变。公司实行股票分割的主要目的在于通过增加股票总数降低每股市价,促进股票流通和交易;有助于公司并购政策的事实,增加对被并购方的吸引力。

股票分割后,各股东持有的股票的总额增加,但持股比例不变,因此每个股东持有股票所代表的账面价值也没有发生变化,但由于股市和投资者心理两者的共同作用,往往会使股票分割后每股现金股利的下降幅度小于股票分割的程度;同时由于股票分割向社会传播的有利信息和降低了的股价,可能吸引更多的投资者购买该种股票,使股票价格又有上升的趋势,能让现有股东从中得到好处。

二、股利支付程序

股份有限公司向股东支付股利的程序一般由股利宣告日、股权登记日、除息日和股利支付日四个阶段组成。

(一) 股利宣告日

股利宣告日就是公司董事会将股利支付情况予以公告的日期。公告中将宣布每股支付的股利、股权登记日、除息日和股利支付日等事项。我国的股份公司通常一年派发一次股利,也有在年中派发中期股利。

(二) 股权登记日

股权登记日就是登记有权领取股利的股东资格截止的日期,又称为除权日。由于股票可以在市场上自由买卖、交易,因此公司的股东经常变动,为了明确具体的股利发放对象,公司必须规定股权登记日。只有在股权登记日前在公司股东名册上有名的股东才有资格分享股利。在次日之后取得公司股票的股东则无权取得这次分派的股利,而原来的股票持有者能得到这些股利。

(三) 除息日

除息日即指领取股利的权利与股票相互分离的日期。除息日一般与股权登记日间隔若干天(一般为1—4天),间隔期间为非交易日,这是因为在股票交易中办理过户手续需要一段时间。在除息日当天或之后购买股票的股东将不能领取这次分派的股利。因此,除息日对股票价格有明显的影响。股票价格在除息日将会下跌,一般下跌幅度与每股可得股利相等。从除息日开始,股利权与股票分离,新购入股票的股东不能分享股利。

(四)股利支付日

股利支付日即公司将股利正式发放给股东的日期,又叫付息日。在这一天,公司将通过转账等各种方式将股利支付给股东,或者通过中央清算登记系统直接寄到股东账户,由股东向其证券代理商领取。股利支付程序可用图8-1来表示。

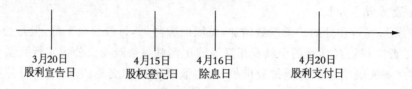

图8-1 股利支付程序时间示意图

> 【例8-1】某上市公司2005年3月15日举行董事会会议,讨论上年度股利分配方案并于3月20日召开股东大会,同日发表公告如下:"公司于2005年3月20日召开股东大会,讨论通过2004年度分配方案,决定每10股分派现金2元,所有2005年4月15日前持有本公司股票的股东都将获得这一部分股利。股利将在4月20日发放"。
>
> 所以,2005年3月20日为股利宣告日,2005年4月15日为股利登记日,4月16日为除息日,4月20日为股利支付日。

第二节 国外上市公司股利政策的理论与实践

一、国外上市公司股利政策的主要理论[①]

(一)股利无关论

"在手之鸟"理论认为,与将留存收益再投资带来的收益相比,投资者更喜欢现金股利。因为对于投资者,现金股利是"抓在手中的鸟",是实在的,而公司留利则是"躲在林中的鸟",随时都可能飞走。既然现在的留利并不一定转化为未来的股利,那么,在投资者看来,公司分配的股利越多,公司的市场价值也就越大。但是莫迪格莱尼和米勒(1961)在"完美且完全的资本市场"这一严格假设前提基础之上提出了"股利无相关假说"。模型假设如下。

(1)完全竞争假设,任何一位证券交易者都没有足够的力量通过其交易活动对股票的现实价格产生明显的影响。

(2)信息对称假设,所有的投资者都可以平等地免费获取影响股票价格的任何信息。

(3)交易成本假设,政权的发行和买卖等交易活动不存在经纪人费用、交易费和其他交

---

① 〔美〕William. L. Megginson著,刘明辉译:《公司财务理论》,东北财经大学出版社,2002年,第368—385页。苑德军、陈铁军:《国外上市公司股利政策理论与实践》,《中国证券报》,2001年3月26日。

易成本。

(4) 税负假设,在利润分配与不分配以及资本利得或支付股利之间没有税负差别。

(5) 理性人假设,每个投资者都追求财富最大化。

基于以上假设,MM 理论的价格评估原理就是"在整个资本市场里,给出的任何一段时间间隔内,所有股票的价格和每股收益率(股利加上一美元投资的资本利得)必须是一样的"。

我们运用风险调整收益率来使所有股票的风险相等:

$$\rho_{(t)} = \frac{d_{j(t)} + P_{j(t+1)} - P_{j(t)}}{P_{j(t)}} \tag{8-1}$$

式中:$d_{j(t)}$——j 公司在 t 期间支付的每股股利;$P_{j(t)}$——j 公司在 t 期间的每股股价。

$$P_{j(t)} = \frac{d_{j(t)} + P_{j(t+1)}}{1 + \rho_{(t)}} \tag{8-2}$$

这是一个循环的评估公式,t 时期的股票价格由 $(t+1)$ 期股利加上 $(t+2)$ 期期初的预期股票价格之和来决定,而 $(t+1)$ 期的股价将是 $(t+2)$ 期的股利与再下一期的预期股票价格的函数,最后公司的股票价值等于公司未来支付的每股股利的现值合计。它同样也适用于不支付股利而进行再投资的公司,股利仍旧是投资者的唯一价值源泉,股利直到很久以后才发放,因此其价值很大。

虽然股利是投资者的唯一价值来源,但是公司的经济价值仅仅取决于该公司当期获得的,并且随着公司投资政策的实施会继续获得的营业利润。如果公司接受了所有正净现值的投资项目,而且可以无成本取得资本市场的支持,那么它就可以支付他愿意支付的任何一期任何水平的股利,只是这个公司就必须发行新股来筹集资金以满足继续进行的投资项目所需要的现金。在 MM 理论中,一个公司既可选择保留利润来满足投资项目所需要的现金也可以选择把全部利润作为股利支付出去,然后通过发行新股筹集投资项目所需要的资金这两种策略。尽管采取保留利润的政策,外部流通的股份会减少,但是每股价值将更大,而且由于没有税收和交易成本,任何一种举措所产生的公司股票总体市场价值都是一样大。

公司的总体价值就是股票数量乘以股票的价格,期初发行在外的股票数量用 $n_{(t)}$ 表示,则 $D_{(t)} = n_{(t)} d_{(t)}$。因此公司的总体价值计算如下:

$$V_{(t)} = \frac{D_{(t)} + n_{(t)} p_{(t+1)}}{1 + \rho_{(t)}} \tag{8-3}$$

【例 8-2】A、B 两家公司都拥有 3 000 万元的资产,这些资产每一期产生的经营现金流量是 30 万元(假设投资收益率为 10%,并保持不变)。假设投资者的要求报酬率为 10%,两家公司在 t 期间内都有一个净现值为 300 万元的投资机会。假设在 t 期初发行在外的股份为 100 万股,股价发行价为每股 30 元。A 公司保留利润用于投资,B 公司准备将利润作为股利支付,300 万元投资资金通过发行股票来筹集。计算两个公司的市场价值并说明价值是否一样。

为了计算方便,假设 A 公司投资项目的净现值是正的,但是很少以至于可以忽略。则 A 公司

$$\rho_{(t)} = \frac{d_{j(t)} + P_{j(t+1)} - P_{j(t)}}{P_{j(t)}} = \frac{0 + 33 - 30}{30} = 10\%$$

$$V_{A(t)} = \frac{D_{A(t)} + n_{A(t)} p_{A(t+1)}}{1 + \rho_{(t)}} = \frac{0 + 100 \text{ 万} \times 33}{1.10} = 3\,000(\text{万元})$$

可以看出同假设一样,A 公司的价值是 3 000 万元。

B 公司以每股 30 元发行股票筹集 300 万元,这样在 $(t+1)$ 期期初发行在外的股票就是 110 万股,这时的市场价值则为 3 300 万元。则

$$\rho_{(t)} = \frac{d_{j(t)} + P_{j(t+1)} - P_{j(t)}}{P_{j(t)}} = \frac{3+30-30}{30} = 10\%$$

$$V_{B(t)} = \frac{D_{B(t)} + n_{B(t)} p_{B(t+1)}}{1+\rho_{(t)}} = \frac{300 \text{ 万} + 100 \text{ 万} \times 30}{1.10} = 3\ 000 (\text{万元})$$

在这两种投资政策下公司的价值是一样的。因此,只要投资政策是固定的,股利政策就是无关的,不影响公司价值。

(二) 股利分配的税收效应理论

在不存在税收因素的情况下,公司选择何种股利支付方式并不重要。在存在税收的情况下,研究人员用两种基本的方法研究了税收对股利支付方式的影响。第一种方法是利用资本资产定价模型的变形公式进行判断,得出如果现金股利的税负高于资本利得的,投资者就会对较高股利支付率的股票要求较高的税前利润。第二种方法是对除息日的研究,研究股票价格在除息日的平均变化情况。实证研究表明大多数投资者选择在除息日以前卖出股票从而以资本利得方式获得收益,而不是在除息日之后以现金股利的形式获得收益。依据这个实证结果,如果仅对股利收入征收个人所得税,股东就会选择从股票升值产生的资本利得中获得投资收益;如果对现金股利和资本利得课以相同的税负,虽然表面上看来毫无差别,实际上除非无论股票是否卖出都对其每一阶段的升值征税这种情况外,资本利得总会比现金股利获得更多的优惠,如递延纳税;但如果对现金股利课以比资本利得较高的税负,那么投资者就肯定不会选择现金股利。因此在存在税负的前提下,公司选择不同的股利支付方式,不仅会对公司的市场价值产生不同的影响,而且也会使公司及个人的税收负担出现差异。

(三) 股利分配的信号传递理论

当信息对称时,包括公司自身在内的所有市场参与者都具有相同的信息。但是,现实中的信息常常不对称,公司的经理这些"内部人"往往比外部股东更了解企业的现状、未来前景以及企业的真实价值。尽管外部股东也可依据公司的股利政策来评估或预测公司的价值,但"内部人"却可以巧妙地运用股利政策,来改变企业的市场价值。因此,信号传递理论认为,在信息不对称的情况下,公司可以通过股利政策向市场传递有关公司未来盈利能力的信息。但是,如果境况不好的公司无成本地模仿强势公司的这些行为,则会使得投资者不会相信任何公开的通告。为了克服市场的这个缺陷,强势公司就要使用付费的信号机制,该机制强势公司负担得起,弱势公司可能因无力支付而放弃,但现金股利的成本比较大,因为一方面公司必须筹集足够多的现金来发放高额股利,另一方面会使公司丧失很多盈利的投资机会。因此,强势公司往往愿意通过相对较高的股利支付率把自己同弱势公司区别开来,以吸引更多的投资者。对市场上的投资者来说,股利政策的差异或许是反映公司强弱差异的极有价值的信号。许多实证研究证明了股利支付的信号传递作用。但是,公司以支付现金股利的方式向市场传递信息通常也要付出较为高昂的代价。这些代价包括:(1)较高的所得税负担;(2)一旦公司因分派现金股利造成现金流量短缺,就有可能被迫重

返资本市场发行新股,从而产生必不可少的交易成本,同时由于股本扩大,摊薄了每股的税后盈利,对公司的市场价值产生不利影响;(3)如果公司因分派现金股利造成投资不足,并丧失有利的投资机会,还会产生一定的机会成本。

尽管以派现方式向市场传递利好信号需要付出很高的成本,但为什么公司仍要选择派现作为公司股利支付的主要方式呢?布莱克(Black,1976)在著名论文"股利之谜"中认为,其原因主要有以下四种。

1. 声誉激励理论

该理论认为,由于公司未来的现金流量具有很大的不确定性,为了在将来能够以较为有利的条件在资本市场上融资,公司必须在事先建立起不剥夺股东利益的良好声誉,而建立"善待股东"这一良好声誉的有效方式之一就是派现。

2. 逆向选择理论

该理论认为,相对于现金股利而言,股票回购的主要缺陷在于,如果某些股东拥有关于公司实际价值的信息,他们就可能在股票回购过程中,充分利用这一信息优势。当股票的实际价值超过公司的回购价格时,他们就会大量竞买价值被低估的股票;反之,当股票的实际价值低于公司的回购价格时,他们就会极力回避价值被高估的股票。于是,产生了逆向选择问题,而派发现金股利则不存在这类问题。

3. 交易成本理论

该理论认为,市场上有相当一部分投资者出于消费等原因,希望从投资中定期获得稳定的现金流量。对于这类投资者来说,选择稳定派现的股票也许是达到上述目的最廉价的方式。因为如果投资者以出售所持股票的方式来套现,就可能因时机选择不当而蒙受损失。况且,选择在何时以何种价位出售股票还须投入许多时间和精力,这些交易成本的存在使得投资者更加偏好现金股利。但是,这种理论还存在不足:(1)按照该理论,在以高交易成本为特征的相对不成熟的市场上,股利支付应该是最多的。但在现实中,美、英和加拿大这三个高变现性、低成本的股票市场中股利支付却是最多的。(2)在 MM 理论中,发行成本是零时,投资者以资本收益或支付股利两种方式最终的盈利结果一样,如果发行需要高成本,公司肯定会倾向于保守的策略,保留盈余,但大多数的美国公司却是在支付股利的同时发行股票。

4. 制度约束理论

该理论认为,公司选择支付现金股利是由于"谨慎人"所起的作用。所谓"谨慎人",是指信托基金、保险基金、养老基金等机构投资者出于降低风险的考虑,法律通常要求这些机构投资者只能持有支付现金股利的股票,并获得股利收入。如果公司不派现,那么,其股票则会被排除在机构投资者的投资对象之外。

(四)股利分配的代理理论

在完全合同的情况下,公司经理们与股东之间并不存在代理问题。即使双方产生了利益冲突,股东也可以通过强制履约的方式来迫使经理们遵循股东利益最大化的原则。但在不完全合同的情况下,公司经理们与股东之间的代理问题便应运而生了。该理论认为,股利政策实际上体现的是公司内部人与外部股东之间的代理问题,它为股利存在和股利政策多样性的原因提供了强有力的解释。在所有权和控制权相分离的大型股份公司里,发放现金股利可以减少经理人和股东之间的矛盾所引起的高额代理成本,因此,高水平的股利支付政策有助于降低企业的代理成本,股东具有多分红、少留利的偏好。其中代理成本是下面这些因素的函数:(1)企业经营所处的行业、公司规模、公司生产过程中资本密集程度、闲置现金流量的产生、公司可以利用净现值为正的投资机会;(2)股东数量、股东之间"紧密"与"松散"的程度、股东在公司活动中出席及缺席的情况、大股东的意愿及可能控制经理人的能力。因此,根据代理成本模型的预测,公司水平上各种变量的变化与股利支付之间的关系如表8-1所示。

表8-1 公司水平上各种变量的变化与股利支付之间的关系

公司水平上各种变量的增加	对股利支付的影响
资产增长率	减少
净现值为正的投资机会	减少
生产过程中资本的密集程度	增加
闲置现金流量的产生	增加
个体股东的数量	增加
所有权联合的紧密程度	减少
大股东的规模	减少

除了公司水平上的变化,宏观及国家金融政策的变化也影响股利政策的均衡,与代理成本模型相关联的各种变量的变化如表8-2所示。

表8-2 宏观及国家金融政策的变化与股利支付之间的关系

宏观变量的增加	对股利支付的影响
证券交易成本	增加
对股利收入征收的个人所得税	减少
对资本利得收入征收的个人所得税	增加
机构投资者的重要性	减少
在公司治理方面的机构投资者的作用	减少
资本市场与金融中介机构融资的相对重要性	增加
公司信息揭示的数量	减少

较多地派发现金股利具有以下好处:(1)公司管理者要将公司的很大一部分盈利返还给投资者,使他自身可以支配的"闲置现金流量"相应减少了,这在一定程度上抑制公司管理者为满足个人的野心过度地扩大投资或进行特权消费,进而保护了外部股东的利益。(2)较多地派发现金股利,可能迫使公司重返资本市场进行新的融资,如再次发行股票。这一方面使得公司更容易受到市场参与者的广泛监督,另一方面,再次发行股票后不仅为外部投资者借股份结构的变化对"内部人"进行控制提供了可能,而且再次发行股票后,公司的每股税后盈利被摊薄,公司要维持较高的股利支付率,则需要付出更大的努力。这些将

迫使管理者为巩固自己的职位,保持对公司的长期控制力,而遵循股东价值最大化的经营目标,更加努力地运用公司的资金来提高公司的价值。这些均有助于缓解代理问题,并降低代理成本。

最近有关股利分配代理理论在法律角度的研究取得了新的进展。主要结论有三条:(1)股利分配是法律对股东实施有效保护的结果,即法律使得小股东能够从公司"内部人"那里获得股利;(2)在法律不健全的情况下,股利分配可以在一定程度上替代法律保护,即在缺乏法律约束的环境下,公司可以通过股利分配这一方式,来建立起善待投资者的良好声誉;(3)受到较好法律保护的股东,愿意耐心等待当前良好投资机会的未来回报,而受到较差法律保护的股东则没有这种耐心,他们为了获得当前的股利,宁愿丢掉好的投资机会。

二、国外上市公司股利政策的实践

我国学者[①]从全球视角考察了国外上市公司股利政策的实践,从五个方面做出了归纳。

(一) 公司将盈利的很大一部分用于支付股利,且派现一直是公司最主要的股利支付方式

1971—1992年,美国公司税后利润中约有50%—70%被用于支付股利。另外,在20世纪80年代中期以前,派现一直是公司最主要的股利支付方式,股票回购则处于次要地位,在1984年以前,股票回购量约占公司净收入的5%左右。但是,在1984年和1985年两年内,公司的股票回购(包括对普通股及优先股的回购)在数额上发生了很大变化,股票回购量约占公司净收入的25%—47%,但现金股利占公司净收入的比率并未下降,因此,这一时期,公司总的股利支付水平(包括派现和股票回购在内)是上升的。而从全球来看,作为股利支付方式的股票回购并不具有普遍性。有关资料表明,在全球1 537宗股票回购中,仅美国就占了1 100宗。如果按市值计算,这一时期美国的股票回购市值约占全球股票回购市值的72%,美国、英国、加拿大、澳大利亚四国的股票回购市值共占全球股票回购市值的83%。由于在某些实行"大陆法"的国家中,股票回购在法律上被视为非法行为或者被课以重税,因此,派现更成为公司唯一的或最主要的股利支付形式。

(二) 由于现金股利与资本利得之间的税收差别而造成的对公司选择股利支付方式的影响程度因国而异

多数国家的现金股利与资本利得在税率上存在着一定的差异,但这种差异对公司股利支付方式的影响在国别之间有很大的不同。以美国为例,在1986年"税收改革法案"出台前,现金股利是被当作普通收入课税的,且当时现金股利征收的税赋,平均边际税率约为40%。而股东从公司回购股票中所取得的收入,由于被当作资本利得加以课税,其平均边际税率相对较低。虽然1986年的税收改革拉平了资本利得税和现金红利税的税率,但资本利得的边际税率最高不超过28%,而现金股利收入的最高边际税率仍达39.6%。尽管如此,派现仍是美国公司支付股利的主要方式之一。虽然自20世纪80年代中期以来,一些公司大量采用股票回购的方式来分配股利,但这些公司回购股票的目的并非出于避税的考虑,其主要用意在于实施高

---

① 苑德军,陈铁军:《国外上市公司股利政策理论与实践》,《中国证券报》,2001年3月26日。

级管理层的认股权计划。从英国与德国的情况看,股利分配的税收效应明显一些。德国对个人股利收入与资本利得的课税税率分别为52%和0%,而英国对个人股利收入与资本利得的课税税率均为40%。由于税收的巨大差异,英国公司对股东派发的现金股利大大超过德国公司,其股利支付率平均约为德国公司的两倍。

(三) 公司分配股利的均衡性

国外的公司在决定股利政策时,大都十分谨慎。多数公司一般都有事先确定的目标分红率,即使当盈利出人意料地大幅增长,公司也不会立即大幅增派股利,而往往是逐步提高派现率,把股利支付慢慢调整到预定的目标分红率水平上。这是因为公司管理者们坚信市场对稳定的股利政策将给予较好的预期,他们担心股东们把突然增加的派现当成"永久性"的股利分配政策。公司业绩一旦下滑,管理者被迫减少股利,就可能导致来自股东的巨大压力,以及市场对公司股价的惩罚。根据历史资料,国外公司的股利分配大多相对稳定,或在相对稳定的基础上逐步提高,而且国外公司(尤其是一些大公司)也很少削减股利。这种均衡分配股利的策略使得股利分配显示出极强的黏性特征。比如,美国上市公司的现金股利占公司净收入的比例在20世纪70年代约为30%—40%;到80年代,这一比例提高到40%—50%。在1971—1993年间,美国增加股利的上市公司数目也远远多于减少股利的上市公司数目。

(四) 公司股利政策的变化与公司股价的变化息息相关

实证研究表明,公司股利政策的"告示政策"较为明显。股票市场对公司增加派现的信息披露通常做出正向反应,而对公司减少派现的信息披露通常做出负向反应。一般来说,增加派现的公司其股价通常会上升,而减少派现的公司其股价通常下跌。这一定程度上印证了"信号传递理论"的可信性。实证研究发现,增加股利分配对股票投资收益的影响平均约为0.4%,而减少股利分配对股票投资收益的影响平均约为−1.3%;送股对股票投资收益的影响平均约为3%,而不分配对股票投资收益的影响平均约为−7%。实证分析还发现,当对派现处以较高的税率时,市场对现金股利的支付通常做出更加强烈的利好反应。因为投资者认为,公司以如此高的成本向市场传递信息,很可能意味着公司对其未来的盈利能力具有较强的信心和较好的预期。

(五) 法律环境对股利支付水平具有很大的影响

哈佛大学和芝加哥大学的四位学者对全球33个国家4 000多个上市公司股利政策所做的比较分析表明法律政策对股利政策的影响主要体现在以下几个方面:(1) 一些国家为了鼓励投资者积极参与股票市场,从立法上对公司的股利政策作出了严格的规定。如美国"国内税收法"禁止企业无限度的保留盈余。这些带有强制性的法律措施,既保护了外部股东的利益,同时也界定了企业的最低股利支付水平。(2) 在英、美等实行"普通法"的国家中,法律对投资者提供的保护要好于法国等实行"大陆法"的国家。因此,在实行"普通法"的国家,上市公司的股利支付率明显高于实行"大陆法"的国家。(3) 当法律能够对股东提供较好的保护时,具有较好投资机会的公司通常能够选择低股利支付的政策。相反,当法律只能对投资者提供较差的保护时,即使公司具有好的投资机会,它们通常也会出于维护声誉的考虑,而选择高股利支付政策。(4)在具有良好法律环境的国家中,投资者更容易运用法律武器从公司获取股利,尤其当公司缺乏较佳投资机会时。(5)股东实际能从公司获得多少红利,并不在于他们是大股东还是小股东,而在于他们是否敢运用法律武器,来抵制来自"内部人"的压力。在英国、美国、加拿大、澳大利亚等国,大公司的股权是相对分散的,很多大公司在很大程度上被经理们所控制的,而在另一些国家的家族式公司中,公司通常被少数大股东所操纵。在公司被经理们或大股东等"内部人"控制的情况下,最大的受害者往往是广大的小股东。因此,小股东通常更具有分红偏好,而且,为了使自己的财富不因"内部人"的控制而被随意剥夺,小股东经常运用法律武器来保护自己。法律赋予小股东的权利包括:同股同利,对公司重大决策的投票权,选举公司董事的权利,对公司造成的损害提起诉讼的权利。除上述权利外,小股东还可以将股份出售给那些想要取得公司控制权的敌意收购者,并以此与那些不分红的公司相抗衡。

三、国外上市公司现实股利政策的特点[①]

在西方发达国家,现代股利政策既有许多相似之处,又有明显的区别。具体表现图 8-2 所示。

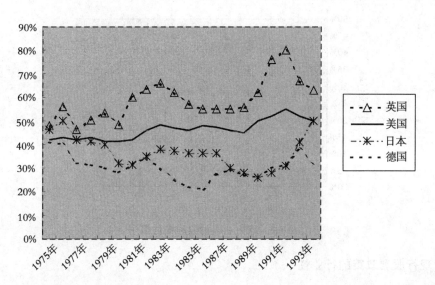

资料来源:"COMPANY DIRVIDENDS", THE ECONOMIST(JUNE 4,1994), p. 109. 转引自〔美〕William. L. Megginson 著,刘明辉译:《公司财务理论》,东北财经大学出版社,2002 年,第 361—362 页。

图 8-2　1975—1994 年四国股利支付情况的比较

[①] 〔美〕William. L. Megginson 著,刘明辉译:《公司财务理论》,东北财经大学出版社,2002 年,第 361—367 页。

(一)现行股利政策的国家性

图8-2表明,在工业化的国家中,英国公司支付的股利是最高的,北美的公司支付的股利一般高于西欧和日本的公司。公司总部在发展中国家的公司,即便支付股利,通常也是非常低的。虽然很多因素影响股利政策的模式,但融资方式的不同对股利政策影响最大。例如,英国、加拿大和美国的公司,由于大多依赖资本市场筹集资金,通常支付高股利,而像德国、日本、韩国等国家的公司,因为更多是依靠中介机构筹集资金,所以支付的股利相对较低。

图8-3是有关国家对西方七国1982—1984年和1989—1991年股利支付率的差异情况的描述[①],其原因如下:

(1)增长阶段的差异。高增长的国家也少支付股利,日本在1982—1984年的预期增长率比其他西方国家快得多,但其股利支付率却比其他国家小得多。

(2)税负的差异。美国的股利双重征税,但德国公司的留存收益的税率要比其股利的税率高。

(3)公司控制权的差异。所有权和控制权分离,但经营者的控制权很大时,公司支付的股利会比较少,经营者常根据意愿选择现金股利的支付率。

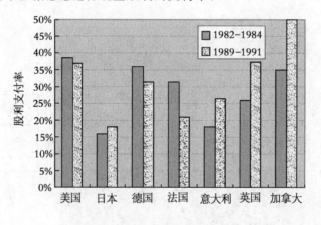

图8-3 西方七国的股利支付率

(二)现行股利政策的行业性

在成熟的行业中,盈利公司趋向于将其利润中的大部分作为股利来支付,而一些年轻的、成长快的行业中的公司则相反。公用事业公司几乎在每个国家都支付高股利。对股利支付最重要的影响是工业增长率、资本投资需求、盈利性、收益稳定性以及有形资产和无形资产的相对比重。在美国,一个行业的平均股利支付率与它的投资机会多少或这个行业有很多有价值的投资机会,及这一行业的管制程度正相关。表8-3列示了20世纪90年代中期美国部分行业的平均股利支付率。

---

① 〔美〕Aswath Damodaran著,郑振龙译:《应用公司理财》,机械工业出版社,2000年,第486—487页。

表 8-3　1994—1995 年美国部分行业的平均股利支付比率、收益、市盈率

行　业	股利支付比率(%)	股息率(%)	市盈率
发电	86	6.7	12.9
基础化工	83	4.0	23.5
石油	80	4.0	20.7
炼油	71	5.0	14.3
天然气	61	4.9	13.7
电信	57	3.9	22.3
制药	47	2.9	19.0
电力设备	44	2.6	17.0
食品加工	42	2.2	24.3
银行	38	3.6	10.6
造纸与木材生产	37	2.6	17.0
居家用品生产	37	2.2	18.1
零售店	32	2.0	17.1
汽车与卡车生产	16	3.1	5.9
软件及服务行业	8	0.3	30.4
半导体	7	0.4	17.9
广播	7	0.3	24.7
计算机软件	7	0.3	32.5
医疗服务	6	0.3	28.0
健康保健	5	0.3	23.5
航空	4	0.3	24.2

资料来源：BOONE, RONALD, JR., "MONEY & INVESTMENT: THE DIVIDEND REVIEW," FORBES (JUNE 5, 1995), p.174; KIKIN, MICHAEL E., "DIVIDEND REVIEW" FORBES (NOVEMBER 21, 1994), p.228; STEEDLEY, GILBERT, "DIVIDEND REVIEW" FORBES (JUNE 20, 1994), p.258.

转引自〔美〕William. L. Megginson 著，刘明辉译：《公司财务理论》，东北财经大学出版社，2002 年，第 361—362 页。

(三) 股利支付通常与行业规模和资产密度正相关，与增长率负相关

与小公司相比，大公司通常会将利润的更大部分作为股利支付。有形资产占公司资产总额比例比较大的资产密集型公司支付的股利较高，而无形资产比例大的公司，如公司资产中有看涨期权的，往往支付较低的股利。此外，受管制的公司，特别是公用事业要比不受管制的公司支付的股利高。股利支付率和增长率两者呈相关关系即成长快的公司需要大量现金，因此选择零股利或者低股利，随着这些公司的成熟，股利支付率也将提高。

(四) 相对持续正常的每股股利支付政策

在西方发达国家，"平滑"的股利支付政策几乎是每家公司的首选，其所支付的股利与股利的最终决定因素公司利润相比，变化要小得多。这种不愿意变动股利的情况，形成了"刚性股利"。主要因为：(1) 公司对未来维持高水平股利能力的担心；(2) 害怕股利的削减会在市场上产生负面的影响，导致股价的下跌。1981—1990 年每年股利变动的公司数目情况如图 8-4 所示。在大多数年份中，不变动股利的公司数目远远超过变动股利的公司数目。只有当公司认为未来盈余将会持续增长，并且足以维持一个更高的股利支付水平时，才会逐渐提高每股股利，直到达到一个新的均衡的每股股利水平。同样，即使公司面临暂时的净亏损，公司经理人也会试图保持一个正常的每股股利，而只有当原来的盈利水平确实无法恢复时，经理人才会降

低所支付的股利,但几乎从不会取消股利支付。

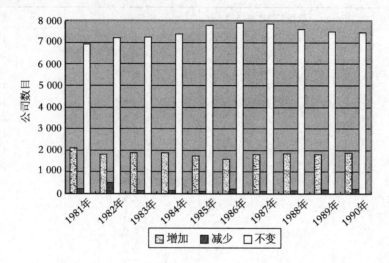

资料来源:〔美〕Aswath Damodaran 著,郑振龙译:《应用公司理财》,机械工业出版社,2000 年,第 486—487 页。

图 8-4 股利变动:上市公司 1981—1990 年

(五)股票市场对于初始股利支付和股利提高有积极的反应,对股利的降低和消除有很强的消极反应

当一个公司首次发放现金股利(初始股利支付)或者提高现在的每股股利时,公司的股票价格会提高 1%—3%,而当公司削减或降低股利支付时,股票价格不仅会下跌,有时其下跌幅度甚至达到 50%。

(六)股利政策的变更把经理人对企业当期和未来的盈利估计情况传递给股东,具有重要的信息传递功能

投资者了解经理人平滑的股利政策,对股利政策变化的反映体现了投资者对管理信号的理性估计。股利提高表明管理层预期未来的收入高,而股利降低则表明公司收入前景下滑,因此,股利在现代资本市场中可以帮助投资者克服信息的不对称性。

(七)税收对股利支付的明显影响与影响结果的模糊性

若收到股利的投资者需要缴税,则理论上这些投资者会降低对支付股利的要求。极端一点的情况下,很高的税率将导致公司完全停止支付股利,而研究表明事实上股利会随着税收的提高而提高。在 1936 年美国开始征收个人所得税之前,美国公司就开始支付股利了,尽管边际税率向上浮动超过了 90%,他们仍然一直在支付股利。表 8-4 表明了美国公司在 1929—1986 年每十年中平均的股利支付率,列示了各期间公司所有者权益中除机构投资者外个人投资者所占的比重。表中每期按照最大的边际税率计算,对两种做法下的公司税后收入作了比较。

表 8-4 美国公司在 1929—1986 年的平均股利支付率

年 份	股利支付率① 会计利润	调整利润	公司 所有权结构中个人持股比例利润	股利与留存收益 两种做法下的税后收益之比
1929	0.67	0.70	0.915	0.901②
1930—1939	0.70	1.49	0.909	0.842
1940—1949	0.39	0.52	0.902	0.643
1950—1959	0.39	0.46	0.885	0.633
1960—1969	0.42	0.40	0.853	0.677
1970—1979	0.34	0.45	0.753	0.711
1980—1986	0.59	0.61	0.647	0.752
1986	0.77	0.50	0.643	0.783

注：①会计利润中所支付出去的份额被定义为股利支付，它通过国内经济除税后利润与名义利息支出之和得到。调整利润中所支付出去的份额：调整利润是指将分母中的税后利润与名义利息之和进行调整，主要是调整国民收入中的存货价值与资本消费。

②这个比率的意思是一个处在最高的个人收入所得税等级的个体投资者将会收到 90.1 美分的股利，这是公司净利润中可以自由支配（个人收入所得税之后）作为股利分配的部分，用 90.1 美分除以 1.00 美元，1.00 美元是这部分利润作为公司的留存受益或被公司用于再投资的条件下个人收入所得税后的收益。

资料来源：Table 4 in Poterba, James M., "Tax Policy and Corporate", Brookings Papers on Economic Activity (December, 1987), pp. 455—515. 转引自〔美〕William. L. Megginson 著，刘明辉译：《公司财务理论》，东北财经大学出版社，2002 年，第 361—362 页。

表 8-5 表明了美国公司从 1983 年以来全部的利润和股利支付水平，详细记录了美国公司 1983—1993 年间的利润、税收、支付的股利总数，并根据这些数据计算了年均股利支付率。所有的数据，除了支付率以外都以 10 亿美元为单位。

表 8-5 美国公司 1983—1993 年间的利润、税收、股利、股利支付率

项 目 \ 年 份	1983	1984	1985	1986	1987	1988	1989	1990	1991	1992	1993
税前利润	210.7	240.5	225.0	217.8	287.9	347.5	342.9	365.7	362.3	395.4	449.4
减：应付收入所得税	77.2	94.0	96.5	106.5	127.1	137.0	141.3	138.7	129.8	146.3	174.0
等于：税后利润	133.5	146.4	128.5	111.3	160.8	210.5	201.6	227.1	232.5	249.1	275.4
减：净股利支付*	81.2	82.7	92.4	109.8	106.2	115.3	134.6	153.5	137.4	150.5	169.0
等于：未分配利润	52.3	63.8	36.1	1.6	54.6	95.2	67.1	73.6	95.2	98.6	106.2
股利支付率（%）	60.8	56.5	83.0	98.7	66.0	54.8	66.8	67.6	59.1	60.4	61.4

* 支付给美国的公民，扣除公司内部股利支付情况之后计算的。

资料来源：节选自美国 1994 年统计数字（美国商业部，华盛顿特区），第 560 页。转引自〔美〕William. L. Megginson 著，刘明辉译：《公司财务理论》，东北财经大学出版社，2002 年，第 361—362 页。

（八）股利支付如何影响公司普通股的必要报酬率是一个有待进一步探讨的问题

关于这一问题的研究西方非常多。Brennan（1970）创立了税后资本资产定价模型，Litzenberger 与 Ramaswamy（1979）在该模型中加入了股利因素研究后指出，高股利支付的股票比低股利支付的股票拥有较高的应得收益率，与税后资本资产定价模型的预测一致。Blume（1982）及 Ang 和 Peterso（1985）等人又进一步验证了该结果。而 Black 与 Scholes（1974）及 Miller 与 Scholes（1982）却对税后资本资产定价的经验有效性提出了质疑。因此，对股利征收所得税会对公司股票价值产生的影响，将是一个有待进一步探讨的问题。

(九)交易成本的变化或资本市场上技术效率的变化对股利支付的影响很小

表 8-5 亦证明了这一点,尽管美国现在的金融体系比以前更有效率,能够提供更好的投资机会和更灵活的支付方式,但今天的美国公司仍将他们总收入的近似一半作为股利支付给投资者,这一比例与他们在 20 世纪 20 年代或 20 世纪 50 年代差不多。

(十)所有权结构对现行股利政策有较强影响

尽管全球平均的股利支付水平各不一样,但世界各地股利支付政策的模式却相同,即大型的、成熟的、拥有剩余现金流量的、受管制的公司以及股权结构比较分散的公司把他们利润中的一部分作为股利发放;小型的、快速成长的、不受管制的私人或股权紧密的公司由于常有很多投资机会,且现金流量少有剩余,往往支付较低的股利。

(十一)公司的股利政策随公司生命周期的变动而变动①

公司的生命周期可以以投资机会和公司增长的形式进行描述。公司一般采取与其目前在生命周期中最相适应的股利政策。高增长、多投资机会的公司一般不发行股利,而具有较大现金流量、投资项目较少的稳定发展的公司更倾向于将更多的收益用于股利发放。

股利支付率和预期增长率的相关,再一次肯定了股利政策和增长之间的内在关系。考察纽约股票交易所 1995 年的上市公司,并将它们根据预期的增长率进行分类,我们就可以通过不同增长级别估计股利支付率和股利收益率。当预期增长率提高时,股利收益率和股利支付率下降,见图 8-5。

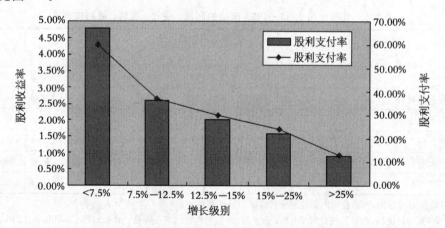

图 8-5 不同增长级别的股利收益率和股利支付率

---

① 〔美〕Aswath Damodaran 著,郑振龙译:《应用公司理财》,机械工业出版社,2000 年,第 484—485 页。

四、国外上市公司股利政策的启示[1]

对国外上市公司股利政策的理论与实践作了较全面的分析后,可以得出下面几点启示。

(1) 上市公司的股利政策对公司的股价和公司的市场价值有相当重要的影响,这种影响同时涉及股东的切身利益。因此,上市公司要从股东利益最大化目标出发,协调好股利分配与公司发展之间、股东当期利益与长远利益之间的关系,做出最优的股利政策选择。

(2) 现金股利是国外,特别是股利支付率处于较高水平的一些发达国家上市公司最主要的股利支付方式;均衡派现是稳定公司股价,保持公司市场形象,降低公司未来融资成本的最佳选择,因而亦为国外相当多的上市公司所采用。但是,中国上市公司大多数不分配,而热衷于通过送红股或少派现来达到配股"圈钱"之目的。这种股利分配上的差异是中外上市公司行为差异的直接表现和必然结果。由于股利政策直接关系到资本市场监管目标的实现,证券管理层应该把上市公司股利政策监管作为一项重要的监管内容,采取有效措施提高监管效率与质量。

(3) 通过立法对公司的股利政策作出严格规定,是约束公司"内部人"行为、解决代理问题、保护股东利益的有效手段。在上市公司股权结构高度集中、行为严重失范的现实情况下,我国也应改善法律环境,加强这方面的立法,通过带有法律约束力的强制性措施,迫使公司"善待股东",实现股利分配行为的理性化。股东则应学会"善待自己",善于运用法律武器维护自身利益。

(4) 股票回购具有现金股利不可替代的作用。这种股利分配形式对我国有重要的借鉴意义。应配合对上市公司经理层实行的股票期权制度,考虑允许上市公司进行股票回购。

第三节 公司股利政策的制定

一、影响公司股利政策的因素

西方学者 Aswath Damodaran 认为[2],影响公司股利政策的决定因素有公司的投资机会、收益的稳定性、资本的其他来源、财务杠杆比率、信号激励和股东特征六个方面。根据我国股份有限公司运行的现状,从以下几个方面对影响股东股利政策的因素进行分析。

(一) 法律因素对公司股利政策的影响

我国在《公司法》、《证券法》等有关法律中,为了保护企业债权人和股东的利益,对资本保全、企业积累、发放股利的利润、偿债能力等方面做了如下限制。

(1) 资本保全。法律规定企业必须拥有足够的权益资本以维护债权人利益,不能用募集的经营资本发放股利,还规定企业的溢缴资本也不能发放股利。

---

[1] 苑德军,陈铁军:《国外上市公司股利政策理论与实践》,《中国证券报》,2001年3月26日。
[2] 〔美〕Aswath Damodaran 著,郑振龙译:《应用公司理财》,机械工业出版社,2000年,第484—485页。

（2）企业积累。规定企业的年度税后利润必须提取10%的法定盈余公积金,同时还鼓励企业提取任意盈余公积金,只有当企业提取公积金的累积数额达到注册资本的50%时才可以不再计提。

（3）净利润。规定公司只有足额弥补以前年度的亏损后,也即账面累计税后利润是正数时,才可以发放股利。

（4）偿债能力。规定公司必须有充分的偿债能力才能发放股利。企业如果没有充分的现金准备以支付到期债务,即使经营能够获利,要支付股利就得变卖现有资产,可这样做不但影响公司经营,而且严重威胁公司的债权人利益。

（5）超额累积利润。规定股东要对企业发放给股东的股利缴纳个人所得税,而股票交易的资本收益可能免税或税率较低,因此,企业常积累利润使股价上涨,从而帮助股东避税。我国的法律未对企业累积利润作限制性规定,但许多国家的法律是反对企业超额累积利润的。

（二）企业因素对公司股利政策的影响

1. 流动性

较多支付现金股利会减少企业持有的现金,使企业资产的流动性降低。企业为了保持适当的支付能力,需要设定一定的资产流动性目标,保持现金及其他适当的流动资产。

2. 举债能力

企业的盈利能力、资本结构和信誉度不同会导致它们在资本市场上举债能力的差别。

3. 投资机会

股利的支付会减少公司用于投资项目的现金,而企业的投资项目要求有坚强的资金后盾支持,所以公司的股利政策要受到项目的可获得性及回报的强烈影响。其他条件保持不变,公司的投资机会越多,收益中用于股利发放的比例就应越少;反之,企业将倾向于先向股东支付股利。

公司的投资机会可以通过下面两种方式衡量。一种方法是计算公司现有项目的实际收益率并将其与最低可接受收益率比较。计算单个项目的市场收益率难度很大,因此,项目收益率一般在会计上以股权收益率或资本收益率的形式衡量。

$$股权收益率＝净收入/股权账面价值$$

$$资本收益率＝息税前收益(1-税率)/(债务的账面价值+股权的账面价值)$$

衡量项目好坏的另一个标准是公司所在行业的情况。处于高增长行业的公司,如计算机软件和生物工程,由于增长和投资机会之间的正相关关系,所以有"好项目"。

4. 收益的稳定性

由于股利是刚性的,公司收益下降时,也不会削减股利。因此,收益不稳定的公司由于受稳定支付股利能力的限制,使得用于支付股利的收益比例比较低。收益稳定并且可预期的公司则可将更大比例的收益作为股利发放。

公司所处行业、经营杠杆比例以及财务杠杆比例决定了收益的稳定性程度,也证明了收益变动和股利支付率呈负相关关系。处于周期性行业及收益变动大的公司,股利支付率低于收益稳定的公司,经营杠杆和财务杠杆高的公司股利支付率小。

5. 财务杠杆比率

财务杠杆比率越高,公司越有可能支付较少的股利。因为,第一,收益的波动会随着财务比率的上升而增大;第二,公司的债务利息会减少现金流量,进而限制股利的发放;第三,高负债会使公司的股利政策受到限制,进而影响作为股利发放的收益。

(三) 股东因素对公司股利政策的影响

1. 股东特征

顾客效应理论认为股东会选择采取他们所偏爱的股利政策的公司。如果股东依赖企业发放股利维持生活,或者他们认为企业留用利润带来新收益或股票交易价格上升产生资本收益有很大的不确定性,他们就会希望企业能够支付稳定的股利。因此,股东偏爱股利的公司股利支付率会大大超过没有此类股东的公司。

2. 控制权的稀释

企业如果通过增募新股的方式筹集资金,虽然企业原股东有优先认股权,但他们必须投入相当数量的现金,否则将面临着股权被稀释的威胁。所以,当企业原有股东没有足够的现金去认购新股时,他们会选择放弃应分配的股利而反对增募新股。

3. 避税

由于税收政策的影响,不同的股东对股利的分配也持有不同的态度。税法规定,企业利润在征收企业所得税的基础上,还要对企业分配的股利向股东征收个人所得税;个人所得税一般采取累进税率制,这样收入水平不同的股东由于其应纳税率的不同,相应地应纳所得税税额也不同,进而对同一个股利政策就持有不同的态度。在我国由于目前对股息收入只采用20%的比例税率征收个人所得税,还没有采用累进税率,而且对股票交易所得暂不开征个人所得税,因而股票价格上涨比股利更有吸引力。

4. 信号激励

由股利分配的信号传递理论可知,股东会通过股利的变动向市场传递公司的信息。由于外部融资的高成本和股利的高税赋,我们可以使用其他方式以更低的成本传递信息。如一个广泛受关注的公司就没有必要通过增加股利向市场传递信息。

(四) 债务契约约束对公司股利政策的影响

由于支付过高的股利,公司不得不通过外部融资来弥补缺口以进行新项目的投资。如果公司外部融资的成本较低,他就能支付更高的股利。但是,外部融资会产生一系列的成本。一是发行的实际成本,它与融资的规模成反比;二是公司的信用等级引起的成本,低价发行新股或者周转信贷协定。特别是当企业在进行大笔地举借长期债务时,债权方往往对企业资金的运用(主要是对现金股利的分配)有一定的限制条件,其目的是为了保障债权人债权的安全性。这种限制条件主要有:(1)限制动用以前的留存收益进行未来股息的支付;(2)当企业营运资本低于一定标准时不得向股东支付股利;(3)当企业的利息保障倍数低于一定的标准时,不得向股东支付股利。企业一旦同债权方签订有关的限制条件,企业的股利政策就会受到较大的影响。

另外,国家有关的宏观经济环境、金融环境等也会对企业的股利政策产生较大的影响,如通货膨胀、经济增长速度等。

二、股利政策的类型及特征

股利一般是指从利润中分配的现金,若其来源不是当期利润或累计留存收益,则常用分配取代股利一词。一般认为,利润分配为股利,资本分配为清算,但又常把向股东的任何分配都看作是股东的一部分。常见的股利形式有现金股利、股票股利以及现金股利的替代方式股票回购等。无论何种形式的股利,其效应的发挥都要有相应的股利政策支持。股利政策的主要类型有以下四种。

(一) 剩余股利政策

剩余股利政策是指公司生产经营所获得的税后利润首先应较多地考虑满足公司有利可图的投资项目的需要。股利分配与公司的资本结构相关,而资本结构是由投资所需资金构成的。因此,股利政策要受到投资机会和资本成本的双重影响。剩余股利政策的依据是股利无关论,采用本政策的根本理由在于保持理想的资本结构,使综合资金成本最低,实现企业价值的长期最大化。其缺点在于不利于投资者安排收入与支出,也不利于公司树立良好的形象。

【例8-3】某公司2004年的税后净利润为800万元,预计2005年需要再增加投资资本1 000万元,公司的目标资本结构为权益资本占60%,债务资本占40%,2005年继续保持。那么,按照目标资本结构的要求,公司投资方案所需的权益资本数额为600万元,则满足投资后仍有200万元剩余,可用于分配股利。

(二) 固定股利政策

固定股利政策的依据是股利重要论,它是指公司将每年派发的股利总额固定在某一特定水平上,然后在长期内保持公司股利固定在这一水平上不变,只有当公司确认未来盈余将会显著地增长时,才会提高年度的股利发放额。采用这一政策的主要目的是避免出现由于经营不善而削减股利的情况。该政策有利于公司树立良好的形象,稳定公司股票价格;有利于投资者安排股利收入和支出,特别是对那些对股利有着很强依赖性的股东非常有利。但是,在这种政策下,股利的支付与盈余相脱节,使得投资的风险与投资的收益不对称。它要求企业的收益比较稳定,否则在盈余较低时仍要支付固定的股利,这会加大企业的财务压力。这时,企业只有延缓某些项目的投资或改变目标资本结构以支付股利,从而无法保持较低的资本成本。

(三) 固定股利支付率政策

固定股利支付率政策的依据是股利重要论,是指公司以确定的比率从净利润中支付股利的政策。它比较适合于那些收益经常波动的公司。公司根据实际情况确定一个股利占盈余的比例,长期地按此比例支付股利,使股利与公司的盈余紧密地结合起来,体现"多盈多分、少盈少分、无盈不分"原则,也体现了投资风险与收益的对等。但在这种政策下,当公司各年的股利变化较大时,极易造成公司经营不稳定的印象,不利于稳定股票价格。另外,从实务上确定合理的股利支付率难度很大。

(四) 低正常股利加额外股利政策

低正常股利加额外股利政策的依据是股利重要论,是指公司事先设定一个较低的经常性股利,一般情况下每年只支付这个经常性股利,在盈余较多的年份可根据实际情况向股东发放额外股利。因此,这种政策有很大的灵活性,可以在一定程度上维持股利的稳定性,有利于企业达到目标资本结构。当额外股利是非常不固定的,具有较大的灵活性,在收入较多时支付也不会给企业财务造成压力,但是会给人股利漂浮不定的印象。如果长时间发放额外股利,会使股东误认为经常性股利提高了,一旦取消,会给外界传递公司财务状况恶化的信号。

三、股利政策的分析框架①

(一) 股利政策分析理论框架

在运用股利政策的合理分析框架时,公司首先要了解在满足了未来发展所需的资本支出需求和营运资本需求后,有多少现金可用于发放股利,实际支付的股利又是多少,公司所能获得的投资项目的效益如何。

通常投资项目效益好的公司在股利政策方面有更多的选择权,因为股东预期保留在公司的现金会投资于某些项目并最终带来高回报。而项目效益不好的公司会发现自己被迫将所获得的全部或大部分现金作为股利支付。其具体的分析框架如图 8-6。

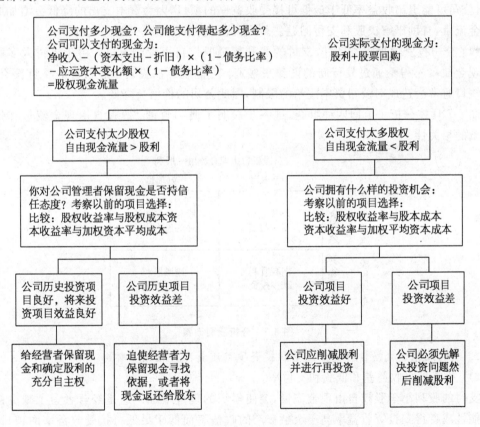

图 8-6　股利政策的分析框架

---

① 〔美〕Aswath Damodaran 著,郑振龙译:《应用公司理财》,机械工业出版社,2000 年,第 557—567 页。

(二) 股利政策分析理论框架的运行机理

1. 股利政策、股权自由现金流量和投资项目质量相关性分析

通过对股利支付能力的度量可以判断公司支付的股利是否超过它的股权自由现金流量，通过对投资项目质量的度量就可分析出公司投资项目的收益率是否超过最低可接受收益率，这两种不同的度量就产生了四种组合。

(1) 公司投资项目收益差，支付的股利少于股权自由现金流量。公司的现金储备会增多，但由于股东担心这些现金会被投资于收益差的项目，经营者就会处于多分配现金股利的压力之中。

(2) 公司投资项目收益良好，支付的股利少于股权自由现金流量。虽然投资者不了解公司为什么现在不投资这些项目，但是公司的经营者却以少分配股利是为了将来能够对收益好的项目进行投资为借口而少分股利，因此公司的现金储备增多。

(3) 公司投资项目收益差，支付的股利超过股权自由现金流量。为了解决项目投资差的问题，公司可能退出收益率低于最低可接受收益率的项目，因为资本支出的降低会增加股权自由现金流量，有助于解决股利支付问题。否则，公司就不得不减少股利支付。

(4) 公司投资项目收益良好，支付的股利超过股权自由现金流量。由于支付太多股利产生的现金缺口不得不通过发行新的证券来融资，可能就无法投资于收益好的项目投资，而且现金缺口通常会造成对公司资本配给的限制，因此公司的价值会降低。

图 8-7 具体分析了上面四种组合，进一步表明了股利政策、股权自由现金流量和投资项目质量的相关性。

	股权自由现金流量—股利	
	差项目	好项目
股权收益率—股权成本 现金剩余	增加股利 减少投资	股利政策灵活性的最大化
股权收益率—股权成本 现金不足	削减股利 减少投资	削减股利 进行投资

图 8-7 分析股利政策

2. 股利政策、股权自由现金流量和投资项目质量相关性的具体分析

(1) 投资项目收益差和低股利支付率。

支付的股利小于股权自由现金流量，会使累积的现金增加。这是经营者为了减少被收购的可能性或者得到投资收益率高于金融资产的收益率而低于最低可接受收益率的项目，但这样却降低了公司的价值；而使用现金为收购融资将会使财富向被收购公司的股东转移。

由于以上原因，股东会要求经营者返还更多的现金股利，不会任由他们随心所欲地处理巨大的现金流量。另外也有人认为，公司应该借更多的债，并做出还本付息的支付承诺，迫使经营者在进行投资选择时受到更多的限制。经营者为了保持巨大的股权现金流量，会采取以下理由应对股东：①低股利政策符合公司的长远最佳利益，尽管目前的投资项目收益比较差，但

将来投资项目的回报是丰厚的;②累积现金是为了满足将来的偶然需要,例如周期性的衰退期;③模仿竞争对手的股利政策,根据对手的行为来决定自己的现金储备和低股利支付,以保持竞争力。这些实际上都是隐藏股利政策为经营者服务的"烟雾弹",因为保持巨大的股权现金流量对经营者来说就是加强了他们指导直接投资的权力。

(2) 投资项目收益高和低股利支付率。

由于①公司投资项目的收益率超过了最低可接受收益率,增加了长期有效投资的可能性;②内部投资项目获得的高收益率减少了投资于效益差的项目或进行收购的压力和动力;③在投资项目上获得高收益的公司成为被收购目标的可能性要小得多,因而没有必要迅速减少现金储备。因此,股东对低股利支付率的做法更可能采取默许的态度。

对于经营者来说,如果公司投资机会良好且收益率高,就很容易使股东相信其保留现金而不发放股利的必要性。但是一些公司股价不升高反而降低了,究其原因就是公司的投资收益率低于市场预期的投资收益率,从而导致股价下跌,尤其是一些所处成熟行业的公司。

(3) 投资项目收益差和高股利支付率。

支付的股利超过它所获得的股权自由现金流量,就产生了赤字,公司则会通过减少现金储备、发行股票或者借债来弥补缺口。由于股权自由现金流量是在扣除了资本支出后得出的,所以公司的实际问题不是支付的高股利而是低受益的投资项目。因此,股东一方面要求减少股利的发放,以消除每年的额外借款和股票发行的需要;另一方面,由少发股利节约的现金完全有可能被用于收益差的项目。因此,股东处于两难境地。

经营者认为主要问题不是投资而是股利,他们也不同意取消某些资本支出就可以解决问题的观点,他们的借口是用以分析投资项目收益的时期不具有代表性,或者投资项目有很长的潜伏期。但这些借口不会使股东充分相信,因此,他们在资本支出上会遇到很大的压力。

(4) 投资项目收益高和高股利支付率。

支付的股利超过它所获得的股权自由现金流量会产生现金缺口。如果目前的投资机会很好,但由于资本的限制无法投资,高股利政策的机会成本就会很大。在这种情况下,理性的股东会要求少发股利并投资于收益更好的项目。同时,经营者在减少股利支付时如果向市场提供投资项目有关的信息,也可以消除市场对股利减少的部分忧虑。尽管减少股利支付是消极的,会有不满意低股利的股东出售股票,但经过一段时间,股东都会接受新的股利政策。

案例分析

"佛山照明"股利政策的启示

一、"佛山照明"简介

佛山电器照明股份有限公司(简称"佛山照明"),是由全民所有制的佛山电器照明公司于1992年10月改组的佛山市第一家股份制试点企业。1993年10月获准向社会发行A股1930万股,1995年8月又获准发行境内上市外资股(B股)5000万股。2000年12月中国证监会批准A股增发5500万股。公司的主营业务是生产和经营各种电光源产品及其配套灯具。在国内外享有"中国灯王"美誉。1995年公司被深交所评为"十佳上市公司",其综合业绩排名第一;1997年被香港亚洲周刊评为中国上市公司100强;1999、2000、2001年连续三届被上海亚商、中证报评为中国最具发展潜力上市公司50强。2001年在沪深两市1 171家上市公司中被评为"我心中的十佳蓝筹股"第三名,2001年被批准为广东省高新技术企业。特别是佛山照明对市场的回报远大于索取的高派现股利政策,以"佛山现象"成为业界关注的热点。

二、"佛山照明"股利政策的实施

"佛山照明"1993—2003年的净利润、每股收益和分红配股的情况如表8-6,年经营活动产生的现金流量净额及实发红利比较如表8-7。

表8-6 佛山照明历年净利润、每股收益及分红配股方案

序号	年份	净利润(万元)	每股收益(元)	分配方案(每10股)		
				送红股(股)	转增股(股)	派现金(元)
1	2003	22 632.50	0.63	0	0	4.6
2	2002	20 481.94	0.57	0	0	4.2
3	2001	17 334.87	0.48	0	0	4
4	2000	16 115.35	0.45	0	0	3.8
5	1999	15 837.19	0.57	0	1	3.5
6	1998	14 780.99	0.54	0	0	4.02
7	1997	13 406.32	0.49	0	0	4
8	1996	17 562.75	0.64	0	0	4.77
9	1995	16 944.27	0.92	0	5	6.8
10	1994	14 574.59	1.26	0	0	8.1
11	1993	9 417.65	1.23	4	1	3

表8-7 佛山照明近几年经营活动产生的现金流量净额及实发红利比较

年份	经营活动现金流量净额(万元)	实发红利(含税)(万元)	现金股利之比
2003	23 308.65	16 488.62	1.41
2002	30 270.03	15 054.83	2.01
2001	26 859.59	14 337.93	1.87
2000	17 232.93	13 621.03	1.27
1999	16 588.38	9 655.17	1.72
1998	15 081.51	11 089.65	1.36

从表8-6可以看出,佛山照明自1993年上市以来,采用的股利分配方式主要是现金股利和股票股利。每年都进行现金股利分配,公司业绩及每股股利金额均较稳定。

表8-7为"佛山照明"采取稳定增长股利政策提供了充足的现金流量净额支持。

(案例来源:据《中国证券报》《财务与会计》2005年第一期王国银"佛山照明股利政策分析"等资料编写。)

案例思考题

1. 通过对表8-6的分析,您认为佛山照明股利支付的特点是什么?对公司发展有什么影响?
2. 股利政策的理论模型有哪些?佛山照明采用的何种股利政策类型?为什么?

补充阅读材料

1. 〔美〕William. L. Megginson 著,刘明辉译. 公司财务理论. 东北财经大学出版社,2002
2. 〔美〕Aswath Damodaran 著,郑振龙译. 应用公司理财. 机械工业出版社,2000
3. 栾庆伟,迟国泰. 财务管理. 大连理工出版社,2001
4. 苑德军,陈铁军. 国外上市公司股利政策理论与实践. 中国证券报,2001.3.26
5. 王国银等."佛山照明"股利政策分析. 财务与会计,2005(1)

第九章 营运资本管理

> **学习目标**
>
> 通过本章的学习,明确营运资本管理的目标与内容;理解营运资本、经营周期、现金周期等基本概念;了解营运资本投资、融资策略,以及商业信用融资、商业票据融资、应收账款融资、短期借款、短期融资券等短期融资的方法与程序;掌握现金管理、信用管理、存货管理等基本理论、方法和技术。

营运资本是企业在日常经营活动中用于流动性资产的那部分资本,包括流动资产和流动负债。由于营运资本在企业的资金总额中占较大比重,并伴随着企业内部条件和市场环境的变化而处于高速的运转之中,所以对营运资本管理的好坏直接影响到企业整个资本的运作。财务经理的大多数时间都用于营运资本管理,营运资本管理包括选择现金、有价证券、应收账款和存货的水平,以及各种短期筹资的水平及结构。有效的营运资本管理是企业进行理财活动的基础。企业拥有营运资本与拥有其他资本的目的是相同的,即都是使其创造的价值最大,为此,企业应合理确定现金持有量,保持良好的存货结构,加快应收账款的回收,稳定地进行证券投资,消除不需要的和高成本的流动负债,使企业整个营运资本能够按照预定的意图进行运营,促使企业实现价值最大化。

第一节 营运资本管理概述

一、营运资本的概念、分类

营运资本是指在企业生产经营活动中投资于流动性资产的那部分资本。营运资本有广义和狭义之分。广义的营运资本又称毛营运资本,是指一个企业流动资产的总额,包括流动资产和流动负债;狭义的营运资本又称净营运资本,是指流动资产减去流动负债后的余额。

(一) 流动资产

流动资产是指可以在一年以内或超过一年的一个营业周期内变现或运用的资产,流动资产具有占用时间短、周转快、易变现等特点,企业拥有较多的流动资产,可在一定程度上降低财务风险。流动资产按不同的标准可进行不同分类,现说明其中最主要的分类方式。

1. 按实物形态,可分为现金、短期投资、应收及预付款项和存货

(1) 现金,是可以立即投入流动的交换媒介,具有普遍的可接受性,可以立即用来购买商品、货物、劳务,支付各项费用或用来偿还债务,包括库存现金、各种形式的银行存款、银行本票和银行汇票。现金是流动资产中流动性最强的资产,可直接支用,也可以立即投入流通。拥有大量现金的企业具有较强的偿债能力和承担风险的能力,但因为现金不会带来报酬或只有极低的报酬,过多的持有现金也会增加筹资成本,所以,在财务管理比较健全的企业,都不会保留过多的现金。

(2) 短期投资,是指各种准备随时变现的有价证券以及不超过一年的其他投资,其中主要是指有价证券投资。有价证券是现金的一种转换形式。有价证券变现能力强,可以随时兑换成现金。企业有多余现金时,常将现金兑换成有价证券;现金流出量大于现金流入量而需要补充现金时,再出让有价证券换回现金。在这种情况下,有价证券就成了现金的替代品。企业进行有价证券投资既能带来较好的收益,又能增强企业资产的流动性,降低企业的财务风险,适当持有有价证券是一种较好的财务策略。

(3) 应收及预付款项,是指企业在生产经营过程中所形成的应收而未收的或预先支付的款项,包括应收账款、应收票据、其他应收款和预付账款。在市场经济条件下,为了加强市场竞争能力,企业拥有一定数量的应收及预付款项是不可避免的,但是大量的应收账款余额会带来潜在的坏账损失,所以企业应尽量加速账款的回收,减少坏账损失。

(4) 存货,是指企业在生产经营过程中为销售或者耗用而储备的各种资产,包括商品、产成品、半成品、在产品、原材料、低值易耗品等。存货在流动资产中占的比重较大。持有大量的存货使公司能立即提供客户所需要的产品。但是,无形损耗、破损、失窃等带来的巨大损失和占用较多的仓储费用,使较多的存货比较少的存货有更高的筹资成本。

2. 按在生产经营过程中的作用,可分为生产领域中的流动资产和流通领域中的流动资产

(1) 生产领域中的流动资产,是指在产品生产过程中发挥作用的流动资产,如原材料、辅助材料、低值易耗品等。

(2) 流动领域中的流动资产,是指在商品流通中发挥作用的流动资产。商业企业的流动资产均为流通领域中的流动资产,工业企业的流动资产中的产成品、现金、外购商品等也属于流通领域中的流动资产。

(二) 流动负债

流动负债指需要在一年或者超过一年的一个营业周期内偿还的债务。流动负债又称短期融资,具有成本低、偿还期短的特点,必须认真进行管理。流动负债按不同标准可作不同分类,现说明其最常见的分类方式。

1. 以应付金额是否确定为标准,可把流动负债分为应付金额确定的流动负债和应付金额不确定的流动负债

(1) 应付金额确定的流动负债,是指那些根据合同或法律规定,到期必须偿付,并有确定金额的流动负债,如短期借款、应付票据、应付账款、应付短期融资券等。

(2) 应付金额不确定的流动负债,是指那些要根据企业生产经营状况,到一定时期才能确定的流动负债或应付金额需要估计的流动负债,如应交税金、应交利润、应付产品质量担保债务等。

2. 按流动负债的形成情况为标准,可以分为自然性流动负债和人为性流动负债

(1) 自然性流动负债,是指不需要正式安排,由于结算程序的原因自然形成的那部分流动负债。在企业生产经营过程中,由于法定结算程序的原因,一部分应付款项的支付时间晚于形成时间,这部分已形成但尚未支付的款项便成为企业的流动负债。因为它不需要作正规安排,是自然形成的,所以称之为自然性流动负债。

(2) 人为性流动负债,是指由财务人员根据企业对短期资金的需求情况,通过人为安排所形成的流动负债,如银行短期借款、应付短期融资券等。

此外,营运资本还可以按时间要素分为永久性营运资本和临时性营运资本。永久性营运资本是指满足公司一定时期最低需要保留的、用于满足公司长期稳定发展需要的那部分流动资产。临时性营运资本是指随季节性、周期性和随机性需求而变化的那部分流动资产。

二、营运资本的特点

为了有效地管理企业的营运资本,必须研究营运资本的特点,以便有针对性地进行管理。营运资本一般具有如下特点。

1. 营运资本的周转具有短期性

企业占用在流动资产上的资金,周转一次所需时间较短,通常会在一年或一个营业周期内收回,对企业影响的时间比较短。根据这一特点,营运资本可以用商业信用、银行短期借款等短期筹资方式加以解决。

2. 营运资本的实物形态具有易变现性

短期投资、应收账款、存货等流动资产一般具有较强的变现能力,如果遇到意外情况,企业出现资金周转不灵、现金短缺时,便可迅速变卖这些资产,以获取现金。这对财务上应付临时性资金需求具有重要意义。

3. 营运资本的数量具有波动性

流动资产的数量会随企业内外条件的变化而变化,时高时低,波动很大。季节性企业如此,非季节性企业也如此。随着流动资产数量的变动,流动负债的数量也会相应发生变动。

4. 营运资本的实物形态具有变动性

企业营运资本的实物形态是经常变化的,一般在现金、材料、在产品、产成品、应收账款、现金之间顺序转化。企业筹集的资金,一般都以现金的形式存在;为了保证生产经营的正常进行,必须拿出一部分现金去采购材料,这样,有一部分现金转化为材料;材料投入生产后,当产品尚未最后完工脱离加工过程以前,便形成在产品和自制半成品;当产品进一步加工完成后,就成为准备出售的产成品;产成品经过出售有的可直接获得现金,有的则因赊销而形成应收账款;经过一定时期以后,应收账款通过收现又转化为现金。总之,流动资金每次循环都要经过采购、生产、销售过程,并表现为现金、材料、在产品、产成品、应收账款等具体形态。为此,在进行流动资产管理时,必须在各项流动资产上合理配置资金数额,以促进资金周转顺利进行。

5. 营运资本的来源具有灵活多样性

企业筹集长期资金的方式一般比较少,只有吸收直接投资、发行股票、发行债券、银行长期借款等方式;而企业筹集营运资本的方式却较为灵活多样,通常有银行短期借款、短期融资券、商业信用、应交税金、应交利润、应付工资、应付费用、预收货款、票据贴现等。

三、经营周期与现金周期

营运资本管理主要关心企业的短期经营活动(short-run operating activities),一个典型的制造企业的短期经营活动包括一系列事件和决策,如表 9-1 所示。

表 9-1 短期经营活动及决策

事 件	决 策
1. 购买原材料	1. 定购多少存货
2. 支付购货款	2. 借款还是让现金枯竭
3. 生产产品	3. 选择什么样的生产技术
4. 销售产品	4. 是否要给客户提供信用
5. 收款	5. 如何收款

表 9-1 中的短期经营活动及决策在企业日常经营中是要经常做出的,而且会重复出现,从而导致了现金流入与流出的非同步和不确定的模式。非同步是因为原材料货款的支付与产品销售的现金回收不在同一时间发生。不确定是因为将来的销售与成本不能确切地知道。一个企业的一个生产经营过程还可以用图 9-1 表示。

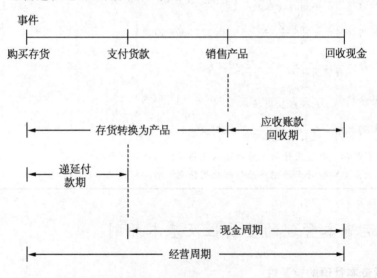

图 9-1 现金周期时间图示

从图 9-1 可以看出,一个企业的经营周期(operating cycle)是从购买存货开始到销售产品实现现金收入为止的一段时期。现金周期(cash cycle),又叫现金周转期是从现金支付到现金收回的时间。企业持有存货应付项使现金周期短于经营周期。经营周期由两部分组成,第一部分是从采购到出售产品所花的时间,这段时间叫做存货周转期;第二部分是回收应收账款所花的时间,这段时间叫做应收账款周转期。显然,经营周期正是存货周转期和应收账款周转期之和,现金周期等于经营周期与应付账款周转期之差:

经营周期=存货周转期+应收账款周转期

现金周期=经营周期-应付账款周转期

应付账款周转期是企业在购买各种资源,如工资和原材料的过程中能够延期支付货款的时间长度。

实践中,存货周转期、应收账款周转期和应付账款周转期可以分别用存货天数、应收账款天数和应付账款天数来衡量。我们在下面的例子中说明如何衡量企业的经营周期和现金周期。

【例 9-1】某公司当年的赊销额为 100 000 元,而产品销售成本为 60 000 元,有关数据如表 9-2。

表 9-2 某公司存货、应收账款、应付账款期初、期末数据   单位:元

项 目	期 初	期 末
存货	10 000	14 000
应收账款	3 200	4 800
应付账款	5 400	9 600

要求:计算经营周期和现金周期。

存货周转率 $= \dfrac{产品销售成本}{平均存货} = 60\,000/12\,000 = 5(次)$

应收账款周转率 $= \dfrac{赊销额}{平均应收账款} = 100\,000/40\,000 = 25(次)$

应付账款周转率 $= \dfrac{产品销售成本}{平均应付账款} = 60\,000/7\,500 = 8(次)$

存货周转期 $= \dfrac{365 天}{存货周转率} = 365/5 = 73(天)$

应收账款周转期 $= \dfrac{365 天}{应收账款周转率} = 365/25 = 14.6(天)$

应付账款周转期 $= \dfrac{365 天}{应付账款周转率} = 365/8 = 45.6(天)$

从而:经营周期 = 存货周转期 + 应收账款周转期 = 73 + 14.6 = 87.6(天)

现金周期 = 经营周期 − 应付账款周转期 = 87.6 − 45.6 = 42(天)

四、营运资本管理的重要性及基本原则

(一)营运资本管理的重要性

(1)企业流动资产及流动负债在总资产中占的比例大,而且具有易变性。随着企业经营中采购、生产、销售的进行,通过流动负债筹集的短期资金用于原材料的购买,变成在制品、产成品等存货,形成应收账款,直至货款的收回。每一个循环中营运资本在现金和实物间转换,而且数量很大,这就构成了管理人员大量的日常工作,财务管理人员的大部分活动是营运资本的管理。

(2)随着销售和经营规模的扩大,应收账款、存货和应付账款也同步增加,这就须筹集资金来应付。企业通过长短期资金的有机配合,流动资产和流动负债的期限匹配,以及用好因销售扩大而形成的自发性短期融资(主要指商业信用),可大大提高营运资本的经营效率。企业管理人员要花费较大的精力才能把筹资问题解决好。

(3) 营运资本中的非现金资产如应收账款和存货具有较强的变现能力,同时又占用了企业的资金。应收账款和存货的维持水平反映了企业流动资产运用的效率。管理人员为保持低的存货和应收账款水平,又能满足企业临时性的资金需求,须付出很大努力。

(4) 营运资本管理对小企业尤为重要。小企业流动资产在总资产中占的比例高,而且小企业在长期资本市场上筹资比大企业困难,因此短期负债在总资本中占的比例较大。管好流动资产和流动负债对小企业的生存和发展具有重要的意义。

(二)营运资本管理的基本原则

(1) 认真分析生产经营状况,合理确定营运资本的需要量。企业营运资本的需要量与企业生产经营活动有直接关系,随着企业经营活动的变化,营运资本的数量和结构比例也会发生变化。当企业产销旺季时,流动资产会不断增加,流动负债也会相应增加;而当企业产销淡季时,流动资产和流动负债也会相应减少。因此,企业财务人员应认真分析生产经营状况,采用一定的方法预测营运资本的需要量,以便合理使用营运资本。

(2) 在保证生产经营需要的前提下,节约使用资金。在营运资金管理中,必须正确处理保证生产经营需要和节约合理使用资金两者之间的关系。要在保证生产经营需要的前提下,遵守勤俭节约的原则,挖掘资金潜力,精打细算地使用资金。

(3) 加速营运资本周转,提高利用效率。在其他因素不便的情况下,加速营运资本的周转,也就相应地提高了资金的利用效果。因此,企业要千方百计地加速存货、应收账款等流动资产的周转,以便最有效地使用资金,取得最优的经济效益。

第二节 营运资本管理策略

在企业的日常财务管理中,营运资本的管理占有很重要的位置,财务经理的大多数时间都用于短期决策。营运资本的管理策略包括两个方面:确定流动资产中各项资产的目标水平,以及决定流动资产的筹资方法,即营运资本投资策略和营运资本融资策略。

一、净营运资本的涵义

净营运资本是流动资产减流动负债的余额。绝大多数企业的流动资产大于流动负债,因此都有一定数量的净营运资本。我们可以从企业的现金流动和筹资两个角度来理解净营运资本的涵义。

净营运资本可测量企业资金的流动性。企业到期的债务要由流动资产变现来支付,从这个意义上说,流动资产是企业的现金来源,而流动负债是企业的现金支出。例如,某企业的资产负债表如表9-3。

若此企业流动负债中600万元应付账款,短期借款中的200万元和100万元的应付税款目前已到期必须支付。此时,企业首先动用流动资产中的现金200万元,再将短期证券变现的100万元供现金支出,其余部分将由收回的应收账款来支付。若收回的应收账款还不足以支

表 9-3　某企业资产负债表　　　　　　　　　　　　　　　单位：万元

资　产		负债和所有者权益	
现金	200	应付账款	600
短期证券	100	短期借款	400
应收账款	800	其他流动负债	200
存货	900	流动负债合计	1 200
流动资产合计	2 000	长期负债	1 500
固定资产净值	3 000	股东权益	2 300
总资产	5 000	总负债和所有者权益	5 000

付剩余的 600 万元的债务，要出售存货取得现金来支付。由于企业的应收账款与应付账款、短期借款等负债的到期期限及金额很难做到完全匹配，而且存货的变现需要较长时间，故企业必须持有大于流动负债的流动资产才能保证按期支付短期债务。所以，为了加强流动性，企业必须有一定数量的净营运资本。

从筹资的角度看，净营运资本是由企业的长期资金筹得的。由表 9-3 可以看出，企业净营运资本 800 万元是用于流动资产的投资，其占用的是企业的长期资本。由于长期资本成本大于流动负债的资本成本，企业的净营运资本增大将加大企业的总资本成本，减少企业的利润。但净营运资本的加大可使企业用长期资金来支持流动资产，有利于短期负债的及时偿还，减少企业无力支付债务的可能性，从而降低了企业的风险，增加了流动性。这与流动比率能反映企业的偿债能力和流动性有相同的意义。因此，正确确定营运资本的数量是一项很重要的工作，但企业的经营活动往往带有不确定性，一般来说，在确定营运资本数量时一般要遵循以下原则。

1. 依据公司管理的总体目标确定营运资本

营运资本管理的目标依赖于公司的总体目标。在公司总体目标确定的情况下，营运资本管理的目标是：持有多少营运资本才能保证实现公司目标。

2. 依据经营活动状况确定营运资金的需求量

公司在生产经营过程中总是需要一定数量的营运资本，并会随着公司经营活动的变化相应改变营运资本的数量和结构比例。在公司营运资本管理政策设计时，必须确定需要多少营运资本以及营运资本的各组成部分怎样保持一个合适的比率。

3. 依据营运资本对公司价值的影响大小确定营运资本政策

营运资本是公司财务管理的重要方面，营运资本对公司价值具有重大的影响。营运资本太少，公司会面临破产的危险；营运资本太多，公司会因承担大量的费用等影响公司价值。因此必须依据其公司所设定的风险选择最佳水平的营运资本，保持最佳的营运资本数量，使公司价值最大化。

另外，公司经营者经营理念的保守与激进程度也会影响营运资本管理目标，比较保守的公司经营者会保持较高的营运资本，而比较激进的公司经营者会保持较低的营运资本。

二、营运资本投资策略

企业在生产和销售计划确定的情况下,即销售量、成本、采购期、付款期等条件为已知时,可以作出现金预算计划,尽量将作为资金来源的流动资产和作为资金支出的流动负债在期限上衔接起来,以便保持最低的流动资产水平。这是营运资本在理论上的最佳数量。

营运资本持有量的高低,直接影响着公司的收益和风险。进行营运资本持有量决策时,公司管理当局必须从盈利性与风险性的权衡关系来进行分析。

从盈利性看,与"净营运资本"相对应的"净流动资产"是以长期资金为其资金来源,基于流动资产与固定资产盈利能力上的差别,以及短期资金与长期资金筹资成本上的差异。"净营运资本"越多,意味着企业是以更大份额的筹资成本将较多的长期资金运用到盈利能力较低的流动资产上,从而导致企业整体的盈利水平相应地降低;反之亦然。再从风险性看,企业的净营运资本越多,意味着流动资产与流动负债之间的差额越大,则陷入技术性无力清偿的可能性也就越小。然而,正如盈利与风险相对应原则所揭示:在现代市场经济中,盈利机制与风险机制往往是并存的。

为此,现代企业理财必须对流动资产、流动负债以及两者之间的变动所引起的盈利与风险之间的消长关系进行全面的估量,正确进行营运资本持有量的管理。较高的营运资本持有量,意味着在固定资产、流动负债和业务量一定的情况下,流动资产额较高,即公司拥有着较多的现金、有价证券和保险储备量较高的存货。不同的业务量持有的营运资本水平不同,同一业务量下由于采用的营运资本持有政策不同,其具体持有的营运资本水平也不同。

宽松的持有量政策要求公司营运资本要保持充足的数量,以满足较高水平的流动性要求。这种政策可保证足够的到期债务偿还能力,及时供应生产用材料和准时向客户提供产品,从而保证经营活动平稳的进行,风险性较小。但是,由于现金和有价证券等流动性强的资产只能给公司带来少量收益甚至无法获利,较高的流动资产比重会使公司的收益性也较低。

紧缩的持有量政策要求公司最大限度减少持有现金和有价证券等流动性强的流动资金,同时尽量减少存货的占用。显然,这是一种高风险、高收益的营运资本管理政策。因为流动资产的减少会增加公司到期无法偿债的风险,还可能影响公司生产经营活动的中断。

适中的持有量政策从理论上分析对取得投资者财富的最大化是适宜的,其风险和收益均适中。这种情况下,营运资本足够支付所需,存货足够满足生产和销售所用。但是,由于营运资本水平受多种因素的共同作用和相互影响,因此很难量化地描述各公司的最佳营运资本持有量。所以各公司应当根据自身的具体情况和环境条件,按照风险与收益的权衡关系,确定适当的营运资本持有量。

进行营运资本持有量政策设计时需要对营运资本进行总体权衡,包括现金流量效应、流动效应和经营效应、营运资本的最佳水平以及营运资本管理的行业差异等。现金流量效应是指营运资本影响现金流量的程度。流动效应和经营效应是指增加营运资本对流动风险的影响因素及影响程度。营运资本的最佳水平应当是持有一定量的营运资本能带来最大收益的营运资本。一般分析时用公司价值最大化作为营运资本的最佳水平的衡量标准。其有关计算公式为:

公司下一年度的期望现金流量＝下一年度的期望营业收入－下一年度营运资本的预期增长

营运资本占收入一定比例时的公司价值 ＝ 公司下一年度的期望现金流量/(该比例下的资本成本率－该比例下的营业收益预期增长率)

三、营运资本融资策略

营运资本融资策略是公司进行营运资本筹措的政策，通常企业的固定资产投资用长期资本筹资，并且使长期债务的期限与所购置的资产寿命相配比，用固定资产在寿命期内产生的效益为长期负债还本付息。若将用于购置固定资产的长期负债换成短期负债，则必须每年借一定数量的新债来归还旧债，每年都要根据市场利率调整短期借款的利率，这使企业履行的支付责任变成不确定，增大企业偿还债务的风险，甚至有可能因偿债能力差，无法再得到短期借款而影响企业的经营。

在流动资产中一部分资产随着销售和生产呈季节性或周期性变化，这类波动的流动资产可用短期借款来筹资。另有一部分流动资产在营运资本周转过程中不断改变形态，在存货、应收账款和现金之间转换，但总量不随时间改变。这类稳定的流动资产的资金占用是长期固定的，它们只随销售额的扩大而增加，所以一般用长期借款或股本来筹资。这种资产和资金来源在期限和数额上匹配的筹资政策称为"适中的"或"相匹配"的营运资本筹资政策，见图 9-2(a)。"相匹配"筹资政策要求企业临时负债筹资计划严密，实现现金流动与预期安排相一致，在季节性低谷时，企业应当除了自然融资外没有其他流动负债；只有在临时性流动资产的需求高峰期，企业才举借各种临时性债务。这种筹资政策的优点是可以减少资金闲置、浪费，提高资金使用效益，灵活便利；但也存在风险，如临时性资金需要可能会超过预计；短期筹资成本偏高，资金短缺时得不到短期资金来源等。

另有一种"激进型"筹资政策如图 9-2(b)，稳定的流动资产中也有一部分用短期借款筹资。有的企业甚至全部流动资产都由短期负债支持，这时净营运资本为零。激进的筹资政策要求尽量寻求扩大流动负债筹资来源，公司用短期负债为其部分永久性流动资产融资，即临时性负债不但融通临时性流动资产的资金需要，还解决部分永久性资产的资金需要。结果是公司可能在这些债务到期时进行再融资，而且会使公司经常面临偿债，加大公司风险，影响公司信誉。当然这种政策通过降低债务资金成本来提高权益资本报酬率，高风险也会有较高的收益率，一些企业为降低资本成本提高利润甘愿在短期内冒此风险。激进的筹资政策的优点是该政策下公司的资本成本较低。因为临时性负债的资本成本一般低于长期负债和权益资本的资本成本，而激进型筹资政策下临时性负债所占比重较大。其缺点是会加大筹资困难和风险。这种筹资政策主要适用于公司长期资金来源不足，或短期负债成本较低的公司。

第三种"保守型"筹资政策是指用长期资本支持稳定的流动资产和部分或全部的流动资产，见图 9-2(c)。在这种情况下，企业使用少量的短期借款以满足高峰期营运资本的季节性需求，其余波动部分仍长期资本支持。在这种筹资政策下，企业的净营运资本较大，偿债能力强，故风险较小，但是在流动资产波动的低谷期，长期资金将会过剩。这时企业可通过购买短期有价证券来贮存这部分资金，以应付下一次高峰期的资金需求。由于短期证券投资的利息收入低于长期资金的利息支出，故保守的政策筹资成本高，使企业的利润降低。"保守型"筹资政策是一种较为谨慎的筹资政策，其特点是：要求最大限度地缩减公司资本结构中流动负债比重，临时负债只融通部分临时性流动资产的资金需要,另一部分临时性流动资产和永久性资产的资金来源则是长期负债、自然融资和权益资本。这种政策的优点是可增强公司的偿债能力。因为临时性负债所占比重较少,所以公司无法偿还到期债务的风险较低,蒙受短期利率变动损失的风险也较低。其缺点是可能会降低公司损益和股东收益。"保守型"筹资政策主要适用于公司长期资金多余,但投资机会较少的公司,其主要目的是规避风险。

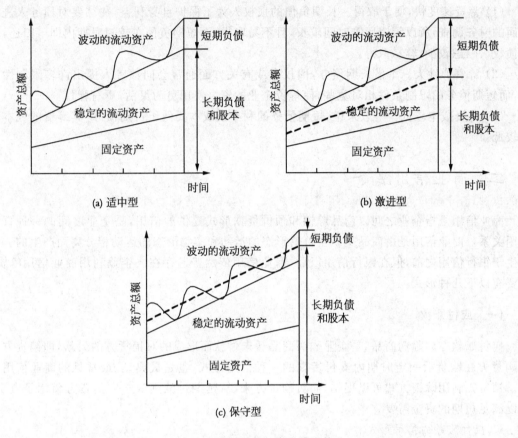

图 9-2　不同的营运资本筹资策略

第三节　短期融资

企业对资金的需求通常并不是稳定的,而是有一定的周期性和波动性的。当企业预测未来的资金需求将下降时,或由于经营活动的周期性或季节性而出现资金需求时,短期融资是解决这些资金需求的一个有效途径。短期融资是支持企业流动资产的资金来源,它使企业产生一年或一年以内的债务,在资产负债表中显示为流动负债。

一、短期融资的概念与特点

短期融资是指企业在正常生产经营过程中形成的使用期限在一年以内的流动负债,包括短期借款、商业信用、商业票据等,一般具有以下特点:

(1) 筹资速度快,便于取得。长期负债的债权人为了保护自身利益,往往要对债务人进行全面的财务调查,所以筹资所需时间较长,且不易取得;而短期负债在较短时期内即可归还,所以债权人顾虑较少,容易取得。

(2) 筹资弹性大。举借长期债务,债权人或有关方面通常会向债务人提出许多限制性条件,而短期债务的限制条件相对宽些,使筹资企业的资金使用更为灵活,更有弹性。

(3) 筹资成本较低。一般来说,短期债务的利率或成本要低于长期债务,其筹资的成本也就较低。

二、商业信用融资

商业信用是指企业之间以商品赊销和预付货款形式提供的信用,是企业之间的一种直接信用关系。商业信用是由商品交易中价值形态的运动和实物形态的运动相分离而产生的。它产生于银行信用之前,但在银行信用以后,商业信用依然普遍存在。企业利用商业信用筹资,主要有以下几种形式。

(一) 应付账款

应付账款亦即赊购商品,是企业购买商品暂未付款而形成的对销货方的欠款,即销货方允许购货方在购货后一定时期内支付货款的一种信用形式,也是最典型、最常见的商业信用形式。销货方利用赊销方式可以促销,而对购货方来说,延期付款则等于向销货方借用了资金,可以满足短期的资金需要。

1. 应付账款的信用形式

应付账款按其是否支付代价,可分为免费信用、有代价信用和展期信用三种形式。

(1) 免费信用。免费信用是指企业无须支付任何代价而取得的信用。一般包括法定付款期限和销货方允许的折扣期限。前者如银行结算办法规定允许有 3 天或 10 天的付款期限,即付款人可从收到付款通知的 3 天或 10 天内享受免费信用;后者为一定信用条件的折扣期内享受免费信用。为了促使购货企业按期付款,甚至提前付款,销货企业往往规定一定的信用条件。如常见的信用条款中有这样的规定"$2/10, n/30$",意即购货企业若 10 天内付款,可以打 2% 的折扣;超过 10 天,则付全部货款,但全部货款必须在 30 天内付清。

(2) 有代价信用。有代价信用是指企业需要支付一定的代价而取得的信用。在带有折扣条件下,购货企业想要取得商业信用,则须放弃的折扣,而所放弃的折扣就是取得此种信用所付出的代价。如前面所讲的,购货企业要取得延期 20 天付款的信用,则必须付全额货款,即丧失了优惠,这种信用就是有代价信用。因此,企业在选择是否延期付款时,应该认真分析其资金成本的高低,以便决定取舍。

(3) 展期信用。展期信用是指购货企业在销货企业提供的信用期限届满后,以拖延付款的方式强行取得的信用。展期信用隐含着两种成本:一是企业放弃现金折扣的机会成本,这与有代价信用相同;二是企业信誉可能受到损害的成本。企业若过度拖延时间付款而出现严重拖欠,则会降低其信用等级,给今后的各种筹资造成不利的影响。

2. 应付账款的成本

应付账款的成本取决于信用期限和现金折扣。信用期限就是赊销商品的最后付款时间。延长信用期限,可提高企业商品的竞争能力,增加销售量。信用期限长,表示企业给顾客的信用条件优越,可以吸引老顾客增加购货量和招揽新的顾客,从而增加企业的销售收入。一般根据企业的性质、商品的特征及购销双方的财力情况来加以确定。

现金折扣是销货企业提供给购货企业的一种优惠。销货企业为了加速资金周转,及早收回货款,减少可能的坏账损失,往往在延长信用期限的同时,规定顾客提前偿付货款的折扣率和折扣期限。一般情况下,现金折扣平均在2%—3%,折扣期多数为10—30天。

利用应付账款筹资在两种情况下没有成本,即享受免费信用:一是没有现金折扣的商业信用,二是有现金折扣但企业已享受了现金折扣亦即在折扣期内付款。

如果销货企业提供了现金折扣,但购货企业没有加以利用,从而丧失了少支付货款的优惠条件,这部分多支付的货款就是购货企业利用应付账款筹资的计划成本,可定义为放弃现金折扣成本或隐含利息成本。

$$放弃现金折扣成本 = \frac{现金折扣率}{(1-现金折扣率)} \times \frac{360}{(信用期-折扣期)} \quad (9-1)$$

亦即

$$R = \frac{C \times 360}{D(1-C)} \quad (9-2)$$

式中:C——现金折扣率;D——额外使用销货企业资金的天数;R——隐含利息成本。

【例9-2】某企业按"2/10,n/20"的条件购入商品,价款100万元,试计算该企业享受现金折扣的付款金额和放弃现金折扣的机会成本。

若该企业在折扣期内付款,则所付金额为

$$100 \times (1-2\%) = 98(万元)$$

若超过折扣期,则应付账款的机会成本为

$$\frac{20\%}{(1-20\%)} \times \frac{360}{(20-10)} = 73.47\%$$

从上述计算中可以看到,放弃现金折扣的机会成本与折扣率的大小、折扣期的长短同方向变化,与信用期限的长短反方向变化。如果购货企业放弃现金折扣而获得有代价信用,其代价即放弃折扣的成本是很高的。利用上述公式计算出各种不同条件下的放弃现金折扣成本如表9-4。

表9-4 不同信用条件下放弃现金折扣成本

信用条件	放弃现金折扣成本
1/10,n/20	36.36%
1/10,n/30	18.18%
2/10,n/20	73.47%
2/10,n/30	36.73%

从表 9-4 可以看出,购货企业如果放弃现金折扣,则其付出的成本是非常高的,这种成本比短期借款的成本高出许多。因此,一些企业只要可能,宁可向银行或其他机构借款也要保证在折扣期限内付款。而且通常情况下,一个企业随便放弃现金折扣的优惠,往往说明该企业的财务状况不佳,对它的信用会带来不利的影响。

由于应付账款的成本与折扣期同方向变化,与信用期反方向变化,假定折扣期一定,则信用期越长,应付账款的成本就越低。如果购货企业在允许的条件下延展信用,那么延展的时间越长,其成本越小。两者之间的关系如图 9-3 所示。

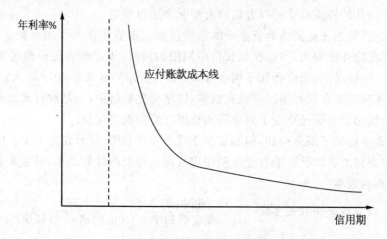

图 9-3 应付账款成本线

(二) 应付票据

应付票据是企业进行延期付款商品交易时开具的反映债权债务关系的票据。根据承兑人的不同,应付票据分为商业承兑汇票和银行承兑汇票两种,支付期最长不超过 6 个月。应付票据可以带息,也可以不带息。应付票据的利率一般比银行借款的利率低,且不用保持相应的补偿余额和支付协议费,所以应付票据的筹资成本低于银行借款成本。但是,应付票据到期必须归还,如若延期便要交付罚金,因而风险较大。

(三) 预收账款

预收账款是指销货企业按照合同或协议规定,在交付商品之前向购货企业预先收取部分或全部货款的信用形式。对于销货方来讲,预收账款相当于向买方借用资金后用货物抵偿,实际上是购货企业向销货企业提供一笔款项,对销货企业来说也是一种筹集短期资金的形式,而且这种筹集资金的方式一般无需支付任何代价,完全属于免费信用。预收账款一般用于生产周期长、资金需要量大的货物销售。

此外,企业往往还存在一些在非商品交易中产生、但亦为自发性筹资的应付费用,如应付工资、应交税金、其他应付款等。应付费用使企业受益在前、费用支付在后,相当于享用了受款方的借款,一定程度上缓解了企业的资金需要。应付费用的期限具有强制性,不能由企业自由斟酌使用,但通常不需花费代价。

三、商业票据融资

(一) 商业本票

商业本票是由出票人签发的,承诺自己在见票时无条件支付确定的金额给收款人或者持票人的票据。

商业本票是由信誉卓著的企业所发行的,它原是随着商品和劳务交易而签发的一种借债凭证,随着金融市场的发展,在美国、英国等一些发达的国家里,原与商品和劳务交易相联系的商业本票,逐渐发展成为一种与商品、劳务交易无关系的独立的融资性票据,成为一些信用卓著的大公司在市场上筹集短期资金的借款凭证。我国目前还没有发行商业本票,但我国金融领域已允许效益好的企业发行类似商业本票的企业短期债券。

由于商业本票是无抵押的票据,因此各国对发行商业本票的企业严加限制,只有资本规模大、经济效益显著、无财务风险的企业才允许发行商业本票。发行商业本票的企业信誉,必须经过信用评级机构评定,等级高者利率较低,等级低者利率较高。商业本票作为金融市场上的融资工具,应符合一定规范化的要求。如平均期限在1个月左右,最长不得超过9个月;其票面为固定金额,如美国最低为25 000美元,一般为100 000美元,再大的金额大多是整数倍。

大型企业发行商业本票时,一般通过经纪人来发售(一些大的金融公司往往直接销售),并且通常以贴现形式出售,利息为票面价与发行价之差额。商业本票的利率往往随短期金融市场情况的变化而不时波动。但在正常的情况下,商业本票的利率低于银行优惠利率,同时又高于相应期限的国库券利率和大额可转让存款单利率。

商业本票之所以能在西方盛行的一个原因是商业本票的利率低于银行贷款利率,银根松时差距较大,银根紧时差距较小,企业通过发行商业本票筹资可以降低企业的资金成本;同时,企业如果能被批准发行商业本票,也就提高了这个企业的知名度和信誉,增强企业的筹资能力。

商业本票利率虽然比银行贷款利率低,但由于其偿还期限固定,而且在发行后、偿还前,无论企业是否运用该商业本票所筹集的资金,都需支付利息。而银行贷款则比较灵活,在资金不用时,可提前偿还贷款,减少利息支付。所以,企业在评估是否以商业本票为融资手段时,要比较资金来源的相对成本的高低。一般情况下,当商业本票与银行贷款利率差距较大时,应采用商业本票;当两者差距较小时,应向银行贷款。但是,有时银行所能提供的贷款额度往往受法令限制,以致不能满足大企业筹资的需要。例如,银行法律规定商业银行所能贷给个别企业的最大金额,不能超过该公司资本及盈余10%。因此,当贷款需求大于这个额度时,这些企业就只有发行商业本票,在金融市场上直接融资了。

(二) 商业汇票

商业汇票是出票人签发的,委托付款人在见票时或者在指定日期无条件支付确定的金额给收款人或者持票人的票据。经银行承兑过的商业汇票即是银行承兑汇票,我国的商业信用大都是采用这种经银行承兑了的商业汇票形式。商业汇票经"承兑"、"背书"后,可转让、贴现,成为金融市场短期融资工具之一。经银行承兑的汇票可以在银行承兑汇票市场上以贴现方式获得现款,如果贴现机构自身急需资金,则可凭贴现进来的未到期汇票向其他金融机构转贴现,或向中央银行申请再贴现。贴现、转贴现与再贴现,形式上是汇票的转让与再转让,其实质是短期金融市场的金融交易行为。

目前在西方已形成专门的银行承兑汇票市场,由于银行承兑汇票风险小,流通性强,因而深受投资者的欢迎。其市场的参与者主要有三方面:一是汇票的承兑金融机构,如英国有专门的票据承兑所,美国、日本的商业汇票通常是由银行承兑的。银行通过承兑汇票,既为持票人融通了资金,又能收取一定的承兑手续费。另外,由于承兑是贴现不可缺少的一环,从而为汇票的转让流通提供了条件。二是贴现机构,一种是普通银行的参与贴现,另一种是专营机构,如美国的12家票据贴现所,日本的短期融资公司,它们根据市场自己的供求状况,以议定的贴息率购进汇票,随时再以稍高于购进的价格卖出汇票,从中赚取一定差价,并创造一个银行承兑汇票的连续市场。三是银行承兑汇票的投资者,如银行、保险公司、信托公司等,它们根据自身的资金状况和货币市场其他工具的利率状况,通过经纪人市场,踊跃投资于银行承兑汇票。

目前,我国的商业票据市场发展缓慢,主要体现在70%的商业信用是以"挂账"形式出现的,以商业汇票形式的仅占30%,因而缺少严格的法律约束;而且商业票据缺乏必要的流动性和安全性,因而难以成为货币市场上行之有效的融资工具。

(三) 商业票据的贴现

持有未到期的商业票据的投资者如需要资金,可以把未到期的商业票据向银行或其他金融机构贴现。所谓票据贴现,就是将未到期的商业票据转让给银行或其他金融机构,从而取得扣除贴现利息后的票面余额。

贴现的计算方法有两种。

一种是采用复利贴现计算法,其公式如下:

$$现值 = 票据终值 \times \frac{1}{(1+贴现率)^n} \qquad (9-3)$$

式中:n——计息期次数。

另一种是我国金融部门计算贴现的方法,其公式如下:

$$现值 = 票据终值 \times \left(1 - 贴现率 \times \frac{未到期天数}{360}\right) \qquad (9-4)$$

【例9-3】某企业将一张面值50 000元,还差3个月到期的商业票据拿到金融部门办理贴现,假设金融部门的贴现率是6%,则该企业可得的贴现金额为

$$50\,000 \times \left(1 - 6\% \times \frac{90}{360}\right) = 49\,250(元)$$

如果上述票据带有10%的利息,该公司已持有40天,还有50天期满,其计算方法如下:

$$票据期终值 = 50\,000 \times \left(1 + 10\% \times \frac{90}{360}\right) = 51\,250(元)$$

$$现值 = 51\,250 \times \left(1 - 6\% \times \frac{50}{360}\right) = 50\,822.92(元)$$

假如该金融部门也急需现金,可以把该票据向中央银行进行再贴现,亦即据此向中央银行借款。再贴现率是中央银行的主要贷款利率之一,它一般低于信用放款利率。再贴现率、法定存款准备金及公开市场操作是中央银行宏观调控的三大法宝。中央银行通过调高或降低再贴

现率,就可以收放银根,调节对商业银行的贴现贷款量,进而调控商业银行的信贷规模,调节市场货币供应量。此外,票据贴现市场还是银行间票据买卖市场的基础,商业银行卖出票据,都要以买进的商业票据为基础。

四、应收账款融资

应收账款融资是指通过应收账款的贴现、抵借、让售、证券化等方式来筹集短期资金的一种筹资行为。

(一) 应收账款贴现

应收账款贴现是指企业在应收票据到期前,如急需资金,可以将有关商业汇票背书,向银行或其他金融机构申请贴现。贴现,是指企业将未到期的票据转让给银行,由银行按一定利率从票据到期值扣除自贴现期到票据到期日利息后,将余额付给企业的融资行为,是企业与贴现银行之间就票据所有权进行的一种转让。票据贴现包括有追索权票据贴现和无追索权票据贴现两种。有追索权票据贴现指在出票人或付款人到期不能兑付时,背书人负有连带的付款责任;无追索权票据贴现指在出票人或付款人不论是否兑付,该票据与贴现企业均无关系。一般前者贴现利息要低于后者,我国票据贴现一般采用有追索权票据贴现。

(二) 应收账款抵借

应收账款抵借是指企业以应收账款作抵押向金融机构预先取得贷款。提供应收账款抵押贷款的金融机构一般为商业银行或大规模的财务公司。贷款数额占抵押账面价值的比例大小取决于应收账款的质量和数额。所谓"质量",是指所提供的应收账款清单中欠款企业信用品质的高低。欠款企业的信用品质高,企业应收账款质量高,金融机构同意对指定应收账款账面价值贷款的百分比越高。根据符合接受条件应收账款的质量,金融机构一般按应收账款账面价值的 50%—80% 放贷。所谓"数额",是指每笔应收款的平均金额,应收账款的平均规模越小,处理每元贷款花费成本越多。因此,持有小规模应收账款的企业,即使应收账款质量高,也难以获得融资。为了降低单独检查每笔应收账款以决定是否接受的成本,可以采用"批量的"应收账款抵押,这一抵押方式下,贷款人不记录每笔账款而只记录账款总额和已收到的付款。"批量的"应收账款抵押舞弊几率高,所以贷款一般只占账面价值的 25%。应收账款抵押对债务有追索权和应收账款置留权,若发生坏账损失由借款人承担,这是一种弹性强的抵押融资方式,随着应收账款的积累,可以使企业获得额外资金为这种积累融资,也是一种"持续的融资方式"。

(三) 应收账款让售

应收账款让售,是指企业通过向金融机构出售自己拥有的应收账款,来筹措资金的一种筹资方式。出售应收账款有两种情况。一是无追索权让售,即应收账款购买方(金融机构)要承担收取应收账款的风险,也即承担应收账款的坏账损失,而出售方则承担销售折扣、销售折让或销售退回的损失。为此,金融机构在购买应收账款时,一般要按一定比例预留一部分余款,以备抵让售方应承担的销售折扣、折让或退回的损失,待实际发生销售折扣、折让或退回时,再予以冲销。二是有追索权让售，即出售方企业应承担向购买者即金融机构偿付的责任，在已让售应收账款上发生的任何坏账损失，均应由让售方企业承担。

（四）应收账款证券化

应收账款证券化是资产证券化的一种。它是企业以开展贸易或服务所产生的应收账款为支撑，通过特定的组织机构和结构设计提升信用状况，向投资者发行信用级别较高的证券的融资过程。其运作过程如下：①成立一个独立的证券化特设机构SPV（Special Purpose Vehicle）；②原始债权人（发起人）将应收账款出售给SPV，SPV对所购买的应收账款按期限、业务来源等特征，进行重组匹配；③担保公司对应收账款的按期偿还进行第三方担保；④对SPV的应收账款进行信用增级；⑤对即将发行的ABS（Asset-Backed Securities）进行信用评级；⑥SPV以经过信用增级后的应收账款发行ABS；⑦证券承销商对SPV所发行的ABS进行包销；⑧投资者购买ABS；⑨证券承销商将出售ABS的资金，扣除一定的费用后返还给SPV；⑩ABS在市场上进行交易和流通，托管银行负责对ABS的还本付息工作。

应收账款证券化拓宽了企业的融资渠道，有效地利用了未收回的应收账款为企业融资，提高了资产的流动性和变现能力，改善了企业的财务结构。从其运作过程可以看出，应收账款证券化融资实质上是企业的应收账款与货币资金的置换。企业的负债和所有者权益都没有量的变化，只是形式和结构的变化，能保证原有负债比率和财务杠杆比率，从根本上改变了企业传统融资的风险结构和收益结构，为企业再融资提供了便利。应收账款证券化还能有效地降低融资费用。在国外这种融资方式已经很流行。

五、短期借款

企业根据生产经营的需要经常要向银行或其他金融机构借入一定的资金。凡是借入期限在一年以内的借款都属于短期借款。

（一）短期借款的方式

1. 信用借款

信用借款是指银行或其他金融机构完全凭借款人信用，无需提供经济担保和财产抵押的一种借款方式。这种方式只适用于那些信誉好、经济实力强、经济效益显著的企业。

2. 经济担保借款

经济担保借款是指要求借款人以第三人的经济信誉或财产担保作为还款保证而发放借款的一种方式。一般要求担保方是经济实力雄厚、信誉好、具有法人资格的企业，如财政、金融、上级主管部门均可成为特殊信用担保人。银行要对担保方的资格、承保能力进行审查，并同借款人、担保方签订合法完整的借款合同、担保合同，明确担保方的责任。担保方有责任监督借款人按借款合同的要求还款和代借款人偿还逾期借款本息。一般作为担保方也要对被担保的企业做好资信调查，以免承担不必要的损失。

3. 抵押借款

抵押借款是借款人将自己的财产作为抵押物而取得的短期借款的一种方式。借款人提供的抵押物必须是所有权明确、具有使用价值和价值、易于保管和变卖的金融资产或实物资产，如债券、股票、房产、汽车等。银行应对抵押物进行评估审查，然后才能签订抵押借款合同。当企业借款不能按期归还时，银行有权处理抵押物并优先受偿。目前越来越多的银行和其他金融机构采用这种抵押借款，以保证自身的利益不受侵害。

4. 贴现借款

贴现借款是指持有银行或商业承兑汇票的企业，以未到期的票据向银行贴现取得借款的方式。银行要按票据到期值扣除从贴现日到汇票到期日的利息，予以贴现。到期付款单位无力付款时，如果原贴现的票据是商业承兑汇票，则贴现银行将汇票及有关凭证退回借款企业，并从借款企业的账户中扣回款项。

(二) 短期借款的基本程序

短期借款的基本程序主要包括以下几个方面。

1. 企业提出申请

企业向银行借入资金，必须在批准的资金计划占用额范围内，按生产经营的需要，逐笔向银行提出书面申请。企业在申请书上应写明借款种类、借款金额、借款用途、还款日期等。另外，还要详细写明流动资金的占用额、借款限额、预计销售额、销售收入资金占用率等有关指标。

2. 银行对企业申请的审查

银行收到企业的申请书后，应对申请书及企业自身进行认真审查。主要有以下几个方面：

(1) 审查借款的用途和原因，首先做出是否借款的决策。

(2) 审查企业的产销状况和物资保证情况，决定借款数额的多少。

(3) 审查企业资金的周转速度和物资耗用情况，确定借款期限的长短。

(4) 审查企业的信誉和经济实力，确定以何种方式借款。

3. 签订借款合同

经银行审查同意后，借贷双方应签订借款合同，以维护双方的合法权益，保证资金的合理使用。借款合同的主要内容有：

(1) 基本条款。即借款合同的基本内容，具体包括借款金额、方式、时间，还款期限、方式、利息支付方式及利率等。

(2) 保证条款。包括借款企业必须按规定的用途使用借款，有关的财产抵押保证，经济担保人及其责任等。

(3) 违约条款。即针对双方出现违约现象如何处理所做的具体规定，包括借款企业逾期不还或不按规定用途使用借款和银行不按期发放借款的处理等内容。

(4) 其他条款。这是与借贷双方有关的其他一系列条款，如双方经办人、合同生效日期等内容。

4. 企业取得借款

借款合同签订后，若无特殊原因，银行应按合同规定的时间向企业提供贷款，企业便可取得借款。

5. 短期借款的归还

借款企业应按借款合同的规定按时、足额支付贷款本息。贷款银行在短期贷款到期1个星期之前，应向借款企业发送还本、付息通知单，借款企业应当及时筹备资金，按期还本付息。

不能按期归还借款的,借款人应当在借款到期日之前向贷款人申请贷款展期,但是否同意展期由贷款人视情况决定。申请保证借款、抵押借款、质押借款展期的,还应当由保证人、抵押人、出质人出具同意的书面证明。

(二) 短期借款的信用条件

根据国际通行的做法,银行或其他金融机构发放短期借款往往带有一些信用条件,其中包括信贷限额、周转信贷协定、补偿性余额、借款抵押等。

1. 信贷限额

信贷限额是银行与借款人之间达成的正式或非正式的在一定期限内(通常为一年)的最大借款额的协定。银行可根据企业生产经营状况的好坏核准或调整信贷限额。通常在信贷限额内,企业可随时向银行申请借款。例如,银行核定某企业某一年内的信贷限额为200万元,那么该企业在这一年内如需要资金,可在限额内向银行申请借款,但累积的借款数额不能超过核准的信贷限额200万元。但是,银行并不承担提供全部信贷限额的义务。如果企业信誉恶化,经济效益下降,即使银行曾同意过按信贷限额提供借款,企业实际中也可能得不到借款。此时,银行并不承担法律责任。

2. 周转信贷协定

周转信贷协定是指银行与企业签订的具有法律义务,承诺提供不超过某一最高限额的贷款的协定。它是一种正式的信贷限额。银行做出的这种协定,往往具有法律效力。在协定规定的期限内,借款人可自由地使用其信贷额,只要企业的借款总额未超过最高限额,银行必须满足企业任何时期提出的借款要求。借款人需要对协定中的未借数额支付一定的保证金。例如,银行正式核准某企业在某一年内最高周转信贷限额为1 000万元,该企业只使用了800万元,假设银行保证金率为0.5%,则该企业应向银行支付的保证金为(1 000−800)×0.5%=1万元。

3. 补偿性余额

补偿性余额是银行要求借款企业在银行中保持按借款限额或实际借用额一定比例计算的最低存款余额。银行这样做的目的是降低贷款的损失。而对借款企业来讲,补偿性余额则提高了企业借款的实际利率。例如,如果一家公司借到有20%补偿余额的100 000元贷款,则这家公司实际只有80 000元可以使用。

(三) 短期借款的成本

企业借款的形式不同,利息支付的方式不同,往往会导致名义利率与实际利率存在极大差异。因此,企业在考虑借款的成本时,仅仅考虑名义利率是不够的,必须重视实际利率。短期借款的实际利率计算方法主要有以下几种。

1. 贴现法

如果银行给予企业的是贴现贷款,亦即银行向企业发放贷款时,先从本金中扣除利息部分,则企业在借款时实际得到的借款数额小于其借款的数额,这样就会提高贴现借款的实际利率,其计算公式为

$$R_{\text{实}} = \frac{\text{利息费用}}{\text{借款金额} - \text{预扣利息费用}} \tag{9-5}$$

或

$$R_{实} = \frac{R_{名}}{(1-R_{名})} \times 100\% \qquad (9-6)$$

式中：$R_{实}$——实际借款利率；$R_{名}$——名义借款利率。

【例 9-4】某企业从银行以贴现的方式取得利率为 8% 的一年期借款 100 万元，则其实际利率为

$$R_{实} = \frac{100 \times 8\%}{100 - 100 \times 8\%} = 8.7\%$$

或

$$R_{实} = \frac{8\%}{1-8\%} \times 100\% = 8.7\%$$

2. 单利法

企业向银行申请短期借款时，银行一般都按单利计算利息。企业按一年期借款，到年末连本带利一起偿还，则借款的实际利率与名义利率相同；但如果借款的期限短于一年，则实际利率就会高于名义利率。两者换算公式为

$$R_{实} = \left(1 + \frac{R_{名}}{n}\right)^n - 1 \qquad (9-7)$$

式中：n——每年贷款或还款的期数。

【例 9-5】某企业向银行借得年利率为 8% 的一年期单利贷款 100 万元，如企业到期归还本金及利息，则该项借款的实际利率也是 8%，其计算如下：

$$R_{实} = \left(1 + \frac{8\%}{1}\right)^1 - 1 = 8\%$$

假如企业借款期限仅为 6 个月，则 n 为 2，则

$$R_{实} = \left(1 + \frac{8\%}{2}\right)^2 - 1 = 8.16\%$$

即实际利率要高于企业借款的名义利率。

3. 分期付款利率

企业向银行借款，银行要求企业本息要分期等额偿还，亦即银行根据名义利率计算利息，加到贷款本金上计算本息和，要求企业在贷款期限内分期偿还本息和的金额。在这种情况下，借款企业实际上只平均使用了贷款本金的本，而利息并不减少，借款企业实际负担的利息费用相应加大。其计算公式为

$$R_{实} = \frac{利息费用}{借款总额 / 2} \times 100\% \qquad (9-8)$$

【例 9-6】某企业向银行借得名义利率为 8%，期限一年的短期借款 100 万元，银行要求采用分期偿还方式，每月等额归还本息和，则其借款的实际利率为

$$R_{实} = \frac{100 \times 8\%}{100/2} \times 100 = 16\%$$

4. 有补偿性余额的利率

如果银行要求借款企业保持补偿性余额，则相应提高了借款的实际利率，其计算公式为

$$R_{实} = \frac{利息费用}{借款金额 - 补偿性余额} \times 100\% \qquad (9-9)$$

或
$$R_{实} = \frac{名义利率}{1-补偿性余额比率} \times 100\% \qquad (9\text{-}10)$$

【例 9-7】某企业按名义利率 8% 向银行借得一年期的借款 100 万元,银行要求维持贷款额 15% 的补偿性余额,则企业该项借款的实际利率为

$$R_{实} = \frac{100 \times 8\%}{100 - 100 \times 15\%} \times 100\% = 9.41\%$$

或

$$R_{实} = \frac{8\%}{1-15\%} = 9.41\%$$

六、短期融资券

短期融资券又称商业票据、短期债券,是由大型工商企业或金融企业所发行的短期无担保本票,是一种新兴的筹集短期资金的方式。2005 年 5 月 24 日,中国人民银行以《中国人民银行令〔2005〕第 2 号》和《中国人民银行公告〔2005〕第 10 号》分别发布了《短期融资券管理办法》以及《短期融资券承销规程》、《短期融资券信息披露规程》两个配套文件,允许符合条件的企业在银行间债券市场向合格机构投资者发行短期融资券。《短期融资券管理办法》和两个《规程》自公布之日起施行。在银行间债券市场引入短期融资券是我国融资方式的重大突破,是金融市场建设的重要举措。在银行间市场发行短期融资券,对拓宽企业直接融资渠道、改变直接融资与间接融资比例失调、疏通货币政策传导机制、防止广义货币供应量过快增长、促进货币市场与资本市场协调发展、维护金融整体稳定具有重要的战略意义。

(一) 短期融资券的种类

按不同的标准,可对短期融资券作不同的分类。

1. 按发行方式,可分为经纪人代销的融资券和直接销售的融资券

经纪人代销的融资券又称间接销售融资券,它是指先由发行人卖给经纪人,然后由经纪人再卖给投资者的融资券。经纪人主要有银行、投资信托公司、证券公司等。企业委托经纪人发行融资券,要支付一定数额的手续费。

直接销售的融资券是指发行人直接销售给最终投资者的融资券。直接发行融资券的公司,通常是经营金融业务的公司或自己有附属金融机构的公司,它们有自己的分支网点,有专门的金融人才,因此,有力量自己组织推销工作,从而节省了间接发行时应付给证券公司的手续费。直接销售的融资券目前已占有相当大的比重。1986 年 8 月,美国货币市场上的短期融资券有 46% 是直接发行的。

2. 按发行人的不同,可分为金融企业的融资券和非金融企业的融资券

金融企业的融资券主要是指各大公司所属的财务公司、各种投资信托公司、银行控股公司等发行的融资券,这种融资券一般都采用直接发行的方式。

非金融企业的融资券是指那些没有设立财务公司的工商企业所发行的融资券。这类企业一般规模不大,多数采用间接方式来发行融资券。

3. 按融资券的发行和流通范围，可分为国内融资券和国际融资券

国内融资券是一国发行者在其国内金融市场上发行的融资券。发行这种融资券一般只要遵循本国法规和金融市场惯例即可。

国际融资券是一国发行者在其本国以外的金融市场上发行的融资券。发行这种融资券，必须遵循有关国家的法律和国际金融市场上的惯例。在美国货币市场和欧洲货币市场上，这种短期融资券很多。

(二) 短期融资券的发行程序

企业发行短期融资券，一般要按如下程序进行。

1. 公司作出决策，采用短期融资券方式筹资

公司财务人员对金融市场状况和企业筹资条件进行认真分析后，认为采用发行融资券比较适合，于是提出申请，报总经理或董事会作出最后决策。

2. 办理发行融资券的信用评级

信用评级是由专家、学者组成的机构，运用科学的综合分析方法，对企业的财务状况和信用情况进行评定和估价。自美国 1909 年穆迪公司开始评估业务以来，信用评估机构在帮助证券发行者顺利发行证券，帮助投资者科学选择证券、规范金融市场等方面都起了十分重要的作用。信用评估在我国还仅仅是一项刚刚起步的事业。现简要介绍短期融资券的评估程序：

(1) 申请评估的企业应与评估公司签订委托协议书，并按规定在 3 天内提供所需全部材料。

(2) 协议书签订后，评估公司即组织高级经济师、注册会计师以及有关行业专家组成的评估小组，负责具体的评估工作，在若干天内进行调查和研究，写出评估报告。

(3) 评估公司根据企业经营的业务性质，组织有关专家和部分评估委员对评估报告进行论证和审议，并实行定量计分的方式对该企业融资券的信用等级作出评定。

(4) 评估公司在此基础上，进一步综合分析有关情况，并确定该企业的融资券等级。融资券等级一般分四等 7 个级别。它们是 A、A-1、A-2、A-3、B、C、D。各等级的含义分别是：A 级信用程度最好，风险最小，发展前景最好；A-1 为信用程度好，风险很小，发展前景好；A-2 为信用程度好，风险小，发展前景较好；A-3 为信用程度好，风险较小，发展前景尚好；B 级为信用程度一般，有一定风险，尚有一些发展前景；C 级为信用程度还可以，风险大，无发展前途；D 级信用程度最差，不准发行。

(5) 委托人在接到评估公司的融资券资信等级通知书后 3 天内如无异议，则评级成立。委托人如果对评估结果有异议，应在接到信用等级通知后 3 天内申述理由，提供补充材料，并申请复评，经评估公司认可，即重新组织评估；如委托人对复议仍有异议，除有正当理由外，一般不再复评。

3. 向有关审批机关提出发行融资券的申请

中国人民银行总行与各省、市、自治区分行是我国企业发行融资券的审批、管理机关。企业发行融资券，必须向各级人民银行的金融管理部门提出申请，经过批准后才能发行。在申请书及其附件中必须提供如下一些内容：

(1) 营业执照。

(2) 发行融资券的申请报告。

(3) 发行融资券的章程或办法。
(4) 融资的效益预测、偿还计划和其他相关资料。
(5) 主管部门和开户银行对发行融资券的意见。
(6) 经注册会计师签证的上两年度和上一季度的财务会计报表。
(7) 信用评估公司对企业发行融资券的信用评估报告。
(8) 审批机关要求提供的其他材料。

4. 审批机关对企业的申请进行审查和批准

中国人民银行的金融管理部门接到企业申请后,要对如下一些内容进行认真审查:

(1) 对发行资格进行审查。这主要包括如下一些内容:审查发行单位是否在工商行政管理局登记并领有营业执照,审查发行单位是否有足够的自有资产,审查发行单位是否有可靠的还款来源,审查信用担保人的资格和担保契约书的内容。

(2) 对资金用途进行审查。企业发行融资券所筹集的资金只能用于解决企业临时性、季节性流动资金不足,不能用于企业资金的长期周转和固定资产投资。

(3) 审查会计报表的内容。这主要包括:审查会计报表是否经注册会计师签字,审查会计报表中的资金来源和资金占用是否合理,审查企业盈利情况如何,审查企业主要财务比率是否健全。

(4) 审查融资券的票面内容。融资券票面一般要载明如下内容:企业名称、地址;融资券票面金额;票面利率;还本期限和方式;利息支付方式;融资券的发行日期和编号;发行企业签章和企业法人代表签章等。

5. 正式发行融资券,取得资金

融资券经审查机关审查同意后,便可正式发行。如果企业自己直接发行,则需公告发行的数量、价格、时间等,以便让投资者了解一些基本情况。此后,投资人还要与发行人洽谈买卖条件,如果双方认为条件可以,则投资人买入融资券,发行人取得资金。

如果间接发行,则要按如下步骤来进行:

(1) 发行融资券的企业与经纪人协商融资券的有关事项,并签订委托发行协议。
(2) 经纪人按协议中的有关条件和承销方式,发布公告并进行其他宣传活动。
(3) 投资者购买融资券,资金存入经纪人账户。
(4) 经纪人将资金划转发行融资券的企业的账户中,并按协议中的规定处理未售完的融资券。

(三) 短期融资券筹资的优缺点

1. 短期融资券筹资的优点

(1) 短期融资券筹资成本低。在西方国家,短期融资券的利率加上发行成本,通常要低于银行的同期贷款利率。这是因为在采用短期融资券筹资时,筹资者与投资者直接往来,绕开了银行中介,节省了一笔原应付给银行的筹资费用。但是,目前我国短期融资券的利率一般要比银行借款利率高,这主要是因为我国短期融资券市场刚刚建立,投资者对短期融资券缺乏了解。随着短期融资券市场的不断完善,短期融资券的利率会逐渐接近银行贷款利率,直至略低于银行贷款利率。

(2) 短期融资券筹资数额比较大。银行一般不会向企业贷放巨额的流动资金借款,比如,在西方,商业银行贷给个别公司的最大金额不能超过该公司资本的10%。因而,对于需要巨额资金的企业,短期融资券这一方式尤为适用。

(3) 短期融资券筹资能提高企业的信誉。由于能在货币市场上发行短期融资券的公司都是著名的大公司,因而,一家公司如果能在货币市场上发行自己的短期融资券,就说明该公司的信誉很好。

2. 短期融资券筹资的缺点

(1) 发行短期融资券的风险比较大。短期融资券到期必须归还,一般不会有延期的可能。到期不归还,会产生严重的后果。

(2) 发行短期融资券的弹性比较小。只有当企业的资金需求达到一定数量时才能使用短期融资券,如果数量小,则不宜采用短期融资券方式。另外,短期融资券一般不能提前偿还,因此,即使公司资金比较宽裕,也要等到期才能还款。

(3) 发行短期融资券的条件比较严格。并不是任何公司都能发行短期融资券,必须是信誉好、实力强的、效益高的企业才能使用,而一些小企业或信誉不太好的企业则不能利用短期融资券来筹集资金。

第四节 现金管理

一、现金管理的目标与内容

(一) 现金管理的目标

现金是指在生产过程中暂时停留在货币形态的资金,包括库存现金、银行存款、银行本票和银行汇票等。现金是公司流动资产的重要内容。公司现金管理的目的就是在保证生产经营所需现金的同时,尽可能减少现金的持有量,而将闲置的现金用于投资以获取一定的投资收益。简而言之,就是追求现金的安全性和效益性。

现金管理的安全性有以下四重含义:(1)法律上的安全性;(2)数量上的安全性;(3)生产经营上的安全性;(4)财务上的安全性。

现金管理的效益性要求做到以下两个方面:(1)通过现金管理的有效实施,降低持有现金的相关成本;(2)通过现金管理的有效实施,增加与现金有关的收入。

当现金管理的安全性与效益性发生偏离甚至相悖时,现金管理就是要在降低公司风险和增加收益之间寻找一个平衡点,追求两者之间的合理均衡。

(二) 现金管理的内容

主要包括以下四个方面的内容:(1)编制现金预算,合理地估计未来的现金需求,提高现金的利用效率;(2)确定最佳现金持有量;(3)对现金的日常收支进行控制;(4)持有现金与持有有价证券的权衡。

公司现金管理中究竟持有现金还是有价证券,要有两方面的权衡:一是实物投资与现金或现金等价物之间的权衡,二是现金与适销证券之间的权衡。

二、现金预算控制

现金预算是企业财务预测和财务计划的重要内容。现金预算显示了企业的资金周转状况。它根据各项费用支出和付款期限,确定现金支出额和支出时间;同时根据销售额和应收账款的延迟,确定现金收入额和流入时间,按月编制而成。现金预算表显示了企业未来数月或一年中的现金余缺,预测了下一季度或年度现金的需求量和可用于短期投资的现金盈余,预算期为一年或一年以上。按月编制的现金预算用于财务计划,以便估计企业因营运资本增长而产生的现金量,以及在某时、某因素影响下企业需要动用的现金量。从这种较长期的现金预测中可以看出企业增长的影响,包括企业发展走势、开发新产品、添置新设备和筹资方式对现金管理决策的影响。而按周或日编制的短期现金预算则分析短期内现金的收支情况,用于控制实际现金的运用。

现金预算是建立在销售预测基础之上的。企业根据过去的销售经验、对未来经济形势的预测以及市场调查的资料估算未来的销售量和销售价格,得出每月的销售额。然后,计算因销售量变动而产生的原料费、人工费、销售及管理费等各项现金支出额,以此作为编制现金预算的依据。

【例9-8】某印刷制品公司的现金预算表见9-5、表9-6、表9-7。

表9-5 现金收入预算表
2003年5—12月　　　　　　　　　　　　　　　　　　　　　　单位:万元

月　份	5	6	7	8	9	10	11	12
销售量(台)	26 000	28 000	30 000	35 000	35 000	30 000	28 000	26 000
销售额	5 200	5 600	6 000	7 000	7 000	6 000	5 600	5 200
赊销(占销售的60%)	3 120	3 360	3 600	4 200	4 200	3 600	3 360	3 120
收回应收账款								
一个月后(90%)		2 808	3 024	3 240	3 780	3 780	3 240	3 042
两个月后(10%)			312	336	360	420	420	360
现金销售(占销售40%)			2 400	2 800	2 800	2 400	2 240	2 080
其他现金收入					1 500			1 800
现金收入总额			5 736	6 376	8 440	6 600	5 900	7 264

表9-6 现金支出预算表
2003年6—12月　　　　　　　　　　　　　　　　　　　　　　单位:万元

月　份	6	7	8	9	10	11	12
购货(占销售额的50%)	2 800	3 000	3 500	3 500	3 000	2 800	2 600
赊购(占购货的90%)	2 520	2 700	3 150	3 150	2 700	2 520	2 340
支付应付账款:一个月后付清		2 520	2 700	3 150	3 150	2 700	2 520
现金购货(占购货的10%)		300	350	350	300	280	260
销售及管理费用(占销售额的12%)		720	840	840	720	672	624
工资		1 000	1 100	1 200	1 000	980	950
其他费用支出		240	300	400	240	220	200
中期贷款分期偿还		1 000	1 000	1 000	1 000	1 000	1 000
现金支出总额		5 780	6 290	6 940	6 410	5 852	5 554

表 9-7　现金预算表

2003 年 7—12 月　　　　　　　　　　　　　　　　　　　　　　　　单位:万元

月　份	7	8	9	10	11	12
现金收入	5 736	6 376	8 440	6 600	5 900	7 264
现金支出	5 780	6 290	6 940	6 410	5 852	5 554
现金净值	(44)	86	1 500	190	48	1 710
期初现金	1 450	1 406	1 492	2 992	3 182	3 230
期末现金	1 406	1 492	2 992	3 182	3 230	4 940
目标现金余额	2 000	2 000	2 000	2 000	2 000	2 000
现金盈余(不足)	(594)	(508)	992	1 182	1 230	2 940

　　编制现金预算表 9-5 前,首先要确定公司销售的信用政策。该公司赊销占总销售额的 60%,信用条件为 n/30。但收账情况假设为:90% 的客户到期按时付款,即一个月后收回赊销账款的 90%。其余 10% 则于到期后一个月才能收回,并假设没有坏账。

　　其次要确定企业购买原材料、燃料和其他生产所需要的物品时所接受的购货信用政策。该公司赊购为总购货支出的 90%,赊购条件为 n/30。全部赊购款按期付清。此外还要计算各项支出额或确定支出占销售额的比例。如购货支出占销售额的 50%,销售和管理费用占销售额的 12% 等。

　　根据以上假定和预测可编制现金收入预算表和现金支出预算表,测算出 2004 年 7—12 月逐月现金收入总额和现金支出总额,两者的差额为现金净额,见现金预算表(表 9-7)。以 7 月份为例,该月现金净值为 −44 万元,说明这个月的现金支出总额大于现金收入总额,但期初现金为 1 450 万元,弥补现金净值 −44 万元后,7 月末尚有现金余额 1 406 万元。而企业的目标现金余额是 2 000 万元,这是维持企业正常经营需保留的最低现金额,因此 7 月末企业必须筹集 594 万元现金以应付临时性的资金需要。通常企业采用短期贷款方式筹集资金以解决变现能力不足的困境。进入 9 月份,由于销售增加和应收账款回收额的增多,现金收入增长幅度较大,现金净值为 1 500 万元,9 月末累计现金余额达 2 992 万元,除满足目标现金余额需要外,还有剩余。企业的现金盈余可保留,作为补充以后现金不足时的资金来源。若连续多个月有现金盈余,则可考虑将这笔盈余现金用于短期证券投资以增加收益,或用于长期债务清偿和派发现金股息。

　　总之,通过现金预算的编制,可使我们对预算期内的现金来源和现金运用有一估计,看两者是否平衡。若现金不足,则要考虑如何融资以弥补现金缺口;若现金剩余,则要考虑如何调动这部分现金去增加企业资产的流动性或通过短期投资增加企业的收益。

　　此外,现金预算是在销售预测和一系列假设条件的基础上制定的。但是,对销售的预测和应收账款的回收估计都很难做到与将来发生的情况一致。当销售量和收款、付款的期限、数额超出或低于预测值时,现金预算中的收入和支出也随着变化,现金预算值在某一范围内变动。因此在现金预算中应留有余地,预算应有一定的弹性。

三、目标现金余额的确定

　　基于交易、预防、投机等动机的需要,企业必须保持一定数量的现金余额。确定最佳现金持有量的模式主要有成本分析模式、存货模式、现金周转模式、因素分析模式、随机模式。

（一）成本分析模式

成本分析模式是根据现金有关成本，分析预测其总成本最低时现金持有量的一种方法。运用成本分析模式确定现金最佳持有量，只考虑因持有一定量的现金而产生的机会成本及短缺成本，而不予考虑管理费用和转换成本。

机会成本即因持有现金而丧失的再投资收益，与现金持有量成正比例变动关系，用公式表示，即

$$机会成本 = 现金持有量 \times 有价证券利率（或报酬率） \quad (9-11)$$

短缺成本是指在现金持有量不足而又无法即时通过有价证券变现加以补充时给企业造成的损失，包括直接损失与间接损失。现金的短缺成本与现金的持有量成反方向变动关系。

现金的成本与现金持有量之间的关系如图9-4所示。

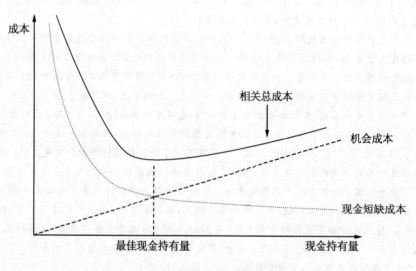

图 9-4　成本分析模式示意图

从图9-4可以看出，由于各项成本同现金持有量的变动关系不同，使得总成本曲线呈抛物线形，抛物线的最低点，即为成本最低点，该点所对应的现金持有量便是最佳现金持有量，此时总成本最低。

成本分析模型是基于上述原理来确定现金最佳持有量。在这种模式下，最佳现金持有量，就是持有现金而产生的机会成本与短缺成本之和最小时的现金持有量。实际工作中运用该模式确定最佳现金持有量的具体步骤为：

(1) 根据不同的现金持有量测算并确定有关成本数值；

(2) 按照不同的现金持有量及其有关成本资料编制最佳现金持有量测算表；

(3) 在测算表中找出相关总成本最低时的现金持有量，即最佳现金持有量。

【例9-9】最佳现金持有量测算——成本分析模式

某企业现有A、B、C、D四种现金持有方案,有关成本资料如表9-8所示。

表9-8 现金持有量备选方案表 单位:元

项目	A	B	C	D
现金持有量	100 000	200 000	300 000	400 000
机会成本率	10%	10%	10%	10%
短缺成本	48 000	25 000	10 000	5 000

根据表9-8,可采用成本分析模式编制该企业最佳现金持有量测算表,如表9-9所示。

表9-9 最佳现金持有量测算表 单位:元

现金持有量	机会成本	短缺成本	相关总成本
A(100 000)	10 000	48 000	58 000
B(200 000)	20 000	25 000	45 000
C(300 000)	30 000	10 000	40 000
D(400 000)	40 000	5 000	45 000

通过分析比较上表中各方案的总成本可知,C方案的相关总成本最低,因此企业持有300 000元的现金时,各方面的总代价最低,300 000元为现金最佳持有量。

(二)存货模式

存货模式又称鲍曼模式(Baumol Model),它是由美国经济学家William J. Baumol首先提出的,他认为公司现金持有量在许多方面与存货相似,存货经济订货批量模型可用于确定目标现金持有量,并以此为出发点,建立了鲍曼模式。

存货模式的着眼点也是现金相关总成本最低。在这些成本中,管理费用因其相对稳定,同现金持有量的多少关系不大,因此在存货模式中将其视为决策无关成本而不予考虑。由于现金是否会发生短缺、短缺多少、概率多大亦即各种短缺情形发生时可能的损失如何,都存在很大的不确定性和无法计量性,因而,在利用存货模式计算现金最佳持有量时,对短缺成本也不予考虑。在存货模式中,只对机会成本和固定性转换成本予以考虑。机会成本和固定性转换成本随着现金持有量的变动而呈现出相反的变动趋势,这就要求企业必须对现金与有价证券的分割比例进行合理安排,从而使机会成本与固定性转换成本保持最佳组合。换言之,能够使现金管理机会成本与固定性转换成本之和保持最低的现金持有量,即为最佳现金持有量。

运用存货模式确定最佳现金持有量时,是以下列假设为前提的:

(1)企业所需要的现金可通过证券变现取得,且证券变现的不确定性很小;

(2)企业预算期内现金需要量可以预测;

(3)现金的支出过程比较稳定、波动小,而且每当现金余额降至零时,均通过部分证券变现得以补足;

(4)证券的利率或报酬率以及每次固定性交易费用可以获悉。

如果这些条件基本得到满足,企业便可以利用存货模式来确定现金的最佳持有量。

设 T 为一个周期内现金总需求量，F 为每次转换有价证券的固定成本，Q 为最佳现金持有量（每次证券变现的数量），K 为有价证券利息率（机会成本），TC 为现金管理相关总成本。则

现金管理相关总成本＝持有机会成本＋固定性转换成本

即

$$TC = \left(\frac{Q}{2}\right)K + \left(\frac{T}{Q}\right)F \tag{9-12}$$

现金管理相关总成本与持有机会成本、固定性转换成本的关系如图9-5所示。

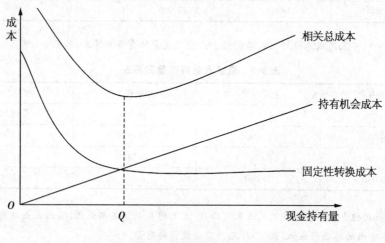

图 9-5 存货模式示意图

从图9-5可以看出，现金管理的相关总成本与现金持有量呈凹形曲线关系。持有现金的机会成本与证券变现的交易成本相等时，现金管理的相关总成本最低，此时的现金持有量为最佳现金持有量。

令(9-12)式的导数为零，得出最佳持有量

$$Q = \sqrt{\frac{2TF}{K}} \tag{9-13}$$

将(9-13)式代入(9-12)式得

最低现金管理相关总成本 $TC = \sqrt{2TFK}$ \tag{9-14}

【例9-10】某企业预计全年（按360天计算）需要现金400 000元，现金与有价证券的转换成本为每次800元，有价证券的年收益率为10%，则

最佳现金持有量$(Q) = \sqrt{2 \times 400\,000 \times 800 \div 10\%} = 80\,000$（元）

最低现金管理成本$(TC) = \sqrt{2 \times 400\,000 \times 800 \times 10\%} = 8\,000$（元）

其中，转换成本＝$(400\,000 \div 80\,000) \times 800 = 4\,000$（元）

持有机会成本＝$(80\,000 \div 2) \times 10\% = 4\,000$（元）

有价证券交易次数$(T/Q) = 400\,000 \div 80\,000 = 5$（次）

有价证券交易间隔期＝$360 \div 5 = 72$（天）

（三）现金周转模式

现金周转模式是从现金周转的角度出发，根据现金的周转速度来确定最佳现金持有量的

一种方法。利用这一模式确定最佳现金持有量,包括以下三个步骤:

第一,计算现金周转期。现金周转期是指企业从购买材料支付现金到销售商品收回现金的时间。

现金周转期=应收账款周转期－应付账款周转期＋存货周转期

其中,应收账款周转期是指从应收账款形成到收回现金所需要的时间。应付账款周转期是指从购买材料形成应付账款开始直到以现金偿还应付账款为止所需要的时间。存货周转期是指从现金支付购买材料款开始直到销售成品为止所需要的时间。

第二,计算现金周转率。现金周转率是指一年中现金的周转次数,其计算公式为

$$现金周转率 = \frac{360}{现金周转天数} \qquad (9-15)$$

第三,计算最佳现金持有量。其计算公式为

$$最佳现金持有量 = \frac{年现金需求量}{现金周转率} \qquad (9-16)$$

【例 9-11】某公司计划年度预计存货周转期为 90 天,应收账款周转期为 40 天,应付账款周转期为 30 天,每年现金需求量为 720 万元,则最佳现金持有量可计算如下:

现金周转期=90＋40－30=100(天)

现金周转率=360÷100=3.6(次)

最佳现金持有量=720÷3.6=200(万元)

也就是说,如果年初企业持有 200 万元现金,它将有足够的现金满足各种支出的需要。

(四)因素分析模式

因素分析模式是根据上年现金占用额和有关因素的变动情况,来确定最佳现金持有量的一种方法。其计算公式如下:

最佳现金持有量 =(上年现金平均占用额－不合理占用额)×(1±预计销售收入变化的%)

$$(9-17)$$

【例 9-12】某企业 2000 年平均占用现金为 100 万元,经分析其中有 8 万元的不合理占用额,2001 年销售收入预计较 2000 年增长 10%,则 2001 年最佳现金持有量为

(100－8)×(1＋10%)=101.2(万元)

(五)随机模式

随机模式是在企业未来的流量呈不规则地波动、无法准确预测的情况下采用的确定最佳现金持有量的一种方法。这种方法的基本原理是制定一个现金控制区域,定出上限和下限。上限代表现金持有量的最高点,下限代表最低点。当现金持有量达到上限时,则将现金转换成有价证券;当现金持有量下降到下限时,则将有价证券转换成现金,从而使现金持有量经常性地处在两个极限之间,图 9-6 即为随机模式下现金控制原理。

在图 9-6 中,H 为上限,L 为下限,Z 为目标控制线。当现金持有量升至 H 时,则购进 $(H-Z)$ 金额的有价证券,使现金持有量回落到 Z 线上;当现金持有量降至 L 时,就须出售

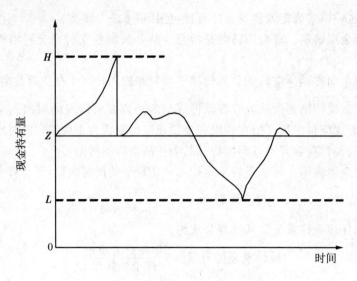

图 9-6 随机模式下现金控制原理

($Z-L$)金额的有价证券,使现金持有量恢复到 Z 的水平上。目标现金持有量 Z 线的确定,仍可按现金持有总成本最低,即持有现金的机会成本和转换有价证券的固定成本之和最低的原理来确定,并把现金持有量可能波动的幅度同时考虑在内。其计算公式如下:

$$Z = \sqrt[3]{3FQ^2/4K} + L \tag{9-18}$$

$$H = 3Z - 2L \tag{9-19}$$

式中:F——转换有价证券的固定成本;Q^2——每日现金净流量的方差;K——持有现金的日机会成本(证券日收益率)。

【例 9-13】某企业每次转换有价证券的固定成本为 100 元,有价证券的年收益率为 9%,日现金净流量的标准差为 900 元,现金持有量下限为 2 000 元。若一年以 360 天计算,则该企业的最佳现金持有量和上限值分别为

$$Z = \sqrt[3]{[(3 \times 100 \times 900^2) \div (4 \times 0.09 \div 360)]} + 2\,000 = 8\,240(元)$$
$$H = 3 \times 8\,240 - 2 \times 2\,000 = 20\,720(元)$$

由例 9-13 中可见,该企业现金最佳持有量为 8 240 元,当现金持有量升到 20 720 元时,则可购进 12 480 元(20 720 - 8 240 = 12 480)的有价证券;而当现金持有量下降到 2 000 时,则可出售 6 240 元(8 240 - 2 000 = 6 240)的有价证券。

四、现金的回收与支付管理

企业若要缩短从支付购货款到收回销售款这一现金转换周期,减少短期筹资的数额,必须设法加速销售货款的回收和存货的转换,同时延长应付账款的付款期。因此,有效的现金管理就是:加速现金的回收;适时控制现金支出,改善付款过程;调整现金流量,提高收支的匹配程度。

（一）加速现金的回收

1. 收款流程分析

收款流程包括从企业产品或劳务的售出直到客户的款项被收回成为企业可用资金的各个步骤。下面以规范的支票收款为例，具体介绍收款的主要流程。

（1）发票寄送流程。加速现金回收的一个很明显并且也是最容易被忽视的方法就是尽早将发票寄送给客户。客户可能有不同的支付习惯。有的客户喜欢在折扣日或最后到期日付款，也有些客户在收到发票时就立即付款。由于较早收到发票会导致客户更快地付款，因此，可以将发票附于所发出的商品中，也可以用传真传送发票复印件或者在购货方提货时即出具发票等。

（2）支票邮寄流程。支票邮寄流程是指客户邮寄支票的时间。企业加速支票邮寄流程的有效办法除要求客户尽快出具支票外，还应尽可能要求客户采用较快捷的邮寄方式，如航空挂号、特快专递以及专人送达等。如金额大，企业也可派专人到客户处收取。

（3）业务处理流程。业务处理流程是指企业收到客户支票后的业务处理时间。企业提高业务处理流程的一个重要方法就是要简化所收取支票的业务处理环节，提高业务处理速度和业务处理效率，尽量做到当天收到的支票当天进行。为此，可以先简单地进行日记账处理或被查账处理后即送存银行，待送存银行后再作相应的会计处理。

（4）款项到账流程。款项到账流程是指通过银行结算系统清算支票的时间。企业加速款项到账流程的有效方法一是要求客户尽量开具制度规范且结算效率较高的商业银行支票，二是尽量避免跨地区、跨银行结算。

上述第(2)(3)(4)三项收款流程合起来称为收款浮账期间，即从客户寄出支票到它变为企业可用现金之间的总时间。浮账是指企业账户上现金余额与银行账户上所示的存款余额之间的差额。其中，第(2)项又称之为邮寄浮账时间，第(3)项又称之为加工浮账时间，第(4)项又称之为变现浮账时间。此外，第(3)、第(4)两项合起来也称之为存入浮账时间。

2. 加速现金回收的方法

（1）缩短赊账购货的期限。如企业给客户的信用条件为"$1/10, n/45$"。客户赊账购货时在10天内付款可得1%现金折扣优惠，但最迟需在第45天付款。为早日收回应收账款，可缩短赊账期限，如从45天付款改为30天。这种做法虽可提前收回货款，但因信用政策变紧可能会失去一些客户。此外也可以提高现金折扣，如"$2/10, n/45$"，客户在10天内付款可得2%的现金折扣。这样客户若迟延到45天付款而放弃折扣优惠所获资金的成本将比"$1/10, n/45$"时高，这时客户会提前在10天内付款。但是，企业为缩短应收账款收账期，因销售折扣提高而减少了一部分销售收入。

（2）银行存款箱制度。也叫锁箱制。在西方企业，加速收取客户汇款的一个十分重要的工具就是银行存款箱制度。收款企业在销售量大、客户集中的地区设置专门的邮政信箱，并授权它的开户银行利用这个邮件信箱来收取汇款。客户收到发票并被告知将汇款寄到该邮件信箱中。收款企业的开户银行每天分几次去收取邮件，并将所收取的支票直接存入该收款企业的银行存款账户。所收取的客户支票被记录下来并被结算，收款企业将收到一张存款清单和付款方清单，还包括客户信件中的其他资料。银行存款箱制度的优点是支票在会计处理和加工程序之前，而不是在之后被存入银行。银行存款箱制度可缩短支票邮寄和处理时间，加快了收款速度。但是,企业设置专门信箱和委托银行取支票需花费一些费用,一般在销售额大、顾客数量多的地区使用。

(3) 集中银行制(地区收账)。在西方企业,集中银行制与建立多个收款中心是联系在一起的,建立多个收款中心就是收款企业不仅在其总部所在地建立收款中心,同时还根据客户地理位置的分布情况以及所收取款项的大小,建立多个收款中心。规模较大的企业经常设立多个区域收款中心。不同区域的客户将付款支票寄至附近的某一收款中心。收款中心把收到的货款按时存入企业在各区域的银行账户内,并把每笔存款向集中服务银行报告。集中服务银行一般为总公司所在地的银行。各区域银行根据企业的指示,当该账户的存款超过最低存款额时,即自行转账至集中银行存款账户。这样可将现金收入尽快送入集中账户,供企业集中使用和调配。

(4) 尽快处理巨额款项。企业对巨额款项应特别对待,尽快回收存入银行。处理的办法有:特别催款、提早邮寄账单或账单特殊递送等方式。

(二) 支付管理

支付管理就是指企业在不影响其商业信誉的前提下,尽可能地推迟应付款项的支付期,充分运用供货方所提供的信用优惠。企业延迟现金支付的主要手段如下。

1. 拖延付款

企业用赊购方式购买原材料,应尽量享受供应商给予的信用条件,将付款期延至信用期的最后一天。此外,在不影响企业商业信用的前提下,可推迟应付款的支付,以缩短现金转换周期。

2. 汇票代替支票

汇票分为商业承兑汇票和银行承兑汇票,与支票不同的是,承兑汇票并不是见票即付。当它被提交开票方开户时,开户行还必须将它交给签发者以获得承付,而后签发企业才存入资金,以支付汇票。这一方式的优点是它推迟了公司调入资金支付汇票的实际所需时间。这样企业就只需在银行中保持较少的现金余额。它的缺点是某些供应商可能并不喜欢用汇票付款,银行也不喜欢处理汇票,它们通常需要耗费更多的人力。这样,同支票相比,银行会对汇票收取较高的手续费。

3. 合理利用"浮游量"

"浮游量",也称为"浮账",是指企业账户上现金余额与银行账户上所示的存款余额之间的差额。出现现金浮账的原因是企业开出支票、收款人收到支票并将其送存银行,直至银行办理完款项的划转,通常需要一定的时间。有时,企业账户上的现金余额已为零或负数,而银行账上的该企业的现金余额还有很多,这是因为有些企业已经开出的付款票据尚处在传递中,银行尚未付款出账。在这段时间里,虽然企业已开出支票但仍可以动用银行存款账上的这笔资金,以达到充分利用现金的目的。但是,企业利用现金浮账应谨慎行事,要预先估计好这一差额并控制好时间,否则会发生银行存款的透支并遭致罚款。

4. 改进工资支付方式

有的企业在银行单独开设一个账户专供支付职工工资。为了最大限度地减少这一存款余额,企业可预先估计开出支付工资支票到银行兑现的具体时间。例如,某企业在每月5日支付工资,根据经验,5日、6日、7日及7日以后的兑现率分别是20%、25%、30%和25%。这样,企业就不须在5日存足支付全部工资所需要的工资额。而将节余下的部分现金用于其他方面。

5. 使用零余额账户

即企业与银行合作,保持一个主账户和一系列子账户。公司只在主账户保持一定的安全储备,而在一系列子账户不需要保持安全储备。当从某个子账户签发的支票需要现金时,所需要的资金立即从主账户划拨过来,从而使更多的资金可以用作他用。

五、闲置资金的投资管理

企业在现金预算中出现现金盈余,说明在满足交易性需要和存款补偿余额要求后,现金尚有剩余。这些剩余现金可用于预防性需要和满足企业对现金的季节性需求。企业一时用不着的现金可作短期投资,以赚取投资收益,通常以短期证券作为剩余现金的投资对象。企业在选择短期证券投资时,应考虑的因素及可选择的投资方式简述如下。

(一)证券选择要考虑的因素

1. 安全性

企业持有短期证券是为了避免持有大量闲置的现金,同时也是为了预防性的需要。一旦发生意料之外的现金支付,证券可立即变现满足需要。因此企业持有的短期证券的风险要小。企业选择证券时,考虑的应是在可接受的风险下可提供较高报酬率的证券。

2. 可销售性

短期证券投资的主要功能是代替现金,亦即指证券在到期日之前可随时变卖以获取现金。因此,证券转化为现金的速度及相应的转换价格是企业选择证券时要考虑的因素。证券的可销售性高是指证券可随时在二级市场上出售,而且价格的变动较小。相反,若证券在短期内不易出售而且价格的变动较大,则其可销售性较低。

3. 到期日

企业投资短期证券多以债券为主,因为债券有一定的期限,到期可还本,也可以在债券市场出售套回现金。由于期限长的债券利率风险大,到期前价格的波动大,所以,企业一般选择3个月到9个月的短期债券,甚至可以选择数天内到期的债券,以便于随时套回现金配合企业的支付。

(二)短期投资的方式

1. 银行定期存款

企业短期投资常用的方式是定期存款,这种方式既安全,又可根据需求设定期限的长短,且存款利率较高。银行定期存款还是质量较高的抵押品,可用于企业短期资金的抵押融资。

2. 短期国库券

国家为满足货币市场的需要,发行短期国库券作为一种灵活的信用工具,其信誉由国家担保。国库券可自由买卖,也可作抵押或保证,故此是既安全又灵活的投资方式。

3. 大额可转让存单

一般称为CD,为Certificate of Deposit的简称。它与银行定期存款性质基本相同,唯一不同之处是银行定期存款不能自由转让,而大额存单可在二级市场上转让出售,因此具有较好的变现性。

4. 银行承兑汇票

银行承兑汇票是由银行承兑的汇票,用于为国外和国内贸易融资。银行承兑汇票的信用程度是由承兑银行而不是由出票人来判断,期限为30天至180天,并且质量很高。

5. 商业票据

商业票据是由信誉较好的大企业发行的短期无担保证券,用于短期筹资。商业票据向公众发行,有固定利率,期限为30天至180天,其质量取决于发行票据企业的信誉和财务状况。一般认为商业票据是安全性较高的证券,它可在二级市场上变现。但是,二级市场上商业票据的交易并不活跃,投资者一般持有票据至到期日。因此,企业可根据闲置资金的期限长短购置不同期限的商业票据。

6. 重新购买协议

重新购买协议是银行或证券经纪商售予某企业特定的短期证券,并同意于指定日期按指定价格回购这批证券的协议。回购价格高于证券出售价格,两者之差为购买证券者的投资收益。协议的期限可依据投资者的需要而定。因此,这是一种收益稳定和运用灵活的投资方式。

第五节 信用管理

一、信用管理的概念及信用政策设计

(一) 信用管理的概念

信用是指在商品交换过程中,交易一方以将来偿还的方式获得另一方的财物或服务的能力。信用管理也称应收账款管理。

(二) 信用政策设计

信用政策又称应收账款政策,是指公司在采用信用销售方式时,为对应收账款从财务政策方面进行规划与控制而确立的基本原则与行为规范。信用政策主要包括信用标准、信用条件和收账政策三个方面。

1. 信用标准

信用标准是客户获得企业商业信用所应具备的最低条件,通常以逾期的坏账损失率表示。如果企业把信用标准定得过高,将使许多客户因信用品质达不到所设标准而被企业拒之门外,其结果尽管有利于降低违约风险及收账费用,但不利于企业市场竞争能力的提高和销售收入的扩大。相反,如果企业接受较低的信用标准,虽然有利于企业扩大销售,提高市场竞争力和占有率,但同时也会导致坏账损失风险加大和收账费用增加。

(1) 影响信用标准的因素分析。

企业在信用标准的确定上,面临着两难的选择。其实,这也是风险、收益、成本的对称性关系在企业信用标准制定方面的客观反映。因此,必须对影响信用标准的因素进行定性分析。企业在制定或选择信用标准时,应考虑三个基本因素:其一,同行业竞争对手的情况。面对竞

争对手,企业首先应考虑如何在竞争中处于优势地位,保持并不断扩大市场占有率。如果对手实力很强,企业欲取得或保持优势地位,就须采取较低(相对于竞争对手)的信用标准;反之,其信用标准可以相应严格一些。其二,企业承担违约风险的能力。企业承担违约风险能力的强弱,对信用标准的选择也有着重要的影响。当企业具有较强的违约风险能力时,就可以以较低的信用标准提高竞争力,争取客户,扩大销售;反之,如果企业承担违约风险的能力比较脆弱,就只能选择严格的信用标准以尽可能降低违约风险的程度。其三,客户的资信程度。客户资信程度的高低通常决定于五个方面,即客户的信用品质(Character)、偿债能力(Capacity)、资本(Capital)、抵押品(Collateral)、经济状况(Condition)等,简称"5C"系统。

(2) 确立信用标准的定量分析。

对信用标准进行定量分析,旨在解决两个问题:一是确定客户拒付账款的风险,即坏账损失率;二是具体确定客户的信用等级,以作为给予或拒绝信用的依据。

2. 信用条件

信用标准是企业评价客户等级,决定给予或拒绝客户信用的依据。一旦企业决定给予客户信用优惠时,就须考虑具体的信用条件。因此,所谓信用条件,就是指企业接受客户信用订单时所提出的付款要求,主要包括信用期限、折扣期限及现金折扣率等。

(1) 信用期限。

信用期限是指企业允许客户从购货到支付货款的时间间隔。企业产品销售量与信用期限之间存在着一定的依存关系。通常,延长信用期限,可以在一定程度上扩大销售量,从而增加毛利。但是,不适当地延长信用期限,会给企业带来不良后果:一是使平均收账期延长,占用在应收账款上的资金会增加,引起机会成本增加;二是引起坏账损失和收账费用的增加。因此,企业是否给客户延长信用期限,应视延长信用期限增加的边际收入是否大于增加的边际成本而定。

(2) 现金折扣和折扣期限。

延长信用期限会增加应收账款占用的时间和金额。许多企业为了加速资金周转,及时收回货款,减少坏账损失,往往在延长信用期限的同时,采用一定的优惠措施,即在规定的时间内提前偿付货款的客户可按销售收入的一定比率享受折扣。现金折扣实际上是对现金收入的扣减,企业决定是否提供以及提供多大程度的现金折扣,着重考虑的是提供折扣后所得的收益是否大于现金折扣的成本。

企业究竟应当核定多长的现金折扣期限,以及给予客户多大程度的现金折扣优惠,必须将信用期限及加速收款所得到的收益与付出的现金折扣成本结合起来考虑。同延长信用期限一样,采取现金折扣方式在有利于刺激销售的同时,也须付出一定的成本代价,即给予现金折扣造成的损失。如果加速收款带来的机会收益能绰绰有余地补偿现金折扣成本,企业就可以采取现金折扣或进一步改善当前的折扣方针,如果加速收款的机会收益不能补偿现金折扣成本的话,现金优惠条件便被认为是不恰当的。

3. 收账政策

收账政策是指企业针对客户违反信用条件,拖欠甚至拒付账款所采取的收账策略与措施。

在企业向客户提供商业信用时,必须考虑三个问题:其一,客户是否会拖欠或拒付账款,程度如何;其二,怎样最大限度地防止客户拖欠账款;其三,一旦账款遭到拖欠甚至拒付,企业应采取怎样的对策。前两个问题主要靠信用调查和严格信用审批制度;第三个问题则必须通过制定完善的收账方针,采取有效的收账措施予以解决。

从理论上讲,履约付款时客户不容置疑的责任与义务,债券企业有权通过法律途径要求客户履约付款。但是,如果企业对所有客户拖欠或拒付账款的行为均付诸法律解决,往往并不是最有效的办法,因为企业解决与客户账款纠纷的目的,主要不是争论谁是谁非,而在于怎样最有效地将账款收回。实际上,各个客户拖欠或拒付账款的原因不尽相同,许多信用品质良好的客户也可能因为某些原因而无法如期付款。此时,如果企业直接向法院起诉,不仅需要花费相当数额的诉讼费,而且除非法院裁决客户破产,否则效果往往不是很理想。所以,通过法院强行收回账款,一般是企业不得已而为之的最后办法。基于这种考虑,企业如果能够同客户商量出折中的方案,也许能够将大部分账款收回。

通常的步骤是:当账款被客户拖欠或拒付时,企业应当首先分析现有的信用标准及信用审批制度是否存在纰漏;然后重新对违约客户的资信等级进行调查、评价。将信用品质恶劣的客户从信用名单中删除,对其所拖欠的款项可先通过信函、电讯或者派员前往等方式进行催收,态度可以渐加强硬,并提出警告。当这些措施无效时,可考虑通过法院裁决。为了提高诉讼效果,可以与其他经常被该客户拖欠或拒付账款的企业联合向法院起诉,以增强该客户信用品质不佳的证据力。对于信用记录一向正常的客户,在去电、去函的基础上,不妨派人与客户直接进行协商,彼此沟通意见,达成谅解妥协。除上述收账政策外,有些国家还兴起了一种新的收账代理业务,即企业可以委托收账代理机构催收账款。但是,由于委托手续费往往较高,许多企业,尤其是那些资财较小、经济效益差的企业很难采用。

企业对拖欠的应收账款,无论采用何种方式进行追收,都要付出一定的代价,即收账费用,如收款所花的邮电通讯费、派专人收款的差旅费和不得已时的法律诉讼费等。制定收账政策就是要在增加收账费用与减少应收账款机会成本之间进行权衡,若前者小于后者,则说明制定的收账政策是可取的。

影响企业信用标准、信用条件及收账政策的因素很多,如销售额、赊销期限、收账期限、现金折扣、坏账损失、过剩生产能力、信用部门成本、机会成本、存货投资等的变化。这就使得信用政策的制定更为复杂,一般来说,理想的信用政策是能给公司带来最大收益的政策。公司应具体分析客户的情况,确定最佳的收账政策,以使收账费用最低,收回的账款最多。

二、信用分析与信用评级

(一)信用分析

1. 信用信息的价值与风险

信用信息的来源很多,如公司的财务报表、信用评级和信用报告、银行核查、交易核查及公司自身经验等。

收集到信用信息之后,公司必须对信用申请者进行信用分析,并且确定该信用申请者的信用状况是否在最低信用质量标准之上。在后续的分析过程中,公司能够确定是接受一笔订货、拒绝这笔订货还是获取更多的信息。只有在这些信息产生的预期收益超过其成本时,才应该获取更多的信息,如果进一步获得信息能使我们去修正以前的错误决策,该信息才能产生预期收益。

2. 信用政策变动与评价

通过改变信用条件、信用标准或者收账政策可以改变信用政策。信用政策的改变可能影响销售收入，也可能影响销售成本、坏账费用、应收账款的管理成本等。公司可以通过计算信用政策改变后的 NPV 来决定是否要改变信用政策。

信用评价的程序包括三个步骤：一是取得客户的有关信息，包括财务报表、信用评级报告、向银行核查、商业交往信息、公司自身的经验等；二是分析信息并确定客户的信誉；三是进行具体的信用决策。

（二）信用评级

信用评级是针对债务主体的信用（主要指偿债能力）所进行的评价活动，目的是向投资者提供有关借款人信用风险程度的信息服务。信用评级一般由专门的评估机构通过集合各种必要的财务收支和经营活动信息来分析完成，最终结果向社会公布。现代信用评级最早产生于美国，始于债券评级。1909 年，穆迪公司的创始人约翰·穆迪首次建立了衡量债券违约风险的体系，并按照违约风险的大小来评定债券等级。此后，信用评级开始风行于美国金融界。1918 年，美国政府规定，凡是外国政府在美国发行债券的，发行前必须取得评级结果。自此之后，随着金融市场的发展壮大、投资方式的增多，社会对信用评级的需求不断增加，信用评级所涉及的领域也不断扩展，评级对象也逐渐从各种有价证券，如主权债、公司债、地方政府债券、优先股、资产证券化、中期债、私募、商业票据、银行定期存单、住房抵押贷款证券，扩展到了各种机构和团体，如国家、工商企业、银行、证券公司、保险公司、共同基金和衍生产品交易对象。

信用评级可以分为很多类。按评级方法分类，可以分为两种：一是主观评级法，二是客观评级法。客观评级法较多地依赖于公司的具体财务数据，而主观评级则更多地依赖于专家的判断。不过，由于决定有价证券或债务者偿还能力可靠程度的因素很多，其中有不少因素难以用数量加以刻画，因此，在实践中，信用评级机构常常将上述两种方法结合起来使用。一般说来，商业性信用评级机构多以主观评级法为主，以客观评级法为辅；而监管当局则更多地采用客观评级法，这是因为，与商业评级机构相比，监管当局所掌握的数据和信息要充分和全面得多。

按评级对象分类，可以将评级分为三种：主权评级、法人评级和对各种金融工具的评级。主权评级是对一个国家资信情况的评级，它主要反映一国政府偿还外债的能力及意愿。主权评级主要考虑的因素是宏观经济环境、结构和政治结构等。除上述因素外，还要考虑到一国的政策和经济状况对该国公共和私人部门外债的影响，并要着重分析研究该国的外汇储备规模，以及该国从国际货币基金组织和其他一些国际组织获得资金的能力。法人评级是对法人信用程度进行的评级。按企业性质又可分为两大类：①工商企业信用评级，主要分析工业或商业企业的资产状况、负债偿还能力、发展前景、经济交往中的信用状况、经营管理情况及领导水平等。②金融企业信用评级，主要分析金融机构的资金来源和运用情况、债务负担情况、呆账及贷款损失情况、金融法规政策遵守情况、业务经营及财务盈亏状况等。银行评级主要属于此类范畴。有价证券信用评级是以有价证券为评级对象的信用评级。该评级分为两类：①债券信用评级是针对企业债券按期还本付息可靠程度的评级。②股票评级是对股票的股息、红利水平及风险的评级。

按货币划分，信用评级可分为本币评级和外币评级。不过，外币债券评级比本币评级要复杂得多，因为政府可能施加严格的资本控制，禁止私营部门对外支付。因此，只有当发债者可以提供离岸抵押品,或用不会被国家没收的收益,或由信誉极好的机构提供第三方支付担保时,才可以获得较高的评级。

信用评级还可分为主动评级和被动评级。主动评级是评级机构主动对有价证券或其发行者进行评级。例如,即使无人邀请,标准普尔也为所有在美国证券交易委员会登记且在美国市场中需缴税的证券进行评级。被动评级是指评级公司受有价证券发行者的委托,对其资质状况进行评级。

从信用评级方法上看,在以往的实践中,人们提出了"CAMELS"法、"五C"系统和信用分析得分模型等方法来分析评价企业的信用状况。"CAMELS"法侧重于对历史形成的存量进行评价,不太符合面向未来的原则,其评价的重点是资产(特别是货币资产)的营运水平,因此多用于监管部门对金融机构特别是商业性质的金融机构的风险评级。信用分析得分模型法是以特征财务比率为解释变量,运用数量统计方法推导而建立标准模型,利用标准模型评定企业信用等级的方法。此方法使用简便、成本低、客观性强,但其主要是利用各种财务信息,不太符合财务信息与非财务信息并重的原则。

"五C"系统,是指从品质、能力、资本、抵押和条件五个方面来评估企业的信用品质。①品质:指客户的信誉,即履行偿债义务的可能性。②能力:指企业的变现能力和偿债能力。③资本:指企业的财务状况和财务实力,表明企业可能偿还债务的背景。④抵押:指企业拒付款项或无力支付款项时能被用作抵押的资产,包括可供抵押的资产及已抵押资产的数量与质量。⑤条件:指可能影响企业付款能力的外部环境,即宏观经济环境、行业环境的主要特征、可能发生的变化、对企业信用造成的影响。在"五C"系统中,既有反映企业信誉和历史信用状况的信息,也有反映企业盈利能力和成长能力的信息;既能满足信用决策的需要,也能满足信用追踪控制、信用追偿的需要;既有反映企业经营状况和偿债能力的财务信息,又有反映宏观政策、行业环境以及企业信誉状况的非财务信息;既有反映企业经营状况各种能力的定量指标,又有反映企业外部环境的定性指标。

对企业资信评估的资信评级等级一般采用国际通行的"四等十级"评级等级,具体等级分为:AAA,AA,A,BBB,BB,B,CCC,CC,C,D,见表9-10。从"AA"到"CCC"等级间的每一级别可以用"＋"或"－"号来修正已表示在主要等级内的相对高低。

表9-10 评估结果的资信等级符号及其含义

信用等级	信用状况	含 义
AAA级	信用极好	企业的信用程度高、债务风险小。该类企业具有优秀的信用记录,经营状况佳,盈利能力强,发展前景广阔,不确定性因素对其经营与发展的影响极小。
AA级	信用优良	企业的信用程度较高,债务风险较小。该类企业具有优良的信用记录,经营状况较佳,盈利水平较高,发展前景较为广阔,不确定性因素对其经营与发展的影响很小。
A级	信用较好	企业的信用程度良好,在正常情况下偿还债务没有问题。该类企业具有良好的信用记录,经营处于良性循环状态,但是可能存在一些影响其未来经营与发展的不确定因素,进而削弱其盈利能力和偿债能力。
BBB级	信用一般	企业的信用程度一般,偿还债务的能力一般。该类企业的信用记录正常,但其经营状况、盈利水平及未来发展易受不确定因素的影响,偿债能力有波动。
BB级	信用欠佳	企业信用程度较差,偿债能力不足。该类企业有较多不良信用记录,未来前景不明朗,含有投机性因素。

续表

信用等级	信用状况	含义
B级	信用较差	企业的信用程度差,偿债能力较弱。
CCC级	信用很差	企业信用很差,几乎没有偿债能力。
CC级	信用极差	企业信用极差,没有偿债能力。
C级	没有信用	企业无信用。
D级	没有信用	企业已濒临破产。

三、信用管理制度体系设计

信用制度是由信用管理系统、信用评价系统、信用监督系统组成的信用监管体系,对于不同的信用主体,所建立的信用制度的内容也不同。

(一) 建立信用管理制度的重要性

(1) 建立信用管理制度能够改善市场交易秩序,推动市场经济的发展。信用是现代市场经济的核心,市场经济从一定意义上说也是信用经济,在充分竞争的条件下,信用显得尤为重要。

(2) 建立信用管理制度能够树立良好的企业形象,提高企业竞争力。遵守国际惯例和交易规则,诚实守信则是企业参与国际交往与合作,扩大开放,促使经济发展的最起码要求。

(3) 建立信用管理制度,从而制定合适的信用政策,可以减少坏账的发生,加速资金的回收,降低企业营运成本。

(二) 全程信用管理制度

所谓全程信用管理模式,是指全面控制企业交易过程中各个关键业务环节,从而达到控制客户信用风险,迅速提高应收账款回收率的方法。赊销客户全程信用管理模式如图9-7所示。

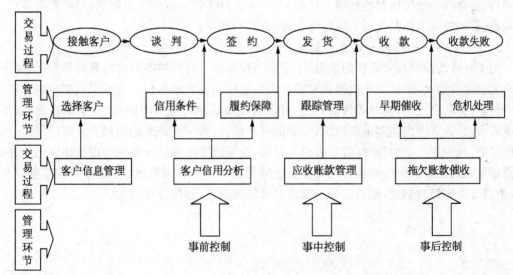

图 9-7 赊销客户全程信用管理模式图

全程信用管理模式的核心思想是对交易全过程的全面管理和控制，概括地讲，这一过程可以划分为事前控制、事中控制和事后控制。

1. 事前控制——客户资信管理制度

这项管理制度是指以客户的信用资源和资信调查为核心的一套规范化管理方法，包括企业内部信息开发制度、客户信息管理制度、资信调查制度、客户信用分级管理制度等。对客户资源实行制度化管理，除了可以使对客户的资信状况进行全面的掌握和控制，而且使客户资源得到最大限度的保护，牢固地控制在公司整体的管理之中。

目前我国许多企业需要在四个方面强化客户资信管理：

第一，客户资信档案的建立与整理。充分利用现代网络、借助于正在逐步建立的社会诚信体系和大众媒体公布的企业资信状况，建立企业经营的诚信档案。

第二，客户资信评级管理。信用标准是客户获得企业商业信用的最低条件，内容包括5C。一般常以预期的坏账损失率表示。但是，企业信用标准必须切合实际。

第三，客户信用分析管理。市场供求关系的瞬变性，意味着与应付账款相对应的客户现金能力的匮乏。客户现金持有量和可调剂程度，如现金用途的约束性、短期债务偿还对现金的要求等，均决定了赊销企业的账款遭受拖欠和拒付在所难免。可见通过对应收账款进行追踪分析，有利于企业准确预期坏账损失的风险性。在通常情况下，赊销企业主要应以那些金额大或信用品质较差的客户欠款为考察对象，进行延伸性调研。主要方法有账龄分析和收现保证率分析。

2. 事中控制——赊销业务管理制度

该项制度是指企业在交易决策过程中执行一套科学的信用审批方法和程序，包括"信用申请审查制度"、"信用额度审核制度"和"交易审批制度"。通过这项制度，可以明确客户与企业的信用关系，分清企业内部各部门和各级决策人员的权限和责任，使应收账款控制在一个合理的范围之内。

授信管理工作的核心是信用限额的制定，通过一系列科学的、定量化的信用评估、控制方法，形成企业内外的信用制约机制。比如，对一个客户实行一定的信用限额，意味着将客户、销售人员、管理决策人员都受到不同程度、不同方式的约束。

3. 事后控制——应收账款监控制度

为了有效地减少拖欠账款的数量，企业应当按照账款逾期的不同时间和具体情况，制定严格的欠款追收制度，密切关注危险信号货物发出后应积极联系客户。货款未到期时，可以提醒客户付款；货款已过期，但时间较短，企业可以通过发函和打电话询问对方，了解情况；如果货款还未收回，企业应当立即采取措施，一方面再次催讨，另一方面迅速通知有关部门，停止向该客户发货，减少不必要的损失；若对方仍未付款，企业除继续催讨外可以考虑提诸诉讼和仲裁，以便尽早收回欠款。应收账款管理具体改进应在如下四个方面制度化：应收账款总量控制制度，销售分类账管理制度，账龄监控与货款回收管理制度，债权管理制度。

第六节 存货管理

一、存货的概念、分类与作用

(一) 存货的概念

存货,是指公司在生产经营过程中为生产、销售或者耗用而持有的各种资产,包括商品、产成品、半成品、在产品以及各类材料、燃料、包装物、低值易耗品等。存货通常在一年或超过一年的一个营业周期内被消耗或经出售转换为现金、银行存款或应收账款等,具有明显的流动性,属于流动资产。

(二) 存货的分类

存货的构成内容很多,不同存货的具体特点和管理要求各不相同。为了有效地组织各项存货的管理,应对存货进行科学分类。一般来说,存货可以按照以下三种标准分类。

1. 存货按其经济用途通常分为销售用存货、生产用存货和其他存货三类

(1) 销售用存货。销售用存货是指企业以对外销售为目的而持有的已完工成品,或以转让销售为目的而持有的商品,主要包括工业企业的产成品和商业流通企业的库存商品等。产成品是指企业已经完成全部生产过程并已验收入库,合乎标准规格和技术条件,可以按照合同规定的条件送交订货单位,或者可以作为商品对外销售的制成品。库存商品是指企业为销售而持有的全部自有商品,包括存放在仓库、门市部和寄销在外库的商品,委托其他单位代管、代销的商品,以及陈列展览的商品等。

(2) 生产用存货。生产用存货是指企业为生产、加工产品而库存的各种存货,主要包括原材料和在产品等。原材料是指直接用于制造产品并构成产品实体的物品,包括原材料及主要材料、辅助材料、外购半成品等。在产品是指尚未最后完工的产品,包括加工过程中的在产品、尚未完成全部生产过程但可以适量外销的自制半成品等。

(3) 其他存货。其他存货是指除了以上存货外,供企业一般耗用的用品和为生产经营服务的辅助性物品。

2. 存货按其存放地点一般分为库存存货、在途存货、委托加工存货和委托代销存货四类

(1) 库存存货也称为在库存货,是指已经运到企业,并已验收入库的各种材料、商品以及已验收入库的自制半成品和产成品等。

(2) 在途存货包括运入在途存货和运出在途存货。运入在途存货是指货款已经支付、尚未验收入库,正在运输途中的各种存货。运出在途存货是指按合同规定已经发出或送出、尚未确认销售收入的存货。

(3) 委托加工存货是指企业已经委托外单位加工,但尚未加工完成的各种存货。

(4) 委托代销存货是指企业已经委托外单位代销,但按合同规定尚未办理代销货款结算的存货。

3. 存货按不同的来源，主要分为外购存货、自制存货和委托外单位加工存货三类

（1）外购存货是从企业外部购入的存货，如商品流通企业的外购商品、工业企业的外购材料、外购零部件等。

（2）自制存货是由企业制造的存货，如工业企业的自制材料、在产品、产成品等。

（3）委托外单位加工存货是指企业将外购或自制的某些存货通过支付加工费的方式委托外单位进行加工生产的存货，如工业企业的委托加工材料、商品流通企业的委托加工商品等。

此外，企业的存货还可能有投资者投入的存货、接受捐赠的存货、盘盈的存货等。

（三）存货的作用

保有存货在于防止停工待料，适应市场变化，降低进货成本，维持均衡生产。

二、存货投资成本

（1）取得成本。取得成本是指为取得某种存货而支出的成本，其下又分为购置成本（或进价成本、采购成本）和订货成本（或进货费用）。购置成本是由买价、运杂费等构成，采购成本一般与采购数量成正比例；订货成本是指为订购存货而发生的成本，订货成本一般与订货数量无关，而与订货次数有关，企业要想降低订货成本，须大批量采购，以减少订货次数。

（2）储存成本。储存成本是指为保持存货而发生的成本，包括存货占用资金的利息、仓库费用、保险费用、存货破损和变质费用等等。

储存成本也分为固定成本和变动成本。固定成本与存货数量的多少无关，变动成本与存货的数量有关。

（3）缺货成本。缺货成本是指由于存货供应中断而造成的损失，包括材料供应中断造成的停工损失、产成品库存缺货造成的拖欠损失和丧失销售机会的损失。

公司储备存货的总成本的计算公式为

总成本＝订货成本＋储存成本＋缺货成本

＝订货固定成本＋存货年需要量×订货的变动成本/每次进货量＋购置成本

＋储存固定成本＋单位储存变动成本×平均储存量＋缺货成本　　　　(9-20)

$$平均储存量 = \frac{每次进货量}{2} \tag{9-21}$$

公司存货的最优化，即是使存货总成本值最小。

三、存货管理的技术方法

存货管理的主要目标是要合理地控制存货水平，充分发挥存货在生产经营中的作用，尽量降低存货成本。下面介绍几种存货管理的技术方法。

（一）ABC 控制法

ABC 控制法是意大利经济学家巴雷特于 19 世纪首先提出来的，以后经不断发展和完善，现已广泛用于存货管理、成本管理和生产管理。对于一个大型企业来说，常有成千上万种存货

项目,在这些项目中,有的价格昂贵,有的一文不值;有的数量庞大,有的寥寥无几。如果不分主次,面面俱到,对每一种存货都进行周密的规划,严格的控制,就抓不住重点,不能有效地控制主要存货资金。ABC 控制法正是针对这一问题而提出来的重点管理方法。

(二) 基本的经济订货量模型(EOQ)

1. 假设条件

(1) 公司能够及时补充存货,所需存货市场供应充足,不会因为买不到需要的存货而影响其他;

(2) 能集中到货,而不是陆续入库,存货的耗用或者销售比较均衡;

(3) 存货的价格稳定,且不存在数量折扣,进货日期完全由企业自行决定,并且每当存货量降为零时,下一批存货均能马上一次到位;

(4) 需求量稳定,并且能够预测;

(5) 不允许出现缺货的情形;

(6) 仓储条件及所需现金不受限制。

2. 基本的经济订货量模型

由于企业不允许出现缺货,即每当存货数量降至零时,下一批订货便会随即全部购入,故不存在缺货成本。此时与存货订购批量、批次直接相关的就只有进货费用和储存成本两项。即有:

$$存货相关总成本 = 相关进货费用 + 相关存储成本$$
$$= \frac{存货全年计划进货总量}{每次进货批量} \times 每次进货费用$$
$$+ \frac{每次进货批量}{2} \times 单位存货年存储成本 \qquad (9\text{-}22)$$

存货相关总成本与相关进货费用与相关储存成本的关系如图 9-8 所示。

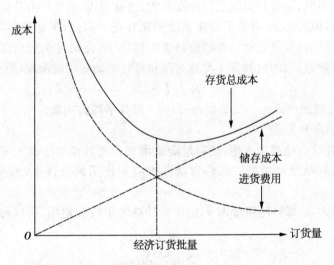

图 9-8 存货总成本与相关进货费用、储存成本的关系

从图 9-8 可以看出,当相关进货费用与相关储存成本相等时存货相关总成本最低,此时的

订货批量就是经济订货批量。即

$$Q = \sqrt{\frac{2AB}{C}} \quad (9\text{-}23)$$

式中：Q——经济订货批量；A——存货的年需要量；B——平均每次进货费用；C——单位存货的年储存成本。

从而：

经济订货批量的存货相关总成本 $T_c = \sqrt{2ABC}$ (9-24)

经济订货批量平均占用资金 $W = PQ/2 = P\sqrt{\dfrac{AB}{2C}}$ (9-25)

年度最佳进货批次 $N = A/Q = \sqrt{\dfrac{AC}{2B}}$ (9-26)

【例9-14】某企业每年需耗用甲材料360 000千克，该材料的单位采购成本100元，单位年储存成本4元，平均每次进货费用200元，则：

$Q = \sqrt{\dfrac{2AB}{C}} = \sqrt{\dfrac{2\times 360\,000\times 200}{4}} = 6\,000$（千克）

$T_c = \sqrt{2ABC} = \sqrt{2\times 360\,000\times 200\times 4} = 24\,000$（元）

$W = PQ/2 = 100\times 6\,000/2 = 300\,000$（元）

$N = A/Q = 360\,000/6\,000 = 60$（次）

在实际工作中，通常还存在着数量优惠（即商业折扣）以及允许一定程度的缺货等情形，企业必须同时结合商业折扣及缺货成本等不同的情况具体分析，灵活运用经济进货批量模型。

（三）扩展的经济进货批量模型

1. 订货提前期

在建立基本模型时，假设公司能及时补充存货，这就是说，当库存存货降为零时，下一批存货能马上一次到位，但实际上，存货不能做到随用随补充。因此，不能等存货用完为零时再去进货，而要在没有用完时提前订货。在提前订货的情况下，公司再次发出订货单时，尚有存货的库存量称为再订货点，它的数量等于交货时间和每日平均需用量乘积，公式如下：

$$R = L \times D \quad (9\text{-}27)$$

式中：R——再订货点；L——交货时间；D——每日平均需用量。

2. 存货陆续供应和使用

实际中，各批存货可能陆续入库，使存量陆续增加。尤其是产成品入库和在产品的转换，几乎总是陆续供应和陆续耗用的。在存货陆续供应和使用的条件下，需要对基本模型进行扩展。

设每日送货量为g，每日耗用量为d，由于零件陆续供应和使用，所以每批送完后，库存储存量的最大值为

$$Q - \frac{Q}{g}\cdot d \quad (9\text{-}28)$$

平均储存量为 $\dfrac{Q\left(1-\dfrac{d}{g}\right)}{2}$ (9-29)

即
$$TC = \frac{A}{Q} \cdot P + \frac{Q\left(1 - \frac{d}{g}\right)}{2} \cdot C \qquad (9\text{-}30)$$

对上式求一阶导数,得

陆续到货时的经济批量
$$Q = \sqrt{\frac{2AP}{C} \cdot \frac{g}{g-d}} \qquad (9\text{-}31)$$

最低存货总成本
$$TC = \sqrt{2APC \cdot \frac{g-d}{g}} \qquad (9\text{-}32)$$

3. 保险储备

经济订购批量基本模型假定需求量不变,交货时间不变。实际上,每日需求变化,交货时间也可能变化,按照某一订货批量和再订货点发出订单后,如果需求增大或送货延迟,就会发生缺货或供货中断。为了防止由此造成的损失,就须多储备一些存货以备应急之需。其基本计算公式如下:

保险库存量 =(预计每天最大耗用量 − 平均每天正常耗用量)× 订货提前期 (9-33)

这些存货在正常情况下是不动用的,只有当存货过量使用或送货延迟时才动用。这时的再订货点由此为

$$R = 交货时间 \times 平均日需求 + 保险库存量 \qquad (9\text{-}34)$$

4. 允许缺货的经济订货量模型

基本模型的建立以不允许出现缺货为假设前提之一。实际上因供应方和运输部门的问题导致材料不能及时运用,造成缺货损失的现象时有发生,这个时候,应将缺货成本作为决策的相关成本之一来考虑。因此,进货公司在确定经济批量的相关总成本时不仅要考虑订货成本和储存成本,而且要考虑缺货成本,缺货成本一般按经验加以估算。

即存货总成本 = 进货费用 + 储存成本 + 缺货成本 (9-35)

设 Q_1 为缺货量,S 为单位缺货成本,则

$$平均储存量 = \frac{(Q - Q_1)^2}{2Q} \qquad (9\text{-}36)$$

$$平均缺货量 = \frac{Q_1^2}{2Q} \qquad (9\text{-}37)$$

则
$$TC = \frac{A}{Q} \cdot P + \frac{(Q - Q_1)^2}{2Q} \cdot C + \frac{Q_1^2}{2Q} \cdot S \qquad (9\text{-}38)$$

根据上式,分别对 Q 及 Q_1 求偏导数并令之为零,得

缺货条件下的经济批量
$$Q = \sqrt{\frac{2AP}{C} \cdot \frac{C+S}{S}} \qquad (9\text{-}39)$$

允许最大的缺货量
$$Q_1^* = Q \cdot \frac{S}{C+S} \qquad (9\text{-}40)$$

最低存货总成本
$$TC = \sqrt{2APC \cdot \frac{S}{C+S}} \qquad (9\text{-}41)$$

5. 实行数量折扣的经济进货批量模式

实际中,供货单位有时为了鼓励公司多订货,往往给予公司不同程度的价格优惠,即实行商业折扣或称价格折扣。购买越多,所获得的价格优惠越大。此时,进货企业对经济进货批量的确定,除了考虑进货费用与储存成本外,还应考虑存货的进价成本,因为此时的存货进价成

本已经与进货数量的大小有了直接的联系,属于决策的相关成本。

即在经济进货批量基本模式其他各种假设条件均具备的前提下,存在数量折扣时的存货相关总成本可按下式计算:

$$存货相关总成本 = 存货进价 + 相关进货费用 + 相关存储成本 \quad (9-42)$$

实行数量折扣的经济进货批量具体确定步骤如下:

第一步,按照基本经济进货批量模式确定经济进货批量。

第二步,计算按经济进货批量进货时的存货相关总成本。

第三步,计算按给予数量折扣的进货批量进货时的存货相关总成本。

如果给予数量折扣的进货批量是一个范围,如进货数量在1 000—1 999千克之间可享受2%的价格优惠,此时按给予数量折扣的最低进货批量,即按1 000千克计算存货相关总成本。因为在给予数量折扣的进货批量范围内,无论进货量是多少,存货进价成本总额都是相同的,而相关总成本的变动规律是:进货量越小,相关总成本就越低,即:按1 000千克计算的存货相关总成本<按1 001千克计算的相关总成本<按1 002千克计算的相关总成本<……<按1 999千克计算的相关总成本。

第四步,比较不同进货批量的存货相关总成本。最低存货相关总成本对应的进货批量,就是实行数量折扣的最佳经济进货批量。

【例9-15】某企业甲材料的年需要量为16 000千克,每千克标准价为20元。销售企业规定:客户每批购买量不足1 000千克的,按照标准价格计算;每批购买量1 000千克以上2 000千克以下的,价格优惠2%;每批购买量2 000千克以上的价格优惠3%。已知每批进货费用600元,单位材料的年储存成本30元。

则按经济进货批量基本模式确定的经济进货批量为

$$Q = \sqrt{\frac{2 \times 16\,000 \times 600}{30}} = 800(千克)$$

每次进货800千克时的存货相关总成本为

存货相关总成本 = 16 000×20 + 16 000/800×600 + 800/2×30 = 344 000(元)

每次进货1 000千克时的存货相关总成本为

存货相关总成本 = 16 000×20×(1−2%) + 16 000/1 000×600 + 1 000/2×30 = 338 200(元)

每次进货2 000千克时的存货相关总成本为

存货相关总成本 = 16 000×20×(1−3%) + 16 000/2 000×600 + 2 000/2×30 = 345 200(元)

通过比较发现,每次进货为1 000千克时的存货相关总成本最低,所以此时最佳经济进货批量为1 000千克。

(四)存货储存期控制

无论是商品流通企业还是生产制造企业,其商品产品一旦入库,便面临着如何尽快销售出去的问题。即使不考虑未来市场供求关系的不确定性,仅是存货储存本身就要求企业付出一定的资金占用费(如利息成本或机会成本)和仓储管理费。因此,尽力缩短存货储存时间,加速存货周转,是节约资金占用、降低成本费用、提高企业获利水平的重要保证。

企业进行存货投资所发生的费用支出,按照与储存时间的关系可以分为固定储存费与变动储存费两类。前者包括进货费用、管理费用,其金额多少与存货储存期的长短没有直接关系;后者包括存货资金占用费(贷款购置存货的利息或现金购置存货的机会成本)、存货仓储管理费、仓储损失(为计算方便,如果仓储损耗较小,亦将其并入固定储存费)等,其金额随存货期的变动成正比例变动。

基于上述分析,可以将本量利的平衡关系式调整为

利润＝毛利－固定储存费－销售税金及附加－每日变动储存费×储存天数

上式稍作变形便可得出存货保本储存天数(利润为零)和存货保利储存天数(利润为目标利润)的计算公式:

$$存货保本储存天数 = \frac{毛利 - 固定储存费 - 销售税金及附加}{每日变动储存费} \quad (9\text{-}43)$$

$$存货保利储存天数 = \frac{毛利 - 固定储存费 - 销售税金及附加 - 目标利润}{每日变动储存费} \quad (9\text{-}44)$$

可见,存货的储存成本之所以会不断增加,主要是由于变动储存费用随着存货储存期的延长而不断增加的结果,所以,利润与费用之间此增彼减的关系,实际上是利润与变动储存费用之间此增彼减的关系。这样,随着存货储存期的延长,利润将日渐减少。当毛利扣除固定储存费和销售税金及附加后的差额,被变动储存费抵消到恰好等于企业目标利润时,表明存货已经到了保利期。当它完全被变动储存费抵销时,便意味着存货已经到了保利期。无疑,存货如果能够在保利期内售出,所获得的利润便会超过目标值。反之,将难以实现既定的利润目标。倘若存货不能在保利期售出的话,企业便会蒙受损失。现举例说明如下。

【例9-16】某商品流通企业购进甲商品2 000件,单位进价(不含增值税)100元,单位售价120元(不含增值税),经销该批商品的一次费用为20 000元,若货款均来自银行贷款,年利率10.8%,该批存货的月保管费用率0.3%,销售税金及附加1 600元。要求:

(1) 计算该批存货的保本储存期;
(2) 若企业要求获得3%的投资利润率,计算保利期;
(3) 若该批存货实际储存了200天,问能否实现3%的目标投资利润率,差额多少;
(4) 若该批存货亏损了4 000元,求实际储存天数。

计算如下:

(1) 每日变动储存费＝购进批量×购进单价×日变动储存费率
   ＝2 000×100×(10.8%/360＋0.3%/30)
   ＝80(元)

$$存货保本储存天数 = \frac{毛利 - 固定储存费 - 销售税金及附加}{每日变动储存费}$$

$$= \frac{(120-100) \times 2\,000 - 20\,000 - 1\,600}{80}$$

$$= 230(天)$$

(2) 目标利润＝投资额×投资利润率＝2 000×100×3%＝6 000(元)

$$保利储存天数 = \frac{毛利 - 固定储存费 - 销售税金及附加 - 目标利润}{每日变动储存费}$$

$$= \frac{(120-100) \times 2\,000 - 20\,000 - 1\,600 - 6\,000}{80}$$

$$= 155(天)$$

> (3) 批进批出经销该商品实际获利额 = 每日变动储存费 × (保本储存天数 − 实际储存天数)
> $= 80 \times (230 - 200) = 2\,400\,(元)$
>
> △利润 = 实际利润 − 目标利润 = 2 400 − 6 000 = −3 600(元)
>
> △利润率 = 实际利润率 − 目标利润率 = $\dfrac{2\,400}{100 \times 2\,000} \times 100\% - 3\% = -1.8\%$
>
> (4) 因为：该批存货获利额 = 每日变动储存费 × (保本储存天数 − 实际储存天数)
>
> 故：实际储存天数 = 保本储存天数 − $\dfrac{该批存货获利额}{每日变动储存额}$
>
> $= 230 - \dfrac{-4\,000}{80} = 280\,(天)$

可见，通过对存货储存期的分析与控制，可以及时地将企业存货的信息传输给经营决策部门，如有多少存货已过保本期或保利期、金额多大、比重多高，这样，决策者就可以针对不同情况，采取相应的措施。一般而言，凡是已过保本期的商品大多属于积压呆滞的存货，对此企业应当积极推销，压缩库存，将损失降至最低限度；对超过保利期但未过保本期的存货，应当首先检查销售状况，查明原因，是人为所致，还是市场情形已经逆转，有无沦为过期积压存货的可能，若有，需尽早采取措施；至于那些尚未超过保利期的存货，企业亦应当密切监督、控制，防止发生过期损失。从财务管理方面，需要分析哪些存货基本能在保利期内销售出去，哪些存货介于保利期与保本期之间售出，哪些存货直至保本期已过才能售出或根本就没有市场需求，通过分析，财务部门应当通过调整资金供应政策，促使经营部门调整产品结构和投资方向，推动企业存货结构的优化，提高存货的投资效率。

（五）零存货管理

零存货管理系统(Just In Time Inventory System)，简称 JIT，它的特征是争取存货为零，即：在生产刚开始时，供应商发出的原材料刚好到达；在生产线上，没有留存的半成品，只有不断运动的在产品；产品一旦完工，马上销售出去。

在这种制度下，企业的存货水平都保持在一个较低的（甚至为零）的水平上，它强调仅在顾客需要时产品刚好制造完成；下一道工序开始时上一道工序正好完成；原材料只有需要时才运到工厂，等等。零存货管理的本质就是在确定企业销售的基础上使供、产、销紧密结合，而不提供以备不时之需的存货。

可以看出，这种存货管理方法不仅对企业的整体管理水平、企业内部外部的协调与合作状况有很高的要求，一旦某个环节出现了问题，都容易给企业的生产经营带来影响。因此，实行这种管理体系具有一定的风险性，或者说，对实现这种管理体系的企业具有较高的要求。它至少要求企业的生产经营具有相当的稳定性，否则它就要求相关的供应商和内部员工有灵活的态度与能力，即能在很短的时间内扩大和缩减生产。

为实现零存货管理制度提供可能的是存货和生产的控制技术，它的有效执行依赖于特殊的企业类型与很高的管理水平；它要求每一道程序都有严格的质量保证，如原材料到工厂时就能直接生产而无须质量检测，且每一步的生产都保证质量，产品可直接送入客户手中。

零存货的建立还须与存货的供应商和存货的使用者之间建立良好的关系。这要求使用者的货物只由某个供应商单独提供，且供应商也能参与厂商的生产和销售计划，这样供应商的生产计划可以和厂商的生产计划相衔接。在企业内部各部门之间的关系也是如此。这种合作关系还要求供应商和厂商在地理位置上距离很近,可以在很短的时间内经常送货。

如果企业的生产可能经常发生变动,或者生产的批次较多、批量较小,实行这种管理体系就要求每次生产的起动成本较低。用机器人和电脑控制生产等高技术的生产方法通常被认为起动成本低且具有很大的灵活性,这种方法会使得零存货体系有效运行的可能性大大增加。

零存货的有效运行还要求工作人员能随时增减工作量。这项要求可能产生严重的问题,特别是在英美等国家每周的工作时间都是固定的。在业务繁忙时雇佣一些临时工倒不失为一个解决方法。

很明显,零存货制度能减少存货水平从而减少储存成本,在确保优良的质量控制时也有利于财务效益上升。但同时,企业也损失了(至少在短期内)从其他供应商那里获得更低价格商品的机会成本,时常雇佣临时工也需要一定的花费。

案例分析

中集集团(0039)应收账款证券化融资

一、中集集团简介及应收账款证券化融资动因

（一）中集集团简介

中国国际海运集装箱(集团)股份有限公司(简称中集集团)创立于1980年1月,是中国最早的集装箱专业生产厂和最早的中外合资企业之一,也是中国集装箱制造业最早的上市公司。中集集团于1982年9月22日正式投产,1987年改组为中远、招商局、宝隆洋行的三方合资企业,1993年改组为公众股份公司,1994年在深圳证券交易所上市,1995年起以集团架构开始运作。主要经营集装箱、道路运输车辆、机场设备制造和销售服务。产品包括干货集装箱、冷藏集装箱、罐式集装箱及其他各类特种集装箱,中集集团是全球规模最大、品种最齐全的集装箱制造集团。自1996年以来,中集集团的集装箱产销量一直保持世界第一,目前国际市场份额超过50%,中集集团在集装箱行业确立了世界级地位。

（二）中集集团应收账款证券化融资动因

中集集团经国家外管局批准于1996年、1997年和1998年分别发行了5 000万美元、7 000万美元和5 700万美元的商业票据。此方式虽然能够以中集集团的名义直接在市场上进行融资,但其稳定性也随国际经济和金融市场的变化而发生相应的波动。这一点在1998年表现得十分突出。由于目前的商业票据为一年期短期票据,因此在1998年年初进行银团组团的过程中,原有银团中的部分银行受到亚洲金融危机影响,收缩了在亚洲的业务并退出了7 000万美元商业票据银团,规模降为5 700万美元。为了降低融资成本,提高融资的稳定性,中集集团选择了应收账款证券化这一新的方式进行尝试。

2000年3月,中集集团与荷兰银行在深圳签署了总金额为8 000万美元的应收账款证券化项目协议。在3年的协议有效期限内,中集集团将发生的8 000万美元以内的应收账款全部出售给由荷兰银行管理的资产购买公司,由该公司在国际商业票据市场上多次公开发行商业票据。通过这一协议,中集集团只须花两周时间就可获得本138天才能收回的现金,加快了资金周转;隔离了应收账款成为坏账的风险,保证了资金回收;并且由于设置了中间层——SPV公司和TAPCO公司,将公司风险和国家风险与应收账款的风险隔离,降低了投资者的风险,确保了融资的成功。

二、中集集团应收账款证券化的融资流程

图 9-9 是中集集团应收账款证券化融资流程及当事人各方的关系。

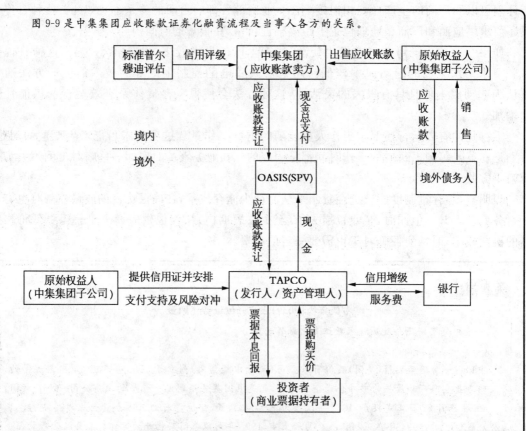

图 9-9　中集集团应收账款证券化融资流程

图 9-9 说明:

(1) 中集集团首先对其自身的应收账款进行定性和定量分析,将从各子公司受让的上亿美元的集装箱应收账款进行设计安排,结合荷兰银行提出的标准,挑选优良的应收账款组合成一个资金池。

(2) 中集集团向所有客户说明 ABCP 融资方式的付款要求,然后以合约的方式将该资产池中的组合资产合法转让给特设中介机构 SPV,令其应付款项在某一日付至海外 SPV(特别目的公司)账户,其目的在于将中集集团自身的风险与证券化资产未来现金流入的风险相隔离,这样,ABS 证券持有者(投资者)只能对证券化资产部分进行追索。中集集团仍然履行所有针对客户的义务和责任。

(3) 为了减少投资者风险,中集委托两家国际知名的评级机构:标准普尔和穆迪,得到了 A1+(标准普尔指标)和 P1(穆迪指标)的分数,这是短期融资信用最高的级别(正是凭着优秀的级别,这笔资产才得以注入荷兰银行旗下的资产购买公司 TAPCO 建立的大资金池)。

(4) 特设中介机构 SPV 以售让的应收账款以及其他售让的资产为支撑,在资产市场上发行 ABS 证券募集资金,并用该资金来购买发行人所转让的应收账款。SPV 再将全部应收账款出售给 TAP-CO 公司(TAPCO 公司是国际票据市场上享有良好声誉的资产购买公司,其大资金池汇集的几千亿美元的资产,更是经过严格评级的优良资产)。同时,中集集团的应收账款资产组合也获得了较高的信用评级,因此中集集团能够顺利地在高级别证券市场上以较低的资金成本募集到所需的资金。

(5) 服务人(其职能通常由发起人兼任,这里仍是中集集团)负责定期向原始债务人收款,然后将源自证券化资产所产生的现金存入 SPV 的账户,并从 SPV 处定期获取服务费;SPV 则将收到的款项用以偿付投资者所持有的 ABS 证券本息。

(6) TULIP 公司在商业票据(CP)市场上向投资者发行商业票据,并负责向投资者支付票据的本息回报。TULIP 从 CP 市场上获得资金贷款给 TAPCO 公司并付给 SPV，SPV 又将资金付至中集集团设于经国家外管局批准的专用账户。TAPCO 将从 SPV 取得的应收款权益用于归还 TULIP 的贷款。

三、中集集团证券化融资的分析

应收账款数量和质量上的情况是企业除开利用证券化融资的宏观条件外用该方式的必要条件。因为利用证券化融资必须达到一定的规模才能有效地降低融资成本，由美国专业统计机构数据表明，只有1亿美元以上的规模才能使证券化融资的成本具有竞争优势，在我国应收账款的数量须超过10亿元人民币以上。因此，企业必须有一定数量规模的应收账款。中集集团2000年末应收账款余额为1 919 117 065.92(元)。2001年末应收账款余额为 1 183 044 506.37(元)。2002年应收账款余额为 2 501 874 411.84(元)。应收账款的数量超过10亿元人民币，从数量规模来看符合证券化的要求。

从应收账款的质量来看，并不是所有的应收账款都能证券化，通常只有信用等级较高、低违约率、低损失率的优质应收账款才能予以证券化。如果应收账款的时间越长它的违约率和损失率就越高，并且应收账款债务人信用水平高低也直接影响应收账款的质量。中集集团的应收账款就账龄而言主要是在一年以内(见表9-11、表9-12)，从这个角度来说质量还是相对较高的。

表9-11　2002年应收账款账龄分析表　　　　　　　　　　单位：元

账　龄	2002.12.31	比率
1年以内	2 811 069 637.09	108.53%
1—2年	38 142 171.73	1.47%
2—3年	12 610 847.02	0.49%
3年以上	5 261 847.02	0.2%
减 ABCP 融资	276 879 316.76	10.69%
合计	2 590 204 874.13	100%

表9-12　中集集团2000—2002年应收账款债务人的列表

单位名称	欠款金额(USD)	欠款时间	欠款原因
INTERPOOL	46 724 986.50	一年	贷款
GE. SEACO	37 679 258.38	一年	贷款
韩国海运有限责任公司	20 840 647.51	一年	贷款
TRITON	16 217 934.00	一年	贷款
CMA	11 308 988.00		贷款
合计	132 771 814.39		贷款
应收账款总额	231 777 423.42		贷款
占总额比例	0.5728		贷款
2001年前五名应收账款总额	76 973 862.00		贷款
前五名欠款额占总额比例	0.5385		贷款
2002年前五名应收账款总额	176 480 225.90		贷款
前五名欠款额占总额比例	0.5641		贷款

从表 9-10、表 9-11 可知，中集集团欠款的前几名债务人分别是 INTERPOOL、GE、SEACO、韩国海运有限责任公司、TRITON 和 CMA。且欠款方大多是国际上知名度较高的大型企业。信用水平极高，因而应收账款的质量在其他相同情况下较高。

中集集团应收账款证券化给企业带来的收益最直观的就是融资成本的下降。因为中集集团欠债前几名的债务人相对稳定，欠款的比例也维持在所有应收账款总额的 50% 以上，而且长期稳定的合作关系使应收账款的违约率更容易由历史数据和概率统计来判断，这就让信用评级和信用增级工作简化许多，从而使费用下降。同时，经过信用增级后的中集集团应收账款的资信评级达到短期贷款的最高级别 A+（标准普尔）和 P1（穆迪），高评级使融资成本更加低廉——中集集团获得了比以中国主权信用发行的债券还低的融资成本，比同期的银团也低了 100 多个基点。中集集团在这次操作中除了评级的费用按评级公司的收费标准付给评级机构以外，其他费用全部支付给荷兰银行。因为所有海外安排完全由荷兰银行负责。中集集团只需按双方达成的协议把费用支付给荷兰银行，所以中集的全部融资成本就是这些费用加上评级费用。在这个高达 8 000 万美元的巨大融资规模的案例中，荷兰银行收取了多达 200 多万美元的中介费，摊薄了融资费用，是成本下降的重要因素。而且根据中集集团的数据表明，该企业的应收账款平均收账期为 138 天，但对于证券化的应收账款而言，仅花了不过 2 周的时间。可以说，中集集团成功开创了国内企业通向国际资本市场的先河。

（案例来源：作者据巨潮信息网 http://www.cninfo.com.cn 与《中国证券报》等相关资料整理。）

案例思考题

1. 什么是应收账款证券化？什么是应收账款证券化融资？应收账款证券化融资的条件是什么？
2. 结合中集集团应收账款证券化融资的成功运作，阐明应收账款证券化融资的基本程序及现实意义。

补充阅读材料

1. 〔美〕斯蒂芬 A·罗斯等. 公司理财. 机械工业出版社, 2000
2. 〔美〕斯蒂芬·罗斯等. 公司理财精要. 人民邮电出版社, 2003
3. 栾庆伟等. 财务管理. 大连理工大学出版社, 2001
4. 杨淑娥. 公司财务管理. 中国财政经济出版社, 2004
5. 卢家仪. 财务管理. 清华大学出版社, 1997
6. 财政部会计资格评价中心. 财务管理. 中国财政经济出版社, 2004
7. 赵德武. 财务管理. 高等教育出版社, 2000
8. 王庆成. 财务管理学. 高等教育出版社, 2000
9. 中国证券报, 2000.4.1

第十章 公司财务分析

学习目标

通过本章的学习,明确公司财务分析的目标、财务分析的依据以及财务分析应注意的问题,了解财务报告的质量以及财务分析与评价的最新发展,掌握财务比率分析法、趋势分析法、因素分析法、综合分析法等财务分析的基本方法以及我国现行企业绩效评价体系的运用原理。

财务分析是指企业的有关信息使用者以财务报告和其他资料为依据和起点,采用一系列专门分析方法和技术,对企业过去和现在的偿债能力、盈利能力、营运能力和成长能力状况进行分析。财务分析对加强企业管理,提高决策水平,具有十分重要的意义。

第一节 公司财务分析的几个基本问题

一、财务分析的目标与财务报告的质量

由于企业对外发布的财务报告,是根据全体信息使用者的一般要求编制的,无法满足特定信息使用者的特定要求。因此,特定信息使用者要从中选择对自己有用的信息,重新排列,并研究其相互关系,满足特定决策的需要。

企业的信息使用者主要包括企业的投资者、企业的债权人、商品或劳务供应商、企业管理者、客户、企业雇员、竞争对手和政府管理部门。信息使用者与企业经济关系的程度不同,对企业财务状况的关注点也有所不同。因此,各类信息使用者进行财务分析所要达到的目标也各不相同。

1. 企业的投资者

投资者拥有收益权和剩余财产分配权,对企业债务负有限责任。只有在宣布了分红时投资收益权才能实现,剩余财产分配权则只有当企业破产清算后才能实现。由于在企业经营时投资各方不得抽回资金,因而必须承担企业的经营风险。投资者与企业之间是利益共享、风险共担的关系,因此投资者须通过分析企业的生产经营情况来掌握其投资的收益和风险。投资者进行财务分析的目标主要是:通过对企业的资产和盈利能力的分析,以决定是否投资;通过

对企业盈利状况、股价变动和发展前景的分析,以决定是否转让股份;通过对企业资产盈利水平、破产风险和竞争能力的分析,以考察经营者的业绩;通过对企业筹资状况的分析,以决定股利分配政策。

2. 企业的债权人

一般来说,企业的债权人可以分为短期债权人和长期债权人。其中,长期债权人提供的贷款期限在12个月以上,短期债权人提供的贷款期限在12个月以内。由于拥有企业不同期限与金额的债权,长、短期债权人对企业财务状况的关注点是不同的。短期债权人一般只关心企业的短期偿债能力,而并不十分关心企业的长期获利能力。长期债权人则关心企业是否能按期清偿利息和本金。对企业而言,只有具有长期获利能力和良好的现金流动性,才能按期清偿到期长期借款及利息。因此,尽管长期债权人并不能从企业分红,但仍然关心企业的获利能力。

3. 商品或劳务供应商

商品或劳务供应商在向企业提供商品或劳务后可能成为企业的债权人,他们必须判断企业能否按时支付所购商品或劳务的价款。因此,大多数商品或劳务供应商很关注企业的短期偿债能力。同时,供应商都希望与企业建立较为持久、稳定的合作关系,因此对企业的长期偿债能力也十分关注。

4. 企业管理者

企业管理者受企业所有者的委托,对投资者投入资本的保值增值负责。为了履行经营管理的责任,企业管理者须全面细致地了解公司财务状况、经营成果和发展水平。

5. 客户

当企业成为某个客户的重要商品或劳务供应商时,客户关心的是企业能否连续提供自己所需的商品或劳务。因此,客户将特别关注企业的发展前景以及有助于对此作出估计的获利能力指标与财务杠杆指标等。

6. 企业雇员

企业雇员的经济利益与企业的经营状况是密切相关的。他们关心自己工作的安全保障程度和未来发展的前景,因此十分关注企业的偿债能力、获利能力和可持续发展能力。

7. 竞争对手

竞争对手进行财务分析,是为了判断各自企业的相对效率,为未来可能出现的企业兼并提供参考。因此,竞争对手十分关注企业的相对优势和弱势,对企业经营成果和财务状况的各个方面都很感兴趣。

8. 政府管理部门

政府管理部门主要是通过财务分析来了解企业的纳税情况、遵守政府法规和市场秩序的情况、职工收入和就业情况。因此,政府管理部门可能更多关注企业的获利能力、偿债能力和可持续发展能力。

总之,财务分析的一般目的可以概括为:评价过去的经营业绩,衡量现在的财务状况,预测未来的趋势。

高质量的财务报告是财务分析正确的前提。而高质量的财务报告往往受编制报告的依据、报告编写人员的水平以及公司管理当局对财务报告的态度等诸多因素的影响。

二、财务分析的依据

财务分析是以企业的会计核算资料为依据,通过对会计所提供的核算资料进行加工整理,得出一系列科学的、系统的财务指标进行比较、分析和评价。这些会计核算资料通常包括日常核算资料和财务报告,但财务分析主要是以财务报告为依据,日常核算资料只作为财务分析的一种补充资料。企业的财务报告主要包括资产负债表、利润表、现金流量表、会计报表附表、附注以及财务状况说明书等。

(一)资产负债表

资产负债表是反映企业某一特定时期财务状况的会计报表,它以"资产=负债+所有者权益"这一会计等式为依据,按照一定的分类和一定的顺序反映企业在某一时点上资产、负债及所有者权益的基本状况。资产负债表的格式及信息含量见表10-1[①]。

表 10-1 资产负债表

编制单位:云南铝业股份有限公司　　　　2002年12月31日　　　　单位:人民币元

项目	期末数	期初数	项目	期末数	期初数
流动资产:			流动负债:		
货币资金	533 746 120.78	269 402 764.03	短期借款	294 400 000.00	144 600 000.00
短期投资			应付票据		
应收票据			应付账款	162 552 527.11	116 092 744.00
应收股利			预收账款	20 083 744.30	12 012 542.00
应收利息			应付工资	32 028 927.28	25 906 675.78
应收账款	7 095 163.02	29 440 591.15	应付福利费	15 260 533.09	11 145 380.97
其他应收款	16 404 308.70	15 438 812.16	应付股利	109 200 000.00	109 200 000.00
预付账款	3 313 056.09	5 752 444.62	应交税金	13 919 633.08	2 030 709.12
应收补贴款			其他应交款	540 364.46	518 547.57
存货	306 050 286.08	284 071 714.12	其他应付款	30 270 546.65	43 114 523.43
待摊费用	78 868.80	1 348 367.48	预提费用	33 443 104.00	40 189 098.39
一年内到期的长期债权投资			预计负债		
其他流动资产			一年内到期的长期负债	68 500 000.00	45 000 000.00
流动资产合计	866 687 803.47	605 454 693.56	其他流动负债		
长期投资:			流动负债合计	780 199 379.97	549 810 221.26
长期股权投资	8 392 344.46	8 392 344.46	长期负债:		
长期债权投资			长期借款	575 000 000.00	912 000 000.00
长期投资合计	8 392 344.46	8 392 344.46	应付债券		
固定资产:			长期应付款		

[①] 本表及此后的利润及利润分配表、现金流量表、财务分析所依据财务报告来源于 www.cnlist.com。

续表

项　目	期末数	期初数	项　目	期末数	期初数
固定资产原价	2 015 039 420.24	1 985 946 844.96	专项应付款	81 763 400.00	103 536 000.00
减:累计折旧	437 815 557.71	337 261 435.18	其他长期负债		
固定资产净值	1 577 223 862.53	1 648 685 409.78	长期负债合计	656 763 400.00	1 015 536 000.00
减:固定资产减值准备	3 362 337.11	1 347 880.61	递延税项:		
固定资产净额	1 573 861 525.42	1 647 337 529.17	递延税款贷项		
工程物资	107 533 049.51	6 168 607.15	负债合计	1 436 962 779.97	1 565 346 221.26
在建工程	194 009 873.60	37 059 900.78			
固定资产清理	6 988 057.65	11 237 473.92	股东权益:		
固定资产合计	1 882 392 506.18	1 701 803 511.02	股本	364 000 000.00	310 000 000.00
无形资产及递延资产:			减:已归还投资		
无形资产	3 340 595.00	5 142 931.48	股本净额(每股面值1元市价)	364 000 000.00	310 000 000.00
长期待摊费用	722 132.82	812 399.46	资本公积	856 450 087.46	385 279 699.73
其他长期资产			盈余公积	97 754 404.08	59 668 765.20
无形资产及其他资产合计	4 062 727.82	5 955 330.94	其中:法定公益金	20 001 125.73	12 383 997.95
递延税项:			未分配利润	6 368 110.42	1 311 193.79
递延税款借项			股东权益合计	1 324 572 601.96	756 259 658.72
资产总计	2 761 535 381.93	2 321 605 879.98	负债及股东权益总计	2 761 535 381.93	2 321 605 879.98

资产负债表是进行财务分析的一张重要财务报表。利用该表可以分析企业资产的分布状态、负债和所有者权益的构成情况,据以评价企业的资产、资本结构是否正常、合理;可以分析企业资产的流动性或变现能力,长、短期债务金额及偿债能力,评价企业的财务弹性以及承担风险的能力;利用资产负债表还有助于分析企业的获利能力,评价企业的经营业绩。

(二) 利润表

利润表,又称损益表或收益表,是反映企业在一定期间内经营成果的报表。它的编制依据是"收入－费用＝利润"这一会计等式。利润表常见的格式有两种:单步式利润表和多步式利润表。我国一般采用多步式利润表,格式如表10-2所列。

通过利润表提供的收入、费用等情况,能够反映企业生产经营的收益和成本的耗费,评价企业生产经营成果;同时,通过利润表提供的不同时期的比较数字(本月数、本年累计数、上年数),可以分析企业获利能力以及利润增减变化的原因,预测企业的发展趋势,了解投资者投入资本的完整性。

表 10-2　利润表及利润分配表

编制单位：云南铝业股份有限公司　　　2002 年 12 月 31 日　　　单位：人民币元

项　目	本期数	上期数
一、主营业务收入	1 562 796 827.50	1 603 742 305.84
减：主营业务成本	1 247 675 924.00	1 315 569 046.50
主营业务税金及附加	1 289 638.35	1 525 131.90
二、主营业务利润（亏损以"－"号填列）	313 831 265.15	286 648 127.44
加：其他业务利润（亏损以"－"号填列）	1 363 276.49	－3 836 678.64
减：营业费用	33 432 688.81	33 329 145.19
管理费用	63 324 058.27	52 847 491.80
财务费用	30 513 618.44	47 136 624.07
其中：利息支出	36 835 471.98	49 087 342.08
三、营业利润（亏损以"－"号填列）	187 924 176.12	149 498 187.74
加：投资收益（损失以"－"号填列）	720 147.76	30 569 060.76
补贴收入		
营业外收入	306 418.97	216 172.30
减：营业外支出	8 546 120.98	2 890 584.08
四、利润总额（亏损总额以"－"号填列）	180 404 621.87	177 392 836.72
减：所得税（15%）	28 062 066.36	27 281 027.69
五、净利润（净亏损以"－"号填列）	152 342 555.51	150 111 809.03
加：年初未分配利润	1 311 193.79	5 432 927.46
六、可供分配的利润	153 653 749.30	155 544 736.49
减：提取法定盈余公积	15 234 255.55	15 011 180.90
提取法定公益金	7 617 127.78	7 505 590.45
提取职工奖励及福利基金		
提取储备基金		
提取企业发展基金		
利润归还投资		
七、可供投资者分配的利润	130 802 365.97	133 027 965.14
减：应付优先股股利		
提取任意盈余公积	15 234 255.55	22 516 771.35
应付普通股股利	109 200 000.00	109 200 000.00
转作资本（股本）的普通股股利		
八、未分配利润	6 368 110.42	1 311 193.79

（三）现金流量表

现金流量表是以现金及现金等价物为基础编制的财务状况变动表，它为会计报表使用者提供企业一定会计期间内现金和现金等价物流入和流出的信息，以便于报表使用者了解和评价企业现金和现金等价物的能力,并据以预测企业未来的现金流量。其格式如表10-3。

从会计报表的体系来看,现金流量表是联系资产负债表及损益表的纽带,弥补了这两张报表的不足。资产负债表反映的是一定时期末资产、负债和股东权益变化的静态结果,而现金流量表则反映了一定时期内现金流入、流出所引起的资产、负债和股东权益变化的动态过程。损益表反映的是一定时期内的经营成果,而现金流量表则反映了企业盈利过程中产生现金的能力及其情况。故"倘若与其他财务报表的相关信息一起运用的话,现金流量表所提供的信息将有助于投资者、债权人和其他人士:(1)评价企业在未来创造有利的净现金流量的能力;(2)评价企业偿还债务的能力、分派股利的能力、对外融资的需求;(3)确定净收益与相关现金收支之间产生差异的原因;(4)评估当期的现金和非现金投资及理财交易对企业财务状况的影响"。[①]

表10-3 现金流量表

编制单位:云南铝业股份有限公司　　　　2002年12月31日　　　　单位:人民币元

项　目	合并金额
一、经营活动产生的现金流量:	
销售商品、提供劳务收到的现金	1 713 380 936.07
收到的税费返还	269 826.00
收到的其他与经营活动有关的现金	728 190.99
现金流入小计	1 714 378 953.06
购买商品、接受劳务支付的现金	1 224 844 025.09
支付给职工以及为职工支付的现金	
支付的各种税费	66 630 693.64
支付的其他与经营活动有关的现金	15 445 358.29
现金流出小计	1 404 061 958.23
经营活动产生的现金流量净额	310 316 994.83
二、投资活动产生的现金流量:	
收回投资所收到的现金	
取得投资收益所收到的现金	2 137 869.34
处置固定资产、无形资产和其他长期资产而收回的现金净额	−113 980.00
收到的其他与投资活动有关的现金	
现金流入小计	2 023 889.34
购建固定资产、无形资产和其他长期资产所支付的现金	265 790 792.14
投资所支付的现金	
支付的其他与投资活动有关的现金	
现金流出小计	265 790 792.14
投资活动产生的现金流量净额	−263 766 902.80
三、筹资活动产生的现金流量:	
吸收投资所收到的现金	530 423 238.09
借款所收到的现金	434 000 000.00
收到的其他与筹资活动有关现金	6 477 813.57
现金流入小计	970 901 051.66

---

① 美国会计准则委员会第95号财务会计准则说明书。

续表

项　目	合并金额
偿还债务所支付的现金	597 700 000.00
分配股利、利润或偿付利息所支付的现金	149 954 936.58
支付的其他与筹资活动有关的现金	5 452 850.36
现金流出小计	753 107 786.94
筹资活动产生的现金流量净额	217 793 264.72
四、汇率变动对现金的影响	
五、现金及现金等价物净增加额	264 343 356.75

补充资料：

	合并金额
1. 将净利润调节为经营活动的现金流量：	
净利润	152 342 555.51
加：计提的资产减值准备	5 865 346.17
固定资产折旧	103 387 482.68
无形资产摊销	887 605.38
长期待摊费用摊销	1 773 290.64
待摊费用减少(减：增加)	1 269 498.68
预提费用增加(减：减少)	－6 745 994.39
处置固定资产、无形资产和其他长期资产的损失(减：收益)	4 230 152.77
固定资产报废损失	
财务费用	30 513 618.44
投资损失(减：收益)	－720 147.76
递延税款贷项(减：借项)	
存货的减少(减：增加)	－21 978 571.96
经营性应收项目的减少(减：增加)	29 094 337.88
经营性应付项目的增加(减：减少)	10 397 820.79
其他	
经营活动产生的现金流量净额	310 316 994.83
2. 不涉及现金收支的投资和筹资活动：	
债务转为资本	
一年内到期的可转换公司债券	
融资租入固定资产	
3. 现金及现金等价物净增加情况：	
货币资金的期末余额	533 746 120.78
减：货币资金的期初余额	269 402 764.03
加：现金等价物的期末余额	
减：现金等价物的期初余额	
现金及现金等价物净增加额	264 343 356.75

（四）会计报表附表

会计报表附表是指那些对前述三张基本财务报表的某些重大的项目进行补充说明的报表。

前面所谈到的三张基本财务报表，只能提供反映企业基本财务状况的信息。从各国会计的实践来看，企业越来越多地倾向于对基本报表内容予以精炼化、概括化，将大量详细、重要的信息在附表中列示。因此，附表对揭示财务状况正在发挥着越来越重要的作用。

从我国目前情况看，企业对外提供的会计报表附表主要包括利润分配表、资产减值准备明细表、所有者权益（或股东权益）增减变动表、分部报表以及其他有关报表。

（五）会计报表附注

会计报表附注是对会计报表本身无法或难以充分表达的内容和项目所作的补充说明和详细解释。会计报表注释是财务报告不可或缺的组成部分，主要是为了提高表内信息的可理解性。会计报表附注主要包括以下内容：企业的一般情况；不符合会计核算前提的说明；重要会计政策和会计估计以及变更的说明；或有事项的说明；资产负债表日后事项的说明；关联方关系及其交易的说明；重要资产转让及其出售的说明，如转让子公司的情况，以及转让价款、所得收益等；企业合并、分立的说明；会计报表重要项目的说明；收入；有助于理解和分析会计报表需要说明的其他事项。

（六）财务状况说明书

财务状况说明书是对企业一定会计期间内生产经营、资金周转、利润实现及分配等情况的综合性分析报告，是年度财务决算报告的重要组成部分。利用财务状况说明书可以了解企业生产经营和财务活动情况，考核评价其经营业绩。

财务状况说明书主要包括：企业生产经营的基本情况；利润实现、分配及企业亏损情况；资金增减和周转情况；所有者权益（或股东权益）增减变动及国有资本保值增值情况；对企业财务状况、经营成果和现金流量有重大影响的其他事项；针对本年度企业经营管理中存在的问题，新年度拟采取的改进管理和提高经营业绩的具体措施，以及业务发展计划。

三、财务分析应注意的问题

在进行财务分析时，为了确保分析结论的正确性，通常应注意如下问题。

（一）财务报表的真实性问题

财务报表失真是企业的管理层和会计人员违反会计法律、法规，为了小集团甚至个人利益而编造利润，粉饰经营业绩，或者掩盖真实财务情况。它产生的动因一是经济利益驱动，二是政治利益驱动。前者主要表现为：为企业业绩考核而弄虚作假，为获取金融机构贷款而弄虚作假，为在资本市场上"圈钱"而弄虚作假，为偷税漏税而弄虚作假。后者主要表现为：为个人职位升迁而弄虚作假，为追逐荣誉、树立形象而弄虚作假。

常见的粉饰财务报告的方法有：

（1）多计存货价值，虚减销售成本。对存货成本或评估故意计算错误以增加存货价值，从而降低销售成本，增加营业利益。或虚列存货，以隐瞒存货减少的事实。

（2）多计应收账款。虚列销售收入，导致应收账款虚列；或应收账款少提备抵坏账，导致应收账款净变现价值虚增。

（3）多计固定资产。例如少提折旧、收益性支出列为资本性支出、利息资本化不当、固定资产虚增等。

（4）费用任意递延。例如将研究开发支出列为递延资产；或将一般性广告费、修缮维护费用等递延。

（5）漏列负债。例如漏列对外欠款或低估应付费用。

（6）虚增销售收入。会计期间划分不确定，或会计原则适用错误，导致提前确认销售收入；或虚列销售收入交易事项，以增加利益。

（7）隐瞒重要事项的揭露。例如重大诉讼案、补税、借款的限制条款、关系人交易、或有负债、会计方法改变等，未予适当揭露。

只有以真实的财务报表为分析依据，才能得出正确的分析结论。因此，财务分析人员通常要注意以下与此有关的问题：

（1）要注意财务报告是否规范。不规范的财务报告，其真实性也应受到怀疑。

（2）要注意财务报告是否有遗漏。遗漏违背了充分披露原则，很可能是在不想讲真话，也不能说假话的情况下产生的。

（3）要注意分析数据的反常现象。如无合理的反常原因，则要考虑数据的真实性和一贯性是否有问题。

（4）要注意审计报告的意见和注册会计师的信誉。

（二）注意报表本身的局限性问题

财务报表是会计的产物，会计有特定的假设前提，并要执行统一的规则。我们只能在规范意义上使用报表数据进行分析，不能认为报表揭示了企业的全部实际情况。

财务报表的局限性包括：

（1）以历史成本报告资产，不代表其现行成本或变现价值。

（2）假设币值不变，不按通货膨胀率和物价水平调整。

（3）稳健原则要求预计损失而不预计收益，有可能夸大费用，少计收益和资产。

（4）按年度分期报告，只报告了短期信息，不能提供反映长期潜力的信息。

（三）企业会计政策的不同选择影响可比性

对同一会计事项的账务处理，会计准则允许使用几种不同的规则和程序，企业可以自行选择。例如，存货的计价方法、折旧方法、所得税费用的确认方法、对外投资收益的确认方法等。

一般来说，企业财务报表附注中对会计政策的选择会有一定的表述。财务分析人员应当研读报表附注对会计政策选择的说明，完成可比性的调整工作。

（四）比较基础问题

进行财务分析时，常常要将两个或几个有关的数据加以比较，以揭示差异和矛盾。作为比较基础的有经验数据、本企业历史数据、同行业数据和本企业计划预算数据。其中,经验数据和计划预算数据均带有一定的主观性。过去被实践证明是比较合理的经验数据,随着时间和经济环境的变化可能变得不太合理了。将实际数据与计划预算进行差异分析时,如果计划偏高,企业难以完成,如果计划偏低,企业轻易超额完成,这都是计划预算数据本身缺乏科学性造成的。所以进行财务分析时,对比较基础要准确理解,切忌简单化和绝对化,以免判断失误。

(五) 非货币信息的使用

诸如企业的财务状况及发展前景等问题,有些是难以用货币来表示的。但是,这些非货币信息对企业的信息使用者来说往往比货币信息更重要。例如,两个财务状况相同(从报表信息看)的同类企业,一个处于上升期,另一个则处于下滑期。它们只是在上升和下滑的过程中的某一时点表现为相同的财务状况。但是,这种上升和下滑的趋势就不一定能从报表中反映出来,特别是无法从一个会计年度的报表信息中体现。因此,财务分析人员应特别注意对企业的非货币信息的收集和分析。

企业的非货币信息主要包括以下几个方面的内容:
(1) 企业经理人员对财务报告的评论。
(2) 注册会计师审计报告的措辞。
(3) 资产的构成及保值增值情况。
(4) 利润表中非常项目和其他项目在数量上的对比关系。
(5) 企业或有负债和资产负债表上现实负债的数量对比关系。
(6) 企业的股利发放政策。
(7) 企业产品的市场状况和发展趋势。
(8) 企业的公众声誉。
(9) 企业的雇员周转率等。

(六) 定性分析与定量分析相结合

财务分析方法应该将定性分析与定量分析相结合。在进行财务分析时,既要借助文字语言工具来归纳、分解各种技术经济指标,阐述各种经济指标的含义及其质的变化,还要借助数学语言工具表达各种技术经济指标的规模和水平,说明计划要求与实际状况之间的关系,判定各种因素对经济指标的影响程度。

第二节 财务分析的主要方法

一、财务比率分析法

财务比率分析,是将会计报表中的相关项目的金额进行对比,得出一系列具有一定意义的财务比率,以此来揭示、分析企业的经营业绩和财务状况。所谓的相关项目,可以取自同一张会计报表,也可以取自两张不同的会计报表,然而不论如何选择,都要求各项目之间存在一定的逻辑关系,这样比率分析才有经济意义。比率分析的应用非常广泛,可供分析的指标种类繁多。会计报表的用户根据自己的需要会选择不同的比率指标进行分析。本书将在以下篇幅着重讨论人们普遍关注并采用的比率指标。具体说来,可分为四类:分析偿债能力的比率,分析运营能力的比率,分析盈利能力的比率和分析发展能力的比率。

(一)偿债能力分析

偿债能力是指企业偿还债务(包括本息)的能力。偿债能力分析包括短期偿债能力分析和长期偿债能力分析。

1. 短期偿债能力分析

短期偿债能力是指企业流动资产对流动负债及时足额偿还的保证程度,是衡量企业当前财务能力,特别是流动资产变现能力的重要标志。企业短期偿债能力的衡量指标主要有流动比率,速动比率和现金流动负债比率三项。

(1)流动比率。

流动比率是企业一定时期流动资产同流动负债的比率。其计算公式为

$$流动比率 = 流动资产 / 流动负债 \qquad (10-1)$$

其中:流动资产指企业可以在一年或超过一年的一个经营周期内变现或被耗用的资产;流动负债是指偿还期限在一年或者超过一年的一个营业周期以内的债务。

流动比率衡量企业资金流动性的大小,充分考虑流动资产规模与流动负债规模之间的关系,判断企业短期债务到期前,可以转化为现金用于偿还流动负债的能力。该指标越高,表明企业流动资产流转得越快,偿还流动负债的能力越强。但须注意,该指标若过高,说明企业的资金利用效率比较低下,对企业的生产经营也不利,故保持在2比较好。一般而言,如果行业生产周期较长,则企业的流动比率也应相应提高;如果行业生产周期较短,则企业流动比率则可相对降低。在实际操作时,应将该指标与行业平均水平比较分析。

(2)速动比率。

速动比率是指企业一定时期的速动资产同流动负债的比率。其计算公式为

$$速动比率 = 速动资产 / 流动负债 \qquad (10-2)$$

其中:速动资产是指扣除存货后流动资产的数额,速动资产=流动资产-存货;流动负债含义同上。

速动比率是流动比率的补充,是在分子剔除了流动资产中变现力最差的存货后,计算的企业实际短期债务偿还能力,较为准确。该指标越高,表明企业偿还流动负债的能力越强。一般该指标保持在1的水平较好,表明企业既有好的债务偿还能力,又有合理的流动资产结构。由于行业差异,速动比率合理水平值也存在差异。因此,在实际运用中,应结合行业特点分析判断。

(3)现金流动负债比率。

现金流动负债比率是企业一定时期的经营现金净流入同流动负债的比率,计算公式为

$$现金流动负债比率 = 年经营现金流入 / 年末流动负债 \times 100\% \qquad (10-3)$$

其中:年经营现金净流入指一定时期内,由企业经营活动所产生的现金及其等价物的流入量与流出量的差额。流动负债含义同上。

现金流动负债比率是从现金流入和流出的动态角度对企业偿债能力进行考察。由于有利润的年份不一定有足够的现金来偿还债务,所以利用以收付实现制为基础的现金流动负债比率指标,能充分体现企业经营活动所产生的现金净流入,可以在多大程度上保证当期流动负债的偿还,直观地反映出企业偿还流动负债的实际能力。使用该指标评价企业偿债能力更为谨慎。该指标较大,表明企业经营活动产生的现金净流入较多,能够保障企业按时偿还到期债务。但也不是越大越好,太大则表示企业流动资金利用不充分,收益能力不强。

2. 长期偿债能力分析

长期偿债能力,是指企业偿还长期负债的能力。企业长期偿债能力的衡量指标主要有资产负债率、产权比率和已获利息倍数。

(1) 资产负债率。

资产负债率是指企业一定时期负债总额同资产总额的比率。资产负债率表示企业总资产中有多少是通过负债筹集的,是评价企业负债水平的综合指标。其计算公式为

$$\text{资产负债率} = \text{负债总额} / \text{资产总额} \times 100\% \tag{10-4}$$

其中:负债总额是指企业承担的各项短期负债和长期负债和递延税款贷项的总和;资产总额是指企业拥有各项资产价值的总和。

资产负债率是衡量企业负债水平及风险程度的重要判断标准。该指标不论对企业投资人还是对企业债权人都十分重要。适度的资产负债率既能表明企业投资人、债权人的投资风险较小,又能表明企业经营安全、稳健、有效,具有较强的筹资能力。

根据比较保守的经验判断资产负债率一般为不高于 50%,国际上一般公认 60% 比较好。但在企业管理实践中,难以简单用资产负债率为高或低来判断负债状况的优劣,因为过高的负债率表明企业财务风险太大,过低的负债率则表明企业对财务杠杆利用不够。所以,实际分析时,应结合国家总体经济状况、行业发展趋势、企业所处竞争环境等具体条件进行客观判定。

(2) 产权比率。

产权比率是指负债总额与所有者权益的比率,是企业财务结构稳健与否的标志,又称为资本负债率。它反映了企业所有者权益对债权人权益的保障程度。其计算公式为

$$\text{产权比率} = \text{负债总额} / \text{股东权益} \times 100\% \tag{10-5}$$

其中:负债总额含义同上;股东权益即净资产,是指公司总资产中扣除负债所余下的部分,包括实收资本、资本公积、盈余公积和未分配利润。

一般情况下,产权比率越低,表明企业的长期偿债能力越强,债权人权益的保障程度越高,承担的风险越小,但企业不能充分地发挥负债的财务杠杆效应。所以,企业在评价产权比率适度与否时,应从提高获利能力与增强偿债能力两个方面综合进行,即在保障债务偿还安全的前提下,应尽可能提高产权比率。

(3) 已获利息倍数。

已获利息倍数是企业一定时期息税前利润与利息支出的比值。其计算公式为

$$\text{已获利息倍数} = \text{息税前利润} / \text{利息支出} \tag{10-6}$$

其中:息税前利润是指企业当年实现的利润总额与利息支出的合计数;利润总额是指企业实现的全部利润,包括企业当年营业利润、投资收益、补贴收入、营业外收支净额等项内容,如为亏损,以"-"号表示;利息支出是指企业在生产经营过程中实际支出的借款利息、债券利息等。

已获利息倍数指标反映了当期企业经营收益是所需支出的债务利息的多少倍,从偿债资金来源角度考察企业债务利息的偿还能力。如果已获利息倍数适当,表明企业偿付债务利息的风险较小。该指标越高,表明企业的债务偿还越有保证;相反,则表明企业没有足够资金偿还债务利息,企业偿债能力低下。一般情况下,该指标若大于1,则表明企业负债经营能够赚取比资金成本更高的利润,但这仅表明企业能够维持经营,还远远不够;若小于1,则表明企业无力赚取大于资金成本的利润,企业债务风险很大。

(二) 营运能力分析

营运能力分析是指对企业资金周转状况进行的分析,通常说来,资金周转得越快,说明资金利用率越高,企业的经营管理水平也越好。

营运能力分析包括分析应收账款周转率、存货周转率、流动资产周转率以及总资产周转率。

1. 应收账款周转率

应收账款周转率是企业一定时期内主营业务收入净额同平均应收账款余额的比率。其计算公式为

$$\text{应收账款周转率} = \text{主营业务收入净额} / \text{应收账款平均余额} \qquad (10\text{-}7)$$

其中:主营业务收入净额是指企业当期销售产品、商品、提供劳务等主要经营活动取得的收入减去销售折扣与折让后的数额;应收账款是指企业因赊销产品、材料、物资和提供劳务而应向购买方收取的各种款项;应收账款余额=应收账款账面价值+坏账准备;应收账款平均余额=(应收账款余额年初数+应收账款余额年末数)/2。

应收账款周转率反映了企业应收账款的流动速度,即企业本年度内应收账款转为现金的平均次数。用时间表示的周转速度称为平均应收账款回收期,即应收账款周转天数,其计算方法为:应收账款周转天数=(360×平均应收账款)/销售(营业)收入。一般来说,应收账款周转率越高,平均收现期越短,说明应收账款的收回越快;否则,说明企业的营运资金过多地呆滞在应收账款上,将影响资金的正常周转。由于季节性经营、大量采用分期收款或现金方式结算等都可能使本指标失实,所以,应结合企业前后期间、行业平均水平进行综合评价。

应收账款周转分析的目的在于促进企业通过合理制定赊销政策、严格销货合同管理、及时结算等途径加强应收账款的前后期管理,加快应收账款回收速度,用活企业营运资金。

2. 存货周转率

存货周转率是企业一定时期主营业务成本与平均存货的比率。其计算公式为

$$\text{存货周转率} = \text{主营业务成本} / \text{存货平均余额} \qquad (10\text{-}8)$$

其中:主营业务成本是指企业销售产品、商品或提供劳务等经营业务的实际成本。

存货余额是指企业存货账面价值与存货跌价准备之和,存货余额=存货账面价值+存货跌价准备。存货账面价值指企业期末各种存货的可变现净值。存货跌价准备指存货可变现净值低于存货成本的部分。存货平均余额是存货余额年初数与年末数的平均值,即存货平均余额=(存货余额年初数+存货余额年末数)/2。

存货周转率是评价企业从取得存货、投入生产到销售收回(包括现金销售和赊销)等各环节管理状况的综合性指标,用于反映存货的周转速度,即存货的流动性及存货资金占用量的合理与否。存货周转率用时间表示称为存货周转天数,计算方法是:存货周转天数=(平均存

货×360)/销售成本。存货周转率在反映存货周转速度、存货占用水平的同时,一定程度上也反映了企业的销售实现的快慢。一般情况下,该指标越高,表示企业资产由于销售顺畅而具有较高的流动性,存货转换为现金或应收账款的速度快,存货占用水平低。运用本指标时,还应综合考虑进货批量、生产销售的季节性变动以及存货结构等因素。

存货周转分析的目的在于针对存货管理中存在的问题,促使企业在保证生产经营连续性的同时,提高资金的使用效率,增强企业的短期偿债能力。

3. 流动资产周转率

流动资产周转率是指企业一定时期主营业务收入净额同平均流动资产总额的比值。其计算公式为

$$流动资产周转率 = 主营业务收入净额 / 平均流动资产总额 \qquad (10-9)$$

其中:主营业务收入净额含义同上;平均流动资产总额是指企业流动资产总额的年初数与年末数的平均值,平均流动资产总额=(流动资产年初数+流动资产年末数)/2。

流动资产周转率反映了企业流动资产的周转速度,是从企业全部资产中流动性最强的流动资产角度对企业资产的利用效率进行分析,以进一步揭示影响企业资产质量的主要因素。一般情况下,该指标越高,表明企业流动资产周转速度越快,利用越好。在较快的周转速度下,流动资产会相对节约,其意义相当于流动资产投入的扩大,在某种程度上增强了企业的盈利能力;而周转速度慢,则需补充流动资金参加周转,形成资金浪费,降低了企业盈利能力。

4. 总资产周转率

总资产周转率是指企业一定时期主营业务收入净额同平均资产总额的比值。其计算公式为

$$总资产周转率 = 主营业务收入净额 / 平均资产总额 \qquad (10-10)$$

其中:主营业务收入净额含义同上;平均资产总额是指企业资产总额年初数与年末数的平均值。平均资产总额=(资产总额年初数+资产总额年末数)/2。

总资产周转率是考察企业资产运营效率的一项重要指标,体现企业经营期间全部资产从投入到产出周而复始的流转速度,反映企业全部资产的管理质量和利用效率。由于该指标是一个包容性较强的综合指标,因此,从因素分析的角度来看,它要受到流动资产周转率、应收账款周转率和存货周转率等指标的影响。该指标通过当年已实现销售价值与全部资产比较,反映出企业一定时期的实际产出质量及对每单位资产实现的价值补偿。通过该指标的对比分析,不但能够反映出企业本年度及以前年度总资产的运营效率及其变化,而且能发现企业与同类企业在资产利用上存在的差距,促进企业挖掘潜力、积极创收、提高产品市场占有率、提高资产利用效率。一般情况下,该指标数值越高,周转速度越快,销售能力越强,资产利用效率越高。

(三)盈利能力分析

盈利能力就是企业赚取利润的能力。不论是投资人、债权人还是企业经理人员,都日益重视和关心企业的盈利能力。

一般来说,企业的盈利能力只涉及正常的营业状况。非正常的营业状况,也会给企业带来收益或损失,但只是特殊情况下的个别结果,并不能说明企业的能力。因此,在分析企业盈利能力时,应当排除证券购买等非正常项目、已经或将要停止的营业项目、重大事故和法律更改等特别项目、会计准则和财务制度变更带来的累积影响等因素。

反映企业盈利能力的指标很多,通常使用的有销售毛利率、销售净利率、总资产报酬率和净资产收益率。

1. 总资产报酬率

总资产报酬率是指企业一定时期内获得的报酬总额与平均资产总额的比率,表示企业包括净资产和负债在内的全部资产的总体获利能力,是评价企业资产运营效益的重要指标。其计算公式为

$$总资产报酬率 = 息税前利润总额 / 平均资产总额 \times 100\% \qquad (10-11)$$

其中:息税前利润总额是指企业当年实现的利润总额与利息支出的合计数,息税前利润等于利润总额与实际利息支出之和;利润总额、利息支出及平均资产总额含义同上。

总资产报酬率表示企业全部资产获取收益的水平,全面反映企业的获利能力和投入产出状况。通过对该指标的深入分析,可以增强各方面对企业资产经营的关注,促进企业提高单位资产的收益水平。一般情况下,企业可据此指标与市场资本利率进行比较,如果该指标大于市场利率,则表明企业可以充分利用财务杠杆,进行负债经营,获取尽可能多的收益。该指标越高,表明企业投入产出的水平越好,企业的资产运营越有效。

2. 净资产收益率

净资产收益率是指企业一定时期内的净利润同平均净资产的比率,净资产收益率充分体现了投资者投入企业的自有资本获取净收益的能力,突出反映了投资与报酬的关系,是评价企业资本经营效益的核心指标。其计算公式为

$$净资产收益率 = 净利润 / 平均净资产 \times 100\% \qquad (10-12)$$

其中:净利润是指企业的税后利润,即利润总额扣除应交所得税后的净额,是未作任何分配的数额,受各种政策等其他人为因素影响较少,能够比较客观、综合地反映企业的经济效益,准确体现投资者投入资本的获利能力;平均净资产是企业年初所有者权益同年末所有者权益的平均数,平均净资产=(所有者权益年初数+所有者权益年末数)/2;净资产包括实收资本、资本公积、盈余公积和未分配利润。

净资产收益率是评价企业自有资本及其积累获取报酬水平的最具综合性与代表性的指标,又称权益净利率,反映企业资本运营的综合效益。该指标通用性强,适应范围广,不受行业局限。通过对该指标的综合对比分析,可以确定企业获利能力在同行业中所处的位置,以及与同类企业的差异水平。一般认为,企业净资产收益率越高,企业自有资本获取收益的能力越强,运营效益越好,对企业投资人、债权人的保证程度也越高。

3. 资本保值增值率

资本保值增值率是指企业本年末所有者权益扣除客观增减因素后同年初所有者权益的比率。资本保值增值率表示企业当年资本在企业自身努力下的实际增减变动情况,是评价企业效益状况的辅助指标。其计算公式为

$$资本保值增值率 = (扣除客观因素后的年末所有者权益 / 年初所有者权益) \times 100\%$$
$$(10-13)$$

其中:本年末所有者权益扣除的客观增减因素,是指《国有资本保值增值结果计算与确认办法》(财统字[2000]2号)等规定的客观因素,具体包括国家资本金及其权益因客观因素增加额和国家资本金及其权益因客观因素减少额两大类。年初所有者权益含义同上。

资本保值增值率是根据"资本保全"原则设计的指标,更加谨慎、稳健地反映了企业资本保

全和增值状况,也充分体现了经营者的主观努力程度和利润分配中的积累情况。该指标反映了投资者投入企业资本的保全性和增长性,因此该指标越高,表明企业的资本保全状况越好,所有者的权益增长越快。一般来说,该指标应大于100%。如果该指标小于100%,则表明企业资本受到侵蚀,没有实现资本保全,损害了所有者的权益,妨碍了企业进一步发展壮大,应予充分重视。

4. 主营业务利润率

主营业务利润率是指企业一定时期主营业务利润同主营业务收入净额的比率。它表明企业每单位主营业务收入能带来多少主营业务利润,反映了企业主营业务的获利能力,是评价企业经营效益的主要指标。其计算公式为

$$主营业务利润率 = (主营业务利润 / 主营业务收入净额) \times 100\% \quad (10-14)$$

其中:主营业务利润是指企业主营业务收入扣除主营业务成本、主营业务税金及附加、经营费用后的利润,不包括其他业务利润、投资收益、营业外收支等因素;主营业务利润是企业全部利润中最为重要的部分,是影响企业整体经营成果的主要因素;主营业务收入净额含义同上。

主营业务利润率是从企业主营业务的盈利能力和获利水平方面对资本金收益率指标的进一步补充,体现了企业主营业务利润对利润总额的贡献,以及对企业全部收益的影响程度。该指标反映了企业经营活动最基本的获利能力,没有足够大的主营业务利润率就无法形成企业的最终利润。为此,结合企业的主营业务收入和主营业务成本分析,能够充分反映出企业成本控制、费用管理、产品营销、经营策略等方面的不足与成绩。该指标越高,说明企业产品或商品定价科学,产品附加值高,营销策略得当,主营业务市场竞争力强,发展潜力大,获利水平高。

5. 盈余现金保障倍数

盈余现金保障倍数是企业一定时期经营现金净流量同净利润的比值。盈余现金保障倍数指标反映了企业当期净利润中现金收益的保障程度,真实地反映了企业盈余的质量。其计算公式为

$$盈余现金保障倍数 = 经营现金净流量 / 净利润 \quad (10-15)$$

其中:经营现金净流量指一定时期内,由企业经营活动所产生的现金及其等价物的流入量与流出量的差额;净利润含义同上。

盈余现金保障倍数是从现金流入和流出的动态角度,对企业收益的质量进行评价,对企业的实际收益能力进行再次修正。该指标在收付实现制基础上,充分反映出企业当期净收益中有多少是有现金保障的,挤掉了收益中的水分,体现出企业当期收益的质量状况,同时,减少了权责发生制会计对收益的操纵。一般而言,当企业当期净利润大于0时,该指标应当大于1。该指标越大,表明企业经营活动产生的净利润对现金的贡献越大。但是,由于指标分母变动较大,致使该指标的数值变动也较大,故该指标应根据企业实际效益状况有针对性地进行分析。

6. 成本费用利润率

成本费用利润率是企业一定时期的利润总额同企业成本费用总额的比率。成本费用利润率表示企业为取得利润而付出的代价,从企业支出方面补充评价企业的收益能力。其计算公式为

$$成本费用利润率 = 利润总额 / 成本费用总额 \times 100\% \quad (10-16)$$

其中:成本费用总额是指企业主营业务成本、营业费用、管理费用、财务费用之和。未执行

新《企业会计制度》的企业,成本费用总额是指主营业务成本、经营费用、管理费用、财务费用之和。利润总额含义同上。

成本费用利润率是从企业内部管理等方面,对资本收益状况的进一步修正。该指标通过企业收益与支出直接比较,客观评价企业的获利能力。该指标从耗费角度补充评价企业收益状况,有利于促进企业加强内部管理,节约支出,提高经营效益。该指标越高,表明企业为取得收益所付出的代价越小,企业成本费用控制得越好,企业的获利能力越强。

(四) 发展能力分析

发展能力是企业在生存的基础上,扩大规模、壮大实力的潜在能力。分析发展能力主要有五个比率:销售(营业)增长率、资本积累率、三年销售平均增长率和三年资本平均增长率。

1. 销售(营业)增长率

销售(营业)增长率是指企业主营业务收入增长额同上年主营业务收入总额的比率。销售(营业)增长率反映较之上年,企业主营业务收入的增减变动情况,是评价企业成长状况和发展能力的重要指标。其计算公式为

$$销售(营业)增长率 = (本年主营业务收入增长额 / 上年主营业务收入总额) \times 100\% \quad (10-17)$$

其中:本年主营业务收入增长额是企业本年主营业务收入与上年主营业务收入的差额,本年主营业务收入增长额=本年主营业务收入-上年主营业务收入(如本年主营业务收入低于上年,本年主营业务收入增长额用"-"表示);上年主营业务收入总额指企业上年全年主营业务收入总额。

销售(营业)增长率是衡量企业经营状况和市场占有能力、预测企业经营业务拓展趋势的重要标志,也是企业扩张增量和存量资本的重要前提。不断增加主营业务收入,是企业生存的基础和发展的条件。该指标若大于0,表示企业本年的销售(营业)收入有所增长,指标值越高,表明增长速度越快,企业市场前景越好;若该指标小于0,则表明企业或是产品不适销对路、质次价高,或是在售后服务等方面存在问题,产品销售不出去,市场份额萎缩。该指标在实际操作时,应结合企业历年的主营业务水平、企业市场占有情况、行业未来发展及其他影响企业发展的潜在因素进行前瞻性预测,或者结合企业主营业务收入增长率作出趋势性分析判断。

2. 资本积累率

资本积累率是指企业本年所有者权益增长额同年初所有者权益的比率。其计算公式为

$$资本积累率 = 本年所有者权益增长额 / 年初所有者权益 \times 100\% \quad (10-18)$$

其中:本年所有者权益增长额是指企业本年所有者权益与上年所有者权益的差额,本年所有者权益=所有者权益年末数-所有者权益年初数;年初所有者权益指所有者权益的年初数。

资本积累率是企业当年所有者权益总的增长率,反映企业所有者权益在当年的变动水平。该指标体现了企业资本的积累情况,是企业发展强盛的标志,也是企业扩大再生产的源泉,展示了企业的发展潜力,还反映了投资者投入企业资本的保全性和增长性。该指标越高,表明企业的资本积累越多,企业资本保全性越强,应付风险、持续发展的能力越大。该指标如为负值,表明企业资本受到侵蚀,所有者利益受到损害,应予充分重视。

3. 三年资产平均增长率

三年资本平均增长率表示企业资本连续三年的积累情况,在一定程度上反映了企业的持

续发展水平和发展趋势。其计算公式为

$$三年资本平均增长率 = (\sqrt{年末所有者权益总额 / 三年前年末所有者权益总额} - 1) \times 100\% \tag{10-19}$$

其中:年末所有者权益总额含义同上;三年前年末所有者权益是指企业三年前所有者权益的年末数,如评价 2002 年企业绩效状况,三年前所有者权益年末数是指 1999 年年末数。

一般增长率指标在分析时具有"滞后"性,且仅反映当期情况,而该指标却能够反映企业资本积累或资本扩张的历史发展状况,以及企业稳步发展的趋势。该指标越高,表明企业所有者权益得到的保障程度越大,企业可以长期使用的资金越充足,抗风险和持续发展的能力越强。

4. 三年销售平均增长率

三年销售平均增长率表明企业主营业务连续三年的增长情况,体现企业的持续发展态势和市场扩张能力。其计算公式为

$$三年销售平均增长率 = (\sqrt{当年主营业务收入总额 / 三年前年末主营业务收入总额} - 1) \times 100\% \tag{10-20}$$

其中:当年主营业务收入总额含义同上。

三年前年末主营业务收入总额是指企业三年前主营业务收入的总额数,如评价企业 2002 年的绩效状况,则三年前主营业务收入总额是指 1999 年的主营业务收入总额。

主营业务收入是企业积累和发展的基础。该指标越高,表明企业积累的基础越牢,可持续发展能力越强,发展的潜力越大。利用三年销售平均增长率指标,能够反映企业的主营业务增长趋势和稳定程度,体现企业的连续发展状况和发展能力,避免因少数年份业务波动而对企业发展潜力的错误判断。该指标越高,也表明企业主营业务持续增长势头越好,市场扩张能力越强。

5. 技术投入比率

技术投入比率是指企业当年技术转让费支出与研究开发的实际投入之和与当年主营业务收入的比率,该指标从企业的技术创新方面反映了企业的发展潜力和可持续发展能力。其计算公式为

$$技术投入比率 = 当年技术转让费支出与研发投入 / 当年主营业务收入净额 \times 100\% \tag{10-21}$$

其中:当年技术转让费支出与研发投入是指企业当年研究开发新技术、新工艺等具有创新性质项目的实际支出,以及购买新技术实际支出列入当年管理费用的部分;主营业务收入净额含义同上。

(五)上市公司特殊财务比率

前面讨论的比率是评价企业财务状况的基本比率。就上市公司而言,信息使用者还应关注与每股普通股有关的比率。与上市公司有关的比率主要有如下几项。

1. 每股盈余

每股盈余,也称每股盈利、每股收益,反映企业一定时期平均对外发行的每股股份所享有的净利润。

$$每股盈余 = 可供普通股股东分配的净收益 / 年末普通股股份总数 \tag{10-22}$$

其中:可供普通股股东分配的净收益是指扣除优先股股利后的净利润。

一般来说,每股盈余指标越高,在利润质量较好的情况下,表明股东的投资效益越好,股东获取较高股利的可能性也越大。这个指标是普通股股东最关心的指标之一,它直接影响了公司支付普通股股利的多少,如果没有足够的收益就不能支付股利。当然,股利的实际支付还要受公司的现金状况的影响。

2. 每股股利

在此仅考虑普通股的情况。每股股利是指股利总额与期末普通股股份总数之比。其计算公式为

$$每股股利 = 股利总额 / 年末普通股股份总数 \quad (10\text{-}23)$$

其中:股利总额是指用于分配普通股现金股利的总额。

3. 股票收益率

股票收益率,是企业普通股每股股利与普通股每股市价间的比率,其计算公式为

$$股票收益率 = 普通股每股股利 / 普通股每股市价 \times 100\% \quad (10\text{-}24)$$

从股票收益率的计算公式中分子与分母的构成可以看出,股票价格的波动和股利水平的任何变化均会导致股票收益率的变化。它粗略地计量了如果当年投资当年收回的情况下收益的比率。

4. 市盈率

市盈率是指普通股每股市价为每股盈余的倍数,其计算公式为

$$市盈率 = 普通股每股市价 / 普通股每股盈余 \quad (10\text{-}25)$$

市盈率反映市场对公司的期望的指标,比率越高,市场对公司的未来越看好。但由于市盈率与公司的增长率相关,不同行业的增长率不同,在不同行业的公司之间比较这个比率没有意义。同时,会计利润受到各种公认会计政策的影响,又使市盈率在公司间的比较发生困难。

5. 股利支付率

股利支付率是每股股利和每股盈余的比例,即

$$股利支付率 = 普通股每股股利 / 普通股每股盈余 \times 100\% \quad (10\text{-}26)$$

股利支付率反映普通股股东从全部获利中实际可获取的股利份额。单纯从股东的眼前利益讲,此比率越高,股东所获取的回报越多。可以通过该比率分析公司的股利政策,因为股票价格会受股利的影响,公司为了稳定股票价格可能采取不同的股利政策。我国的情况比较特殊,通常支付现金股利的公司股票不会迅速增长,配股或者送股的公司股票价格反而会上涨很多,这与其他国家的情况有很大不同。

6. 每股净资产

每股净资产是企业的期末净资产与年末普通股股份总数之比,即

$$每股净资产 = 年末净资产 / 年末普通股股数 \quad (10\text{-}27)$$

每股净资产在理论上提供了企业普通股每股的最低价格。

7. 股利保障倍数

这一比率是指用利润金额和股利成本所进行的比较。这是安全性的一种计量,显示股利和盈利的关系,并反映盈利超过股利的情况。据此,信息使用者可以分析在什么条件下公司的盈利仍能保障目前股利的分配。

$$股利保障倍数 = 普通股每股盈余 / 普通股每股股利 \quad (10\text{-}28)$$

股利保障倍数反映了企业的净利润与股利支付数间的比例关系。此比率越大,表明企业

留存的利润越多。如果资产质量比较好，企业有好的投资项目，将利润更多地留作投资资金，则有利于企业将来的发展，而企业未来的发展潜力越大，越有利于公司股东。

二、趋势分析法

趋势分析是指通过比较企业连续数期的会计报表，了解企业经营成果与财务状况的变化趋势，并以此来预测企业未来经营成果与财务状况。在趋势分析中经常会用到比较会计报表这种形式。它是将两期或两期以上的会计报表所提供的信息并行予以列示，互相比较，以便揭示差距，寻找原因，进而预测变化趋势。一般来说，趋势分析主要应用于会计报表的横向比较和会计报表的纵向比较。

（一）横向比较法

横向比较法又称水平分析法，是最简单的一种分析方法。具体分析方法是：将某特定企业连续若干会计年度的报表资料在不同年度间进行横向对比，确定不同年度间的差异额或差异率，以分析企业各报表项目的变动情况及变动趋势。横向比较法有两种方法：比较分析法和定基百分比分析。

1. 比较分析法

比较分析法是将企业连续两个会计年度的财务报表进行比较分析，旨在找出单个项目各年之间的不同，以便发现某种趋势。在进行比较分析时，除了可以针对单个项目研究其趋势，还可以对特定项目之间的关系进行分析，以揭示出隐藏的问题。

【例 10-1】以 A 公司为例，来说明财务报表的比较分析，见表 10-4 所示。

表 10-4 比较利润表（比较分析）

编制单位：A公司　　　　　　　　　　　　　　　　　　　　　　　　　单位：万元

项　目	2003 年 ①	2004 年 ②	差异（金额）③=②-①	差异（百分比%）④=③÷①
一、主营业务收入	1 500	1 600	100	6.67
减：主营业务成本	720	800	80	11.11
主营业务税金及附加	60	64	4	6.67
二、主营业务利润	720	736	16	2.22
加：其他业务利润				
减：营业费用	60	66	6	10
管理费用	90	130	40	44.44
财务费用	16	32	16	100
三、营业利润	554	508	−46	−8.3
加：投资收益	10	15	5	50
补贴收入				
营业外收入	8	10	2	25
减：营业外支出	25	28	3	12
四、利润总额	547	505	−42	−7.68
减：所得税（30%）	164.1	151.5	−12.6	−7.68
五、净利润	382.9	353.5	−29.4	−7.68

从表 10-4 可以看出:主营业务收入增长 6.67%,但由于主营业务成本增长 11.11% 高于主营业务收入增长 6.67%,使主营业务利润仅增长 2.22%;管理费用、财务费用分别上涨 44.44% 和 100%,营业费用增长 10%,导致了营业利润的下降 8.3%;直接投资增长 50%、营业外收入增长 25%,但由于投资收益和营业外收入所占比例不大,使企业利润总额及净利润最终减小的幅度为 7.68%。

2. 定基百分比分析

当比较 3 年以上的财务报表时,比较分析法就变得很麻烦,于是就产生了定基百分比分析。定基百分比分析的具体方法是:在分析连续几年的财务报表时,选取一年的报表作为基期报表,将基期报表上各项数据的指数均定为 100,把其他各年度会计报表的数据也均转换为基期数据的百分数,然后比较分析相对数的大小,查明各项目的变化趋势。

$$比较年度的指数 = (比较年度的数据 / 基期的数据) \times 100\% \quad (10-29)$$

【例 10-2】表 10-5 是 B 公司的定基百分比比较利润表。

表 10-5 B 公司比较利润表(定基百分比分析)

项 目	2002	2003	2004
一、主营业务收入	100(200)	120(240)	150(300)
减:主营业务成本	100(100)	160(160)	125(125)
主营业务税金及附加	100(16)	1000(16)	125(20)
二、主营业务利润	100(84)	64(64)	184.5(155)
加:其他业务利润	100(8)	125(10)	175(14)
减:营业费用	100(20)	110(22)	100(20)
管理费用	100(20)	110(22)	100(20)
财务费用	100(8)	100(8)	100(8)
三、营业利润	100(44)	50(22)	275(121)
加:投资收益	100(50)	12(6)	12(6)
补贴收入	100(2)	100(2)	100(2)
营业外收入	100(6)	100(6)	100(6)
减:营业外支出	100(2)	100(2)	100(2)
四、利润总额	100(100)	34(34)	133(133)
减:所得税(30%)	100(30)	34(10.2)	133(39.9)
五、净利润	100(70)	34(23.8)	133(93.1)

注:括号内为报表的原始数据。

从表 10-5 可以看出:B 公司主营业务收入稳定增长,但主营业务成本在 2003 年出现过大的上涨,导致主营业务利润下降。投资收益在 2002 年很大,以后两年均只有 2002 年的 12%,说明 2002 年获得高额投资收益只是一种非常情况。公司其他收入和费用支出较平稳,没有大的变动。公司净利润波动很大,2003 年净利润只有 2002 年的 34%,主要受主营业务利润下降和投资收益下降双重因素的影响。

(二) 纵向比较法

纵向比较法又称垂直分析法,是将常规的会计报表换算成结构百分比形式的报表,然后将本期和前一期或前几期的结构百分比报表汇编在一起,逐项比较,查明各特定项目在不同年度所占的比重变化情况,并进一步判断企业经营成果与财务状况的发展趋势。

同一报表中不同项目的结构百分比计算公式为

$$结构百分比 = (部分 / 总体) \times 100\% \qquad (10-30)$$

通常,损益表的"总体"是"销售收入";资产负债表的"总体"是"总资产(或资产总额)";现金流量表的"总体"是"流动资产(营运资金)来源合计"。而部分则是指报表中除"总体"以外的其他项目金额。

【例10-3】表10-6是C公司的定基百分比比较利润表。

表10-6 C公司比较利润表(结构百分比)

项　目	2002	2003	2004
一、主营业务收入	100	100	100
减:主营业务成本	53.5	52	54.5
主营业务税金及附加	12	12	12
二、主营业务利润	34.5	36	33.5
加:其他业务利润	6	7	
减:营业费用	8	10	6.5
管理费用	13	11	10
财务费用	6	6	13
三、营业利润	13.5	16	6
加:投资收益	14	7	11
补贴收入	2		2
营业外收入	2	4	2
减:营业外支出	1	1	1
四、利润总额	30.5	28	25
减:所得税(30%)	9.15	8.4	7.5
五、净利润	21.35	19.6	17.5

从表10-6可看出:该公司主营业务成本率比较稳定,而投资收益的比重不太稳定,略有上升;净利润则有稳步下降的趋势。

横向比较分析侧重于同一项目在不同年度的金额增减百分比变化分析,而纵向比较侧重于某一项目在不同年度比重(重要性程度)的变化,两者相结合,更有利于我们正确评价、预测企业经营成果与财务状况的演变。

三、因素分析法

因素分析法是依据分析指标与其影响因素的关系,从数量上确定各因素对分析指标影响方向和影响程度的一种方法。采用这种方法的出发点在于,当有若干因素对分析指标发生影响作用时,假定其他各个因素都无变化,顺序确定每一个因素单独变化所产生的影响。因素分析法具体有两种:一是连环替代法,二是差额分析法。

(一)连环替代法

连环替代法是将分析指标分解为各个可计量的因素,并根据各个因素之间的依存关系,顺次用各因素的比较值(通常即本期值或实际值)替代基准值(通常即前期值或计划值),据以测定各因素对分析指标的影响。

【例 10-4】云南铝业股份有限公司的有关资料如表 10-7 所列：

表 10-7

项 目	2002	2003
权益净利率	14.64%	8.19%
资产净利率	6%	4.55%
权益乘数	2.44	1.8

注：2003 年数据为估计值。

从表 10-7 可知，2003 年权益净利率比 2002 年减少了 6.45%，这是资产净利率和权益乘数共同作用的结果。下面用连环替代法分析这两个因素对权益净利率的影响程度。

前期指标（2003 年）：$6\% \times 2.44 = 14.64\%$　　　　①
第一次替代：$4.55\% \times 2.44 = 11.102\%$　　　　②
第二次替代：$4.55\% \times 1.8 = 8.19\%$　　　　③
② − ① = −3.538%　　　资产净利率增加的影响
③ − ② = −2.912%　　　权益乘数增加的影响
③ − ① = −6.45%　　　全部因素的影响

（二）差额分析法

差额分析法是连环替代法的一种简化形式，它是利用各个因素的比较值和基准值之间的差额，来计算各因素对分析指标的影响。

仍以表 10-7 所列数据为例，可采用差额分析法计算确定各因素变动对材料费用的影响。

资产净利率增加对权益净利率的影响为

$$(4.55\% - 6\%) \times 2.44 = -3.538\%$$

权益乘数增加对权益净利率的影响为

$$(1.8 - 2.44) \times 6\% = -3.84\%$$

（三）应用因素分析法时应注意的问题

因素分析法既可以全面分析各因素对某一经济指标的影响，又可以单独分析某个因素对某一经济指标的影响，在财务分析中应用颇为广泛。在应用这一方法时必须注意以下几个问题：

(1) 因素分析的关联性。确定构成经济指标的因素，必须是客观上存在着因果关系，要能够反映形成该项指标差异的内在构成原因，否则就失去了其存在价值。

(2) 因素替代的顺序性。替代因素时，必须按照各因素的依存关系，排列成一定的顺序并依次替代，不可随意加以颠倒，否则就会得出不同的计算结果。一般而言，确定正确排列因素替代顺序的原则是，按分析对象的性质，从诸因素相互依存关系出发，并使分析结果有助于分清责任。

(3) 顺序替代的连环性。连环替代法在计算每一个因素变动的影响时,都是在前一次计算的基础上进行,并采用连环比较的方法确定因素变化影响结果。因此,只有保持计算程序上的连环性,才能使各个因素影响之和等于分析指标变动的差异,以全面说明分析指标变动的原因。

(4) 计算结果的假定性。连环替代法计算的各因素变动的影响数,会因替代计算顺序的不同而有差别,因而计算结果不免带有假定性,即它不可能使每个因素计算的结果都达到绝对得准确。它只是在某种假定前提下的影响结果,离开了这种假定前提条件,也就不是这种影响结果了。为此,分析时财务人员应力求使这种假定是合乎逻辑的假定,是具有实际经济意义的假定。这样,计算结果的假定性,才不至于妨碍分析的有效性。

四、综合分析法

(一) 综合分析法的基本思路

企业综合分析就是将营运能力、偿债能力、盈利能力和发展能力等诸方面的分析纳入一个有机的整体之中,全面地对企业经营状况、财务状况进行解剖和分析,从而对企业经济效益的优劣做出准确的评价与判断。综合分析一般分为以下三步。

1. 综合浏览

在面对一张企业的财务报告时,分析者首先应对该财务报告进行综合浏览。在进行综合浏览时,应当主要关注下列方面。

(1) 企业所处的行业以及生产经营的特点。

企业所处的行业以及生产经营的特点在很大程度上决定了企业的资产结构、资本结构、收入的确认方式、费用的结构、盈利模式以及现金流量的特征等。此外,了解企业所处的行业以及生产经营特点,还为企业间财务状况的比较奠定了基础。

(2) 企业的主要股东,特别是控制性股东。

了解企业的主要股东,尤其是控制性股东,可以使分析者或者信息使用者掌握分析对象的股东"背景"或者"后盾",判断他们对企业的支持是什么;除资本入资外,对企业的发展是否还有其他贡献;其控制企业的目的是什么;能否对企业的长期健康发展起支持作用。

(3) 企业的发展沿革。

了解企业的发展沿革等信息,分析者或者信息使用者可以在一定程度上对企业未来的发展轨迹做出判断。

(4) 企业高级管理人员的结构及其变化情况。

通过对企业高级管理人员的结构及其变化情况的了解,分析者或信息使用者可对企业高级管理人员的背景、能力以及协作性等方面展开分析。

2. 比率分析

在对企业的财务报告进行综合浏览以后,分析者或者信息使用者可进行初步的财务比率分析。重点考察的比率包括获利能力比率(如毛利率、营业利润率、净资产收益率等)和财务状况比率(如流动比率、速动比率、资产负债率、存货周转率、商务债务平均付账期等)。在计算出包括上述的一些主要比率后,可对年度间的相同比率进行比较。

3. 结合报表附注中关于报表主要项目的详细披露材料,对三张报表进行比较分析

通过前两步的分析,分析者或者信息使用者已初步认识了企业的财务状况,但要达到对企业财务状况进行质量分析、透视企业的管理活动的目的,还必须结合报表附注中关于报表主要项目的详细披露材料,对三张报表进行比较分析。

(1) 对利润表(含利润分配表)进行分析。

利润表是企业财务成果及其分配过程的集中体现,它是企业操纵财务信息的"重灾区"。

对利润表(含利润分配表)进行分析,应当关注以下几方面:

① 关注毛利率的走向。在毛利率下降的情况下,企业要想获得营业利润的稳步增长就必须在扩大市场份额上下工夫,或者进行产品的更新换代。

对企业营业收入的结构进行分析。主要关注营业收入的产品结构、地区结构等构成。

② 关注企业各项费用的绝对额在年度间的走向以及各项费用对营业收入相对比的百分比走势。该分析可将企业各项费用发生的不正常因素迅速找出。

③ 关注企业的营业利润与投资收益之间是否出现了互补性变化趋势。尽管营业利润与投资收益之间出现了互补性变化并不一定就是利润操纵的结果,但我们有充分理由对营业利润低迷时的投资收益增长保持警惕。

④ 关注企业的现金股利分配政策。企业现金股利分配政策既可在一定程度上反映企业利润的质量,也在一定程度上反映企业的管理层对企业未来的信心程度:利润质量不好、对利润支付能力较差,以及对未来盈利能力信心不足的企业,几乎不考虑支付大规模的现金股利的。但应注意,支付大规模的现金股利的企业其利润质量也并不一定高。

(2) 对现金流量表进行分析。

现金流量表反映了企业与利润表相同会计期间内货币资金与现金等价物之和的收支汇总情况。造利润较为容易,造现金流量较难。

对现金流量表进行分析,重点应关注以下内容:

① 经营活动现金流量的充分程度。

② 投资活动的现金流出量与企业投资计划的吻合程度。一般来说,投资活动的现金流出量代表了企业的扩张态势。

③ 筹资活动的现金流量与经营活动、投资活动现金流量之和的适应程度。

(3) 对资产结构、变化、资产质量以及资本结构进行分析。

在分析中,应重点关注企业资产与企业经营特点的吻合情况、企业资产负债表中重大变化项目、变化原因以及变化结构对企业财务状况的影响、企业的税务环境、融资环境等内容。

(4) 对合并报表的分析和利用。

在对公司个别报表进行分析后,信息使用者还可以结合合并报表展开进一步分析。

(二) 杜邦财务分析法

杜邦财务分析法是由美国杜邦公司的经理创造的,由此得名。该方法利用各种财务指标的内在联系,对企业综合经营理财及经济效益进行系统分析评价。杜邦财务分析体系的基本结构如图10-1所示。

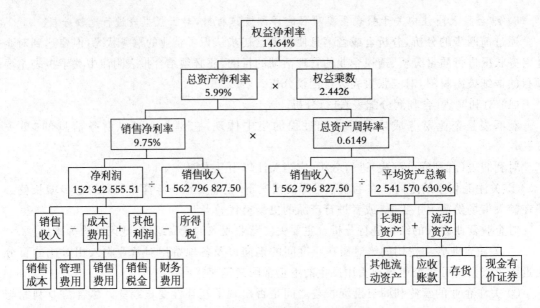

图 10-1　云南铝业股份有限公司杜邦图

其中：

1. 权益净利率

权益净利率就是前面所提到的净资产收益率，它是所有比率中综合性最强，最具代表性的一个指标。

$$权益净利率 = 总资产净利率 \times 权益乘数 \tag{10-31}$$

由于：总资产净利率＝销售净利率×总资产周转率　　　　　　　　　　　　　　(10-32)

所以：权益净利率＝销售净利率×总资产周转率×权益乘数　　　　　　　　　　(10-33)

从公式中看，影响权益净利率高低的因素有三个方面：销售净利率、总资产周转率和权益乘数。分解之后，可以把权益净利率这一项综合性指标升、降变化的原因具体化，比只用一项综合性指标更能说明问题。

2. 权益乘数

权益乘数反映了所有者权益同总资产的关系。其计算公式为

$$权益乘数 = 1/(1 - 资产负债率)$$

公式中的资产负债率是指全年平均资产负债率，它是企业全年平均负债总额与全年平均总资产的百分比。

从计算公式中可看出，权益乘数主要受资产负债比率的影响。负债比例越大，权益乘数就越高，说明企业有较高的负债程度，能给企业带来较大的杠杆利益，同时也会给企业带来较大的风险。

3. 总资产净利率

它揭示了企业资产实现销售收入的综合能力。企业要将销售收入与企业资产的使用是否合理，流动资产和非流动资产的比例安排是否合理结合起来分析。此外，还需对资产的内部结构以及影响总资产周转的各具体要素进行分析。

4. 销售净利率

销售净利率反映了企业净利润与销售收入的关系。提高销售净利率是提高企业盈利的关

键,而提高这个比率主要是扩大销售收入和降低成本费用。

5. 总资产周转率

总资产周转率是反映运用资产产生销售收入能力的指标。对资产周转率的分析,须考虑影响资产周转的各因素。除了对资产的各构成部分从占用量上是否合理进行分析外,还要对流动资产周转率、存货周转率、应收账款周转率等有关各资产组成部分使用效率分析,判明影响资产周转率的主要问题出在哪里。

> 【例10-5】云南铝业股份有限公司2002年的权益净利率、总资产净利率、销售净利率、总资产周转率和权益乘数计算如下:
>
> 权益净利率 = 152 342 555.51/[(756 259 658.72 + 1 324 572 601.96)/2] = 14.64%
>
> 总资产净利率 = 152 342 555.51/[(2 321 605 879.98 + 2 761 535 381.93)/2] = 5.99%
>
> 销售净利率 = 152 342 555.51/1 562 796,827.50 = 9.75%
>
> 总资产周转率 = 152 342 555.51/[(2 321 605 879.98 + 2 761 535 381.93)/2] = 0.6149
>
> 权益乘数 = 1/{1 − [(1 565 346 221.26 + 1 436 962 779.97)/2]/[(2 321 605 879.98 + 2 761 535 381.93)/2]} = 2.4426

现以上述计算结果和该公司的原始数据为依据,绘制出该公司的杜邦分析系统图(图10-1)。

杜邦财务分析体系的作用是解释指标变动的原因和变动趋势,为采取措施指明方向。

> 【例10-6】续上例,假设该公司2003年销售净利率为9.1%,总资产周转率为0.5,权益乘数为1.8,权益净利率为8.19%。用因素分析法分析销售净利率、总资产周转率和权益乘数对权益净利率的影响。
>
> 权益净利率 = 销售净利率 × 总资产周转率 × 权益乘数
>
> 2002年度:14.64% = 9.75% × 0.6149 × 2.4426
>
> 2003年度:8.19% = 9.1% × 0.5 × 1.8
>
> 权益净利率下降了6.45%。
>
> ① 销售净利率变化对权益净利率的影响为
>
> (9.1% − 9.75%) × 0.6149 × 2.4426 = −0.98%
>
> ② 总资产周转率下降对权益净利率的影响为
>
> 9.1% × (0.5 − 0.6149) × 2.4426 = −2.55%
>
> ③ 权益乘数变化增加对权益净利率的影响为
>
> 9.1% × 0.5 × (1.8 − 2.4426) = −2.92%

应当指出,杜邦财务分析体系是一种分解财务比率的方法,而不是另外建立的新的财务指标,它可以应用于各种财务比率的分解。前面的举例是通过权益净利率的分解来说明问题的,我们也可以通过分解利润总额和全部资产的比率来分析问题。总之,杜邦分析法和其他财务分析方法一样,关键不在于指标的计算而在于对指标的理解和运用。

(三) 财务比率综合分析法

在进行财务分析时,人们遇到的一个主要困难就是计算出财务比率之后,无法判断它是偏高还是偏低。与本企业的历史比较,也只能看出自身的变化,难以评价其在市场竞争中的优劣地位。为了弥补这些缺陷,财务状况综合评价的先驱者之一——亚历山大·沃尔在20世纪出版的《信用晴雨表的研究》和《财务报表的比率分析》中提出了信用能力指数的概念,把若干个财务比率用线性关系结合起来,以评价企业的信用水平。他选择了流动比率、产权比率、固定资产比率、存货周转率、应收账款周转率、固定资产周转率、自有资金周转率7种财务比率,分别给定了其在总评价中所占的比重,总和为 100 分。然后确定指标比率,并与实际比率相比较,评出每项指标的得分,最后求出总评分。

原始意义上的沃尔评分法存在两个缺陷:一是所选定的7项指标缺乏证明力;二是当某项指标严重异常时,会对总评分产生不合逻辑的重大影响。现代社会与沃尔所在的时代相比,已发生很大变化。一般认为,企业财务评价的内容主要是盈利能力,其次是偿债能力、营运能力和成长能力。它们之间的比重大致可按 3∶1∶1∶1 来分配比重。盈利能力的主要指标是总资产净利率、销售净利率、净资产收益率3个常用指标,偿债能力有2个常用指标,营运能力有2个常用指标,成长能力有3个常用指标(都是本年增量和上年实际的比值)。如果以 100 分为总评分,则评分的标准分配如表 10-8 所示。

表 10-8 综合评分的标准

指标	评分值(标准)	标准比率(%)	行业最高比率(%)	最高评分	最低评分	每分比率的差
盈利能力:						
总资产净利率	20	10	20	30	10	1
销售净利率	20	4	20	30	10	1.6
净资产收益率	10	16	20	15	5	0.8
偿债能力:						
自有资本比率	8	40	100	12	4	15
流动比率	8	150	450	12	4	75
营运能力:						
应收账款周转率	8	600	1 200	12	4	150
存货周转率	8	800	1 200	12	4	100
成长能力:						
销售(营业)增长率	6	15	30	9	3	5
净利增长率	6	10	20	9	3	3.3
人均净利增长率	6	10	20	9	3	3.3
合计	100			150	50	

标准比率应以本行业平均数为基础,适当进行理论修正。

在给每个指标评分时,应规定上限和下限,以减少个别指标异常对总分造成不合理的影响。上限可定为正常评分值的 1.5 倍,下限定为正常评分值的 1/2。此外,给分时不采用"乘"的关系,而采用"加"或"减"的关系来处理。例如,销售净利率的标准值为 4%,标准评分为 20 分;行业最高比率为 20%,最高评分为 30 分,则每分的财务比率差为 1.6%[=(20%−4%)/(30 分−20 分)]。销售净利率每提高 1%,多给 1 分,但该项得分不超过 30 分。

【例10-7】表10-9根据该方法所计算的云南铝业股份有限公司的财务状况综合评价得分为84.67。由于其中有5项指标未达到标准值,说明企业经营有待改善。

表10-9　云南铝业股份有限公司财务情况评分

指　　标	实际比率 (%)①	标准比率 (%)②	差异比率(%) ③=①-②	每分比率 的差④	调整分 ⑤=③/④	标准评分值 ⑥	得分 ⑦=⑤+⑥
盈利能力：							
总资产净利率	5.99	10	−4.01	1	−4.01	20	15.99
销售净利率	9.75	4	5.75	1.6	3.59	20	23.59
净资产收益率	14.64	16	−1.36	0.8	−1.7	10	8.3
偿债能力：							
自有资本比率	40.94	40	0.94	15	0.06	8	8.06
流动比率	111	150	−39	75	−0.52	8	7.48
营运能力：							
应收账款周转率	789	600	187	150	1.25	8	9.25
存货周转率	413	800	−387	100	−3.87	8	4.13
成长能力：							
销售(营业)增长率	−2.55	15	−17.55	5	−3.51	6	2.49
净利增长率	1.49	10	−8.51	3.3	−2.58	6	3.42
人均净利增长率	−3.34	10	−13.34	3.3	−4.04	6	1.96
合计						100	84.67

第三节　财务分析与评价的新发展

一、企业战略经营业绩评价

(一) 企业战略经营业绩评价指标体系

企业战略经营业绩评价指标体系可归纳如表10-10①所示。

(二) 指标体系的科学性分析

该指标体系为企业的战略管理服务,科学、全面地评价了企业战略经营业绩。

(1) 该指标体系以财务业绩的评价为落脚点。所有非财务层面的评价均有具体的指标项目落脚在财务指标上,如客户层面的客户利润率、技术创新层面的新产品投资回报率和新产品成本费用率、新产品贡献率,职员层面的职员建议采纳效益等,业务流程层面的财务业绩直接体现在财务层面的有关指标上。

---

① 张蕊:《企业战略经营业绩评价指标体系研究》,中国财政经济出版社,2004年,第184—185页。

表 10-10 企业战略经营业绩评价指标体系

	财务层面	客户层面	技术创新层面	业务流程层面	职员层面
基本评价指标	知识与智力资产收益率 净资产创利率或负债收益率 投资报酬率 成本费用利润率 净现金流量/REVA 或净现金流量 REVA 知识与智力资产贡献价值增长率	客户满意度 客户保持率或客户获得率 产品交货及时率 市场占有率或相对市场占有率 客户利润率	新产品投资回报率或新产品成本费用利润 研究开发费用率	产品生产周期效率 产品达标率 机器设备利用率 安全生产率	职员满意度或职员保持率 职员生产效率 职员建议采纳效益
辅助评价指标	资产负债率 资产周转率 资产保值增值率 每股收益 销售利润/利润总额 主营业务利润 销售利润率 销售利润增长率 成本费用降低率 总资产增长率 资本积累率	新客户人数或销售额所占比例 老客户人数或销售额增减数 客户抱怨或称赞次数	新产品贡献率 成本降低研发效益率 产品质量研发效益率 新产品研发费用率 新产品产销率 新产品销售率 研究开发费用增长率 新产品开发能力 新产品（新工艺）开发速度 新产品产销率成本降低研发费用率 产品质量研发费用率	产品合格率 质量效益率 生产能力利用率 机器设备完好率 产品退货率 产品维修率 售出产品的保修期限 售出产品故障排除及时率	职员知识水平 职员胜任能力 职员建议能力 职员培训费用 职员培训次数 职员建议采纳次数 信息系统效率
附注	企业的规模、类型、性质 企业所处的发展阶段及相关情况的说明	市场预测及其他相关事项说明	技术水平、设计能力等指标及相关情况的说明	环境保护及其他相关事项的说明	其他相关事项的说明

(2) 该指标体系实现了财务指标与非财务指标的有机结合，体现了业绩评价为企业战略管理服务的指导思想。表 10-10 指标体系是财务层面的评价指标与非财务层面的评价指标（财务层面、客户层面、技术创新层面、业务流程层面和职员层面）的有机组合。非财务层面的评价指标通常预示着企业的潜能和发展潜力，如客户满意度、客户保持率、产品交货及时率、生产能力利用率、研究开发费用率、产品生产周期效率和职员满意度等指标，有效地克服了单一财务评价指标

所导致的企业行为短期化；与此同时，技术创新层面的指标集中体现了企业核心竞争力的形成和保持的所得与费用，有利于企业的战略经营管理和战略目标的实现。

（3）指标体系清楚地揭示了五个层面之间的因果链联系。要取得良好的财务业绩，使投资者满意，客户对企业所提供产品和服务的认同是企业实现利润的唯一途径；要使客户满意，就必须不断地推出价格合理的、高质量产品和服务，这又有赖于企业技术创新，而所有这一切工作都必须由具有高素质的人来完成。

（4）财务层面的指标在传统的基础上进行了拓展和完善。增加了知识和智力资产方面的评价指标，以突出"新经济"时期，知识和智力资产在企业业绩中的重要作用；增加了 REVA 指标，从资本市场的角度，判断企业价值的增减和股东财富的增减；增加了净资产创利率和负债收益率指标；增加了反映企业财务业绩动态方面的指标，如知识与智力资产贡献价值增长率、成本费用降低率。

（5）业绩的评价有利于全局观念的树立。按表 10-10 所列示的指标体系，企业要取得良好的业绩，就必然要求各部门之间的诸如财务部门、销售部门、采购部门、研究开发中心、生产部门和人事部门、计划部门等的合作，否则企业战略经营目标将无从实现。因此，这一指标体系的运用，将有效地克服传统财务业绩的重局部业绩评价、轻全局业绩评价的缺陷。

总之，该套业绩评价指标体系的设置体现出了以财务业绩评价为落脚点，以技术创新业绩评价为核心，将影响企业战略经营成功的重要方面拓展为全方位的企业战略经营业绩评价指标体系，有效地克服了传统财务业绩评价指标体系的缺陷，有利于企业战略管理和战略经营目标的实现。

二、平衡计分卡

传统的绩效衡量系统通常以财务报表所提供的数据为基础，计算出有关的财务指标，对企业的业绩进行反映和评价。在过去近一个世纪里，传统的以财务为核心的业绩衡量在提高生产效率、降低成本、扩大利润等方面为企业做出了巨大的贡献。然而，财务报表通常因计量困难将雇员技术和积极性、客户的满意度和忠诚度、完善的内部经营等无形资产排除在外，而无形资产恰恰是企业成功的关键性因素。企业的决策者已逐渐认识到一个好的业绩衡量体系应该与企业的战略目标紧密联系在一起，不仅要从财务角度对企业的业绩进行衡量，还要从非财务的角度对企业的业绩进行衡量，引导人们关注关键性的成功因素。平衡计分卡（Balanced Score Card，BSC）就是这样一个业绩衡量系统。平衡计分卡是美国著名管理会计学家罗伯特·S·卡普兰（Robert. S. Kaplan）和戴维·P·诺顿（David. P. Norton）于 1992 年首先提出的，目前在世界上许多地方得到了应用。

平衡计分卡是一个集长期指标和短期指标、财务指标与非财务指标、内部指标与外部指标为一体的业绩评价新方法。它把对企业业绩的评价划分为四个方面：财务、客户、内部经营过程、学习与成长。其构成原理如图 10-2 所示。

（一）财务方面

由于企业经营管理活动的最终成果归根结底要通过企业的财务状况反映，所以企业财务方面的评价手段构成了一个根本性的评价体系。但是，由于平衡计分卡中的评价手段是通过业绩驱动因素分析得出的，所以其财务方面的评价手段与我们通常所提到的财务分析中的评

图 10-2　平衡计分卡的原理

价手段有着本质上的区别,它需要与企业的战略联系起来。这就决定了不同的企业不可能用固定的评价手段和指标来衡量和评价企业财务目标的实现程度,企业必须根据自己的财务目标制定相应的评价手段和合理的评价指标。通常,成长期企业的财务目标重点是收入的增长及目标市场、客户群和区域的销售额的增长,主要体现在新市场、新客户、新产品或服务等方面,采用销售增长率、新产品服务和客户收入占总收入百分比、收入与员工人数之比、投资与销售额之比、研发费用与销售额之比等评价指标;维护期企业的财务目标重点是盈利能力,主要体现在投资水平与会计收入的联系上,因而采用目标客户销售额与总销售额之比、成本与竞争者成本之比成本降低率、期间费用与销售额之比、投资回报率、经济增加值等评价指标;成熟期企业的财务目标重点是保证现金的流动,主要体现在现金回流最大化上,因而采用非盈利客户百分比、(每单位产出、每项交易)单位成本、回报总额、投入总额等评价指标。此外,处于任何阶段的企业减少企业的财务风险也是必须考虑的一个财务主题。

总之,平衡计分卡改变了以往财务评估体系中财务目标单一化的局面,使企业的财务目标切合企业实际情况,更能适应不同经营单位和不同生命周期阶段的具体需要。

(二) 客户方面

在平衡计分卡的客户方面,管理者需确定企业将要面对的竞争性客户和市场份额,并计量企业在这个目标范围内的业绩情况。典型的客户方面包括几个被很好地阐述和执行公司策略的核心结果指标。这些核心结果指标包括客户满意程度、客户保持度、新客户的获得、客户获利能力的情况以及在目标范围内的市场份额和会计份额,如图 10-3。

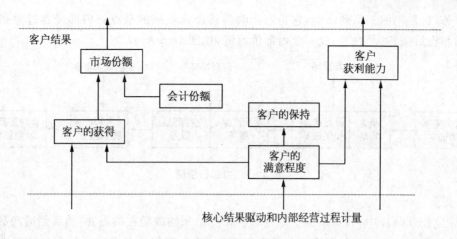

图 10-3　客户方面：核心结果计量

这些指标通常在各种类型的企业中都会出现。然而,为了适合不同的决策,指标应该根据那些企业预计能快速增长和可获利的目标客户群而制定。

真正使决策保持不变的是企业在其目标范围内用以吸引和保持客户份额的价值观念。虽然价值观念在不同的行业市场范围中各不相同,但是在许多制造业和服务业中有一个普遍形式的企业价值观念属性。这些属性可分为三个种类,如图 10-4。

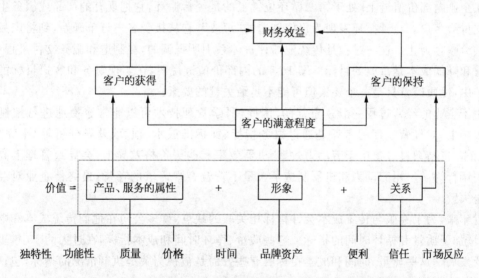

图 10-4　客户方面：把独特的价值观念与核心结果指标联系起来

产品和服务属性包含产品或服务的功能及其价值和质量;客户关系包括交送产品或服务给客户,也包括市场反应和交货时间及客户对在公司购买商品的感觉;形象和声誉可以使公司主动地在其客户前定义自己。

客户方面可以使企业的管理者把他们的重要客户和市场策略结合起来考虑,产生更好的未来财务收益。

(三) 内部经营过程方面

内部经营过程指的是企业从输入各种原材料和顾客需求到企业创造出对顾客有价值的产

品(或服务)过程中的一系列活动,它是企业改善其经营业绩的重点。内部经营过程指的是创新、经营和售后服务。它们构成一个内部价值链,如图 10-5 所示。

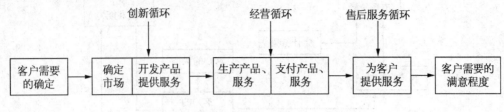

图 10-5　内部价值链

1. 创新

在企业创新循环中,有关单位要寻找顾客显露出来的或潜在的需要,然后创造产品或服务来满足这种需要。企业首先要确立和培育新市场、新客户和原有客户所显露的或潜在的需要时,创新过程表现为价值创造的"长波",当企业设计和开发新产品或提供服务以满足新市场、新客户的需要以及满足客户最新的需要时,继续了价值创造和增长的"长波"过程。创新指标与企业产品或服务的设计和开发费用的衡量有关,主要有新产品开发所用时间、新产品销售收入占总收入的比例、损益平衡时间等。

2. 经营

在企业内部价值链上,处于第二循环位置上的是经营循环,它把现有的产品或服务生产出来并支付给客户。经营循环表现为价值创造的"短波",它从接受客户订单开始,到将产品或服务提供给顾客为止。这一过程是传统业绩评价体系中所强调的,在制造和服务支付过程中,优质经营和降低成本是重要的目标。图 10-5 的内部价值链说明,在实现财务和客户目标的内部价值链中,优质经营只是一个要素但可能不是最关键的要素。

由于企业的经营过程一般是重复的,因此,科学管理技术可以非常容易地进行控制与监督。传统上,对经营过程的考评是通过财务指标(如标准成本、预算、差异分析等)来完成的。然而,企业将精力过分集中于劳动力效率、机器效率和购买价格差异上,会导致管理上高度的职能失调行为——用劳动力和机器制造了大量不符合客户需求的存货,最终使企业对经营过程监督失败。

近年来,为了克服与传统成本会计指标相关联的缺点,许多公司在他们传统成本和财务指标中,增加了质量和循环时间的指标。这些质量、循环时间和成本指标,在过去的 15 年里得到了广泛发展。这些质量、时间和成本指标的有些方面是被视为关键执行情况的指标,包括在许多企业的内部经营过程中。

除了这些质量、时间和成本指标外,管理者可能还希望计量其生产工序、产品和服务的其他特征,这些指标包括灵活性指标和为客户创造价值的产品和服务的特征指标。例如,公司可以提供独特的产品和服务,如果用准确度、规模、速度或能源的消费作为特征指标,将可以使企业在目标市场上获得较高的销售利润。能确认它的产品和服务的不同特征的公司需要关注平衡记分卡上能突出它产品特征的指标。关键产品和服务业绩的属性(除反映时间、质量及成本以外),是与平衡记分卡的内部经营方面的经营过程因素相结合的。

3. 售后服务

内部价值链的第三个也是最后一个循环即售后服务,售后服务现在已构成现代企业业绩评价的重要内容之一。众多企业在售后服务过程中开展了许多活动,所有这些活动的开展都增加了客户对企业产品或服务的使用价值。售后服务主要包括质量保证书、维修服务、退换货的处理和支付手段的管理,具体指标有产品退货率、产品保修期限和产品维修天数等。

(四) 学习和成长方面

企业的学习和成长来自三个主要的资源:人员、信息系统和企业程序。

1. 人员

只有充分发挥职工的积极性和创新能力才能使企业立于不败之地,使用的指标如下:(1)职工的满意程度。评价方法可采用年度调查或滚动调查的方法进行。调查项目可分为:决策参与程度、工作认可程度、创造性的鼓励程度、充分发挥才能的程度以及对企业总的满意程度等,该指标结合职工的稳定性和创新性考虑。(2)职工的稳定性。该指标是保持员工长期被雇用为目标。因为企业在职工身上进行了长期投资,职工辞职则是企业在人力资本投资上的损失,尤其是掌握了企业经营过程的高级雇员。该指标主要的通过人事变动百分比计量,尤其是高级雇员的人事变动。(3)职工的创新性。该指标反映企业的发展潜力,可用职工每年申请的专利或研制出的非专利技术数计量,也可用职工获得的奖金额计量。

2. 信息系统

其生产能力可以通过及时准确地把关键客户和内部经营的信息传递给制定决策和工作的一线雇员所用的时间来计量。

3. 企业程序

企业程序可以全面检查员工激励与企业成功因素及内部经营提高率的情况。

(五) 平衡计分卡各方面的关系

平衡计分卡的四个方面之间并不是相互独立的,而是一条因果链,它揭示了企业业绩和业绩动因之间的关系。比如,为改善和提高企业经营业绩,就必须提高财务方面的计量指标。财务方面业绩指标的提高是现有客户的消费额不断增加和现有顾客保持忠诚的结果,企业如何做到顾客保持呢?经过调查分析表明,按时支付可以产生较高的客户忠诚,同时也可以有较好的财务执行情况。为达到按时支付,企业就要在经营过程中缩短周转时间和提高质量,而企业又如何改善质量并缩短内部经营的周转时间呢?很明显,可以通过培训员工并提高他们的技术来实现,这样就又和学习和成长业绩指标联系了起来。

案例分析

上市公司绩效评价指标体系

近年,我国有关部门和研究机构对绩效评价工作进行了积极的探索,为我国国有企业制定了绩效评价制度,并正在逐步推广,但对上市公司的绩效评价仍然缺乏科学、系统和可操作性的评价体系。目前国内的研究机构、咨询机构和学者研究建立了各种各样的上市公司绩效评价模型,例如《中国证券报》和亚商企业咨询股份有限公司从1998年开始公布每一年度"中证亚商中国最具发展潜力上市公司排行榜",其评价指标主要有财务状况、核心业务、经营能力、企业制度、管理层素质和行业环境等六个方面。其结构体系如表10-11。

表 10-11　第三届"中证·亚商 50 强"评选指标体系

序号	指标分类			分值
1	财务状况	1.1 盈利能力	1.1.1 主营业务利润率 1.1.2 净资产收益率 1.1.3 资产收益率 1.1.4 扣除非经营性损益的净利润占净利润的比例	7
		1.2 偿债能力	1.2.1 资产负债率 1.2.2 流动比率 1.2.3 速动比率 1.2.4 已获利息倍数	4
		1.3 营运能力	1.3.1 总资产收益率 1.3.2 应收账款周转率 1.3.3 存货周转率 1.3.4 每股经营性现金流量	9
		1.4 持续增长能力	1.4.1 三年主营业务平均增长率 1.4.2 三年净利润平均增长率 1.4.3 三年总资产平均增长率 1.4.4 三年股东权益平均增长率	6
		1.5 股东回报	1.5.1 三年股东回报率	2
			小计	28
2	核心业务	2.1 主营业务	2.1.1 市场占有率 2.1.2 产品(业务)领先水平 2.1.3 市场竞争 2.1.4 产品(业务)生命周期	15
		2.2 业务创新	2.2.1 研发战略 2.2.2 研发投入及成效 2.2.3 新产品(业务)的市场前景	10
			小计	25
3	经营能力	3.1 战略管理	3.1.1 战略规划的合理性 3.1.2 企业对外部环境的认识 3.1.3 战略实施手段与效果	3
		3.2 资本运营	3.2.1 对资本运营的认知程度和运营能力 3.2.2 资本运营的历史及效果 3.2.3 对资本市场的利用程度	3
		3.3 营销能力	3.3.1 营销战略 3.3.2 营销策略(产品、价格、沟通、广告) 3.3.3 对市场的了解程度 3.3.4 营销网络和队伍的建设 3.3.5 品牌管理	5
		3.4 外部资源的利用	3.4.1 政府、大股东、战略伙伴的合作方式 3.4.2 客户资源管理 3.4.3 战略及结构调整的能力	6
			小计	17

续表

序号	指标分类			分值
4	企业制度	4.1 治理结构	4.1.1 产权结构 4.1.2 法人治理结构	6
		4.2 组织结构	4.2.1 组织结构及创新能力	2
		4.3 管理制度	4.3.1 内控制度及完善程度	1
		4.4 薪酬制度	4.4.1 薪酬水平及结构 4.4.2 考核制度 4.4.3 激励制度的实施与适用性	3
	小计			12
5	人力资源	5.1 核心管理层	5.1.1 企业领袖的评价 5.1.2 核心管理层的团队能力	8
		5.2 员工	5.2.1 员工素质 5.2.2 企业凝聚力	5
	小计			13
6	行业环境	6.1 行业的增长前景	6.1.1 行业生命周期	3
		6.2 行业系统风险	6.2.1 行业风险的现实程度 6.2.2 行业风险的对策	2
	小计			5
	合计			100

资料来源：2001年4月30日《中国证券报》。

关于上市公司绩效评价方法，作者建议采取与财政部等部门颁发的《国有资本金效绩评价规则》和《国有资本金效绩评价操作细则》等文件中规定的相同的方法，即对定量指标的记分方法采用传统的功效系数法，对定性指标的记分方法采用综合分析判断法，对综合指标的记分采用加权平均法。

上市公司绩效评价的推广和应用，将对促进企业为各级政府、投资者、债权人以及其他利益相关者服务，促进企业建立激励约束机制，改善经营管理，形成和保持核心竞争力等具有极其重要的作用。

案例思考题

您认为上市公司效绩评价指标体系应如何构建才能体现企业的核心竞争力，实现激励约束、改善经营管理的作用？

补充阅读材料

1. 〔美〕Robert S. Kaplan、Athony A. Atkinson，吕长江等译. 高级管理会计. 东北财经大学出版社，1999
2. 〔美〕Paul B. W. Miller、Paul R. Bahnson，阎达五、李勇等译. 高质量财务报告. 机械工业出版社，2004
3. 〔美〕Stephen Perman，刘力、陆正飞译. 财务报表分析与证券定价. 中国财政经济出版社，2002
4. 张新民. 企业财务报表分析——教程与案例. 对外经贸大学出版社，2004
5. 孙铮，王鸿祥. 财务报告分析. 企业管理出版社，1997

6. 陈选娟,李晓明,陈容.股份公司财务报告理解与分析.企业管理出版社,2000
7. 刘爱东等.企业会计学.中南大学出版社,2003
8. 张蕊.企业战略经营业绩评价指标体系研究.中国财政经济出版社,2004
9. 刘爱东.上市公司会计信息失真的经济学分析.工业会计,2002(8)

第十一章 公司重组、并购与清算

/学习目标/

通过本章学习,了解公司重组与并购的内涵、基本形式,理解公司并购协同效应与公司并购战略,掌握公司财务重整与清算以及公司并购运作的基本程序,了解公司财务困境的内涵、成因及其处理方法。

重组、并购是近年来我国社会经济生活中使用频率最高的词汇之一,它不仅迅速改变了很多企业的产权结构、产业结构和发展路径,而且极大地改变了人们的经营理念和财富创造的思维方式。

第一节 公司重组

在新的经济环境下,人们认识到企业的生存和快速发展仅仅依靠传统的生产经营理念已变得越来越难以维系,而在生产经营的基础上进行各种更高形式的经营运作的现代经营理念已逐渐被广大企业所接受。这一经营理念的突破导致企业重组、资本经营、资产重组、资产经营、产权重组等大量新的概念与实践接踵而出,同时也大大增加了人们对于企业重组真正内涵及其效应的把握难度。

一、公司重组的本质特征

尽管人们对企业重组的理解莫衷一是,但认识的共性仍然存在,即大都认为企业重组是企业资源的重新组合与配置,旨在提高资源的配置效率。经济学家格罗斯曼、哈特和穆尔认为:由于剩余控制权被一方购买,这实际上造成了被购方的损失,尽管重组可以部分改变机会主义行为,但却不能改善激励问题。最优的一体化应该是将控制权让渡给投资决策对谁更重要的一方。从这个意义上理解,控制权变动才是企业重组真正的本质所在,这正是对企业重组的本质、理性动机以及事后整合等重组理论的一种恰当描述。

汤谷良教授所主持的"企业改组、兼并与资产重组中的财务问题研究"课题的研究结论是:企业重组是指出资者或授权经营者以企业战略目标为导向、以长期资产和资源为对象、以控制权的转移为核心进行的资源重新组合和优化配置行为。这一观点基于下列分析:首先,企业重组的权力应该属于企业的出资人(股东),企业重组是出资人的战略安排。经营者的权力集中在企业的商品经营活动之中,当然经营者在取得出资人的授权后也可在其授权范围内进行企业重组活动。其次,提出以长期资产或资源为对象,意义在于两个方面:一是短期资产(流动资产)的使用、支配权是企业商品经营的主体活动,属于经营者或作业层面的活动;二是企业重组的对象不仅局限于报表内的长期资产,也应该包括对企业报表外其他资源,如人力资源、组织结构的重整,以提高资本效率。最后,强调"控制权"的转移,是区别"报表性"重组行为,控制权的转移又包括资本权力的扩张、收缩、调整等具体形态。

二、公司重组的基本分类

基于对企业重组内涵和本质的基本认识,企业重组的类型主要可按以下两种标准进行划分。

(一) 按重组的方式划分

1. 资本扩张

具体方式有合并、收购、上市扩股、合资等。除此之外,还有许多企业合作的形式,如技术的许可证、对某一合同的联合投标、特许权经营或其他短期或长期的合同等等。

2. 资本收缩

具体方式有四种。一是资产剥离或出售。资产剥离是指公司将其现有的某些子公司、部门、产品生产线、固定资产等出售给其他公司,并取得现金或有价证券的回报。二是公司分立。公司分立是指一个母公司将其在某子公司中所拥有的股份,按母公司股东在母公司中的持股比例分配给现有母公司的股东,从而在法律上和组织上将子公司的经营从母公司的经营中分离出去。这会形成一个与母公司有着相同股东和持股结构的新公司。三是分拆上市。分拆上市(也称割股上市或部分股权出售),是指母公司把一家子公司的部分股权拿出来向社会出售。随着子公司部分股权的出售,母公司在产生现金收益的同时,重新建立起控股子公司的资产管理运作系统。四是股票回购。股票回购是指股份有限公司通过一定的途径买回本公司发行在外的股份的行为,这是一种大规模改变公司资本结构的方式。

3. 资本重整

具体方式有五种。一是改组改制。改组改制是指企业进行股份制改造的过程。二是股权或资产置换。股权置换是指控股公司将其持有的股份的一部分与另一公司的部分股份按一定比例对换,使本来没有任何联系的两个公司成为一个以资本为纽带的紧密联系的企业集团。三是国有股减持。国有股减持是指依据国有经济进行有进有退的战略调整方针,根据各上市公司在国民经济中的地位,有选择、有计划地减少国有股的份额,逐步完成国有股的上市流通。四是管理层收购(MBO)。管理层收购是指目标公司的管理层利用借贷所融资本购买本公司的股份,从而改变本公司所有者结构、控制权结构和资产结构,进而达到重组本公司的目的并获得预期收益的一种收购行为。管理层收购属于杠杆收购的一种。五是职工持股基金(ESOP)。职工持股基金从本质上讲是一种股票投资信托,所投资的是雇主公司的股票,而投资的付款方式可以是现金也可以是其他公司的股票,公司的职工通过获得的股息分享公司增长的成果。

4. 表外资本经营

所谓表外资本经营,是指不在报表上反映的,但将导致控制权变化的行为。其具体形式有两种。一是托管。托管是指企业的所有者通过契约形式,将企业法人的财产交由具有较强经营管理能力,并能够承担相应经营风险的法人去有偿经营的一种经营活动。二是战略联盟(合作)。战略联盟是指两个或两个以上的企业为了达到共同的战略目标、实现相似的策略方针而采取的相互合作、共担风险、共享利益的联合行动,战略联盟的形式多种多样,包括股权安排、合资企业、研究开发伙伴关系、许可证转让等。

(二) 按重组的内容划分

1. 产权重组

产权重组是指以企业财产所有权为基础的一切权力变动与重组。它既可以是终极所有权(出资者所有)转让,也可以是经营使用权的让渡;产权转让的对象既可以是整体产权,也可以是部分产权。

2. 产业重组

宏观层面的产业重组是通过现有资产存量在不同产业部门之间的流动、重组或相同部门间集中、重组,使产业结构得以调整优化,提高资本增值能力。微观层面的资本重组主要涉及生产经营目标及战略的调整。

3. 组织结构重组

组织结构重组是指在产权重组、资本重组后如何设置组织结构和组织形式的重组方式。旨在解决设立哪些组织机构,具备哪些职能,机构间的相互关系如何处理、协调,管理层人选如何调整等问题。

4. 管理重组

管理重组是指企业重组活动相应涉及企业管理组织、管理责任及管理目标的变化,由此而产生的重新确立企业管理架构的一种重组形式。其目的是创造一个能长远发展的管理模式或方式,帮助企业在激烈的市场环境中更好地生存与发展。

5. 债务重组

债务重组是指对企业的债权债务进行处理,并且涉及债权债务关系调整的重组方式。债务重组是一个为了提高企业运行效率,解决企业财务困境,对企业债务进行整合优化的过程。

三、公司财务重整与清算

(一) 公司财务重整

财务重整是指对陷入财务危机,但仍有转机和重建价值的企业,根据一定程序进行重新整顿,使公司得以维持和复兴的做法,这是对已经达到破产界限的企业的抢救措施。

1. 财务重整的方式

重整按是否通过法律程序分为非正式财务重整和正式财务重整两种。

(1) 非正式财务重整。

当企业只是面临暂时性的财务危机时,债权人通常更愿意直接同企业联系,帮助企业恢复和重新建立较坚实的财务基础,以避免因进入正式法律程序而发生的庞大费用和冗长的诉讼时间。

① 债务展期与债务和解。所谓债务展期,即推迟到期债务要求付款的日期;而债务和解则是债权人自愿同意减少债务人的债务,包括同意减少债务人偿还的本金数额,或同意降低利息率,或同意将一部分债权转化为股权,或将上述几种选择混合使用。

② 准改组。当公司长期发生严重亏损,留存收益出现了巨额赤字,而且资产的账面价值严重不符合实际时,如果撤换了管理部门负责人,实施了新的经营方针,则可望在将来扭亏为盈。为此,企业可以出售多余的固定资产,对有些固定资产或其他长期资产进行重新估计,并以较低的公允价格反映,为资产、负债和所有者权益建立新的基础,以减少计入将来期间的折旧费用和摊销费用。准改组不需要法院参与,也不解散企业,此外,也不改变债权人的利益,只要征得债权人和股东同意,可不立即支付债务和向股东派发股利,有效地实施准改组。

非正式财务重整可以为债务人和债权人双方都带来一定的好处。首先,这种做法避免了履行正式手续所需发生的大量费用。其次,非正式重整可以使企业在较短的时间内重新进入正常经营的状态,避免了因冗长的正式程序使企业迟迟不能进行正常经营而造成的企业资产闲置和资金回收推迟等浪费现象。再次,非正式重整使谈判有更大的灵活性,有时更易达成协议。非正式财务重整也存在着一些弊端,主要表现为:当债权人人数很多时,可能难以达成一致;没有法院的正式参与,协议的执行缺乏法律保障。

(2) 正式财务重整。正式财务重整是将上述非正式财务重整的做法按照规范化的方式进行。它是在法院受理债权人申请破产案件的一定时期内,经债务人及其委托人申请,与债权人会议达成和解协议,对企业进行整顿、重组的一种制度。在正式财务重整中,法院起着重要的作用,特别是要对协议中的公司重整计划的公正性和可行性作出判断。

2. 正式财务重整的基本程序

(1) 向法院提出重组申请。

在法院申请企业重组时,必须阐明对企业实施重组的必要性,以及不采用非正式重整的原因。同时要满足一定的条件:企业发生财务危机或者在债务到期时企业无法偿还;企业有三个或者三个以上债权人的债权合计数达到一定的数额。如果企业重组的申请符合有关规定。法院将批准重组申请。

(2) 法院任命债权人委员会。

债权人委员会的权限与职责是:挑选并委托若干律师、注册会计师或者其他中介机构作为其代表履行职责;就企业财产的管理情况向受托人和债务人提出质询;对企业的经营活动、企业的财务及债务状况等进行调查,了解希望企业继续经营的程度以及任何与制定重组计划有关的问题,在此基础上,制定企业的继续经营计划呈交法院;参与重组计划的制定,并就所制定的重组计划提出建议提交给法院;如果事先法院没有任命受托人,应向法院提出任命受托人的要求等。

(3) 制定企业重整计划。

重整计划是对公司现有债权、股权的清理和变更作出安排,重整公司的资本结构,提出未来的经营方案与实施办法。重组计划既可能改变企业债权人的法定的或者契约限定的权力,也可能改变企业股东的权益,无财产担保的债权人则往往选择以牺牲其部分债权为代价而收回部分现金。经法院批准的重整计划,对企业本身、全体债权人及全体股东均有约束力。

(4) 执行企业重整计划。

按照重整计划所列示的措施逐项予以落实,包括整顿原有企业、联合新的企业,以及随时将整顿情况报告债权人会议,以便使债权人及时了解企业重整情况。

(5) 经法院认定宣告终止重整。

终止重整通常发生于:其一,企业经过重整后,能按协议及时偿还债务,法院宣告终止重整;其二,重整期满,不能按协议清偿债务,法院宣告破产清算而终止重整;其三,重整期间,不履行重整计划,欺骗债权人利益,致使财务状况继续恶化,法院终止企业重整,宣告其破产清算。

3. 财务重整的决策

企业濒临破产时面临一项财务决策,即是通过清算而使企业解体,还是通过重整而生存下去。

首先,是企业重整价值与清算价值的比较。重整价值,是指企业通过整顿、重整后所恢复的价值,包括设备的更新、过时存货的处理,以及对经营管理所做的种种改善等;而清算价值则指依企业使用的资本资产专门化程度所确定的价值,即资产的变现价值减去在清算过程中所发生的资产清理费用及法律费用后的差额。如果重整价值大于清算价值,重整能为企业带来收益,便可作为重整优先考虑的条件;否则不应列在重整范围之内,以免使债权人遭受更大的损失。

其次,法院或债权人对企业重整的认可是以重整计划是否具备公平性和可行性为依据的。公平性是指在企业重整过程中对所有的债权人一视同仁,按照法律和财产合同规定的先后顺序,对各债权人的求偿权予以确认,不能违背法律。可行性是指重整应具备的相应条件,主要包括债权人与债务人两方面。而使重整可行,债务人一般应具备如下条件:一是必须具有良好的道德信誉,在整个重整过程中,债务人不能欺骗债权人,如非法变卖企业财产以充作私用,损害债权人利益;二是债务人能提供详细的重整计划,以表明其有足够的把握使重整成功;三是债务人所处的经营环境有利于债务人摆脱困境,取得成功。为了使重整可行,必须经债权人会议讨论通过同意重整,并愿意帮助债务人重建财务基础。一项重整是否可行,其基本测试标准是重整后所产生的收益能否补偿为获得收益而发生的全部费用。

(二) 公司清算

公司清算是指在公司终止过程中,为保护债权人、所有者等利益相关者的合法权益,依法对企业财产、债务等进行清理、变卖,以终止其经营活动,并依法取消其法人资格的行为。

1. 公司清算的类型

(1) 公司清算按其原因,可分为解散清算和破产清算。

导致公司解散清算的原因主要有:公司章程规定的营业期限届满或公司章程规定的其他解散事由出现(如经营目的已达到而不需继续经营,或目的无法达到且公司无发展前途等);公司的股东大会决定解散;企业合并或者分立需要解散;公司违反法律或者从事其他危害社会公众利益的活动而被依法撤销;发生严重亏损,或投资一方不履行合同、章程规定的义务,或因外部经营环境变化而无法继续经营。

破产清算是因经营管理不善造成严重亏损,不能偿还到期债务而进行的清算。其情形有二:一是企业的负债总额大于其资产总额,事实上已不能支付到期债务;二是虽然企业的资产总额大于其负债总额,但因缺少偿付到期债务的现金资产,未能偿还到期债务,被迫依法宣告破产。

（2）依据清算是自行组织还是法院干预,可以分为普通清算和特别清算。

普通清算是指公司自行组织的清算。特别清算是指公司依法院的命令开始,并且自始至终都在法院的严格监督之下进行的清算。普通清算按法律规定的一般程序进行,法院和债权人不直接干预。

2. 破产清算

（1）破产界限。

所谓破产界限,即法院据以宣告债务人破产的法律标准,在国际上又通称为法律破产原因。在破产立法上,对破产界限有两种规定方式:一种是列举方式,即在法律中规定若干种表明债务人丧失清偿能力的具体行为,凡实施行为之一者便认定达到破产界限;另一种方式是概括方式,即对破产界限作抽象性的规定,它着眼于破产发生的一般性原因,而不是具体行为。通常有三种概括:不能清偿或无力支付;债务超过资产,即资不抵债;停止支付。我国和世界上大多数国家均采用概括方式来规定企业破产的界限。

在理解法定企业破产界限时,应注意以下几点:

① 对于造成亏损原因的理解各国有所不同。世界许多国家不管企业亏损原因,只要不能清偿到期债务便依法宣告破产。我国则对只有因经营管理不善造成严重亏损的企业,在不能清偿到期债务时才予以宣告破产;因其他原因导致不能清偿债务时,则不能采用破产方式解决。

② 债务到期不能偿还,除指不能以现金偿还外,还包括不能以债权人指定的其他方式偿还,或没有足够的财产作担保,也没有良好的信誉可以借到新债来偿还到期债务。如果债务人能及时筹措到一笔新债来偿还到期债务时,即使债务人的债务已超过了资产,也不能认定已经破产。

③ 不能清偿债务通常是指债务人对全部或部分主要债务在可以预见的一定时间内持续不能清偿,而不是因资金周转一时不灵而暂时停止支付。

（2）破产清算的一般程序。

根据我国《破产法》的有关规定,企业破产清算的基本程序大致可分为三个阶段:一是破产申请阶段,二是和解整顿阶段,三是破产清算阶段。和解整顿阶段已在前面章节介绍,现就破产申请阶段和破产清算阶段的主要操作程序概括如下。

① 提出破产申请。《破产法》规定,提出破产申请的既可以是债权人,也可以是债务人。当债务人不能清偿到期债务时,债权人可以向债务人所在地人民法院申请宣告债务人破产,债务人不能清偿到期债务,经过上级主管部门同意,可以向当地人民法院自动申请破产。目前,我国多数企业的破产申请是由破产企业（即债务人）提出的。

具体操作中,企业在提出破产申请前,应对其资产进行全面的清查。对债权债务进行清理,然后由会计师事务所对企业进行全面的审计,并出具资不抵债的审计报告。企业向法院提出破产申请时,要提供如下材料:请求破产的书面申请、会计师事务所对企业进行审计后出具的审计报告、上级主管部门同意破产的批准文件、企业的会计报表、企业对外投资情况、银行账户情况、各项财产明细表、债权人的名单、地址、金额及其他法院认为需要的材料。

② 法院接受申请。人民法院接到破产申请后即进行受理与否的审查、鉴定。受理债权人破产申请案件10日内应通知债务人，并发布破产案件受理公告。受理债务人破产申请案件后，应在案件受理后10日内通知债权人申报债权，直接发布债权申报公告。

③ 债权人申报债权。债权人应当在收到通知后一个月内，未收到通知的债权人应当自公告之日起三个月内，向人民法院申报债权，说明债权的数额和有无财产担保，并且提交有关证据资料。逾期未申报债权的，视为自动放弃债权。

④ 法院裁定，宣告企业破产。人民法院对于企业的破产申请进行审理，符合《破产法》规定情形的，即由人民法院依法裁定并宣告该企业破产。

⑤ 组建清算组。按照《破产法》的规定，人民法院应当自宣告企业破产之日起15日内成立清算组，接管破产企业。清算组的组成人员一般包括财政部门、企业主管部门、国有资产管理部门、审计部门、劳动部门、国土管理部门、社会保障部门、人民银行、工商管理部门等部门的人员。清算组可以依法进行必要的民事活动。

清算组成立后，一般都在法院的指导下，设立若干个小组，负责企业职工的思想工作、财产保管工作、债权债务清理工作、破产财产处置工作以及职工的安置工作等。

⑥ 接管破产企业，进行资产处置等工作。清算组成立后，应接管破产企业的一切财产、账簿、文书、资料和印章等，并负责破产财产的保管、清理、估价、处理和分配等。

⑦ 编报、实施破产财产分配方案。清算组在清理、处置破产财产并验证破产债权后，应在确定企业破产财产的基础上拟订破产财产的分配方案，经债权人会议通过，并报请人民法院裁定后，按一定的债务清偿顺序进行比例分配。

⑧ 报告清算工作。清算组在破产财产分配完毕之后，应编制有关清算工作的报告文件，向法院报告清算工作，并提请人民法院终结破产程序。破产程序的终结有三种情况：

第一种是债务人与债权人会议达成和解协议。企业经过整顿，能够根据和解协议清偿债务，人民法院应当终结该企业的破产程序并且予以公告。

第二种是破产财产不足以支付破产费用，人民法院应当宣布破产程序终结。

第三种是破产财产分配完毕，由清算组提请人民法院终结破产程序。清算组按照破产分配方案在破产财产分配完毕时，立即向人民法院提出关于破产财产分配完毕的报告，提请法院终结破产程序。法院接到此报告后，应及时作出破产程序的裁定并公告此裁定，破产程序即告终结。

⑨ 注销破产企业。清算组在接到法院终结破产程序的裁定后，应及时办理破产企业的注销登记手续。至此，破产清算工作宣告结束。

3. 解散清算

（1）清算程序。

破产清算进入破产清算程序，而解散清算进入一般清算程序。一般清算程序的内容如下：

① 确定清算人或成立清算组。根据《公司法》的有关规定，公司应在公布解散的15天之内成立清算小组，有限责任公司的清算组由股东组成，股份有限公司的清算组则由股东大会确定其人选。逾期不成立清算组的，由法院根据债权人的指定成立清算组。清算组的职权包括：清理公司财产，分别编制资产负债表及财产清单；通知或者公告债权人；处理与清算有关的公司未了结的业务；清缴所欠税款；清理债权、债务，处理公司清偿债务后的剩余财产；代表公司参与民事诉讼活动。

② 债权人进行债权登记。在清算组成立或者聘请受托人的一定期限内通知债权人进行债权申报，要求其应在规定的期限内对其债权的数额及其有无财产担保进行申请，并提供证明材料，以便清算组或受托人进行债权登记。

③ 清理公司财产，编制资产负债表及财产清单。在这一过程中，如果发现公司资不抵债的，应向法院申请破产。

④ 在对公司资产进行估价的基础上，制定清算方案。清算方案包括清算的程序和步骤、财产定价方法和估价结果、债权收回和财产变卖的具体方案、债务的清偿顺序、剩余财产的分配以及对公司遗留问题的处理等等。

⑤ 执行清算方案。

第一，清算财产的范围及作价。清算财产包括宣布清算时企业的全部财产以及清算期间取得的资产。清算财产的作价一般以变现收入为依据，也可以重估价值或者账面净值等为依据。

第二，确定清算损益。企业清算中发生的财产盘盈、财产变价净收入、因债权人原因确实无法归还的债务，以及清算期间的经营收益等作为清算收益；发生的财产盘亏、确实无法收回的债权，以及清算期间的经营损失等作为清算损失；发生的清算费用优先从现有财产中支付；清算终了，清算收益大于清算损失和清算费用的部分，依法交纳所得税。

第三，债务清偿及其顺序。有限责任公司和股份有限公司的最高还欠能力为其注册资本额（如果企业的实际资本额低于注册资本额的，应补足）。企业财产拨付清算费用后，按照下列顺序清偿债务：应付未付的职工工资、劳动保险等；应缴未缴国家的税金；尚未偿付的债务。同一顺序不足清偿的；按照比例清偿。

第四，分配剩余财产。企业清偿债务后的剩余财产的分配原则，一般应按照合同、章程的有关条款处理，充分体现公平、对等，照顾各方利益。其中，除公司章程另有规定者外，有限责任公司按投资各方出资比例分配；股份有限公司，按照优先股股份面值对优先股股东分配，剩余部分按照普通股股东的股份比例进行分配；国有企业，其剩余财产要上交财政。

⑥ 办理清算的法律手续。企业清算结束后，应编制清算后的资产负债表和损益表，经企业董事会或职工代表大会批准后宣布清算结束。其后，清算机构提出的清算报告连同清算期间内收支报表和各种财务账册，经中国注册会计师审计后，一并报主管财政机关，并向税务部门注销税务登记，工商行政管理部门办理公司注销手续。

(2) 清算组成员的决定机关。

破产清算的清算组由人民法院依法组织股东、债权人、有关机关及有关专业人员成立，而解散清算的清算组成员在不同情况下由不同机关决定。

① 当解散清算由任意解散原因导致时，有限责任公司由股东组成清算组，股份有限公司由股东大会确定清算组成员。如果公司在15日内没有成立清算组，债权人可以申请人民法院指定有关人员成立清算组。

② 当解散清算由强制原因导致时，由有关机关组织股东、有关机关人员及有关专业人员成立清算组。

第二节 公司并购

一、公司并购的基本形式

(一) 并购的概念

企业并购,在国际上通常被称作 M&A(Merger and Acquisition 的缩写)是兼并与收购的统称。"Merger"意为"兼并"或"合并"。合并是指两个或两个以上的企业依契约及法令归并为一个企业的经济行为。合并包括吸收合并与新设合并两种形式。吸收合并,又称存续合并,是指在两个或两个以上的企业的合并中,其中一个企业因吸收了其他企业而成为存续企业,而被吸收企业(又称目标公司)则因丧失其法人地位而不复存在的合并形式,这种情况常用"A+B=A"的公式来表示;新设合并,是指两个或两个以上的企业通过合并,在新的基础上形成一个新企业,而原有所有相关企业的法人地位均消失的合并形式,其简单公式为"A+B=C"。"Acquisition",意为"收购"或"购买"。收购,是指一个企业以现金、债券或股票购买另一企业的部分或全部资产或股权,以获得该企业的控制权的经济行为,该公司的法人地位并不消失。股权收购按照收购方所获得的股权数量,又可分为参股收购、控股收购全面收购。在西方研究企业并购的文献中,与收购含义相近的还有接管(Takeover),是指某公司的原控股股东由于出售或转让股权或者股权持有数量被他人超过而被取代的情形,此后该公司的董事会通常将被改组。

(二) 并购的基本形式

1. 按照并购双方产品与产业的相互关系划分

(1) 横向并购。横向并购是指处于同一行业、生产或经营同一产品的竞争对手之间的并购。例如,两个钢铁厂之间的并购就是一种横向并购。其目的一般是消除竞争、扩大市场份额、获取规模经济或增强企业在行业市场中的力量。横向并购是市场经济中生产集中和生产社会化过程中最早的一种企业并购形式,也是企业寻求扩张的过程中最重要的并购方式,所以直到今天仍然被世界各国的企业广泛采用。

(2) 纵向并购。纵向并购是指生产过程或经营环节相互衔接、密切联系的企业之间,或者具有纵向协作关系的专业化企业之间的并购,它涉及某项生产活动的不同阶段。例如,在制药行业中,生产活动可以划分为新药的研究与开发、药品生产、通过药店将药品推销出去等活动。纵向并购可以保证原材料及零部件及时供应,使生产过程各个环节密切配合,从而缩短生产周期,加速生产流程,节约运输、仓储费用,降低交易成本。

从并购方向来看,纵向并购又可分为向前并购和向后并购。向前并购又称为向前一体化,是指生产流程后一阶段的企业并购生产流程的前一阶段的企业,如装配或制造企业并购零件或原材料生产企业。向后并购又称为向后一体化,是指生产流程前一阶段的企业并购生产流程后一阶段的企业,如生产原材料和零部件的企业并购加工、装配企业或生产企业并购零售商。由于纵向并购中的各方往往是原材料供应者和产成品购买者，所以纵向并购主要集中于加工制造业和与此相关的原材料、运输、贸易公司。

（3）混合并购。混合并购是指处于不同产业领域、产品属于不同市场且与其产业部门不存在特别的生产技术联系的企业之间的并购。其目的是通过分散投资、多样化经营等降低企业风险，达到资源互补、优化组合、扩大市场活动范围的目的。混合并购又分为三种形式：

① 产品扩张型并购。这是指产品生产技术或工艺相似企业间的并购，其目的是利用本身技术优势，扩大产品门类，如汽车制造企业并购农用拖拉机或收割机制造企业。如果企业间产品的生产技术或工艺十分相近，相当于横向并购。

② 市场扩张型并购。这是指具有相同产品销售市场的企业间的并购，其目的是利用本身（或目标企业）企业的市场优势，扩大市场销售额。

③ 纯粹混合并购。这是指那些生产和经营彼此间毫无联系的产品或服务的企业之间的并购。

2. 按照并购的实现方式划分

（1）现金购买式并购。这是指并购企业使用现金购买目标企业的部分或全部资产或股权而实现的并购。

（2）股份交易式并购。这是指并购企业以本企业发行的股票换取目标企业的部分或全部资产或股权而实现的并购。

（3）承担债务式并购。又称为零成本并购，是指在目标企业资不抵债或资产负债相等、债务负担虽过重但产品有发展前景的情况下，并购企业以承担目标企业的部分或全部负债为条件，取得目标企业的资产所有权和经营权的一种并购。

3. 按照并购所涉及的被并购企业的范围划分

（1）整体并购。整体并购是指目标企业的资产或产权整体转让给并购企业。实施整体并购需要大量资金。

（2）部分并购。部分并购是指并购企业只取得目标企业的部分资产或股权的并购形式。部分并购较易解决并购资金的问题，而且可以产生"以小搏大"的效应，所以常常为企业所采纳。

4. 按照是否经过中介机构划分

（1）直接并购。直接并购是指并购企业不通过中介机构，直接向目标企业提出并购要求，双方通过磋商，签订协议从而达到并购的目的。

（2）间接并购。间接并购是指并购企业不直接向目标企业提出并购要求，而是通过中介机构，在证券市场上大量购进目标企业股票，从而达到控制目标企业的目的。间接并购往往是敌意并购。

5. 并购其他的分类方式

（1）杠杆收购。杠杆收购（Leveraged Buyouts，LBO）是指优势企业通过举债（发行垃圾债券）——有时以即将并购的目标公司的资产和未来的收益能力作为抵押，筹集部分资金用于收购的一种并购方式。杠杆收购在 20 世纪 80 年代的并购舞台上十分活跃。

（2）管理层收购。管理层收购（Management Buyouts，MBO）是指目标公司的管理者或经理层利用借贷所融资本购买本公司的股份，从而改变本公司所有者结构、控制权结构和资产结构,达到重组本公司的目的并获得预期收益的一种收购行为,它属于杠杆收购的一种。通过收购,企业的经营者变成了企业的所有者,这一类型是为了解决委托人与代理人的利益不一致的问题而产生的。近年来,我国已有许多企业开始涉足 MBO。

(3) 要约收购。要约收购(Tender off,即狭义的上市公司收购),是指通过证券交易所的买卖交易使收购者持有目标公司股份达到法定比例(我国的《证券法》规定该比例为 30%),若继续增持股份,必须依法向目标公司所有股东发出全面收购要约。要约收购在美国近二十年的收购战中被广泛应用。

二、公司并购协同效应的来源与计算

(一) 协同效应的含义

在现代西方并购理论中占主流的是效率理论,而效率理论的一个基本概念就是"协同效应"。通常协同效应被定义为一种 1+1＞2 的效应,即并购后两个企业的总体效益(价值)大于两个独立企业效应(价值)之和的部分,用公式表示为 $S=V_{A+B}-(V_A+V_B)$。其中,S 代表协同效应,V_{A+B}、V_A、V_B 分别为并购后联合企业的价值、并购前 A 企业的价值和并购前 B 企业的价值。

(二) 协同效应的分类及作用机理

1. 管理协同效应

如果任意两个管理能力不等的企业进行合并,那么合并后的企业的表现将会受益于具有先进管理经验的企业的影响,综合管理效率得到提高,合并企业的总体表现将会优于两个单独部分的相加之和。这就是最普通形式的管理协同效应。

为了更深刻地理解管理协同效应,必须首先明确一个概念——组织经验。所谓组织经验,我们定义为"在企业内部通过对经验的学习而获得的雇员技巧和能力的提高"。组织经验划分为三种类型。一种情况的经验存在于组织和维护复杂生产过程的企业家才能或管理能力的领域之中。这种管理经验可以区分一般管理经验和行业专属经验。前者指的是在策划、组织、指挥等一般管理职能中以及在财务与控制中发展起来的能力;后者指的是与某特定行业的生产与营销特点相关的特殊管理能力的发展。第三种形式的组织经验存在于非管理性质的劳动投入要素领域——生产工人技术水平通过对经验的学习会随着时间的推移而逐渐提高。

这三种类型的人力资源在某种程度上是企业的生产工人的工作由生产设施的具体细节所确定。一旦组织起一个工人小组(在这个小组中根据有关这些工人特点的特定信息把每个工人分配到不同的工作中),那么这个小组被称为专属设施。这样,它就成为该企业的专属生产机构,至少只能被转移到类似的机构中去。因此,即便是类似行业的企业间的兼并也可能并不含有企业间非管理性质的人力资源的转移——它在企业间的转移只有在横向兼并中才是可行的。

行业专属的管理能力可以被转移到相关行业的其他企业中去,而不使协作效应受到破坏。

从理论上讲,一般管理能力甚至可以在不相关行业的企业间的兼并中被拓展使用。

2. 经营协同效应

(1) 经营协同效应与横向并购。

① 规模经济。在西方经济学理论中,企业生产过程中各种要素的投入有一个最佳规模,在最佳规模点上,边际成本等于边际收益,平均单位成本最低。在达到最佳规模点之前,随着生产规模的扩大,生产成本会逐渐降低,这就是所谓的规模经济。

规模经济的另一个来源是由于生产规模的扩大,使得劳动和管理的专业化水平大幅度提高。

此外,规模经济可以在一般的管理活动,如公司的规划和控制职能中获得。

② 范围经济。另一个与规模经济相似并经常混淆的概念是范围经济。它是指一个企业用一组投入要素同时生产多种产品或提供多种服务的能力。当由一家公司同时生产两种产品的综合成本低于由两家生产单一产品的公司分别生产这两种产品的成本之和时,范围经济就产生了。获得范围经济要满足两个相关条件:第一,不同产品之间必须存在可以共享的投入要素;第二,一旦这些投入被用于生产一种产品,则它们可以被第二种产品的生产过程免费利用,而无需再耗费任何成本。

③ 市场力量的增强及竞争成本的降低。所谓市场力量指的是一个或一群市场参与者能够控制产品价格和产品数量或特征,从而创造超额利润的能力。市场力量有三种来源:产品的差异性、进入壁垒和市场份额。通过横向并购,一个公司能够提高其市场份额,提高行业的集中度,使行业内企业数目减少,从而使行业内的企业可以维持较高的利润率。

(2) 经营协同效应与纵向并购。

企业纵向并购的直接效应就是交易费用的节省,企业间的纵向兼并还可能产生技术上的经济性,即通过把相继生产环节联系起来,来从技术上节约成本。此外,相当重要的一点是通过企业间的纵向兼并可以获得可靠的投入要素供给,减少企业外部环境中的部分不确定因素,从而降低风险成本。企业与企业之间的交易关系——交易对象、价格、时间、渠道、数量、方式及责任承担都处在不断变化之中,这种企业交易条件的变化必然增加企业经营风险和经营成本。通过企业兼并收购活动可以将这些外在的经营风险内部化,从而使生产经营更具稳定性,降低生产成本和风险成本。

3. 财务协同效应

(1) 资本成本下降。引起资本成本下降的原因概括起来有以下几种:

① "共同保险"效应。当两家企业的现金流量不完全正相关时,合并联合企业破产的可能性会大大降低,收益流趋于稳定,使得贷款人遭受损失的可能性减小。这种效应的直接结果就是企业的举债能力将会上升。

② 内部资金和外部资金之间的差别。首先,内部资金不涉及证券发行过程中的交易成本;其次,如果内部人士如管理人员,对企业资产价值拥有的信息比外部投资者多,并且采取有利于目前股东的行动,那么内部融资就优于外部融资。当企业发行高风险证券时,这种信息上的不对称性会使投资者相信证券的价格高于实际价值,因此会作出消极的反应,使得外部融资成本较高。

③ 证券发行与交易成本的规模经济。一部分规模经济可以归功于信息生产和传播所具有的固定成本,兼并可以实现信息规模经济。更为重要的是,在资本市场上,大公司与小公司

相比具有某些特定的融资优势,从而使其资本成本较低。通常小公司要想获得资金必须支付较高的风险或流动性溢价,而大公司由于在过去的漫长的发展历程中已经证明了其稳定的获利能力并且赢得了投资者的信任,所以在进行融资时所需支付的风险溢价就相对较低,也更容易得到资金。

(2) 合理避税。

税收是对企业的经营决策起重大影响的一个因素。各国不同类型的企业在资产、股息收入与利息收入等资本收益的税率及税收范围方面有很大差异。正因为存在这种差异,使得企业可以通过并购实现合理避税的目的,从而增加企业的自由现金流,这也是财务协同效应的一个重要来源。此外,企业可以利用税法中亏损递延条款来合理避税。所谓亏损递延,指的是如果某公司在一年中出现了亏损,该公司不但可以免付当年的所得税,它的亏损还可以向后递延,以抵消以后几年的盈余,公司根据抵消后的盈余缴纳所得税。有了这样的亏损递延条款,一家亏损企业往往会被考虑作为合并目标或考虑合并一家盈利企业,以充分利用亏损递延期纳税的优惠。

4. 无形资产协同效应

所谓无形资产协同效应,是指由于无形资产所具有的一些不同于有形资产的特殊本质和技能——包括形成上的高投入性、发挥作用上的长期性与深层次性和扩张性、使用上的不可分割性和不可模仿性、与有形资产的结合性、交易中的不确定性等,在并购中通过输入无形资产变劣质资产为优质资产,变低效资产为高效资产,可以提高被并购企业的生产经营效率,从而使并购后两企业的总体效益得到增加。无形资产协同效应主要表现为品牌协同效应、文化协同效应和技术协同效应等方面。

(1) 品牌协同效应。

品牌是一个企业竞争优势的集中体现,它是确保企业提高市场份额、获得较高利润的重要基石。在企业并购中,品牌发挥着重要的作用,依托收购企业已经建立起来的品牌及销售和售后服务网络,可以马上提高被并购企业产品的市场竞争力和销售业绩,这一点在并购效应中是最明显的。

(2) 技术协同效应。

技术协同效应,亦可称为技术扩散效应,是指通过专利技术、专有技术的低成本扩散,使技术创新获得规模经济性并增加企业收益的效应。在合并双方技术水平存在显著差异的情况下,技术的共享通常能使技术水平较低的企业在并购后技术水平得以迅速提高,直到达到技术较为先进的企业的水平,从而使其原来处于低效运转状态的资产变成高效资产,提高企业的生产效率和效益。

(3) 文化协同效应。

企业文化对并购的影响是通过文化协同效应实现的,这种影响往往具有长期性、深层次性和难以计量性。文化协同效应的产生是由于积极的企业文化对消极企业文化具有可输出性从而存在规模经济的潜能,因此在企业并购中通过积极的企业文化对消极的企业文化的扩散、渗透和同化可以提高被并购企业的整体素质和效率。

(三) 协同效应的预测与评估

1. 协同效应的整体评估法

协同效应的整体评估是并购决策者利用收集到的己方和被并购方的过去、目前和预测兼并后未来企业发展的各类数据,从协同效应的定义出发,在定性分析的基础上,分别评估合并后联合企业的价值、并购方和目标方企业各自独力经营的价值,其差额则为并购产生的协同效应。因为这种评估方法以并购的最终效果,即企业价值增值为出发点,并不深究协同效应发挥作用的中间环节和过程,因此称为协同效应的整体评估。其基本方法就是企业价值评估的方法,目前理论上最成熟、应用也最广泛的为现金流量折现法。在协同效应的整体评估中,最为关键且难度最大、涉及不确定性因素最多的是并购后联合企业的价值评估。其中一些参数的确定必须在定性分析的基础上进行,带有一定的主观性。当 V_{A+B}、V_A、V_B 分别确定后,运用公式: 协同效应 $= V_{A+B} - (V_A + V_B)$,即可估算出企业并购的协同效应价值。

2. 协同效应的分部加总评估法

(1) 协同效应的分部加总评估法的基本研究思路。

所谓协同效应的分部加总评估法,就是对协同效应所表现的各主要方面,在详细的定性分析的基础上,分别进行定量分析预测,并按照其作用年限折现后加总。它是评估目标企业对收购方价值的重要依据。即使是市值和当前盈利水平完全相同的两个目标企业,其对于收购方而言真正价值也不尽相同,原因就在于任何两个企业的合并所产生的协同效应都有其独特性,无论是作用的方面,还是作用的大小都不会完全相同。因此,分别评估每一种协同效应的数值和作用年份,并将评估结果汇总加入到对目标企业的独立预测报表中以确定交易价值的方法,相对于协同效应的整体评估而言,其评估结果可能会更准确。

(2) 协同效应的分类确认。

虽然对每一个具体的兼并案例而言,协同效应表现的方面不尽相同,但通常可以将其分为两大类:一种称之为"有形协同效应",即那些比较容易用货币计量和评估其具体价值的协同效应;另一种则恰恰相反,是指那些具有不确定性或战略性、全局性、或影响不易短期内显现,从而不可能被精确计量的协同效应,称为"质量型协同效应"(qualitative synergies),在大多数并购中,它往往是并购的有力动机,并最终显示出其对于并购后整个企业业绩的强大影响力。

表 11-1 列示的仅仅是大部分常见的协同效应类型,并不代表全部,每一起并购案例都可能创造出其他并购中没有的"独一无二"的协同效应。确认这些协同效应的一种方法就是严格的考察收购方的动机,即"为什么要收购这家公司?"

表 11-1 协同效应分类确认

	协同效应	类型	实现条件
管理协同	管理人员削减	有形	1. 一些有规划和控制才能的公司工作人员在一定程度上未被充分利用 2. 两公司在管理效率上存在差异 3. 处于同一行业或相关行业
	部分行政官员解职	有形	
	办公机构精简	有形	
	办公地点合并	有形	
	在收购方有效的管理下目标公司管理效率的提高	质量型	

续表

协同效应			类型	实现条件
经营协同	规模经济带来的固定成本摊薄	厂房、设备的折旧	有形	行业中存在着规模经济,并且在合并之前,公司的经营活动水平达不到实现规模经济的潜在要求
		采购费用		
		生产人员工资		
	销售力量合并、营销规模扩张带来的营销费用节约	销售人员裁员	有形	
		销售机构合并		
		广告支出摊薄		
	利用对方销售网络进入新市场带来的销售量增加		有形	
	研究与开发力量合并带来的革新能力提高		质量型	
	管理及劳动专业化水平提高带来的劳动生产率提高		质量型	
	相关产品或服务部投入要素共享带来的成本节约	能源、热力重复使用	有形	1. 不同产品或服务之间存在可以共享的投入要素 2. 一旦这些投入要素被用于生产一种产品或服务,它们就可以被第二种产品或服务的生产过程免费利用
		人才、技术、计算机系统共享		
	市场领导地位增强带来的定价弹性及企业知名度提高		质量型	反垄断法的制约
	交易费用节约	搜寻目标和价格的成本	有形	1. 上下游企业间并购 2. 边际交易费用≥边际组织费用
		签约成本		
		收取货款成本		
		广告成本		
	生产过程一体化带来的技术经济能直接节约某些生产环节的成本		有形	
	存货的及时更新能够降低存货管理成本和资金占用		有形	
	降低资产专用性风险,提高产品稳定性		质量型	
财务协同	"共同保险"效应带来的企业举债能力增强	杠杆率提高,赋税责任减少	有形	1. 双方公司现金流相关性较小 2. 收购企业处于低需求增长行业,而目标企业所在行业投资机会较多,且现金流量较低
		目标公司可以享受收购方较低的贷款利率		
	内部资金替代外部资金带来的综合资本下降		有形	
	证券发行与交易成本的规模经济	债券发行利率降低	有形	
		股东要求的风险回报率下降		
		发行证券的固定成本摊薄(注册、法律、印刷费等)		
	利用经营亏损递延		有形	符合证券法规及税法相关规定
	换股、发行可转换债券带来的纳税递延		有形	

续表

协同效应		类型	实现条件
无形资产协同	利用收购方的知名品牌提升被收购公司销售额	有形	1. 品牌自身实力 2. 被收购公司在技术管理方面对品牌的支撑力 3. 行业相关
	技术扩散使得原技术落后企业的资产运营效率和生产效率迅速提高	有形	1. 核心技术相同或相关 2. 技术水平存在显著差异
	收购方先进企业文化的传播造成企业凝聚力增强、生产率提高	质量型	1. 并购主体企业文化内涵的先进性 2. 并购双方文化差距不宜过大
	在较短时间内以低成本获得核心竞争力	质量型	获得要素后的吸收与整合

(3)"反向协同效应"的分类确认。

并购在带来正效应的同时,往往还会产生一些不可避免的成本。这些成本中既包括并购中除支付给目标公司金额以外的一次性交易费用,也包括一些长期的难以量化的负面影响,如文化冲突等。这些并购带来的负面效应会抵消一部分协同效应带来的企业价值增值,因此也被称作"反向协同效应"。下面列示是较常见的"反向协同效应",同样可划分为"有形反向协同效应"和"质量型反向协同效应"两大类。

① 有形反向协同效应:
a. 交易费用——财务咨询费、法律费用、管理技术、宣传费用等;
b. 为监督并购额外雇佣管理人员的酬金;
c. 并购后对员工薪金及福利政策(水平)的调整;
d. 对被并购公司员工的培训;
e. 执行收购的程序(手续);
f. 额外的履行成本;
g. 偿还并购所欠债务的成本。

② 质量型反向协同效应:
a. 被收购公司核心成员的不合作或背叛;
b. 分散高级管理人员的时间和精力;
c. 对被收购公司民心、士气的不良影响(尤其在敌意收购中);
d. 商业上的冲突(如:收购公司的客户恰恰是被收购公司的竞争对手);
e. 形象损失(如采取进攻性战略、收益被稀释等因素给企业形象带来的不良影响);
f. 收购公司与被收购公司员工的关系不融洽。

三、公司并购运作程序

(一)寻找目标企业

企业在根据发展战略的需要决定实施并购后,并购企业应根据其并购动机与自身状况选择合适的目标企业。并购目标的选择活动是一个多目标、多层次、结构复杂、因素众多的大系统工程,其中目标企业的寻找、分析和价值评估是三个关键的环节。

到市场上去寻找适合自己发展战略的目标企业,这是并购的第一步。对于不同类型的目标企业,寻找的方法有所不同。对于非上市公司因为公开信息较少,故信息的查询主要依靠上互联网、拜访行业协会、电话咨询、参加专业展览会、公司内部和中介等途径收集目标企业名单,多数情况下上述几种方法结合起来才能奏效。对于目标企业中的上市公司,因为有公开披露的信息,可以先依据这些信息进行初步的甄别和判断:首先判断是否符合收购标准,然后再通过中介和其他途径和上市公司进行接触,以判断其有无被收购的意向。

(二) 公司并购财务决策

1. 并购目标企业的价值评估

所谓价值评估,指买卖双方对标的(股权或资产)作出的价值判断。通过一定的方法评估标的对自己的价值,可以为买卖是否可行提供价格基础。并购过程中,对目标企业的估价是并购要约的重要组成部分。

由于并购的支付方式不同,进行价值评估的内容也有差别。并购的支付方式主要有资产置换、股权交换和支付现金三种。前两种方式下,除对目标企业的价值进行评估外,还须对作为支付手段的自身资产或股权进行价值评估。

目标企业估价取决于并购企业对其未来收益的大小和时间的预期。并购价值评估本质上是一种主观判断,但并不是可以随意定价,而是有一定的科学方法和长期经验验证的原则可依据的。企业一般可以使用以下方法对目标企业估价。

(1) 资产价值基础法。

资产价值基础法指通过对目标企业的资产进行估价来评估其价值的方法。确定目标企业资产的价值,关键是选择合适的资产评估价值标准。目前国际上通行的资产评估价值标准主要有以下四种。

① 账面价值。账面价值是指会计核算中账面记载的资产价值。例如,对于股票来说,资产负债所揭示的企业某时点所拥有的资产总额减去负债总额即为公司股票的账面价值(账面净资产),再减去优先股价值,即为普通股价值。这种估价方法不考虑现时资产市场价格的波动,也不考虑资产的收益状况,因而是一种静态的估价标准。我国企业并购活动中有不少收购方以账面价值作为收购价格的实例。账面价值取数方便,但是其缺点是只考虑了各种资产在入账时的价值而脱离现实的市场价值。

② 市场价值。市场价值与账面价值不同,是指把该资产视为一种商品在市场上公开竞争,在供求关系平衡状态下确定的价值。当公司的各种证券在证券市场上进行交易时,它们的交易价格就是这种证券的市场价值。它可以高于或低于账面价值。

③ 清算价值。清算价值是指在企业出现财务危机而破产或歇业清算时,把企业中的实物资产逐个分离而单独出售的资产价值。清算价值是在企业作为一个整体已经丧失增值能力情况下的资产估价方法。对于股东来说,公司的清算价值是清算资产偿还债务以后的剩余价值。

④ 公允价值。公允价值是指将目标企业在未来持续经营情况下所产生的预期收益,按照设定的贴现率折算成现值,并以此确定其价值。它把市场环境和企业未来的经营状况与目标企业价值联系起来,最适宜于评估目标企业的价值。

以上四种资产评估价值标准各有其侧重点,因而其适用范围也不尽相同。就企业并购而言,如果并购的目的在于其未来收益的潜能,那么公允价值就是重要的标准;如果并购的目的在于获得某项特殊的资产,那么清算价值或市场价值可能更为恰当。

(2) 收益法(市盈率模型)。

收益法就是根据目标企业的收益和市盈率确定其价值的方法,也可称为市盈率模型。市盈率的含义非常丰富,它可能暗示着企业股票收益的未来水平、投资者投资于企业希望从股票中得到的收益、企业投资的预期回报、企业在其投资上获得的收益超过投资者要求收益的时间长短。

应用收益法(市盈率模型)对目标企业估值的步骤如下:

① 检查、调整目标企业近期的利润业绩。在检查目标企业最近的损益账目时,并购企业必须仔细考虑这些账目所遵循的会计政策。若有必要,则须调整目标企业已公布的利润,以便使其与并购的企业的政策一致。例如,当目标企业已经将开发费用资本化时,并购企业就可以注销所有的研究与开发费用,从而将夸大的报告利润降下来。

② 选择、计算目标企业估价收益指标。一般来说,最简单的估价收益指标可采用目标企业最近一年的税后利润,因为其最贴近目标企业的当前状况。但是,考虑到企业经营中的波动性,尤其是经营活动具有明显周期性的目标企业,采用其最近三年税后利润的平均值作为估价收益指标将更为适当。实际上,对目标企业的估价还应当更多地注重其被并购后的收益状况。比如,当并购企业在管理方面具有很强的优势时,假设目标企业被并购后在有效的管理下,也能获得与并购企业同样的资本收益率,那么以据此计算出目标企业被并购后的税后利润作为估价收益指标,可能对企业并购决策更具有指导意义。

③ 选择标准市盈率。通常可选择的标准市盈率有如下几种:在并购时点目标企业的市盈率、与目标企业具有可比性的企业的市盈率或目标企业所处行业的平均市盈率。选择标准时必须确保在风险和成长性方面的可比性,该标准应当体现目标企业并购后的风险—成长性结构,而不应仅仅是历史数据。同时,实际运用中通常需要依据预期的结构对上述标准加以调整,因为难以完全准确地把握市盈率与风险、成长性之间的关系。

④ 计算目标企业的价值。利用选定的估价收益指标和标准市盈率,就可以比较方便地计算出目标企业的价值,公式如下:

$$目标企业的价值=估价收益指标\times 标准市盈率$$

采用收益法估算目标企业的价值,以投资为出发点,着眼于未来经营收益,并在测算方面形成了一套较为完整有效的科学方法,因而为各种并购价值评估广泛使用,尤其适用于通过证券二级市场进行并购的情况。但在该方法的使用中,不同估价收益指标的选择具有一定的主观性,而且我国股市建设尚不完善,投机性较强,股票市盈率普遍偏高,适当的市盈率标准难以取得,所以在我国当前情况下,很难完全运用收益法对目标企业进行准确估价。

(3) 贴现现金流量法[拉巴波特模型(Rappaport Model)]。

这一模型由美国西北大学阿尔弗雷德·拉巴波特创立,是用贴现现金流量方法确定最高可接受的并购价格,这就须估计由并购引起的期望的增量现金流量和贴现率(或资本成本),即企业进行新投资,市场所要求的最低的可接受的报酬率。运用贴现现金流量模型对目标企业估价的步骤如下。

① 预测自由现金流量。对目标企业的现金流量的预测期一般为 5—10 年,预测期越长,预测的准确性越差。根据并购企业的管理水平预测企业现金流量时,还应先检查目标企业历

史的现金流量表,并假定并购后目标企业运营将发生变化。须指出的是,自由现金流量(即增量的现金流量或剩余现金流量)是指目标企业在履行了所有财务责任(如偿付债务本息、支付优先股股息等),并满足了企业再投资需要之后的"现金流量"。即使这部分现金流量全部支付给普通股股东也不会危及目标企业的生存与发展。拉巴波特建立的自由现金流量预测模型如下:

$$CF_t = S_{t-1}(1+g_t) \cdot P_t(1-T_t) - (S_t - S_{t-1}) \cdot (F_t + W_t)$$

式中:CF——现金流量;S——年销售额;g——销售额年增长率;P——销售利润率;T——所得税税率;F——销售额每增加1元所需追加的固定资本投资;W——销售额每增加1元所需追加的营运资本投资;t——预测期内某一年度。

② 估计贴现率或加权平均资本成本。这需要对各种各样的长期成本要素进行估计,包括普通股、优先股和债务等。考虑到股票、市盈率、股票获利率不能全面反映对股东的股本机会成本,资本资产定价模型可用于估计目标企业的历史股本成本。

$$K_s = R_F + R_R \cdot \beta = R_F + \beta(R_m - R_F)$$

对目标企业并购前预期的股本收益需要根据并购后目标企业β值的可能变化加以调整。因为债务通常不进行交易,可将各种借贷中实际利息支付作为债务成本的近似值。类似问题也出现在优先股的情况中。估计了各单个元素的资本成本后,即可根据并购企业期待的并购后资本结构计算加权平均资本成本。

$$WACC = \sum K_i \cdot b_i$$

式中:$WACC$——加权平均资本成本;K_i——各单项资本成本;b_i——各单项资本所占的比重。

③ 计算现金流量现值,估计购买价格。根据目标企业自由现金流量对其估价为

$$TV_a = \sum_{t=1}^{n} \frac{FCF_t}{(1+WACC)^t} + \frac{V_t}{(1+WACC)^t}$$

式中:TV_a——并购后目标企业价值;FCF_t——在t时期内目标企业自由现金流量;V_t——t时刻目标企业的终值;$WACC$——加权平均资本成本。

④ 贴现现金流量估值的敏感性分析。

由于预测过程中存在不确定性,并购企业还应检查目标企业的估价对各变量预测值的敏感性。这种分析可能会揭示出现金流量预测中存在的缺陷以及一些需要并购企业关注的重大问题。

总之,贴现现金流量法以现金流量预测为基础,充分考虑了目标公司未来创造现金流量能力对其价值的影响,在日益崇尚"现金至尊"的现代理财环境中,对企业并购决策具有现实的指导意义。但是,这一方法的运用对决策条件与能力的要求较高,且易受预测人员主观意识(乐观或悲观)的影响。所以,合理预测未来现金流量以及选择贴现率(加权平均资本成本)的困难与不确定性可能影响贴现现金流量法的准确性。

以上各种对目标企业的估价方法,并无绝对的优劣之分。并购企业对不同方法的选用应主要根据并购的动机而定,并且在实践中可将各种方法交叉使用,从多角度评估目标企业的价值,以降低估价风险。

2. 并购成本分析

企业并购成本不是简单的财务成本概念,而应该是由此发生的一系列代价的总和。这些

成本既包括并购工作完成的成本,也包括并购以后的整合成本;既包括并购发生的有形成本,也包括并购发生的无形成本。为了真正实现低成本扩张,企业并购运作必须了解和把握并购的各项成本要素。具体来说,企业并购应该分析的成本项目如下。

(1) 并购完成成本。

所谓并购完成成本,是指并购行为本身所发生的直接成本和间接成本。直接成本是指并购直接支付的费用。间接成本是指并购过程中所发生的一切费用,它包括:①债务成本。在承担债务式并购、杠杆收购等情况下,开始可能并不实际支付收购费用,但是必须为未来的债务逐期支付本息。借用银行的抵押贷款进行收购,也要背上偿付未来归还本息的包袱,租买将来也是要付租金的。②交易成本。即并购过程中所发生的搜寻、策划、谈判、文本制作、资产评估、法律鉴定、公证等中介费用,发行股票还须支付申请费、承销费等。③更名成本。并购成功后,还会发生重新注册费、工商管理费、土地转让费、公告费等等支出。

(2) 整合与营运成本。

并购企业不仅应关注并购当时短期的完成成本,还应测算并购后为使被并购企业健康发展而需支付的长期营运成本。这些成本包括:①整合改制成本。取得对目标公司的控制权后,必然需要进行重组或整合,如调整人事结构、改善经营方式、整合经营战略和产业结构、重建销售网络等。另外,还要支付派遣人员进驻、建立新的董事会和经理班子、安置原有领导班子、安置富余人员、剥离非经营性资产、淘汰无效设备、进行人员培训等有关费用。②注入资金的成本。并购公司要向目标公司注入优质资产,投入启动资金或开办费,为新企业打开市场而需增加的市场调研费、广告费、网点设置费等,这些都需要用钱。所以,企业进行并购决策时应切实分析目标公司的资源潜能与管理现状,明确并购双方企业管理资源的互补性,充分估计并购方在现在基础上能否对被并购企业实施有效的管理投入,是否有能力通过有效的整合措施使被并购企业实施制度创新、机制创新。如果并购双方管理资源缺乏有效的互补性,或被并购企业管理资源过分缺乏,并购方的管理成本将相当巨大。

整合与营运成本具有长期性、动态性和难以预见性,所以并购决策中应特别关注该项成本能否达到最低。

(3) 并购退出成本。

一个企业在通过并购实施向外扩张时,还必须考虑一旦扩张不成功如何低成本撤退的问题。

(4) 并购机会成本。

并购活动的机会成本是指并购实际支付或发生的各种成本费用相对于其他投资和未来收益而言的。一项并购活动所发生的机会成本包括实际成本费用支出以及因放弃其他项目投资而丧失的收益。

3. 企业并购的风险分析

企业并购是高风险经营,财务分析应在关注其各种收益、成本的同时,更重视并购过程中的各种风险。

(1) 营运风险。

所谓营运风险,是指并购方在并购完成后,可能无法使整个企业集团产生经营协同效应、财务协同效应、市场份额效应,难以实现规模经济和经验共享互补。通过并购形成的新企业因规模过于庞大而产生规模不经济,甚至整个企业集团的经营业绩都为被并购进来的新企业所拖累。

(2) 信息风险。

在并购战中,真实与及时的信息可以大大提高并购企业行动的成功率。但是,实际并购中因贸然行动而失败的案例不少,这就是"信息不对称"的结果。

(3) 融资风险。

企业并购需要大量的资金,所以并购决策会同时对企业资金规模和资本结构产生重大影响。实践中,并购动机以及目标企业并购前资本结构的不同,还会造成并购所需的长期资金与短期资金、自有资本与债务资金投入比率的种种差异。与并购相关的融资风险具体包括资金是否可以保证需要(时间上与数量上)、融资方式是否适应并购动机(暂时持有或长期拥有)、现金支付是否会影响企业正常的生产经营、杠杆收购的偿债风险等。

(4) 反收购风险。

在某些情况下,被收购的企业对收购行为往往持不欢迎和不合作态度。尤其在面临敌意并购时,他们可能会"宁为玉碎、不为瓦全",不惜一切代价布置反收购战役,其反收购措施可能是各种各样的。这些反收购行动无疑会对收购方构成相当大的风险。

(5) 法律风险。

各国关于并购、重组的法律法规的细则,一般都通过增加并购成本而提高并购难度。如我国目前的收购规则,要求收购方持有一家上市企业5%的股票后即必须公告并暂停买卖(针对上市企业非发起人),以后每递增5%就要重复该过程,持有30%股份后即被要求发出全面收购要约。这套程序大大提高了收购成本和收购风险。

(6) 体制风险。

在我国,国有企业资本经营过程中相当一部分企业的收购兼并行为,都是由政府部门强行撮合而实现的。尽管大规模的并购活动需要政府的支持和引导,但是并购行为毕竟应是企业基于激烈市场竞争而自主选择的发展策略,是一种市场化行为。政府依靠行政手段对企业并购大包大揽不仅背离市场原则,难以达到预期效果,而且往往还会给并购企业带来风险。比如,以非经济目标代替经济目标,过分强调"优帮劣、强管弱、富济贫"的解困行为,将使企业并购偏离资产最优化组合的目标,从而使并购在一开始就潜伏着体制风险。

总之,并购风险非常复杂和广泛,企业应谨慎对待,多谋善选,尽量避免风险,将风险消除在并购的各个环节中,最终实现并购的成功。

(三) 公司并购后的整合

企业并购至少涉及两个企业,由于利益的相对独立性以及在并购中企业的角色定位不同,并购双方的冲突是不可避免的。这些冲突表现为:第一,制度冲突——产权关系模糊和所有制阻隔是造成并购双方冲突的制度原因;第二,机制冲突——并购双方运行机制不尽相同,两种机制的冲突不可避免;第三,心理冲突——并购双方员工以及企业领导认识上的不一致,使并购后的企业必须进入一个较长的心理磨合期;第四,文化冲突——文化冲突是企业冲突的集中体现,也是并购整合的最大障碍。可见,经营控制权的取得只能算是整个并购战役中一个回合的胜利,要取得并购的成功,对并购后的企业进行整合是十分必要的。

整合是指由并购方或并购双方共同采取的一系列旨在推进合并进程、提高合并绩效的措施、手段和方法。整合的内容至少包括战略整合、组织机构整合、管理制度整合、人力资源整合和文化整合。

1. 战略整合

战略整合是指并购企业在综合分析被并购企业情况后,将被并购企业纳入其发展战略内,它有利于实现企业内部各职能机构之间的分工和协作,便于企业优化经济结构,实现资源配置的优化和效益的最大化,从而取得一种战略上的协同效应。

2. 组织机构整合

组织机构的整合就是要使公司的分支机构有利于公司资产效率的增长。过渡与整合阶段机构调整的目标取决于并购方的经营目标和总体战略。由于并购本身所具备的扩张性特征,因此,机构调整必须达到以下目标:形成一个开放性与自律性有机统一的组织系统,使整合后企业内的生产要素、资源在企业中更加自如、高效地结合;组织系统的扩张与收缩具有灵活性,以适应外部环境的变化;能形成顺利进行企业内部物资、资金和信息流动的网络结构;机构间责权利分明,既相互协作又相互制约;机构无冗余重复,工作效率提高。其主要内容包括:①企业内各机构部门增减,权责增减,分布搭配的调整;②机构部门横向联系、纵向沟通所涉及的调整;③基层生产经营部门的划分及权力搭配的调整。

3. 管理制度的整合

管理制度整合的内容涉及企业经营的方方面面,比较重要的有工资、财务会计、营销、人事、设备、物资和生产管理等管理制度。对于那些组织完整、业绩优良、财务状况良好的目标企业,并购企业通常不改变其管理制度,尽力保持制度的稳定性和连续性。而对于管理不善、制度落后、体制陈旧的目标企业,把并购企业的良好制度植入被并购企业就显得十分重要。

4. 人力资源整合

人是企业生产经营活动的主体,并购整合中的人员因素更是对并购的最终成败有着至关重要的影响。人力资源整合的主要任务包括以下两个方面:(1)被并购企业负责人的任命问题。一般来说,并购后留用高层管理人员的情况比较多,这有利于保持企业并购后经营的稳定性。根据实际情况的需要,并购企业也可以选派或招聘有专业管理才能、精明强干的人到目标企业担任主管。(2)稳定人心,凝聚人才。企业人才能动性的充分发挥是企业能够维持生存和发展的根本保证。企业被并购以后,经营权的转换总存在着一些不确定的因素,因此负责人必须尽快解除被并购企业人员的顾虑,制定出稳定人才的政策,激励员工在新的机制、新的领导下努力工作。为此,并购企业或目标企业的负责人首先要与该企业的员工进行多方面的沟通,让员工了解未来经营方向、企业股权和人事的变化,工作地点及工种的可能变化,裁员还是增员、裁员的多少或范围,员工的股权、福利等状况,消除他们不必要的戒备和悲观情绪,避免人才因误解而流失。

5. 文化整合

企业文化是一个以最高价值观为核心,包括企业战略、结构、制度、作风、人员、技能等七个因素的生态体系。在企业组织体系中,企业文化处于核心地位,它通过对有形制度和其物质系统的作用而决定整个企业的运作效率。由此可见,文化整合在并购中的影响作用不可忽视,正如德鲁克所指出的,"与所有成功的多元化经营一样,要想通过并购来成功地开展多元经营,需要有一个共同的团结核心,必须具有'共同的文化'或至少有'文化上的姻缘'"(Drucker,1981)。企业并购后,随着融合的逐步深入,被并购企业的文化也面临革新,一种文化向另一种文化的变迁必然要经历一个解构到重构的过程,这一过程包括三个阶段:(1)比较分析:对并购双方企业文化进行比较,发掘各自的优势与不足,分析整合的可行性。(2)沟通融合:采取有效的措施解构原有企业文化的不合理部分,进行初步整合。(3)创新再造:通过前两个阶段的准备,选择适当的切入点和目标模式,重构更适合于并购后企业的、融合了各自优势并有所发展的新的企业文化。根据并购企业与被并购企业的文化融合程度可以衍生出四种文化整合类型,如图 11-1 所示。

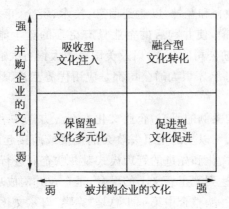

图 11-1 并购企业文化整合的类型矩阵

四、公司并购战略

(一) 公司常用的并购战略

1. **战略转移策略**

战略转移是企业在优化产业结构和实现产业升级过程中经常采用的策略,通过并购夺取具有成长潜力的市场的领先地位,同时逐步舍弃一些无市场优势或无发展前途的产品,将企业的优势资源集中于重要业务,建立企业核心竞争力,以适应竞争日益激烈的市场环境。通用电气公司(GE)是通过资产重组成功实现企业战略重组的典型。20 年来,GE 通过兼并重组,实现了从制造业到服务业,再到电子商务化的深刻、广泛和不间断的战略调整,以适应经济全球化和信息化的发展趋势,这是该公司长盛不衰的根本原因。

2. **低成本扩张战略**

资本运营的方式有很多,各种方式的成本不一样,企业利用自身的品牌优势或先进的管理模式、优秀的企业文化以及娴熟的资本运作技术,采用成本较低、效率更高的资本运营方式对于一些硬件条件比较好、管理不善的企业进行兼并从而达到企业的低成本扩张。海尔集团就是以这种"休克鱼"的方式,成功实施了企业的低成本扩张。

3. **专业化策略**

进入 90 年代以后,西方企业开始从多元化向一体化经营回归。由于科学技术的日新月异,企业不可能在各个领域都取得竞争优势,因而必须专注于自己最擅长的领域,集中发挥企业的积累性经验。美国哈佛大学教授迈克尔·波特认为:在来自外部的竞争越来越激烈的情况下,一个公司在一个领域内与对手抗衡已十分困难,更不用说全方位的竞争。因此公司要取得成功,就必须放弃许多与公司的主导部门无关的业务,采取集中化而不是多样化的经营战略。专业化策略就是通过兼并与其主营业务相关的企业,培养企业的核心竞争力。美国波音和麦道合并组成世界最大的飞机制造公司,资产总额为 500 亿美元,占据了世界飞机市场份额的 65%。一举压倒其主要竞争对手——法国空中客车公司,就是采用专业化策略的例子。

4. 优势互补策略

优势互补策略是指两个实力雄厚的公司,将各自的资源优势、人才优势、技术优势和市场优势通过并购的方式相互融合和互补,以达到信息、技术、资金、市场和人力资源的共享,降低生产经营成本,扩大生产规模,使并购后的企业具有更强的竞争能力和垄断地位。德国戴姆勒-奔驰公司与美国克莱斯勒公司的合并,以及美国第三大银行大通曼哈顿公司并购美国第五大银行 J-P 摩根公司,成立 J-P 摩根大通公司都是应用优势互补策略实施大企业集团战略。

5. 文化整合策略

根据近年来国内外并购案例的研究,企业文化在企业并购中有着特殊的重要意义。据不完全统计,在全球范围内,80%以上的重组失败案例直接或间接起因于企业文化整合的失败。因此,利用企业优秀的企业文化和先进的管理模式对并购企业进行整合,使并购企业的企业文化在被并购企业成长起来,达到真正意义上的融合,是企业并购成功的关键。海尔集团就是高度重视企业文化的利用,在并购整合中第一步总是"克隆"海尔文化及管理模式,使海尔的企业文化扎根下来,使被并购企业了解、适应直至自觉按照海尔的企业文化和管理模式思考和行动,与海尔集团真正融为一体。这正是海尔集团并购战略成功的关键。

(二) 公司并购战略分析与选择

1. 产品生命周期理论

产品生命周期是指大多数产品从投入生产市场开始到最终被新的产品替代而退出市场为止所经历的时间,可以分为引入期、成长期、成熟期、衰退期四个阶段。现将各阶段的销售量、利润和现金流的变化特点列入表 11-2。

表 11-2 生命周期各阶段特征

时期 特点	引入期	成长期	成熟期	衰退期
竞争者数量	较少	较多	多	较少
销售量	缓慢增加	迅速增加	减速增加	下降
现金流	负	负	正	正(下降)
利润	零或负	正且增加快	稳定或开始下降	下降

根据生命周期理论,大多数产品都存在一个有限的市场生命周期,对那些技术变革迅速的产业更是如此。因此,企业在制定并购战略时首先要分析自己的主导产品所处的发展阶段,目标公司的产品所处的发展阶段。如果要通过并购进行多元化经营,最好能使并购以后的各种产品处于周期的不同阶段,以获得稳定的现金流量和持续发展。

2. 经验效应理论

随着一个公司生产某种产品或从事某种业务数量的增加,经验不断地积累,工作熟练程度提高,更为专业化的分工成为可能,加上技术和工艺的改进,其生产成本不断的下降,并呈现出某种规律。经验效应描述的就是这种成本下降的规律,是评价公司战略地位的一个重要工具。根据经验效应理论,不同的业务具有不同的经验效应,其带来的成本下降的程度也不相同,它们之间的这种关系可以用经验曲线来表示。图 11-2 就是用双对数坐标表示的不同经验效应的经验曲线。

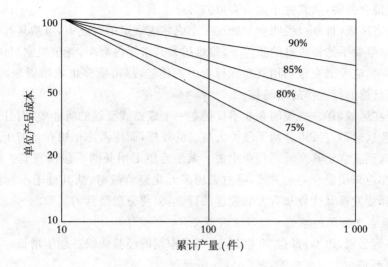

图 11-2　用双对数坐标表示的不同经验效应的经验曲线

从图 11-2 中可知,不同经验效应的经验曲线的斜率不相同,斜率越大表明企业通过经验效应所取得的成本降低越多。不同行业的经验效应不同,具有不同斜率的经验曲线。另外,市场需求量的增长速度也将对降低成本的潜力具有较大影响。根据经验效应理论,我们可以建立经验效应—市场增长率矩阵模型来分析企业的并购战略。

根据经验和行业的具体情况分别将行业的经验效应和市场增长率分为高低两个档次,建立具有四个区域的经验效应—市场增长率矩阵,如图 11-3 所示。

市场增长率	高	低
高	（Ⅰ）	（Ⅱ）
低	（Ⅲ）	（Ⅳ）

图 11-3　经验效应—市场增长率矩阵

确定了并购企业的经验效应和市场增长率之后,即可将其在矩阵中定位,通过对矩阵中每个区域的分析,可以得到制定并购战略时应采用的并购方式和策略。

若企业处在区域（Ⅰ）中,企业所从事业务的经验效应曲线的斜率大,市场增长率高。这一方面说明企业处在一个增长迅速的市场中,扩大其市场占有率不致严重威胁其竞争对手的总销售量,行业中大部分成员都能扩大其销售量,竞争不很剧烈。另一方面说明通过并购,企业可迅速扩大生产规模,由于规模效应较大,能取得较强的成本优势。因此,企业在制定并购战略时,应首先考虑采用横向并购方式,充分利用经验效应在迅速形成规模经济的同时,获取成本优势,以巩固和提高其在市场中的竞争地位。同时,企业亦可考虑适当地做一些纵向并购操作,以通过实现经营一体化交易费用的降低,进一步降低成本。

若企业处在区域（Ⅱ）中,说明企业虽然处在一个迅速增长的市场中,但其在市场中并没有处于十分有利的竞争地位。因此,企业在制定并购战略时,需分析通过并购或技术引进等手段能否提高其规模效应。若企业能提高规模效应,则可考虑采用横向并购方式或适当地采用纵向并购方式,以提高其竞争地位;否则,应考虑采用混合并购方式,通过多角化经营分散风险,并尽可能通过混合并购,从其处于竞争劣势的行业中退出。

若企业处在区域(Ⅲ)中,说明企业处在一个成熟或衰退的行业中,虽然具有一定的成本优势,在不减少竞争对手的销售量的条件下,很难扩大其市场占有率,竞争很剧烈。因此,企业在制定并购战略时,应考虑充分利用其在该行业中的优势,尽可能多地收回资金,并通过混合并购向更有发展前途的行业作战略转移。

若企业处在区域(Ⅳ)中,说明企业不仅处在一个成熟或衰退的行业中,而且还处于劣势地位。因此,企业这时不宜采用并购手段扩大自己的规模,而应考虑尽快在目前所从事的行业中抽回资金,投入到适宜于其发展的行业中去。纵使希望采用并购手段实现其扩张所需要的资本迅速集中,亦应采用混合并购方式,通过采用多元化经营战略,从其处于不利竞争地位的行业中退出,选择能发挥其优势和有发展前途的行业,以便分散经营的风险。

3. 波士顿咨询公司的增长—市场占有率矩阵

波士顿咨询公司(BCG)根据20世纪60年代中期的经验曲线首创了增长—市场占有率矩阵模型。该模型是一个二维矩阵,如图11-4所示。

图11-4 增长—市场占有率矩阵

纵轴上的市场增长率代表这项业务所在市场的年销售增长率,它反映产品在市场上的成长机会,销售增长率高就是成长发展的机会大,但同时也需要投入更多的资金。横轴上的市场占有率以相对市场占有率(公司的市场占有率/公司的最大竞争者的市场占有率)来表示。它反映企业的市场地位。根据这两个因素将增长—市场占有率矩阵分为四个部分,一个部分代表一类产品或业务。表11-3列出了各类业务的市场情况。

表11-3 各业务市场的市场情况

	瘦狗	金牛	问题	明星
市场占有率	低	高	较低	高
市场增长率	低	低	高	高
资金投入	少	少	多	多
现金收入	少	多	少	多

根据增长—市场占有率矩阵的分析可知,公司必须有一个平衡的业务或产品组合,以便尽可能降低风险。在获得现金收入的时候,需要把它们投入到明天的"金牛"、"问题"和"明星"产品上去,这可以通过收购和兼并其他公司来完成。但在制定并购战略的时候应尽可能收购和兼并相同产业或相关产业的公司,减少风险;尽可能进入增长快的产业,尽量避免收购市场占有率太低的公司,因为市场占有率是决定公司盈利能力和净现金流的最重要的因素。兼并活动的成败与目标企业的市场占有率的高低大致成正比。

4. 指导性政策矩阵

指导性政策矩阵是由壳牌化学公司(Shell Chemical Corporation)在增长—市场占有率矩阵的基础上创立的一种分析技术,其实质是把外部环境因素和企业内部实力归结在一个矩阵内,并对此进行经营战略的评价分析。如图 11-5 所示,图中业务部门发展前景取决于外部环境因素,包括市场大小、市场增长率、利润率、竞争程度、受商业周期影响等。公司的竞争力取决于其内部可控制的因素,包括市场占有率、产品的质量、价格、对顾客及市场的了解程度、加工制造上的竞争力、研究与开发实力等。把业务部门发展前景和公司的竞争力各分为3个等级,形成 9 个区域,并相应提出处于各个区域内的业务的指导性政策。

以上讨论了企业并购战略分析的四种方法,其中生命周期分析法和经验效应分析法都是强调企业内部自身的特点,忽略了企业所处的外部环境的影响。波士顿增长—市场占有率矩阵和指导性政策理论强调了对企业中各业务部门的分析,忽略了整个产业及产业中的其他企业的影响进行分析。事实上,企业的并购战略可以看作是企业竞争战略的一个部分,与企业的竞争优势密切相关。因此,分析企业的竞争优势,综合考虑企业的外部生存环境以及企业内部能力,我们可以建立一种分析企业并购战略的动态模型。

业务部门发展前景

公司的竞争能力		高	中	低
	高	优先投资,寻求支配地位	择优投资发展,保持领先地位	尽量收回资金,适度投资,维持竞争能力
	中	择优投资,增强竞争能力,争取领先	识别有前途的领域,有选择地投资	减少投资,逐步退出
	低	努力寻求增强竞争能力的途径或退出	减少投资,逐步退出	抽回资金并及时退出

图 11-5 指导性政策矩阵

5. "产业景气—企业地位—核心能力"模型

建立该模型的基础是分析企业的竞争优势,企业竞争优势的来源主要在于三个方面,即产业景气、企业在产业中的相对地位和企业的核心能力。

(1) 产业景气。

企业的生存与发展离不开所在的大环境,尤其是所在的产业环境。产业景气主要表现为某个产业的市场空间和技术发展趋向。按市场空间的大小和技术的成熟程度,可以将产业分为:"成长产业"、"成熟产业"和"衰退产业"三类,根据波特的五种竞争力模型,我们可以给出三类产业的五种特征,见表 11-4。

表 11-4 三类产业的产业特征

产业 \ 特征	现有竞争者	潜在进入者	替代品	买方砍价能力	供方砍价能力
成长产业	少	多	少	弱	弱
成熟产业	多	多	多	强	强
衰退产业	多	少	多	强	弱

从这三类产业的特征我们可以分析产业景气情况：

① 成长产业，其特征是市场需求潜力巨大，技术开始标准化，产品可以大规模生产，而且由于技术、资本和政策等进入壁垒导致进入者还不多，因而行业的平均利润率非常高。行业景气度高。

② 成熟产业，其特征是市场范围内相对稳定，消费群体数量比较固定，产业内的企业数量也相对不变，产业技术成熟，短期内不可能发生根本性跃变，因此行业平均利润率通常较低，行业景气度居中。

③ 衰退产业，其特征是市场萎缩，技术稳定，产品缺乏创新，各类生产要素尤其是优秀的人力资源都流向其他景气产业，往往表现为要素相对价格提高，行业不景气。

(2) 企业在产业中的相对地位。

主要根据企业在产业中的市场占有率或利润总额来进行分析，越是排名靠前的企业，就越能在竞争中获取更多的利益。处于本产业顶尖位置的企业不仅凭借其经济实力在常规的市场竞争中获得各种优势和利益，而且可以得到政府部门在税收、人才、投融资、物质流通等方面的额外关照。一旦企业取得好的相对位置，就等于"有形的手"和"无形的手"都来帮助你。因此，企业在产业中的相对地位是构成竞争优势的一个来源。

(3) 核心能力。

核心能力是一种整合企业内外部资源的能力，企业在发展过程中，不仅要善于整合内部资源，更要善于整合外部资源。这里的资源包括物资资源、人力资源、技术资源、组织资源、关系资源和商誉资源等。一个成功的企业，不在于其是否拥有自己的技术、知识，关键在于它是否能够根据自己的比较优势整合内外资源为己所用。企业的核心能力可以分为两个层次：第一层次是企业显性的知识、技术、市场和资源等；第二层次是企业的隐性知识、潜在市场、无形资本、人力资源等异质型资源。显然，企业的核心能力必须由第一层次上升到第二层次，才能使企业获得持久的竞争优势。

(4) 模型的建立。

企业的竞争优势是由产业景气、企业地位和核心能力三个变量综合确定，我们把三个变量分为"强、中、弱"三种情况，我们将得到的27种组合标在三维坐标图上可以得到如图11-6所示的空间图。

图中，用A、B、C分别代表企业的核心能力为弱、中、强；字母后面的第一个数字1、2、3分别代表产业景气度为弱、中、强；比如$A31$代表企业（核心能力、产业景气、企业地位）对应为"弱、强、弱"，即弱核心能力、强的产业景气、弱的企业地位。通过对企业这三方面的分析我们可以确定企业在图中的位置，就可对其并购战略进行分析。

(5) 企业的并购战略选择。

企业所处产业无非有三种：成长产业、成熟产业和衰退产业。对在某一行业已经存在的企业来说，产业景气状况是一个被给定的变量，企业实施战略的目的应该是改变企业地位和增强企业的核心能力，然后利用企业强大的核心能力和优越的企业地位进入更景气的产业。

对处于成长产业的企业而言，产业景气方面已经拥有良好的外部环境，所以最重要的是增强企业的核心能力，使自己的核心能力在第一层次的基础上演进到第二层次，在此基础上利用先发优势迅速实现扩张，继而提升自己在产业中的地位。在这个行业中的企业随着利润极大化的驱使和竞争压力的增强，进行横向并购来达到规模经济，可以为其争取更大的利润和市场

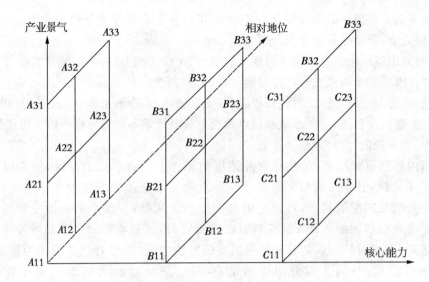

图 11-6 企业"产业景气—相对地位—核心能力"空间图

份额,提升企业地位;还可以通过兼并一些优势互补的企业,提高企业的核心能力;市场扩张型的混合并购也是一种选择。在模型空间中表现为由 A31 演进到 C31 再到 C33。

对于成熟产业中的企业,企业如果拥有较强的核心能力,首先就应该考虑提升企业在产业中的地位。采用横向并购减少竞争对手,扩大市场份额是一种选择,即从 C21 到 C23 努力;如果不能进入产业领先地位,可以考虑通过混合兼并,进入景气度更高的产业,即从 C21 向 C31 再向 C33 努力;如果该行业到了成熟阶段末期或衰退阶段初期,行业中的企业为了保证生存需要进一步降低成本,纵向并购可以相对较好地达到这个目的。

对于衰退产业中的企业,企业应该考虑从产业中退出,如果企业具有核心能力,可以凭借其核心能力采用混合并购的方式,进入更有活力的产业。

本分析方法在对公司所处的行业进行详细分析的基础上,从企业的竞争优势的角度对企业并购战略进行分析,提出了一个比较完整的动态分析模式。

第三节 公司财务困境

一、财务困境的内涵及成因

(一)财务困境概念的界定

财务困境的界定实际上就是要确定财务困境应包含哪些具体困境事项。参考有关学者对财务困境的界定,我们认为财务困境应包含三种困境事项。

第一,财务困境应包含破产事项。破产包括清算、重组、与债权人达成减少债务的协议等。财务困境事项包含破产事项有利于说明其他财务困境事项可能的最终结果。

第二,财务困境应包含企业严重亏损以及现金流量严重不足事项。财务困境中的亏损以及现金流量不足不是指一般的亏损及不足,而是指将在很大程度上导致企业不能支付优先股股利、无偿债能力、资不抵债的亏损及不足。

第三,财务困境还应包含不能支付优先股股利、无偿债能力、资不抵债等事项。

上述财务困境事项构成三种严重程度不同的困境状态:状态一——严重亏损以及现金流量严重不足;状态二——不能支付优先股股利、无偿债能力、资不抵债;状态三——破产。这三种困境状态的逻辑关系是,企业严重亏损以及现金流量严重不足将导致不能支付优先股股利、无偿债能力、资不抵债,最将导致企业破产。

综合国内外的研究结果,虽然在财务困境的概念上还有一定的分歧,但在以下几个方面已形成基本共识:财务困境都主要是从现金流量而不是盈利的角度来下定义的,按照资产收益与资产流动匹配的状态,可以把财务困境分成两类:亏损型财务困境和盈利型财务困境。当企业对债权人的承诺无法实现或难以遵守时,就意味着财务困境的发生。财务困境不等于破产,破产清算仅仅是处理财务困境的方法之一,有学者将违约视为流量破产,资不抵债称为存量破产;陷入财务困境的企业,要达到持续经营状态需要花费一定的代价——财务困境成本。财务困境的影响主要是在违约之前发生,因此公司价值的损失大部分是在违约或破产之前而非以后。

(二)财务困境的形成过程

1. 财务困境形成过程的原因观

John Argenti 在有关学者的研究基础上,通过案例研究及理论分析,得出结论认为,导致企业失败的原因有八项,企业失败的症状有四项。

John Argenti 列出的导致企业失败的八项原因如下。

(1)企业管理差。企业管理差主要是指高级管理层的结构缺陷,包括六个方面:首席执行官一人独断控制企业,其他董事不作为。知识结构不平衡的高管队伍,财务职能弱,缺乏管理深度,具有很高权力的首席执行官。在上述六项缺陷中,首席执行官一人独断控制企业这项缺陷与其他缺陷的关系是,独裁的首席执行官尽可能保持让他维持独裁的管理结构缺陷长久存在;或者如果一个公司没有独裁,但是如果容许管理结构缺陷的产生,那么,独裁将肯定会出现。

(2)会计信息不足或会计信息系统存在缺陷。失败企业在会计信息方面常常被提到的四项缺陷是:没有预算控制系统,或者预算控制系统不健全,或者完全不存在;缺乏现金流量预测;不存在成本核算系统;资产价值的不恰当估价。会计信息系统的不足将阻碍其他人发现临近的灾难,并且可让高管人员隐藏他们所知道的事实;可靠会计信息的缺乏也使得企业内外人员难以分析其存在的问题和评估其他解决方案。

(3)企业对经营环境的变化不能采取恰当的应对措施。经营环境的变化可分为五大类:①竞争趋势的变化。例如,国外低成本生产者的出现,两个竞争者的合并,竞争对手开发出新产品,你所经营的行业出现一个新企业。②政治环境的变化。在世界各地,政治家对企业经营影响逐渐增大,他们影响企业的原材料、市场、融资、税负等等。③经济环境的变化。主要是指主要货币的贬值、国际金融危机,以及经济循环、通货膨胀、利息率的变化趋势、收益分配模式。④社会变化。例如人们对工作态度的变化,生活方式的变化,特定人群的年龄、种族的变化,人们对污染和消费保护的态度变化。⑤技术变化。公司没有发现经营环境的变化或者对于环境的变化没有作出正确的反应是公司失败的主要原因。

(4) 制约公司对环境变化作出反应的因素。在世界各地,都可听到企业应当承担某些社会责任的要求,这些要求大大降低了公司对环境变化作出反应的自由。

(5) 过度经营。因为过度经营而导致企业失败的具体方式有很多,其中的两种方式值得注意:①经历对筹资的金额和时间估计不足,到时不能支付应该支付的现金,从而导致企业的失败;②以牺牲利润率追求扩展,提高销售额,最终企业耗尽现金,走向失败。

(6) 开发大项目。大项目包括兼并,多元化经营,项目扩张,开发新产品,引进新服务、研究项目等等。大项目导致企业的失败,主要是由于高估项目收入、低估成本等错误所造成的。如果企业对大项目预测存在的错误较小,那么,通过管理人员的加倍努力,项目可能会盈利;如果企业对大项目预测存在很大的错误,则管理人员的努力也很难挽回项目的失败。

(7) 高杠杆经营。经营业绩、经营效益较差时,高杠杆经营容易导致企业失败。

(8) 常见经营危险。常见经营危险一般不会导致企业的失败,但对于实力弱小、管理差的企业来说,就经不起常见经营危险的打击。

John Argenti 提出的企业四项失败症状如下。

(1) 财务比率。毫无疑问,财务比率是企业困境预测的有用指标,某些比率或者一些比率的组合能够给出企业困境的早期警告,但能够提前多长时间给出企业困境预警则存在一定的争议,一些专家认为能提前5年,也有些其他专家认为能提前2到3年。

(2) 创造性会计。创造性会计的目的是使公司的状况看起来要比实际情况要好。创造性会计的技巧主要有:①尽可能地拖延公布财务结果;②资本化研究成本;③即使企业不得不筹资满足经营的需要,但仍然继续支付股利;④削减日常维护支出,直至需要重大更新,这样就可以作为资本化处理;⑤租赁没有反映在财务报表上;⑥指示财务部门将非经常性收益处理为经常性收益,将经常性费用处理为非经常性费用;⑦指示子公司提高分配给母公司的股利;⑧包含在合并会计报表中的子公司逐年增多;⑨以适应自己的数字估价资产;⑩不仅研究费用资本化处理,而且培训成本、利息费用、安装计算机成本也作为资本化处理。

(3) 非财务症状。走向失败的企业表现出大量的非财务症状。例如,顾客发现质量和服务下降、价格下降、企业紧缩信贷政策,供应商发现企业减少零部件或原材料存货、减少订单等。

(4) 清算前数月表现出的症状。在清算前数月,症状的数量和严重性迅速增加。

John Argenti 认为,这 12 项原因和症状构成如下有机关系:如果一个企业的管理差,那么容易忽略会计信息以及会计信息系统存在的不足,更为严重的是不能对环境变化做出充分的反应。一些公司,即使管理好的公司,可能因为一些限制性因素而招致严重损害。管理差也会导致如下三个错误中的至少一个发生:企业过度经营、投资失败的大项目、高杠杆经营。高杠杆经营使一般性经营危险成为企业的经常性威胁。随着企业滑向清算之路,财务比率恶化,经理开始使用创造性会计,一些非财务症状也将出现,最后可以看到失败前数月的典型症状。John Argenti 将企业失败的原因分为不同层次,管理差是企业失败的根本原因,是第一层次的原因,其他由管理差引起的、导致企业失败的原因是次级层次的原因。

2. 财务困境形成过程的时间观

财务预警分析中的"四阶段症状"分析法认为,企业财务危机可分为四个阶段:第一阶段为财务危机潜伏期,特征是盲目扩张、无效市场营销、疏于风险管理、缺乏有效的管理制度、企业资源分配不当、无视环境的重大变化。第二阶段为财务危机发作期，特征是自有资本不足、过分依赖外部资金、利息负担过重、缺乏会计的预警作用、债务拖延偿付。第三阶段为财务危机恶化期，特征是经营者无心经营业务和专心财务周转、资金周转困难、债务到期违约不支付。第四阶段为财务危机实现期，特征是负债超过资产、丧失偿付能力、宣布倒闭。显然，"四阶段症状"分析法认为企业财务危机的形成有一个时间过程，这个过程的起点是企业出现盲目扩张、无效市场营销、缺乏有效的管理制度、资源分配不当等管理问题。随后，如果企业不能及时采取有效措施改正上述问题，将出现自由资本不足、过分依赖外部资金、债务到期违约不支付等现象，发展到一定程度，丧失偿付能力，到达过程的终点，即企业宣布破产。

3. 企业财务困境形成过程概略模型

虽然我们很难建立一个非常精细但又普遍适用的财务困境形成过程模型，但对不同类型财务困境发生过程进行分析，我们发现，财务困境形成过程存在三个基本要素，即原因、征兆、特征。用这三个要素对财务困境形成过程可作出这样简略性的概括：如果企业存在导致企业陷于财务困境的原因，那么，首先表现为出现财务困境征兆；然后，在企业陷于财务困境时，出现财务困境特征。上述逻辑过程可用图 11-7 直观地表示。

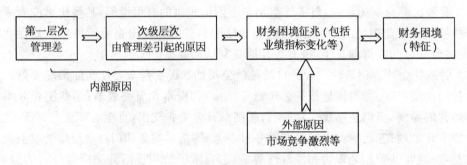

图 11-7 财务困境形成过程模型

二、财务困境成本

财务困境成本可以分为三个部分：困境企业承担的成本，债权人的损失，其他利益当事人的损失。

1. 企业的财务困境成本

财务困境企业承担的成本体现为企业股权价值的损失，主要包括以下三个方面。

（1）直接成本。

企业在陷入财务困境后，无论是进行资产重组、破产清算还是债务重组时，都须从外面聘用大量的专家，例如律师、会计师、投资银行家、评估师等等，对企业来说，雇佣这些专家的高昂费用就是直接成本。

（2）公司管理成本。

为了保证重组的进行，公司相关人员须花费大量的时间和精力，以及财务等职能部门的配合，这是一种额外的管理成本。这些工作包括为专家整理提供资料和信息、相应的法律事务、对资产的评估、对商业活动的调整等等。这些工作是公司重组计划重要的组成部分。而且，公司的一切经营或商业活动都处于破产的威胁之中，这可能对所有员工的心态和工作效率有不小的消极影响，但这方面成本的估计很困难。

(3) 间接成本。

企业更大的损失可能还是来自于财务困境对公司价值的侵蚀，包括股价下降、投资机会丧失、市场竞争力降低、人才流失、廉价处理资产等。

2. 债权人的损失

债权人的损失主要是指债权价值的损失，即普通债券和银行贷款价值的损失。

(1) 普通债券损失的价值。

当企业陷入财务困境进行破产清算处理时，对债权人按照优先顺序进行偿付，在这种情况下，普通债券持有人损失最大。对债券的损失用"偿还率"(Recovery Rate)来表示，即违约后债券市场价格与票面价值的比例。

(2) 银行贷款损失的价值。

由于银行贷款一般都有抵押或者担保，与其他任何类型的债权人相比，具有更加优先的地位，因此会得到更高的偿还率。

(3) 其他成本。

作为债权人来说，因为面临违约的风险，必然降低债券的流动性，导致债券价值的下降。而且为了在重组过程中，最大限度地保护自己的利益，债权人特别是银行等机构投资者也会产生相应的法律等方面的费用和内部管理成本。主要包括：

① 专家费用。在债务重组的过程中，原有的债权人与企业之间的协议须重新谈判以制定新的协议。对于机构投资者来说，例如银行和保险公司，为了最大限度地保障自己的利益，可能须聘请律师、会计师等专家参与重组过程，包括评估自己的法律地位、对重组决策过程和债权托管人的工作进行监督、评估债务人的提案并代表自己处理有关事务等。

② 管理成本。同困境企业一样，这些机构投资者和债权人也须有内部相应部门和人员的投入，特别是高层管理人员必须对债务重组的计划、方式等重大问题做出决策。显然，对债权人来说，这是因债务人财务困境导致的管理成本。

③ 交易成本。投资机构这样大的债权人和小债权人在对重组计划的偏好方面是不同的，前者可能更加看重对企业接管后持续经营产生潜在长期的利益回报，而后者则希望能在短期内变现利益，并在与优势持有人对潜在利益的瓜分中获得尽可能高的分成。在这种博弈中，必然存在交易成本。

④ 变现成本。对投资者来说，困境企业的债券作为投资组合的一种，现在已经不再合适，如果继续持有次优(sub optimal)证券，须付出一定的机会成本。但是，当公司陷入财务困境的信息向市场公开后，必然导致相关证券价值的下降，同时由于持有者急于将该证券卖空，使市场上供需失衡进一步导致价格的下跌。这是一种变现成本。

3. 利益相关者的利益损失

债权人在接管企业或参与企业的决策后，往往倾向于资产出售、裁员特别是大量管理人员的调整，所以对于困境公司部分员工来说，债务重组和资产重组往往意味着随之而来的失业。另一方面，现有的雇员特别是高级经理人员会利用自身影响力和工会组织对重组计划施加压力，以尽可能保住自己的工作。但是，不管博弈的结果如何，正常情况下总会有部分员工被解雇，对他们来说，这是经济和精神上的双重损失，也是一种成本。

对于商业债权人和商业客户(业务合作伙伴、供货商、经销商等等)来说，相对于使自己与困境公司之间的商业利益得到保护（如应收账款的回收）的短期利益，可能更倾向于继续拥有一个良好客户的长期利益。因为根据市场营销理论，开发一个新客户的成本是维护一个老客户的四倍，所以，即使商业债权人的利益能得以完全收回，为了开发替代的客户，也必须承担相应的转换成本。另一方面，原来给予困境公司的商业信用被迫延长，考虑到资金的时间价值，对商业债权人或供货商来说，这也是一种额外的成本。

三、公司财务困境的处理

（一）公司财务困境的处理方法

一个企业的财务合同可大致分为"硬合同"和"软合同"。"硬合同"一般是指与债权人签署的债务合同，其详细指明了企业定期付给债权人的款项，如果不能按期支付，企业就违背了合同，而债权人可通过法律途径来强制执行。此外，企业与供应商、雇员签订的合同也可被视为一种"硬合同"。"软合同"主要包括普通股和优先股，即使它们的持有者希望得到除股权之外的现金收益，但这些均由公司的政策决定。这些支付额在满足"硬合同"的支付后，根据公司流动资产的剩余可能被暂停或延期支付。

一个企业的资产可根据其流动性分为流动资产和长期投资（如厂房、设备等），由于后者在将来产生流动资产故可称为"硬资产"。由此，可以从上述企业合同和资产的划分来定义财务困境，即财务困境是在给定的某一时点，企业的流动资产不能满足企业"硬合同"中债务的现金需求。

财务困境产生的原因是由于企业当期可获得的流动资产与"硬合同"中的到期债务不相匹配。对企业财务困境的管理包括事前管理和事后管理。前者指在企业发生财务困境前确定合理的融资结构，以防止财务困境的发生。后者指通过增加资产的流动性或降低债务合同的"硬度"，以便使流动资产与"硬合同"的债务相匹配，主要包括以下几个方面，见图11-8。

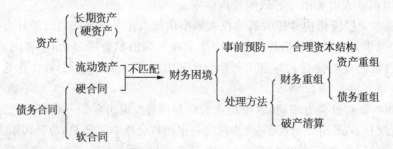

图 11-8 财务困境处理

1. 破产清算（liqudation）

破产清算意味着作为永续经营的公司的终止，包括以残值出售公司的资产，出售的所得扣除交易成本后，按已确定的优先顺序分给债权人。

2. 财务重组（reorgnazation）

财务重组可在私下或通过正式的法律途径来解决，而采用哪种方法来管理财务困境依赖于各种方法产生的相关成本和收益，财务重组包括资产重组和债务重组。

资产重组是通过重组资产负债表左边的资产部分来满足"硬合同"的要求，包括出售主要资产、与其他企业合并、减少资本支出、发行新股等具体形式。如果以长期资产(硬资产)全部或部分变现来产生额外的现金流去偿还到期债务,它将破坏企业未来的收益创造能力和产生相应的资产变现损失。

另一种财务重组方法是重组债务合同。其中一种方法是与债权人协商来重组"硬合同"中的条款,如削减当前债务数目使其与现金资产相近或延长到期债务时间。另一种方法是用一个新合同代替现有合同,其中的新合同主要形式可为:①削减到期支付的数目;②延长到期的时间;③债权转股权。在新合同下,财务困境发生的可能性将减小。

(二) 财务困境公司债务和股权处理面临的问题

1. 再融资问题

理论和实践上,陷入严重财务困境的企业面临清算、重组和持续经营三种选择。只有当债权人认为企业继续运营的预期价值大于清算价值时,才可能选择债务重组。具有经营前景的债务人企业和债转股企业均希望努力恢复经营业绩和资本市场信任,重新获得资本市场青睐和资源流入。但是,从重组到重新获得银行和资本市场信任的过渡时期,需要短期和长期资金支持。

(1) 短期内,从生存角度,需要大量资金支持近期经营。

债务重组虽然减轻或解除了企业现金流出的法律责任、历史负担,但债务重组企业自由现金流仍然为负。企业由于现金流产生能力低下,供应商可能会施加更严格的信用条件。因此,短期融资需要非常迫切。

(2) 从竞争和发展角度,需要中长期资金支持技术改造、调整产品结构和市场开拓。因此,需要一个新的资本结构,保持财务弹性和合理的资信等级,降低公司再次陷入财务困境的可能性。

对美国财务困境企业的研究表明,在发生财务困境的公司中,缺乏后续融资将使资产管理公司收购的不良债务企业处于竞争劣势,企业最终再次陷入财务困境甚至破产的可能性大大增加。因此,这类企业重组计划的一个重要措施是提供短期融资和具有财务弹性的长期融资工具。这也促进了许多现在广为应用的新融资工具的推出,包括延迟零息债务和可转换债券、收入债券、优先股等。

延迟零息债务是 19 世纪 70—90 年代期间铁路重组时推出的。首先,通过调整支付条款,现有债券持有者在重组过程中接受暂时的利息支付延迟,当公司希望重新建立正常的资本结构时,零息债券利率会随着时间延续而上升。其次,通过发行新的债券来支付现有债券利息。第三,发行具有很长期限(50 年甚至 100 年)和较低利率的债券。长期债券使投资者规避了资本市场利率下跌的风险,给投资者提供一种通过未来获利补偿近期放弃的利益。或有要求的证券特性介于债券和股票之间,它们像债券一样具有收入上限,又像股票一样不能为股利支付提供任何保证。它主要包括两种形式:收益债券和优先股。或有证券支付不固定,并且建立在企业未来预期收入的基础上,使企业在不增加破产风险和法律纠纷的前提下避免每年的现金支出,是一种更富有财务弹性的长期融资工具,应用更为广泛。

2. 法律问题

几乎所有国家在处理银行不良资产过程中得出的一个重要的基本经验,就是在其设立之初和运作过程中创立相应的法律支持,以保证重组真正起到盘活债务企业部分或全部资产、恢复其经营能力的作用。

解决财务困境企业再融资问题须解决财务困境企业现有债权人与股东之间、债权人之间以及现有投资者与新投资者的风险、收益和权力边界，使新的投资者能够对公司更好地进行治理和控制。同时，须建立一个更牢固、更负责的公司治理体系，这都需要相关法律制度的创新和完善。因为财务困境企业原债权人与股东之间、债权人之间、债务重组后新投资者和现有投资者之间往往存在权利争议。显然，当一家发生财务困境的企业具有大量的高级债务时，新的投资者往往不愿意主动为债务重组企业提供具有风险的公司次级要求权债务。他们更倾向于等待其他投资者先主动增加投资。虽然向发生债转股企业注入新的资本有利于增强企业现有债务和股权价值的实现程度，但如果现有债权人在新增收益的分配上具有更优先的权利，或者新筹集的资金用于偿还现有高级债权人债务或用于回购资产管理公司股权，并没有创造出新的价值，即新增资本价值被现有高级债权人和股权所吸收，作为低级债权人的投资者将不愿意提供任何类型的资本。现有投资者以及新老投资者之间的权利争论导致相当高的交易成本。

在实现财务困境企业重组和持续发展的一致性目标下，不同投资者之间的争议推动了投资者风险、收益和权力界定的法律创新，为公司治理和融资合约创新奠定了法律基础。例如，波兰为此颁布了《企业与银行债务重组法》，美国制定了《金融机构改革、恢复和强化法》，日本也于 1999 年颁布了《金融再生法》，马来西亚颁布了《Danaharta 法》。这些法律给资产管理公司赋予的特殊权利，首先是有权与原债权银行签订转让协议，此种协议可使贷款债权及其附属的担保权利转移生效，且无须债务人与担保人认可；其次是根据需要，资产管理公司可向欠债企业派驻专员，接管管理层，接管专员有权拟定企业重组方案或清盘方案；再者是有权检查债务人的账目和制止其恶意逃债行为。我国出台了《金融资产管理公司特别条例》，最高人民法院也相继对担保法作出了对资产管理公司处置不良资产有利的解释（《最高人民法院关于适用〈中华人民共和国担保法〉若干问题的解释》）。并且，国有资产管理公司在政府介入下，通过一致协商，迅速解决了国有企业多个债权人之间、债权人和股东之间的权利争议和利益冲突。

案例分析

国美借壳香港上市

国美借壳鹏润上市，实际上是其共同的控股人黄光裕旗下的"鹏润系"的一次重大重组。黄光裕自创业以来先后建立了国美电器和鹏润投资，形成了电器连锁、地产两大主业以及"国美"、"鹏润"两大品牌。2002 年 3 月，鹏润投资在香港收购上市公司"京华自动化"（0493），并更名为"中国鹏润"，而国美上市的计划也在同年正式展开。首先，黄光裕将准备上市的资产打包装入"国美电器有限公司"，由北京鹏润亿福网络技术有限公司（最终控制人为黄光裕）持有其 65% 的股权，黄光裕直接持有剩余的 35%。其次，黄光裕在 BVI 成立两家境外公司，即 Ocean Town 和 Gome Hodings Limited，并先将北京亿福所持国美电器 65% 的股权转让给 Ocean Town，使国美电器变成一家中外合资零售企业；再由 Gome Hodings Limited 全资拥有 OceanTown。最后，中国鹏润以对价股份和可换股票据支付，出资 83 亿港元向 Gome Hodings Limited 收购 Ocean Town 所持国美电器 65% 的股权，国美电器最终成功实现借壳在港上市。国美重组上市基本过程如图 11-9 所示。

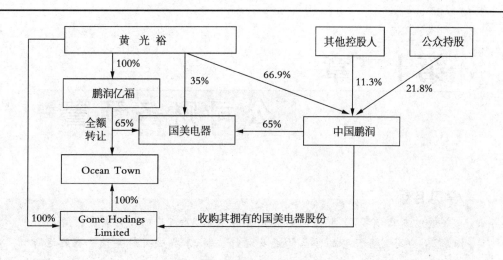

图 11-9　国美重组上市基本过程

(资料来源：据有关新闻报道和全球并购研究中心资料整理。)

案例思考题

1. 国美由一家国内民营企业变成一家中外合资零售企业，再成为香港上市公司，有哪些重组、并购的经验启示？
2. 什么是反收购？国美如何绕过香港联交所新修订的《上市规则》对借壳上市进行的限制？请查阅国美借壳香港上市的有关资料进行说明。

补充阅读材料

1. 汤谷良.企业改组、兼并与资产重组中的财务与会计问题研究——财务问题研究.经济科学出版社,2002
2. 张秋生.企业改组、兼并与资产重组中的财务与会计问题研究——价值评估、融资、会计处理.经济科学出版社,2002
3. 财政部注册会计师考试委员会办公室.财务成本管理.东北财经大学出版社,2005
4. 刘江涛.企业并购战略选择及案例分析.重庆大学硕士论文,2003
5. 梁樑,殷尹.财务困境成本估计述评.管理工程学报,2005(1)
6. 李秉成.企业财务困境概念内涵的探讨.山西财经大学学报,2003(12)
7. 李秉成.企业财务困境形成过程研究.当代财经,2004(1)
8. 刘爱东,王何.企业并购的理性思考.企业技术进步,2004(9)

第十二章 公司财务预警

/学习目标/

通过本章学习,了解公司财务预警的基本方法,明确公司财务预警的目标,懂得公司财务预警的体系构成及运行机制,掌握公司财务预警有效运行的保障措施和评价。

第一节 公司财务预警的基本方法

现有财务预警理论模型与方法主要有定性预警分析方法、定量预警分析方法和定性与定量结合预警分析方法等三大类。

一、定性预警分析方法

(一)专家调查法

专家调查法就是企业组织各领域专家,运用他们专业方面的知识和经验,根据企业的内外环境,通过直观的归纳,对企业过去和现在的状况、变化发展过程进行综合分析研究,找出企业运动、变化、发展的规律,从而对企业未来的发展趋势做出判断。由于这一方法成本较高,大部分企业只采用其中的标准化调查法,即通过专业人员、咨询公司、协会等,就企业可能遇到的问题加以详细调查与分析,形成报告文件提供给企业经营者参考。在这种方法中,专家提出的问题对所有企业或组织都有意义,都是普遍适用的,因此,此方法简单,但这同时又是它的缺点,即对特定的企业来说,它无法提供特定的问题、损失暴露的一些个性特征。此外,该类文件中没有对要求回答的每个问题解释,也没有引导使用者对所问问题之外的相关信息作出判断。

(二)"四阶段症状"分析法

企业财务运营情况不佳、甚至出现危机有其特定的症状,而且是逐渐加剧的。因此,通过分析处于不同阶段的企业症状,对症下药,可及早发现危机、尽快弄清病因,采取有效措施,摆脱财务困境,恢复财务正常运作。企业财务运营病症大体可分为四个阶段,各阶段发病症状如

图 12-1① 所示。

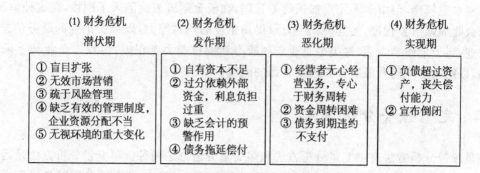

图 12-1　企业财务运营病症阶段图

这一方法直观明了,简单易行,尤其适合企业进行自我诊断。但是,所处阶段的判断与划分比较困难,要求诊断者具有丰富的经验,而且对企业财务运营情况要十分熟悉。

（三）坐标图分析法②

坐标图分析法是对企业财务状况进行综合评价的一种方法。在确知企业发展趋势的前提下,评价企业财务状况的优劣主要是看企业的获利水平与偿付能力,基于此,可利用坐标图形式对企业财务状况进行综合分析,见图 12-2。

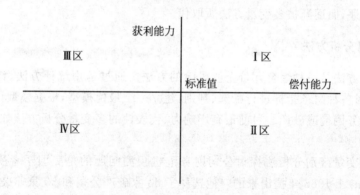

图 12-2　坐标图

在一般情况下,标准值可采用行业标准,就获利能力而言,较强的企业属于Ⅰ区或Ⅲ区,较弱的企业属于Ⅱ区或Ⅳ区;相应地,偿付能力较强的企业划入Ⅰ区或Ⅱ区,较弱的划入Ⅲ区或Ⅳ区。运用坐标图法对企业财务状况进行判定时,Ⅰ区的企业,属于健壮型企业,这类型企业无论是获利能力还是偿付能力,都处于同行业的上游,因此,企业生产经营是安全的,无须进行预警预报。Ⅱ区的企业,属于经营脆弱型企业,这类型企业获利能力虽不及同行业标准

---

① 周首华等:《现代财务理论前沿专题》,东北财经大学出版社,2000年,第165—172页。
② 张涛,文新三著:《企业绩效评价研究》,经济科学出版社,2002年,第68—70页。

值,但资金配置合理,偿付能力较强,发展平稳,因此,应预警企业加强生产经营管理,搞好市场调查,促进产品的更新换代,以尽早提高获利水平。Ⅲ区的企业,属于财务脆弱型企业,这类型企业获利水平较高,但由于不注重加强财务管理,在资金运筹方面陷入了困境,在这种情况下,应预警企业加强财务管理,尤其要集中力量提高企业的偿付能力,以维护企业的财务信誉。Ⅳ区的企业,属于危险型企业,这类型企业获利能力和偿付能力都很差,应预告企业马上采取有效措施,以摆脱生产经营及财务管理等方面的困境。

二、定量预警分析方法[①]

定量预警分析方法有单变量分析方法和多变量分析方法两种。单变量分析方法是运用单一变量、个别财务比率来预测财务危机的方法。多变量分析方法是应用多种财务比率进行加权汇总产生的总分值来预测财务危机的方法。

(一) 单变量分析方法

最早运用统计方法研究公司失败问题的是美国的威廉·比弗(William Beaver,1966),他使用5个财务比率作为变量,分别以79家失败企业和相同数量、同等规模的成功企业为样本进行一元判定预测,结果发现债务保障率(现金流量/总负债)预测准确率最高,其次是资产负债率,并且离失败日越近,预见性越强,在失败前5年可达70%以上的预测能力,失败前1年可达87%以上的正确区别率。单变量分析方法虽然简单,但却因不同财务比率的预测方向与能力经常有相当大的差距,有时会产生对于同一公司使用不同比率预测出不同结果的现象,因此招致了许多批评,而逐渐被多变量方法所取代。

(二) 多变量分析方法[②]

多变量分析方法是一种综合评价企业风险的方法。通过运用统计方法、计算机技术等现代技术和方法,对各种财务指标进行筛选、判别,建立一个最优模型,根据模型计算结果判定企业是否正面临财务困境或破产。目前最有影响力、代表性的多变量分析方法如下。

1. Z分数模型

最早运用多变量区别分析法探讨公司财务危机预测问题的是美国学者爱德华·奥特曼(Edward Atlman)于1968年提出来的。他选择了33家破产公司和33家非破产配对公司,选用22个变量作为破产前1—5年的预测备选变量,根据误判率最小的原则,最终确定了5个变量作为判别变量建立了一个多元线性判别模型,即Z分数模式[③]。

$$Z = 0.012X_1 + 0.014X_2 + 0.033X_3 + 0.006X_4 + 0.010X_5 \qquad (12\text{-}1)$$

其中:Z为判别值;X_1=营运资金/资产总额;X_2=留存收益/资产总额;X_3=息税前利润/

---

① 尹侠,肖序,胡永康:《上市公司财务预警的实证分析》,《财经理论与实践》,2001(11)。

② 在多变量分析方法中,有些方法多被用于企业绩效评价,但我们认为,它们亦可用来作为财务危机预警方法。

③ 参见:E. T. Atlman:"Finacial Ratios, Discriminant Ananlysis and the Prediction of Corporate Failure", *Journal of Finance*, Septempter 1968, pp. 590-609.

资产总额；X_4＝权益总价/债务总额账面价值；X_5＝销售额/资产总额。

该模型将反映企业偿债能力（X_1，X_4）、获利能力（X_2，X_3）和营运能力（X_5）的指标有机地结合起来，一般地，Z 值越低，企业发生财务危机的可能性就越大。奥特曼还提出了判断企业破产的临界值：破产与非破产可能性各占 50% 时 $Z=2.675$；若某个企业的 Z 值小于或等于 1.81，说明该企业发生破产的可能性非常大，虽然企业此时仍未破产，但其实际上已经不可救药了；若某个企业的 Z 值大于 2.99，则说明该企业在短期内一般不会出现危机，是一家正常企业；若某个企业的 Z 值介于 1.81—2.99，则很难估计这个企业破产的可能性。然而，作为一个简单的预测目的，2.675 的 Z 值常被一致认为是区别破产与非破产的关键点。

实践证明，奥特曼模型在企业破产前 1 年的准确率达到了 95%，而在破产前两年的准确率降到了 72%，前 3 年以上的准确率不到一半，仅为 48%。可见，奥特曼模型只适用于短期（两年以内）的预测，说明这一模型还不成熟。后来许多学者根据爱德华的思路建立了改进的模型，有的模型甚至将预测能力延伸到了 7 年。但无论如何，爱德华的成就是不可磨灭的，同时，基于该模型的预测准确率较单变量模型要高得多，并且模型的使用成本极低，因此，至今仍是被选用最多的一种主流方法。

2. F 分数模型

由于 Z 分数模型在建立时未充分考虑现金流量的变动等对企业财务状况的影响，因此具有一定的局限性。为此，我国学者周首华、杨济华、王平于 1996 年以 Z 分数模型为基础，以 1977 年到 1990 年的 31 家破产企业和 31 家配对的非破产企业为样本，使用 SPSS-X 统计软件多微区分分析方法，选用 5 个判别变量，建立了 F 分数模式①：

$$F=-0.1774+1.1091X_1+0.1074X_2+1.9271X_3+0.0302X_4+0.4961X_5 \quad (12-2)$$

其中：F 为判别值；X_1＝（期末流动资产－期末流动负债）/期末总资产；X_2＝期末留存收益/期末总资产；X_3＝（税后纯利－折旧）/平均总负债；X_4＝期末股东权益的市场价值/期末总债务；X_5＝（税后纯利＋利息＋折旧）/平均总资产。

对比 Z 分数模型，F 分数模式新增加了反映企业现金流量能力（X_3，X_5）的指标，它以 0.0274 为临界点来预测公司是破产还是可以继续生存；若某一特定的 F 分数低于 0.0274，则将被预测为破产公司；反之，若 F 分数高于 0.0274，则公司将被预测为继续生存公司。通过检验，该模型的准确率高达近 70%。

（三）相对值指标分析法

相对值指标分析法，是根据企业财务报表和其他财务资料的数据计算出财务比率，然后将其与同行业指标或本企业历史平均指标值进行比较，并在此基础上对企业所面临的财务状况进行判定的方法。具体而言，相对值指标分析法主要包括以下几种②。

1. 企业安全率评价法

企业安全率评价法是通过首先计算企业的经营安全率与资金安全率，然后利用象限分析法对企业的财务状况进行预测的方法。一般可通过两个步骤进行：第一步，计算企业的经营安全率与资金安全率，公式为

---

① 周首华，杨济华，王平：《论财务危机的预警分析——F 分数模式》，《会计研究》，1996(8)。
② 张涛，文新三著：《企业绩效评价研究》，经济科学出版社，2002 年，第 81—86 页。

经营安全率＝(1－损益平衡点销售额)/现有或预计销售额
　　　　　＝安全边际/现有或预计销售额　　　　　　　　　　(12-3)
资金安全率＝资产变现率－资产负债率　　　　　　　　　　　(12-4)
其中：损益平衡点销售额＝固定成本/(1－变动成本率)
　　　　　　　　　　　＝固定成本/边际贡献率
　　　　资产变现率＝资产变现金额/资产账面金额

第二步，运用象限进行分析(见图12-3)。如图中所示，若企业处于第Ⅰ象限，则说明企业的经营业绩(财务状况和经营状况)比较好，企业发生危机的可能性比较小；若企业处于第Ⅱ象限，则说明虽然企业当前的财务状况良好，但营销能力不足，长此以往企业将会出现亏损，以至于影响到企业的生存；当企业处于第Ⅲ象限时，说明企业在经营和财务上均陷入了窘境，随时都有破产的可能；当企业处于第Ⅳ象限时，说明企业的财务状况已呈现出危险征兆，已处于破产的边缘。

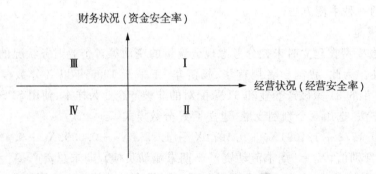

图12-3　象限分析图

2. 财务比率诊断表判定法

财务比率诊断表判定法是对企业的一些财务指标预先设置判断标准(分为健康、良好、一般)，然后计算这些财务比率的实际值，并将其与标准值进行对比，以此对企业财务状况进行判定的方法。它通过选用反映企业盈利能力、资产管理能力和偿债能力等三大类指标，对企业财务状况进行诊断。具体见表12-1。

运用财务比率诊断判定法，通过将企业实际指标与标准指标的比较，可对企业财务状况进行诊断，该方法与绝对值指标判定法相比，能够更全面地反映出企业的财务状况，具有更强的可操作性。但是，此方法中，仍然存在着诸如判定标准确定的主观性，指标选择与确定的缘由和依据，财务状况的划分也仅涉及了"健康"、"良好"和"一般"三种情况，未能对其进行更为具体的分类等。因此，要求企业采用这种方法时，应结合自身生产经营特点来选定最能代表与反映企业财务状况好坏的指标，形成适合本企业的财务比率判定表。此外，标准值的设定也可根据实际情况予以确定和调整。

表 12-1 财务比率诊断表

比率名称		计算公式(%)	判断标准		
			健全	良好	一般
反映盈利能力指标	销售利润率	销售利润/总销售额	30%以上	20%—30%	10%—20%
	销售营业利润率	营业利润/总销售额	15%以上	10%—15%	5%—10%
	销售经常利润率	经常利润/总销售额	6%以上	3%—6%	
	当期销售纯利润率	当期销售纯利润/总销售额	7%以上	4%—7%	1%—4%
	自有资本金经常利润率	经常利润/自有资本金平均数	30%以上	20%—30%	20%以下
	资本金经常利润率	经常利润/资本金平均数			
	销售收入利息率	支付利息/销售收入			
反映资产管理能力指标	总资本周转率	总销售额/总资本平均数	2%以上	1.5%—2%	1%—1.5%
	经营资本周转率	总销售额/经营资本平均数		1.8%—2.5%	
	库存资产周转率	总销售额/库存资产平均数	15%以上	10%—15%	5%—10%
	销售债权周转率	总销售额/销售债权平均数	6%以上	4%—6%	4%
	应付债务周转率	总销售额/应付债务平均数	5%以上	4%—5%	3.4%—4%
反映偿债能力指标	销售债权与应付债务比率	销售债权平均数/应付债务平均数			
	固定资产适应率	固定资产平均数/(固定负债+自有资本+特别准备金)平均数	60%以下	60%—70%	70%—80%
	自有资本构成比率	自有资本平均数/总资本平均数	30%以上	20%—30%	10%—20%
	流动比率	流动资产平均数/流动负债平均数	170%以上	120%—170%	70%—120%
	速动比率	速动资产/流动负债	140%以上	90%—140%	40%—90%

说明：当期利润是指企业有权处理的利润；销售债权包括应收账款、应收票据；应付债务包括应付账款和应付票据；涉及平均数的指标是指期初与期末的平均数。

3. 综合指数判定法

综合指数判定法是先确定各财务比率的权重，再将各财务比率的实际值与标准值比较，计算企业的综合判定指数，据以对企业财务状况进行判定的方法。

综合指数判定法的分析模型为

$$K = \sum (k_i/k_0) \times W_i \tag{12-5}$$

式中：K——综合判定指数，k_i——单项财务指标的实际值，k_0——单项财务指标的标准值，W_i——指标的权重系数，且全部指标的 W_i 应满足 $\sum W_i = 1$。

运用综合指数判定法对企业财务状况进行测定时，一般可按下列步骤进行：第一步，计算出所选各项指标的指标值；第二步，计算各指标值与标准值的比率；第三步，确定各项指标所占的权重；第四步，计算综合判定值，并对企业的财务状况进行评价。这种方法相对于前两类相对指标判定法，有两大优点：第一，依据各财务指标对企业财务状况影响程度的不同，分别确定了各个指标的权重系数，克服了那种认为所有财务指标对企业的重要性程度相同，并将它们置于同等地位对待的弊端，使该指标体系反映出的企业财务状况更接近企业的真实情况；第二，将各指标的实际值与标准值进行比较，最终产生一个综合的判定指数，便于从整体上把握企业的财务状况。但是,综合指数判定法对企业财务状况判定的准确度是与权重确定是否合理为前提的,目前常用来确定权重的方法是德尔菲法,即企业管理人员向本领域的专家询问各指标的权重如何确定,然后将专家的回答进行整理和归纳,并将专家的意见以匿名的方式反馈回去,再次征求意见,再次进行归纳和整理,最终确定一个比较可靠的权重方案。在这一过程中,受专家主观判断的影响,特别是当专家对企业的实际情况不是非常了解时,评定出的企业财务状况与实际情况容易产生大的偏差。因此,企业应对确定的权重在使用过程中进行不断修正,以尽可能减少误差。

4. 功效系数判定法

功效系数判定法是通过计算企业的综合功效系数,根据功效系数大小对企业财务状况进行判定的方法。该方法先将所选所有指标进行分类,分别计算出各类中每项指标的功效系数,然后运用德尔菲法确定各指标的权重,最后计算出企业的综合功效系数。根据所选指标的数量特点,方法将评价指标分为四种类型:第一类,极大型指标,即指标值越大越好的指标,如资产报酬率、销售利润率等;第二类,极小型指标,如不良资产比率;第三类,稳定型指标,即指标值在某一点时最好,如流动比率、速动比率等;第四类,区间型指标,即指标的最佳值为一个区间,如资产负债率等。运用此法进行企业财务状况判定时,主要有以下步骤:第一步,选取可用于判定的指标,将每项指标按上述标准进行分类,并规定每一指标的满意值和不允许值;第二步,计算各指标的单项功效系数,计算方法见表12-2;第三步,根据各指标的重要性,运用德尔菲法等方法确定各指标的权重系数;第四步,计算出企业的综合功效系数,并根据该功效系数数值的大小进行评判。功效系数与财务状况等级的对应关系见表12-3。

表12-2 单项功效系数计算表

指标类型	计算公式(S=)	条件
极大型	[(实际值-不允许值)/(满意值-不允许值)]×40+60	实际值<满意值
极大型	100	实际值≥满意值
极小型	[(实际值-不允许值)/(满意值-不允许值)]×40+60	实际值>满意值
极小型	100	实际值≤满意值
稳定型	(1-|实际值-不允许值|/|不允许值-满意值|)×40+60	
区间型	$\left[1-\dfrac{下限值-实际值}{下限值-下限的不允许值}\right]\times 40+60$	实际值<下限值
区间型	100	下限值<实际值<上限值
区间型	$\left[1-\dfrac{实际值-上限值}{上限的不允许值-上限值}\right]\times 40+60$	实际值>上限值

表12-3 功效系数与财务状况等级的对应关系表

财务状况等级	功效系数
很差	≤60
较差	60—70
一般	70—80
较好	80—90
满意	≥90

功效系数判定法克服了综合指数判定法的缺陷,使不同类型的财务指标能被同时用于对企业财务状况的判断,因此,其判定能力比较强,评价结果的准确性也比较高,但指标权重的确定以及理想值与不允许值的确定仍受主观因素的影响,在一定程度上影响了其预测能力。

三、定性与定量相结合预警分析方法

(一)"A 记分"法

"A 记分"法,也称管理记分法。该方法首先试图将与企业风险有关的各种现象或标志性因素列出,依据它们对企业经营失败的影响大小进行赋值(见表 12-4),然后将一个企业的所得数值或记分加起来,就可以知道该企业确切的风险程度。

表 12-4　风险因素及其风险值①

风险因素	记分值	总值	临界值
1. 经营缺点		43	10
管理活动不深入	1		
管理技能不全面	2		
被动的经理班子	2		
财务经理不够强	2		
无过程预算控制	3		
无现金开支计划	3		
无成本监督系统	3		
董事长兼任总经理	4		
总经理独断独行	8		
应变能力太低	15		
2. 经营错误		45	15
高杠杆负债经营	15		
缺乏资本的过头经营	15		
过大风险项目	15		
3. 破产征兆		12	0
危急财务信号	4		
被迫编造假账	4		
经营秩序混乱	3		
管理停顿	1		
分值加总	100	100	25

A 记分法中对各分值的打分方式是,对于每一项分值要么是零分,要么是满分,不能记折扣分。企业的总分当然是 0 分最理想,25 分是临界分。企业所得分数在 25 分以上,表明已处于高风险区,正面临经营失败的危险;所得分数界于 18—25 分之间的区域称为"警戒区";所得分数在 0 到 18 分的区间内,表明企业处于风险安全区。因此,企业应尽量将总分控制在 18 分以下。

---

① 杜胜利:《企业经营业绩评价》,经济科学出版社,1999 年,第 132—140 页。

(二) 雷达图分析法

雷达图分析法亦称综合财务比率分析图法,是日本企业界为能对企业综合财力进行评估而采用的一种财务状况综合评价方法。因这种方法所绘制的财务比率综合图状似雷达,故得此名。

雷达图实则为"判断企业经营情况图",绘制雷达图的前提是财务比率的分类,通常,日本将财务比率分为收益性比率、安全性比率、流动性比率、生产性比率、成长性比率等五大类,具体见图 12-4。

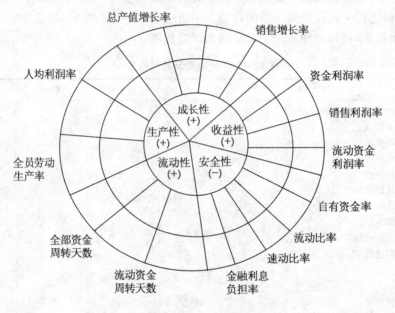

图 12-4 雷达分析图

依据习惯用法,雷达图是三个同心圆,最小圆代表最低水平,或同行业平均水平的 1/2;中间圆代表同行业平均水平,又称作标准线;最大圆代表同行业先进水平或同行业平均水平的 1.5 倍。从圆心开始,以放射线的形式分别标出各大类的财务比率。

评价时通常用目测判断的方法,如果企业的财务比率值接近或者处于最小圆之内,说明该比率水平极差,须警惕;如果比率值接近标准线,说明该指标与同行业水平相当;如果比率值处在最大圆之内,说明该指标水平较高,是较为理想的状态。运用雷达图判断和评价企业财务状况时,将企业五大类实际比率值所在的点连结起来,形成一个多边形。如果该多边形皆处于大圆之内,表明该企业财务状况较为理想,超过同行业平均水平;如果该多边形皆处于中圆之内,表明该企业财务状况欠佳;如果该多边形完全处于小圆之内,财务状况极度恶化。

第二节 公司财务预警体系

一、公司财务预警体系设计的目标

进行公司财务预警体系设计,首先要明确设计目标。公司财务预警管理的目标是通过利用科学的财务预警分析方法和技术,对公司财务风险进行适时监测与评价,使企业管理者、政府、股东、债权人等利益相关者及时了解和掌握企业财务风险信息,以便采取有效措施,提高应对风险的能力,使企业真正做到遇险不惊,遇惊不败。具体又可分解为:(1)对企业所处内外环境的变动进行适时监测与评价,对大量指标的变动进行分析,去粗存精,提炼出敏感性指标,并对其变化进行监测;(2)对企业内部管理波动及其失误进行监测,借以明确系统当前所处的状态;(3)根据系统目前的状态,预测其未来趋势,并作出恰当反应。

为确保实现上述财务预警目标的实现,公司财务预警体系设计时应考虑以下因素。

(一) 科学性

所谓科学性,是指财务预警的监测方法和监测指标设计必须是科学的。监测方法科学是前提,如果监测方法不科学,就不能得出科学的结论,据此作出的经营管理决策也必将是错误的,甚至有可能造成十分严重的后果。监测指标设计的科学性要求财务预警指标应能够准确地反映各组相关财务数据之间的内在联系,能揭示财务运行规律,如实地反映企业经营管理和财务活动的风险。

(二) 系统性

企业财务状况由筹资能力、资本状况、营运资金、投资及利润等子系统构成的。因此,财务预警不仅要求财务预警方法和指标具有先进性,而且还必须具有完整性和全面性。即要求财务预警体系的建立,应从系统的角度出发,处理并协调好各个子系统的关系,将企业面临的所有财务风险的各个影响因素充分予以考虑,使预警指标和警戒线的确定以提高整个系统的整体效果为原则,从各个不同角度、各个层面真实反映企业的风险程度大小。

(三) 预测性

财务预警必须具有预测企业未来价值的能力,即它应依据企业经营活动中形成的历史数据资料分析预测未来可能发生的情况,而不是仅对企业过去的经营成果和受托管理责任履行情况做出考核评价。所以,财务预警体系设计应具有前瞻性,应立足于现在,预测未来的风险,通过对潜在风险的监测,帮助企业采取有效措施加以防范,把风险消灭在萌芽状态,防患于未然。

(四) 动态性

财务预警系统对企业财务风险的监测不仅具有预测未来价值的能力,而且还要有分析企业经营趋势的作用。它要求预警监测必须把过去与未来连接在一起,把企业的生产经营活动视为一个动态过程,在分析过去的基础上,把握未来的发展趋势,即财务预警监测应是一种动态的分析监测,而不是静态的反映。动态分析监测能在一定程度上反映出企业经营者对风险的态度和防范风险的能力,从监测时间跨度来看,检测时间越长,越能反映企业经营者的经营管理水平。此外,动态性还要求财务预警系统本身必须根据外部环境的变化、发展,企业风险的变化而不断修正、补充其内容,以确保其先进性和有用性。

(五)直观可用性

"预警"是一种预报,即在企业财务状况出现恶化或发生险情之前,能够及时地发出警报。这要求所设计的财务预警系统应能非常直观地反映企业经营活动过程中的潜在风险,使使用者易于理解和掌握。实用性要求所选择的财务预警监测方法与指标反映和揭示企业最为敏感、关键的财务风险。

(六)成本效益性

公司财务预警体系的设计应遵循成本效益原则,使用财务预警信息产生的经济价值应大于其生成成本,以保证预警系统的经济性和有效性。

(七)制度体系的协调性

公司财务预警系统是企业管理系统中重要的组成部分,企业管理系统又是一个开放的系统,处于这个系统中的各个组成要素之间相互关联、相互影响,一个要素变化,可能会导致其他几个要素甚至整个系统的变化,因此,其他制度、机制的建立与完善会使已建立的财务预警体系更好地发挥其功效,而处于不健全制度环境中的财务预警体系,即使自身设计得很好,也肯定不能如期实现其预定目标。反过来,一个科学、合理的公司财务预警体系的建立也必将会促进其他制度的健全与完善。因此,公司财务预警体系的建立首先要保证其与现行其他制度之间应具有一定的适应性和相容性,同时又要能有助于其他制度的建立与完善。

(八)预警指标和临界值设定的因地制宜性

财务指标和临界值的选定必须依据企业所处行业的风险大小、自身经营特点、企业所处发展阶段等实际情况,参考同行业有关指标及企业历史指标,从发展的高度加以设定,不可照搬照抄其他企业选定的财务指标和临界值,以提高财务指标的针对性和预测的正确性。

(九)预警方法的综合性

公司财务预警体系不能只单纯注重对定量模型、财务指标的分析与评价,还应结合非量化因素甚至是经验分析人员的直觉判断。只有定性和定量预测分析与评价相结合,才能提高公司财务预警系统的效用。

二、公司财务预警体系的理论框架

(一) 公司财务预警体系的构成要素

体系是由若干要素相互联系构成的一个有机整体。公司财务预警体系由财务预警信息的搜集与传递、财务预警信息的分析处理和财务预警信息的预报等组成。

1. 财务预警信息的搜集与传递

用于公司财务预警管理的信息主要有监测外部环境变化的信息与内部管理波动的信息。外部环境信息搜集的目的是衡量外部环境变动对企业生产经营的影响,以减少外部环境的变化给企业带来的冲击,提高企业抗御外部风险的能力。内部管理信息是通过对企业内部管理各环节信息的搜集与处理,以增强企业抵御内部风险的能力。两者相辅相成、同等重要。

(1) 企业外部环境预警信息。

作用于企业的外部环境信息,一般可划分为自然环境信息和社会环境信息两大类。能诱发企业产生财务风险的自然环境信息主要有自然灾害及人类活动造成的"建设性破坏"结果,如地震、海啸、旱灾、洪水、滑坡、火山爆发,工厂排出的废水、废气、废渣等。社会环境信息主要包括政策法规环境、市场竞争环境、行业发展状况、技术变化环境、国际大环境等等。

(2) 企业内部管理预警信息。

企业内部管理主要包括财务管理、生产管理、组织管理、营销管理等。在所有的管理要素中,财务管理信息是进行财务预警分析所需信息中最直接、最重要的部分,其他管理信息则从不同侧面、以不同方式加速或延缓财务风险的产生,因此,它们也是财务预警信息的重要组成部分。①企业财务管理预警信息。财务风险是资本价值形态转化中的不确定性,财务风险信息是财务预警信息中最为重要的部分,也是企业管理中最为综合的信息,它主要包括筹资风险信息,即到期无法归还本金和偿付资本成本的可能性信息;投资风险信息,即无法取得期望投资报酬的可能性信息;资金运作风险信息,即资本的使用和配置效率低下的可能性信息;收益分配风险信息,即由于收益取得和分配而对资本价值产生影响的可能性信息;等等。所有这些信息反映了资金从取得、使用、收回到分配等过程中的财务风险大小,它们在很大程度上决定了企业经营风险大小,是企业经营风险在财务中的综合体现。②企业生产管理预警信息。企业生产风险是指由于企业生产现场出现的漏洞、疏忽、失误等可能给企业造成的损失。企业进行财务预警需关注的生产风险信息主要包括产品质量失误信息、生产过程中出现的高消耗与高浪费现象、生产现场混乱、生产故障与事故等等。③企业营销管理预警信息。企业营销风险是指企业由于经营观念落后、市场发展战略和营销策略的失误、市场调查和预测不充分等原因,导致企业产品市场占有率不断下降甚至丧失,或由于营销不善,导致企业利润不足以弥补成本。由于营销管理的好坏与效率的高低,直接影响到企业财务状况的优劣,因此,企业应密切关注诸如产品销售情况信息、销售利润率、存货周转情况、应收账款管理与收回情况、销售队伍工作效率和贡献、广告支出及其效果等营销管理信息。④企业组织管理预警信息。企业组织管理预警信息是对企业生产经营过程中有关管理人员的行为状态信息的搜集和整理,主要针对因管理行为失误或组织失效而产生的使企业生产运作效率下降或影响企业正常生产经营进行的行为,如管理机构臃肿、人浮于事、组织管理机制不健全、企业治理效率低下等等。

2. 财务预警信息的分析处理

公司财务预警信息分析处理是通过利用财务报表信息及搜集到的其他各种预警信息,运用科学的预警分析方法和技术,对各类风险进行聚合、归类,找出风险所在,并对其产生缘由进行机理性分析的过程。它是将各种零散的数据通过技术加工处理变为风险预控信息的环节,通过分析可以迅速排除对财务影响小的风险,从而将主要精力放在可能造成重大财务危机的影响因素上。

3. 财务预警信息的预报

财务预警信息的预报是通过运用预警分析处理结论和所搜集到的其他预警信息,形成对企业财务风险的一个综合判定,根据风险程度决定应予报出的预警报告类别和内容。

一般来说,企业可能面临的风险有低度风险、中度风险、高度风险三个风险级别,我们可以据此确定预警报告的种类,即零预警报告、低度预警报告、中度预警报告和高度预警报告。须说明的是,零预警报告制是指即使企业无任何财务困境征兆,仍定期或不定期的编制和报出预警报告。采用零预警报告制是为了保证企业对财务困境的实时监控,防止当企业生产经营状况良好或出现转机后对财务困境的预控松懈。此外,定期不间断地预报也可提高企业领导和其他员工的风险意识,使危机、风险意识深入人心。

一个完整的财务预警报告应至少包括以下几个部分内容:①所属预警报告类别。预警报告应首先标明企业预警报告种类级别(零预警报告、低度预警报告、中度预警报告还是高度预警报告),让信息使用者对企业财务风险大小和程度有个整体上的认识和把握。②所选用的预警指标和采用的预警分析方法。主要说明所选指标和分析方法的理由、分析结果及反映出的企业财务状况,为为什么出具该类预警报告提供方法和信息支持。③根据各预警指标警示的财务困境情况,对其形成原因进行进一步的探究,揭示深层次的原因,并将结果予以预示,为企业生产经营应采取的应对对策提出意见或建议。④须有相关人员的签名盖章。财务预警报告在出具前应有相关人员的审核并签名盖章,包括撰写报告人、财务主管、预警管理委员会主任等,对外报出的还应有单位负责人、注册会计师等的签名盖章,以规范预报手续,明确相关人员的责任。

(二) 公司财务预警体系结构

公司财务预警体系是由上述相互联系、相互依存、相互作用的要素有机形成的一个复合体。由于影响财务风险及其变化的因素纷繁复杂,既有内部因素,又有外部因素,因此,公司财务预警体系同时处于其要素形成的公司财务预警循环系统和公司财务预警外部干扰系统之中。其结构框架如图12-5所示。

(三) 公司财务预警体系内在机理

在财务预警循环系统中,财务预警体系是一个封闭的循环系统。首先通过对企业所处内外部环境各类信息的搜集,进行信息的初步筛选,为后续的财务风险分析、预测、评价、预报、控制等提供信息支持,同时,经过初步筛选后的预警信息,其可使用价值提高,使预警分析者更容易辨析分析方向和重点,有针对性地开展预警行为,提高预警效率和效果。接着,根据已搜集到的财务预警信息,结合本企业生产经营特点和实际情况,通过选定适宜的财务指标,借用其他相关资料,运用科学的财务预警方法和技术,对企业财务状况进行诊断与判定,找出风险发

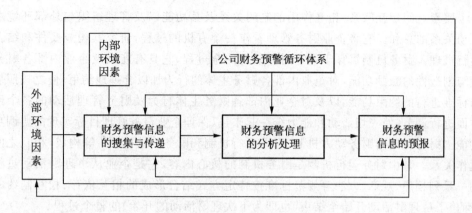

图 12-5 公司财务预警体系结构框架图

生之所在及其形成原因,并将分析处理结果及时传递给下个环节。最后,综合利用财务预警信息分析处理结果和财务预警搜集阶段搜集到的各种信息,了解企业财务状况的具体情况,判定企业应属的财务风险级别,据此决定形成预警报告类别,确定应予预报的内容,并将此报告根据需要提交给企业经营管理者或其他利益相关者。同时,生成的预警报告信息及其他资料,反过来又成为下一阶段财务预警系统所需搜集的重要预警信息之一,从而使财务预警体系周而复始,循环往复,成为一个循环系统。

在财务预警外部干扰系统中,干扰因素(即外因)通过影响预警体系第一要素的内容和构成对体系产生影响,决定风险预警信息的范围和程度大小;而财务预警循环系统产生的预报信息反过来又能促使外因中相关要素的变化和新要素的形成,它们之间相互制约、相互促进共同形成一个开放的系统。

第三节 公司财务预警运行机制

一、公司财务预警运行机制的科学内涵

(一) 财务机制与财务运行机制的界定

"机制"一词来源于希腊文 mēchanē,意指机器的构造和运作原理。它包含两个特质:一是其组织部件和结合方式;二是其内在的本质联系,即必然规律性。将机制一词的外延进一步扩大,就形成了普遍意义上的机制。张兆国等[①]认为,"机制"是事物与其他事物之间以及事物内部各要素之间相互联系、相互作用的方式、结构和功能。

根据机制内涵与外延的演变,我们认为,机制是指一定机体内各构成要素之间相互联系、相互作用的制约关系及其功能以及机体与外部环境之间所形成的互动关系的总和。

将机制引入企业财务管理中,就产生了"财务机制"概念,即财务机制是指企业财务管理活

---

① 张兆国等:《试论企业财务机制的构造》,《武汉大学学报(哲学社会科学版)》,1998(5)。

动中各个要素之间相互联系、相互作用的制约关系及其功能以及管理组织与外部环境之间形成的互动关系的总和。它将企业财务管理看作一个有机的过程,研究其构成要件和结合方式及其运行机理。财务机制贯穿于企业财务活动的全过程,它具有能激发企业内部各财务主体积极性与创造性的激励功能,对企业内部各财务主体的行为加以合理地约束,使之按照规定的原则与标准进行的约束功能,以及对企业内部各财务主体行为及财务管理活动的各个环节和各个方面进行调节,使一切活动和能力统一起来,以保证企业财务管理目标实现的协调功能等三项功能。财务机制由财务动力机制、财务运行机制和财务制约机制[①]等构成,相互之间形成内在运作关系。其中财务运行机制是财务机制的核心内容,它是企业从事理财活动过程中所遵循的一系列程序、规章、方法等规范标准按特定方式结合形成的相互依存、相互制约的有机整体,涵盖了从理财活动开始至结束(也即为下次理财活动的开始)的整个过程。

(二) 财务预警运行机制的概念及特点

根据以上对机制、财务运行机制等相关概念的辨析,结合财务预警的特点,我们将财务预警运行机制定义为:财务预警运行机制是为保障公司财务预警体系的有效运作,所应遵循的一系列程序、规章、方法等规范性标准按特定方式结合而形成的一个有机整体。它具有以下特点:

1. 整体性

整体性即指构成财务预警运行机制的各要素之间是相互联系、相互作用的。它表现为各要素之间的联系是有机的,同时任何一个要素的变化都会影响其他要素乃至整个机制的变化。

2. 结构性

结构性即指构成财务预警运行机制的若干要素,不是杂乱无章地堆积在一起,而是按照一定秩序、方式和规则排列起来的。它表现在两个方面:一是财务预警运行机制不管要素如何交替,只要结构不变,其性质和功能就会保持相对稳定。二是各种要素只要按照一定的方式作用,便会形成一定的结构,某种要素只有在一定的结构中,才能与其他要素相互联系、相互作用,发挥其作用。

3. 动态性

动态性即指财务预警运行机制是一个开放而动态的系统。这种开放性不仅表现为运行机制是处于企业开放的管理系统中,时时都与外部环境之间相互影响、相互作用,而且还表现为要求运行机制应根据不断发展变化的外部环境,改变、替换或加强某种要素,重新调整各要素之间的关系,使之具有较强的生命力和较高的有效性。

4. 功能性

功能性即指财务预警运行机制运行和作用的状态。它与结构性有着密切的联系,即结构决定功能,而功能表现结构,也影响着功能。但是,两者在一定条件下也存在不一致性,即结构相同而功能相异,功能相同而结构相异。因此,在研究财务预警运行机制中,既要注意优化结构,以提高功能,也要注意强化功能,以优化结构。

---

① 王方亮,钟子亮:《企业财务机制的构建与思考》,《经济师》,2002(6)。

二、公司财务预警有效运行机制分析

(一) 财务预警运行机制构成

财务预警运行机制设置的目的是规范公司财务预警行为,增加预警行为的有效性,实现财务预警目标。公司财务预警运行机制由财务预警组织机制、财务预警信息机制、财务预警预报机制、财务预警监督与约束机制等四个要件构成。

1. 财务预警组织机制

预警组织机构的健全与否,直接关系到公司财务预警运行机制运转效果的优劣,关系到财务预警体系的功能是否能得到正常、充分的发挥。为了保证财务预警工作的客观性和中立性,预警组织机构应相对独立于企业组织的整体控制,它独立开展工作,但不直接干涉企业的生产经营过程,只对企业最高管理者(管理层)负责。预警组织机构可以是一个虚设机构,如预警组织管理委员会,它的成员可以是兼职的,由企业经营管理者、财务管理人员、企业内部熟悉管理业务、具有现代经营管理知识和技术的管理人员等组成,同时企业还可聘请一定数量的外部管理咨询专家参加。

预警组织机构的职责是负责确定预警目标,研究预警方案,听取财务预警情况汇报,并据此商讨决定预报的类型(零、低度、中度、高度预警报告)和预报内容,以及应采取的对策方案,及时解决经营过程中出现的问题。其日常工作的开展可由企业现有的某些职能部门(如财务部、企管办、企划部)派专人负责来进行或通过设立一个专门的部门,如企业预警管理部门,具体负责财务风险监测和预报工作。同样,为了保证日常预警工作的正常进行,负责具体预警工作的部门或个人应具有高度的独立性,他们的工作应只对预警管理组织机构(预警管理委员会)负责。

2. 财务预警信息机制

财务预警信息机制为财务预警提供信息支持,包括财务预警信息的搜集、传递、处理与评价等方面的制度和规定,提供预警行为主体实施预警行为所需信息是其首要功能。由于财务预警所需信息与其他财务管理行为所需信息不同,单纯利用和依靠传统财务管理信息系统不能满足预警管理的需要。因此,从当前的现实情况看,企业可考虑对现有信息系统进行修正,增补一些能够反映企业财务风险大小的信息。从长远看,可通过自行开发或外购方式建立一个专门的预警信息系统,与原来的财务管理信息系统结合在一起,形成企业财务管理大信息系统。

3. 财务预警预报机制

财务预警预报机制是为了保证财务预警信息的及时、正确报出而作出的一系列规定,包括预警报告的生成机制与报出机制两个部分。预警报告生成机制是用来规定应该由谁、在何时、采用何种方式、方法、生成哪类预警报告以及应该预告哪些信息等,它以保证预警信息的顺利生成为其宗旨。财务预警报出机制是对将已产生的预警信息传递或变为利益相关者可用信息过程中应遵守的一系列规定,包括对已经形成的预警报告进行上报审批的程序和手续、何时、对谁报出以及怎样报出等,它以将预警报告及时报给需要利用财务预警信息进行决策的相关信息需求者为其主要职能。

4. 财务预警监督与约束机制

财务预警监督与约束机制是对财务预警过程中的判断失误、信息失真、预报失灵等与预期财务预警目标背离现象的识别和校正机制。由于财务预警行为主体的主观局限性、财务预警体系的不完备性,以及企业内外部环境的复杂性等,使财务预警体系在建立和运行中发生与预期目标背离的可能性始终存在,财务预警监督与约束机制的功能就是及时发现和纠正这种偏差,力图将财务预警预测失效的可能性降到最低程度。它包括对财务预警从预警信息搜集阶段、到分析处理阶段、到报出阶段的整个预警过程的监督与约束,这就要求这种监督与约束机制必须是全方位的。不仅如此,还要求它必须是实时的,只要辨别出背离预警目标的现象或行为,预警监督与约束机制就应该立即启动并发挥其功效,以使预警体系和机制得到及时修正与提高,保证预警功能的有效实现。

(二) 公司财务预警的运行机理

公司财务预警运行机理如图 12-6。其作用要素可分为三个层次:第一层次是在最小圆圈内的部分,它是由组成财务预警运行机制的各构成要素相互联系、相互制约、相互作用形成的"蛛网"式系统。在这个系统中,财务预警组织机制处于核心地位,对财务预警信息机制、预报机制、监督与约束机制等三个机制产生重要的影响:高效、科学的预警组织机制是其他三种机制建立和功能有效发挥的前提保证。财务预警监督与约束机制是运行机制有效运行的条件,对其他三个机制的形成、发挥作用过程及运行结果进行监督与约束,以确保每一环节不脱离预定目标和轨道,它与财务预警组织机制之间形成作用与反作用的关系,并且表现为后者决定前者,前者对后者进行监督与约束。财务预警信息机制和预报机制处于被影响、被监督和约束的地位,它们之间又由于对预警信息的共同依赖,形成了一种互相制约、互相影响的关系。第二层次是在第二个圆圈内的要素,它们界于财务预警运行机制与企业边界线之间,通过从整体上

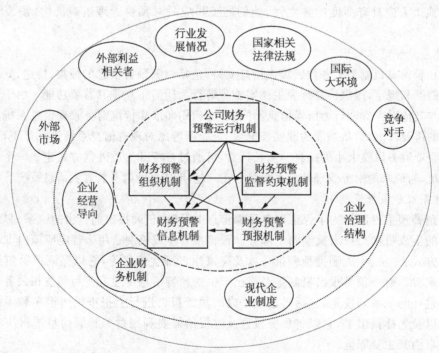

图 12-6 公司财务预警运作机理图

对财务预警运行机制或对其某一构成要素的作用来实现促进或制约财务预警运行机制有效运作的目的。如科学的企业治理结构通过优化财务预警组织机制最终实现对整个系统的优化；现代企业制度的建立与完善从制度上为公司财务预警运行机制的科学建立提供制度与机制保障等等。反过来，公司财务预警运行机制作为企业制度、机制的组成部分，又可反作用于这些要素，高效的公司财务预警运行机制能促进其他制度的发展与完善，而低效的公司财务预警运行机制会阻碍其他制度的发展。第三层次是在最大圆中的要素，它们存在于企业外部环境中，对企业和公司财务预警运行机制产生重要影响。如国家相关法律法规的规定对整个系统和系统内各要件的合法性和合规性进行约束；外部利益相关者通过要求预警信息的种类和内容，从对预报机制的要求进而衍变为对整个系统的要求；竞争对手的增加、外部市场的变化及行业发展趋势，从外部迫使企业自觉地优化公司财务预警运行机制等等。在这三个层次中，处于第一、第二层次的要素对公司财务预警运行机制的作用是直接的、起决定作用的；处于第三层次的要素对其影响是间接的，多通过企业来实现对公司财务预警运行机制的影响。

三、公司财务预警的运行机制实施保障

（一）公司财务预警有效运作的微观条件

公司财务预警体系有效运作的微观条件是处于企业内部的、能保障和提高其运作效率和效果的相关因素，它们是实现公司财务预警良性循环的前提和基础。

（1）企业管理者和其他员工建立牢固的风险防范意识。企业管理者应直面风险和危机，并将这种思想和理念渗透到企业生产经营管理过程中，只有这样，才能使财务预警体系从它的建立、数据的获取、预警报告的报出到预警措施的实施等有保障。同时，危机意识还需渗透到每一名员工的思想和行动中，要求员工具备风险意识，拥有一定的认知风险能力。

（2）公司财务预警体系的有效运作，必须有一个极其灵活、高效的管理信息系统的支持，为其提供及时又完整的企业经营数据。其中主要包括会计管理信息系统和相关经营信息搜集与分析系统，它们是公司财务预警体系的两大辅助系统。会计管理信息系统主要是由月结制会计制度形成的，公司财务预警运行体系要求它能提供及时、真实、完整、可比的企业财务会计信息。企业相关经营信息搜集与分析系统则是从另一角度来考察、了解企业财务运行状态，为其提供同行业、国家宏观层面乃至全球的相关信息。

（3）正确认识和处理公司财务预警体系与其他管理体系的关系。企业是由若干子系统相互联系、相互作用而形成的一个有机整体。① 财务预警体系是以企业财务信息为中心，以预警为目的，不同于企业其他经营管理系统。如企业效益评价体系，是以评价企业经营业绩，反映企业资本保值增值为目的。② 财务预警体系是利用预警信息为采购、生产、销售等环节以及企业资金筹集、运用、收益与分配等进行的综合监控，最终发出预警信号。其中，财务信息是对企业各项经济活动结果的综合反映，企业经营业绩的好坏，经营措施的有效与否，资金运转效率的高低等，都可通过财务信息直接或间接地反映出来。因此，财务预警与经营业务是反映与被反映、监控与被监控的关系。③ 财务预警体系是一种风险控制机制，而不是行政关系。同时，通过预警行为揭示出的问题又必须依靠行政手段来实施改善措施予以解决。因此，财务预警体系不同于行政，又必须依赖于行政。

(二)公司财务预警有效运作的宏观条件

公司财务预警有效运作的宏观条件是指那些处于企业主体之外,对其有重要影响的社会经济环境条件包括两个方面。

(1)国家相关法律法规的建立与进一步完善。近些年来,为适应社会主义市场经济发展的需要,我国已陆续颁布了一系列的经济法规、制度,如证券法、注册会计师法、审计法、会计法、企业会计制度、企业会计准则等,在这些法规中,虽然立法时并不是出于对财务预警的考虑,但它们对会计信息披露方面的要求对规范财务预警信息来说仍然是有法律效应的。第一次通过颁布专门规定来规范企业预警行为是于2000年启动的上市公司业绩预告制度。2000年12月14日,上海证券交易所颁布了《关于落实上市公司2000年年度报告有关工作的通知》,2000年12月18日深圳证券交易所颁布了《关于做好上市公司2000年年度报告工作的通知》,这两项通知的出台,标志着我国上市公司业绩预告制度的开始。到2001年,业绩预告制度已由对年报的预告变为对中报的预告,2002年发展为对季度报告的预告。预报的范围也由开始的预计亏损公司,到2001年中报的预计亏损或预计盈利大幅下降的公司,再到后来的预计亏损或预计盈利大幅下降或上升的公司,其要求预告的时间间隔越来越短,而对预告内容、预告公司的个数要求却越来越多,反映出我国业绩预告制度的一个逐渐完善的过程,为公司财务预警的有效运作提供了一定的法律保障。但从目前的情况来看,相关法规中对预警信息方面的要求过少,有些法规中甚至还没有涉及这方面的内容,而且对业绩预告制度而言,其仅仅对上市公司的预警行为进行了规定,这是远远不够的。因此,除了继续对上市公司的有关制度、规定进行建立与完善外,对其他性质和所有制形式的企业,特别是高风险行业的企业,也应建立满足企业监管机构和其他外部利益相关者需要的业绩预告制度。同时,其他相关法规,如审计法、注册会计师法等中可考虑增加要求企业进行财务预警工作和信息披露的条款等等。

(2)企业外部利益相关者对公司财务预警监管的加强。对财务预警信息而言,外部利益相关者是其主要的信息需求者之一,企业则是生成、提供预警信息方。有需求的压力才会产生供给的动力,因此,企业外部利益相关者应增加对公司财务预警的外在要求,加大监管力度,促使企业建立和优化财务预警体系。具体来说,外部利益相关者可通过在契约或债务合约或其他合同中增加附加条款,要求企业提供财务预警信息,将这种要求转变为一种法律形式。同时,为了综合考虑既保障外部中小利益相关者的利益,又符合成本效益原则,外部中小利益相关者可通过委托或授权的方式由第三方代为行使这种权利,使这种监督从形式上的变为具有实质内容的东西。

第四节 公司财务预警评价

一、公司财务预警指标的功能分类及其决策有用性分析

（一）公司财务预警指标的功能分类

我们将反映企业生产经营状况、财务状况、财务成果及现金流量的指标分为现象指标和本质指标两大类。

所谓"现象指标"，是指企业在生产运行过程中表现出来的值得关注的现象，它直观地反映了企业生产经营的变化及可能对企业生产运行产生的影响。根据现象指标与企业生产经营的关系可将其分为三大类：第一类是表现企业组织机构变动与调整的现象指标，主要有管理层的变动、企业并购与重组行为、股权变动等等；第二类是表现企业生产运营过程的现象指标，包括重大筹投融资决策、重大或有事项（担保、诉讼案件等）的发生、关联方关系及交易行为等等；第三类是表征企业经营结果的现象指标，包括股价波动、产品市场占有率的变动、顾客满意度的变化、股利分配政策的调整、变更会计师事务所、受政府相关管理部门的检查或审查等等。

现象指标是直观的、表象的、整体的，它是导致企业营运状况变动原因的外在表现，是企业财务困境发生的先前表现指标。企业发生经营困境可能是一个或多个现象指标共同作用的结果，但反过来，出现现象指标也不是一定会使企业陷入经营困境。如企业发生一笔金额大但风险较低的投资行为，出现这样的现象指标就不仅不会增加企业生产经营风险，反而会使企业生产经营更为顺利。因此，对企业出现的各种现象指标，切不可一出现就认为有新风险发生，而是应做进一步的深入分析。现象指标绝大多数都是非定量指标，如管理层的变动、变更会计师事务所等。但有的也可进行定量表述，如对股价波动程度的描述，即可通过股价走势图来分析。

所谓"本质指标"，是指能直接体现与衡量企业运行发展状况的指标。企业生产运行状况的变动，最终都会表现为一个或某几个本质指标的变动。本质指标根据各指标对企业生产经营的重要性程度可分为五大类：第一类是反映企业偿债能力的本质指标。反映企业偿债能力的本质指标属于第一层次的本质指标，主要包括资产负债率、流动比率、速动比率、利息保障倍数等等。第二类是反映企业获取现金流量能力的本质指标。企业虽然有美好的发展前景，但因当前现金流严重不足而失败的企业不在少数。因此，它也属于第一层次的本质指标，主要包括经营现金流量比率、每股经营现金流量、现金负债率、每股现金流量等等。第三类是反映企业盈利能力的本质指标。因此，反映企业盈利能力的本质指标是处于第二层次的本质指标，主要包括每股收益、净资产收益率、总资产收益率、主营业务利润率、主营业务贡献率、每股净资产等。第四类是反映企业生产运营能力的本质指标。企业生产运营能力是企业运用资产进行生产的效率，反映企业生产过程中各项资源的占用、使用与分配情况，它是企业能否获利与取得足够现金流的保证。因此，它也属于第二层次的本质指标，主要包括应收账款周转率、存货周转率、总资产周转率、净资产周转率等等。第五类是反映企业成长能力的本质指标。由于企业成长能力的形成是以企业生产运作的效率与效果、企业获利情况等为前提的，因此，它属于

第三层次的本质指标,主要包括主营业务收入增长率、利润增长率、主营业务利润增长率、净资产增长率、总资产增长率等。

本质指标是抽象的、本质的指标,每一本质指标都反映企业某一方面的经营状况,它与企业某一方面的经营状况是一对一的映射关系,如企业总资产周转率下降,说明企业营运能力变差,资产综合使用效率降低。本质指标是定量指标,它通过对各种数据的加工处理获得,所有本质指标都是可以量化的。

由以上对现象指标与本质指标的分析可知:两者分别从现象和本质反映企业财务状况、经营成果与现金流量及其变动。从企业经营状况和发展趋势来说,现象指标是直观的、表象的、整体的;本质指标是抽象的、本质的、部分的。现象指标能表现出企业经营状况的变化,但其对经营状况影响的趋向是不确定的;本质指标的变动与经营状况的变化趋向是确定的。现象指标与本质指标的出现不一定呈现出一一映射关系:一个现象指标引发出的企业经营状况的变动可能需要通过一个或几个本质指标才能表现出来;同样,一个本质指标的变动可能是两个或两个以上现象指标综合作用的结果。

综上所述,现象指标的出现是本质指标变动的前提条件,本质指标的变动是现象指标综合作用的结果,反过来,本质指标的变动又促进了现象指标的生成、变化与发展,两者从现象到本质,共同形成一个完整的预警指标体系。

(二) 公司财务预警评价指标体系的构成

企业预警指标体系构成要素以及之间的层级关系如图 12-7 所示。

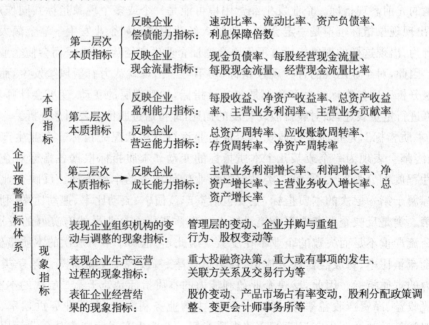

图 12-7 预警指标体系构成

(三) 公司财务预警指标的决策有用性分析①

1. 反映企业偿债能力本质指标分析

偿债能力是反映企业偿还自身债务的能力,反映企业偿债能力的本质指标主要有速动比率、流动比率、资产负债率、利息保障倍数等。资产负债率是企业一定时期负债总额与资产总额的比率,是评价企业负债水平的综合指标,用以衡量企业负债偿还能力及经营风险程度。流动比率是企业流动资产总额与流动负债总额的比率,它通常表现为企业流动资产可偿付流动负债的倍数,是衡量企业资金流动性大小和短期偿债能力强弱的指标。速动比率是在扣除了存货等流动性差的资产后的流动资产与流动负债的比率,用以评估企业立即偿还短期负债能力的大小,它是对流动比率的补充,是在分子剔除了流动资产中变现力最差的存货后,所计算的企业实际短期债务偿还能力。利息保障倍数是企业息税前利润与利息费用的比率,从偿债资金来源角度考察企业债务利息的偿还能力,用于评价企业所赚取收益支付利息费用的能力和债权人在企业投入资金的安全性,表现为企业经营收益为所需支付的债务利息的多少倍。

反映企业偿债能力的资产负债率、流动比率和速动比率,它们的数值越高,表明企业偿债能力越强,企业安全程度越高。但同时须注意,若这些指标值过高,又从另一方面说明企业资金利用效率低下,资源闲置或配置不合理,这对企业生产经营是不利的,因此,这些指标的合理值是处于中间段的某一个区间,有下限也有上限的限制。一般我们可将它们的警戒值分别定为50%、1和1.5。而对已获利息倍数指标而言,其数值是越高越好。数值越高,表明企业的债务偿还越有保证;相反,则表明企业没有足够资金来源偿还债务利息,企业偿债能力低下。如果该指标小于1,则表明企业无力赚取大于资金成本的利润,企业债务风险很大。

2. 反映企业现金流量指标分析

现金流量能力是反映企业一定期间内获取现金或现金等价物的能力,可以用现金负债率、每股经营现金流量、每股现金流量、经营现金流量比率等本质指标来描述其能力大小。现金负债比率是企业一定时期经营现金净流入同负债的比率,反映企业现金净流量对负债的保障度大小,从现金流入和流出的动态角度反映企业当期偿债能力强弱,是对企业实际偿债能力进行的再次修正。每股经营现金流量和每股现金流量分别反映发行在外的每股普通股的现金或经营活动产生的现金保障程度,反映每一股本创造现金流量的能力。经营现金流量比率是企业经营现金净流量占利润总额的比重,表示企业在当年实现的利润中有多少已形成现实的现金流,是反映企业赚取现金流能力强弱的指标。

反映企业现金流量指标数值较大,表明企业经营活动产生的现金净流量较多,能够保障企业按时偿还到期债务,满足所需现金开支需要。但是,这些指标并不是越大越好,数值太大表明企业流动资金利用不充分,收益能力不强;同时,过多强调当期现金流大小可能会影响后续期间的现金流及经营业绩,如现销的增加会增加本期现金流,但会因为信用条件过于严格而使后期的销售缩减。

3. 反映企业盈利能力本质指标分析

企业盈利能力是反映企业赚取利润的能力,其本质指标主要由每股收益、净资产收益率、

---

① 须说明的是,由于现象指标的表象性、易识别性以及它最终会通过本质指标显现等特性,本文下面主要对本质指标进行预警指标体系分析。

总资产收益率、主营业务利润率、主营业务贡献率等构成。

每股收益是反映每股普通股可分摊的净利润额,是衡量普通股股东获得报酬程度的指标。主营业务利润率是主营业务利润与主营业务收入的比率,反映企业主营业务的经营效果及其对企业全部收益的影响程度。净资产收益率是评价企业自有资本及其积累获取报酬水平能力的指标,用以反映企业资本运营的综合效益,其数值等于本期净利润除以期末净资产。总资产收益率是反映企业全部资产获取收益的水平,全面反映企业的获利能力和投入产出状况,是公司经营效率的综合反映。主营业务贡献率反映企业主营业务收入对企业利润的贡献大小,它和主营业务利润率一起,从不同侧面反映企业主营业务的贡献,是反映企业是否拥有独特竞争优势的指标。

反映盈利能力的本质指标数值越高,表明企业获利能力越强,投入产出水平高,资产运营效果好,资本获取收益的能力强。

4. 反映企业营运能力本质指标分析

营运能力反映企业资产的周转使用状况,通过比较总资产周转率、应收账款周转率、存货周转率、净资产周转率等本质指标的数值大小和发展走势,可以了解企业的营运状况及经营管理水平。

应收账款周转率是企业一定时期销售收入与应收账款的比率,反映企业应收账款的流动速度,即企业本年度内应收账款转为现金的平均次数。在一定时间内完成周转的次数越多,为完成一次周转所需天数越少,营运资金在应收账款上滞用的时间就少,企业的资金利用效率就高。存货周转率是企业一定时期销售成本与平均存货的比率,是评价企业从取得存货、投入生产到销售收回(包括现金销售和赊销)等各环节管理状况的综合性指标,用于反映存货的周转速度,即存货的流动性及存货资金占用量情况。通常情况下,存货周转得快,存货转换为现金或应收账款的速度就快,存货占用水平就低。但同时须注意的是,存货周转率过高,也可能说明企业管理方面存在一些问题,如存货水平过低引起的缺货,或由于采购过于频繁、批量太小而出现的采购成本的增加等。

总资产周转率是商品销售收入与资产总额的比率,它是考察企业资产运营效率的指标,反映企业经营期间全部资产从投入到产出周而复始的流转速度和企业全部资产的管理质量及利用效率,用以综合评价企业全部资产经营质量和利用效率。净资产周转率是企业商品销售收入与净资产的比率,反映净资产对销售收入的贡献大小。这两个指标数值都是越高越好,指标数值越高,表明企业资产周转速度越快,销售能力越强,资产利用效率越高。

5. 反映企业成长能力指标分析

总资产增长率是企业本年总资产增长额与年初资产总额的比率,它从企业资产总量扩张方面来衡量企业的发展能力,表明企业规模增长水平对企业发展后劲的影响,用以评价企业经营规模总量上的扩张程度。该指标越高,表明企业一个经营周期内资产经营规模扩张的速度越快,但考察该指标时应注意资产规模扩张时质与量的关系,防止盲目扩张。

主营业务收入增长率是企业本年主营业务收入增长额同上年主营业务收入总额的比率,表示与上年相比,企业主营业务收入的增减变动情况,是反映企业主营业务的市场销售业绩和市场拓展能力的指标,在强调注重企业核心竞争力的培植与提升的当今社会,它的效用将会逐渐增强。该指标数值若大于0,表示企业本年的主营业务收入有所增长,指标值越高,表明增长速度越快,企业市场前景越好,企业处于良好的发展期;若该指标小于0,则说明企业或是产品不适销对路、质次价高,或是在售后服务等方面存在问题,产品销售不出去,市场份额萎缩,企业竞争能力弱化,核心竞争能力萎缩。

利润增长率是企业本年利润增长额同上年利润总额的比率,用以评价企业成长状况和发展能力,是衡量企业经营状况和市场占有率、预测企业经营业务拓展趋势的指标。主营业务利润增长率反映企业主营业务利润的增减变动情况及企业主营业务贡献能力的发展趋势。净资产增长率是企业当年净资产增长额与上年净资产总额的比率,反映所有者在企业的权益保障程度和企业内部积累潜力。上述指标一般来说,都是数值越大越好,数值越大,表明企业的成长能力越强,抵御风险的能力也越强;反之,则企业的成长能力就越差,抵御风险的能力也越弱。本质指标的属性及计算如表 12-5 所示。

表 12-5 本质指标的属性及计算

指标类型		指标名称	计算公式
本质指标	第一层次指标 反映企业偿债能力指标 (4个)	资产负债率	负债总额/资产总额×100%
		流动比率	流动资产总额/流动负债总额
		速动比率	(流动资产－存货)/流动负债
		利息保障倍数	息税前利润/利息费用
	反映企业现金流量指标 (4个)	经营现金流量比率	经营活动现金净流量/利润总额×100%
		每股经营现金流量	经营活动现金净流量/总股数
		每股现金流量	现金流量总额/总股数
		现金负债率	经营活动现金净流量/负债总额×100%
	第二层次指标 反映企业盈利能力指标 (5个)	每股收益	净利润/总股数
		净资产收益率	净利润/期末净资产×100%
		总资产收益率	净利润/期末总资产×100%
		主营业务利润率	主营业务利润/主营业务收入×100%
		主营业务贡献率	利润总额/主营业务收入×100%
	反映企业营运能力指标 (4个)	应收账款周转率	销售收入/应收款项平均净额×100%
		存货周转率	销售成本/平均存货
		总资产周转率	销售收入/平均总资产
		净资产周转率	销售收入/平均净资产
	第三层次指标 反映企业成长能力指标 (5个)	主营业务收入增长率	本年主营业务收入增加额/上年主营业务收入×100%
		利润增长率	本年利润增加额/上年利润总额×100%
		主营业务利润增长率	本年主营业务利润增加额/上年主营业务利润×100%
		净资产增长率	本年净资产增长额/年初净资产额×100%
		总资产增长率	本年资产增长额/年初资产总额×100%

二、公司财务预警评价的实证分析

以我国上市公司为研究对象来判定财务预警指标体系的有效性,主要是考虑数据易于获取和我国上市公司涵盖了不同生产规模、不同行业、不同风险程度的企业,根据它们进行分析产生的数据信息具有很强的普遍适应性。同时,在这里我们将当年出现亏损的公司界定为陷入财务困境的公司,并将研究分界点定为2000年,从2000年深沪两市A股发生亏损的74家上市公司中选择了39家公司为研究样本,这39家公司在1999年都是盈利的,但1998年有6家亏损,1997年有4家亏损,因此,根据研究需要将它们删除了,最后确定29家深沪上市公司① A股为最终的研究对象。

采用趋势分析法对预警本质指标②的有效性进行分析与验证。目前虽然运用多元判别模型、多元逻辑回归模型等方法进行财务困境预测的研究有很多,其预测性也较强,但是趋势分析法作为一种传统的分析方法,能够把握企业财务困境发生的程度和变动趋势(进一步恶化还是好转),因此,它仍然具有较强的财务困境预测能力。同时,财务预警的目的是尽早洞察到企业的财务风险,找出风险发生源头,抓住主要风险,针对企业风险程度发出相应的预警警告,提出改进措施和对策,以便管理者做出正确对策,防范财务困境转为财务危机,甚至导致企业破产。根据预警本质指标中各个指标的变动情况,能够更容易地、更快捷地找到财务困境发生的缘由。

本研究中数据来源于1997—2000年深沪交易所上市公司A股的财务数据资料、深圳巨灵信息技术有限公司提供的最新巨灵数据库、上海及深圳证券交易所网站、中国证监会网站、《中国证券报》等。在研究样本确定后,收集了样本财务困境发生前几年的财务报表数据,分别对反映企业偿债能力、获取现金流量能力、盈利能力、经营能力和成长能力等五个方面共22个本质指标进行分析。

(一)反映企业偿债能力本质指标的分析

从图12-8至12-11及表12-6看,资产负债率、流动比率与速动比率三个指标对企业财务状况变化的敏感性程度,速动比率最强,流动比率次之,资产负债率最小;流动比率、速动比率在发生亏损前两年平均值都超过了临界值(1和1.5)。从所有样本年平均值看,利息保障倍数对企业财务状况恶化的反映在数值变化上感应不是很明显。

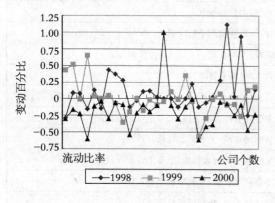

图12-8 流动比率变动趋势图

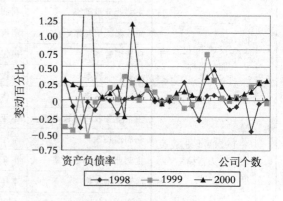

图12-9 资产负债率变动趋势图

---

① 这29家公司分别为:ST 厦 华、广电网络、世茂股份、鹏博士、天创置业、ST 东 锅、四砂股份、宁波富邦、ST 冰熊、广船国际、珠江实业、太极实业、轮胎橡胶、嘉宝集团、沈阳新开、ST 海泰、夏新电子、深达声A、ST 康达尔、张家界、ST 琼海德、ST 佳纸、天宇电气、ST 南摩、石炼化、广州冷机、山大华特、科龙电器、ST 汇源。

② 公司财务预警指标体系由现象指标和本质指标构成,考虑到现象指标绝大多数都难以定量反映及本质指标的本质性特征,本文将对财务预警体系有效性的分析界定为仅对本质指标的有效性分析。

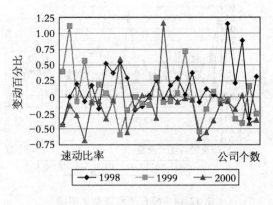

图 12-10　速动比率变动趋势图

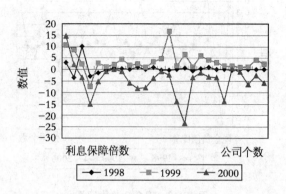

图 12-11　利息保障倍数值图

表 12-6　偿债能力指标的年平均数与变动百分比

指标名称	平均值				变动百分比平均数		
	1997	1998	1999	2000	1998	1999	2000
速动比率	0.984	1.112	1.099	0.859	0.160	0.014	−0.150
流动比率	1.449	1.544	1.559	1.215	0.111	0.009	−0.183
资产负债比率	51.779	49.299	50.814	58.941	−0.038	0.039	0.262
利息保障倍数	—	0.346	3.485	−4.491		−104.355	−3.029

（二）反映企业现金流量指标分析

从图 12-12 至 12-14① 和表 12-7 对现金负债比率、每股经营现金流量和经营现金流量比率的数值图可知，现金负债比率在亏损发生前两年，其数值都介于±0.5 之间，小于 1。经营现金流量比率数值变动幅度较大，绝大多数在±14％之间，表明其对企业财务状况变化情况感应度较大。每股经营现金流量数的数值变化趋势与企业财务状况的变动方向趋于一致，绝大多数数值界于±0.5％之间，随着亏损期的临近，其数值为负的公司个数呈现出较大的增长。说明在这三个指标中，现金负债比率的预测能力最强，其次为每股经营现金流量，再次为经营现金流量比率。

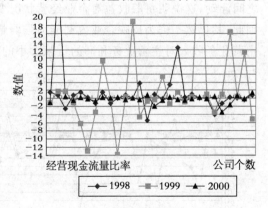

图 12-12　每股经营现金流量图

---

① 由于每股现金净流量的数值只能获取 1999 年和 2000 年的数据，故在趋势图分析中未将其列入。

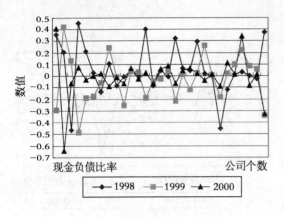

图 12-13　现金负债比率图　　　　　　图 12-14　经营现金流量比率图

表 12-7　现金指标的年平均数与变动值

	平均值		
	1998	1999	2000
现金负债比率	0.058	−0.029	−0.008
每股经营现金流量	0.122	−0.080	0.015
经营现金流量比率	0.511	4.068	0.722
每股现金净流量		0.094	−0.052

（三）反映企业盈利能力本质指标的分析

通过对所选择样本每股收益的3年变动趋势分析可知(图12-15)：尽管有人对每股收益的真实性和其对企业财务状况的映射能力表示怀疑，但从我们的分析来看，将公司亏损前三年的每股收益和其他4个指标的变动情况的比较，可以看出，它的振荡幅度最大，约在−100%—70%之间浮动，且在出现亏损前2年出现了较大的波动，而其余指标绝大多数仅在−5%—8%之间浮动，这说明每股收益对企业经营状况变化的敏感性程度是所有的盈利指标中是最强的，因此，其仍然不失为反映企业盈利能力强弱最有效的预警指标。主营业务利润率是反映企业主营业务收入对主营业务利润的贡献大小的指标，从其变动情况(图12-16)来看企业出现亏损

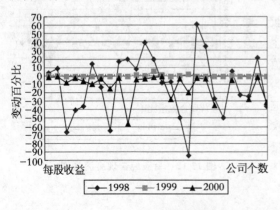 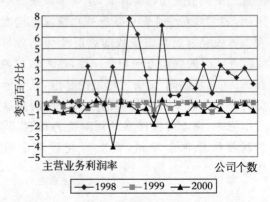

图 12-15　每股收益变动趋势图　　　　　　图 12-16　主营业务利润率变动趋势图

前 2 年比较,变动幅度在 -1.5%—8%,在出现亏损前 1 年,在 ±1 之间;而在亏损当年,在 -3%—0 之间波动,表明其在公司临近亏损时公司财务状况与本指标的变化表现为同向运动。总资产收益率是反映企业全部资产获取收益的水平,全面反映企业的获利能力和投入产出状况,是公司经营效率的综合反映。

从图 12-17 看,大多数公司总资产收益率变动百分比都在 ±1% 之间浮动,且 1999 年该指标变动方向在横坐标轴以下(即为负)的公司数量明显多于 1998 年。净资产收益率是评价企业自有资本及其积累获取报酬水平的最具综合性与代表性的指标,反映投资者投入企业的自有资本获取净收益的能力和企业资本运营的综合效益。从图 12-18 可知,公司发生亏损前 2 年(由于 2000 年变动方向均为负,不影响研究结论,故在此剔除)净资产收益率的变动幅度分别为 1998 年 -1%—2%、1999 年 -1%—3%,从整体上看,相差不大。但从变动情况为负的公司发展比重来看,1998 年有 21 家,占 72%,而 1999 年有 24 家公司,占 83%。主营业务贡献率反映企业主营业务收入对企业利润的贡献大小。从图 12-19 看,在 1998 年与 1999 年大多数公司的主营业务贡献率变动百分比都在 ±1% 之间浮动,且在 -1% 与 0 之间 1999 年的公司个数多于 1998 年的。

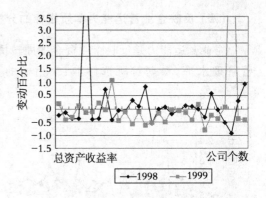

图 12-17 总资产收益率变动趋势图

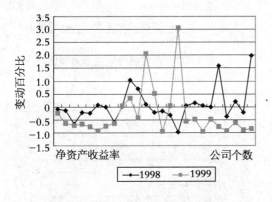

图 12-18 净资产收益率变动趋势图

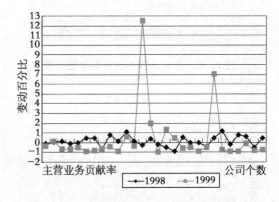

图 12-19 主营业务贡献率变动趋势图

从以上反映企业盈利能力的 5 大指标的变动百分比(图 12-15 至 12-19)和年平均数与变动百分比数值(表 12-8),根据各指标对企业财务状况的敏感程度及变化趋势和数值大小,可知每股收益、净资产收益率、总资产收益率、主营业务贡献率和主营业务利润率等 5 个指标能有效地预测企业盈利能力的好坏。

表 12-8　盈利能力指标平均值和变动百分比表

指标名称	平均值				变动百分比		
	1997	1998	1999	2000	1998	1999	2000
每股收益	0.280	0.271	0.117	-0.450	2.994	-0.316	-14.662
净资产收益率	10.965	10.570	5.413	-38.254	2.823	-0.053	-0.249
总资产收益率	0.614	0.610	0.482	0.419	0.035	-0.369	-93.156
主营业务贡献率	10.095	14.872	3.453	-17.763	0.473	-0.768	-6.144
主营业务利润率	7.700	21.590	18.890	3.858	0.011	-0.053	-0.249

（四）反映企业营运能力本质指标的分析

企业营运能力是反映企业资金的周转情况，通过比较分析可以了解企业的营业状况及经营管理水平。根据对所选样本4个指标的变动百分比①（见图12-20至12-23）和数值平均数

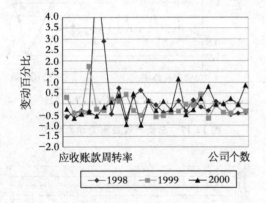

图12-20　应收账款周转率变动趋势图

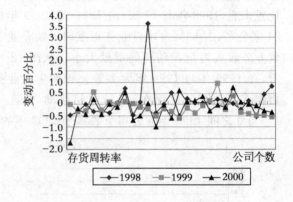

图12-21　存货周转率变动趋势图

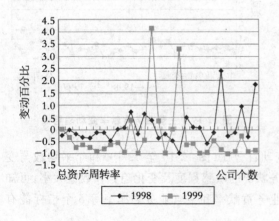

图12-22　总资产周转率变动趋势

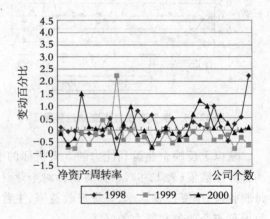

图12-23　净资产周转率变动趋势

---

①　总资产周转率在2000年的变动百分比为-60%—0之间，与研究结论一致，考虑到与其他指标的比较，故在此将其剔除。

与变动百分比(见表 12-9)的描述可知,从整体来看,它们主要在±1%之间浮动,且在-1%—0之间浮动的公司个数逐年增加,表现出对公司经营状况发展趋势的异向反映。从单项比较看,总资产周转率对公司财务状况的变化反映最明显,其变动幅度与方向同财务状况变动情况一致,平均值也逐年减少;其次为应收账款周转率,在出现亏损的前三年,其数值逐年减少。存货周转率和净资产周转率虽也表现出对企业经营状况变化的反应,但其反应度低于前两项指标。

表 12-9 营运能力指标的年平均数与变动百分比表

指标名称	平均值				变动百分比		
	1997	1998	1999	2000	1998	1999	2000
总资产周转率	5.798	5.755	2.342	-9.651	0.049	-0.303	-51.740
应收账款周转率	14.464	12.480	7.415	16.734	0.819	-0.150	1.000
存货周转率	4.370	4.830	4.793	5.677	0.117	-0.155	-0.144
净资产周转率	1.262	1.532	0.991	1.141	0.201	-0.243	0.720

(五) 反映企业成长能力指标的分析

从图 12-24 至图 12-27 中各指标的数值变动情况与表 12-10 中的各指标的历年数值平均值情况来看,各财务指标数值的浮动对企业财务状况的变化都有不同程度的反应,其中净资产增长率、主营业务利润增长率和利润增长率[①]在亏损出现前一年和当年的平均值均为负,且净资产增长率所有公司的数值均小于 0,其余两个指标数值小于 0 的公司个数也都占到了 80%(1999 年)和 100%(2000 年),但在出现亏损前两年,主营业务利润增长率表现为更能提早预知企业财务状况的变动,因此,这三个指标中,主营业务利润增长率对财务状况

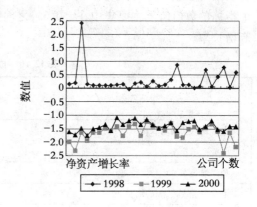

图 12-24 净资产增长率图

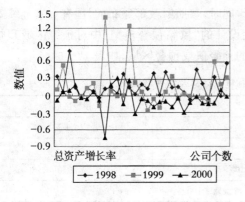

图 12-25 总资产增长率图

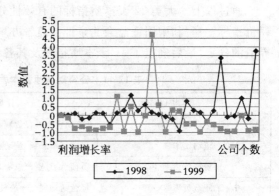

图 12-26 利润增长率图

———————

① 2000 年利润增长率的数值全部小于 0(为-40—0),因其结果与研究结论一致,为便于与其他指标比较,故将其删除。

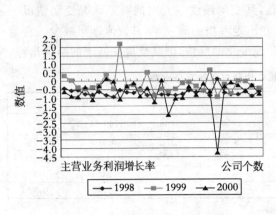 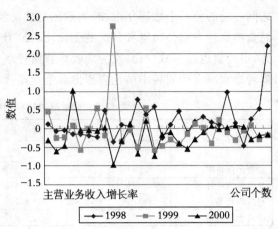

图 12-27　主营业务利润增长率图　　　　图 12-28　主营业务收入增长率数值图

变动最为敏感,依次为净资产增长率和利润增长率。总资产增长率和主营业务收入增长率两个指标的数值跨度主要集中在±0.5%之间,从变动幅度看,主营业务收入增长率要大于总资产增长率。

表 12-10　成长能力指标平均值

指标名称	平均值		
	1998	1999	2000
主营业务利润增长率	−0.692	−0.181	−0.727
净资产增长率	0.295	−1.646	−1.406
利润增长率	0.346	−0.247	−16.155
主营业务收入增长率	0.215	−0.022	−0.177
总资产增长率	0.188	0.161	−0.061

通过以上 5 大类 22 个本质指标的有效性分析,同时,参照财政部颁布的《国有资本金绩效评价指标解释》和中国证监会北京证券监管办事处设计的"风险预警模型"中对预警区域和临界值的确定,最后确定了 15 个本质指标及其各自的预警值或预警区域,如表 12-11。

表 12-11　公司财务预警本质指标体系计算及预警区域图

	指标名称	计算公式	预警区域
偿债能力指标	速动比率	(流动资产−存货)/流动负债	≤1
	流动比率	流动资产总额/流动负债	≤1.5
	资产负债率	负债总额/资产总额×100%	≥50%
现金流量能力指标	现金负债率	经营活动现金净流量/负债总额×100%	≤1
	每股经营现金流量	经营活动现金流量净额/股数	≤0

续表

	指标名称	计算公式	预警区域
盈利能力指标	每股收益	净利润/总股数	≤同行业水平的50%
	净资产收益率	净利润/净资产×100%	
	总资产收益率	净利润/总资产×100%	
	主营业务贡献率	利润总额/主营业务利润×100%	
营运能力指标	总资产周转率	销售收入/总资产×100%	≤同行业水平的50%
	应收账款周转率	销售收入/应收款项净额×100%	
	存货周转率	销售成本/存货×100%	
成长能力指标	主营业务利润增长率	本年主营业务利润增加额/上年主营业务利润×100%	≤0
	净资产增长率	本年净资产增长额/年初净资产额	
	利润增长率	本年利润增加额/上年利润总额×100%	

实证分析结果：

(1) 通过以上分析可知，由15个反映企业偿债能力、现金流量能力、盈利能力、营运能力、成长能力五个方面能力的要素组成的本质指标，在企业发生财务困境前有较强的预测能力。

(2) 所选本质指标从五个方面对企业运营状况进行了全方位、综合的反映，指标设置科学、合理。

(3) 在选定的15项指标中，速动比率、现金负债比率、每股收益、总资产周转率、主营业务增长率等5个本质指标的预测能力最强，对企业财务状况变动最为敏感。

(4) 在所选样本中，个别企业本质指标数值出现明显与实际情况存在很大差距的情况，这可能是由于企业当年发生了特殊业务的结果，如债务重组、资产剥离等，也有可能是提供的财务数据存在失真的可能。不管属于何种情况，分析它们产生的结论都将不具有代表性，因此，对在研究中呈现极度异常的公司，一般予以了剔除，因此，研究结论的普遍适应意义较强。

案例分析

四川长虹预亏37亿元的财务警示

根据2005年3月19日公告，经初步预测四川长虹2004年度按现行会计政策即谨慎性原则，对存货计提减值准备金额预计11亿元左右。按照上述计提减值准备后，2004年度公司预计亏损37亿元。

10年前四川长虹能在国内家电业崛起，主要得益于国内居民消费结构升级及公司的发展战略。通过扩大生产量，提高规模效益，采取低价手段挤垮竞争对手，占领市场。价格战甚至一度迫使洋彩电退出国内市场。但是，由于国内彩电市场逐渐饱和，依靠价格战的发展战略失去了效力。随着国内其他厂家产能扩张，公司利润从1998年一路开始下降，1998年为20亿元，1999年下降为5.25亿元，2000年为2.74亿元。与此同时，四川长虹市场占有率从最高的27%下降到2003年的14%左右，而出口自然成为公司维持市场地位的主要渠道。

事实上，长虹面临的风险早在2003年初就已显露。2003年3月6日，长虹曾就媒体报道公司在美国遭巨额诈骗进行了澄清：此事纯属捏造，报道情况与公司的实际不符。当时公司的生产经营一切正常，应收账款情况正常。在这以后的一年多时间内，四川长虹与美国进口商APEX公司的彩电出口业务一直照常进行，直到事件爆发。

2003年2月10日，长虹收到中国证监会关于公司2002年巡检的限期整改通知书。对公司信息披露、规范公司治理结构、财务管理和会计核算合规性，以及运作不规范、风险防范不力的现象提出过整改要求。但是从后来的事件看，此次整改并未有效地促使四川长虹完善公司治理，规范公司经营。

2004年12月28日，四川长虹董事会审议并一致通过公司拟对APEX公司应收账款计提坏账准备的决议。公司称，目前美国进口商APEX公司由于涉及专利费、美国对中国彩电反倾销等因素出现了较大亏损，全额支付公司欠款存在着较大亏损，全额支付公司欠款存在较大困难。公司难以估计美国的彩电反倾销、其他外国公司征收高额专利费的影响，以及APEX的应收账款困难会因前述影响而产生风险，据此，公司董事会决定按更为谨慎的个别认定法对该项应收账款计提坏账准备，按会计估计变更进行相应的会计处理。截至2004年12月25日，公司应收APEX账款余额46 750万美元，根据对APEX公司现有资产的估算，公司对APEX公司应收账款可能收回的资金在1.5亿元以上，预计最大计提金额为3.1亿美元左右。同时，为了最大限度地减少损失，公司正积极努力通过各种合法途径对该笔应收账款进行清收。

公司董事会决定将按照现行会计政策及谨慎性原则，对存货、短期投资等事项计提金额较为巨大的减值准备，预计2004年度公司将会出现大的亏损。而业内人士的分析结论是：四川长虹在短时间内将很难扭转颓势。

（资料来源：作者据相关报道整理。）

案例思考题

1. 查阅四川长虹的相关资料，计算该公司的财务预警指标并写出财务预警分析报告。
2. 根据财务预警分析报告，为四川长虹设计一套财务预警方案。

补充阅读材料

1. 周首华等．现代财务理论前沿专题．东北财经大学出版社，2000
2. 高民杰，袁兴林编著．企业危机预警．中国经济出版社，2003
3. 詹姆斯·T·格里森著，宋炳颖、王建南译．财务风险管理．中华工商联合出版社，2001
4. 诺曼·R·奥古斯丁等著，北京新华信商业风险管理有限责任公司译校．危机管理．中国人民大学出版社、哈佛商学院出版社，2001
5. 王今，韩文秀等．西方企业财务危机预测方法评析．中国软科学，2002(6)
6. 周首华，杨济华，王平．论财务危机的预警分析——F分数模式．会计研究，1996(8)
7. 赵健梅，王春莉．财务危机预警在我国上市公司的实证研究．数量经济技术经济研究，2003(7)
8. 姜秀华，任强，孙铮．上市公司财务危机预警模型研究．预测，2002(3)
9. 张友棠，陈君宁．财务预警警兆识别系统．武汉理工大学学报（社科版），2002(6)
10. 吴世农，卢贤义．我国上市公司财务困境的预测模型研究．经济研究，2001(6)
11. Zwaig, Melvine. Early Warning Signs of a Bankruptcy. *Business Credit*, 2001(103)
12. John Stephen Grice, Robert W. Ingram. Tests of the Generalizability of Altman's Bankruptcy Model. *Journal of Business Research*, 2001(54)

第十三章 公司理财信息化

> **学习目标**
>
> 通过本章学习,了解网络经济趋势对公司理财的影响,掌握公司理财信息化的内涵、发展历程及其价值创造原理,理解网络型组织结构下公司理财信息化模式的特点、其与战略企业管理信息化的关系,掌握基于事件驱动的公司理财信息化系统的构建方法,熟悉公司理财信息化项目实施与运行的程序、管理制度与方法。

第一节 公司理财信息化的重要性

一、网络经济对公司理财的挑战

国际互联网(Internet)的出现是人类进入知识经济时代或者说信息技术时代的一个重要标志。信息技术革命不仅使得IT行业获得了迅猛发展,而且还通过国际互联网这一交换平台改变了传统经济的交易方式以及人们的生活和工作方式。在美国,不仅国际互联网本身发展得特别快,而且与国际互联网相关的经济活动发展的也极为迅速。美国商业部的研究显示,信息技术行业(IT)的产值占整个经济总量的比重已经从1993年的6.4%上升到2002年的10.2%,而且,高科技行业的迅速发展带动了超过1/4的经济增长(U.S. Department of Commerce)。我国的情况也不例外,来自iResearch的研究数据显示,2003年中国互联网信息服务市场规模达到82.5亿元,比2002年的33.8亿元跃升了220%,电子商务交易总额达772亿元。我国信息产业年均增长速度在30%以上,比国内生产总值增长速度快22个百分点,成为引人注目新的经济增长点。

在国外相关文献中,人们常常用不同术语来描述信息技术革命以来世界经济所发生的变化,比如数字化经济(Digital Economy)、信息技术产业(IT)、电子商务(Electronic Commerce)、网络经济(Network Economy)等等,但以网络经济最为典型。很多著名的研究机构和学者对网络经济这一定义作了界定。美国得克萨斯大学在Cisco公司的赞助下,成立了一个关于网络经济的研究中心(CREC)。根据该中心的研究(CREC,1999),网络经济包含四个组成部分。这四个组成部分分别是网络的基础建设领域(Internet Infrastructure)、网络的基础应用领域(Internet Applications Infrastructure)、网络的中介服务领域(Internet Intermediary)、网络上的商务领域(Internet Commerce)。中国信息协会乌家培教授认为：网络经济有广义和狭义之分，广义的网络经济是指以信息网络为基础平台的、信息技术与信息资源的应用为特征的、信息与知识起重大作用的经济活动。狭义的网络经济是指基于因特网的经济活动，如网络企业、电子商务以及网络投资、网络消费等网上经济活动。

网络经济的实时性、虚拟性、交互性等特征，使得经济运行的基本法则发生了重大变化，引起了企业组织结构、生产经营管理活动广泛而深刻的变化，因此也对建立在传统工业经济基础上的公司理财模式提出了一系列挑战。

(一) 公司理财的目标由一元化转向多元化

在网络经济时代，一方面企业的资本结构发生了很大的变化，物质资本的地位相对下降而知识资本的地位相对上升，不同资本所有者对企业均有经济利益方面的要求。这一重大变化，决定了企业在网络经济时代其经济利益不仅仅归属于股东，而且归属于"相关利益主体"。另一方面知识资源具有共享性和转移性，因而企业的成败更大程度上依赖于社会对知识形成和发展所做出的贡献，社会出于自身发展的需要必须重视其社会责任。另外，知识资本所带来的科技创新及其成果转化，能够解决工业经济时代因技术能力而无法解决的外部经济问题。这使得公司理财关注社会责任成为一种可能。

(二) 公司理财的主体由实体化转向虚拟化

公司理财主体是公司理财为之服务的特定组织实体，是一定的社会经济形态下具有独立的物质利益的经济实体，这种实体是有形的、相对稳定的。但是在网络经济时代，随着网络技术的飞速发展、电子商务的日益推广，出现了网上虚拟公司这样的企业形式，而这些虚拟公司往往只是一种动态的、短期的战略联盟，合作目标完成后迅速解散，从而使财务主体显得虚拟化。

(三) 企业经营行为的变化

由于知识投入的增加，特别是网络和信息技术的发展，企业投资转向以知识资源的开发利用为重点的新领域。随着经验决策向以知识为基础的科学决策转变，企业投资决策和投资管理理日益知识化，对知识资产的评估和管理是知识决策的中心内容之一。企业更强调知识、信息的收集、传播和利用，并通过网络在企业内部分享、重组和创新，整个企业发展成为一个网络化的信息结构。

(四) 企业资产形态的变化

传统工业经济须投入大量的资金和设备，有形资产在企业总资产中占绝对优势；而网络经济是以知识、智力等无形资产投入为主，无形资产在企业经营中起决定作用。

(五) 企业竞争力要素的变化

随着工业经济逐渐向网络经济发展，市场份额和产出绝对规模只是企业竞争力的外在表现，在内涵上，企业竞争力主要源于企业对各类知识的占有和知识资本的运用程度。企业在一定时期积累的知识量越大,其知识资产的结构和动态组合与社会对知识的要求结构越一致,企业知识资产的转化效率就越高,企业竞争力就越强。

(六)企业范围边界的变化

与网络经济以前的经济形态相比,知识的形成、传播的无地域性,使企业生产经营管理的范围迅速扩大。企业活动与环境的联系更为紧密,它们共处于一体化的网络之中。企业与供应商以及企业与客户的关系不再固定,在全球网络中,企业与客户形成"在选择中结盟,在结盟中选择"的新格局。

二、公司理财信息化的科学内涵

公司理财信息整合了相关业务、市场数据,为企业管理决策提供支持。基于公司理财信息化在企业组织经营中的核心地位,我们从管理和技术两个角度定义企业公司理财信息化。公司理财信息化的技术涵义:实时地采集并处理业务数据形成公司理财信息,将数据仓库所有的沉积数据和实时数据一并进行实时系统分析,得出企业的发展趋势,并模拟在一定参数条件下各种措施选择的相应结果的过程;公司理财信息化的管理涵义:建立在信息技术基础上,以系统化的管理思想,利用公司理财信息平台整合信息,为企业的运营决策、管理决策、战略决策提供准确有效的公司理财信息的过程。

(一)公司理财信息化的经济学分析

信息时代企业的竞争要素由内在和外在竞争要素构成。公司理财信息化即通过推进企业参与竞争的内生变量,提高企业的竞争力。经济学家用"外部性"这个词,描述某个消费者的消费直接影响到其他消费者效用的状态。其中技术扩散的外部性在经济学中也可以用"外溢效应"来描述。同样地,公司理财信息化外溢效应,是指公司理财部门应用信息技术导致不自愿的改造公司理财制度和组织结构,公司理财部门并不获得投资信息化和改造组织带来的所有收益,而是为整个企业所受益。公司理财信息化外部性一般属于正的外部性。公司理财信息化所形成的竞争力的基础在于信息技术在公司理财部门中的扩散和渗透形成一次外溢效应,公司理财部门为适应信息技术变革而调整组织结构形成公司理财信息化外溢效应,也可以看作是信息技术的二次外溢效应。通过两次外溢效应的传递,改变或强化了企业市场竞争要素,从而形成公司理财信息化的竞争优势。企业财务信息化提高竞争力机制如图13-1所示。

(二)公司理财信息化的管理学分析

根据西方的现代管理理论中的系统学派的观点:一切社会组织及其管理都可看成系统,其内部划分为若干子系统,而这个系统又是组织所处环境大系统中的一个子系统。他们主张在组织管理中应有三种观点:全局观点、协作观点和动态适应观点,这为公司理财信息化的对策选择提供了基本理论。

(1)根据系统整体性的要求,在处理子系统与系统之间的关系时,必须坚持全局即整体观点,局部利益应服从全局利益,局部优化应服从全局优化。

(2)根据系统相关性的要求,在处理各子系统相互间关系时,必须坚持协作的观点,互相

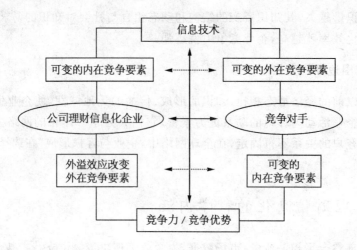

图 13-1 公司理财信息化提高竞争力机制

支援,分工合作。

(3) 根据系统开放性要求,在处理系统与外界环境之间的关系时,必须坚持动态适应观点,即组织应更多地了解所处的环境,选择采用与之相适应的管理模式和方法,并随着环境的变化而变化,同时,组织也可以对所处的环境产生影响。

公司理财信息化体系由财务核算、财务控制分析和集团战略管理三个部分组成,三部分相互联系,构成一个有机的整体。会计核算通过对业务数据的反映与提炼,提供给财务控制分析部分相关的数据,而集团战略管理部分则在前面两部分的基础上构建集团财务决策支持系统和预警系统,反过来支持子单位、业务部门等多角度的查询与利用。站在企业的高度,公司理财信息化又是企业信息化的子系统。企业信息化还包括生产信息化、营销信息化以及日常管理信息化。公司理财信息化系统应遵照系统整体性要求,通过接口逐步与其他业务系统挂接,打破信息孤岛,达到局部与整体、财务与业务之间的高度协调一致,实现财务业务一体化。理财信息化并不是一次完成的,而是一个过程。它与企业所面临的理财环境相适应,随着外界环境的变化,公司理财信息化系统也要相应地动态适应。

三、公司理财信息化的发展回顾

公司理财信息化的变革主要受两个因素的驱动:社会经济的发展对理财信息的需求和信息处理技术的进步。这两个动因相互依赖,相互促进,使公司理财信息系统的目标、功能、信息产品的类型在不断发生变化,形成了公司理财信息化的不同阶段。

1. 核算导向型的财务电算化阶段

1954 年,美国通用电气公司最早将计算机应用到财务、会计工作领域,用来代替人工完成记账、算账、数据汇总、统计等繁重的数据处理工作,这就是核算导向型应用模式的雏形。我国的会计电算化试点则开始于 20 世纪 80 年代初的长春一汽。核算导向型模式的信息技术应用特征可以用"电算化"来概括。电算化主要描述了用计算机替代手工记账算账的转换过程,它体现了从人工会计核算系统到由人、计算机设备等组成的会计信息系统结构的转换。

由于早期的财务核算软件的开发主要面向作业管理层,从核算主体自身独立的目标和功能出发,依据会计科目体系进行分类采集、汇总、加工、储存和报告财务信息,物理上独立于其他部门的信息系统。由此导致了财务信息与非财务信息、业务活动的物流信息与资金流信息以及财务会计与管理会计信息的分离,不能满足使用者信息需求的多样性。

2. 控制导向型的公司理财信息化阶段

控制导向型模式的起源可以追溯到1917年哈里斯的库存经济批量模型,当时由于没有现代信息技术作支持,这种先进的管理模型直到20世纪60年代末70年代初的MRP(物料需求计划)系统才得以实现。控制导向型应用模式最重要的是建立信息系统的指导思想发生了深刻的变化,人们需要通过信息系统实现管理的增值而不仅仅是提高工作效率。企业管理软件更重要的是体现了一种新的管理思想和管理模式的应用,管理模式的创新与管理软件的开发融为一体。以目前最为流行的ERP管理软件为例,其主要的管理模式的创新表现为如下特征。

(1) 对企业内外各种资源的整合。ERP面向供应链和业务流程,把客户需求、企业内部的制造活动以及供应商的制造资源整合在一起,有效地安排企业的产、供、销活动,满足企业利用全球市场资源快速、高效地组织生产,进一步提高效率和在市场上获得竞争优势的需求。

(2) 提供支持混合型生产方式的管理平台。ERP运用"精益生产LP"(Lean Production)和"敏捷制造"(Agile Manufacturing)的管理思想,一方面,要求企业在大批量生产时消除一切不必要的时间和其他资源的耗费;另一方面,当市场发生变化,企业遇有特定的市场和产品需求,企业的基本合作伙伴不一定能满足新产品开发生产的要求时,企业要能组织一个由特定的供应商和销售渠道组成的短期或一次性供应链,形成"虚拟工厂",把供应和协作单位看成是企业的一个组成部分,运用"同步工程"(SE)组织生产,用最短的时间将新产品打入市场,时刻保持产品的高质量、多样化和灵活性。

(3) 周密的事先计划与实时的事中控制。ERP系统中的计划体系主要包括主生产计划、物料需求计划、能力计划、采购计划、销售执行计划、财务预算和人力资源计划等,而且这些计划功能与价值控制功能已完全集成到整个供应链系统中。计划、事务处理、控制与决策功能都在整个供应链的业务处理流程中实现。

控制导向型模式的信息技术应用特征可以用"信息化"来概括。理财信息化是与企业信息化相呼应的一个概念,表述了继财务电算化之后的一个新的发展阶段,同时也体现了从核算导向型的部门内集成的财务信息系统到企业内集成的公司理财信息系统结构的转换。随着面向事务处理的数据库技术不断发展成熟,在数据库的存储、管理、并发控制、数据处理能力等方面都有了很大的进步。当经济活动发生时,事务被立即执行,可以实时采集和处理与经济活动相连的数据,为财务数据采集的自动化和财务的事中控制提供了技术支持。基于Internet的信息交流技术、工作流程协同技术以及底层技术支撑体系为企业内各部门协同工作和信息共享提供了技术基础。

3. 决策导向型的公司理财智能化阶段

决策导向型应用模式是控制导向模式的更高层次的补充而不是替代,是指在控制导向型模式的基础上为决策者建立的理财决策支持系统。与核算导向、控制导向两类应用模式最显著的区别是决策导向的信息需求具有很强的针对性,是对应企业(组织)某一宏观分析领域的主题构建决策支持系统(DSS);另外,前两类模式的理财信息系统都是基于企业的业务活动数据进行信息处理,而理财决策支持系统的数据来源则很广泛,主要是进行信息的分析处理。智能化是决策导向型模式的信息技术的主要应用特征。信息处理智能化就是将人的思考过程、智能活动的一部分机械化,让计算机具有获取知识、运用知识解决问题的能力。智能化体现了从面向日常事务处理的理财信息系统结构到面向分析处理的理财决策支持系统结构的转换。

决策支持系统是以多模型组合和多方案比较的方式辅助决策的。所以首先要根据决策领域的主题建模,模型是对客观规律的一般描述,有数学模型、知识推理模型、仿真模型等。例如,决策会计中的本量利分析模型、短期经营决策中的存货决策模型等是数学模型,它们可以直接编写成计算机程序进行求解(即结构化决策)。而有些决策模型无法直接编程,需要利用知识或专家的经验,经过推理得出辅助决策信息(该类决策称为半结构化决策)。总之,不同类型的理财决策支持系统将由数据库系统、模型库系统、知识库系统、知识推理系统,人机交互系统等进行不同的组合而成,没有统一的结构模式。

四、公司理财信息化的价值创造

企业价值最大化现已成为现代财务理论普遍认可的公司理财目标。虽然它考虑了风险因素和时间价值因素的影响,但忽视了对企业价值创造过程的关注,对价值源的培育。基于 ERP 的公司理财信息化系统整合了 Michael E. Porter 在《竞争优势》中提出的价值链的观念,为我们提供了一个市场价值系统模型(如图 13-2 所示)。

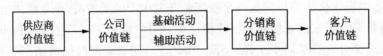

图 13-2　市场价值系统

公司理财信息化系统通过与物流、人力资源、质量管理、计划管理、其他业务系统等无缝集成,站在全球市场不同产业的角度整合可利用的所有资源要素。

但是,最重要的不是单个模块和各要素本身,而是致力于追求资源的协同效应。所谓协同效应是指在企业战略的支配下,公司内外各业务单元、各种资源经整体性协调后由于功能耦合而出现的整体性功能增强。动态的协同效应拓展了公司价值挖掘空间,可以看作是公司理财信息化的间接价值。主要表现在以下方面。

1. 基于价值链的公司理财信息化有助于识别企业价值活动,构建价值活动的分类体系

企业的价值活动分为基础活动和辅助活动两大类。涉及产业竞争的基础活动有五种类型,即进货后勤、生产作业、发货活动、经营销售、服务。企业的辅助活动分为采购、技术开发、人力资源管理、企业基础设施四种基本类型,每一种类型的活动可以根据产业的具体情况划分为显著不同的价值活动。如技术开发的各种相分离的活动可以包括零部件的设计、特征设计、工艺过程设计等。通过识别企业价值活动,企业公司财务经理可以与各部门的经理人员一起,从战略管理的目的出发,分析竞争优势的各种来源,分析企业从事物质、技术上界限鲜明的活动,明确它们是如何创造产品价值、顾客价值、企业价值,它们与经济效果的结合是如何进行的,并根据企业的特点、战略活动的重要程度、成本所占的比例、活动的经济性逐层定义这些价值活动,形成一套树型结构的价值活动分类体系,作为企业经营活动的分类标准和分析对象。

2. 以价值活动为分类标准,构建记录价值活动的账簿体系

虽然价值活动构成竞争优势的基石,但价值活动并不是一些独立活动的集合,而是相互联

接、相互影响的系统行为。这种行为不仅发生在企业内部,而且发生在企业价值链与供应商、渠道、顾客价值链之间,它们都为企业增强竞争优势提供了机会。因此,以企业价值活动的分类体系为依据,为其中的每项价值活动建立账簿,全面记录这些价值活动以及相互联系的经济信息。

3. 价值活动的账簿体系的实施为消除非增值作业创造了条件

借助理财信息化条件下价值活动账簿体系的实时反映,非增值和负增值作业被不断地排除,整体价值链水平不断提高。各个作业单位在为顾客提供更多价值(低成本的优质产品和服务)的同时,也为自身创造了更多的利润。

4. 公司理财信息化通过实时控制成本费用可以直接增加公司价值

据美国生产和库存协会(APICS)统计,成功实施财务与业务一体化的 ERP 信息系统可为企业带来如下经济效益:①采购提前期缩短 50%;②库存降低 35%;③提高生产能力 10%—15%;④停工待料减少 60%;⑤制造成本降低 12%、管理人员减少 10%;⑥延期交货减少 80%。

因此,公司理财信息化提高企业价值的途径可以归纳为两条:一是通过价值挖掘增加间接价值,二是通过对采购成本、库存成本、制造成本、管理成本的动态控制带来直接价值的增长。

第二节 公司组织模式创新与公司理财信息化模式构建

一、公司组织模式创新——网络型企业组织结构

传统企业的内部结构基本上是以等级(层次)为基础的,自上而下的"垂直式"管理。强调权力分散,重视中心业务部门人事管理、预算和控制,明确区分政策制定和具体经营。企业规模越大,中间管理层次就越多。这种组织结构是在工业经济时代社会化大生产环境下发展起来的。在网络经济时代,这样的组织结构面对瞬息万变的竞争环境,其灵活性、适应性和创新应变能力是很低的,无法取得竞争优势。因为在网络经济时代,企业竞争除了核心技术和关键资源的竞争外,谁的弹性高,应变能力强,能够做到快速组合,低成本解散,谁就能把握市场机会,获得竞争优势。网络技术也改变了集团企业、关联企业的关系和组织形式,通过虚拟企业(Virtual Corporation)形式建立战略联盟或价值链型联盟已显示出明显的竞争优势。虚拟企业是企业间在共同信任的基础上,按利益共享、优势互补组建的动态企业联合体,可以运作设计、制造、营销、财务等完整功能,但不一定有专门执行这些功能的机构,而是将这些功能都虚拟化至各组合企业中。

随着社会经济和科学技术的不断发展,强大的经济发展引擎不断推动着企业组织结构的创新与变革。互联网技术的广泛推广和应用,使得企业与外界的联系极大增强,企业的经营地理范围不再局限于一个国家、一个地区,而是通过互联网与世界相连。网络型企业组织结构正是基于当今飞速发展的现代信息技术手段而建立和发展起来的一种新型企业组织结构。学者们从经济学、管理学和社会学的角度对网络型组织的涵义、表现形式、运行机制、管理模式等各

个层面进行了大量的研究,但从总体上看,这一领域的研究还处于不断完善的阶段。目前关于网络型组织,人们普遍较为接受的定义是:网络型组织是由多个独立的个人、部门和企业为了共同的任务而组成的联合体,它的运行不靠传统的层级控制,而是在定义成员角色和各自任务的基础上通过密集的多边联系、互利和交互式的合作来完成共同追求的目标。网络的基本构成要素是众多的节点和节点之间的相互关系。在网络型组织中,节点可以由个人、企业内的部门、企业或是它们的混合组成,每个节点之间都以平等身份保持着互动式联系。如果某一项使命需要若干个节点的共同参与,那么它们之间的联系会有针对性地加强。密集的多边联系和充分的合作是网络型组织最主要的特点,而这正是其与传统企业组织形式的最大区别所在。

二、网络型组织结构下公司理财模式的特点

组织结构的变化必然引起企业运行机制、管理方式的变化,使得公司理财在空间上、时间上和效率上都发生了改变,极大地影响了公司理财的能力和质量。网络型组织结构下公司理财模式应该具有以下特点。

1. 财务信息处理的自动化、网络化、实时动态化

网络经济时代,电子商务高度发达,企业与外界的联系均采用数字信息,并通过网络来实现。业务数据通过网络程序自动实现会计核算,产生各种支持决策信息并反馈到相关决策者。决策者通过网络向相关业务节点发布决策信息,网络程序根据决策信息自动修订业务规则,业务人员只能按照规则在网络中完成新的业务。由于网络信息传递速度快,业务发生受到实时监控,因而可及时将决策信息发送到业务规则,实现实时动态化管理。

2. 公司理财职能向决策层和业务层分解

在网络型组织结构的企业中,节点和节点之间密集的多边联系减少了传统财务管理中的许多中间环节,高层决策者能直接对底层员工进行管理,财务信息的采集完全由业务节点完成,财务信息的加工由网络程序完成,财务监控由决策者通过网络程序实施。

3. 公司理财与业务、决策一体化

传统的财务管理反映的是决策者、财务机构、业务部门三者之间的关系,决策信息通过财务部门实施对业务的监控,业务部门的信息主要通过财务部门加工提供给决策者。在新型理财模式下,理财职能向决策层和业务层分解,财务管理通过网络软件与决策和业务融为一体。

4. 公司理财组织结构

从人员集中的实体机构向人员分散的虚拟机构转变。在网络型组织结构企业,实体企业中财务人员工作职能将分散到业务层和决策层,财务信息的处理由程序完成,传统财务部门萎缩,职能分解,包括决策和业务在内的网络虚拟的财务机构代替传统的财务管理机构。

5. 从部门管理变为节点管理

网络的基本构成要素是众多的节点和节点之间的相互关系。在网络型组织中,节点可以由个人、企业内的部门、企业或是它们的混合组成。公司理财的实施者由传统的财务部门变为网络节点,财务监控的对象由传统的业务部门变为网络节点。

三、公司理财信息化模式的构建

1. 战略企业管理信息化全景及其管理工具

全球经济的重要转变已经导致了企业运作方式的显著变化,非财务因素或"变化莫测因素"的价值正在戏剧性地增长。因此,企业对战略管理的兴趣,特别是对创造企业价值的兴趣空前高涨。图13-3描述的公司管理信息化全景充分体现了企业价值管理(VM)的思想和以价值为驱动的经营管理模式。

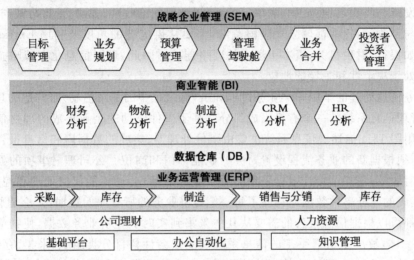

图 13-3 战略企业管理信息化全景

据图13-3,战略企业管理信息化解决方案可分为三层:

第一层为业务运营管理层——包含公司理财、物流、制造、客户关系管理、人力资源、办公自动化等ERP组件,提供企业日常业务的处理功能。

第二层为商业智能层——提供全面的商业分析与优化功能,包括财务分析、物流分析、制造分析、人力资源分析以及客户关系管理分析等。

第三层为战略企业管理层——通过提供企业战略管理和战略规划的各种工具与方法,来实现战略目标管理、业务规划、预算管理、管理监控、业务合并、投资者关系管理等功能。

根据企业管理中的三个层面,即决策支持层、管理控制层和业务操作层的应用特点,战略企业管理信息化系统分别提供对应的工具进行部署,来满足不同层次的管理和应用需求。

(1) 战略管理层工具。包括平衡计分卡、战略地图、业务建模、运营预测、全面预算、管理合并报表、报表合并工具、管理驾驶舱等,用于帮助企业高层进行战略制定、战略监控和优化。其中,平衡计分卡(BSC)是决策支持层的核心工具,完成对企业战略目标的分解和关键绩效指标(KPIs)的确定。商业智能(BI)是决策支持层的基础,许多重要的数据和分析评估方法都来源于它。

(2) 管理控制层工具。包括管理驾驶舱、管理合并工具、报表合并工具、全面预算、预算监控等,用于帮助中层管理者贯彻执行企业战略,并对战略执行情况实时监控,以便采取相应的措施。其中,各种业务支持系统,包括 ERP、CRM、SCM 等,是管理控制层的数据基础。商业智能（BI）提供的各种分析手段同样可用于管理控制层的监控。

（3）业务操作层工具。包括预算监控等以及具体的业务监控工具。业务操作人员主要在 ERP、CRM、SCM 等业务交易系统上进行相关的业务处理，监控业务结果，并进行相应处理。该层工具的数据直接源于 ERP、CRM、SCM。

2. 基于事件驱动的公司理财信息系统模式的构建：企业内集成到供应链集成

在战略企业管理信息化系统中，理财信息化提供的是企业整个供应链的连续的、系统的、综合的信息，反映与控制的是整个供应链的资金的信息流，相对于销售、生产、供应等物质信息流而言更加重要。现代企业面临投资、融资以及用资的一系列问题，诸如投、融资方案的抉择、企业债券的发行与收购，以及汇率、利率等的变化、企业间的收购、并购、清算与破产、现金收支的余缺平衡与预测等，这些都属公司理财范畴，都要从供应链的角度及利用 Extranet 的功能建立与外界如银行、财税机关、资本市场等的网络连接。因此，理财信息化在战略企业管理信息化过程中处于决定性和主导的地位。

基于财务信息处理的本源——业务过程和事件（过程中的单一活动）来构造的理财信息系统，是企业管理信息系统的一个有机组成部分。基于事件驱动的企业集成的理财信息系统的构建模式可用图 13-4 描述。信息系统主要由事件处理器、集成的数据库和信息报告处理器三大部分组成，须根据新的业务流程设置财务的职能部门和岗位。公司理财事项的处理主要由业务事件实时驱动，消除了会计数据采集滞后于业务活动，会计不能实时处理和控制的屏障。企业共享、集成的业务事件数据库存储了每一笔经济业务的所有原始数据，无论是财务会计还是公司理财都可以根据信息报告的需要从其中采集到实时的经济业务数据，使物流、资金流、信息流融于一体，解决了仿真手工的信息系统仅能按会计科目分类组织、采集、存储、加工数据，价值计量单一，许多与用户决策相关的重要信息未能采集的难题，能够支持企业日常运转、控制、预测和决策的信息需求。

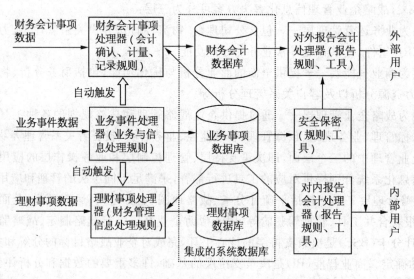

图 13-4　基于事件驱动企业内集成的公司理财信息系统模式

基于事件驱动的理财信息系统结构是控制导向型应用模式的产物。随着供应链管理及电子商务的发展，基于事件驱动的信息系统结构可以扩展到供应链上的企业之间进行信息集成。

基于事件驱动的理财信息系统结构打破了职能管理的组织结构壁垒,应用企业流程再造的思想,建立财务和业务一体化的信息处理流程,在业务事件发生的同时把实物形态的物流信息直接转换为价值形态的资金流信息。

第三节 公司理财信息化项目的实施与运行管理

一、典型的项目管理循环

一个完整的公司理财信息化项目通常包括三大阶段:需求分析、系统选型和系统实施;在系统实施阶段又可细分为实施计划、业务模拟测试、系统开发确认、系统转换运行、运行后评估五个主要步骤。项目管理围绕整个项目的全过程,对项目的立项授权、需求分析、软硬件的评估选择,以及系统的实施进行全面的管理和控制。一个典型的公司理财信息化项目管理循环通常包括项目开始、项目选型、项目计划、项目执行、项目评估以及更新和项目完成六项主要内容。

1. 项目开始

项目开始阶段主要针对项目的需求、范围和可行性进行分析,制定项目的总体安排计划,并以"项目合同"的方式由企业与项目咨询公司确定项目责任和授权。在项目开始阶段进行的项目管理主要包括以下内容:

(1)需求评估。对企业的整体需求和期望作出分析和评估,并据此明确信息化项目成果的期望和目标。

(2)项目范围定义。在明确企业期望和需求的基础上,定义项目的整体范围。

(3)可行性分析。根据项目的期望和目标以及预计项目的实施范围,对企业自身的人力资源、技术支持等方面作出评估,明确需要为配合项目而采取的措施和投资的资源。

(4)项目总体安排。对项目的时间、进度、人员等作出总体安排,制定项目的总体计划。

(5)项目授权。由企业与项目咨询公司签订项目合同,明确双方职责,并由企业根据项目的需要对咨询公司进行项目管理的授权。

2. 项目选型

在明确了项目的期望和需求后,系统选择阶段的主要工作就是为企业选择合适的软件系统和硬件平台。系统选型的一般过程为:

(1)筛选候选供应商。项目咨询公司根据企业的期望和需求,综合分析评估可能的候选软硬件供应商的产品,筛选出若干家重点候选对象。

(2)候选系统演示。重点候选对象根据企业的具体需求,向企业的管理层和相关业务部门作针对性的系统演示。

(3)系统评估和选型。项目咨询公司根据演示结果对重点候选对象的优势和劣势作出详细分析,向企业提供参考意见;企业结合演示的结果和咨询公司的参考意见,确定初步选型,在经过商务谈判等工作后,最终决定入选系统。

3. 项目计划

项目计划阶段是进入系统实施的启动阶段，主要进行的工作包括：确定详细的项目实施范围、定义递交的工作成果、评估实施过程中主要的风险、制定项目实施的时间计划、成本和预算计划、人力资源计划等。

4. 项目执行

项目执行阶段是实施过程中历时最长的一个阶段，贯穿项目的业务模拟测试、系统开发确认和系统转换运行三个步骤中。实施的成败与该阶段项目管理进行的好坏休戚相关。在项目执行阶段进行的项目管理的主要内容包括：

（1）实施计划的执行。根据预定的实施计划开展日常工作，及时解决实施过程中出现的各种人力资源、部门协调、人员沟通、技术支持等问题。

（2）时间和成本的控制。根据实施的实际进度控制项目的时间和成本，并与计划进行比较，及时对超出时间或成本计划的情况采取措施。

（3）实施文档。对实施过程进行全面的文档记录和管理，对重要的文档需要报送项目实施领导委员会和所有相关的实施人员。

（4）项目进度汇报。以项目进度报告的形式定期向实施项目的所有人员通报项目实施的进展情况、已经开展的工作和需要进一步解决的问题。

（5）项目例会。定期召开由企业的项目领导、各业务部门的领导以及实施咨询人员参加的项目实施例会，协调解决实施过程中出现的各种问题。对所有的项目例会和专题讨论会等编写出会议纪要，对会议作出的各项决定或讨论的结果进行文档记录，并分发给与会者和有关的项目实施人员。

5. 项目评估及更新

项目评估及更新阶段的核心是项目监控，就是利用项目管理工具和技术来衡量和更新项目任务。项目评估及更新同样贯穿于项目的业务模拟测试、系统开发确认和系统转换运行三个步骤中。在项目评估及更新阶段常用的项目管理工具和技术有：

（1）阶段性评估。对项目实施进行阶段性评估，小结实施是否按计划进行并达到所期望的阶段性成果，如果出现偏差，研究是否需要更新计划及资源，同时落实所需的更新措施。

（2）项目里程碑会议。在项目实施达到重要的里程碑阶段，召开项目里程碑会议，对上一阶段的工作作出小结和评估实施进度及成果，并动员部署下一阶段的工作。

（3）质量保证体系。通过对参与实施的用户人员进行培训和知识传授，编写完善实施过程中的各种文档，从而建立起质量保证体系，确保在实施完成后企业能够达到对系统的完全掌握和不断改善的目标。

6. 项目完成

项目完成阶段是整个实施项目的最后一个阶段。此时，工作接近尾声，已经取得了项目实施成果。在这一最后阶段，仍有重要的项目管理工作需要开展，如行政验收、项目总结、经验交流、正式移交、系统正式运转及使用。

二、项目风险的管理控制

在公司理财信息化系统实施项目中潜在的风险包括：软件风险——如软件功能风险和软

件选择风险；实施风险——如项目组织风险、时间和进度控制风险、成本控制风险和实施质量控制风险；转变风险——管理观念转变的风险、组织架构调整的风险、业绩考评体系改变的风险等。对理财信息化项目过程中发生的或可能发生的各种风险进行管理和控制，是项目管理贯穿信息化项目全过程的重要内容。

1. 风险管理的实质

对公司理财信息化实施项目的风险管理，首先需要对项目本身有着深刻的认识和理解，通过理解项目去识别项目潜在的各种风险。在对项目风险识别的基础上，评估进行项目风险管理的控制点。经过识别项目风险和测试风险管理的控制点，筛选确定剩余的、需要着重注意的项目风险，并对这部分的剩余风险作出进一步的说明。在项目实施的过程中，针对这部分风险采取专门措施进行风险管理和控制，从而最大限度地降低风险、控制风险。可以看出，风险管理的实质就是识别风险、筛选风险、控制重点风险、最终降低风险。

2. 风险管理的具体内容

通常风险管理可以分为四个步骤：识别风险、衡量风险、管理风险、监控项目表现。

识别风险主要的工作是确定可能影响项目实施的风险并记录风险的特征。须注意的是：风险识别是贯穿整个项目实施的全过程的，而不仅仅是项目的开始阶段；可能的风险包括各种内部因素和外部因素；在识别风险的同时，须辩证地分析其负面效应（即风险带来的威胁）和正面效应（即潜在的机会）。

衡量风险主要是对识别的风险进行评估，确定风险与风险之间的相互作用以及潜在的一系列后果，同时还须确定风险的重要性和处理风险的优先次序。在这一阶段可以采用的分析工具，包括"风险评估矩阵"、"预期投资回报率"、"模拟"和"决策树"等工具。

管理风险是风险控制中最为直接，也是最为关键的一个步骤。在管理风险过程中，须对风险的正面效应（即潜在的机会）制定增强措施，对风险的负面效应（即可能的威胁）制定应付方法。对于不同的风险，需要根据其重要性、影响大小以及已经确定的处理优先次序，采取相应的措施加以控制。另外，在处理风险时须注意"及时性"——即在第一时间对各种突发的风险作出判断并采取措施，以及"反复性"——即对已经发生或已经得到控制的风险需要经常进行回顾，确保风险能够得到稳定长期的控制。

监控项目表现是对项目过程进行监控，检查风险控制的实际效果，评价项目的整体表现。

综上所述，项目管理是通过项目管理循环，风险管理控制等方面对项目进行控制，使企业实现项目所预期的成果和目标。项目管理对理财信息化项目的成功进行、对各种实施风险的管理控制有着至关重要的作用。

三、公司理财信息化项目实施的主要工作

1. 业务流程改进、优化与重组（BPIOR）

以财务业务协同为目标，由咨询顾问对公司业务管理现状进行流程分析，对公司组织机构、业务流程以及业绩评估三个元素进行整合，分析现有流程、确认问题流程、设计优化流程、实施计划、实施、持续监控和改进的工作步骤，将流程优化为突破口，将企业的实际业务和财务软件相结合，实行财务与业务的全面集成。同时，用书面形式把新的业务流程写入工作规程与准则。工作规程与准则说明每一项业务流程的目的要求，通过哪些部门或岗位，由什么人在什

么时间执行,运行系统的什么指令,遇到例外情况应按照什么原则处理等等。规程之后应附有各种表格、单据,这是管理规范化的保证。

2. 数据准备

按照 ERP 财务及企业管理软件的要求,对系统使用的基础数据进行分类整理,例如产品、工艺、物品编码和采购周期、库存量等各种数量标准等;进行各子系统所需要的上线前的初始数据的准备,例如各会计科目余额、库存数量等。

3. 人员培训

培训是成功实施 ERP 财务及企业管理系统的重要因素。培训有两个重要目的:一是增加人们对 ERP 相关知识的了解,二是规范管理人员的行为方式。培训可采用授课和现场培训的方式进行,将对 ERP 理论、软件系统功能、使用操作、数据采集等方面的内容进行不同层次的培训。

- 技术人员:了解 ERP 原理,理解系统中产品结构的组成和作用,会运用计算机熟练地输入、查询、修改产品的组成等。
- 生产管理人员:懂得 ERP 运行原理,会操作菜单查询工单状态,熟悉工作规范,对工单从领料到加工、汇报整个过程清楚,对缺料、拖期工单了解原因,并能进行处理。
- 财务人员:了解 ERP 的基本结构,理解公司理财信息系统与 ERP 中其他功能模块的接口原理,熟练操作菜单,根据生产运作过程及其结果实时编制出各种报表。
- 数据维护人员:理解自己维护的基础数据在系统中的来源和用途,能熟练操作菜单进行数据维护。
- 系统管理人员:深刻理解 ERP 运行原理和各模块间的关系,能够为各业务部门提供咨询与培训,并能对系统进行日常维护。
- 操作员:对 ERP 的基本概念和原理有一定了解,会正确使用菜单上的功能进行数据输入,熟悉数据输入的具体注意事项和规定,熟练地操作计算机。
- 其他管理人员:根据自己的业务和权限,熟练操作菜单。

4. 安全防护

公司理财信息化的安全防护应主要从制度和技术两方面去控制。

(1) 内部控制。完善的内部控制可以有效减轻内部人员道德风险、系统资源风险和计算机病毒等所造成的危害,应主要包括组织控制、安全保密控制、数据输入、输出、处理控制、文件安全控制等。

组织控制主要是减少电子数据处理部门发生错误和舞弊行为的可能性。其控制应遵循不相容职责分离原则。在系统运行中,可根据职能将与运行相关的部门划分为两个专职部门,即系统开发部和系统应用部。两部门人员要严格分开,切忌交叉使用。严禁系统开发人员使用系统,以防系统数据不留痕迹地被修改。

安全保密控制应做到层层设防。系统要设置基本的进入口令,以防无关人员非法进入;各个子系统各个模块也要设置相应的口令,防止无权人员非法操作;"操作日志"应记录所有操作人员的所有操作,如操作时间、方法、查询和修改数据等;系统维护必须办理严格的审批手续,要采取各种措施,防止程序文件被非法修改;所有软件文档资料、数据结构形式、程序说明书和源程序清单等应按机密文件管理。

数据输入、输出、处理控制。为保证理财信息系统所提供信息的真实可靠,必须进行数据输入平衡校验、数据处理之前合理性检测、输出信息分发控制等。

数据文件安全控制。存取数据时，要设置口令、密码、验明用户身份；修改、删除数据时，随时留存操作日志；每次退出系统时，系统都应提示用户备份；为防止非法篡改，还可以对一些重要文件进行特殊定义，如定义为隐形文件、专用文件或只读文件等，未经授权不得改动。

(2) 技术控制。除上述内部控制外，还要在技术上对整个理财系统的各层次，如通讯平台、网络平台、操作系统平台、应用平台等采取安全防范措施。要采用鉴证(个人身份鉴别方法)、口令选取、保密传真等技术，使财务信息安全处理。采用用户没有选择余地的硬件链路加密和用户自行选择的软件端间加密，对网络财务数据加密，防止财务信息泄露、失真。采用防火墙技术，确保数据服务器的绝对安全，防止黑客闯入篡改盗取信息。建立由信息使用者共同信任的有权威的第三方担任的财务信息认证机构，使财务信息得以合法确认。

案例分析

广州五十铃信息化提升理财水平

一、广州五十铃公司理财信息化项目背景

2000年3月，广州汽车集团有限公司(51%的股份)、日本五十铃自动车株式会社(25%的股份)和五十铃(中国)投资公司(24%的股份)共同出资3 000万美元成立广州五十铃公司。广州五十铃引进日本五十铃公司 GALA 系列 SHD、HD、MIO 等四种大中型豪华客车的设计和制造技术，年产量1 200台，国内大中型豪华客车的市场占有率25%以上。

汽车行业属于典型的生产制造与销售服务一体化的企业，价值链条涉及零件供应商、外包商、加工制造商、经销商、零售商以及价值链条终端的客户。广州五十铃初期采用以销定产的个性化定制经营模式，客户的个性化需求直接并强烈地驱动着产品的开发、生产、销售与服务的全过程，而消费者对产品的需求越来越趋于多样化、复杂化和个性化，他们要求得到技术性能高、质量好、符合应用定位、价格适当的汽车产品和及时周到的售后服务。这就要求建立快速设计、生产、优化营销、后勤、物流和服务的信息化管理体系。企业管理层决心不仅从信息平台，而且从文化、观念、组织架构、业务流程、资源等方面进行更新和重组，塑造一个适应网络经济的"e"化的企业。

二、五十铃基于ERP的公司理财信息化项目目标和方案

五十铃公司根据企业的业务特点和管理需求，按照"早准备、高起点、整体规划、分步实施"指导原则，从整体上对管理信息系统进行了规划和部署，希望通过建立供应链管理项目，提高工作效率，提升管理水平，建立现代企业制度。基本目标如下：

1. 实现财务业务一体化

信息孤岛问题一直是困扰企业信息化建设的关键。实现财务业务一体化是五十铃公司进行信息化建设的初衷，也是信息化建设中最关键的问题。从硬件和软件上保证财务业务的协同，在加强对企业资金流管理的同时，加强企业的物流控制，达到真正有效的经营运作控制，此外，实现信息高度集成。

2. 设计最优业务流程，提升核心竞争力

结合计算机环境下企业管理模式的新要求，综合考虑企业的业务特点和企业软、硬件条件，设计最优业务流程。实现"信息集成、过程集成、功能集成"，实现"一张原始凭证(销货发票、购货发票、入库单、领料单等)一次录入，业务核算、统计核算、会计核算全部自动完成"；实现对业务过程的科学严格控制；真正提升企业的核心竞争力，满足企业的长远发展需要，应对竞争激烈的市场环境。

3. 严格库存管理

库存是连接企业内外的枢纽，而且库存占用资金情况直接关系到企业资金周转问题。企业根据产品的生产工艺、材料定额和制造部门的生产计划，科学进行材料采购，材料的收、发必须遵循严格的控制程序，在保证生产顺利进行的同时，尽量减少库存成本。

4. 以项目和个人两条主线，加强企业成本费用控制

借助项目管理和个人往来管理，节省成本费用支出。以项目管理为手段加强对固定资产的管理，加强对现金收支的管理，对资金的来源和使用情况进行分析，减少不必要的开支；进行个人往来管理，利用个人往来将每笔投资所引发的资金管理责任落实到人。借助项目管理和个人往来管理，节省成本费用支出。

5. 加强产成品成本核算和管理

五十铃公司的产成品系大、中型客车，成本高，更为重要的是企业采用以销定产的营销方式，根据客户需求进行个性化生产，因此需要对产成品进行单台成本核算和管理。从某种程度上说企业需要以单台客车作为成本中心进行管理。

广州五十铃在确定上 ERP 财务及企业管理系统后即成立了项目领导小组进行软件的选型工作，首先对国内外知名的 ERP 厂商进行初步了解，参考了已成功应用 ERP 软件的企业情况，在此基础上选择了四家厂商进行招标最终选择了用友公司的 ERP-U8 财务及企业管理软件。在选型的过程中主要遵循了以下原则：ERP 软件必须是成熟的产品，包括对环境的适应性、实践的成熟度以及技术的成熟度；挑选最适合本企业管理模式的企业管理软件；需要具有针对行业以及业务的解决方案；该软件供应商在 IT 界要有良好的信誉，有实力维持其软件产品在产业中的第一方队；该 ERP 产品需要有高水平的本地化技术支持；有较强的实施队伍及项目实施经验；具有比较标准化的实施流程；ERP 厂商的售后服务质量比较好；该 ERP 产品具有比较合理的价格。

在深入分析自身需求的基础上，结合其目标建设，解决方案如下。

（1）硬件方案。五十铃各部在同一座办公楼办公，为了给管理信息系统提供硬件环境，公司在办公楼内搭建了一个局域网。网络拓扑图 13-5 所示。

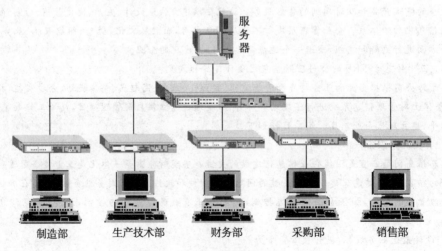

图 13-5　网络拓扑图

（2）软件方案。五十铃购、销、存以及财务采用用友软件 V8.12(SQL)，生产制造部分另行开发，两套软件之间通过接口程序实现无缝连接。其功能结构如图 13-6 所示。

五十铃根据其组织机构设置和管理需要，决定采用如表 13-1 所示站点分布方案。

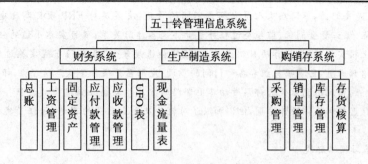

图 13-6 ERP 财务及企业管理信息系统功能结构图

表 13-1 五十铃 ERP 财务及企业管理信息系统站点分布表

功能模块	站点数	使用部门
总账	6	财务部
工资	6	发展部、生产准备室
固定资产	6	生产技术部、财务部
UFO 表	6	财务部
成本管理	6	财务部
采购管理	6	采购部、财务部
销售管理	6	销售部、财务部
库存管理	6	采购部、仓库
存货核算	6	财务部

三、实施过程全景扫描

企业应用 ERP 是一个长期的系统工程,为了加强建设过程中提供完善而科学的整体规划以及实施指导,在遵循用友公司规范的 ERP-U8 项目实施流程的基础上,五十铃决策层成立了供应链管理项目小组,成员包括各部门中层领导及业务骨干。

在 ERP 项目顾问的指导下,五十铃从一开始就确立了系统建设目标,包括网络建设、软件选型、人才培养等一套合理的解决方案。使先进的软、硬件建设与企业的实际情况得到有机结合,使信息技术能真正为企业提供知识与管理的创新,将企业打造成市场的领先者。

1. "整体规划、分步实施"与"业务流程的改进、优化与重组"(BPIOR)

根据五十铃目前的业务流程以及企业长远发展规划需要,结合目前汽车行业的现状,为五十铃设计出了符合五十铃实际运作的业务流程的改进、优化与重组方案,先期规范了现有流程,找出缺少的流程,把不规范的流程规范化;然后是对几个相互协同作业的流程进行了集成化、系统化;最后是将这些优化、统一、集成以及系统化的流程在用友 ERP-U8 中充分实现,达到信息的完美集成。针对公司人员素质较高、管理较规范的特点,先进行财务系统与进、销、存系统的上线并进行集成;在基础数据准确的基础上安排生产制造系统的上线,使企业的业务处理在一个闭环系统中运行,降低了人为因素对决策正确性的影响,形成了以市场为导向的体现计划控制特点的企业经营管理模式。

2. 领导决策与人才培养

在整个信息化建设以及应用过程中,公司的决策机构始终站在正确的位置上进行决策、指导和控制,下设项目实施小组(由公司发展部牵头各部门主管及用友方咨询顾问组成)进行组织、推进工作,事实证明效果是良好的,不同层次人员发挥着不同的作用:决策层对 ERP 项目高度重视、行使领导权、把握关键点、保证资金到位、监控全过程并负责协调各部门关系;项目实施小组的任务主要是:组织项目实施、上报实施计划、推荐项目组成员、掌握实施进度表、为各部门布置实施过程中的角色任务、为各部门培训人员、协调项目组和各部门间的步调、定期召开项目会议总结经验、评价各部门实施进度中的优缺点,借此达到以优秀部门带动其他部门的方式推动企业信息化的进程。通过对各部门人员开展 ERP 思想和软件操作培训,他们加深了对软件及企业业务的理解,保证了实施后系统的适用性。

3. 构建基础网络环境

在信息化建设的安排上,公司首先考虑的是基础环境的建设,为了能容纳不同的软件系统高速、安全运行,公司立足高起点,耗资近百万元从国外进口了先进的交换机设备,选择优秀的硬件提供商为企业搭建了网络。同时,基于高标准建成了覆盖全厂的光纤网络系统,形成 100M 快速以太网信息传输能力,在公司范围内从办公室到车间到仓库,从普通的仓管员到总经理通过网络实现了互联互通,为今后的信息传递及系统集成打下了基础。

4. 准备基础软件环境

为了设计生产出符合客户要求的、切合市场需求的产品,五十铃公司技术人员很早就开始使用 CAD/CAM 软件进行产品设计。该软件能够利用三维的设计效果完成产品外观设计和产品结构(BOM)定义,提高了工作效率与质量,缩短了产品开发周期。

四、实施效益分析

信息系统自投入使用以来取得了可喜的成绩,通过投入使用供应链管理系统,五十铃明显提高了工作效率,提升了管理水平。

1. 实现数据共享与信息集成,加大财务监控力度

整个 ERP 系统集成使用,业务发生后数据一次录入,财务以及各业务部门共同使用,"数出一门,全厂使用",实现了数据共享和信息的有机集成,解决了长期以来一直困扰财务部门的账务串户、错账问题;解决了财务与业务部门长期存在的账账不符、账证不符的难题,真正实现了财务和业务的协同运作。如为促使业务人员在采购业务完成后即时报账,相关制度规定:采购业务请款时需填写"借支单"挂个人账,报销时,必须出具"借支单"底联及合法的报销单证,财务人员在用友系统中审核无误并出具会计凭证销账,经资金科复核后交出纳支付款项并由出纳在用友 U8 系统中执行"签字"功能完成整单业务。这样,可保证相关单据能及时、准确地录入系统,使财务部门在业务发生时即可进行监控,错户、串户现象被消灭在萌芽状态;通过系统提供的穿透式查询功能可同步查询到购销链业务发生的明细及余额情况,监控到多种原始业务单据,保证账证相符、账实相符;通过对应收账龄分析,及时通知相关部门和人员催收款项,坏账损失至今为 0,令同行美慕。

2. 加强库存控制、生产过程控制,降低企业运营风险

生产部门按照销售订单结合产品材料定额制定生产计划,由采购部据以编制采购计划,采购部根据系统提供的库存信息参考生产的时间及数量确定采购数量,材料发放时严格按照生产工艺定额进行,做到每批采购的原材料都被对应生产令号所消耗,仓库中不会有积压原材料,仅有极少量的物料储备作为正常供件磕、碰、伤的替代品。这样,既能保证生产的正常进行,又实现库存占用资金成本最小化。公司 2004 年产量比上年增加 50%,而库存平均占用资金同比降低 22%,资金的有效利用率同比提升 11.2%。

随着广州五十铃产品品种的日益增多、客户订单交货前置时间的缩短,特别是订单内容的个性化,公司所面临的采购、装配、前置时间的压力,也必将日益增加。公司采用的生产制造管理系统在建立如物料主文件、产品结构表、工艺过程、生产线产品定义等档案的基础上,充分整合产、供、销等各项

管理资源,生成主生产计划及物料需求计划,经过重复排程展开形成车间订单、车间备料计划、工位备料单等,实现了生产过程的流程控制,使企业降低库存、减少在制、合理安排生产。而且交货准时完成率达100％,提高资金周转次数45％,减少加班工时35％,生产率大大提高。

3. 以项目为主线,加强企业内部管理

广州五十铃的固定资产从用途来看大致分为生产部门、运输和仓库用固定资产、公用动力设施、办公设备等。广州五十铃对每年新增的固定资产需要进行单独管理,如果采用科目核算方法对固定资产进行核算和管理,随着公司经营期的增加,科目体系也日益庞大,将给核算和管理带来很大的困难。为了更好地对固定资产进行管理,广州五十铃将其实际情况和用友软件相结合,采用项目管理的形式对固定资产进行管理。从而简化核算体系同时保证信息的详尽。而管理部门可以及时准确地了解各年固定资产投资情况,从时间序列、生产安全角度来分析固定资产的使用情况,及时安排检修或更换,为安全生产、大批量的车间作业创造理想的作业环境。

广州五十铃自创立开始就十分重视对现金流的管理,同样借助于用友软件提供的项目管理功能,通过对现金的收支进行项目管理,不仅可以实时监控现金的来源及耗用情况,快速、准确、便捷地获取现金收支表,为现金流量分析提供基础数据,而且为事业计划(全面预算)的考核及调整提供了参考数据,同时也使企业的筹、融资决策有据可依。

4. 加强产成品成本核算和管理

广州五十铃采用以销定产的生产模式以满足客户的个性化需求,这种生产模式必然导致每个产品的成本都会不一样。因此,无论从产品定价还是公司损益计算的角度来说,正确、及时的产品成本计算都是十分必要的。

在用友ERP-U8软件中成本核算采用分批法,通过销售订单与生产令对应,一个生产令对应一张订单,按生产令发料,对每台客车的实际成本进行核算。正确的产品成本核算为销售定价、损益确认提供了准确、及时的信息。同时,通过对产品车耗用材料明细及成本构成的比例分析,控制了不合理支出并为企业标准成本的建立打下基础,加快并完善了企业的现代化企业制度建设工作。

5. 运用管理软件实现预算管理

预算管理是一套行之有效的综合性企业管理方法,它将事前预测、事中控制和事后分析相结合,将企业的整体目标在部门之间有规划地进行分解,强调对企业业务全过程的监控,促使企业各部门协同运作,以提高企业的经济效益,实现企业价值最大化。

广州五十铃通过用友ERP-U8软件提供的预算管理功能,事前根据企业的利润目标由各部门编制销售计划、生产计划、采购计划、人员计划、费用计划、投资计划、筹资计划等,报经董事会研究确认后付诸实施,在经营过程中,严格按预算执行,对超预算情况逐级上报说明原因,定期根据客观情况对预算进行调整,年度终了要对预算执行情况进行总结分析,奖优罚劣。通过预算的计划监控职能不仅强化了部门间的协同运作,更规避了经营风险、提升了竞争能力。例如:以前受客观条件的限制,公司对费用的控制起点定位在超预算时,效果不是很理想,现在借助ERP-U8的数据分析功能,当某项费用的实际发生数达原预算数的70％时即被列入黄色警戒区,其后的报账手续按规定增加一级审批以强化预算的控制职能,事实证明,积极、有效的预算控制使2004年各项费用同比降低12％,达280多万元。

五、蓝图规划

ERP系统的实施应用,在广州五十铃已取得了阶段性成果,但企业信息化建设的道路仍然很长,随着企业的不断发展,社会经济的不断进步,信息化的内容要不断深化和丰富,对于下一阶段的建设目标,广州五十铃规划如下:

(1) 继续完善已建成的ERP系统,在系统应用的基础上进一步理解软件的管理思想,结合企业的实际需要进行功能的持续完善,使其在企业的决策中发挥出更大的作用。

(2)市场经济时代的企业,如何及时、准确地掌握市场信息,了解客户需求,做好售后服务是企业生存的根本。随着广州五十铃全国市场的形成,供应链系统(SCM)、客户关系管理系统(CRM)的建设已提上日程。预计这些系统的应用将使公司协同上下游企业在产、供、销环节更好地配合,降低经营成本及运营风险。

(3)五十铃正计划革新内部办公系统,应用先进的办公自动化系统(OA),推行无纸化办公,提高办事效率,保证公司内部的信息畅通与透明。该系统将与ERP系统相衔接实现电子审批、网上请款、报账,支持移动办公。

(4)Internet的飞速发展使企业的管理能力和管理要求得以扩展,互联网经济的到来使企业的经营模式遭遇前所未有的变革。广州五十铃发展电子商务的计划已初具雏形,一方面要建立自己的企业网站,树立企业形象并宣传品牌;另一方面是利用电子商务在企业内部、客户、供应商和合作伙伴之间实现在线交易、相互协作和价值交换。

案例思考题

1. 广州五十铃信息化提升理财水平的成功经验是什么?
2. 公司组织模式创新与公司理财信息化模式内在关系是什么?

补充阅读材料

1. 杨周南. 论会计管理信息化的 ISCA 模型. 会计研究,2003(10)
2. 许永斌. 基于互联网的会计信息系统控制. 会计研究,2000(8)
3. 欧阳电平,陈潇怡. 论信息技术环境下会计信息系统的演进. 武汉大学学报,2004(7)
4. 杨琦. 价值链与战略管理会计信息系统构建方法. 广东商学院学报,2004(2)
5. 郑珺,王雪. 从经济学、管理学和仿生学看企业财务信息化. 重庆工商大学学报,2003(5)
6. 林达,M·阿普尔盖特等著,阎达五、李勇等译. 公司信息战略与管理教程与案例. 机械工业出版社,2004
7. 王众托. 企业信息化与管理变革. 中国人民大学出版社,2001
8. 王伟国. 网络经济时代的企业财务管理模式探析. 石河子大学学报,2003(3)
9. 龚坤峰. 广州五十铃客车:企业信息化快速奔跑. www.ufsoft.com.cn,2004-04-30
10. 金蝶公司 K/3 产品介绍. www.kingdee.com/products/k3,2004-08-25

第十四章 人力资源战略价值管理的实施与评价

/学习目标/

通过本章的学习,明确人力资源价值管理的目标,懂得人力资源在企业战略价值管理中的重要性,掌握人力资源战略价值管理体系的构成、实施程序以及效果评价方法。

第一节 人力资源战略价值管理在公司理财中的重要性

一、人力资源战略价值管理的科学内涵

(一) 人力资源战略

1. 人力资源战略的定义

人力资源战略是为了实现组织的战略目标和维持其竞争优势,而制定的组织人力资源管理规划和方法。

2. 人力资源战略与企业战略的关系

企业战略是为了保持或取得竞争优势,根据对企业内外部环境与条件的分析,对企业的全部生产经营活动所绩效的根本性和长远性的谋划和指导。企业战略划分为经营战略和职能战略,但无论是经营战略或职能战略,其实施都需要人力资源的支持,同时,在企业战略实施变革所要求的能力来自于人,因为是人而不是企业在进行创新、做出决策、开发与生产新产品、开拓新市场以及更有效地服务于顾客。人力资源问题通常是企业战略实施的核心问题,因而人力资源战略成为企业战略不可分割的一部分。人力资源战略是在一定的战略目标和竞争环境下,预测企业人力资源的需求、选择人力资源的管理方式,并对其进行有效系统管理的过程,是与人力资源有关的企业问题的方向性规划。人力资源战略由两个层次的内容构成:其一是根据企业的整体战略目标,确定一定时期企业人力资源开发和利用的总目标、总政策、实施步骤及总预算安排;其二是制定一套完善的业务计划,落实企业人力资源整体规划,包括人力资源招聘与引进计划、组织机构与职位设计与职务分析、人员配置与使用计划、人员接替与晋升、教

育与培训计划、绩效评估与激励计划、劳动关系计划以及退休、解聘计划等。它与企业战略的关系如图 14-1 所示。

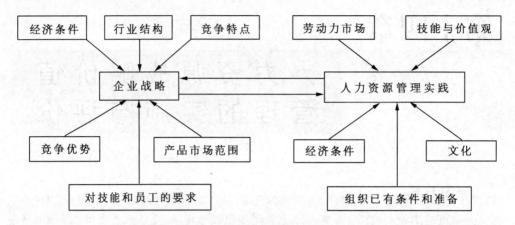

图 14-1 企业战略与人力资源管理的双向适配模型

如图 14-1 描述的：①企业战略是制定人力资源战略的前提和基础。人力资源战略作为企业的职能战略，服务于企业战略，支持企业战略目标的实现。②人力资源战略为企业战略的制定提供信息。任何一项成功的企业战略的制定通常都是在两种力量之间寻求的平衡：一方面是企业的内部资源状况，另一方面是企业外部环境的变化。在为企业决策提供内部信息方面，人力资源战略所能提供的信息包括人力资源供需状况、人力资源的质量与数量、人力资源的工作绩效与改进、人力资源开发与培训的效果等。在企业决策提供外部信息方面，人力资源战略所能提供的信息有劳动力供给的状况、竞争对手所采用的激励方法与薪酬计划的情况等。③人力资源战略是企业战略目标实现的有效保障。④人力资源战略与企业战略的相互配合是实现企业经营目标、提高企业竞争力的关键所在。

（二）人力资源战略价值管理的内涵

根据西方的现代企业理论，企业的目标是为股东创造最大的价值，为股东创造价值的同时也成为企业战略压倒一切的目标，公司战略不断地维持和更新产品的可盈利性集合，使企业价值不断增加。因此，价值增值成为现代企业追求的目标，价值管理成为企业管理的核心内容。价值管理是在价值工程、价值分析的基础上发展起来的，提供改善系统和每一过程的功能，以达到创造企业价值目的的一种管理活动。企业价值分为两个层次：一是企业的整体价值，企业整体价值使企业未来收益资本化，即现值化。企业价值是衡量企业绩效的最全面标准；另一层次的企业价值是指企业的价值活动，这里所指的价值，更多指的是企业实现的价值增值活动，即企业各项作业产生的净价值。

在现代经济环境中，许多行业技术创新的进程减慢，快速的模仿缩减了技术创新的获益周期，具有稀缺性、难以复制的异质类人力资源成为企业价值增值的最主要来源，制定和实施人力资源战略成为创造企业价值的重要保障。

人力资源战略价值管理是指对企业生产经营过程中人力资源及人力资源价值运动的管理活动。

二、人力资源战略价值管理的目标与内容

1. 人力资源战略价值管理的目标

人力资源战略价值管理的最终目标是通过与其人力资源发展相匹配,从而实现人力资源价值增值。这不仅是企业整体价值增值对人力资源的战略需求,也从根本上改变企业由于人力资源流失严重,造成大量冗员、人员质量低下的人力资源现状的迫切需要。

人力资源价值增值包含两层含义:一是企业个体人力资源价值的增加,二是指企业整体人力资源价值的增加。企业人力资源战略价值管理目标是在实现企业人力资源整体价值提升的基础上,促进企业个体人力资源价值的增值。这就要求:

(1) 人力资源薪酬设计应将个人薪酬与部门、企业整体业绩作用挂钩,从激励机制设计上体现对两个层面人力资源价值增值的重视;

(2) 在人力资源战略绩效考评体系中包含个人价值增值和整体人力资源价值增值考评内容。

2. 人力资源价值管理的内容

人力资源价值管理具体包括:

(1) 人力资源价值管理意识的形成。主要指企业组织形成对生产经营过程中的人力资源投入及产出价值的关注与重视,并使这种意识渗透到日常的生产经营的各个环节的人力资源管理活动中。

(2) 人力资源及其活动的价值衡量。包括人力资源价值衡量工具的选择,如以货币为主的财务指标、非财务指标;衡量方法的确定,例如,历史成本计量或是未来现值计量等内容。

(3) 人力资源价值信息提供。人力资源价值包含两个层面的含义:其一是指人力资源存量资本价值,另一个层面指的是企业人力资源活动所带来的人力资源增量资本的价值。人力资源价值信息的提供主要包括:人力资源价值信息的生成体系;人力资源价值信息的反映,如人力资源财务信息是采用表内,还是表外项目反映;人力资源价值信息的分析和应用等方面。

(4) 人力资源价值活动的管理控制。主要包括企业人力资源活动的资金预算与计划两个方面。

在此基础上建立起来的企业人力资源战略价值管理,其具体内容包括:其一,人力资源战略目标(以价值反映)的制定;其二,人力资源战略计划安排,主要是对年度人力资源目标、人力资源计划的成本安排和资金预算;其三,人力资源战略实施中的会计控制和反映;其四,人力资源战略的绩效评价;其五,人力资源战略的信息披露。

三、人力资源战略价值管理在公司理财活动中的重要性

企业财务管理部门是企业价值管理的主要承担者和聚焦点,国家宏观经济管理所需要的价值经济信息是由其提供,宏观经济中的价值管理也主要通过企业财务管理部门对企业经济活动施加影响来实现。由此可见,财务管理部门是企业内部价值管理的核心部门,其他部门则主要管理使用价值。

对人力资源进行价值管理,是人力资源管理的重要部分。尽管人力资源价值管理在理论

研究层面上已取得一定的成绩,但公司对人力资源的价值管理一直未受到足够重视,或处于低层次状态。虽有工资核算系统,但只从费用角度考虑工资开支,没有从战略角度把人力资源作为一种资产实施管理;而费用管理在企业经济困境时往往作为降低成本的手段,现有的工资管理系统也没有纳入企业的核心管理系统。这种现状明显滞后于公司实施人力资源战略管理的需要。计量和控制人力资源战略管理成本、正确评价人力资源战略实施的绩效,及时披露人力资源战略的相关信息既是公司人力资源战略价值管理的新内容,也是公司理财活动的重要内容。

第二节 人力资源战略价值管理体系

一、人力资源战略价值管理体系的构成

人力资源战略价值管理体系由人力资源战略价值管理的目标、人力资源战略价值管理的内容、人力资源战略价值管理的方法体系等三个子模块组成。

人力资源战略价值管理的目标、人力资源战略价值管理的内容这两部分的详细内容在第三节中详细阐述。

二、人力资源战略价值管理的方法体系

人力资源的价值评估方法和成本计量方法是人力资源战略价值管理的基本方法,由于战略的长期性、外向性和整体性特点,传统局限于企业内部的、涉及时间为一个会计年度的人力资源价值管理方法,不能全面和动态地反映人力资源战略活动的价值运动,因而,结合战略管理会计方法成为人力资源战略价值管理的必然。人力资源战略价值管理的具体方法有:

(1)平衡计分卡。平衡计分卡设置财务目标、客户、企业内部过程、学习和成长四个项目来反映企业战略的实施。平衡计分卡的具体原理见图14-2所示[①]。

(2)作业成本法。它是一种通过作业进行动态的追踪反映,计量作业和人力资源战略成本对象的成本,评价作业业绩和资源利用的方法。

(3)目标成本法。目标成本法是企业为实现人力资源价值增值,制定以部门或个人为主的目标成本,确定达到这一成本水平的途径的一种分析方法。

(4)价值链分析法。价值链分析法是将人力资源价值的形成分解为战略性的作业,通过确认社会价值链、竞争对手及企业内部价值链,并把相应的成本和资产分配给价值作业,然后找出并分析统驭每个价值链作业的成本动因,并进行成本比较,明确企业人力资源发展的优势和不足,扬长避短,制定出相应的人力资源战略。

[①] 引自 The Establishment of Routines for Measuring and Reporting HR UIF Johnson, Work in Progress p.46.

(5) 预警分析法。通过对企业外部环境变化的分析和报告体系,运用纵向和横向比较,可以事先提醒企业管理当局注意可能影响企业人力资源价值增值的潜在机遇和问题,及时做出人力资源战略计划的调整。

(6) 其他方法。如文字表述法、调查分析法等。

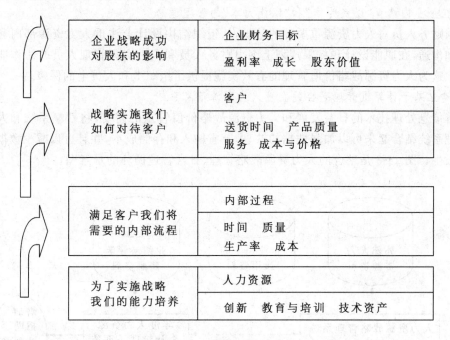

图 14-2 平衡计分卡的原理

平衡计分卡作为战略价值管理的主要方法具有与传统价值管理方法不同的特质,见表 14-1。

表 14-1 *BSC* 与传统方法比较

传统财务计量方法	平衡计分卡
难以理解	人人参与 易于理解
约束刚性和规范性	灵活性和多选择性
客观性和可验证性	价值导向
主要效用:规避风险	主要效用:激励发展

三、人力资源战略价值管理体系的运行机制

(一)人力资源战略价值管理体系的运行条件

1. 价值管理的"全员参与"

"全员参与"是企业领导在经营管理中要带领全体员工一起参与价值管理和价值创造。全员参与有利于调动全体员工的积极性和创造性,有利于企业实现价值转化和价值提升的目标。其次,在功能型经济运行形态下工作的企业职工,每个人都在既接受别人提供的功能而同时自己又向别人提供功能。例如,作业人员的每道工序都是在完成并向别人提供其特定的功能;职能部门都在向领导、向别的部门、向其管辖的范围下属提供咨询功能、服务功能、信息处理功能

等。再次,对每一个岗位都要评估、改善功能和成本费用,有助于提高员工的素质和成熟度,促进每一员工由"把事情做好"向自主地"做好事情"进化,成为企业中受欢迎的一员。最后,全员参与还改变了以往只由专家及专业人员操作的定式,使得企业的管理运作透明度更高,这对于企业的改制都会产生良好的效果。

2. 在企业内培育"以人为本"和"以能为本"的管理理念

加强财务人员对人力资源重要性的认识,从组织结构设计上注重人力资源部门和财务部门协调和沟通,在职能设计和权限规划上突出财务人员和人力资源管理人员的协作能力和配合能力。这为人力资源战略价值管理的有效实施提供了组织上和人员上的保障。

3. 建立基于计算机管理平台的企业人力资源信息系统

随着信息处理技术的日益发展和人力资源战略价值管理的需要,将薪酬系统和人力资源战略管理系统结合起来可以加强数据的共享,节省输入和存储成本,并且可以减少数据不一致情况的发生。图14-3是整合的人力资源战略管理、日常管理循环的示意图。

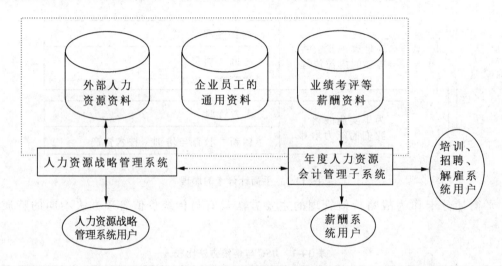

图14-3 人力资源战略管理、日常管理循环

整合的人力资源战略管理、日常管理循环可以采用实时处理方式。人力资源管理部门可以根据企业内外部人力资源信息的变动情况,例如聘用了新的员工,解聘了原有员工,员工的升迁、降职,劳动力市场某类人力资源的供需情况,竞争对手人力资源战略变动情况等,通过终端实时更新收集、记录信息,在线更新薪酬主文件,以确保员工的薪酬正确地反映当前的情况。各个部门将所属员工的工作考勤情况也通过终端及时捕捉。信息处理中心根据收集和保存的相关信息库,例如薪酬主文件、员工考勤数据库、人力资源战略信息库等,进行企业人力资源战略实施的信息处理。同时,还须根据员工工作小时记录进行成本核算。信息处理中心要将所得到的信息进行记录并及时更新相关数据库,并且还要将一些信息传递到会计部门等,以便发放薪酬,及时调整人力资源战略计划等。

联机实时处理系统可以减少战略实施和战略评价、战略反馈之间的时间间隔,同时解决人力资源战略信息收集面广、收集成本高、时间长及处理难度大的问题,并一定程度降低了人力资源战略管理的间接人工费用,提高战略管理能力。

(二）人力资源战略年度价值管理的运行思路

人力资源战略年度的价值管理主要是对企业人力资源战略各年度人力资源计划实施的价值控制和管理。

战略年度的人力资源活动包括人力资源招聘和选拔、培训与开发、人力资源解雇等进行的价值管理。由于历史原因，我国企业人力资源价值管理基础薄弱，日常人力资源价值管理的信息或隐没于财务会计和管理会计的信息里有待进一步分离和加工；或是根本排除在现有的价值管理之外，急需收集和处理。因此，根据我国企业实情，对人力资源战略年度的价值管理采用如下具体运行方式。

（1）在一定时期内，日常人力资源价值管理仍按现状，对工资、福利、招聘和培训等成本费用化，计入企业的损益表中；同时由会计部门下设的人力资源价值管理小组对战略年度人力资源活动进行专门的人力资源价值管理，两种方法并存，所取得的信息相互补充和互相验证，再将验证后的日常人力资源信息计入人力资源战略信息系统。

（2）当企业日常人力资源会计方法趋于成熟后，再对其进行专门的价值管理。其具体运行思路如图 14-4 所示。

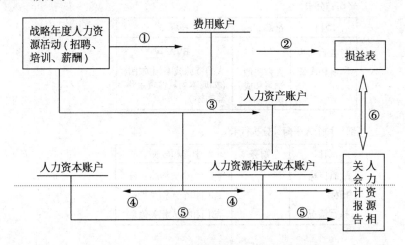

图 14-4　人力资源战略年度价值管理运行思路

说明："…………"所示以上部分为传统财务会计对人力资源相关费用的处理，以下部分为人力资源会计小组的战略年度人力资源价值管理内容。

其中：①是传统财务会计对招聘、培训等费用通过借记有关费用账户，贷记"现金"、"应付工资"等相关账户；②通过对上述相关费用账户的归集，将人力资源费用列作损益表的有关内容；③、④对人力资源活动的开支一方面记入"人力资源资产"账户；另一方面记入"相关成本账户或人力资本"等权益账户；⑤将相关人力资源成本账户和权益账户的内容记入人力资源的专门会计报表；⑥将传统财务报告中的有关人力资源信息和人力资源专门报表核对。

（三）人力资源战略全程价值管理的运行流程

人力资源战略全程的价值管理是一个动态的发展系统，其具体的运行流程如图 14-5 所

示。其中:

(1) 价值管理部门对企业整体战略和内外部人力资源环境采用调查、价值链法等取得企业人力资源战略相关的信息,并据此帮助企业制定出人力资源战略目标。

(2) 通过价值链分析法、成本动因法等将人力资源战略目标分解出人力资源各子战略,如招聘、培训、人员流出等,并进行企业人力资源资金预算、成本预算,记入平衡计分卡战略目标和相关指标中。

(3) 对平衡计分卡中的人力资源战略内容运用价值链方法进一步分解为部门及个人人力资源战略目标、指标体系,在平衡积分执行卡中登记。

(4) 根据平衡计分执行卡中收集的部门与个人的绩效指标,进行分析与汇总,形成企业的人力资源战略信息。

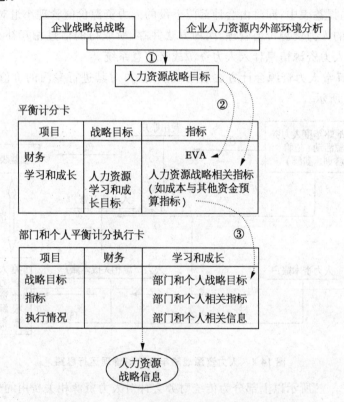

图 14-5 人力资源战略全程的价值管理流程

(四) 人力资源战略年度价值管理和战略全程价值管理的融合思路

人力资源战略全程由几个战略年度构成,因此每个战略年度的人力资源信息最终直接或间接通过平衡计分执行卡输入战略全程的价值管理系统中,最终进入人力资源战略的信息库。其具体的耦合机理如图 14-6 所示。

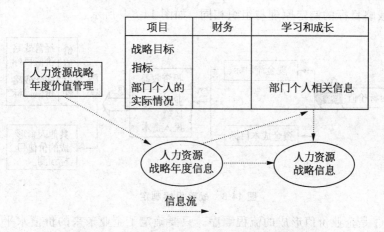

图 14-6　人力资源战略年度与全程价值管理的融合

第三节　人力资源战略价值管理的实施与评价

一、人力资源战略价值管理的实施

(一) 人力资源战略目标制定中的价值管理

1. 人力资源战略目标的制定原理

人力资源战略目标是企业的职能战略目标,是明确人力资源职能部门在实施企业整体战略中应发挥的作用和要得到的目标。尽管不同组织的战略不同,但组织最终都是通过战略取得长期竞争优势,从而实现组织价值最大化①(见图 14-7)。在这一点上,人力资源战略的目标也一样,即通过人力资源价值最大化实现组织整体战略目标——企业价值最大化。因此,只要对未来价值目标和其推动要素进行分析,就可以通过企业价值这一纽带把定性的经营战略和定量的财务结果联系在一起,而这种联系既反映在战略目标的制定上,又可体现在战略绩效评价上。

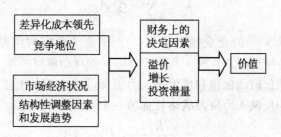

图 14-7　价值创造的战略决定因素

---

① 引自罗杰·莫林、谢丽·杰瑞尔:《公司价值》,企业管理出版社,2002 年,第 14 页。

人力资源战略目标的制定原理与组织相同。如图 14-8① 所示：

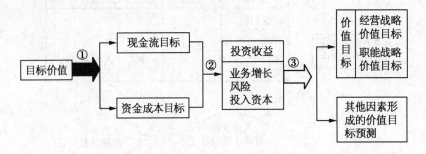

图 14-8　战略目标制定

图中①②③是企业价值形成的流程顺序。只要确定了企业未来的价值水平,通过对组织价值形成与影响因素层层分解,就可以制定出人力资源战略目标的量化指标,同时通过价值链分析出非量化目标,例如：人力资源结构分布规划、数量等。量化的人力资源战略目标可以摆脱难以在实务中应用和评价的尴尬,同时便于规范管理和人力资源战略实施日常绩效考核,而非量化指标可以更详细和完整体现企业的人力资源战略目标。

2. 人力资源战略目标制定的价值管理模型

根据企业整体战略和企业内外部环境需要制定企业人力资源战略目标,最重要的环节是找出企业价值与能创造价值的人力资源之间的关系。能够获得剩余价值的人力资源价值——人力资本,是形成企业价值的主要因素。而人力资源创造的外来价值即人力资本的价值是可以计量的。因此可以用规定年限内企业平均的经济增长值（EVA）来表示企业的人力资本价值,即企业净利润扣除非人力资本创造的平均利润和超额利润后的剩余值,其中：非人力资本创造的平均利润为非人力资本乘以行业平均资本利润率；非人力资本创造的超额利润是指超过同行业平均利润率的其他额外利润,如企业自身的工业特色、税收优惠等形成的利润。EVA 可以用下面的公式进行计算：

$$EVA = I - W \times i - H \tag{14-1}$$

式中：I——净利润；i——行业资本平均利润率；H——额外的利润；W——非人力资本的资本额。

企业第 n 年的人力资本价值（R_n）为

$$R_n = \sum_{k=1}^{f} \frac{EVA_k}{(1+i)^k} \tag{14-2}$$

式中：EVA_k——第 k 年的企业经济增值；f——企业确定的年限（如为 3 年则 $f=3$）；
　　　i——适当的折现率。

促进企业人力资本价值的保值和增值是人力资源战略实施的基本目标,因此人力资本的增值和保值率可以作为反映人力资源战略目标的一个重要财务指标。其计算公式为

$$l = \frac{R_n}{(1+i)^n} \div EVA_{(1)} \tag{14-3}$$

式中：l——保值增值率。

---

① 是从《公司价值》中的模型演变而来。

同时，可进一步分析出人力资本价值的产生有两个推动要素，见图14-9。

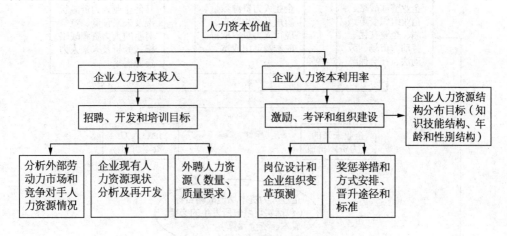

图14-9　人力资源战略目标因果树

图14-9的因果树说明要实现人力资源战略目标，有两种主要途径：其一是提高企业人力资源利用率的战略，通过运用有效的激励手段，如物质激励力度加大、晋升渠道的拓宽、优化现有人力资源职位结构等措施挖掘现有人力资源的潜力，最终实现人力资源利用率的最大化和人力资本价值的最大化；其二是注重增加企业人力资源投入的战略，主要通过招聘和选拔吸引优质人力资源流入，加大企业员工培训和开发力度，从企业内部激活优质人力资源。企业人力资源利用率的提高需要企业制定出合理和前瞻性的人力资源开发、招聘和培训目标方案。而这一战略方案的制定，必须分析企业人力资源现状和企业未来内外部人力资源环境的变化，如劳动力市场的发展、竞争对手人力资源的发展等。企业人力资源投入战略的实施，必须设计符合企业未来人力资源发展的激励考评机制和组织结构。基于此，企业的人力资源战略框架可以进一步表示为如图14-10所示。

（二）人力资源战略成本管理

1. 人力资源战略成本的内涵及构成

（1）企业的人力资源战略成本的定义。

人力资源战略成本是指在实施人力资源战略过程中所发生的与该战略相关的所有成本，包括人力资源战略管理部门在战略进程中的管理成本，如人力资源战略信息收集、加工和处理、报告成本；战略实施中的控制与管理成本、战略调整的机会成本等。

（2）企业人力资源战略成本的构成。

企业人力资源战略成本包括人力资源战略管理成本、战略性人力资源成本两部分。人力资源战略管理成本是指人力资源职能部门在组织和管理人力资源战略运行所发生的各种成本。包括：在制定人力资源战略目标时，人力资源职能部门所发生的人员薪金、调研费、咨询费、培训费等；在人力资源战略实施中招聘场地租金及招聘人员薪金、材料费、广告费、代理费、差旅费等；人力资源战略评价的信息收集、整理及加工及披露成本；企业人力资源战略理念培育和实施的机会成本等。

战略性人力资源成本是指战略人力资源价值增值的投入成本，它是战略性人力资源价值增值的直接来源。人力资源成本主要有开发和培训费、人力资源薪酬、员工的招聘费、离退休

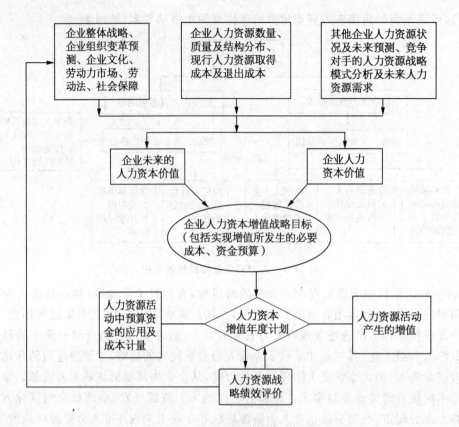

图 14-10　企业人力资源战略框架

人员的工资和福利、员工身份置换费、员工辞退安置费、提前退休费等。其中,员工身份置换费是针对国有企业员工因战略需要改变其原有国有企业员工身份的补偿。须强调的是,国企员工身份置换是我国国有企业战略改制中出现的一种阶段性费用,当国企实现了战略改制后,在实施相应的人力资源战略时,这种成本就不再存在。

2. 人力资源战略成本的计量

对企业人力资源战略成本的计量属性主要采用历史成本计量、重置成本和机会成本。

人力资源战略的历史成本是指战略实施而导致的企业的牺牲,包括战略目标制定过程的人力资源部门薪酬、信息收集加工处理费用、调研费和材料费;战略实施过程中的人力资源开发与培训费、招聘费、战略实施后绩效评估费用等。

历史成本法最大的优点是遵循了传统财务会计原则和方法,相对而言易于被人们理解和接受,且取数简单,比较客观,具有可验证性和可操作性,但其缺陷也很明显,它对战略决策和分析没有多大帮助,信息缺乏相关性。

人力资源战略的重置成本主要指在战略实施中由于职务调整和人员流动而发生的成本。通常既包括在战略实施中取得和开发一个替代的员工而发生的成本,也包括在战略实施中员工流动而发生的成本。具体地讲,包含职务重置成本和个人重置成本,其中,职务重置成本是指在战略实施时替换某一职务所提供的同类服务所需花费的代价;个人重置成本是指战略实施中替代某一职务人员而招聘另一个提供同类服务的员工而发生的代价。

机会成本是指实施另一种人力资源战略替代本战略可能产生的战略绩效的正差值,简单地讲,是指实施现有人力资源战略而放弃的其他人力资源战略的代价。这种成本是一种估值,须对替代的人力资源战略绩效进行有效评估,所得评估值即为机会成本。

3. 人力资源战略成本的控制

人力资源战略成本控制采用预算控制和动因控制相结合的方法,其中动因控制是指对人力资源战略成本产生的动因进行分解,分析出那些不能形成或不利于形成人力资本价值增值的活动,从而进行成本控制的一种控制方法。从价值链的角度看,每一个创造价值的活动都有一组独特的成本动因,它用来解释创造价值活动的成本。

具体方法为:

(1) 根据人力资源战略目标和企业内外部环境分析,制定企业人力资源战略成本目标,并平衡其他职能战略及企业资金总预算情况,制定出总预算指标。

(2) 根据成本动因,分析企业人力资源战略成本的预算分配与实施方案。

(3) 每一年度对战略成本的实际发生与预算差异,按照成本动因进行分解,找出差异的主要原因,进行分析和处理。

(4) 在战略实施中,根据预算及企业战略调整,及时调整预算。

上述内容见图 14-11、图 14-12 所示。

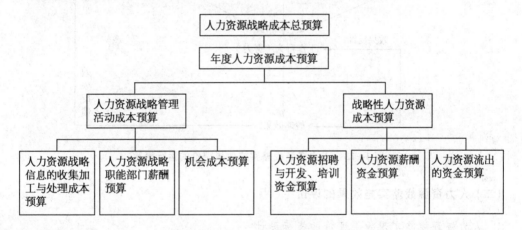

图 14-11 人力资源战略成本预算

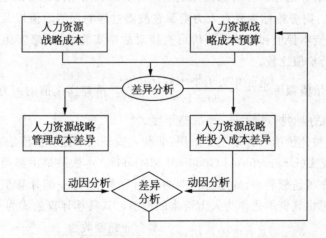

图 14-12 人力资源战略成本控制

二、人力资源战略实施的效果评价

(一) 人力资源战略实施的效果评价的目的与重心

人力资源战略效果包括：企业人力资源价值增值的实现；企业整体战略实施提供的知识和智力等人力资本的保障，即人力资源战略实施中与企业经营战略的适配程度、与其他功能性战略的平衡程度。评价目的是：一方面，对人力资源战略方案的合理性的评判，为以后的人力资源战略安排提供改进依据；另一方面，对企业人力资源战略实施中人力资源行为的努力程度进行考评。如图14-13所示。

具体地讲，战略实施的效果由两方面的决定因素：战略本身的合理性的评价以及对战略实施中人的行为的评价。

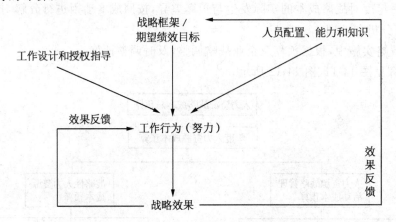

图14-13 人力资源战略实施效果评价的运行流程

(二) 人力资源战略实施效果的评价

1. 人力资源战略实现效果评价的指标设计

采用财务和非财务指标结合的综合方式是人力资源战略效果评价的基本方法。

(1) 财务指标。财务指标主要对人力资源在战略过程的保值增值以及对企业经济价值贡献进行评价。人力资本保值和增值的评价可直接对战略实施前、战略实施后人力资源价值进行评估，折现后进行价值比较。

$$战略人力资本增值额 = \frac{第n年人力资本整体价值}{(i+1)^n} - 战略实施前的人力资源整体价值$$

式中：i——可适应的折现率；n——战略年度。

企业人力资本整体价值的计量主要采用：非购入商誉法和经济价值法。

① 非购入商誉法（Unpurchased Goodwill Method）。本法最早由赫曼森于1969年提出。赫曼森认为，企业获得超额利润，即超过行业的平均利润中，有一部分甚至全部可看作是人力资本的贡献，因此可将其资本化作为人力资本的价值。其具体计算公式为

$$人力资本价值 = \frac{本企业超额收益}{行业平均资产利润率}$$

可改写为

$$人力资本价值 = \frac{本企业实际净收益}{行业平均资产利润率} - 本企业总资产$$

其中,行业平均资产利润率根据本行业一定时期全部非人力资源资产总额与同期同行业净收益总额之比计算出。

② 经济价值法。经济价值法(Economic Value Method)是由弗兰霍尔茨等人在1968年最早提出,也称未来收益折现法,该法认为人力资源价值在于未来收益的提供,因而可以以人力资本投资获得的企业未来收益来计量人力资源价值。其计算公式为

$$V = \sum_{t=1}^{n} \frac{R_t}{(1+i)^t} \cdot W$$

其中:V——人力资源价值;n——人力资源有效使用年限;R_t——企业预期的第t年的净收益;r——适应的折现率;W——人力资源的投资额于企业总投资额之比。

上述两种对人力资源整体价值的计量法存在以下不足:①非购入商誉法计量人力资源整体价值中,认为由超额利润存在的企业人力资源具有整体价值,没有超额利润存在企业的人力资源价值为负或为零,这显然与传统人力资源会计的原理相悖;②经济价值法是以人力资源投资的资金收益率等于非人力资源投资的资金收益率为前提的计量法,而这显然与实际不符,此外,这种方法以预期收益率为基础,本身具有主观性。

依前所言,战略人力资本整体价值计量可采用经济增长值法,"经济增长值(EVA)=企业净利润－企业非人力资本投资额×平均非人力资源资金利润率－非人力资源超额利润",采用经济增长值来计量企业人力资源整体价值,一方面,体现人力资源作为资产的收益性特色,即能给企业带来经济利益的流入;另一方面,这种方法将非人力资源和人力资源对企业净收益的贡献较准确的剥离,对人力资源价值的描述较前两种方法准确和易于理解。

因此,综上所述:

$$企业人力资源的增值额 = \frac{EVA}{(1+i)^n} - EVA_1$$

$$保值增值率 = \frac{第n年企业的 EVA/(1+i)^n}{EVA_1}$$

尽管财务指标提供的量化指标具有可比性和符合我国长期的会计习惯,但它本身具有主观性和不完整性。因此,要准确反映人力资源战略的实施效果还需非财务指标的补充和详细反映。

(2) 非财务指标。

非财务指标主要用于对人力资源战略非财务目标实现的评价,本书认为有三个核心非财务指标对国企人力资源战略效果具有重要的描述作用。

① 战略期间员工的满意度。这可以反映该人力资源战略与员工期望的契合度,它对我国企业人力资源战略的实施运用重大。其可分解为员工对战略期间职务变动、岗位流动、薪酬设计三方面的满意程度。衡量企业人力资源满意度的典型方法是进行年度调查或滚动调查,调查项目包括:决策的参与程度、工作被上下级或同级的认可度、工作所需信息是否能充分得到、创造性及其运用是否得到鼓励、职能部门的支持水平、对人力资源战略及企业的总满意度。

② 战略期间员工的保持率。对战略期间人力资源的稳定性的计量是企业内人力资源长期利用情况的反映。其设置原理是企业对它的员工进行了长期投资,员工的辞职或退出反映

了智力资本的投资损失,尤其是企业的优质人力资源,因此人力资源的保持是人力资源战略的重要目标之一。这个指标可通过重要人力资源变动百分比来计量。

③ 战略工作的覆盖率的变化度。战略工作覆盖率揭示了企业人力资源现有能力和未来需要的差距。这种差距促使企业在开始制定战略时就努力缩小差距,通过对原有企业人力资源的能力、技术及知识的评价结果,与战略实施后人力资源的能力、技术及知识的评价结果比较,计量出人力资源战略对人员技能提高方面的效果。这个指标可以用从事战略性关键工作的员工调查情况反映。

(三) 平衡计分卡在人力资源战略评价中的应用

1. 平衡计分卡的原理

平衡计分卡(Balance Score Card,BSC)是1992年由哈佛大学的管理学者卡普兰和洛顿提出的一种综合绩效评价方法,由四个部分组成:财务、客户、内部经营过程、学习和成长(图14-14)①。

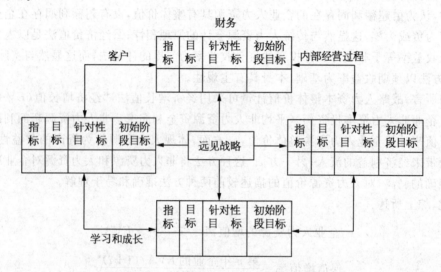

图 14-14　影响战略决策的四个方面

这四方面在平衡计分卡中存在一个因果关系链:企业要取得资本报酬率的提高,必须提高现有客户的忠诚度来扩大销售,而按时支付可以增加和保持企业的客户忠诚度,要按时支付需改善企业产品质量,并缩短其经营周转时间,通过职工培训和开发,提高职工的技术,这是企业学习和成长的内容。因此,只须在这四方面设计出足够的指标就可以对企业的各个部门或各个经营战略绩效进行完整的评价。

2. BSC 的应用说明

BSC 的具体操作应包括:①企业四方面战略目标和指标设计。财务战略目标和指标、客户目标及其指标、内部经营过程目标与指标设计、学习和成长目标与指标设计。这些设计分别由财务部门、人力资源部门、销售部门与消费者部门、其他生产部门确定。②确定财务、客户、

---

① 〔美〕Robert S. Kaplan、Athony A. Atkinson,吕长江主译:《高级管理会计》,东北财经大学出版社,1999年。

内部经营过程、学习和成长四项目的分值权重和它们中各指标的比重。③建立小组、部门、个人分数卡,并确定各指标的业绩系数,如目标系数为1.0,超过和业绩优确定为1.25,目标在平均水平以下为0.7。④绩效考评时根据平衡计分卡调查或取得对应数值,对其进行分析和加总,得到个人、各部门、相关战略的实施效果评价值。

3. EVA综合计分卡在人力资源战略绩效评价的应用

依前所言,人力资源价值可用EVA表示,因此,对我国国有企业的人力资源战略评价可采用EVA和平衡计分卡结合的综合计分卡体系。其工作思路如图14-15所示①。

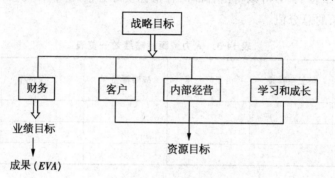

图14-15　EVA综合计分卡设计思路

应用步骤:①将人力资源战略应评价的非财务指标纳入学习和成长指标体系,并进行适当的权重、分值及业绩点分布;②通过调查或直接从财务报告中取得各部门员工的平衡计分卡学习与成长项目栏的相关信息,并根据标准进行赋值;③将所有部门和所有人的学习和成长栏的分值录入人力资源战略评价一览表;④对不同部门、不同职能的人力资源划分不同权重,并将前取得的分值乘以对应权重,即可得到企业整个人力资源战略的实施效果分值。

应用举例如表14-2所示。

表14-2　EVA综合计分卡战略目标和指标(只含学习和成长一方面内容②)

方　面	战略目标	结　果	指　标
学习和成长	员工生产率(10%) 员工满意度(4%) 战略覆盖率(4%) 员工保持率(2%)	培训和开发(40%) 技术和小组(60%)	①培训员工百分比;②培训次数;③培训时间;④培训费用 ①外部技术的应用;②过去有贡献的技术小组数;③现有技术小组数

培训员工百分比目标值为70%(在60%以上业绩点为1.5;60%为1.0;低于60%为0.7),分值为10分。培训职工百分比又分解到各部门,如:研发部门占权重40%,标准值为80%;客户服务部门占权重20%,标准值为60%;生产经营部门所占权重为20%,培训百分比的标准值为70%;人力资源部门占权重20%,培训百分比标准值为60%,同时再设置相应分值和业绩点标准。依此类推,对各业绩指标分解到部门甚至个人。如前,若研发部门员工培训率只有50%(假定在80%以上业绩点为1.5;80%为1.0;低于80%为0.7),则实际得分只有0.7×

---

① 阎梅:《企业业绩平衡卡与EVA、ABC法的有机结合》,《价值工程》,2002(6)。
② 因为企业人力资源战略实施在计分卡中主要体现在学习和成长这一项目中。

$10 \times 40\% = 2.8$,而标准分为 $10 \times 1.0 \times 0.4 = 4$,可推断研发部门的培训百分比低于标准,亟待改善。同时,这个得分也影响整个企业员工培训百分比,并进一步影响企业学习和成长项目的整体得分,最终影响整个企业的战略目标的实现。如下所示:

研发部门员工培训率 → 企业员工培训百分比 → 学习和成长项目 → 整体战略目标

对平衡计分卡学习和成长所有指标进行标准制定、权重分配及分值确定。战略期末或战略年度结束,分部门和个人收集相关数据或指标,通过评分和计算,将各指标值填入人力资源战略绩效一览表(如表14-3)可以得出各部门各指标实际分值,经整体加权计算后,可以取得企业有关学习和成长的总分值。

表 14-3 人力资源战略绩效一览表

项目 \ 部门	员工生产率	员工满意度	战略覆盖率	员工保持率	人力资源保值和增值率
研发部门					
生产部门					
人力资源部门					

表 14-3 中,人力资源保值和增值率是在企业计分卡财务项目中设置,战略年度和总绩效评价时通过对企业整体财务目标(EVA)实现,各部门与个人计分卡的财务目标实现情况进行数据收集,计算后可取得企业战略的增值保值率,以及部门的人力资源保值增值率,其方法与非财务指标相比,数据更易取得。

4. EVA 综合计分卡人力资源战略评价体系的应用要求和评价

EVA 综合计分卡在我国企业人力资源战略评价体系有效应用的要求:①企业管理层对实施 EVA 计分卡的支持。企业应对员工进行计分卡相关知识的培训,使计分卡的应用为大多数员工接受。②计分卡项目及指标应根据企业整体战略的业绩动因设计,且人力资源战略的主要战略目标和指标应在积分卡中恰当反映。③相关权重和分值应根据各部门对人力资源战略影响的重要程度及部门对该项目的重要程度来设置。④企业人力资源部门和高层管理应及时取得计分值情况,适时对人力资源战略实施年度计划的完成进行评价,并及时对人力资源战略目标进行调整。

EVA 计分卡评价体系具有以下特点:①能将财务指标和非财务指标结合,综合反映人力资源战略实施的效果,评价较财务和非财务方法更为合理和完善;②计分卡评价体系可以评价出人力资源战略对国企战略实现的保障作用大小;③将企业整体人力资源战略目标实现与个人、各部门人力资源战略的实施效果紧密相关,能及时找出人力资源战略实施中的不足并及时调整;④由于战略目标分解到各部门甚至个人,能提高员工人力资源战略参与积极性;⑤计分卡内容设计十分繁杂,设计面广,计算分值工作量相对大,人力资源战略评价成本加大,如何将所有重要的人力资源战略指标纳入计分卡,对企业人力资源部门和管理层而言,技术支持仍是一个难题。

补充阅读材料

1. 赵曙明. 21世纪人力资源管理的变革趋势与角色定位. 科技与社会, 2002(3)
2. 谭劲松. 智力资本会计研究. 中国财政经济出版社, 2001
3. B. Lev, A. Schwarts. on the Use of Economic Concept of Human Capitalin Financial Statements Accounting Review. January, 1971
4. The Establishment of Routines for Measuring and Reporting HR UIF Johnson, Work in Progress P. 5.
5. 陈良华, 李艳南, 沈红. 价值管理: 会计的一场革命. 东南大学学报(哲学社会科学版), 2002(4)
6. 中国会计学会. "人力资源会计理论与方法"研讨会综述. 会计研究, 1999(6)
7. 〔美〕Robert S. Kaplan、Athony A. Atkinson, 吕长江主译. 高级管理会计. 东北财经大学出版社, 1999
8. 夏宽云. 战略成本管理——取得竞争优势的新工具. 财会通讯, 1998(4)
9. 科普兰著, 张平淡, 徐嘉勇译. 价值评估: 公司价值的衡量与管理. 中国大百科全书出版社, 1998

第十五章 公司财务控制——战略预算管理

/学习目标/

通过本章学习,了解公司财务控制体系构成与控制模式,理解战略预算管理的内涵与特征、战略与预算的互动关系以及体系构成和实施框架,掌握企业组织流程再造、预算责任网络的构建和信息反馈系统的构建,懂得战略预算管理的实施。

第一节 公司财务控制体系

一、财务控制系统的内容结构

狭义的"控制"通常作为管理过程的一个环节,广义的"控制"是一个全过程的管理概念,涉及管理过程的每一个环节:战略和目标是控制的出发点;计划是控制的依据;实际执行过程是控制的对象;差异分析和修正是控制的手段;评价是对结果的控制,也是控制的总结。控制系统的运行包括目标确定、目标计划落实和目标实现结果评价三个基本环节,财务控制体系必须围绕这些职能的实现构建。财务控制系统的内容结构如下。

(1) 公司目标与愿景。

(2) 财务战略开发。在企业发展战略的指导下,评价、选择具体的财务职能战略。

(3) 预算目标体系形成。通过战略性价值驱动因素分析,将财务战略中的价值驱动因素进一步细化和量化。根据可控性原则,将价值驱动因素分解为不同责任主体的预算目标,从而形成预算目标体系。

(4) 预警。通过企业经营环境与自身资源的重新审视与预算执行情况分析,并借助 CSF(关键成功因素)的预算控制线,进行财务预警。

(5) 绩效考评。根据预警结果以及公司总体风险状况,对预算目标进行校正,并确定 KPI(关键绩效指标),以突出公司战略重点与价值取向。

(6) 激励制度。以绩效考核结果为依据,重新审视公司战略执行情况,并根据战略目标、财务预警、短期绩效,确定企业引导方向,进行薪酬制度设计。

财务控制系统内容结构的逻辑关系如图 15-1 所示。

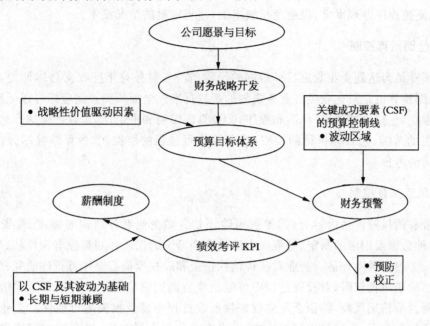

图 15-1 财务控制系统的内容结构

二、财务控制的基本方式

(一) 组织规划控制

组织规划是对企业组织机构设置、职务分工的合理性和有效性所进行的控制。企业组织机构有两个层面:一是法人的治理结构问题,涉及董事会、监事会、经理的设置及相关关系;二是管理部门设置及其关系,对财务管理来说,就是如何确定财务管理的广度和深度,由此产生集权管理和分级管理的组织模式。职务分工主要解决不相容职务分离。所谓不相容职务分离,是指那些由一个人担任,既可能发生错误和弊端又可掩盖其错误和弊端的职务。企业内部主要不相容职务有授权批准职务、业务经办职务、财产保管职务、会计记录职务和审核监督职务。这五种职务之间应实行如下分离:①授权批准职务与执行业务职务相分离;②业务经办职务与审核监督职务相分离;③业务经办职务与会计记录相分离;④财产保管职务与会计记录相分离;⑤业务经办职务与财产保管职务相分离。

(二) 授权批准控制

授权批准按其形式可分为一般授权和特殊授权。所谓一般授权,是指对办理常规业务时权力、条件和责任的规定,一般授权时效性较长;而特殊授权是对办理例外业务时权力、条件和责任的规定,一般其时效性较短。不论采用哪一种授权批准方式,企业必须建立授权批准体系,其中包括:①授权批准的范围,通常企业的所有经营活动都应纳入其范围;②授权批准的层次,应根据经济活动的重要性和金额大小确定不同的授权批准层次,从而保证各管理层有权亦有责;③授权批准的责任,应当明确被授权者在履行权力时应对哪些方面负责,应避免授权责任不清,一旦出现问题又难辞其咎的情况发生;④授权批准的程序,应规定每一类经济业务审批程序,以便按程序办理审批,以避免越级审批,违规审批的情况发生。

(三) 全面预算控制

全面预算是为达到企业既定目标编制的经营、资本、财务等年度收支总体计划,从某种意义上讲,全面预算也是对企业经济业务规划的授权批准。全面预算控制应抓好以下环节:①预算体系的建立,包括预算项目、标准和程序;②预算的编制和审定;③预算指标的下达及相关责任人或部门的落实;④预算执行的授权;⑤预算执行过程的监控;⑥预算差异的分析与调整;⑦预算业绩的考核。

(四) 风险防范控制

企业常有的风险评估内容有:①筹资风险评估。如企业财务结构的确定、筹资结构的安排、筹资币种金额及期限的制定、筹资成本的估算和筹资的偿还计划都应事先评估、事中监督、事后考核。②投资风险评估。企业对各种债权投资和股权投资都要作可行性研究并根据项目和金额大小确定审批权限,对投资过程中可能出现负面因素应制定应对预案。③信用风险评估。这里所说的信用风险,特指企业应收账款回收过程中遭受损失的可能性。企业应制定客户信用评估指标体系,确定信用授予标准,规定客户信用审批程序,进行信用实施中的实时跟踪。信用活动规模大的企业,可建立独立信用部门,管理信用活动、控制信用风险。④合同风险评估。所谓合同风险,是指在合同签订和履行过程中,发生法律纠纷导致企业被诉、败诉的可能性。为防范合同风险,企业应建立合同起草、审批、签订、履行监督和违约时采取应对措施的控制程序,必要时可聘请律师参与。风险防范控制是企业一项基础性和经常性的工作,企业必要时可设置风险评估部门或岗位,专门负责有关风险的认别、规避和控制。

(五) 内部报告控制

为满足企业内部财务管理的时效性和针对性,企业应当建立内部报告体系。内部报告体系的建立应体现:反映部门(人)经管责任,符合"例外"管理要求,报告形式和内容简明易懂,并要统筹规划,避免重复。内部报告要根据管理层次设计报告频率和内容详简,通常的高层管理者报告间隔时间长,内容从重、从简;反之报告间隔短,内容从全、从详。常用的内部报告有:①资金分析报告,包括资金日报、借款还款进度表、贷款担保抵押表、银行账户及印鉴管理表、资金调度表等;②费用分析报告;③资产分析报告;④投资分析报告;⑤财务分析报告等。

(六) 内部审计控制

内部审计是内部控制的一种特殊形式,它是一个企业内部经济活动和管理制度是否合规、合理和有效的独立评价机构,在某种意义上讲是对其他控制的再控制。内部审计内容十分广泛,按其目的可分为财务审计、经营审计和管理审计。内部审计在企业应保持相对独立性,应独立于其他经营管理部门,最好受董事会或下属的审计委员会直接领导。

（七）财务激励控制

财务控制是分层的，财务控制主体与被控制者之间是委托代理关系。财务控制主体为了使被控制者朝着其目标努力，在对其进行约束的同时，更多的需要对其进行激励。财务激励控制就是财务控制主体基于人的需求，结合企业文化等因素，采用现金奖励、赠送股份、股票期权等激励手段实现利益共享，缩小委托代理双方目标函数差异，减少被控者的机会主义行为，最终达成企业总体控制目标。与预算控制不同，财务激励控制是一种非标准控制，因而被控者有更大的灵活性。同时，财务激励控制关注的重点是结果，而不是过程。

（八）财务制度控制

企业采用的各种财务控制手段和方法最终均须以制度的形式加以规范，形成约束性的财务行为规范体系。企业财务制度规范的对象是企业发生的各项财务活动，对财务活动的管理是分层级的，而无论是对哪一类型的财务活动、哪一层级的财务管理都有一个过程。因此，企业财务制度框架是财务业务维度、控制层次维度和管理过程维度的三维交叉点的制度集合。①财务业务维度。财务业务是企业财务制度规范的对象，包括筹资业务、投资业务、资本运营业务、利润分配业务等。每一类业务可以再细分，依此类推。②控制层次维度。企业财务按控制主体可分为出资者财务、经营者财务、财务经理财务、部门财务几个基本层级，不同层次的控制主体拥有不同的财务控制权限，承担不同的财务责任。不同的财务控制主体的权利和责任需要以制度的形式予以规范。③管理过程维度。管理过程是指预测、决策、计划、执行、考核和分析的过程。对于企业的每一项财务活动的控制，都有这样一个过程。因而，对于企业重要财务活动，针对各主要控制环节，需要以制度的形式加以规范。

三、公司财务控制段配置

企业是一个科层组织，每一层次的财务控制主体都掌握着财务控制权，最高层次控制主体通过对中间层次控制权的控制实现对资源的最终控制。无论哪一层次的财务控制权都直接或间接分配着企业资源。资源配置效率首先取决于财务控制权的分配是否科学合理。

（一）财务控制权

财权是构建财务控制系统的依据，它包括三方面的内容：(1)重大财务事项决策权，包括投资决策与资本预算权、资本结构调整及对外筹资权、预算审批和决算权、责任中心业绩考评权、财务制度制定权等；(2)现金调度支配权；(3)日常财务处理权。它具有以下几个特性：

第一，财权所控制的领域是全程的，既包括事前预警和控制、事中的行为规范（程序制度上）和反馈控制，还包括事后的业绩评价等。但是，从财权所控制的力度看，它主要针对事前和事中。财务人员不可能只顾结果而不管过程，财务控制系统的建立主要是针对事前与事中而言的，事后的利润结果只作为评价依据，而不可能成为事中控制的依据。

第二，财权的行使方式可以是集中，也可以是分散，还可以是授权。所谓财权集中是指重大财务事项决策权、现金调度支配权和日常财务处理权这三项权力的同时在总部集中；财务分权是指财务决策权、现金调度支配权和日常财务管理权的同时下放给分部；所谓财务授权是指在不影响总部重大财务决策的前提下，将部分财务决策权、现金调度支配权和日常财务处理权下放给下级，总部保持对下属财务权限进行再配置的权力。

第三，从财权的拥有主体上看，它是分层的。总部所拥有的重大财务决策权不是指总部财务管理部门拥有财务决策权。一般认为，在公司治理模式下的股东大会和董事会拥有重大财务事项的决策权和监督权，而总经理及财务经理拥有提议权和决策执行权。如果结合经营与财务两个层面来考虑组织上集权与分权，我们不难看到以下的几种配比模式，见表15-1。

表 15-1 财务集权与分散、授权的配比

配比模式	财权集中：财务决策权（＋）、现金调度及日常财务处理权（＋）	财权分散：财务决策权（－）、现金调度及日常财务处理权（－）	财务授权：财务决策权（＋）、现金调度及日常财务处理权（－）
经营集权（统一购销）	U型组织	不存在	连锁组织/矩阵式组织
经营分权（分散购销）	扁平式组织	不存在	多数M型组织/控股公司

（二）财务控制系统的特性

（1）固有风险高。财务控制体系中的控制对象是企业价值和资源，它表明这样一个事实，即财务资源相对于其他生产经营作业资源而言，具有很高的固有风险，强化组织的财务控制体系可能比其他任何资源控制都要紧迫，其潜在的机会收益很高。

（2）财务控制体系低成本性。财务控制体系建立所需要的成本比任何经营控制体系的建立成本都要低，它可以相对独立地建立一套有效的权力制约体系与业务监督跟踪体系。

（3）财务控制体系的整体性。财务控制权力和控制体系安排，着眼于全局，它对全局的协调意义可能比任何一种控制方式和协调方式都有效。组织管理中所涉及的"协调"与"管理控制"两大主题，在财务层面上能得到完全的统一。

（4）财务信息效率性。财务控制系统拥有加工、生成、传递、反馈和使用财务信息和其他非财务信息的优势，同时，良好的财务信息平台为组织设计提供了扁平化的机会，它有助于降低经营控制系统的运行成本，提高组织运行效率。可以说，随着信息系统的构建与完善，未来组织的扁平化趋势日益明显。扁平化的最大优势是可以节约经营控制成本，同时也为经营权的集中—分散间的自由转换提供了很大便利。

（5）财务控制系统的可计量性。任何管理控制系统都应包括：第一，一套指标与方法体系；第二，特定的控制主体；第三，用于评价该主体的评价标准；第四，能够得到被评价主体的相关数据；第五，根据标准对该主体进行评价等一系列要素和环节。与经营控制系统相比，财务控制系统几乎能全部满足上述要求，它具有全面性，而这一切均由其可计量性决定。财务控制体系是"以数据说话"的控制体系，它具有刚性。

财务控制体系上的独立性，要求财务控制体系的设计不仅要适应经营控制体系和组织环境，而且应当超越经营控制体系。同时，由于财务控制体系的以上特性，促使财务控制体系相对于经营控制体系更倾向集权。

（三）组织财权安排的因素分析

那么，有哪些因素在影响企业财权安排？影响财务控制体系设计的因素有很多（如经济、

政治、文化和法律规范等），如果剔除政治背景、文化因素和法律规范不谈，而就经济因素进行分析，主要考虑股权及其结构、企业生命周期、企业内部协作程度、激励等关键变量。

(1) 股权结构及其董事会定位。介入股权结构这一因素，不难发现：①一切权力来自于股权，因此，集权与分权模式所涉及的权力，首先都是由股东大会或董事会这一组织赋予的，财权集中和分散与否，最终都由董事会做出。②财权上的集中、分散和授权，首先是董事会针对总经理而言的，其次才是针对总经理对组织内部下层而言的。这两个层次间在模式选择上具有某种传递效应，也就是说，董事会对总经理的集权，在很大程度上也会影响到总经理对内部其他组织的集权；反之则相反。③任何权力都存在控制边界，就如企业边界一样，董事会不论是采用管理型董事会还是采用监督型董事会，都有其最低和最高的控制边界，其中，最低控制边界就是对总经理财务授权以不损害股东权益为限，其最高控制边界则以不损害总经理的人力资本最大效益发挥为边界。

(2) 企业生命周期与财权划分。企业生命周期体现为不同的阶段，不同阶段的组织所体现的灵活性和可控性不同。因此，在灵活性与可控性之间找到其平衡点也就成为财权配置所面临的关键问题。一般而言，当企业处于成长阶段时，无论是董事会对总经理，还是总经理对中低层经理或组织，都应当通过集权和培养自控力来保证其稳步发展，强调财权集中和财务控制力是关键；而当企业处于老化阶段时，应通过加强财务授权和分权来激化组织的创造力，强调组织设计的灵活性是关键。

(3) 分部间业务关联度。业务关联度的高低不但影响经营控制权的集中或分散，还直接影响财务控制系统的设计和财权划分。这两者是一致的。关联度越强，则须协调的管理活动也越多，财务集中控制所体现的协调与控制效益也越明显；反之则相反。如果以企业集团为例，不难发现：

① 对于资本型企业集团或控股公司而言，分部或子公司是一个独立的经营实体，总部对其的管理重点不在于具体经营运作上，而在于资本控制上。因此，对于这类企业集团，在组织设计上采用经营分权方式可能是最佳的，但总部对于下属的财务集中决策是完全必要的。

② 对产业型企业集团，则要视不同的集团内部不同的交易类型来具体设定，一般来讲产业集团有三种不同的内部交易形态，即纵向交易、横向交易及多元化无关交易。这三种形态的企业集团，其总部所扮演的角色并不相同，从而在很大程度上决定组织设定及权力配置。具体来说：对于纵向一体化的集团，其组建动机主要是减少交易成本，因此总部无论是从组织设计还是从具体管理行为上（如内部转移价格的制定），都具有很强的协调需求，这种协调需求要求总部管理控制模式的定位，必须是战略规划型管理控制模式或者是战略控制型管理控制模式。对于横向一体化的企业集团组织，其组建的源动力为取得规模效益。

对于多元化的企业集团，由于业务较为分散，因此在组织设计上一般不主张采用统一的集、分权模式，它要视下属子公司的具体情况而定。成熟型子公司可以采用经营和财务上分权，而成长型子公司可能采用高度集权。

(4) 关于激励。激励的最大功用在于它可能会使总部与下属各部门的目标保持一致。如果激励机制能够达成这一目标，则经营和财务上高度分权模式的实行将成为可能，如果不能设计有效的激励机制，则分权模式是很难被采用的，总部最多只能进行授权或部分分权，而不能将对全局产生影响的决策权交给下属部门。激励设计只是为分权模式的采用提供一种制度基础,所以它只是一种可能性,要使可能变为现实,还取决于激励机制所带来的效益是否大于中层管理者的激励成本。

上述这些因素分析,只是为我们在设计财务控制系统和财权安排上提供了一个框架。事实上,不可能存在最佳的管理控制模式,而只存在适应某一特定行业企业、某一特定时期的管理控制系统,财务权限划分也不例外。它是一个权变的动态设计过程。

四、公司财务控制主线——全面预算管理

财务控制理论和实践表明,单一的控制手段或方法不能达到财务控制的目标。现代化的财务控制系统应采用多种手段和方法,并对它们进行有效整合,才能最大限度发挥系统的综合效应,达到整体最优的效果。在众多的财务控制方式中,全面预算管理集中体现了财务控制体系的构建思想,并且能够有效地整合其他管理与控制措施,从而居于企业内控体系的核心地位。著名的管理学教授戴维·奥利认为,"全面预算管理是为数不多的几个能够将组织所有关键问题融合于一个体系的管理控制方法之一。"全面预算管理可以扮演财务控制主线的角色,基于以下理由。

(一) 全面预算管理是公司战略实施的保障与支持系统

现代企业管理已突破传统职能管理的界限将企业视为一个整体,在战略目标的指导下从事企业内部的各种管理活动,并实现计划、组织、协调与控制相统一。公司战略管理的任务就是要通过战略来明确未来的具体目标、统一管理思想,然后通过指标分解、业绩评价等一系列的管理手段使之得以实现。

预算对于公司战略实施非常重要,原因还在于:①它是配置资源基础;②它是监测业务运行过程,使其向现实长期战略目标推进的工具;③它突出了公司、分公司和各功能部门的工作重点;④它是评价经理人员的主要尺度。

(二) 全面预算管理是一种整合性管理系统,具有全面控制的能力

公司预算不仅是出资者与经理人之间的游戏规则,还体现出经营者与其下属员工之间的权力、责任安排,即在为实现整体利益的目标下,明确各单位的权利和责任区间。预算使各责任单位的权力得以用表格化的形式体现,这种分权以不失去控制为最低限度。预算是权力控制者采用的合理方式,否定预算也即是否定经营者自身,经营者的权威也就无从谈起。经理人必须协同各种业务活动和管理方案,使企业内部各部门、各环节均能统筹规划,协调行动,需要有效的聚集各项经济资源,包括人力、物力、财力、信息等,使之形成一种强有力的、有序的集合。所以从内容上分析,企业预算既是由销售、采购、生产、盈利、现金流量等单项预算组成的责任指标体系,又是公司的整体作战方案。各个预算应该统一于总预算体系,所以称之为"全面预算"。预算不是会计师为会计目的而准备的会计工具,而是企业综合的、全面的管理手段,具有全面控制约束力的机制。

(三) 预算是企业日常经营业务、财务收支活动的控制标准

预算的显著特征应该体现在它的控制力。在日常业务活动和财务收支过程中,企业一切

成本费用支出和现金流量都必须纳入预算轨道,以预算指标为基础,不容许超预算运行或无预算运行,对因特殊情况确实需要突破预算,应先提出预算修订报告,经批准后方可实施。

(四) 预算指标是业绩奖惩的标准以及激励和约束制度的重心

预算为考核评价各部门及员工工作业绩提供了依据。定期或不定期检查考评各职能部门所承担的经济责任和工作任务的完成情况,确保企业总目标的实现,是企业管理工作的重要组成部分。所以,预算是考核评价各责任层次与单位的工作成绩和经营成果的重要"标杆"。

上述内容可概括为战略支持、制度安排、控制标杆、考核依据四个要点,这就明确一个基本命题:全面预算管理是整合公司管理的有效工具,是企业财务控制体系的主线。

第二节 战略预算管理基本理论

一、战略预算管理的内涵与特征

战略预算管理是与传统预算管理理论中"以目标利润为导向的全面预算管理"相对的一个概念,应该说从预算涉及的内容体系和预算管理的基本程序看,战略预算管理并未超越"全面"预算管理,只不过战略预算管理强调预算目标和编制起点的战略导向性,反对不考虑企业特定成长阶段和战略重心,片面追求短期目标利润的预算管理指导思想。由于目前战略预算管理这个概念本身并没有被广泛使用,本书尝试给战略预算管理下一个定义:战略预算管理是以企业发展战略为导向,以流程、组织再造和价值链的改善为基础,以资源分配和资源运用效果的经营性与战略性业绩综合评价为手段,以培养企业持续竞争力为目标的预算管理。战略预算管理应具备以下基本特征。

(一) 战略性

战略预算管理是一个将企业短期经营目标与长期战略目标相结合的管理系统,通过短期经营目标的累积达成促成长期战略目标的实现,战略的思想贯穿于整个预算管理过程,具体表现在:①预算目标的确定要体现战略目标的要求,不同企业、企业发展的不同时期,战略取向不同,预算目标的确定要体现这些差异;②预算责任网络的构建以企业流程和组织的优化为基础,而不是在现定的组织框架内研究资源配置效率,从而使预算能够促进,而不是阻碍战略计划的实现;③预算内容和重心体现不同企业、企业发展不同时期、企业内不同层级组织的战略重点差异及相应的资源配置要求,如对创建、维持、收益和转移不同业务单元,分别采用以资本预算、销售预算、成本预算和现金流预算为重心的不同的预算管理模式;④预算业绩的考评将财务预算指标和非财务预算指标相结合,市场化评价和内部化评价相结合,结果评价和过程评价相结合,运用多种分析手段和技术方法,从战略高度、考察预算责任单位在财务、学习和成长、内部程序、顾客等方面的综合业绩。

(二) 机制性

战略预算管理不是一种简单的管理方法,而是一种管理机制。战略预算管理的机制性表现在:①风险自控:战略预算管理活动围绕市场展开,通过外部环境分析和预测,结合内部条件,制定战略计划,主动抵御市场风险,因此是一种主动抵御风险的管理机制。②权责制衡、约束与激励相容:战略预算管理必须与企业内部管理组织及其运行机制相对接。从形式上看,预算往往涉及大量的数据、表格,但从本质上说,战略预算不是简单的数据罗列,而是涉及企业内部各个管理层次的权力和责任安排,通过这种权力和责任安排,以及相应的利益分配实现内部约束和激励机制。③推动管理程序化:战略预算管理借助于战略预算规划、预算编制、预算执行和预算考评,形成程序化的管理程式。

(三) 综合性

战略预算管理不是孤立的管理行为,它是在特定组织结构为依托运行的,在运行过程中,又必然涉及人和非人的因素,战略预算始终贯穿价值和行为的双重管理,因此,完整的描述和理解战略预算管理体系至少应从以下四个层面进行:①技术层面(Technical or Mechanical Dimension):战略预算是一个由若干要素组成的体系,其中战略规划居于核心地位,各要素相互依存,缺一不可。战略预算管理蕴含着很强的技术性和科学性,是一种简洁、效率和合乎逻辑的管理体系。②组织层面(Organizational Dimension):战略预算管理的目标是以战略为导向,实现企业资源的高效配置。同时,组织层涉及权利和责任的分布,是战略预算管理体系运行的基础,战略预算管理的有效运行有赖于全局性的组织结构调整和预算管理组织机构的建设。③行为层面(Behavioral Dimension):一个有效的战略预算管理体系在于约束偏离企业总体目标的行为,激励有助于企业总体目标实现的行为,无论是激励还是约束,预算自身的力量是不够的,与战略预算配套的有效的法人治理结构、优秀的职业道德和企业文化、健全的内控制度和惩罚措施、激励制度都是非常必要的。④环境层面(Contextual Dimension):预算管理体系赖以运行的条件,包括经济、法律、文化、技术等环境,并有一个良好的内部制度环境支持。

战略预算管理综合性特征也表现在预算管理行为上。预算管理涉及企业各个方面,实施完整的战略预算管理,必须把预算起点、预算依据、预算编制过程及方法、预算组织与控制、预算考评等一系列行为贯穿到企业内部每一个组织、部门和个人,利用战略预算管理这一行为达到企业内部管理"纲举目张"的效果,以战略预算管理推进整个企业管理。

二、战略与预算的互动关系

(一) 企业规划的基本过程

企业规划的基本过程及其相互关联可以见图 15-2 粗略的描述。

从图 15-2 中可以看到完整的企业规划过程有三个主要组成部分:

(1) 企业战略规划:整体上概括企业的特征和中长期发展方向、策略与目标。战略规划是长期经营计划和全面预算编制的基础。

(2) 长期经营计划:规划战略实施中的经营重点,尤其是"新"产品、"新"市场的研究、开

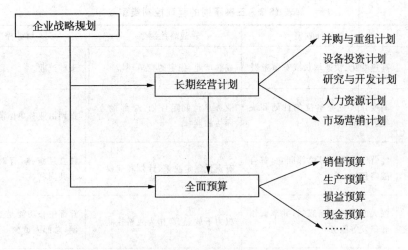

图 15-2　企业规划的基本过程

发;长期经营计划的指标比较粗放,以实物类指标为主导,而不以价值指标为主导,另外其行为约束力也低于预算。

(3) 全面预算:全面预算源于战略规划、受制于长期经营计划,立足于现有产品与市场,具体细化长期经营计划的年度要求,进行资源配置,并落实经营责任,它以落实战略规划、成熟的经营计划以及关注现有产品和现有市场为重点。

管理层在计划和控制中运用预算的方式体现为:制定战略—企业总体目标,计划并贯彻实现目标的各种行为,通过实际与预算的对比来评价经营活动。同时,业绩评价反馈的信息有助于管理层控制当前的活动并协调好计划程序。

(二) 公司战略与预算的互动关系

公司战略与预算是一种互动的关系。战略决定预算,预算又支持和修正战略。

1. 公司战略决定预算导向

预算导向是对公司预算起点与控制重点的基本描述。一旦公司战略中明确提出未来时期的战略导向,则其经营与控制重点将发生变化,预算管理必须适应,体现这种变化,区分如下几种情形:

(1) 规模导向型。公司战略以追求规模扩张为主,预算重点侧重于市场占有率或销售增长。

(2) 收益导向型。公司战略以追求收益实现为主,预算重点即为成本或息税前利润(EBIT 或 EBITDA)及其增长率。

(3) 规模与收益双导向型。公司战略定位于既取得高收益,同时也要扩展市场规模。预算重点也同时表现为利润增长和销售增长。

2. 公司战略决定公司组织结构和组织权力划分,从而决定预算权和预算的组织模式

关于现代企业组织结构与战略关系的研究,可直接追溯到古尔德(Goold)和坎贝尔(Campbell)等人的模式研究。他们将管理控制模式分为财务控制型、战略控制型和战略计划型三种,这三种不同模式可用表 15-2 概括描述。

表 15-2　三种不同的管理控制类型

项　目	战略计划型	战略控制型	财务控制型
行业类型	高速变化、快速增长或竞争激烈	成熟产业、稳定的竞争环境	多种产业
总部任务	高度介入业务单位的计划和决策的制定	业务单位制定计划,总部检查、评估和监督	强调由业务单位制定所有决策
业务单位任务	经营计划要征得总部同意,符合战略目标	有责任制定决策、计划和建议	独立经济体,有时相互合作追求共同利益
组织结构	强大的中心功能部门,共享营销和研发等服务	权力下放,总部作为战略控制者	总部中心功能是支持和财务控制,总部人员少
计划程序	按长期战略的要求分配资源,总部对计划影响很大	财务与战略目标相对结合,总部对计划影响中等	管理程序注重业务单位的年度预算和财务指标,总部对计划的影响小
控制程序	不注重对月财务结果的监督,总部管理较灵活	依据计划,定期监督实际的财务和非财务指标	只关注财务指标和结果,总部的控制仅仅是财务上的
价值创造重心	为长期经济发展创造新的业务单位	业务单位的长期战略与目标(促进+协调)	运营改善与财务控制

显然,这三种模式的区别在于:总部控制与管理下属单位的程度不同,影响下级单位预算的程度也不同。不同的战略、管理组织与管理结构,会在很大程度上影响年度预算在公司管理控制系统中的作用。采用战略控制型或战略计划型的管理控制系统,年度预算权的划分是不同的,预算管理的重点及预算作用程度也因此而存在较大差异。

3. 预算是对战略计划的具体落实、反馈和修正

从上述分析可以看出,预算与战略存在着密切关系。静态地看,预算是企业规划体系中不可或缺的一部分,它必须以长期战略、计划为前提和指导,其中年度预算是对当前经营活动细节的描述,是战略计划第一年度的支持和补充计划。通常战略计划强调企业使命、战略和重要比率关系,一般只包括一份非常概括的预期费用和收入数额,并不涉及各部分、单位的详细费用,年度预算是对战略计划(财务方面)的具体化和准确化。例如,对于流动资产的资本要求,在长期计划中常常根据预计产品销售收入的合计数估计,而在年度预算中,则须根据预计的产品销售收入、不同购买者的付款期限及预期的周转率来计算应收账款的投资数额。具体、准确的月预算有助于企业决策的有效性,同时也有利于控制的可操作性。

将企业的规划系统看作是一个动态循环系统时,可以发现预算通常对战略、计划提供强化或修正的作用,预算编制过程中对内外部约束条件的反馈信息时不断修正、调整战略的重要信息来源。动态的企业规划循环可如图 15-3 所示。

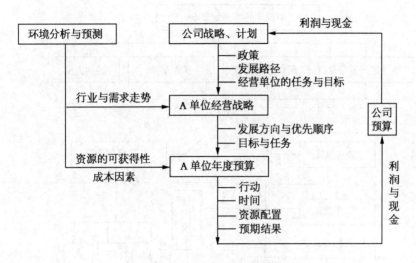

图 15-3 企业规划循环

三、战略预算内容体系构成及实施框架

（一）战略预算内容体系

战略预算是由若干相互依存、逻辑严密的要素构成的体系，在这个体系中，以战略规划为起点，以资源规划为手段，以收入和盈利规划为分阶段目标。战略预算的构成要素及相互关联如图 15-4 所示。

（二）战略预算管理实施框架

预算编制、预算执行与预算考评是预算管理实施的三大基本步骤。为保证预算对企业战略的支持功能，使企业特定时期的战略导向和战略重点通过预算得以体现并在企业的经营活动中贯彻实施，在预算编制以前，必须进行战略分析和规划或对业已制定的战略进行重新审视，将战略作为预算编制的基础和前提。与此同时，预算管理不是一种孤立的管理行为，而是一个综合性很强的管理系统。预算管理要达到预期的效果，有赖于对企业的内部环境进行系列的改造，为预算管理的实施提供保障。战略预算管理实施框架如图 15-5 所示。

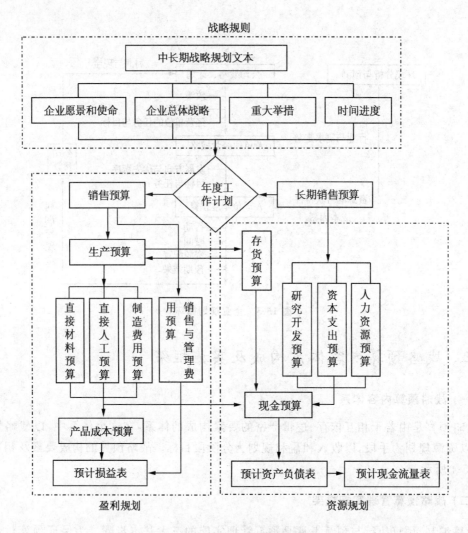

图 15-4 战略预算体系构成

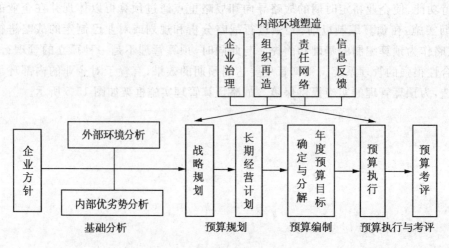

图 15-5 战略预算管理实施框架

第三节 战略预算管理实施环境塑造

战略预算管理能否有效实施，一方面有赖于企业对外部环境及其变动趋势合理判断和对企业自身条件的准确把握，在此基础上制定明确有效的发展战略和分阶段战略实施计划；另一方面必须对企业内部环境进行改造，为战略预算管理实施提供保障。企业内部环境是推动企业运行的组织架构、业务流程、群体意识、行为规范及相应的规章制度的总和。在企业内部环境中，有一些因素对预算管理能否充分发挥作用至关重要，它包括：有效的法人治理结构和财务治理结构、流程化整合且与战略相适应的企业内部组织结构、权责边界明确的预算责任网络、系统有效且与业务信息高度耦合的会计数据结构、权威且能体现人类多层次需求的考评系统和激励制度等等。

一、塑造有效的企业法人治理结构和财务治理权限结构

（一）企业法人治理结构及需要解决的基本问题

从一般意义上理解，企业法人治理结构是"协调参与决定企业发展方向和绩效的相关利益主体之间关系的一整套制度安排"。企业法人治理结构问题的提出，源于所有权与经营权分离所带来的"代理人"问题，在组织成员存在利益冲突的情况下，如何在不妨碍管理者创新动力的情况下，使管理者实现他们为之服务的对象的利益，是企业治理需要达成的目标。这一目标的达成，有赖于特定的外在环境和内部制度安排，对于有助于治理目标实现的外部市场体系，我们将其称之为外部治理机制，而对于有助于治理目标实现的内部制度，则称之为内部治理结构。从表现形式讲，内部治理结构主要涉及股东会、董事会、监事会和总经理之间职责权限划分和相互制衡约束，企业治理并不涉及具体的运营过程，而是为企业提供一种运行的基础和责任体系框架。在这一体系框架中，至少应包含三个基本的要素，即控制权的分配、监督和激励。改善股权结构、强化董事会功能、完善对经营者的约束与激励机制则是提高公司治理效率的基本途径。

塑造有效的法人治理结构，对于预算管理的意义在于：解决预算管理的动力问题，同时确立和强化董事会在整个预算管理体系中的核心地位。

（二）企业财务治理权限结构及在预算管理中的具体体现

企业财务治理权结构是企业法人治理结构在财务管理上的具体体现，主要解决财务决策权、财务执行权和财务监督权的配置问题。企业预算管理作为一个综合性的管理系统，是企业财务治理的主线，是财务治理权的具体作用对象，在企业预算管理的各个环节上，也应当体现决策权、执行权和监督权的分离，应当按照法人治理结构的要求，合理配置预算决策权、执行权和监督权，这是企业预算机制有效运行的保证。

1. 预算决策权及其配置

理论上讲，企业预算决策权应集中在股东大会和董事会，但在实务中，股东大会和董事会

所拥有的预算决策权要部分地授权给经理层来执行。这就必须根据企业实际情况,在股东大会和董事会与总经理之间,合理、科学地对财务预算决策权进行分割和配置。

预算决策可分为两类:一是有关预算的战略决策,包括企业长期发展战略目标的制定和企业年度预算总目标的确定;二是有关预算的战术决策,具体指对企业内部各预算责任单位具体预算目标的分解和制定,以及在授权制度下为实现预算目标的资源配置权。除有关预算的战略决策权必须集中在股东大会和董事会外,一般的日常预算战术决策权可授权给经理层。

2. 预算执行权及其配置

预算执行是预算管理的重要环节,是预算机制有效运行的关键。企业预算执行权是按责、权、利一致的原则分层级配置的。预算执行的层级应与企业的组织结构和管理层级相适应。一般来说,除了最底层的执行机构只具有执行权外,其他层次的执行机构都具有管理权和执行权的双重性质。

3. 预算监督权及其配置

预算监督是对预算管理全过程的监督,包括预算编制过程的监督、预算执行过程的监督、预算调整过程的监督和预算执行结果的监督。预算监督权一般是按照纵横交叉设置的,横向预算监督是在公司法人治理结构相平行的机构之间进行的预算监督和约束行为;纵向预算监督是在企业上级预算组织对下级预算组织、预算管理组织对预算执行组织的预算监督和约束行为。

二、企业组织流程化再造

企业组织结构是实现企业经营和战略目标的基础和保证,也是预算管理得以实施的载体。传统的预算管理方法与传统的企业层级组织结构有密切的关系。全面预算管理方法源于20世纪初发展起来的拥有多个部门和层级的大型企业管理协调的需要。在层级制的组织形式下,无论是 U 型还是 M 型的层级结构,随着层级增多,如何控制下级的行为使之与企业总体目标一致是组织面临的一个重要问题。因此,预算作为事中执行依据和事后评价依据的控制功能被强调,"多部门、多层次的企业组织形式和全面预算管理方法是相互成就、共同发展的",钱德勒对美国企业的历史研究中得出了以上结论。自 20 世纪 80 年代以来,企业竞争环境的变化及信息技术在管理中基础性作用的加强对企业组织形式产生了巨大的影响。传统的以职能为主导特征的科层结构逐渐被淡化,而以"作业"或"流程"为中心的扁平式组织结构日益被推崇。在此条件下,传统的全面预算管理理论以层级制组织为基础,并在既定的组织框架内研究资源流动的效率,而忽视流程、作业、组织本身的合理性,难以适应新的管理要求。企业组织流程化倾向及其对战略的关注,对以传统的层级组织为基础的全面预算管理体系提出了挑战,用一种面向流程、以作业为基本单位来构建预算组织,成为战略预算管理理论和实践应关注的一个焦点问题。企业组织流程化整合的基本程序可归纳为三个基本阶段。

(一) 作业分析与作业中心的建立

1. 作业分类

作业=[输入、处理规则、资源、输出],即接收某一类型的输入,并在某种规则的控制下,利用某些资源,经过特定变化转换为输出的过程。作业是构成流程的基本要素,也是流程描述和分析的基础。

哈佛商学院迈克尔·波特(Micheal Porter)教授根据作业的重要性将企业的作业分为两类:基本作业和辅助作业。基本作业是从顾客角度,能增加产出价值的作业,基本作业包括投入性后勤、生产作业、产出性后勤、营销作业和服务;辅助作业是支持目前和未来基本作业的作业,包括基础设施、采购、技术开发、人力资源管理。在向顾客提供产品的流程中,基本作业和辅助作业之间的紧密衔接构成企业"内部价值链"(Internal Value Chain)。

2. 作业分析

作业分析是通过对产出、作业、资源及其相互关系的识别和计量,评价作业的有效性和增值性,据以重组流程和价值链,以提高作业效率和作业价值,降低成本。彼得·托尼认为,一个完整作业分析过程应包括以下几个步骤:第一,分析哪些作业是增值作业,哪些作业是非增值作业,哪些作业是高效作业,哪些作业是低效作业;第二,分析重要性的作业;第三,将企业的作业和其他企业类似作业进行对比;第四,分析作业之间的联系。作业分析在组织整合中的意义在于:通过作业分析,特别是增值作业和非增值作业的区分,可以了解作业存在的必要性及合理性。

3. 建立作业中心

企业在作业分析的基础上应构建作业中心。作业中心具有组织单位的一般要素特征,包括目标要素、责任要素、权力要素、需求要素、监督评价要素等。企业在具体划分作业中心时,还表现出明显的层次性,即大的作业中心涵盖若干小的作业中心,如企业可将整个销售过程作为一项作业,该项作业可进一步将其分解为接受订单、编制销售通知单、信用评估、发货、开票等多项作业。

(二) 流程分析与流程中心的建立

流程是由企业相互关联的多项作业构成的一个从始至终的连续过程。流程分析的任务是运用流程费用分析、流程占用时间分析、流程向客户提供服务的性质和质量分析、流程对企业整体绩效的影响分析等方法对流程作出定性和定量的评价,在此基础上识别能最大限度给企业创造利益的核心业务流程,按照经优化的核心流程组织业务工作,简化和合并非增值部分的流程,剔除和减少重复出现和不需要的步骤所带来的浪费。

流程中心的建立首先需要根据顾客所需的服务特性来划分客户群。传统意义上的市场划分往往基于企业自身的状况如行业、产品、分销渠道等,然后为同一区域的客户提供相同水平的服务,而流程组织强调根据顾客的状况和需求决定服务方式和水平;根据顾客需求和企业盈利预计,设计企业提供产品或服务的流程;对流程授予充分的权力、界定其责任,并针对整个流程建立相应的信息系统,以满足处理流程内日常事务,支持多层决策和进行前瞻性预算制定和控制的需要。

(三) 战略层—经营层—作业层三层组织结构的整合

核心流程、增强流程、支持流程确立以后,按各流程组成面向经营过程的以任务为中心的工作小组、任命小组负责人,对外及时获取顾客需求、竞争态势等方面信息,及时作出相应经营决策;对内组织协调和评价小组成员的工作、明确小组决策权限内部成员的职责、建立健全相应内部制度,使小组成为责权利相统一的一个内部组织单位。这样企业的组织结构就简化为三个基本层次：

• 战略层——由高层管理者(董事会和CEO)组成，主要负责战略规划和对整个经营过程的协调和监督；

• 经营层——由各个面向顾客的流程工作组组成，负责将战略目标分解至各个流程，并在目标限定下根据环境的变化进行流程的设计、优化、重组和管理控制，适时地满足顾客多层次需求；

• 作业层——由各流程内部执行各个作业的工作小组组成，其责任是按既定的作业标准实施作业，提高作业效率。

在企业组织的三个层次中，战略层面临外部环境的巨大不确定性，要求高层管理者具有长远的、开放的、系统的眼光和对企业所涉及产品和服务领域的经济、技术、竞争环境和内部条件准确的把握能力，以作出相应的战略选择和调整。作业层主要涉及特定作业经济、技术的合理性，并试图通过减少不确定性因素，以减少对其作出反应的时间、成本，维持高效作业。经营层介于战略层和作业层之间，它的作用是力图进行两者间的协调，一方面加强作业子系统对公司战略的支撑；另一方面缓冲环境对组织作业层次的短期的、直接的影响，而战略预算管理体系则是经营层实现组织赋予其职能的有效工具。

三、预算责任网络的构建

预算责任网络是预算的执行主体，也是预算指标分解对象，预算责任网络设立是否科学合理，是事关预算体系成效的关键。企业预算责任网络的建立必须以合理、高效的内部组织结构为基础。根据企业自身的业务特点、规模、人员素质、竞争环境、顾客需求等因素重新审视企业内部组织结构的合理性，明确各部门责任归属和权力，是划分责任中心、建立预算责任网络的基本前提。

（一）责任中心

1. 责任中心的要义

责任中心是组织内部承担一定的经济责任，并赋予相应权限的责任单位，责任中心对责任和权限的定义有三个基本方面：①赋予责任中心必须达成的经营目标，授予相对等的权限；②真实完整及时的责任中心业绩信息的收集与记录；③责任中心业绩衡量与成果分享。责任中心的要义可用图15-6描述。

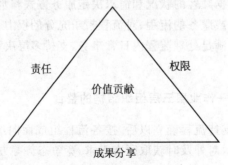

图15-6 责任中心要义

以上是责任中心确立必须具备的几个基本要素,缺一不可。

一个成功责任中心运作体系应包括几个因素:①责任中心必须拥有独立的市场。生产部门与管理部门可采用虚拟独立的市场。②被授予明确的经营责任并独立负责责任中心的经营成果。③通过公平公开的责任会计体系,计算责任中心盈余并进行业绩衡量。④企业员工参与经营利润贡献的经营分享,以提升创造更高层次的业绩。

2. 责任中心的类型

(1) 投资中心。

投资中心是最高层次的预算责任单位,适用于其有广泛投资决策权和经营决策权的独立经营单位。投资中心负责人拥有完整的日常经营决策权和授权范围内的投融资决策权,投资中心既要对成本、收入和利润预算负责,还必须对资本预算及相关的目标投资报酬、EVA 等指标负责。一般而言,将一个独立经营的常规企业或集团中的大事业部视为投资中心,投资中心的负责人是以厂长、经理为代表的企业最多决策层,投资中心的预算目标代表企业总预算目标。

(2) 利润中心。

利润中心是企业中层预算责任单位,一般适用于有较大的日常经营自主权,但无投融资决策权限的责任单位。利润中心须对成本、费用、收入负责,最终对利润预算负责,能否成为利润中心的标准是该责任单位有无收入及利润。根据收入利润形成方式不同,利润中心可进一步分为"自然"利润中心和"人为"利润中心。自然利润中心是指能够通过对外销售自然形成销售收入,从而形成利润的责任单位;人为利润中心是不直接对外销售,而是进行内部"交易"时通过内部转移价格结算形成收入,从而形成内部利润的责任单位。将高层次成本责任单位构造为人为利润中心,可以更清楚地识别该责任单位在企业利润创造中的贡献,有助于增强预算执行人的成就感和责任感,在预算机制运行中有非常重要的意义。

利润中心是从投资中心衍生出来的,它的组成方式因企业业务性质不同而有不同组织形态。利润中心是以地区别、产品别或是两者的结合设立,取决于企业经营特性。

(3) 成本中心。

成本中心是最低层次的预算责任单位。成本中心一般没有收入或仅有无规律的少量收入,其责任人拥有一定的成本费用控制权,但不能控制收入和投资,因而只能对其可控成本预算负责。成本中心可分为两种:标准成本中心和费用中心。标准成本中心通常在根据成本效益原则不作为人为利润中心的生产制造单位实施,标准成本中心的负责人只参与材料、人工和制造关系等资源配置及产品标准决策,以达成以最低成本生产符合行销品质要求的产品,它无权决定产品售价及生产量的多少;费用中心适用于产出不能用财务指标衡量或投入与产出之间没有密切关系的内部责任单位,这些责任单位一般包括行政管理部门、研发部门和广告、仓储等某些销售部门。

在成本中心确立过程中,划分可控成本和非可控成本对预算管理非常重要。所谓可控成本,是指某特定的责任中心能够预知其发生,且能控制和调节其耗用量的成本。判别成本是否可控可依据以下标准进行:①责任中心是否能通过自己的行为有效影响成本的数额;②该成本是否由责任中心全权使用和处置的某项资产或劳务而直接形成;③责任中心负责人是否为某项成本责任人的直接管理者。当然,成本可控与否是相对于特定预算责任单位而言的,低层次责任单位的非可控成本对高层次责任单位往往是可控的。

成本中心是最基础的预算责任单位,是从利润中心中所衍生出来的。虽然成本中心只对其可以控制的成本预算负责,但成本水平对产品竞争力和企业效益往往有着决定性的影响。尤其是外部市场环境较稳定的企业,成本更是预算管理的核心。

(二) 预算责任网络的生成

责任中心的确立及其相互关系构成预算责任网络,预算责任网络与企业组织结构是相对应的,组织结构的类型决定了预算责任网络的布局。

经过流程化的战略整合之后企业组织分为战略层、经营层和作业层三级。战略层拥有完整的战略规划权、经营决策权和重大投融资权限,将其界定为一个投资中心;战略层中提供战略规划和财务支持的职能部门界定为费用中心;地区或业务分部组成的经营层,通常有独立的日常生活经营决策权,根据其是否拥有投融资权限,界定为二级投资中心或自然利润中心;各个面向顾客的流程小组为子利润中心;各流程内部执行特定作业环节的工作小组组成的作业层,其责任是按既定的作业标准实施作业,以最低成本提供符合下一作业程序要求的产品或服务,应根据成本效益原则将其界定为成本中心或人为利润中心。具体见图15-7。

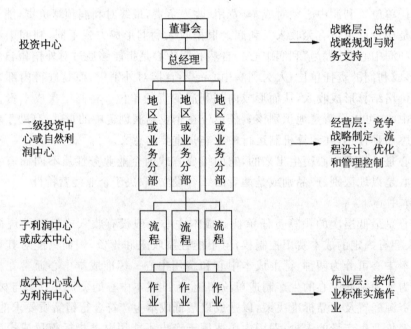

图 15-7 流程化整合后的组织架构中的预算责任网络

四、预算信息反馈系统的构建

预算管理对会计信息和业务信息的需求是多方位、全过程的。尽管针对责任单位的预算指标大多是以会计数据的形式出现,但会计数据仅仅是业务活动事后综合反映的结果,而反映业务活动效率和效果的业务数据则是会计数据直接的驱动器,单纯的会计信息难以满足预算管理特别是预算监控环节的信息需求。因此,一个健全的预算信息反馈网络包括会计信息和业务信息两大体系的及时收集、处理、生成和传递,并实现两者的高度耦合和集成,才能满足预算管理的需要。

企业年度预算由经营预算和责任预算两大体系构成,两大体系分别由财务会计系统、责任会计系统和业务核算系统提供相应的信息支持。

(一) 财务会计系统

财务会计核算系统是按会计准则和会计制度的要求设置会计科目,以历史成本原则为基础,核算企业所取得的各项资产,形成的负债和所有者权益;按权责发生制的要求确认实现的收入,按配比原则并根据规定的成本、费用开支范围,计算产品成本,确认发生的费用,最终提供综合反映企业财务状况、经营成果和现金流量状的财务报告。对高层次责任中心而言,预算项目与会计报表项目往往是基本一致的,但财务会计预算内容既包括可控的资金运动,也包括不可控的资金运动,因此,财务会计核算系统所提供的信息难以在预算监控和考核中直接运用。就整个企业层面而言,财务会计报告信息能在很大程度上反映预算年度财务预算目标的实现程度,并且,如税金支付、利润分配、可能的借款额度等项目均须直接以财务会计信息为基础,这些都是预算编制必不可少的信息来源。因此,财务会计系统是预算信息反馈系统的重要组成部分,财务会计系统设计的科学性和运行效率直接影响预算信息反馈网络的运行质量。

(二) 责任会计系统

责任会计系统是为满足企业内部预算管理的信息需求,就各预算执行主体的资金占用、责任成本、责任利润等完成情况所进行的核算。责任会计的对象是责任中心可控资金运动的过程和结果,完全按预算管理的要求进行核算。在资产计价、收入和费用确认原则等方面均不受会计制度的制约,具有较大的灵活性,有利于预算执行信息详细、适当、及时的反馈,更好地保证预算调控职能的发挥。

责任会计核算的最终结果通过责任报告予以反映。责任报告可分为基本报告和特别报告。特别报告是当对企业的财务和经营状况产生重大影响的关键要素出现重大不利波动时,适时地分析其产生的原因,提供改进对策所形成预算反馈的报告。基本报告是按照预先确定的报告频度,定期编报的以预算责任单位的正常经营状况和结果为对象的预算反馈报告。预算反馈基本报告的基本结构应包括责任预算、实际完成数及其差异,并按重要原则对差异率较大的项目进行重点分析,写出文字说明。基本报告的具体内容则应根据责任中心的层级及其业务特征分别确定。

1. 成本中心责任报告

成本中心的权责范围为可控成本,相应的责任报告应按可控成本、费用项目分别列示其责任成本预算额、实际发生额及差异额,并对重要差异做出数据分析和文字说明。由于不同成本(费用)中心业务性质、成本结构和成本计算方法存在差异,因此其成本和费用项目并不完全相同,成本(费用)中心责任报告的内容和格式应体现这些差异。

2. 利润中心责任报告

利润中心责任报告主要反映其可控利润的预算额、实际发生额和差异额。责任报告按利润形成的过程分项列示。利润中心不拥有投资决策权,因而不须对固定资金占用负责,但利润中心特别是自然利润中心通常拥有日常的经营决策权,须对流动资金占用负责。因此,在利润中心责任报告中,应将其占用的流动资金利息从其可控营业利润中扣除。另外,利润中心不仅要对可控利润的数量负责,而且要对可控利润的质量负责,因此,在利润中心特别是自然利润中心的责任报告中应设计反映其盈利质量的指标。

3. 投资中心责任报告

投资中心责任报告应体现预算总目标的要求。从财务的角度,主要反映投资报酬预算完成情况,包括剩余利润预算完成情况,并对影响投资报酬率变动的原因进行重点分析。此外,由于投资报酬率和剩余利润等指标的计算基于会计利润,而会计利润并非代表企业价值的实际增长,因此,在投资中心责任报告中,也应设计反映会计盈余质量的指标。

(三) 业务核算系统

业务预算是企业在生产经营过程中,作业中心对各种技术参数和经济指标的具体动态进行的详细记录、计算和统计分析,以便一线作业人员和有关技术、管理人员及时了解生产经营动态,并进行有效监控。业务核算系统侧重于反映企业日常生产经营业务的处理过程,以作业链为对象,以每一阶段作业发生的实际情况为依据,重点反映业务发生的数量、流向及相应内控程序的履行情况。

业务核算系统是会计核算的基础,同时也是责任预算执行差异分析原始信息来源和实施预算监控的原始根据,在预算信息反馈系统中居于重要的基础性地位。会计信息,包括财务会计信息和责任会计信息反映各责任单位预算执行的结果,业务信息则是产生结果的动因,业务信息的完整性和准确性、及时性从根本上影响预算管理的成效。每一家企业应根据自身业务性质、特点和管理要求确定应提供的业务信息的种类、来源、生成方式、传递路径、报告频度以及业务核算系统与会计核算系统的关系,以实现会计信息与业务信息的集成,其同为预算管理目标的达成提供信息支持。

第四节 战略预算管理实施

一、战略预算管理循环

从过程的观点看,企业战略预算管理流程包括战略规划、战略预算目标确定、预算编制、预算执行、预算监控、预算调整、预算考评几个基本环节,如图15-8所示。

(一) 战略规划

美国著名战略管理专家安索夫(H. I. Ansoff)将企业战略按适用的组织层次分为企业总体战略和经营战略。企业总体战略考虑的是企业应该选择进入哪种类型的业务;经营战略考虑的是一旦进入某种业务领域后,确定应该如何在这一领域进行竞争以谋求绝对或相对竞争优势。企业总体和业务部门关键的战略问题及基本的战略选择以表15-3描述。

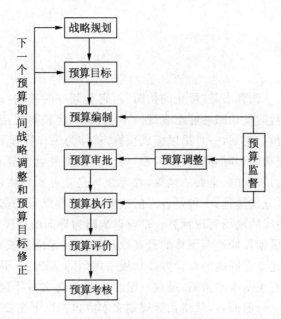

图 15-8 战略预算管理循环

表 15-3 战略的两个层次

战略层次	关键的战略问题	基本的战略选择	基本的分析和管理工具	主要参与的组织层次
企业总体层次	我们的业务组合是否正确？我们应涉足的主行业和次行业是什么？	单一行业 相关多元化 无关多元化	SWOT	企业总部
	各业务部门现阶段的主要任务是什么？	创建 维持 收益 分化	BCG 矩阵	企业总部和业务部门总经理
	如何在各业务部门之间进行人力和财务资源的协调和配置？	内部竞争 收益集中分配 内部转移定价	战略预算	企业总部
业务部门	业务部门应如何完成其任务？	低成本 差异化	行业分析 价值链分析	业务部门总经理

（二）基于战略的预算目标确定

预算目标确定是否恰当，直接影响企业预算编制的合理性、预算执行的可控性和预算评价的客观性和公平性。明确预算目标是预算管理实施的首要任务。预算目标的确定应包括两个层次的涵义：一是预算指标的选择，二是预算指标目标值的确定。预算是战略实施的工具，不同企业之间以及企业的不同部门之间战略有差别，预算目标必须根据特定的战略要求确定。不同的战略要求不同的任务优先、不同的关键成功要素以及不同的技术、期望和行为，因而要求不同的资源配置重点。因此，对预算目标的设定应持续关注预算目标所产生的行为是不是战略所要求的。

(三) 战略预算编制

1. 战略预算规划

预算编制的结果——预算书是"静止的构图"。它是某一时期的"成品图",如同建筑的设计图那样,也可称为经营的设计图的静态表现。不过,在制定预算之前,要有一个商定预算的过程,这个过程可称为预算规划,一旦据以编成预算,就作为预算管理下一个阶段来付诸实施。

企业预算从其管理功能和时间跨度角度看,可分为长期经营预算和管理预算两类。长期经营预算是企业高层次的、宏观的、全面的预算,管理预算是企业低层次的、微观的、具体执行性的预算。管理预算又可分成两种:一种是各部门按要素、过程展开的部门管理预算;另一种是由标准、进度、程序等构成的现场管理预算。企业以战略为导向的年度全面预算处于"经营"与"管理"的结合点,是为贯彻长期经营预算的最高执行预算。无论是长期经营预算还是年度全面预算的编制,都必须建立在明确的经营方针和战略规划的基础上。因此,企业预算至少包括两个基本层次:一个是有关基本政策的,通过一整套战略规划文本体现;另一个是有关日常管理的,通过预算书体现。一般而言,战略预算规划文本应包括以下主要内容。

(1) 战略业务单位的任务说明:是创建、维持、收益还是转移?

(2) 关键环境的设想:对企业发展产生重大影响的政治法律环境要素、经济环境要素、技术环境要素、社会文化环境要素。

(3) 主要竞争对手的设想:行业基本结构及其发展态势预测、主要竞争对手的方向和目标、定价政策、研发能力、销售方式、竞争策略等。

(4) 列举各种限制因素:宏观经济发展水平、法律和政策限制、地理位置、资本规模、人力资源限制等。

(5) 确定总目标:营业收入规模、资产规模和流动性、对环境的适用性、长期投资平均报酬率、自有资本报酬率、风险、企业声誉与社会责任等。

(6) 确定分阶段目标:销售收入、成本水平、利润、现金流、产品质量、顾客满意度、内部作业流程改进等。

(7) 确定行动预算:新增固定资产投资、处置不良资产、兼并重组、人员精简或招聘、流程再造、组织结构调整、扩展销售网络等。

(8) 配置所需资源及其来源:财力资源和人力资源配置的基本政策、筹资规模及筹集渠道和方式。

(9) 制订针对意外情况的"倘若……时怎么办"的应变预算。

2. 预算编制方法选择

(1) 固定预算与弹性预算。

固定预算也叫静态预算,它是以预算期某一固定业务量水平为基础编制的预算。固定预算不能适时地反映市场状况变化对预算执行的影响,当业务量偏离预算编制所依据的业务量时,预算便失去了作为控制和评价标准的意义。因此,按固定预算方法编制预算,如果在预算执行过程中又盲从预算,会使预算变得呆板僵化,不能适应管理的需要。

弹性预算是指在成本性态分类基础上,按照预算期内可预见的多种业务水平编制的、能够适应不同业务量情况的预算。弹性预算是针对固定预算的不足而设计的,其预算编制的依据不是某一固定的业务量,而是一个可预见的业务量范围,因而预算有更强的适应性。在实际工作中,从经济角度出发,弹性预算多用于成本、费用、利润预算的编制。

(2) 定期预算与滚动预算。

定期预算是以某一个特定的固定期限作为预算期的预算编制方法。这种预算受预算期间的特定限制,只是管理层的决策局限于本期规划的经营活动,形成人为的预算间断,因而不能适应连续不断的经营过程。此外,定期预算不能随情况的变化及时调整,当预算规划的各种经营活动在预算其发生重大变化时,将造成预算滞后,使之成为虚假预算。

滚动预算也称连续预算或永续预算,它是为克服定期预算的缺点而设计,在编制预算时随预算的执行而不断补充预算,始终将预算保持为一个固定期间。滚动预算的理论依据是:生产经营活动是不断进行的,作为其控制依据的预算也应该与此相符,保持连续不断;而且,生产经营活动是复杂多变的,人们对它的认识又是有限的,往往需要经历由粗到细、由模糊到具体的过程。滚动预算的优点在于:①遵循了生产经营活动的变化规律,保证了预算的连续性和完整性,可避免出现"期末狂欢"的诱因;②长计划、短安排的具体做法,使预算能反映实际经营状况,从而增强预算的指导作用。

(3) 增量调整预算与零基预算。

增量调整预算以基期成本费用实际水平为基础,结合预算期业务量水平以及降低成本的措施,调整部分原有的成本费用项目而编制的预算。增量预算以以前实际执行结果基础,容易使新的预算受既成事实的影响,并使某些不合理因素长期沿袭,不利于调动各部门降低费用支出的积极性。

零基预算是以零为基础编制的预算,或者说零基预算是彻底摒弃现有的既成事实,一切从零开始,对所有业务重新开始进行详尽的审查、分析、考核,从而据以编制预算的方法。这种方法最初由美国德州仪器公司彼得·派尔在 20 世纪 60 年代末提出来,被认为是编制间接费用预算的一种有效方法。零基预算的实质是:必需的功能、作业决定预算的需要,可用的资源制约预算的额度。它打破了既成事实的束缚,促使管理层重新思考各项费用开支的必要性和合理性,将有限的资源运用到最需要的地方,从而提高全部资源的使用效率。

(四) 预算执行

预算执行即预算的具体实施,它是直接关系到预算目标能否实现,因而是预算管理的核心环节。预算的有效实施,必须借助于激励与约束机制,充分调动各级管理层和员工的积极性和创造性,并强化其责任意识。与此同时,明确的预算执行授权,是预算有效实施的基本保障。在每一项经济业务发生之前,必须按照既定的程序,对其正确性、合理性、合法性加以核准并确定是否让其发生进行控制。包括:①企业所有人员,不经合法授权,不能行权;②企业所有业务,不经授权,不能执行;③企业所有业务,已经授权,必须予以执行。预算执行授权,是一种事前控制,通过授权控制,可以将一切不正确、不合理、不合法的经济行为制止在发生之前。因此,是前设定授权事项、权限和金额对预算的有效执行是非常必要的。

预算执行授权是指企业内部各级管理人员按照既定的预算、计划和制度等标准,在其权限范围之内对正常的经济行为进行的授权。具体运用中,预算执行授权可以通过设置预算执行审批权限一览表将其具体化、制度化。

(五)预算监控

预算过程监控是指在预算实施过程中对预算实施情况所进行日常的监督和控制。从机制角度分析,预算监控要以致力于消除隐患、防范风险、规范经营、提高效率为宗旨,建立全方位的预算控制体系、多元的预算监控措施。所谓全方位的控制,是指预算控制必须渗透到企业的各个业务过程、各个经营环节,覆盖企业所有部门和岗位。所谓多元的预算监控措施,是指既有事后的监控措施,又有事前、事中的监控手段;既有约束手段,也有激励的安排;既有财务上资金流量、存量预算指标的设定,又要有责任预算反馈信息的跟踪;既要对企业采购、生产经营、融资、投资、成本费用等事项的办理过程实行严格的内部牵制,又要对各岗位、各部门的各项业务活动实施事后监督和检查,同时及时将监测结果反馈给最高管理者。由于预算监控的对象是预算的实施过程,而预算的实施过程涉及整个企业各个环节、各个部门、全体成员,所以有效的监控应该借助各部门、各成员的共同努力,它应该是预算执行者之间的自我监控和相互监控的结合。应该说,执行者的自我监控是一种最有效的监控,是监控的最高境界。但从现实出发,对维系企业生命的关键环节必须有与之相应的监控部门和监控手段。因此,一个完整的预算监控体系,一方面要通过有效的激励约束机制促进、完善预算执行主体的自我监控职能;另一方面还要重点强调监事会、财务总监、相关职能管理部门几个基本层次的监控,明确不同层次监控主体的监控对象、监控手段和监控权责。

(六)预算考评

预算考评是对企业内部各级责任中心预算执行结果的考核和评价。在预算管理循环中,预算考评处于承上启下的关键环节,在预算控制中发挥着重要作用。一方面,在预算执行过程中,通过预算考评信息的反馈及相应的调控,可随时发现和纠正实际业绩与预算的偏差,从而实现过程中的控制;另一方面,预算编制、执行、考评作为一个完整的系统,相互作用,周而复始的循环以实现对整个企业经营活动的最终控制,而预算考评既是本次循环的终结,又是下一次循环的开始。预算考评作为预算管理的一项重要职能,是对全员的预算执行情况及工作业绩进行考察和审核,并按其优劣给予奖罚的管理活动。所以,预算考评包括两大方面,即考核评价制度和奖惩制度。

二、战略预算管理组织机构

战略预算管理的实施需要相应的组织机构来保证这一体系的落实。企业应根据自身的规模和预算管理的具体需要设置相应的预算管理组织机构,并赋予相应的权责。

(一)董事会

正如本章第三节所强调的,董事会必须在预算管理体系中发挥核心作用,才能保证预算的权威性和战略性。为此,与之相适应的公司治理结构中,在董事会下面应设发展委员会、薪酬委员会和审计委员会,行使相应的预算管理相关权责。一般而言,董事会预算管理工作职责和权限可作以下基本划分(见表15-4)。

表 15-4 董事会预算管理工作职责与权限

机构名	发展委员会	薪酬委员会	审计委员会
职能和责任	制定并颁布公司长期的战略目标和短期预算目标。	根据发展委员会制定的各阶段目标构建相应的考评指标体系，负责预算考评程序的实施和奖励制度的制定和落实。	为保证预算执行情况的真实可靠，展开内部审计以保证考评结果的公正。
权力	制定各阶段预算目标，审批并下达年度预算。	确定预算考评体系的指标构成，制定预算考评的程序和制度，提出批准和兑现奖惩方案。	对预算执行情况进行审计，提出预算审计报告。

(二) 预算管理委员会

预算管理委员会是在董事会授权下处理和决定全面预算管理的重大事宜的预算管理专门机构。从目前我国公司设立的预算管理委员会的功能与性质分析，预算管理委员会的定位大致有以下两种类型。

(1) 单纯的智囊议事机构，没有预算决策职权。即按照公司治理结构的制度设计，董事会下设立的预算管理委员会是对董事会负责，是预算咨询性质的机构，不是决策性质的机构。最终决策要由董事会或者股东大会做出，而不是预算管理委员会做出。

(2) 建有预算智囊并拥有一定的预算决策权限。相对于单纯的议事智囊机构，这种职能定位的预算管理委员会其显著的特点是通过一定的授权制度，合理配置预算审批决策权限，使得董事会的工作效率大大提高。

(三) 预算管理办公室

预算管理办公室是主管企业预算编制、预算监控、预算协调、预算信息反馈等日常预算管理工作的执行机构。在我国企业预算管理实践中，作为日常性工作机构，预算管理办公室有三种设置方式：隶属于计划部、隶属于财务部、单独设立。由于财务部门在预算管理工作中具有信息和专业优势，预算管理办公室隶属于财务部并由财务经理兼任办公室主任是最为常见的。

以下是某公司预算工作组的职责界定：①办公室负责预算管理的日常工作，具体包括拟订预算编制办法，印发编制预算的各种表格；②提供公司各部门预算方案所需要的参考数据及相关资料；③掌握和督促预算编制工作进度；④汇总各部门及责任单位的初步预算，提出预算建议交预算管理委员会讨论；⑤比较和分析预算执行结果，向预算管理委员会递交预算分析报告；⑥处理预算管理工作中的其他事项。

三、战略预算管理实施中的几个关键性问题

(一) 预算指标体系形成与核心预算指标选择

1. 预算指标体系设计的基本思想——平衡计分卡

平衡计分卡认为：在原有财务价值最大化的基础上，顾客满意、核心能力和学习创新也应

该作为企业目标体系的组成部分。三者的实现会最终促进财务绩效的提高,从而实现对价值最大化的追求,同时平衡计分卡在以创造企业价值为目标的同时还指出了各方利益均衡的途径。因此,平衡计分卡可以为企业建立一个最优的目标体系提供指南,将这一目标系在预算过程中加以贯彻,将有助于设计一套适应战略要求的预算指标体系(见图 15-9)。

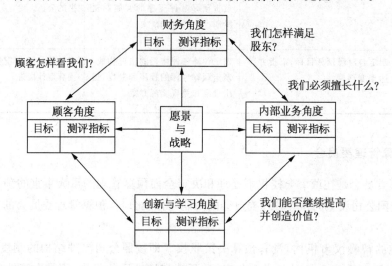

图 15-9　平衡计分卡

2. 核心预算指标选择与相应预算管理模式的确定

BCG 矩阵运用行业增长率和相对市场份额两个维度的战略分析结果确立了企业内部各业务单元的成长阶段和任务定位:维持、收益、创建和转移。不同业务单元有不同的任务和关键成功因素,相应要设计不同的核心预算指标。

(1) 收益型业务单元。

该类型业务单位具有低的业务增长率和高市场份额。高的市场占有率能使其产生大量现金流入,同时低的市场增长率预示着缺少未来的投资机会。该类业务单元的基本任务是:使短期利润和现金净流量最大化,为其他处于成长阶段的业务单元提供所需的财力资源。

从产品的生命周期角度,该区域的业务单元一般处于成熟期,产品技术成熟,技术变动频度低,不需发生大规模的研发支出,同时,竞争对手数目、竞争手段和竞争地位相对稳定,因而产品市场价格和营业收入也趋于稳定。此类业务单元要保持其市场地位,实现短期利润和现金净流量最大化的目标,降低成本是主要甚至是唯一的手段。因此,成本控制应成为该类业务单元管理的核心,以成本预算为核心的预算管理模式理所当然成为该类业务单元预算管理的主导模式。

(2) 创建型业务单元。

该类业务单元具有较低的市场份额和较弱的竞争能力,但由于处于高速增长的行业,有可能为企业提供长期盈利和发展机会。创建型业务单元有三种可能情形:一是该业务单元目前处于初创期;二是该业务单元目前处于成长期,企业根据内部资源条件和退出成本等因素综合分析后作出继续发展的战略选择;三是该业务单元目前处于成长期,由于受企业自身能力的限制,前景黯淡,企业已作出分化或转移的战略选择。对于第三种情形,将其并入转移型业务单元一并管理,在本节后部分内容阐述。

① 处于初创期业务单元。初创期业务单元面临极大的经营风险：一方面是大量的资本支出，研发费用和市场费用，使净现金流为绝对负数；另一方面初创期的企业往往技术不成熟，产品质量不稳定，产品定位不明确，创造未来现金流的能力有很大的不确定性，投资风险很大。由于初创期有巨额的实物资产投资，资产弹性较小，一旦投资的失误，退出成本很高，同时，初创期资本支出数额的大小和所形成的工艺、技术路线将对未来产品的成本结构产生决定性的作用，从而影响未来产品的市场竞争力。因此，投资决策就成为产品开发与投资期最关键的决策事项，加速产品开发，进行科学的投资决策，控制资本支出是初创期业务单元的主要任务。

投资的高风险性，使得新产品开发及相关的资本投入必须谨慎决策，严密控制，资本支出预算相应成为这一时期预算管理的重点。资本支出预算并不等同于传统的项目决策与选择过程，它具有更广泛的含义，从技术程序角度，它包括从投资立项、可行性研究、初步设计、技术设计、施工图设计、招投标、施工到验收全过程的事前规划和控制。

② 处于成长期的业务单元。处于成长期的业务单元技术相对成熟，产品质量管理体系不断完善，产品定位也逐渐明确，产品逐渐被市场所接受，但市场总额仍然不多。此阶段的企业一方面需要补充大量的市场营销费用投入，以及各种有利于客户的信用条件需要补充大量流动资金；另一方面由于市场份额有限，产生的现金流入较低，因此，现金流量为负值，须筹集外部资金以满足其投资需要，这些特征是由企业的战略定位所决定的，是由初创型业务单元向收益型业务单元转变的必经阶段。从长远看，该阶段的主要任务不是追求短期利润，而是健全营销网络、提高产品认知度、扩大销售量，成长期的战略重点不在财务而在营销，通过市场营销开发市场潜力和提高市场占有率。与该类业务单元现阶段的主要任务相适应，预算管理的重点是以销售预算为核心，在此基础上理顺内部组织管理关系，借助预算机制和预算管理形式促进营销战略的全面落实。

（3）维持型业务单元。

维持型业务单元是高增长行业的市场领先者，不仅位于高增长的行业，而且拥有较高市场占有率。该类业务单元的主要任务是实现销售量与行业的同步增长，保持市场份额。维持型业务单元可以创造大量的现金，但同样需要大量的资金支出去保持在不断成长中的行业中的竞争实力，从产品生命周期角度，它往往处于成熟期的早期，在企业中扮演双重角色：一方面要继续投资成长，为企业提供长期的利润来源；另一方面要为创建型业务单元提供资金支持。

维持型业务单元在企业中所扮演的两种角色中的侧重点，取决于企业所面临的特定状况和对行业未来长期增长趋势以及该业务单元和长期竞争优势的保持能力所作的判断。一般而言，继续追求业务的高增长应成为维持型业务单元的首选目标，除非企业总部缺乏必要的融资能力以支持创建型业务单元的发展，且其预期的投资报酬率更多。当然，由于维持型业务单元已跨越必须牺牲短期利润追求市场增长的成长阶段，因此，从规避风险角度，维持型业务单元追求业务增长不应以牺牲中短期的利润为前提。

（4）分化或转移型业务单元。

转移型业务单元处于低增长行业，同时市场份额较低，这说明它们所处的行业没有吸引力，本身也缺乏竞争力，因此对企业的贡献不大或存在亏损的危险，且看不到前景，该类业务单元一般是放弃或清算的对象。针对转移型业务单元，企业通常采取以下管理策略：①降低成本和投资，包括压缩日常开支，实行更严格的费用预算，减少研发培训，广告，公共关系等支出，停止长期投资项目；②加速收回资产，包括加速应收款回收，降低存货量，尽量出售库存产品等；

③处置长期资产,包括出售闲置土地、建筑物、设备,出售某些在用资产,再以租赁方式获取使用权等;④整体出售或清算。

企业针对该类业务单元采取上述措施后,往往可以产生大量现金流入,而未来的经营方向和潜在的投资项目尚未确定,因此,自由现金流大量闲置,并可能被个人效用最大化日益膨胀的经营者滥用。如何监控现金的有效收回并保证有效利用,便成为对转移型业务单元管理的重点,而以现金流入和流出控制为核心的预算管理模式,便成为转移型业务单元预算管理的必然选择。

须说明的是,以现金流量为核心的预算管理模式并不是转移型业务单元预算管理的专利。作为日常财务管理的重要内容,现金流量预算管理贯彻企业日常财务管理的始终,离开了现金预算管理,企业日常财务管理就失去了管理的依据和重心,因此,旨在降低支付风险、协调现金流动性与收益性矛盾的现金流量预算应当而且必须成为企业日常财务管理的中心。

综合以上分析,基于 BCG 矩阵不同位置的业务单元的核心预算指标及相应的预算管理模式如表 15-5 所示。

表 15-5 业务单元的核心预算指标及相应的预算管理模式选择

业务单元 BCG 象限		基本任务	核心预算指标	预算管理模式
创建型业务单元	初创期	科学投资决策、控制资本支出、研究开发	投资支出、研发周期、产品质量	以资本支出预算为核心
	成长期	扩大市场占有率	营业收入、营业利润	以销售预算为核心
维持型业务单元	继续追求高增长	保持市场份额	营业收入、营业利润、经营现金净流量	以销售预算为核心
	转为收益型	短期利润和经营现金净流量最大化	营业利润、经营现金净流量	以成本预算为核心
收益型业务单元		短期利润和经营现金净流量最大化	营业利润、经营现金净流量	以成本预算为核心
转移型业务单元		资产变现	现金净流量、不良资产处置率	以现金流量预算为核心

须说明的是,表 15-5 仅仅是以 BCG 矩阵为基础所作的分析结论,但 BCG 矩阵本身存在一定的局限性。事实上,由于企业战略环境复杂性和竞争手段的多样性,业务单元所处 BCG 矩阵象限并非核心预算指标和相应预算管理模式选择的唯一依据。

(二)预算目标分解

1. 企业预算目标分解的行为过程

(1)企业预算目标的分解过程是两组参与者的博弈。

企业预算目标确立和分解过程是两组参与者之间展开的博弈,这种博弈表现在预算目标分解和确立的每个层次上,贯穿于企业科层关系的各个层级中,这是由参与双方的制度性身份或地位所决定的。在每一层次预算目标分解与接触中,两组参与者分别扮演资源提供者(委托人)和资源使用者(代理人)的角色,委托人与代理人之间目标函数的差异及信息不对称则成为预算博弈有基本动因。在预算目标的分解过程中,委托和代理人双方所掌握的信息是不平衡的,在效用最大化的驱使下有信息优势的一方(通常为代理方)便利用有利信息为自己谋利,其结果表现高估投入、低估产出预算指标,而处于信息劣势一方(通常为委托方)则会采取各种手段获取更多的信息,以便做出科学合理的预算决策。在信息的搜寻和利用过程中,上报和下达预算目标的双方不仅要考虑由于环境所带来的不确定性因素,而且要考虑对方的预期和决策,而预算目标的最终确定则是委托方与代理方讨价还价和利益相互协调的结果,从预算目标的各自提出到最终确定这一过程即表现为预算博弈。

(2) 追求预算博弈均衡的基本途径。

① 挖掘私有信息。为了防止科学的预算目标确立和分解过程演化为相关利益主体利用私有信息所进行的利益分赃,改变信息不对称的状况是解决预算不公的基本思路之一。但是,由于委托人并不直接参与代理人的经营管理活动,也难以直接观察代理人的行为,要使委托人和代理人掌握完全对等的信息是不可能的,委托人能做的工作是尽量挖掘私有信息,参与型预算是现代组织行为理论中委托人获取代理人私有信息的一种预算编制模式。委托人挖掘代理人私有信息的一种更有效途径是利用内部竞争,在确立内部责任单位预算目标时,委托人可利用类似招投标的机制,根据现在代理人和潜在的代理人所提出的预算目标决定未来代理人选。当代理人受到潜在代理人的竞争压力时,往往不得不提出经过努力后可达到的预算目标,从而达到委托人挖掘代理人私人信息的目的。

② 改变支付函数。利用内部竞争是委托人挖掘私人信息,改变在预算目标确立和分解过程中不利地位的一种有效途径。但是,它需要一定的人力资源条件,且预算目标往往是按年确立和分解的,频繁的人事变动将给企业的长远发展造成潜在的不利影响,因此,利用内部竞争确立预算目标应是有限度的。由于预算博弈参与双方的行动从根本上取决于限定的以预算为基础支付函数对各自效用的影响,如果能改进传统的预算报酬方案,使博弈双方(主要是代理方)从隐瞒私有信息中得不到任何好处,从而使激励双方在设定预算目标时披露他们的真实信息,则是一种更理想的选择。

2. 企业预算目标分解的技术过程

预算目标的分解除了是一个利益调整的政治过程外,也是一个技术的过程,它必须立足于企业内部责任单位现实的外部市场环境及其他客观因素的限制。这里我们以利润预算目标分解为例,说明预算目标分解的技术过程。

(1) 利润预算目标分解的基本逻辑。

① 确定利润预算的分配对象。董事会在下达利润预算目标之后,总经理如何分解落实利润预算目标,主要基于对责任中心的定位,而责任中心的定位又取决于对现存企业组织框架的职责定义与岗位说明。总经理在分解利润目标时,必须进行两项基本工作:第一,按照作业类型,将现存组织所完成的作业分为两部分,即增值性作业和非增值性作业,为避免有限资源的浪费,必须对内部的非增值作业及其所涉及的部门、组织、资源进行适当调整;同时,对增值性作业部门或组织按照最大化效益原则进行必要安排。前者称之为流程再造,而后者称之为组织再造,其目标都是充分发挥现有资源的潜力。第二,在经过组织再造与作业流程再造之后,对保留下来的组织,按照功能、属性等进行责任中心定位,有些组织被归为成本费用中心,而有些则定位为利润中心,包括自然利润中心和人为利润中心。从利润预算目标分解方法来讲,各责任中心的责任预算因性质不同而各异,对于纯费用中心,可采用零基预算法,按照其工作职责和应完成作业量,来确定其预算费用目标;对于经营单位,将其定义为利润中心,作为利润预算目标的直接分配对象。

② 确定待分配利润目标的数额。为完成董事会下达的利润预算目标,各利润中心所实现的收入除补偿自身成本费用外,还必须补偿企业总部纯费用中心所发生的费用。另外,对于各利润中心的不可控费用,不能直接纳入利润中心的责任预算,必须由企业总部统一分解。

企业总部对各利润中心的预算目标利润＝董事会下达的利润预算目标＋企业总部管理费用预算总额＋各利润中心不可控费用预算总额

③ 确定利润预算分解基本方法。企业对利润中心利润预算目标的分解,有以下两种基本的方法。

第一,目标资产报酬率法,即 ROA 法,该方法的操作过程是将企业对各利润中心的待分配利润数额(按上述公式测算)除以各利润中心所占用的总资产,求得 ROA 比率,然后根据各利润中心所占用的资产总额分别乘以 ROA,来确定各利润中心所分摊的利润预算目标。

第二,目标资本报酬率法,即 ROE 法,该法是指将企业总部对各利润中心的预算目标利润,分别除以各子公司所占用的净资产,求得 ROE,然后用这一期望比率分别乘以各利润中心占用的净资产,确定各自的利润预算目标。

从表面上看,这两种方法在计算和运用中并没有本质的差别。但是,如果考虑企业总部对下属利润中心的筹资权限,我们会发现这两种方法体现着两种不同的筹资管理模式,也就是企业总部对下属利润中心的筹资管理是集权还是分权。ROA 法适用于企业总部对下属利润中心采用集权管理方式的企业,在这类企业中,下属利润中心本质上并没有对外筹资特别是负债融资的权限,下属利润中心的经理也就不对其负债融资及资本结构负责,因此,在分解利润目标时按其所占用的总资产而不是总资本来考虑。相反,如果下属利润中心具有债务融资权限,是一个真正意义上的自然利润中心,企业总部不对其融资战略负责,其资本结构由下属利润中心总经理来安排,则企业总部对其利润的分解也必然以所投入的资本额来考核其回报,表现在目标预算分解上,分解依据为企业总部对下属利润中心的投资额或其净资产,而非总资产,即采用 ROE 法。

(2) 利润预算目标分解过程中对其他相关因素的考虑。

在实际预算管理活动中,企业总部对利润中心的预算目标分解,从技术方法上讲也并没有上文所述的那么简单,利润预算目标的分解至少还应考虑以下基本问题:

① 利润预算目标分解中对战略的考虑。在确定利润预算目标分解方法时强调统一性也许是必要的,但是一刀切的做法有时不符合企业总部的战略意图。

② 利润预算目标分解中对转移定价的考虑。对于某一些企业特别是经营型的企业集团,企业总部从利润中心所取得的实际收入由两部分组成,包括转移定价差额收入和税后利润。所谓转移定价差额收入,是指企业总部向某一利润中心提供商品或劳务的内部转移定价高于正常市价,或企业总部向某一利润中心购买商品或劳务的内部转移定价低于其机会收益的差额。对于转移定价差额收入,它未体现在税后利润中,因此,企业总部在向利润中心分解利润预算目标时,应当将这一部分差额收入从其预算目标收益中剔除,剩余部分即为该利润中心的利润预算目标。

③ 利润预算目标分解中对利息费用的处理。无论是采用目标资产报酬率法还是采用目标资本报酬率法分解预算利润目标,在确定的各利润中心的目标利润中,均已反映企业总部向利润中心的资金投入量,但问题是企业总部分解预算利润目标时所采用的是总部所核定的各利润中心资产或资本的期初占用额,各利润中心在整个预算期间内经营运作实际占用的资金可能高于也可能低于总部核定的资金,对于整个预算期实际占用资金与核定资金的差额,利息费用应如何处理?毫无疑问,为鼓励利润中心提高资金运营效率,对于各利润中心可控的超额资金占

用费,主要表现为流动资金超额占用,应纳入各利润中心的可控费用之中。由于由总部统一拨付的流动资金其占用利息由企业总部直接承担,或表现为总部的机会成本,对于没有建立内部信贷结算体系的企业而言,超额或节余资金占用的利息并没有在各利润中心的账面利润中得到反映,因此,对于没有建立内部信贷计息结算制度的企业,必须在各利润中心账面可控利润的基础上,对超额或节余资金占用的利息进行调整。

④ 利润预算目标分解中的资产计价问题。资产计价问题涉及三方面内容:一是沉淀资产的确认与剥离问题,二是资产计价时点确定,三是计价金额的确定。

第一,沉淀资产的确认与剥离。利润中心的经营者要对其所经管的资产价值增值负责,资产价值越大,则经营责任也越大。因此,这些经理人员首先考虑的问题是如何对现有资产的沉淀部分进行清理和剥离。如果没有这一程序,任何命令或预算指令最终都会难以分解下去,难以被利润中心的管理层接受。这里所指的沉淀资产是指历史上形成的(而非现职经理在确定预算目标时点形成)不能增值的资产,其形式大量地表现为应收账款和其他非增值资产。在利润预算目标分解之前,对于这些资产必须剥离,才符合产出与可增值投入对称的原则和可控性原则。至于所剥离资产的处理,可以采用挂账的办法,由各利润中心在一定时期内消化,也可以全部作为非增值资产移交至企业总部处理。

第二,资产计价时点确认。由于企业在编制下一年预算时,一般都选择在当年接近年终的月份,对下属利润中心真实资产(即剔除沉淀资产后的增值资产)的确认,不能等到年末决算后再进行,因此一般均以预算编制时点的资产占用时作为预算编制基础,而在年末再根据实际数进行累积性微调,这是一种通行的做法。但是,如果在年末编制预算的这段期间内,利润中心的资金占用无大的变动,也可不作调整。

第三,资产价值确认。资产价值确认首先涉及资产计价属性问题,即采用历史成本(账面价值)还是重置成本;其次涉及资产的计价口径问题,即是资产总值还是扣除折旧后的资产净值。不同的确认标准导致不同的利润目标分解结果。从公允性和相关性角度,资产计价属性应采用重置成本。从固定资产生产能力的主要决定因素看,固定资产计价口径一般应采用原值,至于维持固定资产生产能力所需的修理、维护费用,可在预算目标确定中另行考虑。由于采用重置成本计价受资料的可得性和成本的约束,在实践中,可采用账面总值方法来确认资产,一方面避免折旧政策对资产计价的影响,另一方面有利于提高预算编制的效率。

⑤ 利润预算目标分解中的非财务资源问题。在分解预算目标时,我们一直强调用财务资本,如总资产或净资产作为利润目标分解依据,但是对于不同的利润中心,它所占有企业总部的资源并不完全是财务资源,还包括非财务资源,如知名度较高的品牌、优越的地理位置、素质较高的员工队伍、优良的供应商资源和营销网络、以及被其占有的特有资源如特许经营权等。

补充阅读材料

1. 王月欣.现代企业集团财务控制研究.经济科学出版社,2004
2. 财政部企业司.全面预算管理的理论与案例.经济科学出版社,2004
3. 潘爱香,高晨.全面预算管理.浙江人民出版社,2001
4. 北京商学院会计系.企业预算管理的构造与运行.中国人民公安大学出版社,1999
5. 史习民.全面预算管理.立信会计出版社,2003

6. 汤谷良.财务控制新论——兼议现代企业财务控制再造.会计研究,2003(3)
7. 王斌,高晨.组织设计、管理控制系统与财权制度安排.会计研究,2003(3)
8. 王斌,李萍莉.关于企业预算目标确定及其分解的理论分析.会计研究,2001(8)
9. 管理会计应用与发展典型案例研究课题组.我国集团公司预算管理运行体系新模式——中原石油勘探局案例研究.会计研究,2001(8)
10. 刘爱东,余欣.零基预算演进的动力机制分析与思考.湖南医科大学学报(社会科学版),2004(2)

第十六章 公司战略联盟利益分配

/学习目标/

通过本章学习,了解公司战略联盟利益分配的相关理论,理解公司战略联盟价值创造的内涵、途径和测算,掌握公司战略联盟利益分配机制的模式,熟悉公司战略联盟利益分配机制的运行及评价。

第一节 公司战略联盟利益分配的概述

一、公司战略联盟的兴起

公司战略联盟(Strategic Alliances)最早源于日本企业界的合资浪潮。一些日本企业在寻找合资伙伴时,发现也可以只购买先进的技术,这便是战略联盟的雏形。战略联盟的概念虽然起源于日本,却首先在美国企业界盛行。1990 年以来,美国国内及跨国性质的战略联盟,以每年 25% 的增长率快速发展,显示了旺盛的生命力和不可逆转的趋势。

尽管战略联盟兴起于 20 世纪 90 年代,且在此之前的企业间的合作和联盟关系早就存在,但现代意义上的公司战略联盟是从 80 年代开始才大量出现,逐步发展成为今天的公司战略联盟形式。

环境的变化是形成战略联盟的主要原因。Bartlett & Ghoshal(1998)指出,复杂的国际环境和技术发展对企业的效率、灵活性和学习能力提出挑战。企业建立网络结构和战略联盟则是应对挑战的一种合理选择。公司战略联盟利益分配的理论基础由战略竞争优势互补理论与联盟利益博弈理论组成。

国内外文献表明,关于公司战略联盟利益分配机制的研究主要集中于利用博弈论或对策论构建分配模型,从定量的角度分析公司战略联盟利润的分配等问题。对公司战略联盟的组织形式和利益分配方式认识不足,缺乏对公司战略联盟利益分配的系统思考,没有考虑到公司战略联盟中无形资产的量化分配,对公司战略联盟利益分配机制缺乏系统的研究。

二、公司战略联盟的概念及具体组织形式

(一) 公司战略联盟的概念

关于公司战略联盟概念的界定,学术界目前仍有争议。企业间各种形式的合作被赋予了不同的名称,除了使用"战略联盟"这一术语外,还存在多种表达,如"虚拟合作"、"动态联盟"等,可这些概念在内涵及外延上都有一定差别,但"战略联盟"作为一个普遍概念正在逐渐获得支配地位。"战略联盟"是由美国 DEC 公司总裁简·霍普兰德(J. Hopland)和管理学家罗杰·奈格尔(R. Niger)最早提出。国内外学者们也从不同的角度对战略联盟作出解释,综合看来,定义可分为狭义和广义两类。狭义上看,公司战略联盟是两个或两个以上的企业组织,在某个时期内以相互合作的方式来实现某一特定目标,这种合作方式强调结盟公司经营实力对等,且不涉及股权的参与。广义的定义是企业之间任何形式的正式或非正式的合作协议,将伴有资本流动的企业收购、兼并以及合资等形式都列入战略联盟的范围。

美国战略管理学家迈克尔·波特(Micheal Porter)在《竞争优势》一书中定义:"联盟是指企业之间进行长期合作,它超越了正常的市场交易,可是又达不到合并程度的长期协议,联盟的例子包括技术许可证、供应协定、营销协定和合资企业。"①

综上所述,公司战略联盟是指由两个或两个以上有着对等经营实力的企业(或特定事业和职能部门),为达到共同拥有市场、共同使用资源等战略目标,通过各种契约而结成的优势相长、风险共担、要素双向或多向流动的松散型网络组织。战略联盟多为自发的、非强制的,联盟各方仍旧保持着原有企业的经营独立性。合资形式虽然伴随着资本流动,但与收购兼并不同。合资的企业间仍然保持一定的独特性,并存在着技术的流动,但多为单向的,故将其列入战略联盟的范畴,而那些伴有资本流动的企业收购、兼并等形式则不列入战略联盟的范围。公司战略联盟的经营目标实现以后,必然会带来相应收益,具体表现在三个方面:一是当前经济效益的增长,主要是联盟所带来的超额商业盈利;二是市场状态的改善,包括抢先独占新市场和原有市场份额的扩大;三是主体创新素质的提高,主要指联盟各成员技术竞争力的增强和创新管理经验的有效积累。后两方面最终表现为较长期利润增长的追求。

因此,狭义的公司战略联盟可供分配利益是指利润,在一定的评估期间内,具体表现为在经济收益、市场状态和主体素质等方面单独或同时取得的联盟期望收益。广义的公司战略联盟可分配利益,不仅是指利润及其合作产品的分配,而且还包括联盟所产生的专利权、技术诀窍、商标、商誉等,对这些无形资产进行科学的评估,也作为战略联盟利益分配的组成部分,为利益分配提供依据。本章研究的是公司战略联盟广义的可分配利益。

公司战略联盟的利益分配机制是公司战略联盟运营体系的重要组成部分,它是各个结盟公司作为利益主体对战略联盟在运营过程中或者在战略联盟解体时所形成的利益进行分配的制度安排。

---

① 〔美〕迈克尔·波特著,夏中华译:《竞争优势》,中国财政经济出版社,1988年,第56页。

（二）公司战略联盟的具体组织形式

公司战略联盟的形式如图16-1所示。

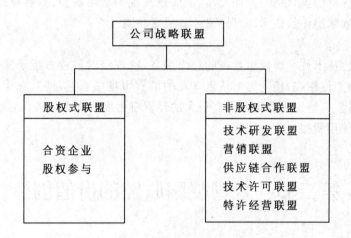

图16-1 公司战略联盟的形式

1. 合资企业

成立合资企业是建立战略联盟最普遍的形式之一。它是指两个或多个结盟公司，以投入股权份额的方式建立一个独立的企业实体，成为独立于母公司的法律实体。尤其是对半参股的合资企业与公司战略联盟的涵义十分接近。

2. 股权参与

结盟公司基于建立某种非正式工作关系的需要，在其他企业中占有少数股权，从而使双方利益紧密联系在一起，以便享受优势互补的好处，而结盟公司仍然保持相对的独立性。

3. 技术研发联盟

在当前复杂的技术生产系统交错的行业中，没有几个公司能拥有全部创造新产品或服务的技术竞争力，这就要求在公司间开展技术协作。这种协作可以发生在大学、研究所、企业之间。结盟伙伴通过分担巨额的成本费用，将相关资源汇集在一起，比如结合人力与技术资源一起来研究和开发新产品或新技术。

4. 营销联盟

结盟公司利用联盟伙伴的分销系统，彼此相互帮助，一家公司帮助营销另一家的产品和服务，另一家公司也可同样为之。结盟伙伴享有进入市场而不用直接投资的优越性。结盟公司也可以采取合作开拓市场的方式，共同开拓新兴市场，共享分销渠道，有效减少市场风险。

5. 供应链合作联盟

供应链合作联盟是指制造商与供应商在生产上有效联合，制造商不是选择报价最低的供应商，而是挑选数目有限的掌握有成本最小化或具有差别性的工艺（比如，质量领先者）的供应链合作伙伴，与其建立长期的合作关系，保证得到及时的优质零部件配送。制造商与供应商一起采用及时供应制库存系统，将库存成本转移到供应商节约大量资金。事实上，效益出自制造商与供应商间的有效联合，所创造的价值是任何一方无法单独创造出来的。

6. 技术许可联盟

在市场交易中，发放许可证的企业允许另一家公司使用其专利或技术诀窍，被授予许可证者根据双方协议，支付技术许可使用费或其他形式的费用作为回报，常以产量或销售额计算。但如果一项技术许可协议只是一次性交易，不应该被视为战略联盟，只有持续一段延续期，并且技术许可双方继续协作的技术许可协议才是战略联盟。

7. 特许经营联盟

特许经营是比技术许可协议更紧密的合作关系，特许经营授权方授予接受方使用品牌名称、商标或其他财产使用权，接受方可从已开发的消费市场中获益，同时在保证授权规定价格和服务标准的前提下，特许经营接受方有较大的经营自由度。作为回报，必须由接受方支付以销售量为基础的使用费用。

第二节 公司战略联盟的价值创造

一、公司战略联盟价值创造的内涵

财务管理学中，价值是以经济学上的价值理论为基础的核心概念，其价值理论是经济学各种价值理论的科学部分应用于经济实践之后的价值理论。所以，财务管理学中的价值是凝结在商品中的生产力资源被社会接受的程度及其效果。价值的财务学表述符合哲学上关于价值是客体满足主体需要程度的一般定义。各种相关的价值概念已被广泛应用于现代经济学和公司管理实务之中，价值理念革新了以前强调利润的财务思想，成为了现代财务理论之网的纽结。

企业不仅是物力资源、人力资源和组织资源的集合体，更是价值创造的主体。公司战略联盟作为各个结盟公司的联合体，更加成为一个巨大的价值创造主体，而且这种价值创造活动将会产生比各个结盟公司结盟之前单独运营更大的价值，形成一种价值的聚合反应。事实上，如果不能创造更多的价值，公司战略联盟也就失去了存在的意义。

自20世纪80年代初期至今，随着公司战略联盟价值创造活动研究的逐步深入，交易成本理论、价值链重构理论、资源互补理论、社会网络理论、知识和学习理论以及战略选择等随着理论工具被广泛应用到公司战略联盟价值创造活动的研究之中。正确认识联盟环境下组织创造价值的活动，对进一步深化公司战略联盟的研究工作具有重要意义。战略联盟创造企业价值的过程如下：战略联盟通过采取一定的组织形式和规制结构，将联盟内企业的资源和能力、特别是核心竞争力进行整合，实现企业核心竞争力的互补和聚合，从而形成联盟竞争优势。这样，联盟作为一个整体参与竞争，表现出优于其他网络组织或企业的竞争优势，创造更多的价值。联盟的竞争优势又反作用于这一网络组织中的每一个企业，使各个企业的核心竞争力增加，最终增加每一个企业的价值。联盟创造企业价值的过程如图16-2所示。

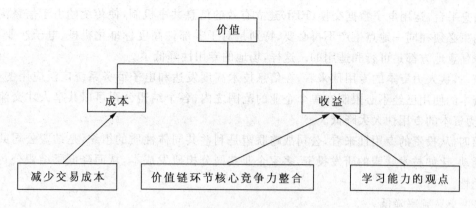

图 16-2　公司战略联盟价值创造模型

二、公司战略联盟价值创造的途径

(一) 交易成本的减少

1. 交易成本的提出及其维度

罗纳得·科斯在1937年发表的《企业的性质》一文中提出交易费用(Transaction Cost)这一概念,认为交易活动是要消耗稀缺资源的,因而市场运行中存在着交易费用。交易费用的提出,是经济学领域中的一场革命,奠定了新制度经济学的基础。在科斯看来,交易成本至少包括两项内容:(1)在交易中发现相对价格的成本,其中包括获取和处理市场信息的费用,主要是搜集有关交易对象和市场价格的确定信息必须付出的费用,这是交易准备阶段发生的费用。(2)为完成市场交易而进行的谈判和监督履约的费用。其中包括讨价还价、订立合约、执行合约并付诸法律规范因而必须支付的有关费用,这是交易过程中发生的。

交易的组织方式决定了交易成本的属性。影响交易成本的维度常包括以下几个方面:①资产的专用性;②交易频率和持续时间;③交易的不确定性。它们导致交易活动的不确定性和复杂性会使交易费用增加,也使某种制度安排和交易方式的选择成为必要。

2. 公司战略联盟组织形态下市场交易的新特征

(1) 资产的专用性降低。

为了完成某项交易,交易的一方往往要投入一些专用的资产,这些资产构成了沉入成本,当这项交易被提前终止,所投入的资产可能因无法改作其他用途而全部或部分地损失掉。资产专用性包括设备物质的专用性、场地的专用性、人力资本的专用性和投资专用性等方面,它是影响人们选择不同交易组织方式的最重要原因之一。公司战略联盟是介于市场和企业间的中间层组织,有着混合的管理结构。

第一,从设备资产的专用性来看,在公司战略联盟组织形态下,不仅广泛使用以计算机为基础的柔性生产设备,使设备能生产多样化的产品,而且,在公司战略联盟的价值网络环境下,设备资产的使用范围可以扩大到整个联盟,各个结盟公司不必再购置同类设备资产,因此,降低了设备资产的专用性。

第二,从场地的专用性来看,随着信息技术的高速发展,企业内部各个职能部门以及企业和外部单位可以通过局域网和广域网连为一体。同样,公司战略联盟中的各个结盟公司通过网络信息平台,运用电子数据交换(EDI)建立有效的信息共享机制,使传统的由于信息沟通及技术约束必须在同一地点生产不再必要,特别是对于零部件高度标准化机械、电子产业,生产在全球任意地方都是可行和适用的。这样,场地的专用性降低了。

第三,从人力资本的专用性来看,在信息技术高度发达和电子商务系统广泛应用的今天,人力资本的使用已经不必限制在单个企业的范围之内,各个结盟公司可以共享人才交流的好处,人力资本的专用性大大降低。

第四,从投资的专用性来看,公司战略联盟是利益共同体性质的组织,是结盟公司共同的投资活动,比如技术联盟的研发投资,多家企业共同分担研发成本,从而降低了结盟公司投资的专用性。

(2) 交易频率降低。

现实中一些交易是一次性的,或者发生得很少,比如居民购买房产,如果不考虑投资的动机,每个人一生也不会参与几次;而另一些交易则频繁发生,例如批发与零售企业之间因销售而发生多次供货关系。交易频率通过影响相对的交易费用而决定交易合约和制度安排的选择。公司战略联盟内部的交易量很大且经常地进行,通过战略联盟这种特殊的制度安排,减少了经常性交易中反复签约而引致的交易成本。比如,在交易频率较高的上下游企业之间建立企业供应链战略联盟,不仅稳定了交易关系,而且节约了可观的交易成本。

(3) 交易的不确定性降低。

在公司战略联盟的组织形态下,一方面,由于结盟公司之间通过网络平台建立有效的信息沟通机制,使信息的搜寻和获取变得比较容易,这在一定程度上降低了因信息的不对称所导致的交易不确定性;另一方面,公司战略联盟组织的稳定性可以抵消外部市场环境中的不确定性。如果联盟中的某一结盟公司有严重的机会主义行为倾向,给公司战略联盟带来严重的经济后果,不仅有损其声誉,而且公司战略联盟也可能因此解体,这一结盟公司以后的市场生存机会可能都存在问题。因此,各个结盟公司都能清楚地意识到机会主义倾向的严重后果。结盟公司趋向于建立密切的信任和沟通关系,可以有效地抑制机会主义行为的产生,进而减少由于不确定性引致的交易成本[①]。

(二) 企业价值链环节核心竞争力的整合

1. 价值链理论与核心竞争力理论

价值链首先是由美国哈佛大学教授波特提出来的。企业是一个综合设计、生产、销售、运送和管理等活动的集合体,其创造价值的过程可分解为一系列互不相同但又相互关联的增值活动,总和即构成价值系统。其中每一项经营管理活动就是这一价值系统中的价值链。企业的价值系统具体包括供应商价值链、生产单位价值链、销售渠道价值链和买方价值链等。无论是生产性行业还是服务性行业,企业的经济活动都可以用上述价值链进行分析,只是不同行业的价值链构成并不完全相同,而同一环节在各行业价值链中的重要性也不同。

企业核心竞争力理论认为企业内部的核心能力是企业获得和保持竞争优势的关键,企业核心竞争力理论从企业内部及其生产领域分析企业的本质。

1990 年,C. K. Prahalad 和 Gary Hamel 在《哈佛商业评论》上发表的文章《企业的核心能

---

① Das, T. K. Bing-Sheng Teng. Risk types and interfirm alliance structure.

力》正式确立了核心竞争力在管理理论与实践上的重要地位。他们认为企业核心竞争力是"能使企业为顾客带来特别利益的一类积累性知识,特别是关于如何协调不同的生产技能和有机结合多种技术流派的知识"。企业正是依赖其核心能力形成竞争优势而存在。

企业之间的竞争也不是产品与产品的竞争,而是核心竞争力与核心竞争力之间的竞争。这与波特将企业竞争优势归因于企业的市场力量的观点迥然不同。在知识经济时代,竞争优势的来源是企业核心竞争力。企业的核心竞争力是企业的一种最重要的知识资本,它可以为企业带来更高的租金[①]。企业的核心竞争力具有四个显著特征:(1)顾客价值,企业核心竞争力是指能为顾客提供根本性好处的竞争力。因为顾客是决定哪个企业具有竞争力的最终评判主体,所以,一项竞争力之所以是核心的,关键在于是为顾客带来好处,能够提供高于其竞争对手的顾客价值。(2)竞争差异性,由于核心竞争力具有路径依赖特性,是显性知识与隐性知识的有机统一体,并且还可能包含技术秘密,因此,核心竞争力不会轻易地被竞争对手模仿,在企业现有的和潜在的竞争者中,它是稀有的,并且没有同等的替代品。(3)延展性,核心竞争力必须超越单个产品,体现在企业的一系列产品或服务上,并且有旺盛和持久的生命力,使企业拥有进入各种市场的潜力。它决定着企业如何实行多样化经营,以及如何选择市场进入模式,使其成为差别化竞争优势的源泉。(4)可以叠加性,一种核心竞争力可以作为一种因子,成为更高层次核心竞争力的组成部分。企业可以通过进行研发等活动来实现核心能力的叠加。

2. 公司战略联盟组织形态下价值链环节的核心竞争力的整合

由于核心竞争力本身具有异质性和不能仿制性,通过组建战略联盟,企业可以在价值链环节上实现核心竞争力的互补、融合与叠加,这一协同将产生竞争能力的乘数效应,爆发出无法估量的能量而强化企业竞争优势。

要求某一企业在所有价值增值环节上都具有核心竞争力显然是不现实的,一个企业不可能拥有所有的能力。单个企业在其价值增值环节上,可能只是在某一价值增值环节上拥有核心竞争力。为了达到"双赢"的协同效应,企业之间通过战略联盟,相互在各自价值链的核心竞争力环节上展开合作,促使彼此核心竞争能力的互补,达成 $1+1>2$ 的价值创造效果,这也是企业建立战略联盟的原动力。同时,还可以通过战略联盟的联合形式促进企业间核心竞争力的融合与叠加,使企业形成新技能、开拓新业务。以建立公司战略联盟方式实现核心竞争力的叠加不仅具有内部一体化方式实现叠加的优势,节约了内部化所需的资金,还有助于结盟公司行业竞争优势地位的确立。比如,许多高技术产业的战略联盟都成立于新技术最原始的研究开发阶段,当该项技术趋于成熟的时候,结盟公司的技术标准就成为行业的共同技术标准。相应地,技术标准成为后发企业的进入壁垒,他们要么支付更高的成本开发新技术,要么被动接受这项技术标准,始终处于行业的追赶位置。从而确立了公司战略联盟价值创造的优势地位。

在战略联盟中,企业之间价值链环节核心竞争力的整合,共享了价值链的结盟公司相互密切配合,可大幅度降低其中的协调成本;联盟伙伴间的战略协同使双方在更多的领域保持较强的一致性,从而有效地减少共享价值活动中的妥协成本;联盟组织的松散性使结盟公司在履行共享价值活动的义务和职责时,仍保持着较强的灵活性和应变能力,有效地避免共享过程中僵化的成本。另外,结盟公司通过紧密合作还能促使共享收益的增加,主要表现为共享价值链上

---

① Makadok R., Toward a synthesis of the resource-based and dynamic-capability views of tent creation. Strategic Management Journal, 2001, 22: 387—401.

的活动以降低相关业务活动的成本,使规模效应更加显著。

综上所述,结盟公司之间价值链环节核心竞争力的整合,可以在共享价值增值活动的过程中,削减各种相关的成本,并在密切合作的同时增加共享收益,从而获得更多的竞争优势。公司战略联盟核心竞争能力整合与价值提升模型如图16-3所示。

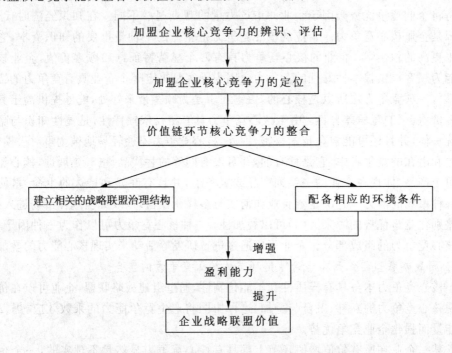

图16-3　公司战略联盟核心竞争能力整合与价值提升

(三) 学习能力的提升

企业持续竞争优势不能简单地看成短期的产品开发或经营战略的结果,而是以企业深层次的核心能力形式存在的,能持续应对外部环境变化、开发满足消费者需求的新产品或服务的智力资本的结果。这种智力资本与组织所拥有的知识有关,是企业发展的历史路径和不断学习、积累、培养的产物。企业知识的来源不仅仅依靠企业自己"生产",也可以通过外部途径如市场交易、并购、战略联盟等获得。其中,战略联盟作为一种现代竞争环境下知识学习的有效节约方式被广泛使用,通过战略联盟发生的知识学习包括知识转移和知识创新。

三、公司战略联盟价值创造的测算

除了股权式战略联盟外,公司战略联盟中的各个结盟公司都是相对独立的法律经营实体。那么,测算公司战略联盟价值创造,也可以参考单个企业价值的测算方法。当然,股权式战略联盟价值创造的测算就比较简单,同单个企业价值的测算方法并无二致。契约式战略联盟价值创造的测算相对复杂一点,但也只是在测算得到各个结盟公司价值创造的数额后,简单合计加总即得到公司战略联盟价值创造的总额。

学者们和企业界在长期的研究和实践中从不同的角度形成了不同的企业价值观,主要有折现自由现金流量价值观、市场价值观、未来收益折现价值观以及经济增加值等。以下仅从自由现金流量、经济增加值两个方面来阐述契约式公司战略联盟的价值测算。

(一) 基于自由现金流量的测算

在现代金融学和公司财务领域，折现自由现金流量的企业价值观是被西方最为广泛地认同和接受的主流企业价值观。从财务的角度讲，价值取决于企业未来的自由现金流量折现。这一模型在资本市场发达的国家中被广泛应用于投资分析和投资组合管理、企业并购和企业财务等领域。

折现自由现金流量价值观认为企业价值等于企业未来自由现金流量的折现值。即选定恰当的折现率，将企业未来的自由现金流折算到现在的价值之和作为企业当前的测算价值。该方法的基本原理是一项资产的价值等于该资产预期在未来所产生的全部现金流量的现值总和。

$$资产价值 = \sum_{t=1}^{n} \frac{CF_t}{(1+R)^t} \quad (16-1)$$

式中：n——资产寿命；CF_t——时期 t 资产所产生的现金流量；R——反映预期现金流量风险的折现率。

不同的资产预期现金流量不同，如对股票来说主要为红利；对债券来说为票息和本金支付；对实物投资来说，则应为税后净现金流。折现率是预期现金流量风险的函数，风险越大，现金流的折现率越大；风险越小，则资产折现率越小。

企业自由现金流量折现价值模型主要包括股权自由现金流估价模型和企业自由现金流估价模型。股权自由现金流量（FCFE，Free Cash Flow of Equity）是企业支付所有营运费用，再减去投资支出、所得税和净债务支付（即利息、本金支付减发行新债务的净额）后可分配给股东的剩余现金流量，其计算公式为

$$FCFE = 净收益 + 折旧 - 资本性支出 - 营运资本追加额 + 债务本金偿还 + 新发行债务 \quad (16-2)$$

企业自由现金流（FCFF，Free Cash Flow of Firm）是企业支付了所有营运费用，进行了必需的固定资产与营运资产投资后可以向所有投资者分派的税后现金流量。FCFF 是企业所有权利要求者，包括普通股股东、优先股股东和债权人的现金流总和，其计算公式为

$$FCFF = EBIT \times (1-税率) + 折旧 - 资本性支出 - 追加营运资本 \quad (16-3)$$

根据测算企业战略价值的需要，下面仅简要讨论 FCFE 和 FCFF 模型的基本原理。

FCFE 折现估价模型的基本原理是企业股权价值等于企业预期股权现金流量按股权成本进行折现。

$$V_e = \sum_{t=1}^{n} \frac{FCFE_t}{(1+K_e)^t} \quad (16-4)$$

式中：V_e——企业股权价值；$FCFE_t$——时期 t 股权的现金流量；K_e——股权成本。

FCFF 折现模型认为企业价值等于企业预期现金流量按公司资本成本进行折现。

$$V_c = \sum_{t=1}^{n} \frac{FCFF_t}{(1+WACC)^t} \quad (16-5)$$

式中：V_c——企业价值；$FCFF_t$——时期 t 企业预期现金流量；$WACC$——加权资本成本。

于是,可以测算出公司战略联盟价值创造的数量,即

$$V_{sa} = nV_e \text{ 或 } nV_c \tag{16-6}$$

式中:V_{sa}——公司战略联盟的价值;V_e 或 V_c——结盟公司价值。

(二) 基于经济增加值的测算

我们还可以用经济增加值模式来评价公司战略联盟的价值创造。经济增加值(EVA)从理论上讲可以在任何主体的范围内计算出来,包括企业、子公司、部门和生产线等,EVA 并不要求该主体公开交易。同时,由于 EVA 是一个利润的概念,因而它是一个流量指标而不是一个存量指标,只不过这里的"利润"是经济利润而非会计利润。

首先要明确的是:市场价值等于现行经营价值(COV)加上未来增长价值(FGV),而 COV 等于投资成本加上现行 EVA 的资本化价值,FGV 等于预期 EVA 增值的资本化价值。企业价值最终可以表示为

$$\text{企业价值} = COV + FGV = \text{投资成本} + \text{现行 EVA 的资本化价值} + \text{预期 EVA 增值的资本化价值} \tag{16-7}$$

如果一个企业的股价上涨,那么或者是创造了超额 EVA,或者是创造了超额 FGV,或者是以上两种情况同时发生。超额 EVA 或者超额 FGV 的产生都意味着企业的实际经营状况比资本市场预期的要好。

事实上,超额 EVA 与超额 FGV 之和就是超额回报。超额回报是企业累计创造的股东财富的最终体现,因此,EVA 和股东财富具有内在的联系,它满足了我们提出的各项要求,是一个理想的衡量价值的指标[①]。

EVA 的另一种表达方式为:企业价值=账面价值+未来各年的经济增加值的现值的总和,即

$$V_e = B_{t0} + \sum_{t=1}^{\infty} \frac{EVA_t}{(1+r)^t} \tag{16-8}$$

式中:V_e——企业价值;B_{t0}——基年的账面价值净值;EVA_t——时期 t 的 EVA 值;r——每期加权平均资本成本。

$$\begin{aligned} EVA &= \text{税后净营业利润} - \text{资本成本} \\ &= \text{税后净营业利润} - (\text{利息} + \text{自有资本成本}) \end{aligned} \tag{16-9}$$

同样,我们可以测算出公司战略联盟价值创造的数量,即

$$V_{sa} = nV_e \tag{16-10}$$

式中:V_{sa}——公司战略联盟的价值;V_e——结盟公司价值。

---

① 张纯:《论新经济时代 EVA 的效用性》,《会计研究》,2003(4);孙铮,吴茜:《经济增加值:盛誉下的思考》,《会计研究》,2003(3)。

第三节 公司战略联盟利益分配机制的模式

一、公司战略联盟利益分配机制设计的目标

在公司战略联盟的运营中,结盟公司的各自利益目标并不一致,如果利益分配机制设计不当,很可能导致结盟公司的个体利益偏离公司战略联盟整体利益的方向。因此,战略联盟利益分配机制设计的目标,是在确保联盟整体利益最大化并合理保障结盟公司个体利益的条件下,尽可能地减少结盟公司个体利益方向偏离的程度,也就是减小图16-4中角的度数。

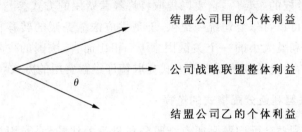

图16-4 公司战略联盟整体利益与结盟公司个体利益

二、公司战略联盟利益分配机制设计应遵循的原则

既然企业联盟是建立在共同的利益基础上,联盟要持续健康地发展,必须平衡每个成员企业所贡献的资源与从联盟中得到的收益。如何使利益分配合理化,目前在这方面的研究并不多。一般认为联盟企业在制定利益分配时应遵循四条原则。

(1) 互惠互利原则。利益分配机制的设计应该可以使每个结盟公司的自主利益得到充分保证,而且不会影响结盟公司的积极性,否则容易导致联盟合作的失败或破裂。

(2) 结构利益最优原则。从战略联盟组建的实际情况出发,充分考虑各种影响因素,合理确定利益分配的最优比例结构,促使各个结盟公司实现积极合作、协调发展。

(3) 风险与利益对称原则。在设计利益分配机制时,充分考虑各个结盟公司风险的大小,并根据承担风险的大小合理确定结盟公司的利益分配。

(4) 个体合理原则。各个结盟公司参与战略联盟所得到的利益必须比不结盟时要多,战略联盟不能损害结盟公司的个体利益,否则会出现中途背叛现象。

三、公司战略联盟利益分配机制的模式选择

(一) 公司战略联盟利益分配的依据

利益是公司战略联盟形成和解体的终极原因。研究战略联盟的利益分配,不论是对正在进行的联盟还是对拟组建的联盟而言,都有着重大的理论和现实意义。公司战略联盟利益分

配机制的构建及其运行,与公司战略联盟的联盟协议密切相关。良好的联盟协议不仅包括厂址设置、成本分摊、市场份额的取得等通常的细节以及对知识创新、技术协同等方法进行设计,而且还详细规定了能够被联盟各方所接受的利益分配方案。结盟公司正是通过达成一致的联盟协议,使利益分配得到有效保障,确保公司战略联盟有效运转。

(二) 现有公司战略联盟利益分配研究成果的特点

从现有公司战略联盟利益分配研究成果看,公司战略联盟利益分配主要强调的是狭义上的利益分配,很少或基本没有涉及产品和无形资产的分配。比如:合资公司的利益分配主要是依据合资各方股权的比例;产销战略联盟利益分配研究,也只是简单地说明结盟公司在各自环节的过程分配。比较成熟的可口可乐公司和合作伙伴结成的公司战略联盟,则是多种利益分配方式兼而有之。可口可乐和合作伙伴组成合资企业,结盟各方的利益分配按股权比例分成,一方面,对于获得它授权的瓶装厂,它要以提取特许经营费用的方式参与利益分配;另一方面,瓶装厂的浓缩糖浆由可口可乐公司统一提供,于是供应浓缩糖浆的转移价格的多少也成了决定可口可乐公司过程利益大小的一个关键因素①。相比而言,法国的皮尔卡丹公司利益分配方式就相对比较简单,通过品牌的授权的方式提取特许经营费用的方式获得自己的利益分配。

(三) 公司战略联盟利益分配模式的选择

公司战略联盟的利益分配问题是所有结盟公司最为关注的问题,因为它决定着每个结盟公司在参与公司战略联盟的营运过程中能否得到比单干更多的利益,也决定着各个结盟公司是否有加入联盟的兴趣。公司战略联盟利益分配的一般模式如图16-5所示。

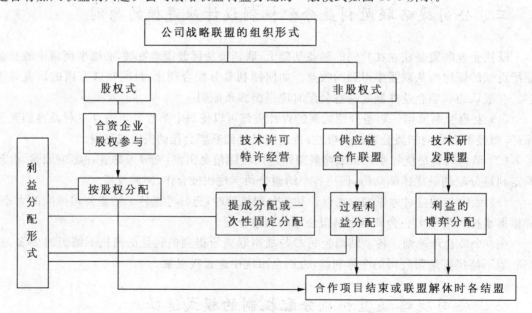

图 16-5 公司战略联盟利益分配模式

---

① 可口可乐在华盈利主要靠卖浓缩液,参见 http://finance.icxo.com/htmlnews/2003/12/09/42085.html。

公司战略联盟一般可分为两大类,即股权式和非股权式。股权式战略联盟利益分配比较简单,股权比例是最好的分配标准,而非股权式战略联盟的利益分配则比较复杂。综合起来,公司战略联盟的利益分配有三种形式:①公司战略联盟运营过程中的利益分配,即在战略联盟运营过程中结盟公司从顾客或从下游结盟公司获得的利益分配;②公司战略联盟在阶段性项目结束时的利益分配,结盟公司从联盟中分得的利益;③公司战略联盟解体时的利益分配,即结盟公司在战略联盟解体后的清算利益分配。

公司战略联盟是由多个结盟公司组成的,每个结盟公司都将一部分资源投入到公司战略联盟的运营当中,各个结盟公司应该按什么样的标准合理分配他们应得的利益,是每个结盟公司在投入资源之前就需要明确的问题。公司战略联盟在运营过程中所创造的价值既包括有形资产,也包括无形资产。这些都是公司战略联盟利益分配的对象。

由于结盟公司在组成战略联盟时合作方式的差异,使得各个结盟公司获得利益分配的形式也不同。因股权式战略联盟的利益分配形式比较简单,对此的相关研究也较多,故以下重点针对非股权式战略联盟的利益分配方法进行阐述。

1. 技术许可方式联盟的利益分配

(1) 技术许可方式联盟利益分配机理。

在此讨论的技术许可的标的主要是专利和专有技术。技术许可是指拥有工业产权的一方,许可另一方可以对该产权行使某种法律权利,即一种授权。

技术许可联盟的利益分配主要是由技术许可价格来体现的,技术许可价格是指技术被许可方为取得某项技术的使用权所愿意支付的、许可方可以接受的使用费。技术许可价格实际上是引进方利润的分配,被授予许可证的一方将使用该技术所获得利润的一部分作为技术许可的价格分配给发放许可证的一方,以此来调节双方的利益关系。

(2) 技术许可方式联盟利益分配方法。

一般货物买卖的价格,往往有同类商品可以比较,根据其实际生产成本和一定的期望利润来确定。而技术许可的价格,其作价则相当复杂和困难。许可方与被许可方,不同国家和不同企业都可能不同。常用的作价原则有许可方的作价原则和被许可方的作价原则。

许可方的作价原则:

① 许可的技术是自己刚刚研究开发的,尚未投产就直接转让给另一方的:

技术总价＝技术的全部开发费用(技术的投资成本)＋转让技术所需耗费的费用＋要求得到的利润

② 转让的技术已经长期或经过一段时间的使用,是行之有效的成熟技术,是许可方仍在用的技术。许可方作价时,基本由以下几部分构成:

(i) 技术许可所发生的直接费用。各种谈判、方案准备的前期费用;提供技术资料的费用;接受培训的一切开支;派出专家指导、技术服务费用;合同履行所需的一切开支。

(ii) 收回的部分技术研究开发费用。这一点考虑的是基于技术这种特殊商品的属性,它可以不经再生产而多次出售,即同时许可若干个受方使用;也可在许可别人使用的同时,自己仍然使用、生产,以获取该技术的利润,只考虑部分收回就可以了。

(iii) 期望利润。技术价格的高低不是从研究所花费的多少考虑而是从使用该技术的效率衡量,即根据技术的有效价值、发展前景,人们的需求情况,自己竞争者、有无替代的技术、被许可方的迫切需要程度、将来可能的产量,利润和支付能力,以及其他类似项目的价格等因素,提出期望达到的利润额。

(iv) 承担风险的费用。即可能失去一定市场的风险、承担协议各项保证义务可能带来的风险等。

(v) 承担的各种税收费用。

被许可方的作价原则:主要取决于该项技术在特定的环境条件下,使用该技术所能获取的实际效益,即可以估算的有效价值(或使用价值)。

由于在合同有效期内,技术被许可方的收入逐年在变化,作为利益分配手段的使用费也是变化的,而这种变化程度又不能事先准确估计,故常将技术许可方占技术被许可方利润的份额用一个固定的百分数表示,即称为利润分成率,技术许可价格的具体估算确定可参考式(16-11):

利润分成率＝被许可方的销售利润率×利润分成率

$$=\left[\frac{技术被许可方的销售利润}{技术被许可方产品的销售收入}\right]×技术许可方在技术被许可方利润中的份额$$

(16-11)

实际业务中,对利润的含义很难准确定义,并且技术被许可方一般对其利润保密,所以常用产品的销售价格来计算利润分成率。

利润分成率仅是一个表面的数字,并未说明使用费的绝对金额是多少,即技术被许可方应计支付多少使用费才比较合理。因此,在具体的联盟契约洽谈中,仅就利润分成率多少讨价还价并无实际意义,通过利润分成率则可以表明技术许可方在技术被许可方利润中所占份额这一实质问题。

影响技术许可使用费的因素很多,概括起来,其中主要有以下几种:直接费用;技术许可方所预期的利润;技术生命周期和所处的行业生命周期阶段;需要技术许可方提供协助的程度;技术使用的范围及其目的,急需程度;技术许可来源的多少;采用的交易方式(独占、普通许可);技术许可方承担的风险与被许可方的消化吸收能力;被许可方采用该技术所带来的经济效益等。

技术许可的使用费,在实际交易中的估定,必须将利润分成率、提成基价(净售价)、利润分成率年限、各产业部门的利润率水平进行综合性的考虑,并选择对价格影响大或直接影响的因素进行重点考虑,综合平衡后,才能使技术许可的价格确定在一个比较合理的水平上。

2. 特许经营联盟的利益分配

(1) 特许经营联盟利益分配机理。

特许经营联盟的授权方授予接受方使用品牌名称、商标、商务系统和其他财产使用权,接受方则在授权方统一的业务模式下从事经营活动,作为回报由接受方支付以销售量为基础的使用费。特许经营授权与技术许可的运行方式相似,然而特许经营的授权方与接受方的关系更具有连续性。特许经营的授权方通常对接受方拥有更多的控制,以确保产品和服务的质量。从根本上说,一个特许经营接受方实际上是特许经营授权方的品牌的租赁人。根据这种交易关系,特许经营授权方与接受方构成了一个合作的联盟体。为了利用和保护品牌资源,特许各方以同一形象出现在公众面前,借助于这种合作联盟的形式,他们从分享品牌信誉的生产、经营性资源中获利。通过建立特定的制度安排,特许经营联盟的各个结盟公司就可以根据特定的特许契约,相互合作,利益共享。对特许经营授权方来说,把专用性的品牌等无形资产用于租赁而不是自己生产或经营它,其主要目的就是为了获取准租金。对于一定的品牌而言,投入越多,获利越多,品牌的机会成本也越大,这会形成更多的准租金。另一方面,通过加入特许组织,特许经营接受方不去承担初始创业风险,而是利用具有一定知名度的品牌和经营模式盈利,双方组成了利益共同体。特许经营授权方为其无形资产的建立投入了大量的经济资源,客观上要求接受方予以经济补偿,因此,特许经营授权方与接受方之间存在着利益的分配关系。

(2) 特许经营联盟利益分配方法。

特许经营联盟的利益分配主要指的是特许经营授权方向接受方收取两项费用:加盟费和特许权使用费。其中加盟费是指在合同期的开始,授权方将特许经营权授予接受方时所收取的一次性费用。在合同期开始,特许经营授权方的无形资产价值越高,其产生的租金就越高,加盟费也越高。当无形资产对于特许经营联盟的成功非常重要的时候,特许经营授权方将投入大量的经济资源来建立和维系此一无形资产,并通过加盟费的形式收回部分投资。特许权使用费是指接受方在使用特许经营权过程中按一定标准或比例向授权方定期支付的费用。通过结合特许经营授权方的剩余收入与其在企业无形资产上的投资,特许经营授权方有在合同期内采取必要投资的动机。因此,特许经营授权方的无形资产越重要,其创造的剩余收入部分就越高,特许权使用费也越高。反之亦然。

加盟费和特许权使用费关系可以进一步描述为:特许经营授权方的特定投资取决于资产的初始配置,因为无形资产价值越高的授权方就需要更多的系统特定投资,来确保一种与无形资产价值较低的特许经营授权方相比更可靠的特许经营价值。无形资产的价值越高,在合同期更多特定投资就越必要,作为特许经营剩余收入的加盟费和特许权使用费就越高。

在特许经营联盟的实践中,加盟费和特许权使用费的计算方法、具体数额是利益构成中需要解决的问题。特许经营联盟中各行各业加盟费的收取标准是不一样的,从几千元到几百万元不等。如肯德基不让加盟者交纳加盟费,而是让加盟者出资购买一间正在运行中并已盈利的连锁店,特许费(进入费)在 800 万元人民币以上,里面还不包括不动产的购买。一般而言,特许权使用费的收费是按销售额百分比计算,也有固定每期收费标准的特许经营联盟。

特许经营联盟的授权方与接受方的利益分配结构取决于授权方与接受方无形资产的分配。授权方的无形资产相对于接受方越重要,转移给他的利益就越多,加盟费和特许权使用费也越高。相反,接受方的无形资产相对于授权方越重要,加盟费和特许权使用费就越低,接受方要求在利益结构中占有更大的比例。

3. 供应链合作联盟利益分配

(1) 供应链合作联盟利益分配机理。

供应链合作联盟是指在网络信息技术发展和全球性竞争条件下,企业仅仅依靠自己的资源进行调整的能力已跟不上市场的变化,企业的生存和发展面临巨大的挑战。基于扩展企业的供应链管理模式出现,使供应链管理从短期的基于某些物流业务的经济联系,扩展到所有结盟公司之间的战略合作关系,将供应链管理从一种作业性的物流管理工具提升到战略联盟的高度。

在供应链战略联盟的运行中,结盟公司间集成在一起的合作关系有利于减少或消除供需过程中的非增值活动,为结盟公司之间建立战略伙伴关系提供基础和支持。从供需关系的角度分析，供应链战略联盟是一个网状供应链结构。在这样的结构中，每一个结盟公司相对其下游是联盟中的资源供方，而相对其上游它又充当了资源需方。在供应链战略联盟中，各个结盟公司得到的分配实际上是由其下游企业对其产品的价值支付来实现的。供应链战略联盟建立在各个结盟公司的核心竞争力上，结盟公司又分别在产品价值增值某一环节上具有核心竞争力。在供应链联盟环境下，各个企业在战略上长期相互合作，但各个企业的利益不能被忽视。供应链战略联盟的利益分配主要以利润为表现形式，主要体现在价格上。价格包含着供应链利润在所有结盟公司之间的分配，与供应链优化而产生额外收益或损失在所有结盟公司间的均衡。

在供应链战略联盟合作模式下，产品供方企业所得到的利润分配由产品需方企业提供，在下文将具体分析供应链战略联盟利润的分配方法。

（2）供应链合作联盟利益分配方法。

在这种供应链战略联盟合作模式下，结盟公司之间的供应关系不同于市场的普通供求关系，他们之间建立起了紧密地战略合作关系。供应链战略联盟中，产品需方根据需要向产品供方发出供货订单，产品供方负责及时供应，产品库存由产品供方管理，并为其设置安全库存，对库存进行定期检测。当项目需求低于安全库存时，产品供方及时补充。这样产品需方可以实现零库存，大大降低了产品需方的库存成本，加快了产品需方的资金流转；同时，产品供方可以专注于生产效率的提高，而无需担心产品销售，且可进一步发展其核心生产能力，努力降低生产成本。这无疑提高了整个供应链合作联盟创造的价值。

对于这种供应链战略联盟的利润分配，产品供方的收益主要是与产品需方企业的需求量（或消费使用量）有关。另外，及时交货率、产品合格率以及库存管理的好坏也是影响产品供方收益的一些次要方面。设产品需方的需求量为 Q，单位产品的价格为 k，产品不合格率为 q，每一不合格产品惩罚价格为 P_b（固定值，协商决定的一常数）及时交货率为 p，产品供方的收益为 V，则产品供方的收益为

$$V = f(Q) + g(p) - w(q) \tag{16-12}$$

很显然，产品供方收益 V 的主体是 $f(Q)$，它随着需求量 Q 的增长而递增，对于不同的产品，价格 k 的决定取决于产品的增值过程，因此 $f(Q)$ 可以表现为不同的形式，适合于通常情况下的两种形式见图 16-6 所示。

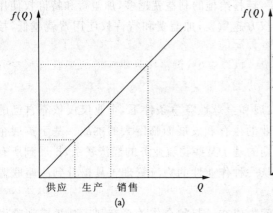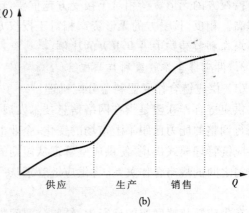

图 16-6　需求量和收入的关系

对于产品增值图(a)，$f(Q)$可以描述为

$$f(Q) = kQ \tag{16-13}$$

产品在各阶段k值相同，也就是说，单位产品在供、产、销各阶段创造的增值价值相同。因此，产品供方获得的利润只与产品数量的多少有关。这种供应链合作联盟生产的产品大多数属于劳动密集型、技术且含量不高，因此产品的价值增值过程就比较平缓，斜率趋向于一条直线。

对于产品增值图(b)，$f(Q)$可以描述为

$$f(Q) = Qk_i \sum_{i=1}^{n} k_i / n \tag{16-14}$$

其中：k_i——产品在价值增值中各阶段的斜率；n——企业个数。

从图16-6(b)可以看出，产品在供应、销售阶段的价值增值比较平缓，但在生产阶段增值过程陡然上升，这种供应链合作联盟生产的产品大多数属于技术密集型产品或资金密集型产品。这些产品在生产过程中投入了大量的资金、更加精湛的技术使得产品价值增值很大，因此生产企业应该获得超过平均利润水平的利润。这符合实际的公司战略联盟结盟公司的利益分配原则。

及时交货率$p(p<1)$可以用产品需方实际收到产品数与发出订单数的比值来表示，$g(p)$是及时交货率p的递增函数，产品供方越是能够及时布置生产，或者是合理安排库存，以保证及时供应，产品供方就会得到及时供货的利益激励。一般情况下，$g(p)$可以表示为

$$g(p) = \begin{cases} g_1 & g_1 < 0, p \in (p_1, p_2] \\ g_2 & g_2 < 0, p \in (p_2, p_3] \\ \vdots & \vdots \\ g_{n-1} & g_{n-1} > 0, p \in (p_{n-1}, p_n] \end{cases} \tag{16-15}$$

在式(16-15)中，将及时交货率划分成不同的区间，对应于每个区间，或惩罚，或激励。其中$p_1, p_2, \cdots, p_n$和$g_1, g_2, \cdots, g_{n-1}$由供需双方协商确定。

产品的不合格率为q，可以用产品需方检测到的次品数与产品需方实际收到产品数之比来表示，P_b表示为单位不合格产品惩罚价格，惩罚价格的大小由供需双方协商决定。$w(q)$是产品不合格率的递增函数，产品供方要使自己的收益最大化，必须最大限度地减少次品率。$w(q)$可以表示为

$$w(q) = QqP_b \tag{16-16}$$

以上的分析反映了供应链战略联盟利益分配的基本方法，它们可能存在于供应商、生产商、销售商等基本实体中的任意两类实体之中。可以看出，价格作为供应链战略联盟利益分配的基本尺度，对维系整个供应链联盟的稳定与协调显然是极其重要的。高的价格能增强结盟公司的积极性，而不合理的低价会挫伤结盟公司的积极性。供应链联盟利益的合理分配有利于供应链联盟结盟公司之间合作的稳定和运行的顺畅。

4. 相同价值链环节上合作联盟的利益分配

(1) 相同价值链环节上合作联盟的利益分配机理。

技术研发联盟、营销联盟等在相同价值链环节合作的联盟形式(以下简称水平联盟)，即在某一生产经营活动的价值链上承担相同环节任务企业之间的联盟。这种相同价值链上合作的公司战略联盟被认为是真正意义上的战略联盟，可以把它们的利益分配方式归为一类。在同

一价值链环节上合作的战略联盟中,只是为增强各个结盟公司价值链的同一环节而组成联合体,各个结盟公司都处于平等地位,在战略联盟中都不具有主导地位。作为平等的伙伴,它们之间存在着动态的博弈关系,各个结盟公司之间是一种既合作又竞争的关系。

水平联盟中结盟公司的利益分配主要体现在利润上,但对于研究开发联盟,无形资产的分配也是其重要的利益分配形式,我们将在下一节详细阐述公司战略联盟的无形资产分配问题。在水平联盟运行中,各个结盟公司都希望能够尽可能地分得更多的利益,各个结盟公司在相互合作基础上的利益分配充分体现了博弈论方法的本质,但各个结盟公司分得利益的大小取决于公司战略联盟整体价值增值的多少。

在水平联盟的合作模式下,结盟公司博弈的机理是在对局中人各种机会策略下的相对收益进行整体平衡后,使每一个局中人最大可能的合理获利,实现共赢的目的。合作体内利润分配的分析方法有很多种,如夏普利值法、群体重心模型、Nash谈判模型等,我们在下面的章节,运用博弈论的基本原理,采用夏普利值法、Nash谈判模型,具体分析水平战略联盟利益的分配问题。

公司战略联盟内矛盾的焦点是利益分配,为了获得更多的利益份额,联盟内各个结盟公司必然要进行斗争、谈判和权衡。

(2) 相同价值链环节上合作联盟的利益分配方法。

各个结盟公司作为理性的经济人,逐利的本性决定了其参与合作博弈的可能。在设法分得更多个体利益的同时,由于结盟公司行为的相互依存性,各个结盟公司也要设法做大战略联盟整体利益这个"大蛋糕"。

基于合作机会的多少,在下文分两种情况讨论相同价值链环节合作联盟的利益分配方法。

双机会策略的分配方法

假设企业只从可计量的利益考虑,运用博弈论中的纳什谈判模型,分析水平联盟的利益分配问题。

假设水平战略联盟内有 n 个结盟公司,每个结盟公司都有两种选择:一是企业进行结盟合作,结成联盟形成协同效应,企业可以获得较大的回报;二是企业选择独立营运,将自己相应的资源投入各自的经营项目。我们在这里假设 n 家结盟公司形成的联盟记为 N,设结盟公司 i 独立营运时的收益为 V_i,则结盟公司的收益向量为 $V_i = \{V_1, V_2, V_3, \cdots, V_n\}$,这也称为战略联盟的协商点,即结盟公司协商的利益底线,低于这一向量,联盟便不能成立。设 U_i 为第 i 个结盟公司参与战略联盟谈判时可能的利益分配值,则结盟公司参与联盟的利益分配向量为 $U_i = \{U_1, U_2, U_3, \cdots, U_n\}$。我们可以合理假定企业加入战略联盟肯定比单独营运获益要大,则上述的假设可描述为 $U_i > V_i$。如果不是在这种前提下,公司战略联盟也就丧失了组建的意义和动因。

在上述假设条件下,结盟公司的利益分配恰好符合博弈论中的纳什谈判模型,即通过各成员企业之间相互协商或谈判来解决,在谈判过程中,如果各结盟公司能遵守一定的"合理性"假设,那么纳什谈判模型的解即为满足这些"合理性"假设的解。

纳什在1951年研究了两人合作谈判解问题,纳什认为,谈判解应该满足以下公理。

① 个体理性:即联盟中参与人所得到的利益必须要比不合作时多,合作不能损害个体利益;否则参与人将会采取不合作态度,退出联盟。

② 帕累托最优:联盟的最终分配方案应该是最优的,即不存在比最终分配方案更优的其

他方案。

③ 对称性公理：在两个谈判者涉及的所有方面均相同的对称谈判中，谈判解也是对称的。在对称谈判中，谈判双方的地位一模一样，如果互换地位仍是相同的谈判局势，即联盟双方的地位是平等的，相同的分配方案获得的收益也相同。

④ 线性不变性公理：如果对谈判的效用模型中任何一方的效用函数作保序线性变换，则谈判的实物解不变，效用解由原谈判的效用解经相同保序线性变换而得，即分配方案与其结果具有线性关系。

在这些公理的限制下，纳什创造性地证明了任何一个具有纯策略的两人对策至少存在一对均衡策略的定理。这一定理指出两人对策总存在均衡对策，在双边谈判中，如果谈判双方决定合作，总存在谈判解，那么这个谈判解就是谈判双方乐意接受的损益值。

以上只是两人合作谈判解的问题，两人以上的联盟利益分配问题也有类似的结论。

在联盟利益分配谈判协商过程中，如果结盟公司符合经济人的假设，具有理性的行为，就会希望自己所获得的收益最大化，表现为 $U_i - V_i$ 越大越好；但在公司战略联盟的总收益 $U(N)$ 有限的前提下，各结盟公司利润分配之和应等于公司战略联盟的总收益。那么纳什谈判模型的解即为满足以上假设的解。

于是，我们可求得水平联盟中各结盟公司利益分配的解向量即为下式所示的规划问题的最优解：

$$\max Z = \prod_{i=1}^{n}(U_i - V_i) \qquad (16-17)$$

$$s.t \begin{cases} \sum_{i=1}^{n} U_i = U(N) \\ V_i \leqslant U_i \leqslant U(N) \\ U_i \geqslant 0 \end{cases} \qquad (16-18)$$

假设某一营销联盟由三个结盟公司 A、B、C 组成，合作成功后总收益为 720 万元，企业 A 单干的收益为 240 万元，企业 B 单干的收益为 200 万元，企业 C 单干的收益为 160 万元，则结盟公司 A、B、C 结盟合作时的收益分配值计算如下。

根据公式 16-17、16-18，我们可以建立如下的非线性规划：

$$\max Z = (U_A - 240)(U_B - 200)(U_C - 160)$$

$$s.t \begin{cases} U_A + U_B + U_C = 720 \\ 240 \leqslant U_A \leqslant 720 \\ 200 \leqslant U_B \leqslant 720 \\ 160 \leqslant U_C \leqslant 720 \end{cases}$$

利用动态规划解上式，得：$U_A = 280$ 万元；$U_B = 240$ 万元；$U_C = 200$ 万元。

多机会策略的分配方法

在多机会策略条件下，每个结盟公司除了有以上两种选择外，还有第三种选择，即部分结盟公司形成稍小一点的战略联盟，同样也可以从事战略合作。假设这一联盟中有 n 个结盟公司，那么，结盟公司的集合可以表示为

$$N = \{1,2,3,\cdots,n\}$$

这种小联盟中的结盟公司个数少于 n，可以有很多种组合，我们记为 K，显然这种小联盟

的任何一种组合都是联盟整体集合 N 的一个任意子集。可以合理假定,在小联盟的运作中,每一个结盟公司肯定可以获得比其单独运作要大的回报,但比起联盟整体运营时的获利要小。用 U_i 表示第 i 个结盟公司独立经营时预计的收益,$U_i(K)$ 表示第 i 个结盟公司参与较小联盟时协议确定的可能利益分配值,$U_i(N)$ 表示第 i 个结盟公司参与联盟整体运营时可能的利益分配值,上述合理假定可以描述为:$U_i(N) \geq U_i(K) \geq U_i$。

夏普利(Shapley)1953 年发现 n 个局中人在开始博弈之前,可以合乎情理地得到一些报酬。他设计了合作博弈的赋值法求解,其目标是要在综合考虑合作方的利益冲突下求出折中的合理结果。他给出了合作时利益分配的一种方法,且严格证明了合作者公平的分配应该是合作者参与的所有合作的贡献的加权平均值。

夏普利认为一个合理、公正的分配向量要满足以下几条公理:

① 对称性公理:如果博弈中的局中人能相互完全替代,那么它们的利益分配值应相等,这表明了局中人的平等关系。

② 有效性公理:联盟中的各个局中人的分配值之和应等于联盟的总收益。

③ 零财富局中人的存在:若某个局中人加入联盟时未改变联盟的收益,则该局中人的收益为零。

④ 可分可加性:两个对策之和的值等于两个对策值之和。

然而,他在该分配方案中假设每个合作者参与合作的成功概率为 1,过于严格,限制了其在实践中的应用;如果考虑到每种合作成功的概率,将其引入到该方法中,将有助于获得更合理公平的收益预期。经改进,计算公式表示如下:

$$U_i(N) = \sum_{|K|=1}^{n} p_i \frac{(|K|-1)!(n-|K|)!}{n!}[U(K) - U(K\backslash i)], i = 1, 2, \cdots, n \quad (16-19)$$

式中:p_i——结盟公司参加各种合作的成功概率;$U(K)$——小联盟 K 的总收益;$U(K\backslash i)$——小联盟去掉结盟公司 i 后,由 $|K|-1$ 个企业组成联盟的收益值;$|K|$——小联盟 K 中结盟公司的个数。

夏普利值可以认为是出自于一种概率解释。假定企业依随机次序形成联盟,而各种次序发生的概率假定相等,均为 $1/n!$。企业在与前面 $|K|-1$ 个企业形成联盟 K,结盟公司 i 对这个联盟的边际贡献为 $U(K) - U(K\backslash i)$,去掉结盟公司 i 的小联盟 $K\backslash i$ 与去掉小联盟结盟公司个数的联盟整体 $N\backslash K$ 的相继排列的次序共有 $(|K|-1)!(n-|K|)!$ 种,因此,组成各种联盟的概率应为:$(|K|-1)!(n-|K|)!/n!$。因此,$U_i(N)$ 就是结盟公司 i 的期望收益值。

实例:假设某一技术研发战略联盟决定联合开发技术,这一联盟由三个结盟公司 A、B、C 组成,合作成功后将获得一笔可观的收益。假设三企业合作的总收益为 360 万元,合作成功的概率为 0.60;企业 A 和 B 合作的收益为 240 万元,合作成功的概率为 0.75;企业 A 和 C 合作的收益为 200 万元,合作成功的概率为 0.80;企业 B 和 C 合作的收益为 180 万元,合作成功的概率为 0.90;A、B、C 单干的收益分别为 120 万元、100 万元、80 万元,成功的概率为 1。结盟公司 A、B、C 的期望收益值计算如下:

$$U_A(N) = \sum_{|K|=1}^{n} p_i \frac{(|K|-1)!(n-|K|)!}{n!}[U(K) - U(K\backslash i)]$$

$$= (3-1)!(1-1)! \times 120/3! + 0.75 \times (3-2)!(2-1)! \times (240-100)/3!$$

$$+ 0.80 \times (3-2)!(2-1)! \times (200-80)/3! + 0.60 \times (3-3)!$$
$$(3-1)! \times (360-180)/3!$$
$$= 40 + 0.75 \times 140/6 + 0.80 \times 20 + 0.60 \times 60$$
$$= 40 + 17.5 + 16 + 36$$
$$= 109.5(万元)$$

同理：$U_B(N) = 95.33(万元)$；$U_C(N) = 73.34(万元)$。

5. 公司战略联盟中无形资产的分配

(1) 公司战略联盟无形资产分配的重要性。

公司战略联盟在运营过程中，除了产品和利润可供分配之外，无形资产也是重要的利益分配来源。公司战略联盟在运作过程中产生的可供分配的无形资产，包括结盟公司在原有无形资产基础上加以改造而成的无形资产以及全新创造的无形资产。在公司战略联盟运营过程及公司战略联盟解体期间，综合考虑各个结盟公司在创造无形资产过程中所作的贡献，合理地确定各个结盟公司分配数额，将促使结盟公司更好地形成战略合力。

(2) 公司战略联盟无形资产分配机理。

除了利润的分配外，无形资产的分配也是公司战略联盟中利益分配的重要内容。无形资产是指企业为生产商品或提供劳务、出租给他人或管理目的而持有的、没有实物形态的非货币性长期资产。无形资产分为可辨认无形资产和不可辨认无形资产。可辨认无形资产包括专利权、非专利技术、商标权、著作权、土地使用权等；不可辨认无形资产是指商誉。比如：在技术联盟中，除了无形资产所有权或使用权出售所得利润要分配之外，无形资产所有权本身也是重要的利益分配内容。在股权联盟、供应链合作联盟、营销联盟中，无形资产也是较为重要的利益分配内容。无形资产的分配除了在联盟阶段性合作结束时分配外，在联盟解体时各个结盟公司也要参与无形资产清算时的分配。

(3) 公司战略联盟可供分配无形资产的内容。

企业的无形资产一般包括专利权、商标权、土地使用权、著作权、特许权、非专利技术和商誉等。但是，具体到战略联盟这种企业间的运营方式，可供分配的无形资产种类主要有专利权、商标权、非专利技术。由于商誉等无形资产，与作为整体的企业有关，不能单独存在，不可能与企业可辨认的各种资产分开出售，故在公司战略联盟解体之时，商誉离开了具体的企业实体，将不复存在，也就无从谈起分配无形资产了。

下面具体分析一下公司战略联盟可供分配的无形资产的内容。

A. 专利权

专利权是指权利人在法定期限内对某一发明创造所拥有的独占权和专有权。专利权的主体是依据专利法被授予专利权的个人或单位，专利权的客体是受专利法保护的专利范围。并不是所有的专利权都能给持有者带来经济利益，有的专利可能没有经济价值或具有很小的经济价值，有的专利会被另外更有经济价值的专利所淘汰。因此，只有那些能够给企业带来较大经济价值，并且企业为此花费了支出的专利才能作为无形资产核算。在公司战略联盟中，由于股权联盟是一个独立的法律实体，而非股权联盟并不是一个独立的法律实体，各个结盟公司才构成独立的法律实体。而专利权的授予必须建立在一定的法律实体之上，因此，公司战略联盟中的专利权最终落实到其中的某一结盟公司上，这种专利权也凝聚着众多结盟公司的劳动。因此，专利权是公司战略联盟无形资产分配的重要内容。

B. 商标权

商标权是指企业专门在某种指定的商品上使用特定的名称、图案、标记的权利。根据我国商标法的规定,经商标局核准注册的商标为注册商标,商标注册人享有商标专用权,受法律保护。商标权的内容包括独占使用权和禁止使用权。商标权的价值在于它能使享有人获得较高的盈利能力。公司战略联盟在营运过程中创造的商标权不能由某一结盟公司独享,因此也是公司战略联盟无形资产分配的对象。

C. 非专利技术

非专利技术也称专有技术,是指发明人垄断的、不公开的、具有实用价值的先进技术、资料、技能、知识等。非专利技术具有经济性、机密性、动态性等特点。由于非专利技术未经公开亦未申请专利权,而不受法律保护,但事实上具有专利权的效用。所以,公司战略联盟在营运过程中,创造的非专利技术也是分配的对象之一。

(4) 公司战略联盟无形资产的具体分配方法。

我们把专利权、商标权等受到法律保护的无形资产作为一类,不受法律保护的非专利技术作为另一类。

对于专利权、商标权这一类无形资产,分配方法多样,具体到股权联盟中,其法律所有权主体为合资企业;在非股权联盟中,其法律所有权主体为联盟中的某一结盟公司。在对这一类无形资产的分配时,可以分成以下几种分配方式。

① 如果联盟中的各个结盟公司都无意占有联盟中无形资产的所有权,可以将这些无形资产经评估作价,对外出售,取得价款后,再按照股权份额或所作贡献的大小合理分配。

② 如果股权联盟中的某一结盟公司或者非股权联盟中法律上拥有该项无形资产的结盟公司须独占此一无形资产所有权,可以在对此一无形资产进行价值评估的基础上,采取总付方式和提成支付方式分配。

总付方式。各个结盟公司在对无形资产进行价值评估的基础上,股权联盟可以按照股权比例,非股权联盟中的各个结盟公司可以通过谈判,合理确定各个结盟公司在此一无形资产形成过程中所作贡献的大小,一次或分期给予其他结盟公司的合理补偿。

提成支付方式。公司战略联盟中的无形资产占有方通过与其他结盟公司协商,利用该项无形资产从事经营活动,以经济上的使用效果(产品数量、销售收入、利润等)作为提成基础,以规定提成的比例,按期连续支付,同时规定只有当无形资产占有方利用该项无形资产取得实际经济效果时,才开始按照约定的契约支付。

③ 如果公司战略联盟中有多个结盟公司都想要占有联盟中无形资产的所有权,可以采取拍卖的方式,同时保留有意占有无形资产结盟公司的优先购买权,通过拍卖把所得价款,按照股权份额或所作贡献的大小合理分配。

对于非专利技术这一类无形资产,由于其不受法律保护,但属于公司战略联盟共享的技术秘密,在公司战略联盟解体后,很有可能丧失经济价值。要维系其经济价值,较为可行的办法是在公司战略联盟解体时,各个结盟公司签订协议,确保继续保守技术诀窍;或者结盟公司认为此一技术诀窍继续保密的意义不大,联盟解体后,不会再给各结盟公司带来超额利益,也可以对外出售,以转化后的价款,按照股权比例或贡献的大小,在各个结盟公司之间协商分配。

第四节　公司战略联盟利益分配机制的运行及评价

一、公司战略联盟利益分配机制的运行

利益分配机制是公司战略联盟运营机制的重要组成部分,利益分配机制有效运行的动力、保障措施关系着战略联盟的运营成败。

(一) 战略联盟利益分配机制有效运行的动力

对结盟公司而言,公司战略联盟内的利益是以结盟公司价值链环节核心竞争力整合、学习能力的提升、减少交易成本等为基础的。这是公司战略联盟利益的本质来源。公司战略联盟所创造的价值,必然会以某种方式、依据一些原则在各个结盟公司之间进行分配。从经济学角度来看,结盟公司作为经济人,必然要追求利润的最大化即利益分配的最大化。公司战略联盟具体组织结构形式的不同,产生了不同的利益分配形式,在分析特定联盟形式的前提下,确定合理的联盟利益分配机制,对维系公司战略联盟的正常运作十分重要。所以,公司战略联盟内利益的来源与归属就成为公司战略联盟利益分配机制运行的动力。

(二) 战略联盟利益分配机制有效运行的措施

(1) 从制度层面着手,设计合理的联盟治理结构。在设计联盟管理的治理结构时,必须明确界定联盟各方的合作内容,绩效评估的方式,并通过保护性协议使联盟伙伴的利益不受侵犯和损害。

(2) 从组织层面着手,设立适合战略联盟的利益分配协调组织体系。由于结盟伙伴来自不同的组织,具有不同的背景,加之管理风格和企业文化的差异,联盟内部各企业容易互相猜疑或产生偏见,无形中会增加联盟合作的障碍和困难。战略联盟应建立合适的利益分配协调组织体系,将联盟董事会、CEO会议、各项目委员会包括在内的借以明确结盟各方的权利与责任,公正评估结盟公司的绩效。这是利益分配协调的关键所在,因为战略联盟伙伴之间的有效沟通,可以缓解结盟各方的各种利益冲突。因此,结盟各方可以本着平等互利原则,根据需要派代表组成联盟的利益协调职能机构,并保持其稳定性与灵活性之间的对立统一,使战略联盟的利益协调职能既兼顾各个结盟公司的个体正当利益,又顾及联盟整体利益。

(3) 建立稳固的信任关系。利益分配机制的有效运行,离不开结盟公司稳固的信任关系。利益是企业寻求结盟的最主要动因,但公司战略联盟的利益并不是在所有合作伙伴之间均等分配,而不均等的利益也常常使合作伙伴关系格局改变,从而妨碍联盟的有效运行,也导致作为联盟运行机制重要组成部分的利益分配机制无法有效运作。

(三) 利益分配机制有效运行的保障

在公司战略联盟中,股权联盟可根据各个结盟公司股权份额的大小,企业章程中明确的规

定进行利益的分配；而在非股权联盟中，由于其不是法律上的实体，其利益的分配应该在结盟公司签署结盟协议时，由各个结盟公司加以协商，在结盟协议中予以明确。因此，公司战略联盟中结盟公司的利益分配机制建立在合约约定的基础上。但是，合约的不完全性以及履约过程中的各种不确定性因素的存在不仅加大了企业间的履约成本，同时也限制了合约的有效履行，因此，需要建立相应的利益分配机制运行的保障措施，尽可能弥补合约的不完全性，限制合约当事人的功利行为，保证合约的顺利履行，确保战略联盟利益分配机制的有效运行。

在保障合约利益分配条款的履行上，可以采用合约的自我履行机制、第三者协调机制以及最终的法律诉讼解决机制保障。

合约的自我履行机制，指的是利用交易者的现实性和行业的专有关系投资把个人惩罚条款而不是法律强制条款强加在能够观察到的打算有意违约的交易对手身上。这个惩罚条款的内容通常假定包括了两个方面的内容：与交易者关系终止直接有关所造成的未来交易损失以及在市场上交易者信誉贬值引起的损失。这种机制是通过履约成本的转移，降低了合约方对机会主义行为的期望收益，当该期望收益经惩罚条款修正降至零甚至为负值时，合约人就会自动放弃机会主义行为，合约得以顺利实施。

第三者协调机制，是指合约各方在充分理解合约不完全性的基础上，在合约的利益分配条款中规定发生纠纷时，可以进行重新谈判、调整合约条款。这种方法尤其适用于合约费用高的小概率事件。由于事件发生的几率小，要在事前给出相应的激励、约束机制或列明相应的解决条款，会带来高昂的合约费用，即有悖于成本效益原则，也没有必要，因此，合约方宁肯选择让合约模糊不清，等小概率事件真正发生时再协商解决。这个协商通常是在第三者——仲裁人的参与下来完成，最终确定合约人利益分配关系，以谋求合约关系的内部协调，强调合约关系的持续性及私下协商。由于通过法律程序解决要花费高昂的交易成本，一般来说，诉诸法律是合约人发生纠纷时的最后选择。

法律诉讼解决机制，是指合约各方在以上两者均无法解决利益分配纠纷的前提下，诉诸法律程序，谋求法律上的解决之道。虽然通过法律程序解决要花费高昂的交易成本，但是法院的判决具有法律的强制性，从法律的强制性上确保了结盟公司合理的利益分配关系。

二、公司战略联盟利益分配机制的评价

对于公司战略联盟利益分配机制这样一个复杂的联盟运营系统评估，由于利益分配机制的评价既涉及各个结盟公司主观满意度的定性指标，也涉及增强结盟公司竞争力等客观定量指标，而且由于结盟公司获利预期水平的差异，只能以定性而不能以定量的指标描述影响因素以及不可预见的人为因素的变化等等，使得公司战略联盟利益分配机制评价本身带有很大的模糊性，因而做出的评价也是模糊综合评价。

评价公司战略联盟利益分配机制的模糊评价依据是美国加利福尼亚大学控制论专家查德(L. A. Zadeh)于1965年提出的，理论和方法已渗透到自然科学和社会科学的各个领域，特别是研究对象在无法用经典数学予以精确数量描述的情况下，通过建立模糊数学理论，采用精确的数学方法研究和描述模糊现象，把那些只能定性描述的模糊概念及模糊判断数字化、定量化。以下借助模糊数学方法，运用系统模糊决策理论，综合考虑影响公司战略联盟利益分配机制的各种因素指标，使可量化与不可量化的因素能够同时参比。

（一）评价的目的与原则

评价公司战略联盟的利益分配机制必须遵循以下的基本原则：

（1）科学原则。指用以评价的指标体系应标准适用，评价的过程有序、全面、辩证，结论真实，这既有事实的概述，又有遵循评价标准的理性认识。

（2）民主原则。评价的民主原则，是指评价过程的公开与广泛参与。所谓公开，就是公开评价的全过程、公开评价的内容、评价选用的指标、评价的方式及程序。所谓广泛参与，就是各个结盟公司管理人员参与评价的机会应是均等的，形成评价可靠的群众基础。

（3）有效反馈原则。有效反馈是利益分配机制评价完之后，根据评价结论，要及时发现利益分配机制和客观实际情况不相适应的地方，及时进行必要的修改和调整，评价之后表明机制是可行的，则要有效落实。

（4）目标导向原则。评价联盟的利益分配机制必须服务于公司战略联盟经营管理目标的要求，应有助于战略联盟具体目标的实现。合理的利益分配机制具有良好的导向功能，评价利益分配机制应有利于联盟管理者明确努力方向，实现利益分配机制和公司战略联盟管理过程的融合。

（二）评价指标体系的构建

评价指标设计的原则是既要尽可能全面地反映利益分配机制，同时又要尽量简单，便于操作。总体而言，构建公司战略联盟利益分配机制的综合评价指标体系必须注意以下的基本要求：

（1）指标的选取应适量，最重要的是要有一种内在逻辑或理论，把有限的指标结合成一个有机的整体，确定指标时要贯彻简练性、有效性和动态性原则。这种内在逻辑就是公司战略联盟持续有效地运作。

（2）定量指标和定性指标、财务指标和非财务指标相结合。每一个指标实际上是一个联盟有效运作的考察因素，将联盟管理有效性的定性指标和结盟公司营运实力提升等财务定量指标纳入指标体系，可以从多角度、多方面对利益分配机制进行全面考察。

由此，评价指标体系可设置如下：

（1）结盟公司参与联盟积极性。各个结盟公司参与公司战略联盟事务的积极性，是维系联盟组织有机协调而高效运行所必不可少的，而有效的营运激励手段——合理的利益分配机制无疑会增强各个结盟公司参与的积极性。

（2）结盟公司间的信任程度。结盟公司成功合作的基础是建立在联盟基础上企业之间的信任，结盟公司间缺乏信任将严重影响公司战略联盟的日常运营和长远发展。合理的利益分配机制能增强结盟公司之间的信任。

（3）结盟公司间的协调程度。结盟公司间关系的协调性、结盟公司价值观的一致性、有效的沟通程度以及关系密切互动的程度等直接关系到整个公司战略联盟的营运效率，而利益分配机制是否合理正是影响结盟公司之间协调程度的重要因素。

（4）公司战略联盟整体竞争实力的提升。结盟公司建立战略联盟的目的是为了有效结合各个结盟公司的核心能力，增强联盟整体竞争实力，最大限度创造社会可接受的价值。如果利益分配机制的设计科学合理，就能激发各伙伴企业的创造性，使公司战略联盟整体竞争实力增强。

（5）结盟公司营运能力的增强程度。如果通过公司战略联盟的组建与运行，各个结盟公司的营运能力都提高了，则说明该结盟公司分配到了合理的利益。所以，各个结盟伙伴的营运能力的增强程度也是衡量利益分配机制有效性的一个评价指标。

公司战略联盟利益分配机制评价指标体系如表 16-1 所示。

表 16-1　公司战略联盟利益分配机制评价指标及其代号

一级指标	二级指标（评价因子）
结盟公司参与联盟积极性（U_1）	结盟公司的向心力（U_{11}），对联盟事务的责任心（U_{12}），处理联盟事务的主动性（U_{13}）
结盟公司间的信任程度（U_2）	资源与能力的共享程度（U_{21}），忠实履行联盟协议的程度（U_{22}），成员地位平等的程度（U_{23}）
结盟公司间的协调程度（U_3）	联盟各方管理模式的磨合程度（U_{31}），联盟文化的协同性（U_{32}），结盟公司价值观的一致性（U_{33}），有效的交流沟通程度（U_{34}），战略目标的趋同程度（U_{35}）
战略联盟整体竞争实力的提升（U_4）	联盟的盈利能力增强程度（U_{41}），行业地位的提升的程度（U_{42}），联盟技术与产品竞争实力提升（U_{43}），管理能力的提升（U_{44}）
结盟公司营运能力增强程度（U_5）	结盟公司的净资产收益率（U_{51}），结盟公司资产负债率（U_{52}），结盟公司存货周转率（U_{53}）

（三）评价程序及应注意的问题

由于所设计的公司战略联盟利益分配评价指标体系层次多，而且在衡量过程中具有较大的模糊性特点，本章采用二级模糊综合评判法对利益分配机制进行评价。具体步骤如下：

1. 建立评判对象的因素集

因素是指评判对象的各种属性或性能，在某些场合也称为参数指标。例如，对某一商品做出评判，影响其销售情况的因素很多，但总能提炼出几个重要因素作为评价的依据，如质量、价格、花色、式样、包装等，这些构成了一个因素集①。

在此，确定的因素集及其子指标如下：

$$U = \{U_1, U_2, U_3, U_4, U_5\}$$
$$U_1 = \{U_{11}, U_{12}, U_{13}\}$$
$$U_2 = \{U_{21}, U_{22}, U_{23}\}$$
$$U_3 = \{U_{31}, U_{32}, U_{33}, U_{34}, U_{35}\}$$
$$U_4 = \{U_{41}, U_{42}, U_{43}, U_{44}\}$$
$$U_5 = \{U_{51}, U_{52}, U_{53}\}$$

2. 确定评语集 V

评语集也叫评判集、或决断集、判断集，是对评价对象所作的评语的集合。评语集中的元素表示各衡量指标的高低程度。在这里评语集为 $V = \{v_1, v_2, v_3, v_4, v_5\} = \{$很好，较好，中等，

---

① 李一智，徐选华：《商务决策数量方法》，经济科学出版社，2003 年，第 86—88 页。

较差,差}。

3. 确定评价指标体系中各指标的权重

因素权重的确定是综合评判最关键的环节之一,权重是表征因素相对重要性大小的表征量度值。目前,常用的权数确定方法主要有权数专家估测法、频数统计分析法、主成分分析法、层次分析法、模糊逆方程法等六种方法。

专家估测法,是把在评判问题时所要考虑的各因素,由调查人事先制定出表格,然后根据研究问题的具体内容,在本专业内聘请阅历丰富、专业知识扎实并且有实际工作经验的专家就各因素的重要程度发表意见,填入调查表。最后,由调查人汇总,计算出各因素的权重。该方法具体步骤如下:

(1) 制定调查表格。

表 16-2　因素权重调查表

因素 U_j	U_1	U_2	U_3	U_4	U_5	合计
因素权重 a_{ij}						

表 16-2 中的 a_{ij} 表示第 i 位专家对因素 U_j 给定的权重值,且要求 a_{ij} 满足 $\sum_{j=1}^{5} a_{ij} = 1 (i = 1,2,3,\cdots,m)$。

(2) 编制调查汇总表,如表 16-3 所示。

表 16-3　因素权重系数调查汇总表

因素 U_j 专家	U_1	U_2	U_3	U_4	U_5	合计
专家 1	a_{11}	a_{12}	a_{13}	a_{14}	a_{15}	1
专家 2	a_{21}	a_{22}	a_{23}	a_{24}	a_{25}	1
...	...	...	...	...	...	...
专家 m	a_{m1}	a_{m2}	a_{m3}	a_{m4}	a_{m5}	1
$\frac{1}{m}\sum_j a_{ij} = a_i$	a_1	a_2	a_3	a_4	a_5	1

由此,得出一级指标因素权重集

$$A = \{a_1, a_2, a_3, a_4, a_5\}$$

同理,可以得出二级指标的权重向量集 A_i:

$$A_i = \{a_{i1}, a_{i2}, \cdots, a_{in}\}$$

式中:i——第 i 个一级指标,n——第 i 个一级指标下的二级指标数。

4. 确定单因素评判矩阵

单因素评判矩阵就是逐个因素对评判对象做出评价。如对于某种商品,可请一些顾客或专家单就式样做出评价,若有 60% 的人很欢迎,30% 的人较欢迎,没有人不欢迎,则单因素评价向量为 $(0.6,0.3,0.1,0)$。

在确定公司战略联盟利益分配机制评判矩阵时,可以请求结盟公司的管理人员在下面的问卷调查表中打"√",收集管理人员的调查问卷,统计出参评人员在二级指标某个评语下划勾的人数与总参评人数的比值 r_{ij},它表示评判人员仅从第 i 个评判指标因素来看,对被评价方案评出第 j 种评价水平的可能程度。这样,就可以得到从 U 到 V 的模糊评价矩阵 R,这样就得出信任程度指标的等级隶属度矩阵,同理可得出:

$$R_i = \begin{bmatrix} r_{11} & r_{12} & r_{13} & r_{14} & r_{15} \\ r_{21} & r_{22} & r_{23} & r_{24} & r_{25} \\ r_{31} & r_{32} & r_{33} & r_{34} & r_{35} \\ \cdots & \cdots & \cdots & \cdots & \cdots \\ r_{n1} & r_{n2} & r_{n3} & r_{n4} & r_{n5} \end{bmatrix}$$

其中:n 表示第 i 个一级指标所属的二级指标数。

管理人员的调查问卷表如表 16-4 所示。

表 16-4 管理人员的调查问卷表

一级指标	评语集 二级指标	很好	较好	中等	较差	差

5. 对二级指标分别进行一级综合评判

U_i 中的权重向量 A_i,相对 U_i 的单因素评判矩阵为 $n \times 5$ 阶矩阵 R_i,则得 U_i 上的 1×5 阶一级综合评判向量 B_i 为

$$B_i = A_i \odot R_i \quad (i=1,2,\cdots,5)$$

在模糊矩阵合成算子中一般采用"扎德算子",即模糊取极大($\vee$)和极小($\wedge$)。一般称($\vee,\wedge$)为主因素决定性算子,因为它的决策结果主要是由数值最大的因素所决定,其余因素在一个范围内变化都不影响结果。我们在这里采用合成算子 $\odot$,即 $b_j = v(a_{in} \wedge r_{ij})(n=1,2,\cdots,5)$。

6. 对一级指标进行二级综合评判

将每一个 U_i 作为一个因素,用 B_i 作为它的单因素评判向量,又可构成一个 5×5 阶单因素评判矩阵 R:

$$R = \begin{bmatrix} B_1 \\ B_2 \\ B_3 \\ B_4 \\ B_5 \end{bmatrix}$$

于是得到了 U 的二级综合评判向量为 $B = A \odot R = (b_1, b_2, b_3, b_4, b_5)$,但如果评判结果

$\sum_{j=1}^{5} b_j \neq 1$，则还需要经过归一化处理。

7. 得出评价结论

$b = \max(b_1, b_2, b_3, b_4, b_5)$，则为最终评价结果。

8. 应注意的问题

(1) 评价指标体系的设计要合理，而且权数的确定也要科学。在模糊评价过程中，指标权数很多是人为制定的，主观随意性较大，能否充分反映客观实际，必须很好地把握。

(2) 模糊评价模型主要是建立在复合运算基础上，简单易行且反映了许多实际问题的实质，但因为它只考虑了主要因素而省略了其余信息，对实际问题的刻画是很不利的。

(3) 模糊综合评价过程本身，不能解决评价指标间相关造成的评价信息重复问题。因而在进行模糊综合评价前，指标的预选处理特别的重要，只有这样，才能将相关程度较大的指标删去，保证评价结果的准确性。

（四）利益分配机制评价的实例分析

2002 年初，位于浙江宁波的康星制药与北京中诚制药宣布了在国内市场营销领域进行战略联盟合作的协议。康星制药是一家新成立的高科技企业，主要从事抗体型治疗癌症药物的研发与生产。技术密集型的产业在技术研发过程中，需要召集大量的人力进行开发，也需要昂贵的生产和实验设备；在药品向市场的推介过程中，需要大量的市场宣传和售后服务，这都需要大量资金的投入；同时在研发过程中的技术风险比较高；但基因制药产业化后的利润相当可观。康星制药由于成立时间不久，受到资金的限制，其营销网络主要分布在沿海一些富裕地区，而在中西部地区，营销力量薄弱，营销网络亟待强化。而中诚制药则为一家老牌的传统制药企业，营销网络遍布全国，营销体系已经相当健全，但身处传统制药行业，其利润空间很有限。当得知康星制药有意大力拓展国内中西部市场的消息后，中诚制药找上门去，两者一拍即合，达成长期战略联盟协议。康星制药不再组建独立的中西部市场营销网络，而是借助于中诚制药在中西部市场上成熟的营销网络，推广康星制药的生物工程药品，同时规定，康星制药和中诚制药以后几年将在生物制药技术的研发上实现合作。

康星制药和中诚制药组成的公司战略联盟后，康星制药充分利用中诚制药成熟的营销网络，节省了大量的精力。康星制药 2002 年末，国内全年实现销售额近 5 亿元，其中中西部市场的销售额将近 1 亿多元，全年销售额比上年同期增长近 30%。而中诚制药也充分利用了自身的营销优势，既保持了营销网络的稳定性，又拓展了利润的来源，还与康星制药达成了技术合作的意向。

康星制药和中诚制药组成的公司战略联盟在利益分配方面，采用相同价值链环节上合作联盟的利益分配方法。双方在评估自身投入资源数量的基础上，通过讨价还价的博弈协商过程后，就利益分配达成了协议。

在该公司战略联盟利益分配结束后，2003 年年初，我们对此营销联盟的利益分配机制做出了如下的评价。

通过聘请管理咨询公司专家，根据专家的意见，确定评价指标体系中各指标的权重，确定一级指标因素权重集为

$$A = \{a_1, a_2, a_3, a_4, a_5\} = \{0.2, 0.1, 0.25, 0.35, 0.1\},$$

具体到二级指标因素的权重向量集 A_i：

$$A_1 = \{a_{11}, a_{12}, a_{13}\} = \{0.4, 0.45, 0.15\}$$

$$A_2 = \{a_{21}, a_{22}, a_{23}\} = \{0.35, 0.25, 0.4\}$$

$$A_3 = \{a_{31}, a_{32}, a_{33}, a_{34}, a_{35}\} = \{0.25, 0.2, 0.35, 0.1, 0.1\}$$

$$A_4 = \{a_{41}, a_{42}, a_{43}, a_{44}\} = \{0.3, 0.35, 0.25, 0.1\}$$

$$A_5 = \{a_{51}, a_{52}, a_{53}\} = \{0.3, 0.45, 0.25\}$$

康星制药和中诚制药的战略管理部门根据企业中层管理人员的评价意见，得到五个指标相应的二级因素评价矩阵：

$$R_1 = \begin{Bmatrix} 0.4 & 0.3 & 0.2 & 0.1 & 0 \\ 0.3 & 0.35 & 0.15 & 0.1 & 0.1 \\ 0.45 & 0.25 & 0.2 & 0 & 0.1 \end{Bmatrix} \quad R_2 = \begin{Bmatrix} 0.25 & 0.3 & 0.2 & 0.2 & 0.05 \\ 0.3 & 0.4 & 0.2 & 0.1 & 0 \\ 0.4 & 0.3 & 0.3 & 0 & 0 \end{Bmatrix}$$

$$R_3 = \begin{Bmatrix} 0.4 & 0.2 & 0.3 & 0.1 & 0 \\ 0.5 & 0.3 & 0.2 & 0 & 0 \\ 0.1 & 0.2 & 0.4 & 0.3 & 0 \\ 0.2 & 0.3 & 0.5 & 0 & 0 \\ 0.1 & 0.3 & 0.3 & 0.2 & 0.1 \end{Bmatrix} \quad R_4 = \begin{Bmatrix} 0.25 & 0.35 & 0.3 & 0.1 & 0 \\ 0.45 & 0.25 & 0.2 & 0.1 & 0 \\ 0.4 & 0.2 & 0.2 & 0 & 0.2 \\ 0.2 & 0.35 & 0.35 & 0.1 & 0 \end{Bmatrix}$$

$$R_5 = \begin{Bmatrix} 0.45 & 0.3 & 0.2 & 0.05 & 0 \\ 0.3 & 0.4 & 0.2 & 0.1 & 0 \\ 0.3 & 0.25 & 0.2 & 0.05 & 0.2 \end{Bmatrix}$$

进行一级综合评判，可得：

$$B_1 = A_1 \odot R_1 = \{0.4, 0.45, 0.15\} \odot \begin{Bmatrix} 0.4 & 0.3 & 0.2 & 0.1 & 0 \\ 0.3 & 0.35 & 0.15 & 0.1 & 0.1 \\ 0.45 & 0.25 & 0.2 & 0 & 0.1 \end{Bmatrix}$$

$$= \{0.4, 0.35, 0.2, 0.1, 0.1\}$$

同理可得：

$$B_2 = A_2 \odot R_2 = \{0.4, 0.3, 0.2, 0.2, 0.05\}$$

$$B_3 = A_3 \odot R_3 = \{0.25, 0.2, 0.35, 0.3, 0.1\}$$

$$B_4 = A_4 \odot R_4 = \{0.35, 0.3, 0.3, 0.1, 0.2\}$$

$$B_5 = A_5 \odot R_5 = \{0.3, 0.4, 0.2, 0.1, 0.2\}$$

进行二级综合评判

$$B = A \odot R = \{0.2, 0.1, 0.25, 0.35, 0.1\} \odot \begin{Bmatrix} 0.4 & 0.35 & 0.2 & 0.1 & 0.1 \\ 0.4 & 0.3 & 0.2 & 0.2 & 0.05 \\ 0.25 & 0.2 & 0.35 & 0.3 & 0.1 \\ 0.35 & 0.3 & 0.3 & 0.1 & 0.2 \\ 0.3 & 0.4 & 0.2 & 0.1 & 0.2 \end{Bmatrix}$$

$$= \{0.35, 0.3, 0.3, 0.25, 0.2\}$$

归一化后得$\{0.25, 0.214, 0.214, 0.179, 0.143\}$

则 $b = \max\{0.35, 0.3, 0.3, 0.25, 0.2\} = 0.35$

计算结果表明，该联盟利益分配机制的评价处在"很好"的水平。该联盟的利益分配机制得到了各个结盟公司管理人员的认同。

公司战略联盟作为知识经济时代企业组织变革的产物,是企业适应多变的外部环境、增强企业竞争力的必由之路。利益分配是公司战略联盟管理理论的重要组成部分。为了检测利益分配机制是否科学、合理、有效,并据此改进利益分配机制,以提高公司战略联盟的运作效率,对公司战略联盟利益分配机制进行评价十分必要。

案例分析

新联想决战戴尔的战略联盟

2005年5月18日,新联想在海南博鳌召开了联想历史上规模最大的一次经销商盛会——2005联想中国合作伙伴大会。来自全国的1 600多位大联想合作伙伴与联想国际中国区(原IBM PC中国)的经销商汇聚一堂,联想集团高级副总裁、联想中国首席运营官刘军在会上首次提出了"集成分销"概念,在与渠道合作伙伴建立战略合作关系的基础上,战胜以直销模式称霸全球的戴尔。

新联想在5月1日正式出世之初,就向市场传递一个最强烈的信号:在新的竞争格局下,渠道伙伴具有独特的、厂商无法替代的价值,大联想合作伙伴是联想的核心竞争力。刘军更是首次公布"集成分销"渠道新政,以战胜戴尔的直销模式。

据刘军介绍,集成分销模式是联想打造柔性企业战略的延伸,其核心思想是将联想渠道伙伴看作一个整体,面向客户做一体化的设计、定位和分工。集成分工的最大特点是一体化设置、客户指导、专业分工和协同作业。据此,新联想将通过连锁零售商、分销商、加盟商等三种方式服务中小客户,通过客户经理和服务商和代理商两种方式服务大型客户,从而在中国市场全面围剿戴尔的直销模式,引领PC渠道新浪潮。

新联想正式出世后,全球PC正式确定为戴尔、惠普和新联想三强鼎立格局,从而使三强在高速成长的中国市场的争霸战提前打响。今年以来,惠普、戴尔明显加强了中国市场攻势,形成了对联想的夹击。特别是低价政策已近疯狂。中国PC市场已经成为全球增长的引擎。据IDC预测,从2001年到2008年,中国PC市场将保持15.5%的骄人复合增长率,是美国、欧洲的两倍,日本的15倍。2008年前后,中国将成为全球第一大PC市场。刘军誓言,新联想必须确保在中国主战场作战取得全胜,而在这其中,渠道的作用和价值将至关重要。

刘军认为,虽然未来中国PC市场增长势头强劲,但是PC行业不同客户群的需求特征越来越明显。如零散、小批量采购的家庭及中小企业,和大批量计划采购的大中企业,他们在产品的外观、价格、服务、购买方式甚至购买决策的过程都是差异很大的,这时候就需要不同的价值链组合为之服务,集成分销渠道策略以柔性方式适应客户需求的这种发展趋势。

刘军透露,在4月份,联想中国任务完成率达125%,而毛利率更是大幅增提高。这表明,正在渠道内悄然成形的柔性集成分销模式正在成为新联想手中的一把新利器。此外,未来个人计算机将逐渐从台式机向笔记本电脑为中心转移,而拥有了IBM笔记本全部研发资源的新联想,已经具备了引领PC未来竞争的科技创新利器。

按照美国《商业周刊》封面文章的评论,目前全球三大PC厂商各有优势,戴尔是成本之王,具有非常明确的直销核心竞争模式和快速供应链优势,但缺乏产品创新能力,忽视用户体验;惠普是消费之王,注重用户体验,但产品跨度太大,PC业务不盈利;新联想是创新之王,目前拥有全球PC最核心的几乎所有技术专利和顶级研发团队,短板是创新和效率如何均衡发展。刘军认为,在以柔性模式弥补效率短板之后,联想不但能摆脱同质化竞争带来的无休止价格战,同时能保证联想赢得未来战争。联想首席技术官贺志强承诺,新联想将不断为渠道输送采用最新科技的产品,为渠道征战市场提供充足的"弹药"。

(资料来源:由相关报道整理所得。)

案例思考题

1. 新联想决战戴尔的战略联盟思考是什么？
2. 公司战略联盟的具体形式有哪些？新联想战略联盟属何种？为什么？

补充阅读材料

1. 刘爱东.阮捷.论战略联盟结盟公司财务风险防范.中国会计理论与实务前沿,2004(9)
2. 刘爱东.阮捷.浅议公司战略联盟财务管理模式的构建.内蒙古科技与经济,2004(20)
3. 徐飞.徐立敏.战略联盟理论研究综述,工业企业管理,2003(10)
4. 徐静等.基于价值创造的战略联盟动因分析,经济体制改革,2003(1)
5. 张延锋等.战略联盟价值创造与分配分析,管理工程学报,2003(2)
6. 雷费克·卡尔潘.全球公司战略联盟,冶金工业出版社,2003
7. 何畔.战略联盟:现代企业的竞争模式,广东经济出版社,2000
8. 史占中.公司战略联盟.上海财经大学出版社,2001
9. Bartlett, Christopher A. Ghoshal, Sumantra. Managing across borders: The transnational solution Boston, MA, Harvard Business School Press, 1998
10. Scott Budoff Victor Krupinski Supply chain alliances offer added value for the power industry Power Engineering 2003, 107(11):114
11. Anand. B. N Tarun. Khanna Do Firms Learn to Create Value? The Case of Alliances, Strategic Management Journal, 21, 2000, 295—315

第十七章 公司业务外包财务

/学习目标/

通过本章学习,了解公司业务外包的概念、理论基础和决策的基本流程,掌握决策中的成本—收益分析、外包商数量选择的交易成本分析和业务外包风险分析,学会对业务外包进行绩效评价。

第一节 公司业务外包的概念及内容

一、公司业务外包的概念

业务外包的英文术语是"Outsourcing",该术语是在 Prahalad 和 Hamel 于 1990 年所著的《企业核心能力》一文中首次被提出的,它是"Out Source Using"的简称,意为到外部寻找公司所需的资源,即外部资源利用。目前,中文对其的翻译并不统一,主要的有资源外取、外部寻源、业务外包、资源外包等几种。为了易于理解,并谋求表达上的一致性,以下我们均使用"业务外包"或简称"外包"来进行介绍。

表 17-1 国外对业务外包的理解与界定

学者	对业务外包的理解与定义	时间
Loh & Venkatraman	外部供应商从事与企业整体或部分生产设施相关的物质或人力资源活动。	1992
Takac	从企业到供应商的资产转移(计算机、网络、人员),由供应商负责外包业务。	1994
Altinkemer	把一个组织的部分或全部 IT 职能转包给供应商的行为,由供应商代表组织利益进行管理。	1994
Willcocks	为获得预期结果,把组织的部分或全部 IT 和相关服务交给第三方管理。	1995
Louis	企业对于某种产品或服务的获取,即将那些现在由内部生产或执行的产品或服务转而从外部供应商处购买获得。	1997
Johnson	一种管理义务或责任向外部组织的转移,一种改变服务传递与组织内部员工管理模式的安排。	1997

西方许多学者都曾对外包下过定义(表 17-1),这些学者对外包概念的界定都触及了业务外包的关键特征,即都认为外包涉及公司某种资源与活动的外部化。然而,这些定义仍是不够全面和完善的,还没有将业务外包的功能和内涵完全说清楚。我们认为,从本质上来讲,业务外包应是一种由内部驱动而产生的资源优化配置过程,它通过将某业务交由那些能比自己更有效率、更有效果完成该任务的外部专业生产商执行,甚而与其形成资源互补的战略伙伴关系,从而集中精力培育和提升公司核心能力,实现自身的持续发展。业务外包涉及两个过程:一是将公司内部有限的资源用于能为公司创造较大价值的业务环节;二是吸收引进外部资源以弥补自身资源的不足,创造更大的价值。

实质上,业务外包这种管理模式早在 20 世纪 20 年代就已出现了。典型的标志就是美国福特公司在 T 型车生产中标准化零部件的外部化实践。20 世纪下半叶,随着工业时代社会分工与协作组织的发展,标准化、全球化的组装生产模式已遍及全球。90 年代后,由于市场的变异性增强,全球经济一体化进程的加快,使基于公司核心能力发展的战略性外包得到极大重视和广泛运用。当然,这当中还有两个重要的支持,一个是来自以核心能力为代表的战略管理理论的发展,另一个则是来自信息技术发展所提供的技术基础。在激烈的市场竞争环境中,公司越发感觉到内部资源有限性给自身发展带来的制约,若将资源分散到价值链的各个环节,必然会造成资源的浪费和效率的低下,甚而影响到公司的生存与发展。而采用战略性业务外包,公司可充分利用外部优秀资源,实现自身资源的优化整合,集中力量和资源加快自身核心能力建设,创造公司独特、持续的竞争优势。

二、公司业务外包的基本内容

通常,从公司外包业务的领域来看,公司业务外包的基本内容包括生产外包、销售外包、脑力资源外包(研发、咨询和培训)、信息技术外包、人力资源外包、财务管理外包、物流管理外包、客户关系管理外包等(杨成刚,2002)。

(一) 生产外包

生产外包是业务外包中最早、最成熟、最普遍的一种外包类型,它最早是从西方发达国家的许多服装企业将产品生产逐渐转移到海外而开始的。公司通过将生产业务外包给外部企业,从而可将精力放在设计、研发等高附加值的业务上,以降低成本,提升市场竞争力。现在,纵观全球制造业,已很难再发现自己生产所有零部件或原材料,然后加工或装配成产品的制造业。对制造业的评价也已不像以往那样依据规模大小来定论,而是以快速反应、具备核心竞争能力、专业水准、盈利能力等作为评价标准。特别是随着世界制造业对更高管理要求和整个供应链协同的充分考虑,以及企业通过利用虚拟制造来谋求更高利润回报的实践发展,生产外包已被视为一种公司的战略布局。

(二) 销售外包

销售外包是公司将销售工作交由外部专业销售公司负责,从而集中精力于培育公司核心能力,提高生产质量,维护品牌形象,加速实现销售货款回笼的管理方式。我们都知道在后工业化时代,公司最重要的资产已不再是机器、厂房等有形资产,而是品牌、知识等无形资产,因此,实施销售外包而集中精力进行品牌运营的后现代企业才可能成为经济舞台的主角。当前,销售外包的形式主要有两种,即销售代理和特许经营。

(三) 脑力资源外包

脑力资源外包主要包括研发外包、咨询外包和培训外包三种模式。研发外包可分为基础研究外包、早期阶段研究外包和高级开发外包。基础研究外包主要是外包给大学、研究所等科研机构;早期阶段研究外包主要在半导体、航空航天、计算机和食品等产业实施。对于这些产业来说,任何一家公司的实力都无法超越其他公司的创新总和。而对于那些影响最快和最大的创新只能由少数公司完成的产业,公司的高级开发外包则不可忽视,公司只有借助于外部力量才能以更低的费用、更快的速度、更小的风险赢得成功。目前研发外包讨论的焦点主要集中于软件研发外包和制药研发外包。咨询外包主要是指公司在制定各种发展战略和出现管理困难时,通过管理咨询公司来获取咨询服务。

(四) 信息技术外包

信息技术(IT)外包是指公司以合同的方式委托信息技术服务商向公司提供部分或全部的信息功能,它是伴随着计算机的出现和使用而发展起来的。自从计算机在50年前进入商业应用领域以来,各种形式的信息技术外包就一直存在,但是直到1989年,柯达公司将其信息技术的主要业务外包给IBM等公司后,信息技术外包才盛行起来。常见的信息技术外包涉及信息技术设备的引进和维护、通信网络的管理、数据中心的运作、信息系统的开发和维护、备份和灾难恢复、信息技术培训等。为了在激烈的全球竞争中保持优势,越来越多的公司开始选择采用全部或部分信息技术外包的策略,以便用更低的成本获取更好的技术,使自身能够更好地集中精力于公司核心能力的培育。

(五) 人力资源外包

人力资源(HR)外包是指将公司招聘、培训和人事管理等方面的业务外包出去,包括人力资源规划外包、公司内部制度设计外包、管理流程整合外包、员工满意度调查外包、薪酬调查与设计外包等。人力资源外包的出现除了受到核心能力培育等理念的影响外,也有其特定的时代背景。在竞争激烈的当代商业社会中,人力资源市场也同样瞬息万变。人力资源管理所包含的意义无论从内涵还是外延上,都较以前得到了极大的拓展。

(六) 财务管理外包

财务管理由于被人们视为公司的核心业务,因此在很长一段时间人们并没有将其作为外包业务的考察对象。然而,在新的网络财务技术出现后,财务管理外包也悄然发展起来。狭义上来说,财务管理外包主要是指将财务分析和核算功能进行外包,这主要是通过财务软件来实现的,如所谓的网上理财服务和软件租用等,公司可直接从网上获取会计处理和理财服务;而广义上来说,财务管理外包则包括了应收账款外包以及公司缴纳税务外包等。我们所熟知的代理财务、代理报税、代报财务报表等就是财务管理外包的表现形式。财务管理外包通过获取网络财务服务公司的理财支持,从而能更有利地发挥财务的分析与决策功能。它改变了公司财务管理的空间、时间和效率,使公司财务管理得以从公司内部走向外部,从公司事后核算走向实时核算,从静态走向动态,从而极大提高了公司财务管理的效率和水平。

(七) 物流管理外包

物流管理外包是指公司为降低物流成本,集中精力培育核心能力,而将其物流业务以合同的方式委托给专业化物流公司的运作模式,也称第三方物流(3PL)。第三方物流提供的服务范围很广,它可以简单到只是帮助客户安排一批货物的运输,也可以复杂到设计、实施和运作一个公司的整个分销和物流系统。物流管理外包也是随着市场竞争的不断激烈和信息技术的快速发展而兴起的,它已成为西方国家物流业发展的有效运作模式。它的优势就在于使买卖过程摆脱了物流过程的束缚,增强了公司对销售渠道和应收款的控制能力,使供应链中每一个企业都能集中发展自己的核心优势,大大减少了用于生产和分拨过程中昂贵的开支以及代价不菲的周转库存。

(八) 客户关系管理外包

在日益激烈的市场竞争中,赢得客户是公司获取生存与发展的关键,而优质的客户关系管理(CRM)则是公司赢得客户的重要途径。过去通过电话和邮件进行客户调查或介绍商品可以说是客户关系管理外包的初级形式,而现在的客户关系管理外包则更多地体现为调查客户的具体需求、解决客户所提出的问题、使客户更快捷地获取公司的产品等。客户关系管理外包的最直接动因是公司需要降低成本,维持收支平衡。由于客户服务通常被认为运作成本很高,这就使得公司想要寻找更便宜、更专业化的外包商来运作呼叫中心(Call-center)服务业务。有数据表明,公司为维护一个已有客户的费用是开发一个新客户费用的10倍;而在公司内部建立一个呼叫中心所需的硬件和软件投资就达到了1 000万元以上,后续的投资还包括管理、培训及人员方面。

三、公司业务外包的理论基础

(一) 公司业务外包的核心能力理论基础

由于公司业务外包的本质在于保留其具备竞争优势的核心资源,而把其他资源借助于外部优秀的专业化资源予以整合,以优化公司资源配置,实现自身持续性发展,因此,核心能力理论应是其最主要的一个理论基础。

公司的资源总是有限的,在日趋激烈的竞争环境中,公司也日益感受到培育和提升核心能力对于自身生存与发展的重要性。因此,公司对核心能力的重视促进了业务外包的产生与发展,而业务外包战略又为其核心能力的培育与提升提供了有效的手段。一方面,公司通过将一些非核心业务进行外包,而把精力和资源集中于其擅长并占据优势的活动,可以减少投资成本,降低风险,实现快速的市场响应,从而使公司保持和扩大内部资源获利率和市场份额,并为竞争者设置不可逾越的障碍;另一方面,公司可通过在企业间核心能力竞争的不同层次上有效利用外包以增强公司核心能力。

(二) 公司业务外包的交易成本理论基础

首先,交易成本理论为公司外包战略的制订提供了重要的分析依据。Williamson 的研究指出,当交易的三个主要特征,即资产专用性、不确定性和交易频率都较低时,市场是有效的协调手段;当这三个特征都较高时,企业就会出现;而处于这两者之间的是双边、多边和杂交的中间边际组织形态。也正如 Larsson 所提出的用市场、组织间协调和科层的三级制度框架来取代传统的市场与科层两级制度框架的建议,外包可被视为这样一种企业与外包商之间的合作型准市场组织。

其次,企业某项交易是通过市场、科层组织还是外包这种准市场组织来进行,可通过对相关成本大小的比较来提供决策依据。通常,与市场购买、内制或外包相关的成本可归纳为生产成本和交易成本。生产成本是指公司在市场上的直接购买成本、自己生产所耗费的成本,或公司外包时产品或服务的直接购买价格。交易成本主要包括市场购买时的信息收集成本和讨价还价成本、公司内制时的内部监督与管理成本、外包契约签订前的信息收集与处理成本、谈判与签约成本、由于隐藏信息所引起的机会主义成本、契约签订后的契约变更成本、监督与管理成本、争议与诉讼成本、由于隐藏行动所产生的机会主义成本等。一般来说,若通过外包所带来的生产成本下降大于外包所引发的交易成本的增加时,就应选择外包;反之,则应考虑其余的选择。当然,这里的交易成本大小还与资产专用性、不确定性和交易频率有着密切的关系。当资产专用性较高时,一方面容易导致机会主义成本上升,另一方面为降低机会主义成本而增加相关的保障契约或进行谈判又会增加交易成本;不确定性的存在,一方面要求公司必须就不断变化的环境进行持续的决策(为此会引起交易成本的增加),另一方面未预测到的风险所造成的损失也将使外包得不偿失;交易频率增加较之一次性交易更须建立正式的监督与管理体系,为此也会使交易成本上升。

(三)公司业务外包的委托代理理论基础

委托代理理论的目的就是围绕委托代理问题,研究限制代理人私自行为的管理机制,以及各种控制与激励机制,帮助委托人制定一种最有效的制约关系,以最小的代理成本来谋取最大的收益。业务外包作为公司与外包商之间建立的委托代理关系,也可以运用委托代理理论来研究其中的关系管理和风险控制问题。

首先,在业务外包中,由于外包公司与外包商是两个不同的法人实体,双方信息的不对称就会引发委托代理问题。这种委托代理问题主要表现为事前信息不对称所引发的逆向选择、事后隐藏行为和隐藏信息所导致的道德风险。逆向选择问题主要发生在对外包商的选择和评价阶段,由于隐藏信息或产品的经验属性,往往使公司难于正确识别外包商的真实能力和素质;道德风险问题则主要源于契约签订后出现的欺骗行为。信息甄别和激励机制设计为解决这两种问题提供了有效的手段。

其次,公司与外包商之间的委托代理问题是一种多阶段、长期的博弈过程。外包关系不同于市场上一次性交易的买卖关系,它是外包双方以合同为基础,在一定时期内的合作关系。在这种合作关系中,虽然双方都可能有一些短期的渔利行为,但他们最终都会发现长期合作所带来的收益现值会远远大于短期利益,谋求长远利益才是公司的明智之举。也正因为如此,业务外包运作与管理中的激励机制设计才显得更为重要。

再者,一般而言,在业务外包关系中,公司相对于外包商来说往往处于信息劣势,而公司又不能通过行政命令来指挥、制约和要求外包商,而只能努力争取外包商的支持并采取一定的措施以约束其行为。因此,优化外包合同设计是对公司利益实现的一大保障。

第二节 公司业务外包的决策分析

一、公司业务外包决策的基本流程

国外学者曾提出多种用于公司业务外包决策的概念模型,如 Venkatesen(1992)的一维判断模型,即通过衡量某活动是否为企业核心业务来进行外包决策;Quinn 和 Hilmer(1994)将影响外包决策的因素划分为两个方面:获取竞争优势的潜力(Potential for Competitive Edge)和战略脆弱性程度(Degree of Strategic Vulnerability),并由此划分需要实施外包的情况;Insinga 和 Werle(2000)则将外包决策模型的两个维度设定为"某业务给企业带来竞争优势的潜力"和"企业与竞争对手执行该项业务的能力比较",并由此确定外包的情况。这些外包决策模型为我们确定业务外包内容提供了重要的依据和指导,但同时我们认为,公司业务外包决策应理解为一个多步骤的分析、比较与评估过程。从过程的角度拓宽外包决策研究的视野,探讨包括外包决策模型在内的外包战略制定方式,能在较大程度上保证业务外包决策的质量,并实现公司利用外包获取持久利润的目标。为此,我们设计了一个外包决策流程图。如图 17-1 所示,公司内部核心能力识别、外部环境因素分析、业务外包的成本—收益分析、外包商的评价选择等环节被纳入了该外包决策体系。下面,我们将重点对业务外包的成本收益分析,以及外包商选择的交易成本分析进行讨论。

二、公司业务外包中的成本—收益分析

DeLoitte 和 Touche 在 1996 年的一个调查中发现,公司在外包实践中通常没有很好地实现获取专长、更好地专注于核心竞争力建设、改善质量和交货期、减少成本、加快技术升级等外包利益。他们同时指出,出现这些情况的原因主要是由于公司没有对拟外包业务在外包后将发生的相关成本和收益做进一步的分析和比较。实质上,成本—收益分析不仅是外包决策中的一个重要环节,也是公司理财中的一个新的内容。当企业运用外包决策模型确定拟外包的业务后,还应进一步分析、预测外包该项业务将发生的成本和收益,在更大程度上保证做出的决策能为公司带来经济效益。

成本—收益分析的关键在于分析的内容,即应考虑各种可能发生的成本与收益因素,以保证分析的全面性、合理性和有效性。Barry 等(1998)在一份外包战略的研究报告中指出,业务外包的成本—收益分析应综合考虑定量与定性因素,尤其不应忽视定性因素。有时,一项外包项目从定量的角度来看可能成本较高且要求更多的时间投入,但综合考虑其他定性因素,该外包项目仍可能是满足公司需要的最好选择。因此,这里所指的成本—收益分析也是特指综合的成本—收益分析,而非一般性的分析。结合 Barry 等的研究,表 17-2 列出了分析时应考虑的成本—收益因素,以此作为确定公司成本—收益分析内容的一个参考。如表 17-2 所示,定量的成本主要体现为项目投资与相关耗费、项目管理成本,以及关系管理方面的费用。其中,

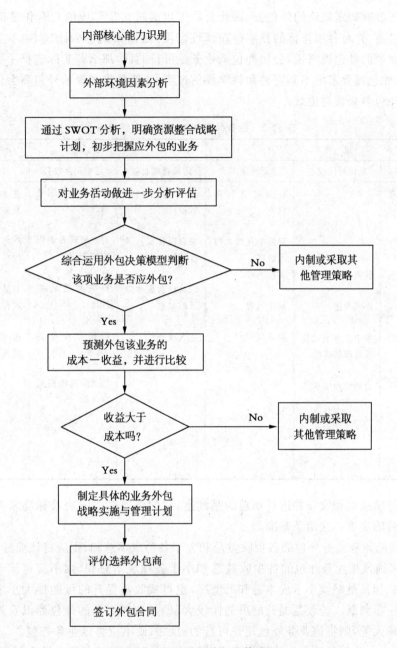

图 17-1 公司业务外包决策流程

有些成本是直接发生的,有些则是间接发生的。定性成本中提出了对运作风险、技术风险和关系风险三种风险的预测。"运作风险"主要涉及外包服务的期限、要求和质量目标的实现情况,以及争议、诉讼等方面的问题;"技术风险"主要涉及外包中技术变化、新技术出现等所带来的问题;"关系风险"则主要指由于双方关系发展不良或提前终止等给公司带来的损失预测。收益中也包括定量直接与间接收益,以及一些需进行主观估值的定性收益。在对某业务外包进行成本—收益分析时,有些成本可能已经包括在合同成本中,如差旅费用、管理费用、部门费用等。公司在实践中可根据自身的实际情况来分析调整所需采用的指标。值得注意的是,由于在这一阶段还没有确定最终的外包商,因此公司可以通过初步形成的对合作者的一些要求来虚拟一个外包商,并对各项指标的预测持谨慎性态度,尽量做到不少计成本,不多计收益。如果对于这个虚拟的外包商来说,公司外包某业务是可行的话,那么若实际选择了更好的外包商(由于公司对外包商要求的不断完善和科学评估过程,一般最终选择的外包商会优于最初虚拟的外包商),外包效果就会更好。

表 17-2 业务外包成本—收益分析指标

成本			收益		
定量直接成本	定量间接成本	定性成本	定量直接收益	定量间接收益	定性收益
人员配置与管理成本		计划准备时间成本	来自时间节约的收益	对最终顾客服务的改善	获取有关技术或服务
物料与供应成本		项目中耗费的时间成本	来自设备或技术改善的效率	对政府或有关机构的支持	产品或服务质量的改善
维护与许可成本	管理费用	运作风险	来自经营成本降低的收益	解决问题的柔性化	对员工、其余机构及顾客的影响
培训成本	部门费用	技术风险			
与其余合作者的合作成本	发生在其余机构或城市的费用	关系风险	注入现金	对核心业务的关注	市场反应速度的提升
通讯成本 新设备成本 新软件成本 有关租金 有关设施成本 差旅成本	合同管理成本			因风险分担而减少风险	

在预测各项成本和收益并进行加总的基础上,我们将遵循以下决策标准来对某业务是否外包做出最后的决策。这两条基准是:

(1) 若实施该项业务外包的各项收益总和大于各项成本总和,则应将该业务外包。

(2) 若实施该项业务外包的各项收益总和小于各项成本总和,则不应将该业务外包。但对各项收益总和只是略微小于成本总和的情况,也可视收益提升的可能性大小来对是否外包该业务做进一步判断。若收益提升的可能性较大,例如选择更好的外包商以及某些成本指标下降的概率较大等,则将该业务外包还是可行的;反之,则不应将该业务外包。

总之,成本—收益的综合性分析使公司可以从定量与定性的角度来综合权衡、比较外包与内制的利弊,从而为外包提供一个正确决策的基准,也从理财角度为公司外包决策做了进一步把关。同时,成本—收益分析也说明,公司应以"外包熟悉的活动"(Outsource What You Know)作为原则,以避免某些成本的增加(如合同管理成本、运作风险等)所造成的得不偿失的后果。如果一个拟外包项目缺乏特定的、可测度的、连续的、可靠的关于项目成本与收益的信息,成本—收益分析将难以进行,并由此影响外包的最终决策和外包效果。

三、业务外包商数量选择的交易成本分析

随着业务外包的发展以及公司间合作的日益频繁,实务界出现了包括多个外包商在内的日趋复杂的业务外包关系。公司常常会面临着是与单一外包商合作还是与多外包商合作的选择问题。就某一外包业务而言,选择单一外包商与多外包商的不同主要表现为:前者是单一外包商取得整个外包合同;而后者则是几个外包商共同分担一个外包合同。这两种选择各有优劣:前者可使企业获取购买的规模经济效应,并与外包商建立长期、密切的交易关系,这对双方来说都是有利的,双方也都愿意在外包过程中抛弃个体的短期利益而寻求长期利益。然而,这种选择忽视了在交易中可能产生的机会主义行为,尤其是在交易重复出现并存在资产专用性的情况下,公司将面临较大的机会主义行为风险;后者则能使公司有效防止这种潜在的机会主义行为,但又可能享受不到来自规模经济的效益。因此,公司在确定外包商数量时常常面临一些困惑,有时很难判断选择单一外包商与多外包商孰优孰劣。鉴于此,我们基于交易成本经济学的有关理论,推导在单一外包商与多外包商这两种不同策略下公司所面临的交易成本,研究交易成本和生产成本对外包商数量决策可能产生的影响,提出单一外包商与多外包商两种策略的适用条件。

由于外包运作的动态性特征,外包决策通常会重复出现。为便于说明,我们以一个两期外包决策为例来进行分析,在每一个时间段,公司都面临着是与单一外包商还是与两个外包商建立外包关系的策略选择问题。该决策的假设条件是:

(1) 各时期的外包决策具有相关性,前一期外包商数量选择将对后一期选择产生影响;

(2) 公司在各期的购买需求相等;

(3) 市场上存在多个竞争的外包商,公司面临的选择是选择单一外包商或两个外包商;

(4) 存在知识资产专用性的影响,各外包商拥有同样的技术并且以同样的速率获取知识;

(5) 在后一时期与公司继续合作的前一时期选择的外包商,其业绩是令公司满意的;

(6) 不考虑环境不确定性以及外包商信誉问题可能带来的机会主义风险的影响。

该分析中涉及的变量有:

Q——公司在各期的购买需求;

p_i——外包商各期的单位报价;

c_i——外包商各期的单位生产成本;

q_i——各时期各外包商获取的合同量;

α_i——公司各时期与外包商签订的合同量占合同总量的比例;

z_i——时期 i 开始时外包商的累计生产量。

根据以上假设,在第一时期,公司在对外包商的价格进行评估后,将决定是选择单一外包商还是选择两个外包商。若公司与某一外包商签订合同总量的一部分 $\alpha_1(0<\alpha_1<1)$,并与另一个外包商签订合同的剩余部分 $(1-\alpha_1)$,那么,$\alpha_1 \in \{0,1\}$ 就意味着公司在第一时期选择了单一外包商;而 $0<\alpha_1<1$,则意味着公司在第一时期选择了两个外包商。同样,在第二时期,公司仍要重复第一时期的决策过程。在这一时期,公司可能在继续保持与已有外包商合作的基础上,选择新的外包商加入外包合同。由于存在知识专用性的影响,外包商各时期的单位生产

成本 c_i 是根据生产量 q_i 和时期 i 开始的累计生产量 z_i 而产生的,即:$c_i = c(q_i, z_i)(0 \leq z_i \leq Q)$,其中 c_i 分别与 q_i 和 z_i 成反比。下面分两步来进行分析。

第一步,假设在时期一,公司选择了单一外包商的情况。

时期一,公司选择单一外包商策略,即 $\alpha_1 \in \{0, 1\}$,则该外包商获得整个外包合同 Q。

时期二,外包商继续与公司合作(由假设(1),故不考虑在时期二取消与时期一外包商合作的情况),其获取的合同数量为 $\alpha_2 Q(0 < \alpha_2 \leq 1)$,则该外包商的单位生产成本应为

$$c(q_2, z_2) = c(\alpha_2 Q, \alpha_1 Q) = c(\alpha_2 Q, Q) \tag{17-1}$$

由于在时期二可能吸收新的外包商加入外包合同,因此,这里又需要分两种情况来考虑:

第一种情况:若时期二有新的外包商加入外包合同,即原有外包商将与一新外包商共同分担外包合同($0 < \alpha_2 < 1$),则对于新的外包商来说,其单位生产成本应为

$$c'(q_2', z_2') = c'(\alpha_2' Q, 0) \tag{17-2}$$

其中,$\alpha_2' = 1 - \alpha_2$。这时,如果 $\alpha_2 \geq \alpha_2'$,有如下结果:

$$c(\alpha_2 Q, Q) < c'(\alpha_2' Q, 0) \tag{17-3}$$

即原有外包商由于获取了较多合同量并积累了特定的知识经验而具有优于竞争对手的成本优势。

$$c_{\min} = \min\{c(\alpha_2 Q, Q), c'(\alpha_2' Q, 0)\} \tag{17-4}$$

$$p_2 = \max\{c(\alpha_2 Q, Q), c'(\alpha_2' Q, 0)\} \tag{17-5}$$

即时期二,两家外包商所能接受的最低可能报价为其中较高一家的单位成本。

单位成本较低的外包商的收益应为

$$(p_2 - c_{\min}) = |c(\alpha_2 Q, Q) - c'(\alpha_2' Q, 0)| \tag{17-6}$$

此时,由于原有外包商拥有知识专用性资产,从而能够享有所有来自知识专用性的收益,并且在 α_2 与 α_2' 相差越大的情况下,$(p_2 - c_{\min})$ 的值就越大,顾客所面临的交易成本也越高。

由假设(5)可知,如果公司在时期二继续与原有外包商合作,就说明该外包商是令其满意的。又由于知识专用性的影响,公司一般不会使该外包商在阶段二获取的合同量低于新外包商所获取的合同量,即一般不会出现 $\alpha_2 < \alpha_2'$ 的情况。

第二种情况:若时期二没有新的外包商加入外包合同,即仍由时期一的外包商承担整个外包合同($\alpha_2 \in \{0, 1\}$),则时期二该外包商的单位生产成本应为

$$c(q_2, z_2) = c(Q, Q) \tag{17-7}$$

在这种情况下,由于 $(p_2 - c_{\min}) = |c(Q, Q) - c(0, 0)|$,因此,公司所面临的交易成本是最高的。

第二步,假设在时期一,公司选择了两个外包商的情况。

时期一,公司选择两个外包商,即 $0 < \alpha_1 < 1$,则一个外包商获得的合同数量为 $\alpha_1 Q$,另一个外包商获取的合同数量为 $\alpha_1' Q$。其中 $\alpha_1' = 1 - \alpha_1$。

时期二,需要考虑三种情况:一种是公司继续与原有两个外包商合作的情况;另一种是其

中一个被新的外包商替换的情况(由假设(1),故不考虑原有两个外包商都被替换的情况);第三种是其中一个外包商被取消而同时又没有新外包商加入的情况。

第一种情况：

若 $\alpha_1 \neq \alpha_1'$，则有

$$(p_2 - c_{\min}) = | c(\alpha_2 Q, \alpha_1 Q) - c(\alpha_2' Q, \alpha_1' Q) | \tag{17-8}$$

根据假设(5)和知识专用性的影响,可以认为在时期一拥有较多合同数量的外包商在时期二仍然比另一外包商拥有的合同量多。因此,α_1 与 α_1' 相差越大,α_2 与 α_2' 也将相差越大,那么,$(p_2 - c_{\min})$ 的值将越大,公司所面临的交易成本也将越大;而若 $\alpha_1 = \alpha_1'$，则 $\alpha_2 = \alpha_2'$，且有

$$(p_2 - c_{\min}) = | c(\alpha_2 Q, \alpha_1 Q) - c(\alpha_2' Q, \alpha_1' Q) | = 0 \tag{17-9}$$

这时,公司所面临的交易成本最小。

第二种情况：

若原有两个外包商中的其中一个被新的外包商替换,则有

$$(p_2 - c_{\min}) = | c(\alpha_2 Q, \alpha_1 Q) - c(\alpha_2'' Q, 0) | \tag{17-10}$$

其中,$\alpha_2'' = 1 - \alpha_2$。同上,若公司在时期二继续与原有外包商合作,该外包商获取的合同量不会低于新的外包商,即 $\alpha_2 \geq \alpha_2''$。因此,若 α_2 与 α_2'' 相差越大,那么,$(p_2 - c_{\min})$ 的值将越大,公司所面临的交易成本也将越大。

第三种情况：

这种情况则是指在时期二,原有的一个外包商垄断了外包合同,我们有

$$(p_2 - c_{\min}) = | c(Q, \alpha_1 Q) - c(0, \alpha_1' Q) | \tag{17-11}$$

同上,可认为在时期二被给予整个合同的外包商在时期一获取了较另一外包商多的合同量,即 $\alpha_1 > \alpha_1'$。因此,α_1 与 α_1' 相差越大,$(p_2 - c_{\min})$ 的值越大,公司所面临的交易成本就越大。

由上述分析,我们可由两个外包商推知多个外包商的选择策略,并将单一外包商与多外包商的适用条件总结如下：

在没有知识专用性影响的情况下,有 $p_i = c(q_i, 0)$。由于 $c(q_i, 0)$ 随着购买量增加而下降,公司可以通过在任何一个时期 $i(i \geq 1)$ 将整个合同给予单一外包商来最小化其购买成本。然而,在知识专用性存在的情况下,若公司在时期一选择了单一外包商策略($\alpha_1 \in \{0,1\}$),公司在时期二所面对的交易成本将是 $|c(\alpha_2 Q, Q) - c(\alpha_2' Q, 0)|$ 或 $|c(Q,Q) - c(0,0)|$。其中,在后一种情况下,公司将由于知识专用性而被锁定在与该外包商的交易关系中,他所面对的交易成本也是最大的。而若公司在时期一选择了两个外包商策略($0 < \alpha_1 < 1$),公司在时期二所面对的交易成本将是 $|c(\alpha_2 Q, \alpha_1 Q) - c(\alpha_2' Q, \alpha_1' Q)|$,或 $|c(\alpha_2 Q, \alpha_1 Q) - c(\alpha_2'' Q, 0)|$,或 0。其中,在两个时期,公司都在原有的两个外包商之间均等地分配合同量的情况能使公司在时期二的交易成本达到 0。因此,当资产专用性存在时,若选用单一外包商策略将使公司被锁定在与该外包商的交易关系中,公司的交易成本将被最大化,交易的特定资产将会产生机会主义的危险和准租金;而若选用多个外包商策略,也不一定能最大限度地降低交易成本,如果公司在前一时期与多个外包商签订不同数量比例的合同,即 $\alpha_1 \neq 0.5$,或是在后一阶段取消某一外包商,又

或是由一个新外包商替换掉原来已有的一个外包商,公司在时期二的交易成本都不能达到最小化。这主要是因为与公司签订大部分数量合同的外包商由于知识专用性的影响而较其余外包商拥有成本优势,原有的外包商也比新的外包商拥有成本优势的缘故。只有当合同在各时期 i 被均等地在各已有的外包商之间进行分配时,多个外包商策略从长远来看才是可以持续的,即 $\alpha_i=0.5$,其中,$i=1,\cdots,n$。

值得注意的是,外包商也并不是被动的,他们也会根据公司的选择做出理性的反应。在知识专用性存在的情况下,外包商知道公司很可能会选择多个外包商以降低其交易成本,而他们却都希望能独自承接整个外包合同,于是为了能获取整个合同,外包商可能会采取降低报价的策略。当报价降至 $c(0.5Q,0.5Q)$ 以下时,公司就可能考虑选择单一外包商策略。因此,公司最终对外包商数量的选择还取决于外包商的反应和双方博弈的结果。另外,单一外包商和多外包商策略各自所引起的生产成本的减少和交易成本的减少又会产生一定程度的相互抵消,多个外包商之间均等分配合同的策略只有在满足(17-12)公式时,才能最小化公司的购买成本,也即一个多外包商策略只当交易重复出现,并且来自于特定知识的效率收益巨大时才能长期处于主导地位。

$$\left[c\left(\frac{1}{2}Q,\frac{1}{2}Q\right)+c\left(\frac{1}{2}Q,\frac{1}{2}Q\right)\right]<2c(Q,0) \qquad (17-12)$$

四、公司业务外包的风险分析

任何事物都具有两面性,业务外包在给公司带来收益机会的同时也蕴涵着较高的风险。外包中由代理问题所产生的双方目标不一致、信息不对称所导致的逆向选择、外包商的机会主义行为,以及环境不确定中的偶发事件等都将对外包价值的实现产生重大影响,这也是公司在外包中可能承受的一项重大成本。随着业务外包市场范围与规模的不断扩大以及外包在公司中日趋重要的战略地位,如何有效地管理公司业务外包风险,降低公司由风险所导致的经济损失也成为公司理财的一个重要内容。这里我们将系统介绍公司业务外包中面临的一些风险事件、风险客体和风险因素,并提出相应的管理措施。

识别业务外包风险有两个重要的理论基础:一个是交易成本理论中的契约人行为假设(有限理性假设和机会主义假设)和交易过程的特性(资产专用性、不确定性和交易重复出现的频率);另一个就是研究契约关系中委托人与代理人之间关系的委托代理理论。对业务外包来说,代理理论是关于公司(委托人)选择外包商(代理人),激发外包商,并协调双方决策与行为的理论。该理论区分了三个重要的概念:逆向选择、败德行为和不完善契约。作为一种契约关系,外包合作涉及专业化分工及各方的收益问题。而在委托代理中,由于存在信息不对称和私人信息,在有限理性和机会主义的行为假设下,代理人很可能会利用自己的信息优势为自己谋取最大效用,甚至不惜牺牲委托人的利益,这就产生了代理中的"道德风险"问题,包括隐藏信息的道德风险和隐藏行为的道德风险。在隐藏信息的道德风险下会产生逆向选择,突出的表现就是公司最终选择了服务质量较差的外包商;而在隐藏行为的道德风险下就会产生败德行为,这表现在外包实施的整个过程中。外包中的资产专用性越高,外包锁定风险也会越大。另外,公司通常希望外包商完全按照其需要来执行外包任务。然而,由于有限理性和不确定性的存在,签订和实施一个完善的合约几乎不可能,这无疑也增加了公司业务外包的风险。以交易成本理论和委托代理理论为基础,归纳总结前人对业务外包潜在风险事件及其风险因素的认识(Aubert,Patry & Rivard,1998;2001),我们对业务外包中的风险事件和风险因素进行识别(表17-3)。

表17-3 公司业务外包的风险事件与风险因素

	风险事件	风险因素
成本	未预料到的过渡与管理成本(Cross,1995;Earl,1996;Nelson et al.,1996)	• 公司对外包的业务缺乏经验与专长(Earl,1996;Lacity et al.,1995) • 公司对外包缺乏经验和专长(Earl,1996) • 法律环境的不确定性
	转换成本(包括锁定、恢复内制、转换外包商的成本)(O'Leary,1990)	• 资产专用性(Williamson,1985) • 少数量的外包商(Nam et al.,1996) • 业务的相互依赖性
	昂贵的契约修订成本(Earl,1996)	• 不确定性(Alchian and Demsetz,1972;Barzel,1982) • 技术的不连续性(Lacity et al.,1995) • 业务的复杂性
	成本上升(Lacity and Hirschheim,1993;Lacity et al.,1995)	• 公司对外包合约管理缺乏经验和专长(Earl,1996;Lacity et al.,1995) • 业绩的测度问题(Alchian and Demsetz,1972;Barzel,1982) • 外包商对承接的外包业务缺乏经验和专长(Earl,1996)
	隐藏的服务成本(Lacity and Hirschheim,1993)	• 业务的复杂性 • 业绩的测度问题(Alchian and Demsetz,1972) • 不确定性(Barzel,1982)
质量	服务质量下降(Lacity and Hirschheim,1993)	• 业务的相互依赖性(Aubert et al.,1997;Langlois and Robertson,1992) • 外包商对承接的外包业务缺乏经验和专长(Earl,1996) • 外包商规模(Earl,1996) • 外包商的财务稳定性(Earl,1996) • 业绩的测度问题(Alchian and Demsetz,1972;Barzel,1982) • 业务的复杂性
企业形象	争端与诉讼(Aubert et al.,1997;Lacity and Hirschheim,1993)	• 业绩测度问题(Alchian and Demsetz,1972;Barzel,1982) • 外包双方对外包合约缺乏经验和专长(Earl,1996;Lacity et al.,1995) • 法律环境的不确定性 • 不相容的组织文化
	组织竞争力的丧失(Dorn,1989;Earl,1996;Lacity et al.,1995)	• 业务与核心竞争力的接近程度(Prahalad and Hamel,1990) • 业务的相互依赖性

(一)公司业务外包中的风险事件

如表17-3所示,潜在的风险事件可以归结于三个方面,即服务质量、成本和企业的外部形象。具体表现如下。

(1)隐藏的过渡与管理成本。隐藏的过渡成本主要是指组织调整成本、资源的重新配置成本以及与外包商的平行运作成本;隐藏的管理成本则主要是指投入外包管理的人力资源。

Earl(1996)曾指出,许多公司经常低估这两种成本,而这两种成本通常上升很快。Cross(1995)在对英国石油公司(British Petroleum)外包案例的研究中也发现,其外包所耗费的管理成本远远超过了外包合约的价值。

(2) 转换成本。主要指被外包商锁定的成本,这源于公司的专用性资产投资和外包商的市场垄断。在外包中,公司与外包商之间目标的不同、信息的不对称,以及合约的不完善加剧了外包商锁定的风险(Lock-in Problem)。外包商锁定将增加公司在外包关系中的战略脆弱性,使其在外包中处于极其被动的地位。

(3) 契约的修订频率与成本。主要指在外包实施中,公司可能由于环境的变化而强制性要求修订合约,而修订合约所引发的相关管理与法律费用往往较高。环境变化程度、速度和合同的不完善程度越大,公司的合同修订频率与成本就越大。技术的不连续性也会产生大量的合同修订成本,公司不仅要承受已有投资的损失,还必须就新的技术增加相关投资成本,同时还要交纳有关的法律费用,并向外包商支付较高的服务费。

(4) 争端与诉讼。外包业务绩效的衡量问题是引起法律争议与诉讼的一大因素,它与衡量标准的不明确,以及外包业务与内制业务之间的相互依赖性有关。在这两种情况下,由于没有可靠证据证明外包商的责任,往往只有借助于法律手段来解决争议。外包中法律制度与政策的变更也通常带来双方的争议。文化的不相容使得双方目标不能统一,不能就有关问题达成理解,也可能导致冲突。双方对外包活动经验与专长的缺乏所导致的合约更大程度上的不完善性、对有关合约条款认识的差异,以及变更合约时的争议等更增加了公司的争议与诉讼成本。

(5) 服务质量下降。外包服务质量下降通常表现为:服务速度的减慢或延迟、不能达到令公司满意的水平,以及外包业务执行人员技能的降低等。导致外包服务质量下降的风险因素包括外包业务与公司内部业务之间的相互依赖性(由于业务之间的相互依赖性,有时很难分辨出服务质量的下降究竟是谁的责任,从而容易导致外包商规避责任)、外包商缺乏有关的业务经验与专长,以及外包商的规模与财务稳定性欠佳等。

(6) 隐藏的管理成本。隐藏的管理成本与外包业务所涉及的范围和数量较大有关。任务复杂性越强,业务绩效的衡量越困难,未来环境的不确定性越大,隐藏的服务成本就越高。

(7) 其他成本的上升。指除上述所提到的成本以外的外包成本的增加。这主要源于公司与外包商在被外包业务或外包战略上专长的缺乏。

(8) 组织竞争力的丧失。这主要体现在与外包业务有关的专业能力的丧失、创新能力的丧失和对外包活动控制能力的丧失等方面。对某种活动经验与专业水平的获取是与执行该活动分不开的,而外包通常会使部分与外包活动相关的人力资源流失,公司也意味着失去了部分专门技术,更失去了在这一专业技术上的创新能力。尤其是当这种专业水平与企业的核心竞争力具有较大相关性时,公司就会面临丧失竞争力的风险。随着公司对外包商依赖程度的逐步加大,外包商在外包中获取了更大的权力,公司对活动的控制能力就会受到一定的削弱。当外包商私自利用从企业获得的重要信息、专业技能或技巧,或将其卖给企业的竞争对手时,公司的竞争优势将面临重大威胁。

(二) 公司业务外包中的风险因素

风险事件的发生并不是偶然的或随意列举的,它们是许多因素单独或联合作用的结果。

从业务外包风险的来源来看,外包风险客体可归结为委托人、代理人和交易本身三个方面。围绕这三个方面,我们对以下风险因素进行简要分析(表17-3)。

(1) 外包的资产专用性。外包中的资产专用性是指对一个特定的外包关系所进行的物质和人力资产投资,若将这些投资用于其他用途将导致巨大的转换成本。对于实施外包的公司来说,可能会发生以下几项专用性资产投资:①对公司内部人员和外包商人员的培训投资;②为有效采用外包商技术、工具和系统所进行的调整与修正过程投资;③为了节约成本,在地理位置上接近外包商所发生的部署成本;④在设备、硬件等方面进行的有形投资。如果外包关系提前终结,那么上述各项投资都将变成沉没成本,使公司遭受重大的经济损失。也正是因为资产专用性的存在,使公司在面对对方的机会主义行为时表现出较大的脆弱性。同时,外包商也可能利用公司在外包关系中的专用性资产作为续签合约时对公司的一种讨价还价优势,这是因为公司若与新的外包商建立外包关系将必须重复同样的投资。因此,外包中的资产专用性在某种程度上代表了机会主义的范围,有时它不仅使公司难于从外包商处获取成本和服务质量的改善,而且还增加了对外包合约的监控成本。

(2) 少数量的外包商。少数量的外包商指的是市场中值得信赖的、有信誉的、能满足公司需求的可供选择的外包商数量较少。少数量的外包商将对公司的外包商选择形成较大的局限性,公司将因此而在合约的谈判中处于劣势地位,并且在转换外包商时将面临较大的困难和较高的成本。最终,公司可能在整个外包合作和外包的再次决策中遭受对方机会主义的威胁。

(3) 外包中的不确定性。在外包中,交易各方信息的不完全、大量的不可控影响因素,导致了事件在已知多种可能发生情况下的不确定性。这也意味着,面对不确定性的存在、外包合约的不完善,以及在未预测到的偶发事件发生时,外包双方进行协商和合约修订的必然性。而合约的重新谈判和修订无疑增加了外包的额外成本,延迟了外包预期价值的实现。这里主要有两种不确定性:一种是环境的不确定性,即指市场和需求变化迅速所造成的不确定性。在这种情况下,外包商可以用对自己有利的方式来解释合约中未明确规定的条款,或要求再次协商和修订合约条款。另一种是技术的不确定性,即指技术的快速变革和突破性创新对现有技术的淘汰。在这种情况下,外包商在合约到期前可能不愿意耗费成本去改变现有技术,又或是双方就此修订合约而导致外包成本的增加。

(4) 外包中业务的相互依赖性。业务的相互依赖性是指存在于业务或业务职能部门之间的相互关联性。例如,某个特定业务的完成情况依赖于其余业务的完成绩效。一些业务的相互依赖性可能使得公司市场响应度降低,以至于对业务绩效产生负面影响。业务之间的相互依赖性越大,就越需要各业务之间进行相互协调,联合解决问题。当然,这又可能增加外包的成本,包括时间成本。这里所指业务之间的相互依赖主要有两种:一种是被外包的某部分业务(如某一外包的IT运作)可能与未被外包的该类业务的其余部分(如未外包的另一IT运作)存在直接或间接的联系;另一种是被外包的某业务(如某一外包的IT运作)可能与相关业务类型的被外包的另一业务(如另一被外包的IT运作)存在直接或间接的联系。以IT外包为例,由于相关设施的分离和外包双方不同的工作日程及规程的安排,使得协调双方的时间和数据结构,以及衔接双方的系统等都具有一定的困难和复杂性。因此,公司必须与外包商发展密切的合作关系,以加强和促进双方系统及相关界面的整合。

(5) 外包执行结果的测度。对外包执行结果的测度主要指两种情况的测度问题。一种是针对外包双方团队工作情况的测度。针对这种团队工作,有时公司很难评估外包商所付出的努力,也就不可能公正地去测度其贡献。此时,为了准确评估对方绩效,公司必须在外包过程中进行监督,并要为此付出昂贵的成本。同时,外包商也必须通过一定的方式来显示其所做的工作和努力。另一种则是源于外包中相关利益人较多的事实,即由于各利益关系人对外包商服务的评估工具和评估标准存在争议,因此导致了公司与外包商之间关于服务性价比争议的产生。这种争议又会导致服务质量的下降。

(6) 对被外包业务专长的缺乏。"专长"通常被定义为培训、学习和实践所需要的特定知识和技能(Sinclair,1992)。Thomspon(1994)等认为:"经验和专长是紧密联系,但又相互区别的两个概念。运用某项知识和技能的时间长度(即经验)与专长有关,专长将对业务的解释与实施提供更多的信息。"因此,可以说专长是在特定领域,建立在一定经验基础上的知识和技能。但在实践中,有时专长和经验是混用的,故本文也对此不作明确的划分。在外包中,一方面,公司如果缺乏在被外包业务上的专长,就可能导致隐藏成本、额外的过渡与管理成本;另一方面,外包商如果缺乏在所承接外包项目上应具有的专长,就不能对迅速变化的业务环境做出响应,不能准确地把握公司的业务需求和目标,也没有能力去满足公司的需要。结果自然会导致双方对所提供服务产生争端,服务水平下降,成本增加,目标实现的次优化,甚至目标不能实现,并由此给双方带来经济损失。如果公司不能转换外包商,就必须对外包商进行相关的培训,向其解释需求,而这又会增加公司的管理成本。

(7) 对外包缺乏专长。由上述对专长的理解,公司和外包商在执行合约中所使用的各种技巧、实施外包项目的多少,以及外包的执行情况等是体现其是否具有外包专长的主要因素。Boyson(1999)等通过对物流外包的研究发现:外包合约中所包括的绩效评估标准、服务成本、合约终止条款,以及管理这些条款的有效性等对外包实施结果具有重大的影响,外包中需要能促进外包关系平稳发展和能积极培育、保持密切外包关系的人员、过程、工具和系统。公司如果缺乏外包专长,可能在人员的转移和重置、设备转换和租赁,以及转移某些软件许可等方面引发更多的过渡与管理成本。Aubert(1998)等也认为,由于外包商可能已经签订了多个外包合约而较公司拥有更多的外包专长,并且外包商可能凭借其对所承接外包业务所具有的知识和信息优势而隐藏某些信息,因此公司对外包专长的缺乏将导致外包成本的上升。Clark(1995)等也发现,当某外包商开始削减服务时,负责外包关系管理的经理通常对员工的抱怨反应平平,因为他们并不清楚公司的外包需求,他们缺乏外包合约计划和协商方面的专长;另一方面,也存在外包商对外包专长缺乏的情况,这可能导致外包双方在合约条款、外包绩效考核、期望的服务水平,以及需求计划等方面发生争议。

(三) 公司业务外包风险的控制策略

针对公司业务外包中的风险事件与风险因素,可制定如下外包风险控制策略。

1. 隐藏的过渡、管理以及服务成本风险控制策略

(1) 公司可选择多个外包商(数量视具体情况而定),并明确各个外包商的责任范围;或将整个任务过程分为不同的执行阶段,在一定程度上降低任务的复杂性,并方便对各外包商进行绩效考核。

(2) 为了最大限度的降低环境的不确定性,公司应该设立具有较大灵活性的合同条款,以便于在特定时间,为满足公司特定的商业需要而改变有关条款及制定问题的解决方案。

(3) 公司应定期(如每年)就合同中有关的绩效考核标准与外包商进行协商,以使绩效的

衡量更为合理与准确,减少不必要的服务费支出。

(4) 公司应加强对外包运作与管理的学习,尤其是要向成功实施外包管理的企业学习,还可聘请部分外包顾问,增强公司自身的外包专业水平与经验。

(5) 公司应在成本效益分析的基础上,建立有关的合约激励机制(如高绩效高回报、合约期满后继续签约等),使外包商与公司的目标趋向一致,减少由于信息不对称造成的外包商道德风险,降低外包商提高服务成本的机会主义行为。

2. 锁定风险控制策略

(1) 在存在知识专用性的情况下,公司可就同一外包业务与多个外包商签订均等业务量的外包合同,这是降低外包锁定风险的一种良策。正如前文所论证的,由于存在资产专用性,尤其是知识专用性的影响,使得公司选择单一外包商或是将某外包合同在多个外包商之间不等量地进行分配所发生的交易成本都将大于在多个外包商之间均等分配合同的交易成本。同时,公司也只有选择多个外包商,才能在签订合同后,利用存在于多个外包商之间的竞争来对外包商实施相应的监督控制,增强在外包关系中的讨价还价能力。

(2) 当公司就外包进行有关的专用性投资时,应同时要求外包商也进行相关投资,这样就增强了双方的相互依赖性,既可保证项目的顺利进行,也可使双方成为利益共同体。

(3) 公司应适当保留与外包业务相关的技术专业能力,并随时关注外包业务所处行业外包商市场的变化,密切留意可以替换已有外包商的合作伙伴,减少对已有外包商的依赖,尽可能降低外包商的转换成本。

3. 合同修订风险控制策略

(1) 尽量清晰地定义公司所需的服务,对那些由于有限理性和环境不确定性影响而暂时不能定义的部分(如商业环境变动对服务要求的变化、技术不连续性所导致的技术更新的需要等)可在附件中加以说明。这一方面可为未来合同的修订留有一定的空间;另一方面,对于环境变化时合同附件中已提及的事项就不需要再进行合同修订了。

(2) 将长期合约与短期合约的特征相结合,即在注重培养长期合作关系的同时,设置不同的合同阶段,以便对各个不同时点的特殊情况进行考虑。这样做虽然也会发生成本,但却可能大大减少合同修订的频率及其所带来的成本。

(3) 对于那些就特定技术与外包商签订长期合约的技术密集型公司来说,在技术变革时若不改变技术,就会因落后于竞争对手而丧失竞争优势,但若改变技术则必然导致成本的大量上升。为此,这类公司在外包之前尤其应充分预测技术的发展趋势,根据技术预测估算可能发生的各项成本,对可以避免或减少的成本提前采取预防措施,并对有关技术和设施装备的需要进行认真、全面的评估,保留设定技术或装备标准的权力,尽可能减少技术不连续性给公司带来的冲击。

4. 服务质量风险控制策略

(1) 公司在准备订立外包合同时,就应努力降低误选外包商的风险。这是因为,每一个外包商都知道自己在承担某一外包业务上的真实水平,并都宣称自己是最好的,而公司却不可能从外包商处得知关于其真实水平的正确、完整的信息。这样,正如 Akerlof 运用旧车市场所描述的"逆向选择"问题,由于公司与外包商之间信息不对称而产生的"逆向选择"导致市场失效,从而使公司错误地选择了素质较差的外包商。为此,公司必须借助一定的信息甄别机制来区分高水平与低水平外包商。例如,公司可要求外包商执行某些特定的任务步骤(如要求外包商设计标书,并就其关心的一些问题进行答复等)以便于对外包商能力进行深入洞察。这种方法的有效性在于,质量水平较低的外包商将由于承担高昂的成本并害怕落选而主动退出竞争队伍,从而实现了高质量与低质量外包商的自动甄别。又如,公司可以运用激励机制(如为外包商提供与其外包执行结果高度相关的报酬、进行长期合作等)来鼓励高质量的外包商投标,而能力有限的外包商以及服务质量达到要求可能性较小的外包商,将由于害怕投资得不到补偿而退出竞争。

(2)公司应建立有效的反馈机制,包括建立对外包商的绩效评价机制与监督体系、积极鼓励外包商向其反馈意见、对外包商的反馈意见做出迅速的反应,以及主动让外包商知道其从改革中所能得到的收益,以激发其工作积极性。在对外包商的监督中,公司尤其要防止这样一种情况,即随着时间的推移,外包商在满足公司服务要求后不再将其当作首选顾客,或将优秀专业人员撤换到别的项目去的情况。

(3)作为一种虚拟经营,外包合作伙伴之间应创建更适合虚拟企业特性与要求的网络体系,及时了解外包各方的行为,加快对顾客需求的响应程度,促进合作双方知识的交流与学习,实现外包整体的协调性、经济性和创造性。另外,公司还可以利用对外包商信誉的了解和外包商害怕丧失信誉的心理,通过舆论渠道及与有关企业进行外包经验交流等方式来对外包商施加一定的压力,迫使其向公司提供最好的服务。

5. 争议与冲突风险控制策略

(1)在外包任务复杂且牵涉到多个外包商的情况下,公司应明确各自任务,建立各方之间良好的沟通渠道,召开外包各方参加的定期与临时会议,就外包执行中的有关问题进行讨论,树立多赢的公司合作理念,增强相互的信任,使各方围绕外包业务形成目标一致的战略联盟。

(2)环境的不确定性很难控制,但公司可通过增强在外包业务和外包方面的专业能力与经验,一方面进一步完善合约,减少争议的可能;另一方面为处理不可避免的争议准备力量,从而能够处乱而不惊,也能一定程度降低解决争端的成本。

(3)通过公司的努力,外包各方文化的冲突是可以避免的。公司可在选择外包商时设定一系列对外包项目的实施起关键作用,并与企业文化相关的指标,如创新意识、组织柔性、团队精神、企业家精神等,并在各外包商之间进行评估与比较,从而在一定程度上保证进入外包合同的各方文化的相容度。

(4)公司在选择了拟合作的外包商后,还可要求各外包商自行联合提交完成公司所需服务的建议书,明确共同责任与各自责任,并设定任务主要负责方,以加强外包商内部的自行协调。

6. 公司竞争力丧失风险控制策略

(1)公司应充分认识到人力资源在外包成功实施中的重要作用。不仅要成立由对外包业务非常熟悉的专业人员、法律人员、财务人员以及有关顾问专家组成的有效的外包管理组织,准确识别公司的核心竞争力,做好外包决策和外包实施的监督管理,还要做好外包中的人员重新配置工作,确保将公司原有执行外包业务素质较高的人员和拥有公司所需技能的人员留下来。这既便于外包商更快、更深入地了解公司及其对服务的需要,又能使公司相关的技能和创新能力不至于丧失。

(2)对于与公司核心竞争力接近的外包业务尤其应该保持谨慎态度,因为一旦公司形成对外包商较强的依赖性,而外包商将一些从公司获取的重要信息与技能出卖给企业的竞争对手,又或是外包商自己成为公司的竞争对手时,都会使公司丧失竞争优势。为此,公司可与具备不同专长的多个外包商建立外包关系,这一方面可以充分发挥专业化分工带来的益处;另一方面也由于对外包业务的分割而限制了各外包商获取的信息量及其获取完整知识与技能的能力。

(3) 为了减少外包商从公司窃取重要信息的可能,公司可在合同中订立有关条款,规定外包商窃取行为的具体表现和惩罚措施。虽然加入这些限制条款将增加公司支付给外包商的佣金,但是它却大大降低了信息窃取的概率及其可能带来的组织竞争力丧失的巨大损失。

第三节 公司业务外包绩效评价

一、公司业务外包绩效评价的主要观点

我们这里的"外包绩效"是指公司业务外包目标的实现程度和效果,它可以体现为有形的收益,也可以体现为公司所获取的无形价值。对业务外包绩效的评价是衡量业务外包成功与否的指示器。而具体从哪些方面,采用哪些指标来对外包绩效进行评价,则是确保衡量结果有效性与可靠性的关键。目前,由于外包绩效评价方面的研究尚未形成一个规范的体系或模式,因此我们暂且将其称为外包绩效评价的一些观点,主要包括:

(1) 以"积极的结果越多,外包绩效就越好"为假设,将积极结果进行累加来评价外包绩效(Willcocks & Fitzgerald,1994;Lacity & Willcocks,2000;Deloittes,1997)。这种观点的主要问题在于将任何一种积极的结果等同于外包绩效的获取。例如,一个公司认为他们通过某项业务外包获取了其内部不能提供的服务,但这并不意味着该公司就对该项外包结果满意,也不能显示该公司在多大程度上愿意与外包商继续现存的外包关系。该观点也忽视了这样一个事实,即外包是一种付费的服务,因此仅从积极的方面来对外包绩效进行衡量显然是片面的,将与外包有关的费用和成本纳入绩效评价考虑的范围是必须的。

(2) 以单一的标准,如成本节约、满意度、外包商表现等作为外包绩效评价的指标(Lacity & Willcocks,2000;Kern,1999;Karpathiou & Tanner,1995)。这种观点显然过于简单和片面,这种片面性很可能导致评价结果的非有效性和偏差。

(3) 从成本与服务两个方面来对外包绩效进行评价(Lacity & Hirschheim,1993;Karpathou & Tanner,1995;DeLoittes Consulting,1997)。这种观点强调人们在关注降低价格的同时不能忽视了外包服务的质量,但显然也是不够全面的。

从上述观点来看,现有对业务外包绩效评价的研究还停留在一个较笼统、片面和抽象的层面,对外包绩效评价指标的确定还有待深入研究。

二、公司业务外包绩效评价指标体系及运用

(一)公司业务外包绩效评价指标及其内涵

由上可知,公司业务外包绩效的评价还缺乏一个全面、具体的模式与体系。结合文献研究与专家访谈,我们提出如下 8 个外包绩效评价指标(图 17-2)。

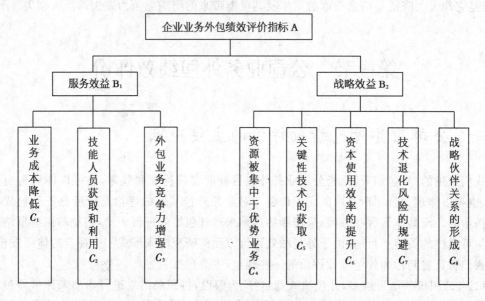

图 17-2 公司业务外包绩效评价指标体系

(1) 业务成本的降低。该指标用于测度外包所带来的业务执行成本的降低,包括来自外包商人力资源规模经济和技术资源规模经济的成本降低效益,以及公司加强对外包成本控制所引起的成本下降。该指标通常可以进行定量评估。

(2) 技能人员的获取和利用。该指标用于测度公司通过业务外包所获取的为其服务的优秀技能人员,这些技能通常是公司急需而从内部又不能获取的。该指标可以通过计算获取技能人员以及技能的数量来进行衡量。

(3) 外包业务竞争力的增强。该指标用于测度外包后的业务在质量、成本、技术含量等方面所拥有的市场竞争力。该指标可根据具体情况实施定量或定性评估。

(4) 资源被集中于优势业务。该指标用于测度业务外包后释放的资源是否以及在多大程度上对核心优势业务的发展发挥了作用。由外包所导致的核心优势业务的发展才应视为业务外包的绩效。该指标通常运用定性评估。

(5) 关键性技术的获取。该指标用于测度公司通过业务外包从外包商获取的有助于增强其核心竞争力的技术资源的关键性程度。获取技术的关键性程度越大,业务外包的绩效就越好。该指标可以通过计算关键性技术的数量来进行评估。

(6) 资本使用效率的提升。公司与外包商进行知识、信息等资源的共享和互补有助于提升资本的使用效率。该指标可以通过计算产出效率与业务所占用资本的比例来进行评估。

(7) 技术退化风险的规避。快速的技术变革常常使公司业务遭受质量下降、成本上升、市

场份额降低等多方面的风险。该指标用于测度通过业务外包所减少的公司面临技术落后或变革将遭受的风险和损失的大小。该指标通常运用定性评估。

(8) 战略伙伴关系的形成。外包双方通过多次外包合作,以及在合作过程中文化、管理思想、管理模式等的磨合,有助于增进双方的相互信任,促进战略伙伴关系的形成。战略性合作程度通常采用定性评估。

(二) 公司业务外包绩效评价方法

结合模糊评价的有关理论,我们提出如下外包绩效评价方法。

(1) 确定外包绩效评价指标集。根据图 17-2 所示外包绩效评价指标体系,我们可以得到

$$A = (B_1, B_2) \tag{17-13}$$

$$B_1 = (C_1, C_2, C_3) \tag{17-14}$$

$$B_2 = (C_4, C_5, C_6, C_7, C_8) \tag{17-15}$$

(2) 确定各个指标的权重。假设 B_1 和 B_2 对 A 的权重分别为 b_1 和 b_2,则对应的权重矩阵为

$$W = (b_1, b_2) \tag{17-16}$$

同样可假设 C_i 对 $B_i (i=1,2)$ 的权重矩阵分别为

$$E_1 = (c_1, c_2, c_3) \tag{17-17}$$

$$E_2 = (c_4, c_5, c_6, c_7, c_8) \tag{17-18}$$

对以上权重,我们可通过德尔菲法算出。

(3) 确定判定评语集合。公司可组织评价小组对上述指标进行评议,并组成评价集 $D = \{d_i\}$。即

$$D = \{d_i\} = \{d_1, d_2, d_3, d_4, d_5\} = \{高, 较高, 一般, 较低, 低\} \tag{17-19}$$

(4) 确定 B_1 和 B_2 的模糊判断矩阵 R_1 和 R_2。假设有 5 个专家进行评议,得到的结果是

$$R_1 = \begin{bmatrix} r_{11} & r_{12} & r_{13} & r_{14} & r_{15} \\ r_{21} & r_{22} & r_{23} & r_{24} & r_{25} \\ r_{31} & r_{32} & r_{33} & r_{34} & r_{35} \end{bmatrix} \tag{17-20}$$

$$R_2 = \begin{bmatrix} r_{41} & r_{42} & r_{43} & r_{44} & r_{45} \\ r_{51} & r_{52} & r_{53} & r_{54} & r_{55} \\ r_{61} & r_{62} & r_{63} & r_{64} & r_{65} \\ r_{71} & r_{72} & r_{73} & r_{74} & r_{75} \\ r_{81} & r_{82} & r_{83} & r_{84} & r_{85} \end{bmatrix} \tag{17-21}$$

(5) 确定一级指标的模糊综合评判集 $S_i, S_i = E_i R_i (i=1,2)$。即

$$S_1 = E_1 R_1 = (s_{11}, s_{12}, s_{13}, s_{14}, s_{15}) \tag{17-22}$$

$$S_2 = E_2 R_2 = (s_{21}, s_{22}, s_{23}, s_{24}, s_{25}) \tag{17-23}$$

(6) 最终确定外包绩效评价的模糊评价矩阵 Z，即

$$Z = W \times S = (b_1, b_2) \times \begin{pmatrix} s_{11}, s_{12}, s_{13}, s_{14}, s_{15} \\ s_{21}, s_{22}, s_{23}, s_{24}, s_{25} \end{pmatrix} = (z_1, z_2, z_3, z_4, z_5) \tag{17-24}$$

(7) 对 Z 做归一化处理。由于所有 $zi(i=1,2,3,4,5)$ 之和不等于 1，因此，必须对其进行归一化处理，即

$$Z'_i = Z_i \Big/ \sum Z_i \tag{17-25}$$

由此得到

$$Z' = (z'_1, z'_2, z'_3, z'_4, z'_5) \tag{17-26}$$

其中，z'_i 分别对应评语要素 d_i，故从概率的角度来讲，对某外包绩效评价隶属于强度 d_i 的可能性是 z'_i。

三、知识联盟形式业务外包对公司价值创造的作用机理

随着业务外包战略地位的日益突显，许多公司不再局限于从一般层次上看待和运作业务外包，而开始从战略联盟，尤其是知识联盟高度来认识外包的意义。他们已逐渐意识到创造相互学习的氛围，培育一种系统的思想，注重知识的获取、转移和创造，形成一个有效的学习机制是外包关系发展深层次的要求。外包对公司利润的作用不仅仅来源于制度竞争力、组织竞争力、技术竞争力，更应归功于认知竞争力的获取。这种认知竞争力，包括在经营管理思维、管理模式、管理方法等方面的认知。外包双方通过不断地信息沟通和有效的组织学习，一方面实现了知识共享和资源互补；另一方面又通过学习获取了创新与变革的动力和能量。因此，知识的获取、吸收和利用是外包影响公司长远效益的一个关键因素，我们应从知识联盟的高度来认识外包对公司效益产生的积极作用。作为一种知识联盟的外包关系应具有以下两个主要特征。

(1) 外包中双方关系更加紧密，双方员工必须紧密合作以学习、创造和加强专业能力。

(2) 这种外包关系具有巨大的战略潜能，它可以帮助公司扩展和改善其基本能力，促进其从战略上更新核心能力或创建新的核心能力。

核心能力是公司获取持续竞争优势的源泉，而知识是公司核心能力的重要基础，核心能力体现了企业特有的能为其带来竞争优势的知识体系。公司如何有效地学习与吸收知识，并在此基础上应用和创造知识，提高其创新绩效是核心能力培养的关键。为此，公司必须不断获取知识资源和能力的投入，并实现知识存量的持续增加。公司与外包商建立的知识联盟是公司为了获取外包商的技术或能力，并实现知识的共同创新而与外包商自愿达成的长期联盟形式，其中心目标就是学习和创造知识（主要指隐性知识）。以知识联盟形式构建的外包关系无疑为公司获取知识来源，增加知识存量，创造效益提供了重要的条件和渠道。我们将以知识联盟形式建立的外包关系作用于企业效益的机理表示为图 17-3，以下我们将对其做进一步的论证和分析。

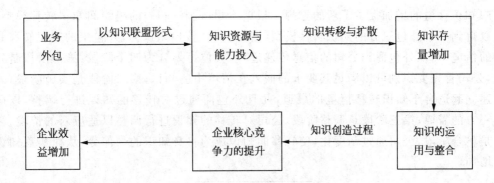

图 17-3　外包以知识联盟形式作用于企业效益的机理

(一) 知识资源投入增加企业知识存量的原理

根据知识联盟的特性可以知道,以知识联盟形式建立的业务外包关系可以使公司获取来自外包商的知识资源及能力投入,而这种资源或能力如何能使公司知识存量得以增加则是一个需要说明的重要问题。

从定性的角度来分析,这是一个知识转移与扩散的过程。这里的"知识"既包括能够以语言、文字、图形和符号等编码化形式进行转移的显性知识,又包括那些高度个体化的难以编码化和形式化的隐性知识。在以知识联盟形式建立的外包关系中,知识的转移与扩散应包括这样几种机制。

(1) 内部市场转移机制。显性知识主要是通过这种机制来实现转移和扩散的。例如,专利或技术转让协议、技术使用许可、技术咨询等。

(2) 外部市场转移机制。机械设备等的先进程度决定了外包商的生产技术水平和知识应用与创新水平。由于对服务质量的特殊要求,公司往往要求外包商通过市场交易从外部购买更加先进的设备,引进先进技术来提高生产能力和技术水平,并不断跟踪、吸收和利用外部市场的新知识,从而实现知识存量的增长。

(3) 互动创造转移机制。外包双方为了建立起战略合作伙伴关系,就必须加强相互间的合作,并使需求在更大程度上实现一致性与协调性。为此,也要求他们建立各种互动与沟通机制来促进交流以及时消除不和谐的因素。例如,建立跨职能团队、设立共同研发小组、临时项目小组、基于网络的知识交流平台等,主动进行知识和技术的交流沟通与学习,共同进行技术创新和知识创造。这种机制易于隐性知识的转移扩散,也利于新知识和新技术的创造。

(4) 培养指导转移机制。公司为了保持与外包商的协调性与互补性,实现外包合作的长远利益,除了要在外包业务上具备必需的知识和技术外,还要在经营理念、战略目标、组织文化等方面尽量与外包商保持一致。例如,通过主动到外包商处参观学习、在外包商处派驻业务代表等形式,学习外包商的经验和新知识。这种机制也易于隐性知识的转移扩散。

除了这几种机制以外,近年来,也有不少学者从企业特定的情境因素,包括文化、战略、组织结构和过程、环境、技术和运营等角度来研究组织间知识的转移与创造过程(Szulanski,1996;Foss,1996;Nonaka & Takeuchi,1995),这也为我们理解以知识联盟形式建立的外包关系中知识存量的增加提供了新的思想。根据 Szulanski(1996)的组织间知识转移模型,我们可以得到一个外包双方的知识转移模型(图 17-4)。该模型认为,外包中的知识转移是在一定的情境中,从外包商到公司的信息传递过程,具体可划分为四个阶段:第一阶段是开始阶段,公司首先要识别可以满足其要求的嵌入在情境中的知识;第二阶段是实施阶段,外包双方建立起适合于知识转移情境的渠道,并且外包商通过对转移的知识进行调整,以适应公司一方的需要;第三阶段是调整阶段,公司对转移的知识进行调整以适应新的情境;第四阶段是整合阶段,公司通过制度化,使转移的知识成为自身知识的一部分,从而实现知识存量的增加。

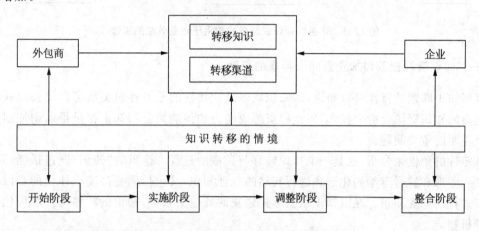

图 17-4　外包双方的知识转移与情境的关系

(二) 公司核心竞争力提升的知识创造过程

从核心竞争力概念来看,根据 Javidan(1998)的思想,公司核心竞争力的形成可用一个金字塔形的结构来表示(图 17-5)。其中,资源是公司所拥有的各种要素,是一个相对静态的,通常可以度量的概念;能力是公司能够成功从事经营活动的技术,是有效使用所获取的资源并使其相互作用以产生出新的资源和知识的才能,这些能力的重要程度因其在为公司创造价值中贡献程度的差异而不同;竞争力是一系列难以获取和模仿的能力,是公司资源潜力和各种才能的综合体现;核心竞争力则是竞争力的更深一步,是公司最具优势的竞争力的体现,是公司能力综合发挥作用形成的,具有自我学习性和创造性。

从知识的分类和发展来看,我们可将知识分为专业知识、综合知识和整合知识三类,其发展过程可表示如下(图 17-6)。其中,专业知识一般是指显性的、具体领域的知识;综合知识是在专业知识基础上,综合不同领域知识之后产生的新知识,它通过将各种知识联系起来形成有用的知识,实现组织的知识增值;整合知识是指在开发和使用前两种知识的情况下所创造的具有竞争优势的新知识,它可以直接转化为生产力或产品的知识。

根据上述分析,公司核心竞争力的知识创造过程可表示如图 17-7 所示。由图 17-7 可见,公司核心竞争力的形成是一个动态更新的过程。在这个过程中,专业知识、综合知识和整合知识分别对应于公司的资源获取、能力产生和竞争力培育,并最终形成公司新的核心竞争力,从而不断为公司创造效益。

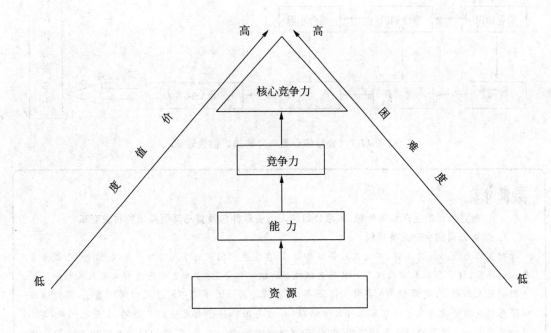

图 17-5 核心竞争力形成的概念模型

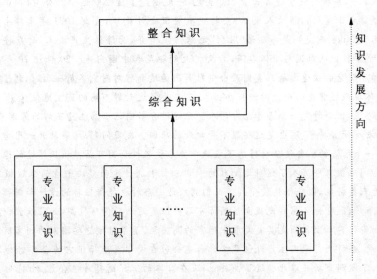

图 17-6 知识发展过程图

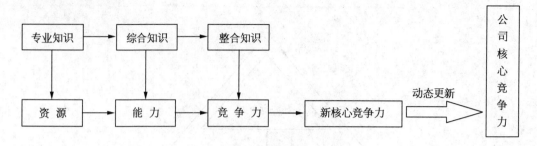

图 17-7　公司核心竞争力的知识创造过程

案例分析

耐克公司的生产业务外包、索尼公司的人力资源外包及青岛啤酒集团的物流变革

1. 耐克公司的生产业务外包

耐克作为国际知名品牌，不仅在欧美极负盛名，在发展中国家也尽人皆知。可以说耐克已成为青年人的偶像，许多年轻人都因拥有一双耐克球鞋而骄傲。但是，对于耐克的历史却未必人人皆知。耐克的创始人和 CEO 是菲利普·奈特。1958 年，他在俄勒冈州大学读书时是校田径队选手，那时他就深深感到美国竟没有生产一双真正好的运动鞋（那时美国的鞋子都是轮胎厂造的，5 美元一双，跑 5 里脚就会流血。德国的鞋子虽舒服些，但要 30 美元才能买到一双）。学校的田径教练比尔·鲍尔曼对德国运动鞋的质量也不满意。他亲手制作的鞋子，虽然外表难看，但轻巧舒适，让运动员跑出了更好的成绩。1964 年，奈特与鲍尔曼各出资 500 美元，一起创建了蓝绶带运动鞋公司，鞋由美方设计经销，在日本制造。由于最初销售收入太低，奈特一直兼做会计糊口，直到 1971 年才辞去兼职。1972 年，蓝绶带更名为 Nike(耐克)，是希腊语"胜利"之意。1975 年，为降低生产成本，耐克将日本的生产线转移至人力成本较低的韩国与中国台湾，后又扩大到印尼和中国内地。20 世纪 70 年代健身运动的发展，也带动了耐克的快速发展。美国最大制鞋商阿迪达斯曾对耐克不屑一顾，但到了 80 年代，阿迪达斯遭到了体现叛逆意志的耐克的迎头痛击，逐渐丧失了运动鞋市场的霸主地位。

虽然生意惨淡，但奈特是一个善于思考的人。他通过分析自己小店生意不好的原因后，发现其贩卖的运动鞋并没有什么特色，这也是这些鞋不受欢迎的原因。发现问题后，奈特开始思考如何才能突破这一局面。一个很好的机会使奈特得悉了威廉·德尔曼教授利用凹凸铁板压烤过的橡胶制作成运动鞋底的消息后，他便立即买入了这种运动鞋的专利。由于这种运动鞋比平滑的橡胶板鞋会更富有弹性，并且穿起来更舒服，因此很快便受到了人们的欢迎。奈特也凭借独特的设计和新颖的造型而迅速打开了美国市场，随即他又将目光投向了国际市场。但是运动鞋价格较高，如果依靠出口进入外国市场，本身的高价位再加上各国尤其是发展中国家的高关税，是很难被这些国家的顾客所接受的。为了解决这一难题，奈特决定采用生产外包战略。耐克公司在爱尔兰选择了它的合作者为其生产耐克球鞋，从而进入了欧洲市场并以此躲过了高关税；又在日本的工厂选择外包合作者，将耐克球鞋打入了日本市场。在 20 世纪 70 年代末就能有这样巧妙的构思，这不能不令人钦佩。

通过实施生产外包，耐克公司不投资建设生产场地，也没有装配生产线，从而节省了大量的成本和费用，并且将资源和精力集中于专攻附加值最高的球鞋设计和营销。他们所要做的是将设计好的样品和图纸交给那些劳动力成本较低的国家企业去生产，最后验收产品，再贴上"耐克"的商标，以超过加工成本数 10 倍的价格销售给顾客。这就是品牌的力量，外包魅力的体现。

从 1999 年开始，奈特把更多精力放在了如何运营公司上。他所做的第一件事就是组织一个新的管理团队，除了依靠公司的一些老经理外，还从外界招聘了一些关键的管理人员。雅典奥运会，对世界头号体育用品公司耐克来说也是一个展示其实力的盛会,耐克生产的适于高速奔跑的系列运动鞋,赞助了来自世界各地的运动员。由耐克赞助的运动员,仅获得的金牌数就达到了50枚,其中包括男子1 500米冠军摩洛哥选手奎罗伊、男子100米比赛获得前四名的运动员。耐克的气势不仅仅体现在跑道上,截至2004年5月31日,耐克在2004年财政年度的利润就已近10亿美元,比上年增长了27%;销售收入123亿美元,比上年增长了15%;公司股票也随之上升到78美元一股,比去年增加了37%。

2. 索尼公司的人力资源管理外包

索尼公司是世界上民用电子、工业电子、信息技术产业及娱乐业等领域的先导之一。1946年5月,索尼公司的创始人井深大和盛田昭夫共同创建了"东京通信工业株式会社",后于1958年,更名为索尼株式会社,总部设在日本东京。自创建以来,索尼一直以"自由豁达、开拓创新"作为公司的企业经营理念,在世界上率先开发出了众多创新的电子产品,为人们提供了丰富多彩的视听享受,积极地改变着人们的生活娱乐方式。它在音乐、影视和计算机娱乐运营业务方面的成就也使其成为全球最大的综合娱乐公司之一。公司在截至2002年3月31日结束的2001年财政年度中的合并销售额达到了570亿美元,全球雇员总数达到15万人。

索尼公司在美国拥有14 000名员工,其中人力资源专员主要分布在7个地点。尽管投资开发PEOPLESOFT软件并以此作为通用平台,但索尼公司仍在不断追求发挥最佳技术功效。正如索尼公司人力资源高级副总裁Ed Cotter所指出的,他们仍在亟待更新软件系统。他们的预期状态与现状之间仍相去甚远!此外,索尼公司的人力资源机构在软件应用和文本处理方面也呈现出徘徊不前的状态。所有的人力资源应用软件中,各地统一化的比率仅占18%,并因此造成了管理的低效率。索尼公司电子化人力资源与福利管理副总裁Patricia Boggi指出,他们虽拥有诸多量身定做的技术,但客户的满意度却在不断下降。为此,人力资源小组很快就意识到他们须通过技术方案来解决人力资源管理存在的问题。通过与许多供应机构进行协商之后,他们开始审慎地思考人力资源服务方案。除了期待进行技术更新,灵活地适应未来的发展需求之外,索尼还希望更有效地管理和降低人力资源服务成本,并以此提升人力资源职能的战略角色。Boggi指出,"人力资源日常行政管理正有碍于我们成为公司战略的决策者。目前,许多其他公司也得出了同样的结论。我们坚信,人力资源职能外包管理将是大势所趋。"

为转变人力资源管理职能,索尼与翰威特进行了通力合作。翰威特对索尼人力资源机构所进行的重大改革内容不仅限于采用新技术,而更是要借此契机提高人力资源数据的质量、简化管理规程、改善服务质量并改变人力资源部门的工作日程,进而提高企业绩效。在合作关系中,翰威特将提供人力资源技术管理方案和主机、人力资源WorkWays用户门户,并进行相关内容管理,以及提供综合性的客户服务中心、数据管理支持及后台软件服务。

索尼实施外包方案之后,一些结果已初见端倪。除整合、改善人力资源政策之外,这一变革项目还转变了索尼80%的工作内容,其中将各地的局域网、数据维护转换到人力资源WorkWays系统上,数据接口数量减少了2/3。新型的汇报和分析能力将取代原有的、数以千计的专项报告。索尼还与翰威特通力合作,通过广泛的调查和分析制定了经营方案,由此评估当前的环境,并确定一致、优质的人力资源服务方案对于索尼经营结果的影响。根据预计,截至实施外包的第二年,索尼的人力资源部门将节省15%左右的年度成本,而到第五年时,节省幅度将高达40%左右。平均而言,五年期间的平均节资额度可达25%左右。Cotter指出:"我始终认为可以按照这种方式来开展人力资源工作,因为可以由此形成规模经济效应并降低成本。此外,人力资源外包管理将人力资源视为索尼公司网络文化的起点。人力资源WorkWays门户将是实施索尼员工门户方案的首要因素之一。我们非常高兴地看到通过先行改造人力资源职能来进行电子化转变!"

3. 青岛啤酒集团的物流变革之路

对于啤酒行业来说，尤其是中国的啤酒企业，供应链及物流管理从来都是一个非常有挑战性的课题。一方面，啤酒的消费既有日常生活的稳定特征，又存在各种原因导致的巨大波动。另一方面，啤酒是分量重、单品价值低、海量分销的产品，把数以万吨计的啤酒准确、及时地送到分散在所有偏僻农村或是繁华都市的消费终端，还要把啤酒瓶再收回来，物流服务水平的控制对于确保市场份额就显得极其关键，庞大的物流费用对于利润也有着重要的影响。

青岛啤酒的供应链及物流管理在啤酒行业的普遍特征上具有更大的挑战性。因为该公司在产品定位上高中低档覆盖很宽，同时在分销地域上覆盖很广，因而供应链及物流管理的难度远远高于喜力等仅仅定位于高档市场的国际品牌，更高于仅仅专注于一个城市范围内的本地啤酒企业，问题也更加突出。这就是为什么在整个中国啤酒行业中，青岛啤酒是第一个提出也是第一个开始物流改革的企业。2001年，在一系列的收购、兼并和重组之后，青岛啤酒开始了持续的物流改革之路，"物流推进计划项目"正式启动，而共和快捷也因此成为中国第一个以第四方物流（4PL）身份出现的供应链管理公司。

青岛啤酒的物流改革是在非常明确的物流战略下进行的，双方联合项目小组在这方面进行了大量的调研分析工作，也邀请了物流行业各方面的专家参与。与第三方物流（3PL）合作就是这个物流战略其中的一个实施步骤，主要目的是以外包的方式解决仓储运输运作专业化的问题；另一方面，持续的组织改革也是物流改革的一条必然的主线。共和快捷建议青岛啤酒对于第三方物流公司的选取采用全国性公开物流招标的形式，并且根据项目的实际情况和国内第三方物流公司的一系列特点，共和快捷没有一开始就向物流公司发出正式招标书，而是先在比较广泛的范围内向相应的第三方物流公司发出了招标意向书，然后根据物流公司对于该意向书的回复进行初步筛选，并对初选中标者发出了正式招标书。在标书评估阶段，共和快捷的专家团队还对部分投标者进行了实地考察，高效、成功地完成了青岛啤酒项目关于第三方物流公司的选取工作。

2002年4月15日，青岛啤酒和招商局物流正式签署协议，合资组建青岛啤酒招商局物流有限公司。与招商局物流的合作，代表着青岛啤酒的一个战略性选择。也就是说，青岛啤酒将不会以自身庞大的物流费用为基础进入物流行业，物流改革是让青岛啤酒在啤酒行业更有竞争力，而不是获取物流行业的利润。因而，对于青岛啤酒的物流部门而言，更多关注的将是物流水平、物流信息及物流成本的管理，而具体的仓储运输运作则由招商局物流等物流企业来提供更专业的服务。

在传统的分销管理体制中，分公司是一级完整的法人机构，人、财、物管理俱全，这样的模式必然构成库存分段控制、各自优化的局面，也必然构成物流分散管理、分散运作的局面。而这样的管理模式，恰恰是从根本上提升库存管理及物流运作水平，建立专业化物流管理体系的重要障碍。

究竟是把物流作为销售完成过程中的一个环节，还是把物流作为支持啤酒运营全过程的计划、分拨、配送、提供信息管理、成本管理、物流服务水平管理等综合服务的平台，这是解决物流问题的核心。青岛啤酒近两年多的持续物流改革，实际上就是朝着一体化物流管理平台的方向在逐步迈进。最终，一体化物流平台将体现为三个方面：第一，建立一个将分公司、总部销售、生产、计划等各个环节物流职能集中在一起的、站在青岛啤酒企业总体物流服务水平和物流总成本角度的物流部门，这个部门对内提供全过程的物流信息、管理物流成本，对外提供统一水平的物流服务，同时成为青啤管理物流服务商的唯一接口。第二，建立一个支持上述物流部门一体化服务的物流信息平台。第三，建立一个支持上述物流部门一体化服务的统一的物流网络。

案例思考题

1. 对耐克公司的生产业务外包和索尼公司的人力资源管理外包进行比较分析,说明其运用的条件。
2. 青岛啤酒集团的物流变革的启示是什么？你认为我国财务外包的发展前景如何？

补充阅读材料

1. Bahli, B., Rivard, S. A Validation of Measures Associated with the Risk Factors in Information Technology Outsourcing. http://www.computer.org/proceedings/hicss/1874/track8/187480269aabs.htm

2. Huiskonen, J., Pirttila, T. Lateral Coordination in a Logistics Outsourcing Relationship. Int. J. Production Economics, 2002 (78): 177—185

3. Prahalad, C. K., Hamel, G. The Core Competence of the Corporation. Harvard Business Review. 1990, 68(3): 79—91

4. Quinn, J. B., Hilmer, F. G. Strategic Outsourcing. Sloan Management Review. 1994, 35(4): 43—55

5. Williamson, O. E. Transaction Cost Economics: The Governance of Contractual Relations. Journal of Law and Economics, 1979, 22 (10)

6. XU Shu. Research on Outsourcing Risk Management of Enterprise. Proceedings of 2005 International Conference On Management Science & Engineering (12th), Incheon R. Korea, 2005(7)

7. 李小卯. 信息技术外包套牢问题的研究. 系统工程理论与实践, 2002(3)

8. 〔美〕罗伯特·克莱珀,温德尔·O·琼斯. 杨波,詹承豫,韩晓文译. 信息技术、系统服务的外包. 电子工业出版社, 2003

9. 徐姝. 西方业务外包研究成果评介. 外国经济与管理, 2003(12)

10. 杨成刚. 外包:让财富连动. 经济日报出版社, 2002

11. 〔英〕伊恩·本吉尔·珀斯. 陈瑟(译). 外包制胜——利用外部资源提高竞争优势. 人民邮电出版社, 2004

12. 张翠华,黄小原. 非对称信息下业务外包中的质量评价决策. 中国管理科学, 2004(2)

参考文献

1. 云伟宏,张生举等. 西方公司理财实务. 中国金融出版社,1998
2. 陈德萍. 公司理财理论与实务. 中国财政经济出版社,2002
3. 〔美〕詹姆斯·C·范霍恩. 财务管理与政策. 东北财经大学出版社,2000
4. 杨淑娥. 公司财务管理. 中国财政经济出版社,2004
5. 潘经民. 刍议企业管理以财务管理为中心. 会计研究,1996(7)
6. 张先治. 中国企业财务管理目标探讨. 会计研究,1997(11)
7. 栾庆伟等. 财务管理. 大连理工大学出版社,2001
8. Aswath Damodaran 著,郑振龙译. 应用公司理财. 机械工业出版社,2005
9. 丁学东等. 1978—1994 年中国企业财务改革评论. 会计研究,1996(5)
10. William L. Megginson 著,刘明辉译. 公司财务理论. 东北财经大学出版社,2000
11. 卢家仪,蒋冀. 财务管理. 清华大学出版社,1997
12. 张朝宓,苏文兵. 当代实证会计研究方法. 东北财经大学出版社,2001
13. 李怀祖. 管理研究方法论. 西安交通大学出版社,2004
14. 〔英〕鲍勃·瑞安,罗伯特·W·斯卡彭斯著. 阎达武,戴德明,何广涛等译. 财务与会计研究方法与方法论. 机械工业出版社,2004
15. 汤云为,钱逢胜. 会计理论. 上海财经大学出版社,1998
16. 李子奈. 计量经济学. 高等教育出版社,2000
17. 李洁明,祁新娥. 统计学原理. 复旦大学出版社,2002
18. 陆正飞. 财务研究方法论. 选自周花华等著. 现代财务理论前沿专题. 东北财经大学出版社,2000
19. 胡健颖,冯泰著. 实用统计学. 北京大学出版社,2003
20. 刘玉廷. 关于会计研究方法问题. 会计研究,2000(12)
21. 吴水澎. 财务会计基本理论研究. 辽宁人民出版社,1996
22. 张朝宓,苏文兵. 论当代会计研究方法. 南京大学学报(人文哲学社会科学版),2000(5)
23. RLWatts,JLZimmerman. 实证会计理论. 中国商业出版社,1990
24. 葛家澍,刘峰. 从会计准则的性质看会计准则的制定. 会计研究,1996(2)
25. 张为国,徐宗宇. 实证研究会计选择证券市场. 会计研究,1997(10)
26. 〔美〕唐·埃思里奇. 应用经济学研究方法论. 经济科学出版社,1998
27. 岳忙生,郭珍. 文献综述的写作问题. 西安医科大学学报,1998(3)
28. 李怡佳. 管理科学科研选题及其研究方法探析贵州工业大学学报,2004(6)
29. 汪平. 相关研究方法与理财学的发展. 河北经贸大学学报,1998(8)
30. 吴明礼. 西方财务理论的发展与借鉴. 财贸研究,1997(2)
31. 方红星. 理财科学的分野与企业理财的定位,会计研究,2000(6)

32. 陈宏明. 财务管理系统国际化研究. 会计研究,2002(3)
33. 胡志颖. 论实证会计理论和研究方法. 财会月刊,2004(8)
34. 王化成,程小可,李玲玲. 亏损与非线性对会计盈余与股票回报关系的影响. 中国会计评论,2004(2)
35. 国家计划委员会,建设部. 建设项目经济评价方法与参数. 第2版. 中国计划出版社,1993
36. 刘爱东等. 管理会计学. 中南大学出版社,2004
37. 中国共产党第十六届中央委员会. 中共中央关于完善社会主义市场经济体制若干问题的决定. www.sina.com.cn,2003
38. 王五英等. 投资项目社会评价方法. 经济科学出版社,1993
39. 〔美〕罗伯特·塔加特著. 管理投资策略——进行盈利资本投资的25个诀窍. 北京大学出版社,2000
40. 张景安等. 风险企业与风险投资. 中国金融出版社,2000
41. 张景安等. 技术创新与风险投资. 中国金融出版社,2000
42. 张景安等. 风险投资与操作实务. 中国金融出版社,2000
43. 张景安等. 风险企业与融资技巧. 中国金融出版社,2000
44. 张景安等. 风险投资与二板市场. 中国金融出版社,2000
45. 张景安等. 风险投资与法律制度. 中国金融出版社,2000
46. 陈德棉等. 风险投资:运作机制与管理. 经济科学出版社,2003
47. 陈德棉等. 风险投资:国际比较与经验借鉴. 经济科学出版社,2003
48. 刘曼红. 风险投资:创新与金融. 中国人民大学出版社,1998
49. 孟宪昌. 风险投资与高技术企业成长. 西南财经大学出版社,2003
50. 孔淑红. 风险投资与融资. 对外经济贸易大学出版社,2002
51. 刘爱东等. 创业投资机构的投资退出战略. 研究与发展管理,2002(4)
52. 曾蔚. 中国创业投资退出机制研究. 中南大学商学院硕士学位论文
53. 风险投资大事记:http://www.blogchina.com/new/source/300.html
54. 新风险投资:http://www.new-ventures.org.cn/
55. 吴晓求. 证券投资学. 中国人民大学出版社,2004
56. 吴晓求. 证券投资分析. 中国人民大学出版社,2003
57. 曹凤岐,刘力,姚长辉编著. 证券投资学. 北京大学出版社,2000
58. 陈雨露主编. 公司理财. 高等教育出版社,2003
59. 吴世农,沈艺峰,王志强等译. 公司理财(第六版),机械工业出版社,2005
60. 荆薪,王化成,刘俊彦. 财务管理学及教学辅导书(学生用书). 中国人民大学出版社,2002
61. 陈共等编. 证券市场基础知识. 中国人民大学出版社,1998
62. 余绪缨主编. 企业理财学. 辽宁人民出版社出版,1995
63. 〔美〕Stephen A. Ross,Randolph W. Westerfield,Jeffrey F. Jaffe;吴世农,沈艺峰等译. 公司理财. 机械工业出版社,2000
64. 〔美〕William L. Meggison著,刘明辉等译. 公司财务理论. 东北财经大学出版社,2002
65. 〔美〕Stephen A. Ross,Randolph W. Westerfield,Bradford D. Jordan;张建平译. 公司理财精要. 人民邮电出版社,2003
66. 查晓岚. 公司理财. 武汉大学出版社,1997
67. 苑德军,陈铁军. 国外上市公司股利政策理论与实践. 中国证券报,2001.3.26
68. 王国银等. "佛山照明"股利政策分析. 财务与会计,2005(1)
69. 财务管理. 中国财政经济出版社,2004
70. 赵德武. 财务管理. 高等教育出版社,2000
71. 王庆成. 财务管理学. 高等教育出版社,2000

72. 刘爱东. 资本经营国际化与管理会计体系创新. 财会通讯,1999(4)
73. 中国证券报. 2000.4.1
74. 〔美〕Robert S. Kaplan,Athony A. Atkinson,吕长江主译. 高级管理会计. 东北财经大学出版社,1999
75. 〔美〕Paul B. W. Miller,Paul R. Bahnson,阎达五、李勇等译. 高质量财务报告. 机械工业出版社,2004
76. 〔美〕Stephen Perman,刘力、陆正飞译. 财务报表分析与证券定价. 中国财政经济出版社,2002
77. 刘爱东,王何. Research on Financial Targets Sequence of Impacting on Business Value—Based on Data Analysis from Chinese High-tech Listed Firms of Unmodified Auditing Opinions. 《Chinese Business Review》Volume 3,No. 7 ISSN 1537—1506, Jul. 2004
78. 张新民. 企业财务报表分析——教程与案例. 对外经贸大学出版社,2004
79. 孙铮,王鸿祥. 财务报告分析. 企业管理出版社,1997
80. 陈选娟,李晓明,陈容. 股份公司财务报告理解与分析. 企业管理出版社,2000
81. 刘爱东等. 企业会计学. 中南大学出版社,2003
82. 张蕊. 企业战略经营业绩评价指标体系研究. 中国财政经济出版社,2004
83. 刘爱东. 上市公司会计信息失真的经济学分析. 工业会计,2002(8)
84. 汤谷良. 企业改组、兼并与资产重中的财务与会计问题研究—财务问题研究. 经济科学出版社,2002
85. 张秋生. 企业改组、兼并与资产重中的财务与会计问题研究—价值评估、融资、会计处理. 经济科学出版社,2002
86. 财政部注册会计师考试委员会办公室. 财务成本管理. 东北财经大学出版社,2005
87. 刘江涛. 企业并购战略选择及案例分析. 重庆大学硕士论文,2003
88. 梁樑,殷尹. 财务困境成本估计述评. 管理工程学报,2005(1)
89. 李秉成. 企业财务困境概念内涵的探讨. 山西财经大学学报,2003(12)
90. 李秉成. 企业财务困境形成过程研究. 当代财经,2004(1)
91. 刘爱东. 企业并购的理性思考. 企业技术进步,2004(9)
92. 周首华等. 现代财务理论前沿专题. 东北财经大学出版社,2000
93. 高民杰,袁兴林编著. 企业危机预警. 中国经济出版社,2003
94. 詹姆斯·T·格里森著,宋炳颖、王建南译. 财务风险管理. 中华工商联合出版社,2001
95. 诺曼·R·奥古斯丁等著,北京新华信商业风险管理有限责任公司译校. 危机管理. 中国人民大学出版社、哈佛商学院出版社,2001
96. 王今,韩文秀等. 西方企业财务危机预测方法评析. 中国软科学,2002(6)
97. 周首华,杨济华,王平. 论财务危机的预警分析——F分数模式. 会计研究,1996(8)
98. 赵健梅,王春莉. 财务危机预警在我国上市公司的实证研究. 数量经济技术经济研究,2003(7)
99. 姜秀华,任强,孙铮. 上市公司财务危机预警模型研究. 预测,2002(3)
100. 张友棠,陈君宁. 财务预警警兆识别系统. 武汉理工大学学报(社科版),2002(6)
101. 吴世农,卢贤义. 我国上市公司财务困境的预测模型研究. 经济研究,2001(6)
102. Zwaig,Melvine. Early Warning Signs of a Bankruptcy. Business Credit, 2001 (103)
103. John Stephen Grice,Robert W. Ingram. Tests of the Generalizability of Altman's Bankruptcy Model. Journal of business Research ,2001(54)
104. 杨周南. 论会计管理信息化的ISCA模型. 会计研究,2003(10)
105. 许永斌. 基于互联网的会计信息系统控制. 会计研究,2000(8)
106. 欧阳电平,陈潇怡. 论信息技术环境下会计信息系统的演进. 武汉大学学报,2004(7)
107. 杨琦. 价值链与战略管理会计信息系统构建方法. 广东商学院学报,2004(2)
108. 郑珺,王雪. 从经济学、管理学和仿生学看企业财务信息化. 重庆工商大学学报,2003(5)
109. 林达·M·阿普尔盖特等著,阎达伍、李勇等译. 公司信息战略与管理教程与案例. 机械工业出版

社,2004

110. 王众托. 企业信息化与管理变革. 中国人民大学出版社,2001
111. 王伟国. 网络经济时代的企业财务管理模式探析. 石河子大学学报,2003(3)
112. 龚坤峰. 广州五十铃客车:企业信息化快速奔跑. www.ufsoft.com.cn,2004-04-30
113. 金蝶公司 K/3 产品介绍. www.kingdee.com/products/k3,2004-08-25
114. 赵曙明. 21世纪人力资源管理的变革趋势与角色定位. 科技与社会,2002(3)
115. 沃尔里奇. 人力资源管理教程. 新华出版社,2000
116. 迈克尔,比尔等. 管理人力资本. 华夏出版社,1998
117. 亚瑟·W·小舍曼,乔治·W·勃兰德,斯科特·A·斯耐尔著. 人力资源管理. 东北财经大学出版社,2001
118. 张弘,赵曙明. 人力资源管理的演变. 中国人力资源开发,1999(2)
119. James W. Walker著. 人力资源战略. 中国人民大学出版社,2001
120. 谭劲松. 智力资本会计研究. 中国财政经济出版社,2001
121. B. Lev, A. Schwarts. on the Use of Economic Concept of Human Capitalin Financial Statements Accounting Review. January,1971
122. The Establishment of Routines for Measuring and Reporting HR UIF Johnson, Work in Progress p. 5.
123. 陈良华,李艳南,沈红. 价值管理:会计的一场革命. 东南大学学报(哲学社会科学版),2002(4)
124. 中国会计学会. "人力资源会计理论与方法"研讨会综述. 会计研究,1999(6)
125. 陆娟. 人力资源开发战略的中外比较与借鉴. 经济科学,2001(1)
126. 夏宽云. 战略成本管理——取得竞争优势的新工具. 财会通讯,1998
127. 科普兰. 价值评估:公司价值的衡量与管理. 中国大百科全书出版社,1998
128. 王月欣. 现代企业集团财务控制研究. 经济科学出版社,2004
129. 财政部企业司. 全面预算管理的理论与案例. 经济科学出版社,2004
130. 潘爱香、高晨. 全面预算管理. 浙江人民出版社,2001
131. 北京商学院会计系. 企业预算管理的构造与运行. 中国人民公安大学出版社,1999
132. 史习民. 全面预算管理. 立信会计出版社,2003
133. 汤谷良. 财务控制新论——兼议现代企业财务控制再造. 会计研究,2003.3
134. 王斌,高晨. 组织设计、管理控制系统与财权制度安排. 会计研究,2003.3
135. 王斌,李萍莉. 关于企业预算目标确定及其分解的理论分析. 会计研究,2001(8)
136. 管理会计应用与发展典型案例研究课题组. 我国集团公司预算管理运行体系新模式—中原石油勘探局案例研究. 会计研究,2001.8
137. 刘爱东,阮捷. 论战略联盟结盟公司财务风险防范. 中国会计理论与实务前沿,2004(9)
138. 刘爱东,阮捷. 浅议公司战略联盟财务管理模式的构建. 内蒙古科技与经济,2004(20)
139. 徐飞,徐立敏. 战略联盟理论研究综述. 工业企业管理,2003(10)
140. 徐静等. 基于价值创造的战略联盟动因分析. 经济体制改革,2003(1)
141. 张延锋等. 战略联盟价值创造与分配分析. 管理工程学报,2003,17(2)
142. 雷费克·卡尔潘. 全球公司战略联盟. 冶金工业出版社,2003
143. 何畔. 战略联盟:现代企业的竞争模式. 广东经济出版社,2000
144. 史占中. 公司战略联盟. 上海财经大学出版社,2001
145. Bartlett, Christopher A. Ghoshal, Sumantra. Managing across borders：The transnational solution Boston, MA, Harvard Business School Press, 1998
146. Scott Budoff Victor Krupinski Supply chain alliances offer added value for the power industry Power Engineering 2003, 107(11):114

147. Anand. B. N Tarun. Khanna Do Firms Learn to Create Value? The Case of Alliances, Strategic Management Journal, 21, 2000, 295—315
148. Bahli, B. , Rivard, S. A Validation of Measures Associated with the Risk Factors in Information Technology Outsourcing[DB]. http://www.computer.org/proceedings/hicss/1874/track8/187480269aabs.htm
149. Huiskonen, J. , Pirttila, T. Lateral Coordination in a Logistics Outsourcing Relationship. Int. J. Production Economics, 2002(78): 177—185
150. Prahalad, C. K. , Hamel, G. The Core Competence of the Corporation. Harvard Business Review, 1990, 68(3): 79—91
151. Quinn, J. B. , Hilmer, F. G. Strategic Outsourcing. Sloan Management Review, 1994, 35(4):43—55
152. Williamson, O. E. Transaction Cost Economics: The Governance of Contractual Relations. Journal of Law and Economics, 1979, 22 (10): 3—61
153. XU Shu. Research on Outsourcing Risk Management of Enterprise. Proceedings of 2005 International Conference On Management Science & Engineering (12th), Incheon R. Korea, 2005(7): 1058—1061
154. 李小卯. 信息技术外包套牢问题的研究. 系统工程理论与实践, 2002(3)
155. 〔美〕罗伯特·克莱珀, 温德尔·O·琼斯. 杨波, 詹承豫, 韩晓文(译). 信息技术、系统服务的外包. 电子工业出版社, 2003
156. 徐姝. 西方业务外包研究成果评介. 外国经济与管理, 2003(12)
157. 杨成刚. 外包:让财富连动. 经济日报出版社, 2002
158. 〔英〕伊恩·本, 吉尔·珀斯. 陈瑟(译). 外包制胜——利用外部资源提高竞争优势. 人民邮电出版社, 2004
159. 张翠华, 黄小原. 非对称信息下业务外包中的质量评价决策. 中国管理科学, 2004(2)
160. 刘爱东. 国有企业运用国际商品贸易融资的思考. 湘潭大学学报, 1998(3)

附录

复利系数表

表一 1元的终值表

$$F=(1+i)^n=(F/P,i,n)$$

n	1%	2%	3%	4%	5%	6%
1	1.010	1.020	1.030	1.040	1.050	1.060
2	1.020	1.040	1.061	1.082	1.102	1.124
3	1.030	1.061	1.093	1.125	1.158	1.191
4	1.041	1.082	1.126	1.170	1.216	1.262
5	1.051	1.104	1.159	1.217	1.276	1.338
6	1.062	1.126	1.194	1.265	1.340	1.419
7	1.072	1.149	1.230	1.316	1.407	1.504
8	1.083	1.172	1.267	1.369	1.477	1.594
9	1.094	1.195	1.305	1.423	1.551	1.689
10	1.105	1.219	1.344	1.480	1.629	1.791
11	1.116	1.243	1.384	1.539	1.710	1.898
12	1.127	1.268	1.426	1.601	1.796	2.012
13	1.138	1.294	1.469	1.665	1.886	2.133
14	1.149	1.319	1.513	1.732	1.980	2.261
15	1.161	1.346	1.558	1.801	2.079	2.397
20	1.220	1.486	1.806	2.191	2.653	3.207
25	1.282	1.641	2.094	2.666	3.386	4.292
30	1.348	1.811	2.427	3.243	4.322	5.743
n	7%	8%	9%	10%	12%	14%
1	1.070	1.080	1.090	1.100	1.120	1.140
2	1.145	1.166	1.188	1.210	1.254	1.300
3	1.225	1.260	1.295	1.331	1.405	1.482
4	1.311	1.360	1.412	1.464	1.574	1.689
5	1.403	1.469	1.539	1.611	1.762	1.925
6	1.501	1.587	1.677	1.772	1.974	2.195
7	1.606	1.714	1.828	1.949	2.211	2.502
8	1.718	1.851	1.993	2.144	2.476	2.853
9	1.838	1.999	2.172	2.358	2.773	3.252
10	1.967	2.159	2.367	2.594	3.106	3.707
11	2.105	2.332	2.580	2.853	3.479	4.226
12	2.252	2.518	2.813	3.318	3.896	4.818
13	2.410	2.720	3.066	3.452	4.363	5.492
14	2.579	2.937	3.342	3.797	4.887	6.261
15	2.759	3.172	3.642	4.177	5.474	7.138
20	3.870	4.661	5.064	6.728	9.646	13.743
25	5.427	6.848	8.623	10.835	17.000	26.462
30	7.612	10.063	13.268	17.449	20.960	50.950

（续）

n	15%	16%	18%	20%	24%
1	1.150	1.160	1.180	1.200	1.240
2	1.323	1.346	1.392	1.440	1.538
3	1.521	1.561	1.643	1.728	1.907
4	1.749	1.811	1.939	2.074	2.364
5	2.011	2.100	2.288	2.488	2.932
6	2.313	2.436	2.700	2.986	3.635
7	2.660	2.826	3.185	3.583	4.508
8	3.059	3.278	3.759	4.300	5.590
9	3.518	3.803	4.435	5.160	6.931
10	4.046	4.411	5.234	6.192	8.594
11	4.652	5.117	6.176	7.430	10.657
12	5.350	5.936	7.288	8.916	13.215
13	6.153	6.886	8.599	10.699	16.386
14	7.076	7.998	10.147	12.839	20.319
15	8.137	9.266	11.974	15.407	25.196
20	16.367	19.461	27.393	38.338	73.864
25	32.919	40.874	62.669	95.396	216.542
30	66.212	85.850	143.371	237.376	634.820
n	28%	32%	36%	40%	50%
1	1.280	1.320	1.360	1.400	1.500
2	1.638	1.742	1.850	1.960	2.250
3	2.097	2.300	2.515	2.744	3.375
4	2.684	3.306	3.421	3.842	5.062
5	3.436	4.007	4.653	5.378	7.594
6	4.398	5.290	6.328	7.530	11.391
7	5.630	6.983	8.605	10.541	17.086
8	7.206	9.217	11.703	14.758	25.629
9	9.223	12.166	15.917	20.661	38.443
10	11.806	16.060	21.647	28.925	57.665
11	15.112	21.199	29.439	40.496	86.498
12	19.343	27.983	40.037	56.694	129.746
13	24.759	36.937	54.451	79.371	194.620
14	31.691	48.757	74.053	111.120	291.929
15	40.565	64.359	100.712	155.568	437.894
20	139.380	257.916	468.574	836.683	3 325.260
25	478.905	1 033.590	2 180.080	4 499.880	25 251.000
30	1 645.504	4 142.070	10 143.000	24 201.400	191 750.000

表二 一元的现值表

$$P = \frac{1}{(1+i)^n} = (P/F, i, n)$$

n	1%	2%	3%	4%	5%	6%	7%	8%	9%	10%	12%
1	0.990	0.980	0.971	0.962	0.952	0.943	0.935	0.926	0.917	0.909	0.893
2	0.980	0.961	0.943	0.925	0.907	0.890	0.873	0.857	0.842	0.826	0.797
3	0.971	0.942	0.915	0.889	0.864	0.840	0.816	0.794	0.772	0.751	0.712
4	0.961	0.924	0.889	0.855	0.823	0.792	0.763	0.735	0.708	0.683	0.636
5	0.951	0.906	0.863	0.822	0.784	0.747	0.713	0.681	0.650	0.621	0.567
6	0.942	0.888	0.838	0.790	0.746	0.705	0.666	0.630	0.596	0.565	0.507
7	0.933	0.871	0.813	0.760	0.711	0.665	0.623	0.584	0.547	0.513	0.452
8	0.924	0.854	0.789	0.731	0.677	0.627	0.582	0.540	0.502	0.467	0.404
9	0.914	0.837	0.766	0.703	0.645	0.592	0.544	0.500	0.460	0.424	0.361
10	0.905	0.820	0.744	0.676	0.614	0.558	0.508	0.463	0.422	0.386	0.322
11	0.896	0.804	0.722	0.650	0.585	0.527	0.475	0.429	0.388	0.351	0.288
12	0.887	0.789	0.701	0.625	0.557	0.497	0.444	0.397	0.356	0.319	0.257
13	0.879	0.773	0.681	0.601	0.530	0.469	0.415	0.368	0.326	0.290	0.229
14	0.870	0.758	0.661	0.578	0.505	0.442	0.388	0.341	0.299	0.263	0.205
15	0.861	0.743	0.642	0.555	0.481	0.417	0.362	0.315	0.275	0.239	0.183
20	0.820	0.673	0.554	0.456	0.377	0.312	0.258	0.215	0.178	0.149	0.104
25	0.780	0.610	0.478	0.375	0.295	0.233	0.184	0.146	0.116	0.092	0.059
30	0.742	0.552	0.412	0.308	0.231	0.174	0.131	0.099	0.075	0.057	0.033

n	14%	15%	16%	18%	20%	24%	28%	32%	36%	40%	50%
1	0.877	0.870	0.862	0.847	0.833	0.806	0.781	0.758	0.735	0.714	0.667
2	0.769	0.756	0.743	0.718	0.694	0.650	0.610	0.574	0.541	0.510	0.444
3	0.675	0.658	0.641	0.609	0.579	0.524	0.477	0.435	0.398	0.364	0.296
4	0.592	0.572	0.552	0.516	0.482	0.423	0.373	0.329	0.292	0.260	0.198
5	0.519	0.497	0.476	0.437	0.402	0.341	0.291	0.250	0.215	0.186	0.132
6	0.456	0.432	0.410	0.370	0.335	0.275	0.227	0.189	0.158	0.133	0.088
7	0.400	0.376	0.354	0.314	0.279	0.222	0.178	0.143	0.116	0.095	0.059
8	0.351	0.327	0.305	0.266	0.233	0.179	0.139	0.108	0.085	0.068	0.039
9	0.308	0.284	0.263	0.226	0.194	0.144	0.108	0.082	0.063	0.048	0.026
10	0.270	0.247	0.227	0.191	0.162	0.116	0.085	0.062	0.046	0.035	0.017
11	0.237	0.215	0.195	0.162	0.135	0.094	0.066	0.047	0.034	0.025	0.012
12	0.208	0.187	0.169	0.137	0.112	0.076	0.052	0.036	0.025	0.018	0.008
13	0.182	0.163	0.145	0.116	0.093	0.061	0.040	0.027	0.018	0.013	0.005
14	0.160	0.141	0.125	0.099	0.078	0.049	0.032	0.021	0.014	0.009	0.003
15	0.140	0.123	0.108	0.084	0.065	0.040	0.025	0.016	0.010	0.006	0.002
20	0.073	0.061	0.051	0.037	0.026	0.014	0.007	0.004	0.002	0.001	0.000
25	0.038	0.030	0.024	0.016	0.010	0.005	0.002	0.001	0.000	0.000	
30	0.020	0.015	0.012	0.007	0.004	0.002	0.001	0.000	0.000		

表三 1元的年金终值表

$$F=\frac{(1+i)^n-1}{i}=(F/A,i,n)$$

n	1%	2%	3%	4%	5%	6%
1	1.000	1.000	1.000	1.000	1.000	1.000
2	2.010	2.020	2.030	2.040	2.050	2.060
3	3.030	3.060	3.091	3.122	3.152	3.184
4	4.060	4.122	4.184	4.246	4.310	4.375
5	5.101	5.204	5.309	5.416	5.526	5.637
6	6.152	6.308	6.468	6.633	6.082	6.975
7	7.214	7.434	7.662	7.898	8.142	8.394
8	8.286	8.583	8.892	9.214	9.549	9.897
9	9.369	9.775	10.159	10.583	11.027	11.491
10	10.462	10.950	11.464	12.006	12.578	13.181
11	11.567	12.169	12.808	13.486	14.207	14.492
12	12.683	13.142	14.192	15.026	15.917	16.870
13	13.809	14.680	15.618	16.627	17.713	18.882
14	14.947	15.974	17.086	18.292	19.599	21.051
15	16.097	17.293	18.599	20.024	21.579	23.276
20	22.019	24.297	26.870	29.778	33.066	36.786
25	28.243	32.030	36.459	41.646	47.727	54.865
30	34.785	40.568	47.575	56.085	66.439	79.058
n	7%	8%	9%	10%	12%	14%
1	1.000	1.000	1.000	1.000	1.000	1.000
2	2.070	2.080	2.090	2.100	2.120	2.140
3	3.215	3.246	3.278	3.310	3.374	3.440
4	4.440	4.506	4.573	4.641	4.779	4.921
5	5.751	5.867	5.985	6.105	6.353	6.610
6	7.153	7.336	7.523	7.716	8.115	8.536
7	8.654	8.923	9.200	9.487	10.089	10.730
8	10.260	10.637	11.028	11.436	12.300	13.233
9	11.978	12.488	13.021	13.579	14.776	16.085
10	13.816	14.487	15.193	15.937	17.549	19.337
11	15.784	16.645	17.560	18.531	20.655	23.044
12	17.888	18.977	20.141	21.384	24.133	27.271
13	20.141	21.495	22.953	24.523	28.029	32.089
14	22.550	24.215	26.019	27.975	32.393	37.581
15	25.129	27.152	39.361	31.772	37.280	43.842
20	40.995	45.762	51.160	57.275	72.052	91.025
25	63.249	73.106	84.701	98.347	133.334	181.871
30	94.461	113.283	136.308	164.494	241.333	356.787

(续)

n	16%	18%	20%	24%	28%	32%
1	1.000	1.000	1.000	1.000	1.000	1.000
2	2.160	2.180	2.200	2.240	2.280	2.320
3	3.506	3.572	3.640	3.778	3.918	4.062
4	5.066	5.215	5.368	5.684	6.016	6.362
5	6.877	7.154	7.442	8.048	8.700	9.398
6	8.977	9.442	9.930	10.980	12.136	13.406
7	11.414	12.142	12.916	14.615	16.534	18.696
8	14.240	15.327	16.499	19.123	22.163	25.678
9	17.518	19.086	20.799	24.712	29.369	34.895
10	21.321	23.521	25.959	31.643	38.592	47.062
11	25.733	28.755	32.150	40.238	50.399	63.122
12	30.850	34.931	39.580	50.895	65.510	84.320
13	36.786	42.219	48.497	64.110	84.853	112.30
14	43.672	50.818	59.196	80.496	109.61	149.24
15	51.660	60.965	72.035	100.815	141.30	197.99
20	115.380	146.628	186.688	303.601	494.21	802.86
25	249.214	342.603	471.981	898.092	1 706.8	3 226.8
30	530.312	790.948	1 181.882	2 640.916	5 873.2	12 941.0

n	36%	40%	50%
1	1.000	1.000	1.000
2	2.360	2.400	2.500
3	4.210	4.360	4.750
4	6.725	7.104	8.125
5	10.146	10.946	13.187
6	14.799	16.324	20.781
7	21.126	23.853	32.172
8	29.732	34.395	49.258
9	41.435	49.153	74.887
10	57.352	69.814	113.33
11	78.998	98.739	170.99
12	108.44	139.24	257.49
13	148.48	195.93	387.24
14	202.93	275.30	581.86
15	276.98	386.42	873.78
20	1 298.8	2 089.20	6 648.5
25	6 053.0	11 247.2	50 500.3
30	28 172.2	60 501.1	583 500

表四 1元的年金现值表

$$P=\frac{1}{i}\left[1-\frac{1}{(1+i)^n}\right]=(P/A,i,n)$$

n	1%	2%	3%	4%	5%	6%	7%
1	0.990	0.980	0.971	0.962	0.952	0.943	0.935
2	1.970	1.942	1.914	1.886	1.859	1.833	1.808
3	2.941	2.884	2.829	2.775	2.723	2.673	2.624
4	3.902	3.808	3.717	3.630	3.546	3.465	3.387
5	4.853	4.713	4.580	4.452	4.330	4.212	4.100
6	5.796	5.601	5.417	5.242	5.076	4.917	4.766
7	6.728	6.472	6.230	6.002	5.786	5.582	5.389
8	7.652	7.326	7.020	6.733	6.463	6.210	5.971
9	8.566	8.162	7.786	7.435	7.108	6.802	6.515
10	9.471	8.983	8.530	8.111	7.722	7.360	7.024
11	10.368	9.787	9.253	8.761	8.306	7.887	7.499
12	11.255	10.575	9.954	9.385	8.863	8.384	7.943
13	12.134	11.348	10.635	9.986	9.394	8.853	8.358
14	13.004	12.106	11.296	10.563	9.899	9.295	8.746
15	13.865	12.849	11.938	11.118	10.380	9.712	9.108
20	18.047	16.351	14.878	13.590	12.462	11.470	10.594
25	22.023	19.524	17.413	15.622	14.094	12.783	11.654
30	25.808	22.397	19.600	17.792	15.373	13.765	12.409

n	8%	9%	10%	12%	14%	16%	18%
1	0.926	0.917	0.909	0.893	0.877	0.862	0.847
2	1.783	1.759	1.736	1.690	1.647	1.605	1.566
3	2.577	2.531	2.487	2.402	2.322	2.246	2.174
4	3.312	3.240	3.170	3.037	2.914	2.798	2.690
5	3.993	3.890	3.791	3.605	3.433	3.274	3.127
6	4.623	4.486	4.355	4.111	3.889	3.685	3.498
7	5.206	5.033	4.868	4.564	4.288	4.039	3.812
8	5.747	5.535	5.335	4.968	4.639	4.344	4.078
9	6.247	5.995	5.759	5.328	4.946	4.607	4.303
10	6.710	6.418	6.145	5.650	5.216	4.833	4.494
11	7.139	6.805	6.495	5.938	5.453	5.029	4.656
12	7.536	7.161	6.814	6.194	5.660	5.197	4.793
13	7.904	7.487	7.103	6.424	5.842	5.342	4.910
14	8.244	7.786	7.367	6.628	6.002	5.468	5.008
15	8.559	8.060	7.606	6.811	6.142	5.576	5.092
20	9.818	9.129	8.514	7.469	6.623	5.929	5.353
25	10.675	9.823	9.077	7.843	6.873	6.097	5.467
30	11.258	10.274	9.427	8.055	7.003	6.177	5.517

(续)

n	20%	24%	28%	32%	36%	40%	50%
1	0.833	0.806	0.781	0.758	0.735	0.714	0.667
2	1.528	1.457	1.392	1.332	1.276	1.224	1.111
3	2.106	1.981	1.868	1.776	1.674	1.589	1.407
4	2.589	2.404	2.241	2.096	1.966	1.849	1.605
5	2.991	2.745	2.532	2.345	2.181	2.035	1.737
6	3.326	3.020	2.759	2.534	2.339	2.168	1.824
7	3.605	3.242	2.937	2.678	2.455	2.263	1.883
8	3.827	3.421	3.076	2.786	2.540	2.331	1.922
9	4.031	3.566	3.184	2.868	2.603	2.379	1.948
10	4.193	3.682	3.269	2.930	2.650	2.414	1.965
11	4.327	3.776	3.335	2.978	2.683	2.438	1.977
12	4.439	3.851	3.387	3.013	2.708	2.456	1.985
13	4.533	3.912	3.427	3.040	2.727	2.469	1.990
14	4.611	3.962	3.459	3.061	2.740	2.478	1.993
15	4.675	4.001	3.483	3.076	2.750	2.484	1.995
20	4.870	4.110	3.546	3.113	2.772	2.497	1.999
25	4.948	4.147	3.564	3.122	2.776	2.499	2.000
30	4.979	4.160	3.569	3.124	2.778	2.500	2.000

图书在版编目(CIP)数据

公司理财/刘爱东主编. —上海:复旦大学出版社,2006.3(2019.1重印)
(复旦博学·21世纪高等院校财务管理专业系列)
ISBN 978-7-309-04904-6

Ⅰ.公… Ⅱ.刘… Ⅲ.公司-财务管理-高等学校-教材 Ⅳ.F276.6

中国版本图书馆 CIP 数据核字(2006)第 011734 号

公司理财
刘爱东　主编
责任编辑/王联合　鲍雯妍

复旦大学出版社有限公司出版发行
上海市国权路 579 号　邮编:200433
网址:fupnet@fudanpress.com　http://www.fudanpress.com
门市零售:86-21-65642857　团体订购:86-21-65118853
外埠邮购:86-21-65109143　出版部电话:86-21-65642845
浙江省临安市曙光印务有限公司

开本 787 × 1092　1/16　印张 37　字数 923 千
2019 年 1 月第 1 版第 6 次印刷
印数 12 501—13 510

ISBN 978-7-309-04904-6/F·1109
定价:59.00 元

如有印装质量问题,请向复旦大学出版社有限公司出版部调换。
版权所有　侵权必究

复旦大学出版社向使用本社《公司理财》作为教材进行教学的教师免费赠送多媒体课件,该课件有许多教学案例以及教学 PPT。欢迎完整填写下面的表格来索取多媒体课件。

或者登陆 www.fudanpress.com 填写网上调查反馈表,将获赠电子书一本。

教师姓名:_____ 职务/职称:_____
任课课程名称:_____ 任课课程学生数:_____
任课课程名称:_____ 任课课程学生数:_____
任课课程名称:_____ 任课课程学生数:_____
将开课课程名称:_____ 将开课课程学生数:_____
将开课课程名称:_____ 将开课课程学生数:_____
E-mail 地址:_____
联系电话:(O)_____ (H)_____ 手机:_____
学校名称:_____
学校地址:_____ 邮编:_____
学校电话总机(带区号):_____ 学校网址:_____
系名称:_____ 系联系电话:_____
需要赠送教材样书名称:_____
赠送教材样书地址:_____ 邮编:_____

_____

_____

您认为本书的不足之处是:

您的建议是:

请将本页完整填写后,剪下邮寄到上海市国权路 579 号复旦大学出版社 鲍雯妍 收
邮编:200433   联系电话:(021)65649061
E-mail:unionw@sina.com   传真:(021)65642892

请沿此线剪下